2013~2014

中国社会科学院创新工程学术出版资助项目

中国社会科学权威报告系列

总主编：金碚

2013~2014 全球电信运营企业发展报告

——财务创新与可持续发展

THE GLOBAL TELECOM ENTERPRISES REPORT 2013~2014

——Financial Innovation and Sustainable Development

何瑛 主编

图书在版编目（CIP）数据

全球电信运营企业发展报告 2013~2014——财务创新与可持续发展/何瑛主编. —北京：经济管理出版社，2014.12
ISBN 978-7-5096-3526-1

Ⅰ.①全… Ⅱ.①何… Ⅲ.①电信—邮电企业—企业发展—研究报告—世界—2013~2014　Ⅳ.①F631

中国版本图书馆 CIP 数据核字（2014）第 288821 号

组稿编辑：张　艳
责任编辑：张　艳　丁慧敏
责任印制：黄章平
责任校对：陈　颖　张春青

出版发行：经济管理出版社
　　　　　（北京市海淀区北蜂窝 8 号中雅大厦 A 座 11 层　100038）
网　　址：www.E-mp.com.cn
电　　话：(010) 51915602
印　　刷：三河市延风印装厂
经　　销：新华书店
开　　本：880mm×1230mm/16
印　　张：39
字　　数：918 千字
版　　次：2015 年 2 月第 1 版　2015 年 2 月第 1 次印刷
书　　号：ISBN 978-7-5096-3526-1
定　　价：298.00 元

·版权所有　翻印必究·
凡购本社图书，如有印装错误，由本社读者服务部负责调换。
联系地址：北京阜外月坛北小街 2 号
电话：(010) 68022974　　邮编：100836

全球电信运营企业发展报告 2013~2014

专家委员会

主　任　朱宏任　金　碚

委　员　(按姓氏笔画排序)

王长峰　王　宁　吕　政　吕廷杰　吕　铁　孙启明　安　佳　何　瑛

吴冬梅　吴　洪　宋　华　张世贤　张梦霞　忻展红　李　平　李　凯

李海舰　李维安　杜振华　杜莹芬　杨世伟　杨学成　汪　平　沈志渔

陈　岩　陈传明　林丹明　苑春荟　郑海航　金　碚　金永生　胡　春

茶洪旺　赵顺龙　赵景华　赵曙明　唐守廉　唐晓华　徐二明　徐向艺

郭玉锦　高　闯　傅四保　戚聿东　梁雄健　黄秀清　黄津孚　黄速建

黄群慧　彭晓峰　曾剑秋　舒华英

编写委员会

主　编　何　瑛

成　员　彭亚男　张大伟　胡　月　舒文琼　孟　鑫　马林芳　王一荻　李　娇
　　　　黄　洁　孔静敏　赵育梅　周慧琴　苑占伟　潘教建　周　访　李　玲
　　　　王　晨　张　艳　陈　力　张永美　罗海虹

序言

国家"十二五"规划明确提出,战略新兴产业是国家未来重点扶持的对象,其中,信息技术被确立为七大战略性新兴产业之一,将被重点推进。新一代信息技术分为六个方面,分别是下一代通信网络、物联网、三网融合、新型平板显示、高性能集成电路和以云计算为代表的高端软件。其中,与通信业有关的是宽带网络、新一代移动通信(TD-LTE 及其后续标准 4G)、下一代互联网核心设备和智能终端、三网融合、物联网等。

世界各国为加快经济复苏并重建国家竞争力,纷纷加快科技创新与产业革命,通过政府战略指引、政策激励甚至直接投入资金等重大举措,加强国家部署,将构建下一代信息通信基础设施作为发展重点和优先领域,力图抢占后金融危机时代经济、科技制高点。面临国内外复杂的经济形势和社会发展环境,通信业发展必须统筹规划、整体部署、分步实施,加快构建下一代信息网络基础设施,提高宽带普及水平和宽带接入能力,深化基础设施应用效能,提升基础设施使用效率,培育面向宽带和移动互联网的新兴业态,发展壮大信息网络产业经济。

作为国民经济的基础产业和战略新兴产业,通信业具有创新速度快、通用性广、渗透力强的特点,是经济增长的"发酵剂",发展方式的"转化剂"和产业升级的"润滑剂"。"十二五"期间,国家需要以工业化的信息化需求为导向,以通信业的信息化供给为载体,供给和需求双向推动,夯实市场机制对资源配置的基础性作用,强化规划指引、政策导向、要素支持的保障性作用,以通信业推动工业化和信息化的融合,创新商业模式,创新服务平台模式,创新产业链合作模式,实现工业化和信息化的相互渗透和循环提升。同时,还需要以国际化视野和战略型思维来推动 3G/LTE、新一代宽带无线通信和宽带接入、物联网、三网融合等新兴产业形态发展,培育新的经济增长点。致力于提高国家科技实力和综合实力,着眼于引发技术和产业变革,做好战略决策储备、科技创新储备、领军人才储备、产业化储备,依托信息网络这一战略新兴产业来支撑和引领我国经济社会的可持续发展。

随着通信业价值链外延的不断扩大以及全业务竞争的日趋加剧,如何通过创新商业模式和重塑价值创造方式获得持续发展的核心能力,正成为电信行业发展的主旋律,智能管道和聚合平台正是实现这一转变的抓手或基石。随着三网融合的进一步增强,价值链的竞争已经转化为价值网的竞争。电信运营企业需要搭建由设备供应商、移动互联网商、内容提供商、系统集成商、最终用户等组建的体现核心竞争力的电信企业价值链,电信运营企业的组织架构将会朝着平台化、微型化、虚拟化的方向演进。总之,基础电信业核心竞争能力的增强将一如既往对整个通信业的可持续发展起着举足轻重的作用。

前　言

伴随着智能终端的快速增长以及移动网络的宽带化，移动互联网将深刻影响电信行业的发展。据艾瑞咨询预测，2015年中国移动互联网市场规模将超4000亿，移动互联网用户将超7亿户，一方面，其庞大的市场规模给增长疲软的传统电信业务运营商带来了崭新的机遇；另一方面，由于移动互联网价值链参与主体多元化，生产过程复杂化，对电信运营商的价值链管理和整合能力提出了全新的挑战。互联网技术在电信企业集团的渗透和应用一方面会导致企业技术进步和生产效率提高，另一方面也会导致企业集团财务组织和流程的优化和创新性变革。这两个方面的持续改进，会使得企业市场竞争要素逐步得以强化，从而逐步形成财务信息化的竞争优势，并不断提升财务竞争力。互联网技术的不断发展与完善为组织间的协同和共享提供了技术支撑，必将引发企业财务信息化的创新性变革，从而进一步推动企业集团财务创新的进程，最终提高电信企业集团资源管理的精细化程度并实现可持续的价值创造。

同时，伴随着互联网技术的演进，传统互联网向电信领域的渗透以及移动互联网的快速发展，电信产业的产业链被打破，产业链的利润正在加速流向内容提供商、应用服务商等，电信企业坚守的阵地正被步步蚕食。当前以微信为代表的互联网业务运营商利用商业模式方面的优势，不断蚕食着电信运营企业的市场份额和盈利空间，让电信运营企业付出了惨痛的代价，在这种形势下，电信企业只有学会使用互联网思维，创新商业模式，才能充分应对恶劣的外界环境的挑战，而商业模式的重构必然会对财务管理提出新的要求，即新形势下电信企业需要开展以商业模式变化为主要工作方向、支撑商业模式重构的财务创新。电信企业财务创新的策略可以包括：积极践行思维转型，实现向互联网思维的转变；大力应用互联网技术，推动财务与业务的一体化；依托互联网金融，重构企业的融资格局和模式；创新企业投资策略，实现全产业链竞合等。

互联网金融本质上是一种直接融资方式。互联网金融模式下，企业能够通过信息技术深入分析数据，全面、深入掌握竞争对手信息，找到合适的风险管理工具与风险分散工具，提高资源配置效率。互联网金融对电信企业的影响主要体现在：一方面，互联网金融成为电信企业新的业务领域。电信企业应利用自身平台优势，抓住互联网金融的契机，拓展新市场，寻求新的业务增长点。电信企业传统业务的竞争已经日趋白热化，因此运营商也在积极探索转型之路。面对互联网金融迅猛发展这一历史机遇，运营商应把握互联网金融的本质和发展规律，以互联网思维推进业务模式、运营模式、管理模式的创新，通过产业合作，发挥运营商优势，大力拓展移动支付、互联网理财、供应链金融等互联网金融领域，为企业寻找新的增长点，助力企业转型。另一方面，互联网金融为电信企业财务创新带来新的机遇和挑战。随着互联网金融的发展，越来越多的金融产品和金融工具涌现出来，这一方面会形成新的投融资渠道和避险工具，对企业的资金管理产生积极影响。另一方面，当前互联网金融还处于银行、证券、保险分业监管状态，部分业务存在监管真空，互联网金融产品也良莠不齐，当电信企业的财务管理涉及互联网金融时，可能无法有效防范金融风险。因此电信企业在财务管理中，一是要学习互联网思维，熟悉互联网金融发展的前沿技术，并利用这些技术和产品为企业服务，以降低运营成本费用；二是要不断研究互联网金融的各种运营模式，并将这些模式嫁接到电信企业的供产销经营活动过程中，不断提升企业的价值。

在上述背景下，《全球电信运营企业发展报告2013~2014——财务创新与可持续发展》的公开出版恰逢其时，为全球电信运营企业管理创新的研究和信息资源交流奉献了一份优秀的著述。

《全球电信运营企业发展报告2013~2014——财务创新与可持续发展》的主要内容包括：

第一部分：专题篇。包括一份总报告和五份分报告。

总报告对技术变革、财务创新与电信企业价值创造进行研究。分别从影响和重塑电信行业的技术变革趋势与商业模式创新，技术和商业模式变革驱动电信企业财务创新，电信运营企业财务竞争力与价值创造排名及分析，技术变革、财务创新与电信企业价值创造路径等方面进行全面、系统的阐述和分析。同时还基于价值导向从综合绩效和现金流视角构建电信运营企业财务竞争力评价体系，运用因子分析模糊矩阵评价法对世界500强中的20家电信运营企业（2013年）进行实证研究，并对综合绩效和现金流视角的两种财务竞争力评价结果与价值创造结果（EVA率）进行相关性分析。

分报告则从大数据时代的无边界融合式财务管理创新与实践，基于财务转型的电信投资管理新模式，基于轻资产盈利模式的企业价值创造与管理，互联网金融的特点、模式与发展趋势，以及移动互联网时代电信企业流量经营策略等不同视角致力于电信运营企业财务创新与可持续发展的专题研究。

第二部分：报告篇。包括12家电信运营企业的可持续发展报告。

2013年进入世界500强的电信运营企业有19家，主要分布在美洲（5家）、欧洲（7家）、亚洲（6家）和大洋洲（1家）。其中：

美国4家（AT&T、Verizon、Comcast、DirectTV Group）；

日本3家（NTT、KDDI、Softbank）；

中国3家（China Mobile、China Telecom、China United Telecom）；

英国2家（Vodafone、BT）；

法国2家（Orange、Vivendi）；

墨西哥、澳大利亚、德国、意大利、西班牙各1家（America Movil、Telstra、Deutsche Telecom、Telecom Italia、Telefonica）。

报告从2013年进入世界500强的19家电信运营企业中，挑选出具有代表性的11家电信运营企业（中国3家，美国2家，英国2家，德国、西班牙、法国、墨西哥各1家），另外选择了具有代表性的韩国SK电讯，总共12家，分别从公司简介、公司战略、公司治理、市场概览、业务概览、经营和财务绩效、内控与风险管理、人力资源发展、企业社会责任、前景展望十个方面，对其可持续发展状况进行概述研究。

第三部分：指标篇。呈现全球电信运营企业关键绩效指标概览。

报告从投资经营效果、融资管理效率、成本费用管理、现金与质量管理、可持续成长管理、价值创造与分配六个方面精选出 44 个重要指标，呈现出 2013 年 20 家公司的指标值以及平均值，为电信运营企业的标杆管理提供了可以参照的依据。同时，报告对每个关键绩效指标分四大洲呈现出 2011~2013 年的趋势数据，为电信运营企业的精细化管理提供有价值的基础数据信息。

第四部分：附录篇。主要包括：2013 年中国国民经济和社会发展统计公报、2013 年中国电信业统计公报、2013 年进入世界 500 强的 20 家电信运营商关键绩效指标一览表、全球电信运营企业 LEGO 以及 2013~2014 年全球网络就绪度指数排名等。

《全球电信运营企业发展报告 2013~2014——财务创新与可持续发展》的创新之处包括：

第一，报告不仅对技术变革、财务创新与电信企业价值创造进行全面、深入的研究，还从大数据时代的无边界融合式财务管理创新与实践，基于财务转型的电信投资管理新模式，基于轻资产盈利模式的企业价值创造与管理，互联网金融的特点、模式与发展趋势，以及移动互联网时代电信企业流量经营策略等不同视角致力于电信运营企业财务创新与可持续发展的专题研究。

第二，目前国内外对企业财务竞争力的研究多处于概念界定和理论阐述阶段，尚未建立起规范可行的财务竞争力评价体系。报告基于价值导向从综合绩效和现金流视角构建了电信运营企业财务竞争力评价体系，并运用因子分析模糊矩阵评价法对 2013 年进入世界 500 强的 20 家电信运营企业进行实证研究，得出：①基于综合绩效和现金流视角的财务竞争力评价结果之间具有较强的相关性；②价值创造能力（EVA 率）与财务竞争力评价结果之间具有较强的相关性；③股价与财务竞争力评价结果之间也具有较强的相关性。

第三，报告从 2013 年进入世界 500 强的 19 家电信运营企业中，挑选出具有代表性的 11 家，另外加上韩国 SK 电讯，分别从十个方面对这几家企业的可持续发展状况进行概述研究，为电信运营企业的国际化拓展提供了有价值的信息。报告呈现的全球电信运营企业的关键绩效指标（横向比较、纵向趋势、均值数据、分洲数据），为电信运营企业的标杆管理、精细化管理提供了可以参照的依据和有价值的基础数据信息。

作为一部反映全球电信运营企业财务创新的报告，该著作难免有偏颇或疏漏之处。报告团队将与电信各界携手前进，共同努力，为电信行业的发展和电信运营企业的价值创造与提升做出更大的贡献。

何 瑛

2014 年 9 月 20 日

目 录

第一部分　专题篇——技术变革、财务创新与电信企业价值创造 / 1

总 报 告　技术变革、财务创新与电信企业价值创造 / 3
分报告一　大数据时代的无边界融合式财务管理创新与实践 / 23
分报告二　基于财务转型的电信投资管理新模式 / 47
分报告三　基于轻资产盈利模式的企业价值创造与管理 / 69
分报告四　互联网金融的特点、模式与发展趋势 / 96
分报告五　移动互联网时代电信企业流量经营策略 / 117

第二部分　报告篇——可持续发展报告 / 143

一　美国电话电报公司可持续发展报告（AT&T） / 147
二　美国 Verizon 电信公司可持续发展报告（Verizon） / 171
三　中国移动通信集团公司可持续发展报告（China Mobile） / 191
四　德国电信公司可持续发展报告（Deutsche Telekom） / 219
五　西班牙电信公司可持续发展报告（Telefonica） / 247
六　英国沃达丰电信公司可持续发展报告（Vodafone） / 273
七　中国电信集团公司可持续发展报告（China Telecom） / 299
八　墨西哥美洲电信公司可持续发展报告（America Movil） / 325
九　法国电信公司可持续发展报告（France Telecom） / 353
十　中国联通公司可持续发展报告（China Unicom） / 383
十一　英国电信集团可持续发展报告（BT Group） / 415
十二　韩国"SK 电讯"公司可持续发展报告（SK Telecom） / 441

第三部分 指标篇——全球电信运营企业关键绩效指标 / 467

- 一 电信运营企业投资经营效果绩效指标概览 / 469
- 二 电信运营企业融资管理效率绩效指标概览 / 482
- 三 电信运营企业成本费用管理绩效指标概览 / 489
- 四 电信运营企业现金与质量管理绩效指标概览 / 496
- 五 电信运营企业可持续成长管理绩效指标概览 / 504
- 六 电信运营企业价值创造与分配绩效指标概览 / 511

第四部分 附录篇——统计公报、绩效指标和网络就绪度 / 517

- 附录一 2013年中国国民经济和社会发展统计公报 / 519
- 附录二 2013年中国电信业统计公报 / 542
- 附录三 2013年进入世界500强的电信运营商关键绩效指标一览表 / 557
- 附录四 全球电信运营企业及LOGO / 583
- 附录五 2013~2014年全球网络就绪度指数排名 / 588

后 记 / 611

Contents

Section 1 Special Subject Part—Technological Revolutions, Financial Innovations and Value Creation of Telecommunication Enterprises / 1

Main Report   Technological Revolutions, Financial Innovations and Value Creation of Telecommunication Enterprises / 3

Report Ⅰ   The Innovation and Practice of Borderless and Converged Financial Management in the Era of Big Data / 23

Report Ⅱ   A New Mode of Investment Management Based on Financial Transformation in Telecommunication Enterprises / 47

Report Ⅲ   Enterprises' Value Creation and Management Based on Asset-Light Profit Mode / 69

Report Ⅳ   The Features, Modes and Development Trend of Network Financing / 96

Report Ⅴ   Traffic-Based Operation Strategies for Telecom Operators in the Mobile Internet Era / 117

Section 2 Report Part—The Report on Sustainable Development of Global Telecom Enterprises / 143

一   The sustainable development report of AT&T / 147
二   The sustainable development report of Verzion / 171
三   The sustainable development report of China Mobile Communications / 191
四   The sustainable development report of Deutsche telekom / 219
五   The sustainable development report of Telefonica / 247
六   The sustainable development report of Vodafone / 273
七   The sustainable development report of China Telecommunications / 299
八   The sustainable development report of America Movil / 325

九　The sustainable development report of Orange / 353

十　The sustainable development report of China United Network communications / 383

十一　The sustainable development report of BT Group / 415

十二　The sustainable development report of SK Telecom / 441

Section 3　Indicator Part—Key Performance Indicators for Global Telecom Enterprises / 467

一　An overview of performance indicators of investment management effectiveness for Telecom Enterprises / 469

二　An overview of performance indicators of Financing management efficiency for Telecom Enterprises / 482

三　An overview of performance indicators of Cost management for Telecom Enterprises / 489

四　An overview of performance indicators of Cash and Quality management for Telecom Enterprises / 496

五　An overview of performance indicators of Sustainable development management for Telecom Enterprises / 504

六　An overview of performance indicators of Value creation and distribution for Telecom Enterprises / 511

Section 4　Appendix Part—Statistical Bulletin, Performance Indicators and Network Readiness Index / 517

Appendix Ⅰ　China's national economy and social development statistical bulletin for the year 2013 / 519

Appendix Ⅱ　China's telecom industry statistics bulletin for the year 2013 / 542

Appendix Ⅲ　List of key performance indicators for the twenty Telecom Enterprises on the top 500 of fortune forum in the world during the year 2013 / 557

Appendix Ⅳ　Names and Logos of the World Leading Telecom Enterprises / 583

Appendix Ⅴ　Ranks of Network Readiness Index for 2013–2014 / 588

Postscript / 611

第一部分 专题篇
——技术变革、财务创新与电信企业价值创造

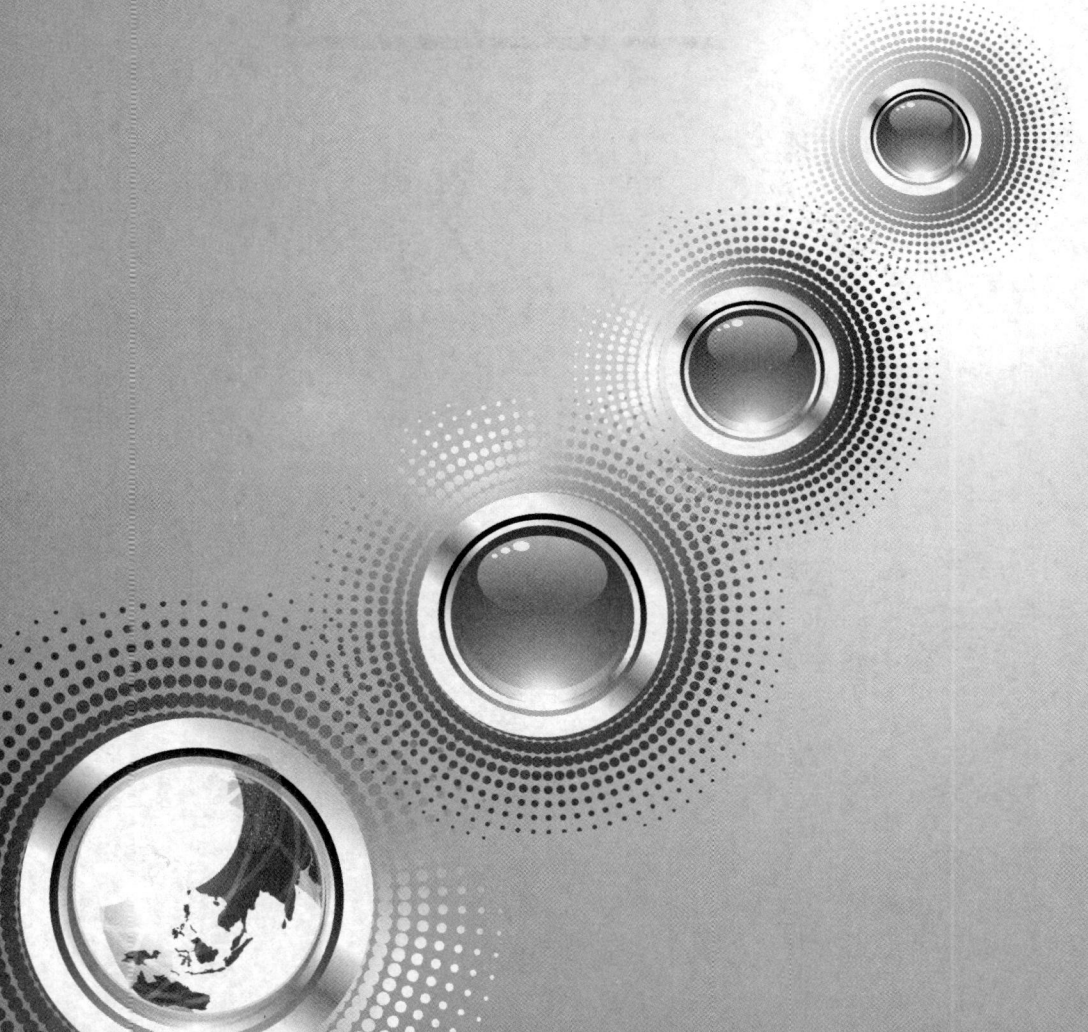

总 报 告　技术变革、财务创新与电信企业价值创造
分报告一　大数据时代的无边界融合式财务管理创新与实践
分报告二　基于财务转型的电信投资管理新模式
分报告三　基于轻资产盈利模式的企业价值创造与管理
分报告四　互联网金融的特点、模式与发展趋势
分报告五　移动互联网时代电信企业流量经营策略

总报告

技术变革、财务创新与电信企业价值创造
——基于进入世界500强的20家电信运营企业的实证研究

一 引言

2012年，中国使用移动电话访问互联网的用户比例超过PC。2013年，全球智能手机出货量超过智能终端，全球移动互联网流量占互联网流量的15%，微信、WhatsApp、Line等移动互联网用户规模纷纷超过3亿，发展速度之迅猛，远远超越业界预期（梁建君，2014）。伴随着智能终端的快速增长以及移动网络的宽带化，移动互联网将深刻影响电信行业的发展。据艾瑞咨询预测，2015年中国移动互联网市场规模将超4000亿，移动互联网用户将超7亿户，其庞大市场规模一方面给增长疲软的传统电信业务运营商带来了崭新的机遇；另一方面，由于移动互联网价值链参与主体多元化，生产过程复杂化，给电信运营商的价值链管理和整合能力提出了全新的挑战（周颖，2014）。互联网技术在电信企业集团的渗透和应用一方面会导致企业技术进步和生产效率提高，另一方面也会导致企业集团财务组织和流程的优化和创新性变革（胡玉明，2006；Stewart Clements、Michael Donnellan，2004）。通过这两个方面的持续改进，会使得企业市场竞争要素逐步得以强化，从而逐步形成财务信息化的竞争优势并不断提升财务竞争力。互联网技术的不断发展与完善为组织间的协同和共享提供了技术支撑，必将引发企业财务信息化的创新性变革，从而进一步推动企业集团财务创新的进程，最终提高电信企业集团资源管理的精细化程度并实现可持续的价值创造（何瑛，2013）。

二、影响和重塑电信行业的技术变革趋势与商业模式创新

随着企业运营环境、产品市场和运营服务的日益全球化，互联网技术（如表1-0-1、表1-0-2所示）正在对各行各业的商业生态进行重塑，电信行业当然也不例外。在移动互联网的大背景下，如今驱动商业模式变革的动力主要有三个方面：商业生态化经营、创造能使客户成功的价值及提供整合化的系统服务（宋华，2014）。相应地，财务变革与创新也应该围绕这三个方面展开。信息技术在企业商业模式创新过程中的作用主要体现在三个方面：价值发现、价值创造和价值实现。分别针对企业外部环境、市场机会、组织内部流程、财务、人力资源等内部系统、产品创新、客户关系、收益模式等，作为起直接作用的信息技术，是企业商业模式创新的重要前因；另外，作为驱动力，以IT能力为中介，起到转型杠杆作用，支撑IT系统从价值发现、价值创造、价值实现三个方面实现企业商业模式的创新和转型（刘丹等，2014）。不论是技术还是商业模式，一切都在不断变化之中，唯一不变的只有"变化"。移动支付市场，电信运营企业主推的近场支付技术NFC还没成熟，就已经开始面临互联网企业、银行、终端厂商、第三方公司等推动的主机卡仿真（HCE）以及云端移动支付、二维码、低功耗蓝牙技术（BLE）等替代技术的冲击。M2M的价值链则悄然从全球各大电信运营企业重点关注的垂直行业B2B领域逐步向B2B2C延伸。在线视频服务产业链加速垂直一体化整合；移动阅读日渐网络化，使电信运营企业管道化风险加剧等。面对如此种种新变化，电信运营企业有的直接模仿互联网企业的商业应用模式，如Telefonica推出TUME、TUGO等免费短信与话音实现自我革命；有的曲线救国，如Orange和DoCoMo通过收购或参股互联网企业等方式推行新业务等（梁建君，2014）。随着基础电信产业价值持续下滑，资本市场将其定位在较低的位置，互联网应用和服务对电子信息产业增长的拉动将超过基础电信业。多个研究机构如OVUM、Gartner、IDC均认为，从2014年开始，电信业将通过商业模式创新进入挖掘新价值的新阶段，但进程可能会比较缓慢与艰难（邓煜熙，2014）。

表1-0-1 塑造可以预见的未来的十大信息技术

排名	技术	说明
1	移动技术	随时随地通过各种设备、无线网络、操作系统和应用程序连接到宽带网络
2	大数据	来自互联网系统、设备和物理对象的数量庞大的各种结构化数据和非结构化数据
3	人工智能和机器人	各种各样的展现某些智能的机器和计算机系统
4	网络安全	防范因对个人和专业数字设备和数据的依赖性增加而导致的新形式的网络风险、攻击、犯罪和恐怖主义
5	教育技术	能改变和提升教育的成果、教育发展、教育技术和可行性的趋势和工具
6	云技术	远程提供网络技术资源的服务，资源包括软件应用、计算能力和数据存储
7	支付系统	正在革新和发展中的基于网络的软件应用、货币、支付平台、设备和服务

续表

排名	技术	说明
8	虚拟现实与增强现实	运用计算机建模来模拟、叠加和补充现实,从而实现人机交互的技术
9	数字服务支付	用以提供在线、互动、自助服务、业务流程、软件和服务的新技术
10	社交媒体	基于互联网等通信技术的支持社交的技术,主要包括社交网站、微博、微信、博客、论坛等

资料来源:ACCA报告。

表1-0-2 2012~2013年ACCA技术趋势研究分析框架

技术	影响电信行业与财务变革的关键问题	关键应对策略
移动技术 大数据 人工智能和机器人 网络安全 教育技术 云技术 支付系统 虚拟现实与增强现实 数字服务支付 社交媒体	• 获取技术资源更快、更容易 • 联系更加紧密的世界和劳动力 • 更多业务流程和服务实现自动化的机遇 • 财会行业的去技能化 • 庞大的数据量 • 合规与决策加强 • 与数据收集和分析相关的新道德挑战 • 透明度更大 • 投资新渠道 • 服务、交付和商业模式方面的创新 • 大小企业之间的公平竞争 • 生产力和效率更高 • 期末流程更快、更灵活 • 新的风险领域 • 数据安全和数据主权面临的挑战 • 财会行业传统职责面临的挑战 • 期望全天候随时随地在任何设备上获取资源 • 财会专业人士的技能与专业知识分离	• 探索建立成本模型的新途径 • 为不断变化的工作方式做好准备 • 持续关注新兴技术 • 评估风险、解决安全问题 • 规划好采用和实施新技术的时间点 • 培养和改变管理技能 • 加强数据分析、解释的技能 • 雇佣数字原生带 • 制定范围更广、更具战略性的融资计划书 • 了解技术市场状况、规划和风险 • 探索流程自动化的潜力 • 引入更好的控制和教育措施来加强管理 • 利用技术来增加价值 • 预见新的法规 • 充分学习以提出适当的问题来增长见识 • 调整自身以满足不断变化的商业需求 • 进行人为的管理和控制 • 管理内外部客户的期望

资料来源:ACCA报告。

三 技术和商业模式变革驱动电信企业财务创新

(一) 技术和商业模式对电信企业财务创新的影响

当前,伴随着企业运营环境、产品市场和运营服务的日益全球化,以信息技术和网络技术为核心的第三次科技革命,正在对经济环境的方方面面进行颠覆和重构。财务管理作为一个企业的命脉,关乎着企业资源的调度和使用,引领着企业去创造更多价值,首当其冲地面临网络技术变革与信息技术的挑战。电信企业传统的财务管理更多关注的是核算概念,但财务管理本身能为企业创造更多价值,在当前的环境下,以云计算和大数据等为代表的互联网技术在提高企业财务管理效率的同时,也打破了传统的信息不对称,它可以为企业提供更丰富、更准确的信息资源,并可以实现企业财务内部和外部信息的共享与交互,即新形势下的财务管理有着开放性、共享性和交互性的要求。而无论是大数据还是云计算,都始终是一种工具,无法帮助企业有效地做出决策和管理,因而电信企业需要积极进行财务创新。

基于大数据和云计算等技术，电信企业接触到的结构性数据和非结构性数据总量越来越多，对于数据的分析工具也日趋复杂，这些都驱动着电信企业的财务决策形式不断向以数据为导向驱动，而当前电信企业利润日益稀薄的现状也要求企业在关注财务数据的同时，也需要关注与市场和业务相关的非财务数据。信息技术与网络技术的快速发展，也在一定程度上对传统的金融业产生了冲击，当下以移动支付、大数据和云计算等技术为基础的以第三方支付、P2P、网络贷款及金融机构线上平台为代表的互联网金融模式已渐露端倪。而伴随着电信产业链被打破和4G牌照的发放，电信企业的投融资环境都发生了改变。这些都要求电信企业必须积极进行财务创新。

此外，企业的财务管理还受到商业模式的影响，当企业的商业模式发生改变时，企业也需要相应调整财务管理战略；否则，企业管理者将控制不住整个企业的财务运作，企业财务管理战略的实施也将会失去保证。当前，以微信为代表的互联网业务运营商利用商业模式方面的优势，不断蚕食着电信运营企业的市场份额和盈利空间，让电信运营企业付出了惨痛的代价，在这种形势下，电信企业只有学会运用互联网思维，创新商业模式，才能充分应对恶劣的外界环境的挑战，而商业模式的重构必然会对财务管理提出新的要求，即新形势下电信企业需要开展以商业模式变化为主要工作方向、支撑商业模式重构的财务创新。

（二）电信企业进行财务创新的策略

当前，互联网技术和互联网环境下的商业模式已经深刻影响和改变着电信行业传统的经济活动，因而电信企业在进行财务创新时，需要以开放、平等和合作等互联网的核心思维为指引，同时，在互联网技术的影响下，行业的投融资环境都会改变，电信企业可以创新投融资战略。具体来说，电信企业财务创新的策略如下所述。

1. 积极践行思维转型，实现向互联网思维的转变

随着互联网技术的发展，传统互联网向电信领域的渗透以及移动互联网的快速发展，电信产业的产业链被打破，产业链的利润正在加速流向内容提供商、应用服务商等，电信企业坚守的阵地正被步步蚕食。移动互联网等新技术的出现能对电信企业带来如此巨大的冲击，主要依托于其节奏转换极快，以及基于用户通信需求、信息共享需求、娱乐互动需求和电子商务需求的前向免费后向收费的运营模式，一切以用户需求和产品体验为最高准则的互联网思维模式，而电信企业的运作模式很缓慢，且推行的是基于简单通信、信息Push等服务需求，前向盈利的传统运营思维模式很难适应当前的互联网环境。面对这汹涌而来的移动互联网大潮，如何解除困境是电信企业必须面对的难关。要么成功解除，达到另一高端，要么就是受制于人。古语有云"以其人之道，还治其人之身"，这正是当前形势下电信企业可以采取的主要策略。既然互联网企业可以凭借自身优势，企图改变通信产业格局，那么电信运营企业自身也可以使用互联网思维来改造传统通信业务。硬碰硬对于三大运营商来说更有利，毕竟固定而庞大的用户规模是互联网企业所无法比拟的。对于电信企业来说，以互联网思维改造传统通信行业的关键点包括以下几个方面：

第一，凭借通信网络和平台优势，增强传统通信功能，打造运营商特有的互联网通信产品，这里的互联网通信产品，是指融合互联网和传统通信双方的产品，必须兼顾通信业务和互联网体验，同时，在成功打造运营商特有的互联网通信产品的同时，还要注重用户体验。

第二，充分发挥通信网络平台优势，从网络适配、用户覆盖、产品稳定性等实现与互联网公司差异化的互联网通信业务。

第三，有效管理和充分挖掘用户关系链，用户是互联网时代很重要的资源，因而电信企业需要加强用户关系链的管理。

第四，集成互联网应用，打造"社区+应用+终端"的移动互联网通信开发平台，构建新的通信产业链。

同时，电信企业向互联网思维的转变也要求电信企业的财务人员必须具备互联网思维，在互联网的时代背景下，只有财务人员具有更精深的专业知识和技能，并且跳出财务管理的常规范畴，以更开阔的视野和更前瞻的思维审视自己的价值定位，才能更好地推动企业商业模式的创新、财务创新和价值的创造。

2. 大力应用互联网技术，推动财务与业务的一体化

伴随着大数据的出现，财务管理的"大财务"观念应运而生，大财务是指财务管理不再局限于传统的财务领域，开始向业务的多个领域延伸和渗透，通过贯穿于从产品研发到货款回收全过程的纵向延伸和全面覆盖与资金流相关的所有业务部门的横向扩展两种方式，实现企业业务和财务的紧密结合。近年来，随着移动语音市场的日趋饱和及网络规模的逐年扩大，我国电信运营企业的收入减少而支出增加的矛盾日益严峻，在这种情况下，电信企业可以大力应用互联网技术，利用大财务观念，将业务和财务紧密结合，确保企业资源的准确投放和科学使用，提高资源的使用效率并实现资源投资效益的最大化，进而提升企业价值。另外，企业经营管理的最主要目标就是追求企业价值的最大化，如果财务管理与业务工作联系得不够紧密，企业生产经营各环节的生产要素、成本费用、经营风险、市场变化等信息就无法及时、准确地反映到财务部门，即企业资源就不能进行高效的配置和运用，财务管理的价值分析与控制职能就很难充分发挥作用。在这种情况下，企业要想实现价值最大化目标是不太现实的。通过推动业务与财务的一体化，电信企业可以改变传统的业务处理方式和管理模式，并将包括采购、资金、成本等企业经营环境的各方面融入财务中，实现了信息的高度集成与共享，再通过大力应用大数据、云计算等互联网技术提供的财务和非财务数据，电信企业可以改变过去"信息孤岛"的状况，准确及时地反映各方面的动态信息，监控经营成本和资金流向，提高企业对市场反应的灵活性和效率。总之，通过应用互联网技术，并推动财务与业务的一体化，电信企业可以将公司财务价值管理理念传递至价值链的各个环节，实现企业的精益管理，实现管理效率和管理能力的提高，从而使企业资产周转速度增加、收入增加、成本减少，促进经济效益的增加，进而提升电信企业的核心竞争力。

3. 依托互联网金融，重构企业的融资格局和模式

当前，互联网已经形成新的技术革命力量，制度创新以及技术和市场环境带来的冲击，已经撕裂了原有的融资格局和模式，因而电信企业在进行财务创新时，除了在内部大力使用互联网技术、形成互联网思维之外，也需要紧盯外部市场的变化，如时下火热兴起的互联网金融。2013年底，工信部为我国三家电信运营企业发放了4G牌照，从我国3G网络建设经验来看，4G网络建设需要3~4年，相关投资也会逐步支出，因此在未来，电信企业对于资金有着持续巨大的稳健需求（如表1-0-3所示）。同时，为了应对腾讯、苹果等新型、轻型运营商利用商业模式和技术上的

创新对电信服务业的冲击，电信企业也需要大量的资金。当下，伴随着移动支付、社交网络、大数据和云计算等互联网信息技术的发展浪潮，催生出了以第三方支付、P2P、网络贷款及金融机构线上平台为代表的各种互联网金额模式，在这种金融模式下，市场信息不对称程度非常低，资金供需双方可以直接交易，有着成本相对较低、更方便快捷的优点，因而电信运营企业可以创新自身的融资模式，在保持与之前的传统银行紧密的合作关系之外，适当地利用P2P等渠道，来为企业争取更低的融资成本。同时，电信企业在大数据、云计算、渠道能力等方面有着明显的优势。具体来说，在大数据方面，电信企业掌握着海量的由用户信息、用户消费行为与使用行为信息及由此衍生的信用记录等构成的大数据资源。随着手机用户实名制的快速推进，运营商大数据资源的可靠性、可用性得到了较大提升，也为完善征信记录库提供了有效保障。同时，移动互联网的快速普及创造了更为海量的包括上网行为、APP使用行为、位置信息、即时通信信息等在内的大数据资源，为运营商进行大数据挖掘与分析提供了更为丰富的基础素材。基于大数据挖掘，运营商可有效预测、发现用户的金融需求，并根据用户行为习惯及信用记录等特征信息，发挥移动终端极大便利性的优势，第一时间匹配相应金融产品。在云计算能力方面，电信企业几年前便着手于云计算研究与应用，具有满足移动互联网海量信息实时分布式存储、分析、处理及相关金融服务、产品快速设计、匹配与递送的云计算能力。在渠道能力方面，和互联网及电商企业相比，运营商有着完整的从线下网点、PC端平台到移动端平台的渠道布局，同时电信企业还拥有高覆盖率的实体营业网点，这为用户办理身份与安全认证等线上办理风险较高的业务提供了有力保障，也有助于打消部分用户对移动互联网金融安全性的顾虑（徐渊，2014）。这些优势都为电信企业发力移动互联网金融创造了有利条件。当然，尽管互联网技术为企业拓宽了融资渠道，但互联网金融毕竟是一个新生事物，相关制度、法规等配套体系尚待完善，因而企业在利用互联网金融融资时，需要有清晰的考虑和规划，谨防新模式背后潜在的风险。

表1-0-3 我国电信运营企业4G投资预测

公司\年份	2013	2014	2015
中国移动	394	561.5	375.75
中国电信	36.2	168	243.5
中国联通	10.5	31.5	92
合计（亿元）	440.7	761	711.25

资料来源：郑磊，雷志勇. 吹响4G投资号角[J]. 资本市场，2013(5).

4. 创新企业投资策略，实现全产业链竞合

一直以来，电信企业在产业链中处于核心主导地位，但是随着互联网技术的发展和移动互联网的出现，由电信企业主导、产业链各环节各司其职的局面已经被打破，产业链各环节参与者都有了全产业链扩张的机会，如由于设备制造环节竞争的日趋激烈，设备制造商已经不再局限于传统的业务领域，其经营的触角已经逐渐向下游延伸，而终端厂商也在采用"终端+服务"的模式实现向产业链上游扩张的布局。同时，由于商业模式和技术方面的劣势，电信企业的利润正在不断

向上下游流失。因而，无论是追求移动互联网良好的发展前景，还是出于自身业务长远发展的需要，都促使着电信企业创新投资方式，实施战略性投资管理，采用纵向多元化的战略向产业链上下游扩张，以便开拓新的领域，具体来说，包括通过股权投资、并购等方式控制产业链的关键节点，同时加强产业链的合作和资源整合的力度。这一举措，一方面会导致电信企业与产业链上的部分企业之间的矛盾，形成市场竞争关系；另一方面，由于电信企业自身能力和资源的限制，以及共同做大市场、促进业务发展的考虑，电信企业需要与产业链上的其他企业进行合作。即未来电信企业需要积极创新投资策略，实现全产业链的竞合。此外，近年来国外诸多知名电信运营商采用了产融结合的方式，并取得了良好的成效，而金融资本与电信企业的结合，一方面可以提升电信企业的融资能力；另一方面，电信企业可以利用金融产业的财务分析能力，加强企业的风险防范与控制，从而提高企业的资本利用效率和核心竞争力，因而我国电信企业在创新投资策略时，可以考虑适时使用产融结合的方式，从而形成跨行业的协同效应。

四 电信运营企业财务竞争力与价值创造排名及分析

融资行为是为投资需求服务，所以必须在时间、金额等方面同投资需求相匹配，投资拉动融资是资本市场永恒不变的准则之一。电信运营企业对融资效率与投资效果的追求表现在持续优化资本结构与资产结构，通过价值创造、价值实现与价值经营实现可持续发展。国务院国有资产监督管理委员会第22号令《中央企业负责人经营业绩考核暂行办法》已于2010年1月1日起正式实施。该考核办法中引入了一个崭新的价值管理指标"经济增加值"（EVA），这一指标的引入标志着企业价值管理新阶段的到来。从某种意义上说，企业的实质就是一种价值创造机制的现实存在。如何有效地为投资人带来增量价值是企业运营的不变追求，而对这一价值创造过程进行有效管理则是企业价值管理的本质目标，价值创造能力最终体现为企业财务竞争力的强弱。

财务竞争力根植于企业的财务资源和财务管理活动中，是基于价值导向的成长管理、盈利管理和风险管理动态平衡的综合实力体现（Fama and French，1991）。财务竞争力的强弱可以基于现金流量、综合绩效、经济增加值等视角加以衡量和评价。笔者以 Fama and French、吴荷青、张友棠、朱晓等关于如何评价财务竞争力的研究作为基础，结合电信运营企业资产、技术密集的特点，逐步满足精细化管理将效益管理落到实处的要求，以及追求管理成长、提高盈利和控制风险的动态均衡以实现价值增值为导向，构建了现金流视角的电信运营企业财务竞争力评价体系，同时为了验证评价结果的客观性，又建立了一套综合绩效视角的电信运营企业财务竞争力评价体系进行相关性研究，如表1-0-4和表1-0-5所示。

表1-0-4 电信运营企业基于综合绩效的财务竞争力评价体系

总目标	子目标	一级指标	二级指标
财务竞争力	风险管理	融资效率	资产负债率，流动比率，利息保障倍数
	盈利管理	投资效果	总资产报酬率，净资产报酬率，经济增加值率（EVA率），息税、折旧摊销前利润占收比（EBITDA率）
		资产管理	总资产周转率，固定资产周转率，应收账款周转率
		现金管理	销售现金比率，资产现金回收率，自由现金流占收比
	成长管理	成长能力	总资产增长率，主营业务收入增长率，净利润增长率，资本性支出占收比，每股收益增长率

表1-0-5 电信运营企业基于现金流的财务竞争力评价体系

总目标	子目标	一级指标	二级指标	三级指标
财务竞争力	风险管理	安全性	流动性	现金比率，现金流量比率
			结构性	现金流入流出比
			灵活性	坏账发生率
	盈利管理	盈利性	效率性	销售现金比率
			效益性	自由现金流占收比，资产现金回收率，息税、折旧摊销前利润占收比
	成长管理	可持续性	充足性	现金流量经营充足率
			稳定性	可持续增长率
			增长性	资本性支出占收比，经营活动现金流量增长率

本文选取的样本研究对象为进入世界500强的19家电信运营企业，和1家虽未进入世界500强但经营绩效良好且具有重要影响力的韩国SK电讯，其中各项指标的计算取值均来自于各公司公布的2013财年年报，其中由于日本和英国公司的财年计算是从本年的4月1日到次年的3月31日，因此对日本和英国公司选取的是2014年年报。在计算出各评价指标数值后使用SPSS 21.0软件对数据进行处理。本文采用了因子分析模糊综合评价法，能够将对样本公司各项指标的客观评价以及决策者对各评价层面的主观判断相结合，弥补了层次分析法易受人为操纵以及主成分分析法不能体现决策者经营重心的缺憾。基于两种不同视角（综合绩效和现金流）的评价结果不仅可以对企业的整体财务竞争力进行相关性评价，而且能够从多角度进行分析并提出提升电信企业财务竞争力的路径。

1. 因子分析

（1）提取公共因子。对各指标进行因子分析前，我们先对样本数据进行了KMO检验和Bartlett球度检验，检验结果表明，所有的KMO检验值均大于0.5，说明样本数据适用于因子分析。所有的Bartlett球度检验值均小于0.05，即当显著水平为95%时，样本数据适用于因子分析。对样本数据进行因子分析，按照累积方差贡献率大于80%的原则，各一级指标选入的公共因子列表如表1-0-6和表1-0-7所示。

表1-0-6 各一级指标公共因子及方差贡献率（基于综合绩效）

目标	指标	公共因子	特征根	方差贡献率（%）	累积方差贡献率（%）
风险管理	融资效率	F11	1.636	54.523	54.523
		F12	1.005	35.510	88.033

续表

目标	指标	公共因子	特征根	方差贡献率（%）	累积方差贡献率（%）
盈利管理	投资效果	F21	2.886	57.722	57.722
		F22	1.187	23.738	81.459
	资产管理	F31	1.633	54.430	54.430
		F32	1.030	34.339	88.769
	现金管理	F41	1.620	53.988	53.988
		F42	1.051	35.036	89.024
成长管理	成长能力	F51	2.036	40.711	40.711
		F52	1.990	39.792	80.503

表1-0-7 各一级指标公共因子及方差贡献率（基于现金流）

目标与指标	公共因子	特征根	方差贡献率（%）	累积方差贡献率（%）
风险管理——安全性	F11	1.347	33.685	33.685
	F12	1.243	31.075	64.76
	F13	1.053	26.325	91.085
盈利管理——盈利性	F21	2.023	50.564	50.564
	F22	1.258	31.455	82.019
成长管理——可持续性	F31	1.264	31.609	31.609
	F32	1.002	25.06	56.669
	F33	1.000	24.994	81.663

（2）计算各一级指标的综合得分。以旋转后因子的方差贡献率为权重，由各因子的线性组合得到某个一级指标的综合得分。计算公式如下：

$$F = \omega_1 F_1 + \omega_2 F_2 + \cdots + \omega_n F_n \quad (1\text{-}0\text{-}1)$$

在各一级指标内按照式（1-0-1）计算因子得分总计如表1-0-8和表1-0-9所示。

表1-0-8 20家电信运营企业基于因子分析的各一级指标因子得分及排名（基于综合绩效）

500强排名	公司名称	风险管理 融资效率		盈利管理						成长管理 成长能力	
				投资效果		资产管理		现金管理			
		得分	排名	得分	排名	得分	排名	得分	排名	得分	排名
1	美国AT&T	-0.32	15	0.05	6	0.09	8	0.24	6	-0.17	10
2	美国Verizon	0.84	2	0.18	4	-0.03	12	0.91	2	-0.01	7
3	日本NTT	0.45	4	-0.27	16	0.05	10	0.04	10	-0.16	9
4	中国移动	2.1	1	0.3	3	1.39	1	0.69	3	0.10	3
5	德国电信	-0.22	11	-0.49	20	-0.08	13	-0.42	16	-0.08	8
6	西班牙电信	-0.23	12	0.15	10	-0.27	14	0.04	9	-0.35	18
7	日本Softbank	-0.18	9	0.2	13	-0.40	17	-1.47	20	1.67	1
8	英国沃达丰	0.32	5	2.47	1	-0.33	15	-0.99	19	1.51	2
9	美国Comcast	-0.29	14	-0.15	8	-0.38	16	-0.08	13	-0.30	16
10	中国电信	-0.28	13	-0.26	15	0.60	3	0.02	12	0.01	6
11	墨西哥美洲电信	-0.33	16	-0.02	7	0.28	7	0.21	7	-0.19	12
12	法国电信	-0.39	17	-0.34	17	0.02	11	-0.71	18	-0.31	17
13	中国联通	-0.50	18	-0.38	18	0.71	2	0.03	11	0.06	4
14	日本KDDI	0.73	3	-0.14	9	0.51	5	-0.35	15	0.05	5

续表

500强排名	公司名称	风险管理		盈利管理						成长管理	
		融资效率		投资效果		资产管理		现金管理		成长能力	
		得分	排名	得分	排名	得分	排名	得分	排名	得分	排名
15	意大利电信	-0.17	8	-0.19	12	-0.60	18	0.18	8	-0.41	19
16	法国Vivendi	-0.11	7	-0.18	4	-0.77	19	-0.51	17	-0.55	20
17	美国DirectTV Group	-0.21	10	0.07	5	-1.69	20	0.45	5	-0.18	11
18	英国电信	-0.51	19	-0.43	19	0.55	4	0.59	4	-0.26	15
19	澳大利亚电信	0.02	6	0.36	2	0.28	6	1.28	1	-0.22	14
20	韩国SK电讯	-0.73	20	-0.17	11	0.07	9	-0.13	14	-0.22	13

表1-0-9 20家电信运营企业基于因子分析的各一级指标因子得分及排名（基于现金流）

500强排名	公司名称	风险管理——安全性		盈利管理——盈利性		成长管理——可持续性	
		得分	排名	得分	排名	得分	排名
1	美国AT&T	-0.21	11	0.87	3	-0.08	14
2	美国Verizon	1.78	1	0.89	2	0.20	7
3	日本NTT	-0.21	12	-0.06	11	0.21	6
4	中国移动	0.62	3	0.73	4	0.67	1
5	德国电信	-0.31	16	-0.55	16	0.20	8
6	西班牙电信	-0.19	10	0.04	7	0.04	11
7	日本Softbank	-0.38	18	-1.08	20	0.37	5
8	英国Vodafone	-0.22	13	-0.57	17	-0.29	17
9	美国Comcast	-0.42	19	-0.01	9	-0.23	15
10	中国电信	-0.42	20	-0.09	12	0.64	2
11	墨西哥美洲电信	-0.15	8	0.00	8	-1.15	20
12	法国电信	-0.17	9	-0.64	18	-0.06	13
13	中国联通	-0.01	7	-0.15	13	0.56	3
14	日本KDDI	0.76	2	-0.46	15	0.43	4
15	意大利电信	0.19	5	0.40	5	-0.01	12
16	法国Vivendi	-0.29	15	-0.66	19	-0.51	18
17	美国DirectTV Group	-0.01	6	-0.04	10	0.06	10
18	英国电信	-0.37	17	0.34	6	-0.92	19
19	澳大利亚电信	0.23	4	1.20	1	0.14	9
20	韩国SK电讯	-0.22	14	-0.18	14	-0.26	16

2. 模糊综合评价

本文的财务竞争力评价指标体系共有三个或五个一级指标，设 $d_k(k=1,2,3,4,5)$ 或者 $d_k(k=1,2,3)$ 为第k个一级指标的权重，用模糊评价法确定如下：

（1）确定一级指标对于评价财务竞争力的重要性排序及对于财务竞争力重要性的隶属度值。

本文对一级指标之间的相对重要性进行了专家调查，然后结合电信运营企业现阶段的发展特点，将融资效率、投资效果、资产管理、现金管理和成长能力按1、2、3、4、5的顺序排列成一个矩阵A，或将安全性、盈利性、可持续性按1、2、3的顺序排列成一个矩阵B，就会分别得到两个各一级指标之间优越性二元对比矩阵A和矩阵B。矩阵A和矩阵B满足条件：若 d_k 比 d_l 优越，

取 $e_{kl}=1$，$e_{lk}=0$；若 d_l 比 d_k 优越，取 $e_{kl}=0$，$e_{lk}=1$；若 d_k 与 d_l 同样优越，取 $e_{kl}=e_{lk}=0.5$。其中 $k, l = 1, 2, 3, 4, 5$ 或 $k, l = 1, 2, 3$。

矩阵 A 和矩阵 B 通过了一致性检验，可以得出各一级指标对财务竞争力的重要程度的排序为：

1）基于综合绩效：分为三个层级——第一层级为投资效果、第二层级为融资效率和成长能力、第三层级为资产管理和现金管理水平，重要度依次减弱。以投资效果为标准，将其他方面逐一和投资效果进行对比，发现：投资效果与成长能力和融资效率相比，其重要程度介于"同样重要"与"稍稍重要"之间；投资效果与资产管理和现金管理水平相比，其重要程度介于"稍稍重要"与"略微重要"之间。

2）基于现金流：分为三个层级——第一层级为盈利性、第二层级为安全性、第三层级为可持续性，重要度依次减弱。以盈利性为标准，将其他方面逐一和盈利性进行对比，发现：盈利性与安全性相比，其重要程度介于"同样重要"与"稍稍重要"之间；盈利性与可持续性相比，其重要程度介于"稍稍重要"与"略微重要"之间。这样，我们就用语气算子定义了前一步中所提及的尤越性的程度。

（2）对隶属度值进行归一化处理，得到各一级指标的评价权重。根据上述判断结果，查表即可得到各一级指标对财务竞争力重要性的相对隶属度向量：

$$d_k = (1.0, 0.905, 0.735, 0.905, 0.739)^T \quad (1-0-2)$$

或者 $d_k = (0.905, 1.0, 0.739)^T \quad (1-0-3)$

对式（1-0-2）和式（1-0-3）进行归一化处理后，得到各一级指标的权向量：

$$d'_k = (0.2332, 0.2111, 0.1723, 0.2111, 0.1723)^T \quad (1-0-4)$$

或者 $d'_k = (0.3423, 0.3782, 0.2795)^T \quad (1-0-5)$

3. 财务竞争力与价值创造排名

样本的综合评价得分计算公式为：

$$Z = \sum_{k=1}^{q} d_k F_k \quad (q = 5 \text{ 或 } 3) \quad (1-0-6)$$

其中，F_k 即根据式（1-0-1）计算得出的各一级指标的综合得分；Z 即财务竞争力得分。将上述计算结果代入式（1-0-6）即可计算出 20 家电信运营企业的财务竞争力综合得分及排名，现将基于综合绩效和现金流的财务竞争力评价结果及价值创造排名（EVA 率）汇总如表 1-0-10 和表 1-0-11 所示。

表 1-0-10　20家电信运营企业财务竞争力综合得分及排名

500强排名	公司名称	财务竞争力得分（综合绩效）	财务竞争力排名（综合绩效）	500强排名	公司名称	财务竞争力得分（现金流）	财务竞争力排名（现金流）
4	中国移动	0.96	1	2	美国 Verizon	1.01	1
8	英国沃达丰	0.59	2	4	中国移动	0.67	2
17	美国 DirectTV	0.42	3	19	澳大利亚电信	0.57	3
2	美国 Verizon	0.36	4	1	美国 AT&T	0.24	4
19	澳大利亚电信	0.16	5	15	意大利电信	0.22	5
14	日本 KDDI	0.04	6	14	日本 KDDI	0.21	6
10	中国电信	−0.01	7	13	中国联通	0.09	7
3	日本 NTT	−0.02	8	10	中国电信	0.00	8
11	墨西哥美洲电信	−0.03	9	17	美国 DirectTV	0.00	9
1	美国 AT&T	−0.03	10	3	日本 NTT	−0.04	10

续表

500强排名	公司名称	财务竞争力得分（综合绩效）	财务竞争力排名（综合绩效）	500强排名	公司名称	财务竞争力得分（现金流）	财务竞争力排名（现金流）
18	英国电信	-0.06	11	6	西班牙电信	-0.04	11
13	中国联通	-0.18	12	9	美国 Comcast	-0.21	12
7	日本 Softbank	-0.18	13	20	韩国 SK 电讯	-0.22	13
6	西班牙电信	-0.22	14	18	英国电信	-0.25	14
15	意大利电信	-0.23	15	5	德国电信	-0.26	15
9	美国 Comcast	-0.26	16	12	法国电信	-0.32	16
20	韩国 SK 电讯	-0.26	17	11	墨西哥美洲电信	-0.37	17
5	德国电信	-0.27	18	8	英国 Vodafone	-0.37	18
12	法国电信	-0.36	19	7	日本 Softbank	-0.43	19
16	法国 Vivendi	-0.42	20	16	法国 Vivendi	-0.49	20

表 1-0-11 世界 500 强电信运营企业财务竞争力评价与价值创造综合排名（2011~2013 年）

500强排名	公司名称	2011年			2012年			2013年		
		财务竞争力综合排名（基于综合绩效）	财务竞争力综合排名（基于现金流）	EVA率排名	财务竞争力综合排名（基于综合绩效）	财务竞争力综合排名（基于现金流）	EVA率排名	财务竞争力综合排名（基于综合绩效）	财务竞争力综合排名（基于现金流）	EVA率排名
1	美国 AT&T	20	18	17	10	8	13	10	4	10
2	美国 Verizon	12	11	13	8	9	10	4	1	8
3	日本 NTT	15	13	16	12	11	17	8	10	18
4	中国移动	1	1	2	1	1	2	1	2	4
5	德国电信	18	14	18	20	16	20	18	15	20
6	西班牙电信	17	12	9	16	13	8	14	11	12
7	日本 Softbank	6	2	6	6	5	9	13	19	16
8	英国沃达丰	14	10	12	18	14	18	2	18	1
9	美国 Comcast	10	19	15	5	4	11	16	12	14
10	中国电信	9	5	14	11	15	12	7	8	15
11	墨西哥美洲电信	5	15	3	4	10	4	9	17	5
12	法国电信	16	6	11	19	18	14	19	16	17
13	中国联通	13	8	19	14	12	15	12	7	19
14	日本 KDDI	8	20	10	7	20	7	6	6	7
15	意大利电信	19	7	20	15	17	19	15	5	13
16	法国 Vivendi	11	9	7	17	17	16	20	20	9
17	美国 DirectTV	2	17	1	2	6	1	3	9	2
18	英国电信	7	16	5	13	2	5	11	14	6
19	澳大利亚电信	4	4	4	3	3	3	5	3	3
20	韩国 SK 电讯	3	3	8	9	19	6	17	13	11

综观上述 20 家电信运营企业财务竞争力综合排名（基于综合绩效和基于现金流）和 EVA 率近三年的排名情况，可以发现三种排名结果存在较高的相关性，同时也发现个别企业排名出现较大变动。下面从四个方面对上述排名及其变动情况进行综合分析。

（1）总体情况。从总体排名看，自2011年以来，每年进入世界500强的电信运营企业都保持在20家左右，这20家企业2013年的500强排名较2012年的排名总体变化不大，只有日本Scftbank公司排名由2012年的第13名上升到第7名。从整体得分的趋势看，基于综合绩效和基于现金流的财务竞争力得分为正的企业数量基本不变，2012年这两项得分为正的企业共有16家，2013年得分为正的有15家，但EVA率为正的企业数量有所增加，由2012年的5家上升到2013年的8家，说明企业开始重视EVA这个指标，并通过其来提升财务竞争力和创造价值的能力。

（2）区域比较。按照地理位置的不同划分，这20家企业主要来自美洲、亚洲、欧洲和大洋洲四个地区。从这四个地区的平均财务竞争力得分和平均EVA率来看，大洋洲和美洲排在前两位，亚洲和欧洲排在后两位。大洋洲只选取了澳大利亚电信一家企业，虽然500强排名比较靠后，但是近三年的三项排名一直都在前五，经营和财务状况良好且稳定，说明500强的评价标准并不能反映企业的真实财务状况和水平，同时也反映了其较强的财务竞争力和价值创造能力。美洲地区电信企业的整体水平与上年相比维持稳定，而美国的AT&T和Verizon两家企业的三项排名与上年相比均有大幅度提升，这与其较强的盈利能力是分不开的，两家企业2013年的净利润增长率分别为151.23%和123.05%，EPS增长率分别为171.2%和1193.55%，相比上年提升很大，较高的净利润增长率和EPS增长率可以给企业带来充足的经营活动现金流，给企业提供了大量的内源融资额，增强了企业的经营能力和经营效果，为企业价值创造能力的提升奠定了坚实基础。亚洲地区电信企业三项排名与上年相比略有下降，中国移动、日本Softbank和韩国SK电讯均有所下滑，唯有日本KDDI表现良好，得益于其现金流管理能力的提升，同时，现金流的安全性和可持续性与上年相比也有很大程度的提高。欧洲地区的7家电信运营企业近年来三项排名一直处于中下游水平，法国电信、德国电信、法国Vivendi相比上年排名都有所下降，而英国电信和英国沃达丰的排名有较大幅度上升，总体来说，欧洲地区电信企业在财务竞争力方面落后于其他三个地区。

（3）具体公司排名分析。从具体公司的排名来看，基于综合绩效和现金流的财务竞争力排名与基于EVA率的排名具有较高的相关性和一致性。以2013年为例，日本KDDI三项的排名分别为第6名、第6名和第7名，澳大利亚电信的排名分别为第5名、第3名和第3名，说明企业的财务竞争力和创造价值的能力存在正的相关性，能够在投资、融资、现金管理、资产管理等方面拥有卓越表现的公司通常具有较强的价值创造能力。

但是2013年，有三家公司相比前两年有较大的变动：

第一，美国Verizon的财务竞争力排名和EVA率排名比前两年有了很大的提高。其中，基于综合绩效、现金流的财务竞争力排名分别从第8名、第9名上升到了第4名、第1名，这主要得益于美国Verizon提高了融资管理和现金流管理效率。美国Verizon的EVA率排名这三年一直在上升，前两年美国Verizon的EVA为负值，2013年变成正值，说明企业开始为股东创造价值。美国Verizon集团2013年的营业收入、净利润、营业利润三大指标都实现了增长，后两项增幅巨大，三个指标相比2012年分别增长了4.15%、121.7%和21%。EBITDA率为40.3%，比2012年的25.6%有了大幅增长。这是Verizon 8年来EBITDA率最高的一年。自由现金流为222亿美元，同比增长45.1%，Verizon在其中抽取了59亿美元用于股东红利。资本支出总额为166亿美元，比

2012年的162亿美元略有增加。以2013年第四季度为例，这三大领域的收入占了集团总收入的84%。原因在于无线、光纤、企业服务等所有的战略业务领域都实现了增收，加之节支措施显效，所以美国Verizon 2013年绩效表现非常好。以2013年第四季度为例，这三大领域的收入占了集团总收入的84%。

第二，日本Softbank在2013年的财务竞争力和价值创造排名都出现了大幅度的下滑，其中基于综合绩效的财务竞争力和EVA率下降了7名，基于现金流的财务竞争力排名下降了10名。这主要是由于2013年日本Softbank的现金管理能力下降，现金作为企业最重要的资产之一，影响着企业的短期偿债能力以及流动性等多个重要方面，高效的现金管理和现金生产能力对企业的长期发展有着极其重要的意义。经营活动现金流增长率为−3.83%，经营活动现金流的减少则在一定程度上降低了企业的偿债能力和管理风险能力。同时，日本Softbank以216亿美元收购Sprint以及160亿美元的后续追加投资，也让软银陷入了信任危机。软银在2012年12月获得了137.4亿美元的过桥贷款，并宣布将发行上限为111亿美元的企业债券。有报道称，这项收购已导致软银的负债额从约213.8亿美元猛增至610亿美元。一方面，不景气的通信行业大环境让运营商面临发展困境；另一方面，又要投入足够的资金进行网络升级、服务、营销、运维等。在这种背景下，电信运营商通过巨资收购扩大规模，无疑将面临更大的资金风险。因此，2013年日本Softbank的财务竞争力和价值创造排名下滑。

第三，英国沃达丰2013年基于综合绩效的排名和EVA率排名有了飞跃式的提升，分别居第2名和第1名。原因主要在于英国沃达丰2013年在投资和融资两个方面提高了效率。英国沃达丰2013年净利润达到154.96%，净利润增长率为8944.14%，说明沃达丰2013年的盈利能力有了很大的提高，如此惊人的成绩给企业带来了福利。沃达丰的净资产报酬率为82.78%，而2012年仅为0.93%，为股东创造了更大的价值。同时，其资产负债率的下降以及流动比率的提升说明其融资管理效率越来越高。沃达丰惊艳的表现源自沃达丰史上的第二大规模的交易。2013年初，沃达丰将持有的公司45%的股权以1300亿美元的价格出售给了Verizon Communications，这项并购交易终结了Verizon Wireless与沃达丰之间长达14年的合作关系，意味着前者将可获得Verizon Wireless未来的全部利润，而后者则将可退出一项无法自行控制股息和业务运营的业务，这一价格几乎相当于Verizon通信的总市值。1300亿美元的收益在将沃达丰推上2013财年最赚钱的公司的同时，也让沃达丰送出了史上最大的分红，沃达丰的股东们在该财年一共获得了850亿美元的回报。

（4）中国三家运营商分析。从横向来看，中国的三家电信运营企业在这20家运营商中拥有重要的市场地位和突出的经营业绩，就中国市场而言，三家运营商齐头并进，积极参与企业价值创造，深度参与企业价值管理，从而提高企业价值。从纵向来看，中国移动连续三年排在前列，基于综合绩效的财务竞争力连续三年排第1名，基于现金流的财务竞争力和EVA排名有所下降，EVA排名下降较大，由2012年的第2名下降到第4名，并且首次出现负增长，主要是由于3G的激烈竞争和语音通话收入下降，而这传统语音通话已受到微信等通信软件的冲击，同时由于4G的发展和普及，企业加大了基础资源投入力度，增加了成本耗费，导致了盈利能力下降。中国电信的财务竞争力排名有较为明显的进步，基于综合绩效和基于现金流的财务竞争力排名由2012年的第11名和第15名上升到第7名和第8名，不仅由于其积极拓展3G用户和宽带用户，并且全面推进深化转型，使得规模和效益同步提升，市场地位稳步增强。在大力发展4G时，要兼顾好3G业务和固网宽带业务的发展，不能顾此失彼。中国联通的表现与中国电信类似，财务竞争力有所下降，EVA率排名略有上升，虽然其基于现金流的财务竞争力得分为正，但其基于综合绩效的财务竞争力得分和EVA率均为负值，一方面是由于中国移动、中国电信和其他竞争者的竞争加剧；另一方面，其盈利能力不足导致不能产生充足的现金流，内源融资不足，使其需要大量的外源融资，融资效率和投资效果受到限制。中国电信和中国联通与中国移动的差距虽然较大，但差距也在逐年缩小，说明两家企业都在关注财务竞争力和价值创造能力，同时，两家企业应该努力实现管理成长、追求盈利和控制风险的有机统一，这样才能不断增强企业的财务竞争力并支撑企业的可持续发展，持续为股东创造财富。

总之，2013年进入世界500强的电信企业主要分布在美洲（5家）、欧洲（7家）和亚洲（7家），其中8家EVA率为正值，11家EVA率为负值，平均EVA率为2.07%，与2012年的-2.68%相比有所增加（如图1-0-1所示），同时说明整个行业开始为股东创造价值，而不是处于毁灭价值的状态。

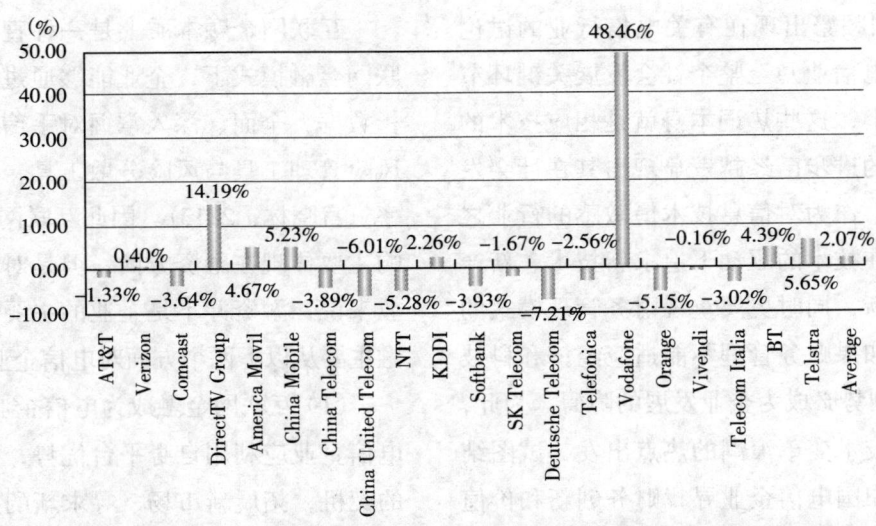

图1-0-1　进入世界500强的20家电信运营企业价值创造与毁灭状况（EVA率）（2013年）

五　技术变革、财务创新与电信企业价值创造路径

会计是一个人造经济信息系统，它的基本使命就是提供可靠的信息来了解财富变化的真相（葛家澍，2012）。财务管理则对会计所提供的经济信息做进一步分析和利用，以满足管理层的经营决策需要。随着时代的变迁，财务管理的目标由利润最大化、股东财富最大化向企业价值最大化演进。自20世纪90年代中期以来，以企业价值为基础的企业管理模式逐渐受到西方企业界的

认可和推崇,采用这一极具科学前沿意义的新的企业管理模式,对于优化企业的管理行为,保障企业的长远可持续发展具有十分重大的意义(汪平,2005)。就其本质而言,财务管理的目标就是创造价值,实现价值的可持续增长(汤谷良,2003)。因此,价值创造是企业所有活动的出发点,也是检验活动是否有效的最终标准。科学技术的进步推动着社会各个方面的变革,对于财务管理而言,信息技术的进步与财务管理的变革关系最为密切。其不仅改变着财务管理的形式,还从内容上对财务管理产生影响,进而对企业价值创造的路径提出新的要求。

近年来,大数据、云计算、移动互联网、4G-LTE等热词频繁出现在有关电信行业的讨论中,成为中国电信业乃至整个社会发展关键环节的缩影。事实上,这些热词本身就是相应技术的代名词,技术的进步已经越发显现出其在社会发展中的重要性。作为对信息技术最敏感的行业之一,电信企业在技术的驱动下追求新技术、新产品、新工艺创新,同时更要重视财务管理模式的更迭。因为,如果财务管理不能适应经济和科技发展的潮流,则势必成为企业发展的障碍。为此,本文从新一轮技术变革浪潮的热点出发,试图结合这些热点为中国电信企业寻找财务创新和价值创造的路径,助力企业持续健康发展。

(一)拓展创新业务市场,角力互联网金融

有学者称,互联网将成为中国改革的下半场。无论是对中国宏观经济的发展,还是对微观企业的变革,互联网都成为绕不开的一章。回顾中国财务模式的变革,从会计电算化开始,到企业信息化管理,再到支付结算体系的电子化、财务共享中心的搭建等。在过去十几年,中国财务模式变革的每个进程都与互联网息息相关。2013年,与互联网相关的一个新名词——互联网金融迅速成为社会各界关注的焦点,并正在悄然改变与重塑现有金融体系和服务。互联网金融可以理解为互联网技术与传统金融业的结合,然而又不是两者的简单结合,更多的是在金融业中注入"互联网思维",并创新出搭载新技术的金融产品。这样的创新不仅能在中国金融机构改革中发挥推动作用,还能在完善资本市场、提供差异化的金融服务和产品等方面展示出巨大的能量。目前,中国互联网金融的发展已经经历了网上银行、第三方支付、个人贷款、企业融资等多个阶段,并且在资金融通、资金供需双方的匹配等方面,越来越深入到传统金融业务的核心领域(吕飞,2014)。

互联网金融本质上是一种直接融资方式。互联网金融模式下,企业能够通过信息技术深入分析数据,全面、深入掌握对手信息,找到合适的风险管理工具与风险分散工具,提高资源配置效率(宫晓林,2013)。因此互联网金融对企业的影响主要体现在融资方面,但是对于中国的电信企业来说,融资并不是企业的主要难题,互联网金融主要从以下两个方面对电信企业产生影响:

(1)互联网金融成为电信企业新的业务领域,电信企业应利用自身平台优势,抓住互联网金融的契机,拓展新市场,寻求新的业务增长点。电信企业传统业务的竞争已经日趋白热化,运营商也在积极探索转型之路。面对互联网金融迅猛发展的这一历史机遇,运营商应把握互联网金融的本质和发展规律,以互联网思维推进业务模式、运营模式、管理模式的创新,通过产业合作,发挥运营商优势,大力拓展移动支付、互联网理财、供应链金融等互联网金融领域,为企业寻找新的增长点,助力企业转型(胡世良,2014)。

(2)互联网金融为电信企业的财务管理带来新的机遇和挑战。随着互联网金融的发展,越来越多的金融产品和金融工具涌现出来,这一方面

会形成新的投融资渠道和避险工具，对企业的资金管理产生积极影响；另一方面，当前互联网金融还处于银行、证券、保险分业监管状态，部分业务存在监管真空，互联网金融产品也良莠不齐，当电信企业的财务管理涉及互联网金融时，可能无法有效防范金融风险。因此电信企业在财务管理中，一是要学习互联网思维，熟悉互联网金融发展的前沿技术，并利用这些技术和产品为企业服务，以降低运营成本费用；二是要不断研究互联网金融的各种运营模式，并将这些模式嫁接到电信企业的供产销经营活动过程中，不断提升企业的价值。

（二）搭建大财务体系，重构企业智慧

大数据之"大"，在于数据的庞杂、多样和高价值，通过对大数据的分析能够发现规律并有效地预测未来，这正是大数据的价值所在。大数据时代下，以交易、业务记录、核算、预测为主的财务管理与传统的财务管理相比，存在很多显著的不同，一些原本不属于传统财务的范畴会进入大数据时代的财务管理视野，并有可能借此焕发出新的生机。具体而言，财务管理的边界变得更加模糊，如销售、研发、人力资源等多个领域中结构化和非结构化的数据都会成为财务分析的原材料，这样的财务转型我们可以称为"大财务"。搭建大财务体系，企业能够汇集各个方面的相关信息，将政策环境、经济环境、人文环境、科技创新、行业发展、竞争企业等的大数据分析结果与财务数据相结合，使财务分析结果更具实用性，并使财务管理的职能逐渐由事后反映向事前预测转变，进而为企业战略的实施提供决策支持。

在大财务框架下，多种信息的融合利用成为构建企业智慧的关键所在，其中业务信息和财务信息的融合（简称业财融合）最为重要。传统财务更多的是核算概念，但财务本身能创造更多价值，要把公司财务前移，延伸到业务层面，通过财务技术发现业务的价值增长点，帮助业务部门改善商业模式和提高管理效率，进而提高企业的利润增长。当然，这种财务业务无缝衔接的状态，并不意味着传统的财务职能将逐渐被淘汰，而是更加细分化。中国电信企业多年来不断推动业财融合建设，虽已初见成效但尚未发挥业财融合的真正效用，离大财务的构建更是还有尚远的距离。为此，电信运营商的财务部门一方面要以更开阔的视野和更前瞻的思维审视自己的价值定位，只有这样，才会对企业的商业模式创新和财务管理重构形成有力推动；另一方面要加强信息系统的硬件建设，搭建大数据分析平台，为大财务的实现提供有利条件。

（三）构筑财务共享中心，实现可持续价值创造

财务共享服务中心随着经济全球化和跨国公司的广泛出现应运而生，从20世纪80年代到现在，从美国通用、福特等大型制造企业到中国的领先企业，共享的理念和实践应用已经在中国深刻蔓延。大量的实践证明，共享服务中心在节约企业管理成本、提升集团管控、加强风险防控以及优化流程管理等方面显示出卓越的成效（汪雅琼、姚丹靖，2014）。电信企业天然拥有建立财务共享服务中心的条件，主要体现在：①企业达到一定的规模，且分支机构众多。②企业经营相对单一。③每个分支机构的财务事务能够按统一的规则和流程批量处理。④总部有集中财务管理的需求，要求强化分支机构管控。⑤企业对风险管理的要求较高，追求流程的科学、标准化以及制度的强力执行（杨辉，2013）。因此，中国三大电信运营商在进行业务转型的同时，均选择建立财务共享服务中心实施财务转型。在采用财务共享

服务后，电信企业的财务管理方式将发生巨变，整个财务功能将以价值管理模式为主，以云集中和移动化的方式提供，有利于以更低的成本、更高的效率，提供更为精准、更为标准化和更为专业的财务服务，使财务部门对生产经营的支撑作用明显加强。

财务共享服务模式从诞生至今30年来，围绕着组织、流程、人和技术的变革不断演进。财务共享服务中心从最初以标准化、规模化运营实现成本降低为目的，到后来用自动化技术提升服务质量，实现可持续价值创造，技术创新始终扮演着推动者的角色。电信运营商虽然已建立财务共享服务中心，并取得一定成效，但是在时下大数据、移动互联网、云计算等技术如火如荼发展的时候，财务共享服务也应再次借助技术创新，引领共享服务组织从服务导向型组织转向下一代的价值创造型服务组织。如在移动互联网下，越来越多的服务请求将通过多种渠道发送到财务共享服务中心，因此财务共享服务中心需要采用新技术使运营更加高效。此外，借助移动互联网沟通的及时性，财务共享服务中心可以为员工提供更多、更及时的交互，从而为公司创造价值。

（四）着眼轻资产运营，整合企业的"轻"、"重"价值

轻资产运营是由国际著名的麦肯锡公司于21世纪初率先提出的一种资本运营战略，是指企业以知识资本的运营为基础，利用轻资产进行资本扩张，充分利用有限的资源，来利用他人的资源，以最低的资本投入，实现企业价值最大化的战略管理模式（苗壮，2005）。轻资产运营模式与传统竞争理论的重大区别在于，传统竞争理论是以低成本或差别化获取市场份额和数量增长为竞争根本，而轻资产运营模式是以客户和利润为中心来思考竞争策略，企业最关心的是客户的价值观、产业链的高利润阶段和杠杆利用他人资源，实现股东价值最大化。与自我缓慢积累相比，企业以轻资产模式扩展，可以获得更强的盈利能力和更快的发展速度（白仁春，2004）。

对于电信企业而言，除越来越激烈的竞争之外，还开始直接面对移动互联网企业和其他大量在网络上提供增值服务企业的颠覆性竞争。移动互联网企业和其他OTT（Over The Top）企业利用自己轻资产、快速灵活和勇于创新的特点，开始大规模蚕食传统运营商最盈利的市场机会，直接影响运营商的获利能力。电信运营商面对这些威胁，应加强轻资产运营，整合企业的"轻"、"重"资产，有效形成新的核心竞争能力，从而提升企业价值。为此，有学者提出电信运营商必须学会同时运营"两个企业"，一个是重资产、低风险、长流程的稳健的网络企业；另一个是轻资产、敢于创新和试错、善于建立亲密客户关系的OTT企业（郭继军，2014）。这两个企业的组织、流程、运营模式、关键成功要素都不相同，但同时又相互关联、互为依赖。一方面，网络企业能够对OTT业务提供支撑和服务；另一方面，OTT业务的需求可以帮助网络企业提升其网络功能。在"轻"、"重"资产双重模式的运行下，电信企业能够有效整合资源，提升企业价值以应对OTT企业的竞争。

（五）注重人才培养，再造优秀财务团队

由技术变革和业务转型带来的管理转型，对财务管理的价值管理能力、业务支撑能力和精细化管理能力提出了更高要求（何瑛，2012）。财务管理工作是依靠群体协同、群体智慧、群体效应在企业运行过程中发挥影响与作用的，其过程更需要依靠一个具有专业水准、敬业精神、较强执行力的财务团队来支撑。因此电信企业要想在管理转型中取得突破，就必须注重人才培养，实现

人才转型，再造优秀的财务团队。

结合电信企业的特点，在进行财务团队再造时可从以下几个方面进行：

（1）严格财务人才选聘。电信企业不论选聘应届毕业生还是有工作经验的财务人员，不论选聘基层财务人员还是管理层财务人员时，都要结合企业特点，引进那些认同企业文化、个人综合能力与企业发展需求相匹配的优秀人员，做到从源头控制财务人员质量。

（2）培养财务团队的持续学习能力。在电信企业的技术变革和业务转型下，有越来越多的知识需要财务人员及时补充和更新，这些知识可能是财务专业知识以及生产、营销、税务、贸易、金融等综合经营管理知识，还可能是技术类的知识。这需要财务团队具有较强的学习能力和应变能力，建立学习型组织、到优秀企业观摩学习等都是培养持续学习能力的有益尝试。

（3）提高财务团队的创新能力。为了应对技术变革带来的冲击，财务团队需要及时消化吸收技术变革的内涵，并结合自身特点提出财务创新应对方案。如在互联网金融浪潮中，电信企业财务团队要在金融产品创新中担任主导角色，与其他部门共同开发出新的产品和服务。

（4）强调财务团队的执行能力。财务工作具有较强的时效性，为了使财务管理职能满足事前预测的需求，电信企业的财务团队需要具备更强的执行能力及工作效率。

（5）协调财务团队合作及分工。随着财务管理边界的进一步模糊及大财务等综合财务管理模式的出现，财务团队不再只是由财务专业人员构成，因此更加需要协调好团队中的合作及分工状况，确保团队任务的顺利完成。

（6）建立财务团队共同愿景。财务团队要设立共同的愿景目标，提高团队的凝聚力，通过自身努力实现各自的目标，促进整个财务团队目标的实现。

（7）科学化财务团队的绩效考核。在财务转型后灵活且高节奏的财务团队中，建立科学合理的绩效考核体系显得尤为重要。如在财务共享服务和业财融合下，既要从公司总体绩效中区分财务和业务绩效，激发财务和业务人员的工作热情，又要考核和体现业务和财务的联系性，驱动两者的协调和配合，从而提升企业整体的绩效水平。

电信企业财务团队要转型成业务伙伴有三个要求：

第一是数据的定义和新的信息概念，最高的管理是需要预测未来的信息。

第二是流程与IT的变革，促进内部沟通、协作和分享，降低内部成本。

第三是业务洞察和创新，利用大数据分析，帮助最高管理层洞察大趋势、把握大未来，协同进行业务创新。

参考文献：

[1] 葛家澍. 会计·信息·文化 [J]. 会计研究，2012(8).

[2] 汪平. 基于价值的企业管理 [J]. 会计研究，2005(8).

[3] 何瑛. 基于云计算的企业集团财务流程再造的路径与方向 [J]. 管理世界，2013(4).

[4] ACCA（特许公认会计师公会），德勤. 财务共享服务现状与展望 [J]. 首席财务官，2013(5).

[5] 引领财务共享服务涅槃重生. http://www.goldenfinance.com.cn/iweek-31465.html.

[6] 胡世良. 电信运营商互联网金融发展思考与对策 [J]. 互联网金融，2014(9).

[7] 冯一凡，于跃，秦长城. CFO眼中的"金融互联"[J]. 新理财，2014(8).

[8] 汪雅琼，姚丹靖. 再探财务共享服务中心 [J]. 新理财，2014(7).

[9] 杨辉. 漫谈财务共享服务中心 [J]. 中国总会计师, 2013 (3).

[10] 何瑛. 构建多层次财务人才体系 [J]. 首席财务官, 2012 (5).

[11] 张平. 浅析打造集团企业优秀财务团队思路 [J]. 中国经贸, 2013 (20).

[12] 苗壮. 轻资产运营模式的战略成本动因分析 [J]. 市场周刊（管理探索），2005 (4).

[13] 白仁春. 轻资产运营策略的借鉴意义 [J]. 商业时代，2004 (35).

[14] 郭继军. 电信运营商新形势下的转型策略 [EB/OL]. http://www.ftchinese.com/interactive/1617.

[15] 宫晓林. 互联网金融模式及对传统银行业的影响 [J]. 南方金融, 2013 (5).

[16] 技术变革下的CFO新角色 [J]. 首席财务官, 2014 (1).

[17] 郭冯义. 用大财务理念引领铸造企业管理升级思路初探 [A]. (第23届) 重庆市铸造年会论文集, 2013.

[18] 康书生, 曹荣. 互联网大数据技术在融资领域的应用研究 [J]. 金融理论与实践, 2014 (1).

[19] 周红玉. 财务COM——互联网时代的公司财务重构 [J]. 新理财, 2014 (8).

[20] 鱼招波. 大财务的演变 [J]. 新理财, 2014 (8).

[21] 宗辰刚. 生产方式、商业模式与财务关系 [J]. 华东经济管理, 2012 (12).

[22] 郑磊, 雷志勇. 吹响4G投资号角 [J]. 资本市场, 2013 (5).

[23] 孙雪嵩. 谈谈电信运营商运营模式的转变 [J]. 通信管理与技术, 2013 (6).

[24] 刘雪松. 积极推进业财融合助力公司价值创造 [J]. 中国总会计师, 2014 (1).

[25] 许泽聘. 移动互联网新战局：全产业链竞合 [J]. 通信企业管理, 2011 (2).

[26] 王雪玉. 移动互联网时代, 运营商的转型之路 [J]. 金融科技时代, 2012 (1).

[27] 徐渊. 移动互联网金融——运营商的下一座金矿 [J]. 中国总会计师, 2014 (4).

[28] 周颖. 基于移动互联网的电信运营商商业模式转型研究 [J]. 广东通信技术, 2014 (4).

[29] 梁建君. 扁平、专业、去电信化：电信运营商面向移动互联网的组织架构调整实践分析 [J]. 广东通信技术, 2014 (2).

[30] 刘丹等. 基于大数据的商业模式创新研究 [J]. 当代经济管理, 2014 (6).

[31] 张瑞君, 陈虎, 张永冀. 企业集团财务共享服务的流程再造关键因素研究 [J]. 会计研究, 2010 (7).

[32] 何瑛. 企业财务流程再造新趋势：财务共享服务 [J]. 财会通讯, 2010 (2).

[33] 李心合. 信息化与财务流程再造 [J]. 财务与会计, 2008 (2).

[34] Ron Gill. Why Cloud Computing Matters to Finance [J]. Strategic Finance, 2011, 1 (1).

分报告一
大数据时代的无边界融合式财务管理创新与实践
——基于电信企业业财融合管理的视角

一 引言

随着大数据管理、社交媒体、移动应用等数字新技术的迅猛发展，企业在创新管理思想、完善经营模式、加速流程运作、降低运营成本、提升管理效率等方面取得了突出成绩。作为企业管理的重要组成部分，财务管理也迎来了战略型财务、融合式财务、信息化财务等带来的变革。对财务管理人员而言，大数据时代下的财务信息来源更广、类型更多，其需要分析的不仅是传统的结构化财务数据，还将包括非结构化的数据库。在全新的数字机遇下，只有将政策环境、经济环境、人文环境、科技创新、行业发展、竞争企业等的大数据分析结果与财务数据相结合，才能更接近市场的真相，也才能使企业具备更强的竞争力（于跃，2013）——这正是大数据时代对财务管理创新提出的新要求。

无边界管理理论是21世纪初管理学领域的重要突破。在这一理论下，以往高度有序并牢固的组织边界不再是企业的保护罩，反而成为禁锢企业发展的铁套。如何使企业的边界更加有机通透？杰克·韦尔奇用通用电气的蜕变给世人展示了无边界组织的魅力，也由此拉开了无边界管理变革的序幕。在当今信息科技和大数据的推动下，企业财务管理的边界已经扩展，内容也更为丰富，与外部融合的趋势越来越明显。而这种融合的趋势不仅体现在人们所熟悉的财务与会计的融合，还体现在管理会计与传统财务管理的融合，财务管理与业务经营的融合、产业资本与金融资本的融合等多个方面（张瑶瑶，2013）。经过十多年的努力和发展，以中国移动、中兴通讯等为代表的部分中国优秀企业已初步实现了财务数据的业务化、财务核算的集中化，将向着财务领域最重要的变化——财务业务一体化（以下简称"业财融合"）迈进。业财融合理念的提出改变了业务处理方式和管理模式，促进了企业管理的变革和创新。在业财模式下，业务财务逐渐脱离会计核算成为一个个独立的业务模块，并形成了职责清晰、架构完善的业务领域，为管理者提供多角度、全流程的精细化财务视角（陈虎、孙苗，2011）。依托业务财务的支持和运作，企业决策支撑能力和持续发展能力得到加强，从而实现为企业创造价值的最终目的。

二 大数据时代驱动财务管理创新

作为时下最热门的IT词汇，"大数据"（Big Data）逐渐成为各行业争相追捧的话题焦点。维基百科将大数据定义为"所涉及的数据量规模巨大到无法通过人工，在合理时间内达到截取、管理、处理，并整理成为人类所能解读的信息"。海量的数据规模（Volume）、快速的数据流转和动态的数据体系（Velocity）、多样的数据类型（Variety）、巨大的数据价值（Value）——大数据"4V"的特点使其表现出强劲的经济影响力和强大的社会推动力。借助信息技术的支持，大数据分析能从海量数据中发现规律并预测未来，进而利用数据创造价值。这将带来企业管理等社会各个领域的深刻变革，为财务管理的创新提供新的驱动力。

（一）大数据时代企业的发展趋势

大数据时代的到来，将对现代企业的管理运作理念、组织业务流程、市场营销决策以及消费者行为模式等产生巨大影响，使得企业商务管理决策越来越依赖于数据分析，而非经验甚至直觉（冯芷艳、郭迅华等，2013）。因此在大数据的背景下，企业将更加注重信息化建设，并且在企业文化、组织结构、商业模式、管理模式等方面都做出相应的调整甚至变革。

首先，企业要加强用户沟通，强调"1+1>2"的价值理念。在大数据时代，数据是分析的基石，而数据的产生需要企业更多地与用户进行沟通交流。以往"闭门造车"的管理模式正被摒弃，企业文化中更加要体现社会化和公众参与，使企业与消费者间的关系趋向平等、互动和相互影响。当企业实现与用户的协同合作时，创造的价值将远大于两者的价值之和。为了适应这样的文化变革，企业传统的金字塔式组织结构也需要进行改变。因为那种由上而下、各部门分割的组织模式已经无法更接近用户的需求，并且阻碍了企业自身的纵深发展。为此企业要将组织结构的边界打破，让创意、信息、决策、人才、报酬和行动能够"无边界"地自由流动，从而实现资源配置效率的最大化。近年来提出的虚拟组织、网络组织、学习型组织等新型组织模式，都是对无边界组织的有益尝试。

其次，企业要完善系统规划，搭建大数据分析平台，消除信息孤岛。随着信息技术在企业中的应用不断深入，由于缺少规划，企业中容易形成信息孤岛，使不同业务模块的数据被割裂于单一业务平台，无法得到有效的整合和利用。为了从大数据中挖掘出有价值的信息，企业需要完善信息系统规划，构建大数据分析平台，消除信息孤岛对数据整合的影响。其中，建立一个可扩展、灵活而可管理的数据基础架构即企业大数据中心开发平台，是数据分析平台建设的基础。但构建大数据中心开发平台并非一朝一夕之事，大数的问题也不是单一的解决方案就能够解决的，其需要融合很多传统技术和新的技术，形成一整套解决方案。为此，企业可以从现有的管理系统入手，加强信息化建设，为大数据分析平台的搭建奠定基础。如将企业的财务系统、采购系统、物流系统等进行共享式统一管理，使各部门能够及时获取权限范围内的所有信息，并利用数据分析技术对企业的战略制定、营销方案等提供决策支撑。

再次，商业模式将更加"精准"和"智能"。在大数据下，企业对市场的理解和洞察需求正日益走向实时化和精准化。快速积累的海量数据使企业有丰富的资源来进行决策支撑，企业能够记录或搜集顾客在各个渠道、生命周期各个阶段的行为数据，从而设计出高度精准、高度智能的营销策略（冯芷艳、郭迅华等，2013）。如零售业寡头沃尔玛为其网站 Walmart.com 自行设计了最新的搜索引擎 Polaris，利用语义数据进行文本分析、机器学习和同义词挖掘等。语义搜索技术的运用使得在线购物的完成率提升到 10%~15%，使沃尔玛的收入有了数十亿美元的提升。互联网巨头腾讯，通过推出微生活电子会员卡服务，依托微信与手机 QQ 用户账号体系、沟通能力、支付功能，建立企业与用户的联系，帮助企业数字化顾客，为企业提供移动化、社交化、闭环化的用户管理系统。通过数据分析，帮助商家进行会员关系管理以及精准营销。

最后，企业经营管理必须和信息系统完美对接。个人经验主义在数据主导面前显露出了狭隘性，以往企业内部德高望重的领导或者高薪外聘的高层人士制定企业决策的方式，过于倚重个人的经验和主观论断，缺乏数据的系统连贯性与完整性，而且对于在此决策基础上可能出现的问题以及应对方式没有可判的预见性（岳小溪、吴芳茜，2013）。因此大数据下的企业管理要借助现代技术（信息系统、智能终端、移动互联等），将科技与企业运营管理实践相结合，使管理标准化、标准流程化、流程信息化、信息智能化，从而系统提升企业的核心竞争力。

（二）大数据时代对财务管理的影响

大数据的出现将颠覆财务管理的理念和模式，财务管理将不再局限于传统的财务领域，而是向销售、研发、人力资源等多个领域延伸和渗透，对于跟企业业务有关的一切数据的收集、处理和分析将成为公司财务的主要定位和主导任务。具体而言，大数据对财务管理的影响主要体现在以下四个方面：

（1）财务数据的处理难度加大，对系统平台的要求提高。财务数据很大程度上来源于会计数据，而会计数据的处理经过手工处理、机械处理、电子计算机处理、网络化处理多个阶段的发展，在大数据时代又有了新的要求。大数据时代下，包括会计数据在内的财务数据内涵更加丰富、结构更加多样复杂，不仅包括结构化的数据，还有大量非结构化数据出现，对这些多样化财务数据的分析应用成为关键。为了从数据中提取出有价值的信息，分析方法将更加复杂精确、更加智能化，当然，一旦财务数据失窃，其危害也更大。

（2）财务管理的边界正在扩展。大数据极大地扩展了财务管理的领域和深度，新环境下的财务管理应该是企业内部和外部数据、财务和非财务数据、结构化和非结构化数据相结合的多维度管理模式。这意味着传统的财务管理边界要被打破，财务部门与其他部门之间的横向合作、财务部门上下级之间的沟通、财务部门与企业外部间的信息交流更加广泛。财务不单是会计核算和基于报表的财务管理，还要参与公司经营，在业务层面和决策层面出谋划策；财务的管理手段也要从单一管理，到条块管理，再到融合管理，以更好地解决新领域、新模式带来的管理问题（楼向平、郑学斌，2013）。通过管理边界的扩展，使财务管理能够更加"知己知彼"，为企业管理创造更多的价值。

(3) 财务管理的效率得到显著提升。一方面，大数据会进一步提高企业财务的自动化水平，传统的核算均可实现自动化操作，这将极大地解放被禁锢于数据核算中的财务人员，提升财务管理的效率；另一方面，大数据时代的到来给企业的财务决策提供了强有力的手段，通过收集、分析、挖掘与财务相关的海量数据，并实现这些数据的高度融合，能够使财务高管从更开阔的视野制定决策方案，有利于更全面高效地推进科学财务决策和执行的进程（程平、赵子晓，2014）。

(4) 财务风险得到有效控制。因为大数据技术的支撑，财务人员能用量化的方法分析不同流程、不同方案所带来的收入、成本及风险，企业决策时能通过数据挖掘掌握大量的有用信息，这些信息有助于企业减少常规错误和系统性风险，可以使企业对未来发展的预测更加准确，进而真正选择能够使企业价值最大化的流程和方案。另外，在决策执行过程中，大数据使得财务人员在进行相关数据分析时能够及早觉察到异常情况，帮助企业提前采取措施，减少可能的损失或免受潜在的风险。

（三）大数据时代财务管理的创新

随着大数据时代的到来，财务管理的职能已经从核算型、管理型向整合型迈进。进而要求企业财务进行创新，通过高效的财务流程对企业的现金流、收购兼并、风险管控等进行管理，利用大数据等分析工具获得深度洞察，将资源更好地配置在增长领域，进而提升企业整体绩效。综合现阶段财务管理的发展状况，企业可从以下四个方面进行财务创新。

1. 战略型财务

知识经济的到来，使战略管理成为现代企业管理的中心，而财务管理是企业战略管理的核心部分，在企业战略管理中具有举足轻重的地位。为了适应企业发展的需要，财务管理也必须具备战略管理思想，要求以公司战略和经营战略为导向，制定具有前瞻性的财务战略，促进公司的可持续发展。战略型财务的"战略"二字主要体现在进行有附加价值的经营业务分析、中长期的资源配置规划、优化的预算和绩效管理系统、商业机会和风险管理以及战略与业务计划的参与及推动等方面（何瑛，2011）。大数据时代的财务管理不再拘泥于初级的数据核算，而应站在企业发展战略的角度提供财务支撑，全方位创造企业价值。

2. 融合式财务

大数据就是希望打破存储的壁垒，对企业多年积累的业务、财务、市场和人事等方面的各种信息进行深入的挖掘和分析，从中找出可以帮助和指导业务发展的洞见（孙杰贤，2013）。此前财务部门内部的层级边界、财务部门与其他部门的横向边界以及不同地区财务部门之间的地理边界等都要被打破，取而代之的是无边界融合式的财务管理。在该模式下，除了财务管理内部专业之间的深度融合外，财务管理与其他管理领域的融合、与外部专业机构之间的互补，将使财务管理更具生命力，并为财务人员提供更为广阔的发展空间。与此同时，融合式财务对财务团队的素质提出了更高的要求。财务人员需要更为丰富的财务专业知识和财务管理经验，对企业经营和管理有更高的统筹和驾驭能力、对重大事项有更精准的敏感度和判断力以及更开阔的视野，才能应对融合式财务管理的这种变化。

3. 精益化财务

精益财务管理是从日本精益化生产发展而来的财务管理模式，强调以整体优化的观点合理配置和利用企业拥有的资源，增强企业适应市场多元需求的应变能力，实现零库存、高柔性、无缺陷的基本目标，从而获得更高的经济效益。一方面，融合式的财务管理要求精细化程度更高的财务管理模式与之相配合；另一方面，大数据时代也为精益化财务管理创造了条件。受益于多年来企业信息化建设，在ERP系统、配有射频识别流水线的仓库管理、客户关系管理等系统的支持下，企业积累了海量数据，在信息的丰富度方面达到了前所未有的速度、厚度、细度和准确度。此时，财务分析的焦点是如何对已有的数据进行精益化处理。为此，财务人员需要关注财务组织运行模式、财务信息整合、财务计划绩效等一系列具体的精细化管理方法，充分利用财务数据，更紧密地参与供应链管理、产品定价、生产力和盈利能力预测，为业务单元财务、总部财务、技术中心提供建议，促进企业价值不断提升。

4. 信息化财务

信息化财务是利用先进的信息技术和现代化的管理手段，以会计信息系统为基础，提供互联网环境下实行财务核算、分析、控制、决策和监督等现代化财务管理的各项功能。随着经济全球化以及信息技术的发展，信息化财务成为企业强化财务管理水平、提升企业竞争力的重要手段。目前我国很多企业已经完成了初级的财务信息化建设，如会计电算化、ERP系统等，但这些建设在大数据时代还远远不够。大数据下的信息化财务不仅要求企业经营管理实现全流程的信息化和数据化，更加强调数据的处理能力，对信息进行系统性的管理，使财务部门依靠大数据平台等现代化信息技术主动、及时整合企业内外部信息，为企业的经营决策提供有价值的信息。需要注意的是，财务信息化建设不是单纯的网络建设、计算机技术应用等软硬件问题，它代表的是企业管理流程和管理方式的改变，因此需要的是以财务部门为主导的企业所有部门的参与和支持。

三 无边界融合式财务管理及业财融合

随着信息技术的进步和管理理念的发展，企业的内外部边界在不断扩展，财务管理的范围也在不断扩大。20世纪80年代提出的无边界管理对企业变革产生了深远影响，它使企业克服规模和效率的矛盾，能够同时具有大型企业的力量和小型企业的效率、灵活性和自信，使企业在自由和控制之间取得平衡。在如今大数据时代下，企业的所有部门都必须根据新环境的变化做出调整甚至变革，而企业无论选择战略型、精益化还是信息化财务，都无一例外地体现出财务管理多部门、多领域、多学科融合的特点。无边界融合式财务管理是大数据时代下无边界理论在财务管理领域的有益尝试，通过将传统财务管理的边界进行有序扩展，使企业不同资本方式和职能部门互相碰撞融合，为企业的价值创造提供业财融合等新的模式。

(一) 无边界理论及其在财务管理领域的拓展

1. 无边界财务管理的含义

"无边界"一词最早由通用电气(GE)CEO——杰克·韦尔奇提出。在执掌GE帅印的20年(1981~2001年)中,韦尔奇对公司的业务和管理流程进行了大胆的改革与创新,使GE连续四年被《财富》杂志评选为"全球最受赞赏的公司"的第一位,韦尔奇也被誉为20世纪最成功的企业家和首席执行官。在这一系列的改革中,建立无边界组织就是最重要的管理改革之一。无边界原理受生物学启发,认为企业组织就像生物有机体一样,存在各种隔膜使之具有外形或界定。虽然生物体的这些隔膜有足够的结构和强度,但是并不妨碍食物、水、氧气、化学物质畅通无阻地穿过。因此无边界组织认为,信息、资源、构想、能量也应该能够快捷顺利地穿越企业的边界,使整个企业真正融为一体。换言之,无边界管理并不是真的没有边界,而是强调组织各种边界的有机性和渗透性,以谋求企业对外部环境的改变能够做出敏捷并具有创造力的反应(许佳佳,2011)。

无边界管理最早是针对企业的整体管理而言的。根据其含义,本文将无边界理论具体应用于财务管理领域,再结合前文介绍的融合式财务的特点,从而创新性地提出无边界融合式财务管理模式。无边界融合式财务管理是以企业战略为先导,强调财务以一种无边界的主动管理意识,突破现有工作框架和模式,在价值链的各个环节进行财务理念的沟通与传导,形成财务与其他各个部门的融合,促进企业整体价值可持续增长的财务管理模式(楼向平、郑学斌,2013)。无边界融合式财务管理通过将财务理念渗透到生产经营的各个环节,使信息沟通能打破部门和专业的壁垒,提高整个组织的信息传递、扩散和渗透能力,实现信息、经验与技能的对称分布和共享,进而激励创新和提高工作效率,实现企业资源的最优化配置及价值的最大化创造。

2. 打破财务管理的边界

根据韦尔奇的描述,企业组织中主要存在四种类型的边界,并对组织职能的实现造成阻碍:等级、头衔和身份地位形成垂直边界导致官僚作风;职能、业务单元形成水平边界阻碍信息的传递;供应商、客户与企业自身形成外部边界,使三者无法达成一致的目标;时空文化以及不同的市场形成地理边界将企业整体割裂(Ron Ashkenas and Dave Ulrich, 2005)。类似地,财务管理中也存在垂直边界、水平边界、外部边界、地理边界,要创造无边界融合式财务管理就必须打破这些边界。然而需要注意的是,此处提到的打破并不是指完全消除,而是要推倒那些妨碍财务管理的藩篱,并非消除所有边界。

(1)打破财务管理的垂直边界。财务管理的垂直边界是指组织内部严格的管理层次。传统的财务管理组织架构通常都是金字塔式:顶层的股东大会和董事会对企业经营发展提出要求,总经理将目标细化,财务总监对与财务相关的事项进行布局,指令沿着命令链条自上而下,底层的财务人员从填制和审核单据开始,再一层层往上汇总数据、作出修正以及向顶层报告最终结果。金字塔式的组织结构中普遍具有严格的内部等级制度,界定了不同的职责、职位和职权,而多层级的管理一方面容易造成信息传递失真和响应时间迟滞;另一方面容易导致官僚作风,使不同层级的财务人员间隔阂明显。

无边界模式财务管理突破了僵化的定位,从某种程度上撤开权威与地位,将职位让位于能力,使报酬与能力尽可能一致。减少财务部门的管理层次、实现组织的扁平化管理、建立富有弹性的员工关系、营造创新的文化氛围等都是打破财务管理垂直边界的路径。因此在无边界财务管理模式下,往往采用一种部门内部的团队模式,团队中各个层级之间是互相渗透的,上下级之间彼此信任、相互尊重,只要是有利于企业财务管理的建议都会得到重视和采纳,力争最大限度地发挥所有成员的能力。

(2)打破财务管理的水平边界。财务管理的水平边界是指财务部门与其他部门之间的分界线。现代企业的组织结构往往围绕专业来安排,如分成研发部、制造部、销售部、财务部、人力资源部等。财务由于其较强的专业要求,与其他部门的分界尤为明显。在严格的水平边界下,由于每个职能部门有其特有的目标和方向,人们都在各自的领域内行使职责,久而久之各个职能部门可能会更多地考虑自己部门的利益而忽视企业的整体目标,甚至会因为互相争夺资源而内耗不断,明显与企业设立这些部门的初衷相悖。无边界模式下的财务管理,则强调突破各个职能部门之间的边界,使财务部门与其他部门互通信息,实现企业价值链和财务链的同步,减少各个部门间信息不对称带来的效率损失。如构建不同部门间的工作团队、进行工作岗位轮换等都是对打破水平边界的尝试。

(3)打破财务管理的外部边界。自20世纪早期以来,大多数企业都一直从独立的、墨守成规的角度看待各自的价值链,价值链条上的每个企业或环节都被看作是彼此独立与分割的单位,它们之间更多的是争斗而非合作。然而如今,战略联盟、合作伙伴以及合资经营的发展速度大大超过了以往任何时候,企业单凭自身的力量已经很难在市场中竞争。作为企业中信息管理最重要的部门,财务管理不能只局限于企业内部分析,还要充分借助与外部企业的合作关系,将财务管理的边界进行外部扩展,实现价值链上的财务整合。如将相关企业的信息变动纳入财务分析系统,为产业链上的供应商和客户提供财务培训等帮助,与合作伙伴互相共享信息、共担风险。

(4)打破财务管理的地理边界。随着企业规模的扩大和全球化进程的加快,企业各个分部的地理位置越来越分散,财务部门的分散也随之形成。而作为整体战略和节约成本的需要,各个地区的财务边界要被打破,形成新的财务管理模式——财务共享服务。财务共享服务通过将企业各业务单位"分散式"进行的某些重复性财务业务整合到共享服务中心进行处理,促使企业将有限的资源和精力专注于自身的核心业务,创建和保持长期的竞争优势,并达到整合资源、降低成本、提高效率、保证质量、提高客户满意度的目的。

总而言之,通过对财务管理垂直、水平、外部、地理边界的重新梳理,使财务管理由传统的上下等级森严、左右横向分割、内外边界分明的传统模式,向组织结构扁平化、上下沟通便捷、部门间互相融合、内外无边界的管理模式演变(如图1-1-1所示)。

(二)无边界融合式财务管理的表现形式

1. 产融结合

产融结合,即产业资本和金融资本的结合,指两者以股权关系为纽带,通过参股、控股和人事参与等方式而进行的结合。产融结合是产业资本发展到一定程度,寻求经营多元化、资本虚拟化,从而提升资本运营档次的一种趋势。发达国家市场经济发展的实践表明,产业资本和金融资本必然会有一个融合的过程,这是社会资源达到最有效配置的客观要求。这种融合,宏观层面上有利于优化国家金融政策的调控效果,微观层面

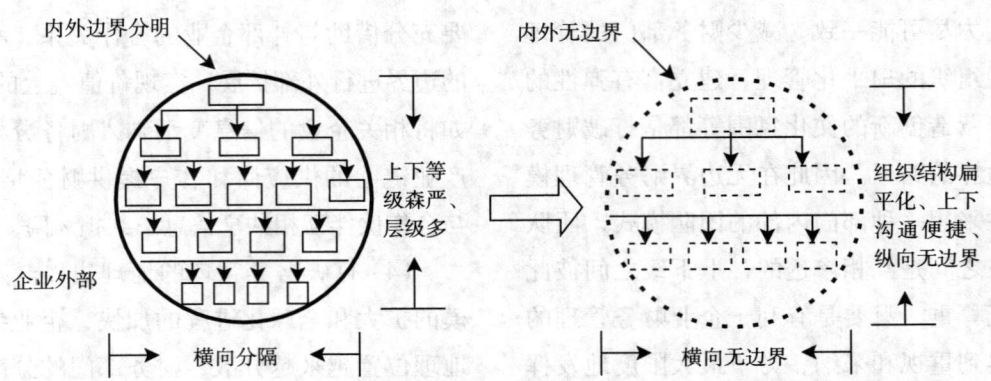

图1-1-1 传统财务管理模式向无边界融合式财务管理模式的演变

资料来源：高静乐.无边界管理的动因分析及模式构建[J].中国科技论坛，2005(5)。

上有利于产业资本的快速流动，提高资本配置的效率。从国际国内经验看，只要风险控制得当，产融结合是企业实现跨越式发展、迅速做大做强的一个重要途径。据统计，世界500强企业中，有80%以上都成功地进行了产业资本与金融资本结合的经营行为，产业资本与金融资本融合已成为不可遏制的世界潮流。

综观欧美、日韩等地区产融结合的发展历程，大致可以分为以下四种模式：

（1）"设备制造+设备金融"模式。全球最大的工程设备制造商卡特彼勒，于1981年成立了全资子公司卡特彼勒金融公司，1983年开始正式提供金融服务，包括为购买卡特彼勒产品的客户提供设备融资服务（零售金融服务）和为卡特彼勒产品的经销商提供应收款或存货融资服务（批发金融服务）。在产业部门的支持下，金融部门得到了快速成长，并反过来服务于产业部门。更为重要的是，金融服务将传统制造部门的产品销售模式改为销售+服务模式，延长了服务期，在获取增值收益的同时，提高了业绩的稳定性。

（2）"物流+供应链金融"模式。全球最大的物流快递企业UPS，于20世纪90年代末进入金融服务领域。1998年成立了子公司UPS资本（以下简称UPSC），随后并购了美国第一国际银行，获得了美国本土的金融业务牌照，开始为客户提供各种供应链金融服务。UPS产融战略的核心在于，物流业务降低了供应链金融业务中的风险控制成本，在奠定供应链金融业务优势的同时，UPS将节约的风险成本部分让渡给客户，以拓展物流市场份额和物流的衍生增值服务。

（3）"零售+消费信贷"模式。国际零售巨头沃尔玛也一直在努力推动零售与消费信贷的结合，通过开设自己的零售银行，与零售业务共用推广渠道、客户信息和支付系统，沃尔玛零售银行大大节约了推广信用卡的营销成本，降低了客户信息管理成本和支付系统的运营成本，从而将信用卡的费率成本从2%降低到1%，并将这1%的成本节约回馈给消费者，进一步拓展零售业务的客户平台。

（4）"产业组合+综合银行"模式。通用电气旗下的GE金融，从为制造部门提供金融服务的内部企业，经过十多年发展，成为贡献集团营业利润近50%的核心企业。GE金融的成长来自于GE产业护航下的高信用评级和低成本资金，它使GE金融从一开始就站在了巨人的肩膀上，享受了比花旗、汇丰这些有着百年历史的银行巨头更低的资金成本，从而成为GE金融的核心竞争力。

目前，国内几乎所有大型多元化集团都涉足

了金融领域，例如，2010年3月中国移动宣布其全资附属公司广东移动与浦发银行签订股份认购协议，2012年3月中国移动通信集团财务有限公司正式成立，成为经银监会等部门批准成立的国内首家电信运营商财务公司，也是中国移动通信集团内部的金融运作集中管理平台；中海油相继独资或合资成立了中海石油财务公司、海康人寿、中海基金、中海信托等；中石油在成立了中油财务公司、中意人寿、中意财险以及参股中银证券、银河基金后，更是收购了克拉玛依市商业银行、宁波金港信托有限责任公司，合资成立了昆仑租赁。即使是那些竞争性产业的龙头企业集团，也纷纷圈地金融，例如，海尔在组建了财务公司、合资成立了海尔纽约人寿后，又成为青岛商业银行、长江证券的第一大股东；联想集团参与国民人寿的发起，并成为汉口银行的第一大股东以及苏州信托的第三大股东，2010年3月又收购了中银国际证券12%的股权。由此可见，产融结合已经成为大型央企和龙头企业进行财务管理创新的重要方式。

2. 业财融合

业财融合或称业务财务一体化，是近年来新兴的一种财务管理模式，它体现了业务和财务单位的有机结合。业财融合强调将财务管理理念融入业务活动的全流程，借助信息系统进行财务治理。一方面，从财务体系选派代表到业务单位，担任业务单位合作伙伴的角色，作为财务专家为业务单位提供培训、咨询、决策支持等服务；另一方面，业务财务人员也是业务单位经营团队的核心层成员，协同业务单位其他成员参与业务单位的经营管理，为业务单位经营管理能力和绩效水平的提升发挥作用，从而提高财务管理效能。

中兴通讯是国内实施业财融合的先导企业。从2002年开始，中兴财务逐步建立起一个全价值链的业务财务体系（如图1-1-2所示）。每一位下属分子公司的一把手或者业务部门的负责人都会有一位财务助理，即集团的财务代表。他们的责任是不断给上司灌输财务理念和财务思维模式，培养他们财务的思维结构。往下每一个产品都会有相应的财务代表，公司、事业部、产品、区域等每一个层级，也都会有相应的财务负责人，这样就建立起另一个网状的财务结构。例如，产品部门有产品财务经理，研发部门有研发财务代表，采购部门有成本经理。一方面，这些财务负责人全面切入到公司价值链的各个环节，全面渗透到市场、研发、采购、生产、售后的经营活动中，提供财务管理支持。业务财务与业务单位在一起办公，他们会及时将公司的战略在经营单位推进落实。另一方面，财务负责人也会将经营单位的信息及时提供给战略财务和公司。通过这些财务负责人，就可以把整个集团的价值链和业务过程都串联起来。通过业务财务的设置，中兴通讯的财务将触角深入到公司经营的方方面面。

（三）业财融合下的财务管理体系

在传统观念下，财务部门作为企业的职能部门，以账房先生、计算器的角色支撑着业务部门的发展，将主要精力投入到财务核算、财务报表等工作中。实际上在核算的时间点，所有的业务过程都已完成，财务能做的只有"反映"，而无法给管理者提供实时的决策支持。业财融合就是要求将财务的职能提前到业务决策，在业务部门进行决策分析时就有财务部门的实时指导。业财融合的实施有利于企业由粗放型经营向集约型转变，提高企业的经济效益；有利于财务人员加深对实际业务的了解，使财务更好地为业务工作提供保障；有利于财务对业务主要环节实施完整、闭合、严格、有效的控制监督，有效防范风险；有利于发挥财务专业特长，积极研究重大问题，实现财

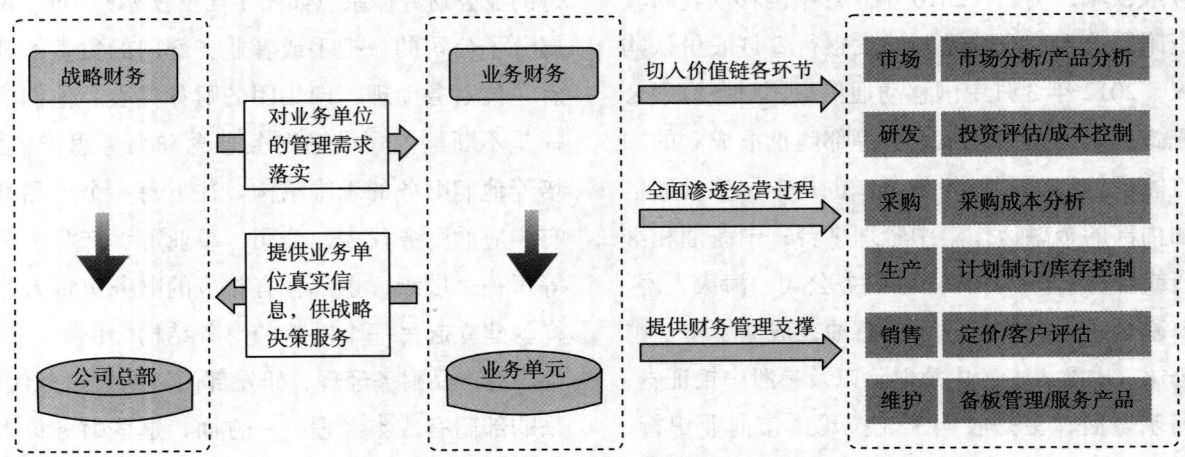

图1-1-2 中兴通讯的业务财务体系

资料来源：陈虎. 创造价值的财务管理模式 [J]. 会计之友，2013(4)。

务对企业经营决策的支持。

业务和财务的融合不是简单的将财务人员分派到业务团队中，而是需要以企业前期充分的信息化建设和人才培养为前提，在价值文化的指导下重塑财务流程，对业务全程进行财务管理，通过业财联动为管理层提供决策支撑，并在合理有效的绩效考核下对业财团队进行监督和激励，使所有的活动都贯穿价值文化理念，最终确保企业发展战略的实现。具体而言，业财融合下的财务管理体系包括以下五个方面的具体融合（如图1-1-3所示）。

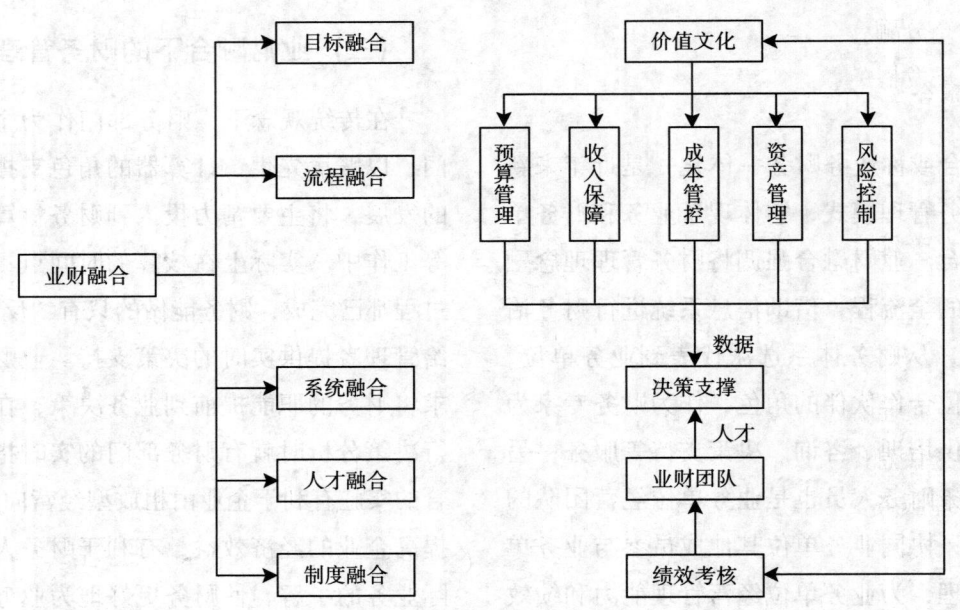

图1-1-3 业财融合财务管理体系

1. 以价值文化为先导的目标融合

随着经济环境的变动和企业制度的发展，企业的财务目标经历了从利润最大化、股东价值最大化向企业价值最大化的演变。业财融合模式下，企业所有的管理活动仍要以价值最大化为目标，并且更加注重财务目标的高度和远度，要求企业将战略管理与财务管理相结合，有助于实现企业战略目标、承担社会责任、协调利益相关者之间的关系并增强竞争优势。在企业发展过程中，文化建设作为一种管理方式，在管理实践中所显现的导向、凝聚、激励、约束、协调、教化等作用，成为推动企业不断发展壮大的强劲动力。财务文化的产生与发展离不开企业文化，它是企业活动特定文化现象的体现，伴随着企业经济活动应运而生。因此在价值最大化的财务目标的指导下，财务文化也应该凸显价值观念。企业应该加强财务理念的宣传与贯彻，以价值文化为驱动，在业务活动和财务活动中都以追求价值为目标，实现两者目标的充分融合。如此，业财融合对公司战略推进和业务发展的决策支持与服务功能才能够最大程度地被发挥出来，业财团队也将变成帮助企业提升核心竞争力的重要力量。

2. 以全业务流程业财联动为纲领的流程融合

业财融合最主要的特点就是将财务触角深入到公司经营的各个方面，因此业财融合需要重塑财务流程，实现全业务流程的业财联动，保证业务信息和财务信息的及时转化，为经营的全过程提供财务管理服务支撑。在业务流程中，预算是一切活动的开始，预算与业务流程的融合能够制定出更切实可靠的预算方案，使企业最初就按照正确的方向前进；收入是业务流程的核心，通过梳理各个业务环节所涉及的收入点并绘制收入风险地图，能够监控收入全程，保障收入实现；成本管控与业务流程的融合则更能体现精益财务的思想，借助信息系统能够对成本所有可能的发生点进行监控，并及时调整成本的分配，使企业资源流向价值创造最多的地方；资产是一切经营活动的基础，资产管理与业务流程相结合能够获取更详细准确的资产使用和需求状况；风险控制与业务流程的融合则进一步满足了全面风险管理的要求。因此，业财团队从预算管理、收入保障、成本管控、资产管理、风险控制等多角度出发，实现各项活动与业务全程的融合，能够全方位管理企业经营活动，为管理层提供决策支撑，成为企业财务价值管理和风险防御的有力保障。

预算是企业所有价值活动的起点。预算管理凭借其计划、协调、控制、激励、评价等综合管理功能，是企业实现价值最大化的基本控制方法，在国内外成功企业管理中发挥了重要作用。业财融合下，企业应将自身的预算管理建立在提升企业价值的基础上，通过价值驱动因素配置企业资源，建立基于价值链的全面预算管理体系，突出价值创造对于企业经营活动的牵引作用。基于价值链的全面预算管理首先要求以战略为导向，将具有长远性和综合性特征的战略目标层层分解，落实到具体的业务规划以及具体的责任中心和经营期间，使战略目标具有可操作性。其次，预算管理要紧紧围绕价值活动中的增值活动，寻找增值作业的关键驱动因素，将企业关键资源配置给增值作业，合理控制辅助性作业。再次，由于企业的竞争是围绕价值链的竞争，而不是基于价值链的某个环节。因此业财融合下的预算管理不仅要覆盖价值链中的每个环节，更要体现不同活动之间的业务逻辑，强调业务驱动预算，从而实现预算的闭环管理。最后，由于企业的经营环境和价值链上的各项活动在不断变化，预算管理应该适合这种动态变化的需要。因此基于价值链的业财融合预算管理模式应该与实践活动保持动态一致，及时修正预算或业务活动，保证战略目标的顺利实现。

收入是企业价值实现的源泉，保障收入实现是一项重要的财务管理活动。根据TMF的定义，收入保障是指"在不影响需求的情况下，通过提升数据质量和改进业务流程，以达到增加企业的利润、营业收入和现金流的目的"。收入保障本质上是围绕流程和数据进行监测、分析、控制、改进的一系列活动，找出业务流程、系统功能、组织架构等方面可能导致收入流失的风险点，并采取相应的改进控制措施，使收入流失最小化。业财融合下的收入保障更具现实意义，业财团队通过细化业务中的财务问题，开展业财风险诊断工作，能够挖掘公司收入链条里的"失血点"，通过持续优化业务管理流程与系统支撑能力，有效解决收入"止血"问题，最终防范收入流失、保障公司价值的实现。

成本管理是企业永恒的主题，加强成本管理也是现代企业可持续发展的内部需求。近年来，随着经济环境的快速变化和企业内部变革的快速更迭，以通信运营商为代表的企业逐步从以市场扩张与收入提升的成长期过渡到注重效益与创新发展的成熟期。为使企业持久保持核心竞争力，必须通过加强成本管理，贯彻实施低成本高效运营策略。业财融合下的成本管控凸显了精细化的特点，使成本管理贯穿于企业的各项业务活动和管理活动。在财务人员深入了解业务活动的过程中，能够对业务成本进行细化，迅速找到成本松弛点，进而对成本管控提出合理建议。此外，受益于业财融合的信息化建设，各级业务和财务部门能够依托成本分析共享平台，有了共同的"成本语言"，使各级间的行动更加协同。

资产是企业价值的具体体现，企业的资产管理主要分布在流动资产和长期资产两大领域。流动资产管理的理想水平由盈利性和流动性两个因素决定，而盈利性和流动性又与持有这些资产的成本有关。公司整体资产管理水平关系到公司资产的利用效率，对资产的有效管理是提升企业价值的重要方式，如固定资产作为支撑企业经营的物质基础，提高管理效率能够增大企业的投入产出比，而对金融资产的管理能够使企业直接从金融市场上获利。在业财融合实践中，财务人员能够深入价值链的各个环节，第一线了解企业的资产状况，有利于提高资产使用效率，也能够为下一步的资产购置和资产投资提供切实的建议。

风险是价值创造过程中不确定性的体现，风险管理是企业对其经营过程中存在的各种风险进行识别、度量和分析评价，并适时采取及时有效的方法进行防范和控制，以经济、合理、可行的方法进行处理，以保障经济活动安全正常开展，保证其经济利益免受损失的管理过程。在COSO的《内部控制——企业风险管理框架》下，内部控制已经由合规型内控、管理型内控向全面风险管理演变。现阶段企业的风险管理也应遵循全面风险管理的要求，将风险管理融入战略和目标制定过程中，通过风险管理增加利润，优化内部资源分配和投资决策。业财融合不仅要求财务集中在发挥会计监督职能过程中与业务部门紧密协作沟通，将发现的问题及时传递给业务部门整改，更要求业务和财务协同处理跨部门、跨地市的风险问题，有效推动风险问题的整改与解决。业财融合下的风险管理体系应以业财人员为风险管理主体，以价值异常变动为风险的着眼点，以价值保障为风险管理目的。

3. 以决策支撑为核心的系统融合

企业的财务状况直接反映了企业的经营管理状况，能够清楚地体现出企业的资产状况、经营风险状况和企业盈利等重要信息，为企业未来规划提供决策依据。但是传统的财务管理体系存在诸多弊端，由于财务管理手段落后、信息化程度不高等原因导致财务部门提供财务数据不准确、不及时，使管理层难以进行决策或者做出错误的决策，严重制约了企业财务管理发挥其应有的作用。业财融合下的系统融合更多强调企业信息系统的建设，通过业务数据化提升财务管理的重要性表达。未来企业信息化的发展将朝着信息传递无纸化、基础业务自动化、信息系统云端化、多语言多业务方向发展。在现阶段的技术环境下，大数据、云计算和移动互联对信息系统的搭建具有很大影响。

在促进业财系统融合时，应通过全面梳理和优化现有财务和业务系统，打通现有财务和业务系统间的壁垒，支撑业务数据自动生成财务数据，使财务数据能够穿透并追溯到业务数据，实现业务财务数据顺畅流转及全面共享，为价值管理进行量化评估提供数据平台，为业财融合提供更好的系统支撑。决策支撑在财务管理职能中所占的比重表明了现代财务管理在整个企业运作过程中发挥作用的程度，而现代财务管理之所以能够有效履行决策支持的职能作用就在于推行了基于价值管理的财务分析。系统融合能够汇集企业全业务流程的业财信息，通过制定基于价值链的全面预算方案、深刻理解收入来源和产生方式、透彻分析成本对业绩的影响及调整方式、高效管理和使用资产，并在全流程中进行全面风险管控，以深入洞察企业运营状况及其提升应对变化的能力，从而全程监督业务、支持决策、评估战略、管理价值。

4. 以业财团队为保障的人才融合

业财融合的实施需要专业的业财团队，而要构建优秀的业财团队，需要现有的业务人员和财务人员进行能力上的提升。业财团队中的业务人员需要具备相应水平的财务知识，能够积极主动地与财务人员进行沟通和协调。业财团队中的财务人员是战略财务在业务单位的第一代表，他们相当于一个桥梁，是财务体系的毛细血管，正是这些丰富的毛细血管，使得公司的所有经营状况都在财务的及时掌握之中。业财团队中的财务人员要成为业务中的财务专家、财务中的业务专家。因此，业财融合要求财务人员具有主动获取需求和深入分析并持续推动的能力、全面的财务知识、较强的宣讲技能和沟通技巧，并且要具备很好的主动思维能力和团队协作精神（如图1-1-4所示）。为了打造优秀的业财团队，企业可通过举办各种技能培训、读书会、内部技能认证等方式来加强人才培养。但其中最重要的还是借助自发性学习、竞争性学习、考核性学习、标杆性学习、培训性学习、分享性学习等建立学习型组织，加强团队成员的学习能力。通过业务人员和财务人员之间的深度融合，打造具有核心竞争力的财务管理业财团队，保障业财融合工作的顺利进行。

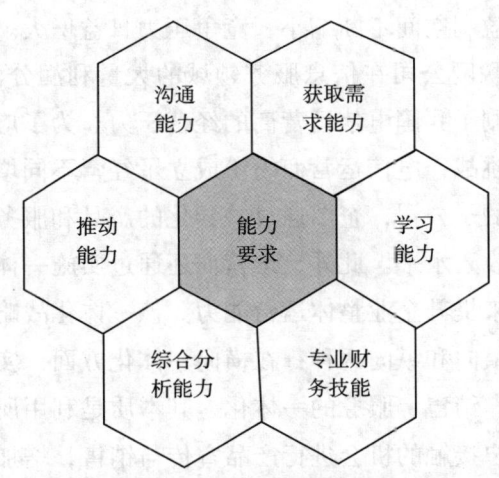

图1-1-4　业财融合对财务人员的核心能力要求
资料来源：陈虎. 创造价值的财务管理模式[J]. 会计之友，2013(4).

5. 以绩效考核为激励的制度融合

一个团队要发挥其价值，就必须有能够协调好组织整体利益、团队部门利益以及成员个人利益三者之间的制度。业财融合下的制度融合强调建立合理有效的绩效考核制度，为业财团队的高效运作提供监督和激励作用。常见绩效考核方法包括BSC、KPI及360度考核等，但不论选择何种考核方法，考核指标都应满足SMART原则。业务财务团队分别接受来自财务部门和业务部门的双向领导，因此也应受到这两个部门的双向考核，这种双向激励的政策有助于业务财务人员深入业务，真正从业务单位的角度思考问题，提供符合业务单位需求的财务支持。如在中兴通讯的业财矩阵制考核中，公司充分考虑了人事关系、考核权重以及考核决定权等核心问题。在人事上对业务财务实行统一编制，保持了财务地位的独立性，财务总部领导具有人员任免的提名权和决策权，业务单位对财务人员的任免有建议权以及对为本单位配备的财务人员有要求更换的权利，这种协调机制确保了业务财务在开展工作时能够获得财务总部的任命以及业务领导的认可。在绩效考核上，财务总部和业务单位对业务财务人员考核各占50%的权重，最终由财务总部汇总出具总体考核结果（陈虎、孙苗，2011）。

四 电信企业业财融合管理实践

随着我国电信业的改革重组，形成了三大运营商全业务经营的市场格局。近年来虽然电信用户在不断增长，但国内电信市场已经趋于饱和，企业盈利空间不断缩小，竞争压力日益增大。同时互联网公司在信息服务领域的大量利润分流，更加剧了我国电信运营商的经营压力。为了应对这些挑战，电信运营商纷纷成立了经营不同增值业务的子公司，企图通过差异化的产品和服务来提升收入水平。此外，运营商还通过实施一体化战略来提升企业整体运营能力。该一体化战略可分为横向和纵向两种：在横向一体化方面，实施营销、销售、服务的一体化，其本质是利用所有与客户接触的机会进行产品宣传与销售，增加企业收入；在纵向一体化方面，实施业财融合，实现企业前后台的有效协同，并为企业战略规划和经营决策提供参考（李福东、姜文颖，2012）。

业财融合的实施需要企业在前期做大量的准备工作，价值文化的培育就是最重要的基础工作之一。因为只有将企业价值最大化的理念贯穿于企业财务管理的全过程，才能使财务管理目标与企业战略目标一致，从而使财务管理工作更好地为战略决策与实施服务。为此运营商加强了财务理念的宣传与贯彻，将实现企业价值最大化作为集团财务管理的核心理念，并将这种价值理念传递给公司所有员工，以此为原则来管理和指导集团财务的各项工作。此外，运营商还通过建立学习型组织、虚拟团队等方式加强财务人员和业务人员的沟通交流，在分享式学习中传播价值理念，为业财团队的建设奠定基础。在文化建设之外，三大电信运营商多年来积极推动财务转型，努力建设战略型财务和共享式财务，并建立了较为完善的业务与网络支撑应用，这些在业务、网络、财务等方面的应用建设为实施业财融合创造了条件。以下将主要结合中国移动在业财融合上的实践经验，从收入保障、成本管控、决策支持、业财团队建设、资源管理五个方面来探讨业财融合在电信企业的具体应用。

(一) 电信企业业财融合下的收入保障体系

据国际电信行业统计数据表明,运营收入流失通常占营业收入的 3%~15%。对于包括中国移动在内的所有国内运营商而言,加剧的市场竞争、开放的产业链和用户多变的需求,迫使运营商必须加大对收入风险点的关注。事实上,在《萨班斯-奥克斯利法案》对电信运营商内控水平提出更高要求后,国内运营商也开展了各类收入风险控制探索,如目前很多运营商都在市场、计费、财务等多个系统中建立了业务稽核系统。通过建设这些系统,运营商初步实现了对收入流失风险点的控制。但是即便如此,很多运营商还是经常遭遇业务、财务数据不一致的困惑。

收入保障强调的是收入的生命周期管理,通过组织机构、流程机制和 IT 系统建设,找出业务流程、系统功能、组织架构等方面可能导致收入流失的风险点,并采取相应的改进控制措施,实现对从用户缴费、业务发生、内部成本核算,再到与合作伙伴分成的全面管理,从而改变目前各个部门对自己部门内部收入流负责,但却没有人对整个企业收入保障负责的状况。目前,全球 70%以上的运营商有专门的收入保障部门来对计费部门监管。这不仅是因为竞争的需要,也是面对市场饱和实现健康经营的重要手段。目前随着市场饱和,国内运营商急需寻找新的利润来源,收入保障就是运营商实现利润增长的重要途径。业财融合下的收入保障体系,借助财务对业务流程的全面渗透,有利于进一步发现收入滴冒跑漏的现象,实现收入的精细化管理。

为了搭建业财融合下的收入保障体系,中国移动组建了企业内部专业的业财运作团队,并创新性地提出"1-4-1"工作模式:建立一套工作方法(绘制收入风险监控地图),四个工作方向(计费收入全流程稽核、全省营收资金实时监控、系统数据现金化管理、收入结算智能化稽核),一套运作机制(业财融合运作机制)。在该收入保障体系下,中国移动一方面通过开展业财风险诊断工作,挖掘公司收入链条里的"失血点";另一方面通过持续优化业务管理流程与系统支撑能力,有效解决收入"止血"问题。通过财务和业务的双向联动,最终实现企业风险控制、防范收入流失、保障公司价值的目的。

1. 一套工作方法——发现收入失血点

在经营活动中,人工操作失误、流程衔接不当、数据处理错误、信息延迟等均可造成运营收入的流失。收入保障体系的第一步在于挖掘收入价值链中的"失血点",精准定位收入流失的源头。为此,中国移动通过流程穿越、稽核案例分析等,对"用户消费、缴费、账户管理、结算支付"等收入相关模块进行风险诊断:在收入管理流程中重点关注计费收入是否完整,在营收资金管理流程中重点关注资金是否及时回收,在系统数据流程中重点关注系统数据有无丢失、篡改,在结算管理环节重点关注结算数据是否准确,并根据诊断结果绘制收入风险监控地图,对收入全程进行实时监控,对流失的高风险点进行重点监督。

2. 四个工作方向——为收入流失止血

在精准定位收入失血点之后,业财团队的工作重心就转向如何为收入流失止血,这是确保企业价值实现的关键环节。中国移动主要从计费收入全流程稽核、全省营收资金实时监控、系统数据现金化管理、收入结算智能化稽核四个方面确保收入实现。

在计费收入方面,中国移动建立收入计费核算全流程监控机制,严控收入管理风险。公司建立了一套从话单采集、批价、出账、报表统计到财务处理的收入计费核算全流程监控质检机制，规范计费收入出账流程，明确收入计费核查要求与标准。并且搭建计费信息异动分析监控平台，通过设立关键指标，对话单采集的完整性、项目的异动分析，及时发现并解决计费环节中发生的收入问题，确保计费的准确性。之后引入质检方式，建立收入信息质检机制。在计费信息日常监控基础上，每月发布收入信息质检报告，对收入财务信息、业务信息进行检测，确保收入信息的准确性。在营收资金管理方面，中国移动开发建设了营收资金风险监控平台，实现明细到营业厅的每日风险监控与预警、"厅—县—市—省"四级营收渠道资金回款情况的过程监控、系统自动预警告警、电子流跟踪、可视化地图实时监控等功能。在系统数据方面，中国移动创新性地搭建后台系统数据现金化管理体系，全面审视和监控公司隐性风险，提出了"系统数据现金化管理"理念，做到每个业务系统内数据保持平衡一致、同一业务在不同系统间的流转数据也要保持一致。在结算支出方面，中国移动打通了业财各系统，实现收入分成结算业务全流程的电子化支撑和风险管控；建立以单个结算对象、单笔业务为维度的结算预警机制，对异常结算金额进行警告。中国移动的收入结算稽核体系实现了结算数据的跨系统闭环接口，杜绝了人为对分成结算数据的篡改和操纵。

3. 一套运作机制——保障项目长效运作

为了建立跨部门的组织保障，中国移动成立了公司领导挂帅的"业财联动、省市一体"的跨部门项目小组，建立常态化业财融合机制，确保整个团队高效运作。一方面，公司领导亲自主持业财联席例会以及市场、财务、系统三大线条的月度沟通例会，从领导层面显示出对业财团队的重视；另一方面，公司成立跨部门跨省市攻坚小组，合力攻坚重点难题，规避高风险业务，并发布常态化的监控月报，实时监控项目进展。

业财融合下的收入保障体系是业财融合财务管理体系的重要组成部分，收入保障强调端到端的诊断和分析，寻找收入流失风险点和流失的根本原因，从控制层面与节点层面综合入手，保证业务流程与财务报告对接的完整性与正确性，中国移动的实践为开展其他企业收入保障提供了宝贵的经验。除了捕获少收的营业收入外，收入保障体系的实施还能稳定服务质量，提高客户的满意度和忠诚度，提升工作效率，降低运营成本。为了搭建收入保障体系，企业先要转变观念，在收入增加的过程中，"堵漏"也是"增收"的一种方式，除了通过市场拓展增加公司收入外，还要强化内部管理挖掘收入。此外，企业不但要关注显性的资金流，还需重视隐性的数据流，通过对收入数据的挖掘，发现内部管理风险。需要注意的是，收入保障不是短期、运动式的项目，而是需要将其逐步纳入企业日常管理，持续推进并不断改善提升，这样才能确保收入长期有效的实现。

（二）电信企业业财融合下的成本管理体系

成本管理作为企业内部管理的核心内容之一，已经逐步成为企业核心竞争要素。对中国电信业而言，日趋激烈的外部竞争环境和行业监管对成本管理提出了更高的要求，而成本管控的难度却在进一步加大。随着多业务的发展，电信企业内部共同成本占比较大，使得企业成本在部门和业务间进行准确分配非常困难，而各部门间成本管理标准又有所差异，执行力度和管理水平也有所不同，更降低了成本管控的可操作性。总体来看，传统的成本管理体系主要存在三个方面的弊端：

缺乏系统支撑，投入投向不清楚；缺乏评估模型，效益效率不确定；缺乏事中管控，管理控制不及时。因此，原有的成本管理模式亟待转变，急需建立一套精细并且通用的成本评估和控制体系。

业财融合下的成本管理体系以精益化为目标，要求企业财务部门与业务部门联动，共同推动成本管理效益的提升，确保资源准确投放、科学使用，提高资源的使用效率，确保资源投入效益的最大化。中国移动积极响应集团总公司对成本管控的要求，从2012年起开始搭建业财融合下的营销成本管理体系。经过两年多的发展，现已搭建出精细化的营销成本管理体系架构（如图1-1-5所示），实现业财数据的融合和营销活动基础信息的自动抓取。各个地市公司纷纷自发应用平台开展营销成本分析和评估，节约了营销活动手工登记时间，提高了营销成本的管控效率。

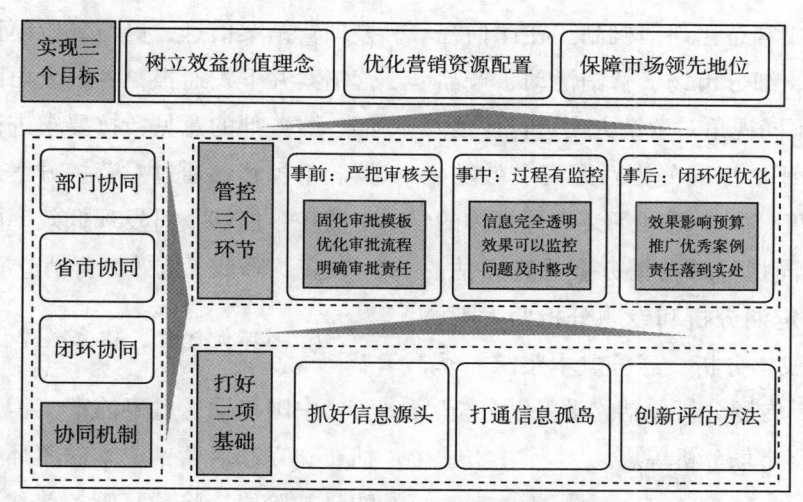

图1-1-5　中国移动营销成本管理体系整体架构

中国移动搭建业财融合下的营销成本管理体系具体路径包括以下七个方面：

1. 抓好信息源头，保证基础数据质量

在信息管理系统中，信息源头是后续一切操作的保障，因此必须保证基础数据的质量。首先，要确保基础数据的完整性。中国移动将包括终端营销案、实物营销案、话费营销案在内的所有营销方案都100%地纳入BOSS系统，规定营销案不进入系统就不能报账，并将列账数据与BOSS数据每月进行核对，不断降低两者之间的差异率。

其次，要实现基础数据的标准化、自动抓取。中国移动将营销案信息分为目标用户、营销目标、活动分类、资源类型等21个维度，每个维度的内容都标准化处理，方便信息自动抓取；此外还对信息发起人、审核人进行全面培训，确保信息操作的标准化。

2. 打破信息孤岛，实现业财信息融合

企业以往的信息系统一般都是单独运作，即每个系统负责各自分内的业务，系统间的信息无法相互沟通，形成一个个信息孤岛，管理层想要整合获取这些信息也更加困难。中国移动针对信息孤岛现象，将现有系统打通，在经分系统中建立多维营销成本分析平台，全面支撑精细管理。如将负责活动目标和活动预算的OA系统营销案审批模块、负责办理用户信息的BOSS系统营业平台，以及负责成本信息、价格信息的ERP系统在经分系统中进行整合,建立了包括营销成本跟踪、营销方案跟踪、终端成本分析、促销实物分析、话费资源分析、重点效益关注六大模块。通过对营销案、成本价格等基础信息的归集和导入,实现了业财信息的融合和关联。

3. 创新评估方法,建立评估模型

中国移动从评估视角、评估维度和评估机制三个方面建立具有创新性的营销成本评估模型,协同对标管理,形成常态化评估机制。在评估视角方面,从客户群、细分市场、营销活动、产品服务等方面,组合不同视角对营销方案进行评估。在评估维度上,将评估标准分为匹配度、效益、质量、标杆四大维度,每个维度下又细分具体的指标,通过组合不同指标对营销方案进行评估。评估机制主要分为定期分析和专题分析两大类,定期分析包括月度成本分析、经分成本跟踪、季度成本统筹分析等,专题分析包括终端补贴分析、宽带活动分析、校园市场分析等。

4. 严把审核关,业务财务协同促进管理

为了保证对营销方案高效率和高品质的审核,中国移动做了多方面的努力。首先,定制了业财协同的审批模板,即由市场部门和业务部门共同商定审批模板,模板包括目标用户、划拨方式、成本投入、活动区隔、话费投入等。

其次,将审批流程固化,实现审批的标准化运作,加快审批速度。

最后,根据具体业务情况对不同的审核指标设定了阈值。当指标触发阈值时,系统会自动提醒,从而对指标相关要素进行详细检查。

5. 过程有监控,及时发现并改正低效营销举措

对营销方案的监督包括事前监督、事中监督、事后监督三个方面。在营销方案实施过程中,中国移动要求像监控收入一样监控成本,像监控网络质量一样监控成本效益。首先,在经分系统的显要位置展示出资源投入,编制资源投入日报、周报、月报,并对投入前十大营销案进行实时跟踪。

其次,对每个营销案设定资源投入预算,并设定阈值。

最后,通过省—市—县联动,每月开展营销案评估、整改、下线。具体而言,省财务部每月整理营销案信息,更新分析模型,省市场部整改营销案并下发通报,各分公司则每月根据省市场部、财务部的意见,按要求进行分析、整改和反馈。中国移动通过对营销方案进行全面细致的事中监控,能够及时发现低效率的营销方案,并及时改正,降低了低效率营销造成损失的可能。

6. 闭环促优化,建立效率提升驱动机制

中国移动通过事前审核、事中监控、事后评估,建立起对营销成本的闭环管理。在营销方案的最初阶段,将预算管控前移到营销活动中,并由系统自动跟踪。然后对省公司统一的营销活动设定评估条件,引导资源投向,用方案实施的效果来影响下一阶段的预算。在营销方案实施之后,地市公司每月将材料上报省公司进行评价,省公司汇集案例纳入评分体系,综合营销案评估结果和营销案的市场反应两方面信息,对营销案例进行评估,最后对优秀案例进行总结,并在全省进行展示和推广。

7. 省市联动协同,推进业财管理融合

为了使营销成本管理得到持续性的发展,中国移动积极推动省市县财务和业务部门的融合管理,形成闭环的联动管理机制。财务部门是整个联动管理机制的核心,一方面要对市县公司进行对标指导分析;另一方面要和业务部门充分沟通,

实现成本的联动分析管理。业务部门对市县公司的营销方案进行监督，并根据下级提供的反馈信息进行整改指导。多维营销成本分析平台在成本管理中扮演了沟通协调的角色，在该平台下各级业务和财务部门有了共同的"成本语言"，使相互间的沟通更为便利。最终通过项目课题、预算衔接、指标牵引、预警通报、沟通培训、联合分析、压力传导、虚拟团队等措施，实现业财管理的充分融合。

中国移动通过搭建业财融合下的营销成本管理体系，将营销成本管理由传统的粗放型管理，经过数据整合、价值挖掘、创建评估模型、搭建省市业财联动的闭环管理机制等，实现精细化管理。并使营销成本精细管理贯穿于公司的各个运营环节，使得管理颗粒更精细、评估分析更有效、过程管控更得力、成本投入更透明。总体来看，企业通过有效的成本管控，提升了资源的投入效率，有利于企业正确地进行成本预测及决策，以确保公司经营和战略目标的最终实现。

（三）电信企业业财融合下的决策支撑体系

随着科技经济的不断发展和市场竞争的日趋激烈，企业的战略决策面临新的挑战：决策由单目标向多目标发展、决策标准多元化、非结构化决策的比重越来越大、决策实时性的需求提高等（胡仁昱、汪慧甜，2012）。面对业务活动中产生的海量数据，采用恰当思路和方法对其进行管理和应用，既能提升决策的效率和效果，也是企业数据价值管理提升的体现。麦肯锡公司的一项调查表明，目前一般企业财务部门用于业务处理的时间为60%，只有不到10%的时间用于决策支持，而世界级企业的财务部门用于决策支持的时间已超过50%。业财融合下，这一现状将得到改善，财务工作的重心将从核算反映向决策支持转型，以业务的价值创造为重心，协助发展企业的核心竞争力。业财融合模式下的财务人员借助企业收入、成本等综合信息平台的建设，能够进一步发挥财务专业特长，积极研究重大问题，当好领导的参谋，为企业实现科学民主的决策提供财务支持。

业财融合下的决策支撑体系，是多个信息子系统决策功能的综合。如通过业务财务信息的实时互动进行经营分析，能够及时总结和评价公司经营业绩，分析经营和管理活动中存在的主要问题并寻找解决之道，以及对未来经营风险进行预警和防范；通过内部控制报告的及时反馈，能够帮助企业发现风险，并在预算制定、经营分析等决策过程中提供建议。自建设业财融合管理体系以来，三大运营商充分发挥财务数据的准确、集中和共享效能，以财务集中监控为主体，建立起面向业财融合的内部报告体系，为公司的经营决策提供多视角棱镜，对公司的规范运营、价值保障发挥重要作用。

1. 经营分析

经营分析是利用财务、统计数据及相关资料，对公司生产过程和经营结果进行分析与评价，为提高生产经营效率、揭示经营风险、创造公司价值以及管理经营决策提供信息支撑，既是企业管理的重要手段和工具，也是财务部门为公司创造价值的重要途径。在价值型财务的要求下，经营分析工作应紧密围绕价值提升主题，平衡长短期利益，追求可持续发展，做好业务合作伙伴与管理决策的参谋。财务人员在准确把握各项财务指标变化的同时，还应充分结合业务发展情况，细致剖析各项数据现象的深层动因，不断提升经营分析的广度与深度。

中国联通搭建了"量"、"本"、"利"一体化的业务管理模型，为企业经营决策提供支持（如

图1-1-6所示）。在业务操作视角，主要是通过对业务事项的专业化管理，如采购管理、合同管理、资产管理等，关注业务的过程和效率。在业务管理视角，通过核心ERP系统、报账系统等，实现市场经营、网络运营、投资建设等业务的资源量与价的管理，关注资源投入及活动过程的资源消耗，考核资源利用率。在财务核算视角，主要是关注"本"的管理，通过核心ERP系统以及海波龙系统生成财务报告，从成本及资产负债的角度进行管理。通过三维立体化的模型构建，中国联通能够为管理层提供全方位的业务经营信息，并将业务信息转化为财务信息，助力经营决策的制定和实施。

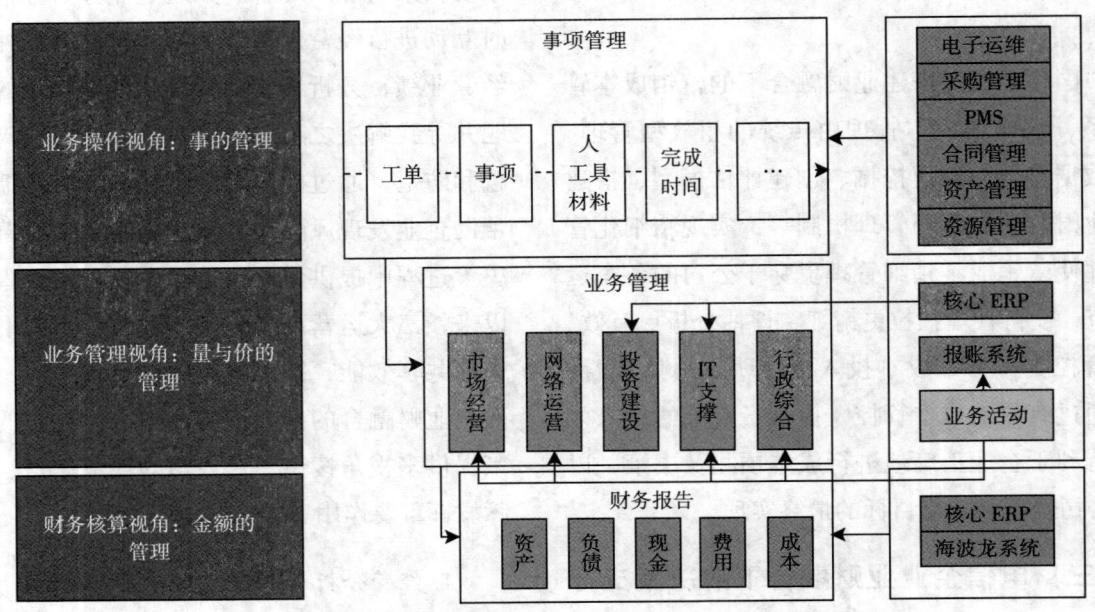

图1-1-6 中国联通"量"、"本"、"利"一体化经营分析系统

2. 内部管理报告

基于COSO对内部控制的要求和管理层了解企业信息的需要，企业除对外发布财务报告之外，还需对内提供管理报告。业财融合下的内部管理报告，是以内部控制和价值管理为主的内部报告，是提供决策和控制信息的重要媒介。例如用于生产经营决策的成本信息，特别是作业成本信息、变动成本信息、机会成本信息等；用于生产经营定价决策的生产成本信息、非生产成本信息、固定成本信息、单位产品成本信息以及目标利润等；用于长期投资决策的现金流量信息；用于企业筹资决策的资金需要量信息等都是构成企业内部报告的重要内容。业财融合不仅要求财务集中于在会计监督职能过程中与业务部门紧密协作、沟通，对发现的问题及时传递至业务部门整改，更要求业务和财务协同处理跨部门、跨地市的风险问题，有效推动风险问题的整改和解决。

从2010年开始，中国移动财务共享中心构建会计发现机制，将在核算过程中发现的有关财务问题及业务风险汇编成《会计发现》简报，并提出整改措施，由内控管理人员定期检查地市公司整改情况，形成对核算质量管理、业财风险管理的闭环。财务共享中心为更好地加强本部门层面的业财信息沟通，进一步推动业财融合，促进发现问题的解决与整改，建立了"涉财内部报告会制度"，定期组织召开本部门层面涉财内部管理报告会。中国移动针对公司运营管理战略支撑的热点和财务风险管控的重点，先后形成了公司运营管理分析报告、管理信息报告、酬金监控报告、收入分成类结算报告、资金全方位监控报告、库存管理报告、投资一体化专项报告、一站式财务服务报告等内部报告。

按信息对决策功能的适用程度分类，可将决策信息分为描述性信息和控制性信息两大类。其中与经营决策相关的信息主要是描述性信息，内部报告则描述性和控制性信息兼有。为了提高企业的决策效率和效果，企业一方面要建立业务和财务联动的分析系统，能够全面、准确地获取与业务经营相关的信息；另一方面，在对外定期报告的基础上，通过财务集中监控和业财数据整合，构建内部管理报告体系，面向管理层、地市公司、业务部门、员工等发布有针对性的财务管理信息，有利于提升业务部门的财务风险意识，促进资产的保值增值和高效运用。

（四）电信企业业财融合下的财务团队建设

在业财融合财务管理体系下，对财务人才的培养提出了新的挑战。财务人员过去以会计核算工作为主，更多强调财会知识的专业性，业财融合下则需要与业务层和管理层进行更多的交流、沟通与合作，才能加强对运营的财务支撑。因此企业需要从观念转型入手，培育以价值为核心的学习型财务文化，以职业技能的全面提升作为基础和保障，在业务人员中宣传财务知识，在财务人员中强化对业务知识的学习和理解，使业财人员不断完善和超越自我，为业财融合的顺利开展提供人才支持（何瑛，2012）。

中国移动坚持以公司可持续发展战略为导向，强化前瞻意识，提倡精益管理，推进财务创新，促进高效低成本运营，努力做好"领导的好参谋，公司的好管家，业务的好伙伴"三大角色，打造出一流的业财团队。在团队建设过程中，具体措施包括：

（1）知识沉淀手册化。中国移动制订各岗工作手册，健全制度管理办法，通过将所有工作文档化，使管理经验得到延续，并持续更新、推进部门知识体系管理，提高团队的快速反应能力。

（2）日常工作模板化。中国移动在全省财务检查的基础上，进一步完善检查模板，有组织、有步骤地开展市分公司的财务检查，分析归纳检查中发现的共性问题，在全省范围内进行整改，并对检查中发现的好的做法及时在全省予以推广。

（3）培训交流常态化。除加强基层人员的专业培训外，还有计划地开展与兄弟省份和各地市之间的交流，拓宽财务人员视野，学习先进省份和优秀市公司的经验和方法。

（4）项目工作团队化。一是成立全业务运营财务支撑虚拟团队，为公司出台的新业务、新产品、新合作模式提供全方位工作支撑。二是建立管理岗位后备梯级团队，预算管理、综合分析、收入管理、营收稽核等重要知识型管理岗位需要形成梯次培养与帮带机制。此外，还建立知识分享例会制度，对岗位进行互换操作、交叉工作任务布置。

通过这些措施的应用，中国移动培养了一批不仅懂得资金、税务、关联交易等全面财务管理知识，又熟悉业务知识的全能型财务精英人才，为中国移动的运营奠定了可靠的人才基础，支撑了公司新一轮快速、稳定、健康发展。财务人才的培养对企业发展有着至关重要的作用，通过财务人员的培养和财务团队的建设，财务管理队伍的整体素质得到提高，这又会不断提升公司财务部门的价值管理能力、业务支撑能力和精细化管理能力，从而持续实现价值创造并提升公司的财务竞争实力。

五 建议及展望

多年来受益于国家政策支持、对通信网络的深刻理解和全业务经营的管理经验，中国电信运营商在业务发展和财务管理方面取得长足进步，成为全球领先的电信业务提供商。在最新公布的2012年世界500强电信运营企业财务竞争力综合排名中，中国移动连续三年保持财务竞争力第1名，中国电信和中国联通也分别列居第11名和第14名。为了持续保持企业的财务竞争力，并应对大数据时代对财务管理的冲击，包括电信运营商在内的所有中国企业都应积极推行财务创新，不断更新升级现有财务管理模式，才能在财务变革的浪潮中掌握主动权，进而在合理配置企业内外部资源和保证企业正常经营管理活动的基础上实现企业价值的最大化。通过对大数据时代下财务管理创新与实践的研究，笔者认为，企业可从以下四个方面推进财务管理的发展：

（一）打破财务管理边界，深化大数据时代财务管理创新

无边界理论为财务管理创新提供了新的发展方向，响应了大数据时代对财务管理的要求。无边界财务管理要求财务的使命是保障发展、融入发展和推动发展，它给财务人员的定位首先是价值的评估者，其次是价值的保护者，最后要做价值的创造者。据此开展树立理念、明确绩效、提供信息、优化流程、整合系统、配置资源、风险防范、效益评估、团队建设、引领增长的一系列工作（楼向平、郑学斌，2013）。无边界财务管理要求从财务理念开始培养业务人员的财务意识，使其主动参与财务管理过程，财务人员则要成为"财务中的业务专家，业务中的财务专家"。通过业财团队的通力配合，让企业的信息沟通能打破部门和专业的壁垒，使业务和财务信息能够迅速完整地被管理层使用，从而为企业创造价值。大数据时代下企业的创新和变革速度不断加快，企业只有与时俱进，不断打破财务管理的边界，创新财务组织发展，才能使企业在竞争中立于不败之地。

（二）持续财务流程优化及IT协同整合，实现"财务云服务"

信息化和工业化的深度融合令企业对IT产生高度依赖，对于枝繁叶茂的大型集团企业来说，信息化更是大数据和云环境下竞争求存的关键。大数据下，信息技术在企业集团的渗透和应用一方面会导致企业技术进步和生产效率提高，另一方面也会导致企业集团财务组织和流程的优化和创新性变革。通过这两个方面的持续改进，会使得企业市场竞争要素逐步得以强化，从而形成财务信息化的竞争优势并不断提升财务竞争力。从目前中国企业集团实施财务流程再造的实践来看，在移动互联网和云计算背景下已经有了把财务共享服务升级为财务云服务的迫切需求，并正在进行积极探索。云服务下的财务管理通过标准化、制度化、流程化一系列管理手段以及财务信息的建设，使处理效率大幅提升、成本不断降低。通

过建立财务云服务，企业不仅能够提高财务处理效率，还能将更多的财务人员从基础核算中解放出来，将更多的精力投入到经营决策支持等更有价值的工作中去。

（三）推行财务"智理"，实现企业可持续发展

面对新经济的经营环境和特点，财务人员光有远见已远远不够，还要有广阔的眼界和敏锐的嗅觉，既要站得高、看得远，还要看得宽、嗅觉灵。特别是在新经济环境下，企业不断受到商业模式创新的冲击和挑战，企业的生态环境日益复杂多变，只有推行智慧型财务管理，企业才可以渡过难关并获得持久的发展动力。企业财务"智理"的关键不再是追求惊心动魄的业绩增长，而是要抛弃幻想和投机心理，少犯错误，稳定发展，保持企业的基业长青。为了实现企业可持续发展，财务管理必须在企业价值管理活动中基于企业的战略、运营与企业内控三个层面上建立起公司价值管理和价值创造的集视觉、听觉和嗅觉为一体的智能理财系统，加快对企业生态环境变化的反应速度，同时培育起智能化的战略管理、运营管理和作业管理相结合的财务管理体系（王国柱，2013）。

（四）深化业财融合，增强价值创造能力

精益化财务管理是近年来财务管理领域的热点，构建基于价值创造的企业精益财务管理，就是要通过实施与实现精益财务管理，有效推动生产经营价值链的增值，形成良好的管理文化，提升财务价值创造能力和管理水平。业财融合是对日常财务管理参与生产、市场开发、服务过程中管理行为的高度提炼和概括，也是精益财务管理的具体体现。目前多数企业尚未推行业财融合，或者在已经实施业财融合的企业中融合深度还不够，业财融合对企业发展的助力未充分体现出来。为此企业应进一步加强业务财务的深度融合，从目标、流程、系统、人才、制度等方面缩小财务与业务的鸿沟，使财务体系真正参与到集团经营的整个流程，增强企业价值创造能力，从而促进企业总体价值的提升和企业的长期快速发展。

参考文献：

[1] 赵红彬. 信息化时代的企业财务管理变革及发展趋势 [J]. 中国总会计师，2013（5）.

[2] 于跃. CFO 的大数据时代 [J]. 新理财，2013（7）.

[3] 张瑶瑶. 大数据时代，中央企业财务管理创新进行时 [N]. 中国会计报，2013（11）.

[4] 陈虎，孙苗. 业务财务的工作机制 [J]. 财务与会计（理财版），2011（10）.

[5] 冯芷艳，郭迅华，曾大军等. 大数据背景下商务管理研究若干前沿果题 [J]. 管理科学学报，2013（1）.

[6] 岳小溪，吴芳茜. 大数据时代的企业发展新形势 [EB/OL]. http://rriit.ccidnet.com/art/32559/20130626/5033099_2.html.

[7] 易欢欢，赵国栋. 大数据时代：趋势与机会 [EB/OL]. http://www.hjcn.com.cn/2012/201202_0704/218.html.

[8] 楼向平，郑学斌，郑慧. 关于财务价值和无边界财务管理实证研究 [J]. 中国总会计师，2013（6）.

[9] 邓国清. 大数据时代的精益财务分析 [J]. 中国会计报，2013（4）.

[10] 程平，赵子晓. 大数据时代助推财务决策 [J]. 中国会计报，2014（2）.

[11] 何瑛. 电信运营企业财务转型 [M]. 北京：经济管理出版社，2011.

[12] 孙杰贤. "数据"上的财务变革 [J]. 中国信息化，2013（16）.

[13] 王松涛 无边界组织：企业组织结构变革的新模式 [J]. 同济大学学报（社会科学版），2008（8）.

[14] 许佳佳. 无边界管理及其边界的重新界定 [J].

企业改革与管理，2011（10）.

[15] Ron Ashkenas，Dave Ulrich，Todd Jick 等.无边界组织［M］.北京：机械工业出版社，2005.

[16] 吴德永.促进企业财务管理与业务工作融合的思考［J］.会计之友，2007（4）.

[17] 陈虎.创造价值的财务管理模式［J］.会计之友，2013（4）.

[18] 李福东，姜文颖，向磊.业务财务一体化需求分析思路与方法研究［J］.邮电设计技术，2012（12）.

[19] 胡仁昱，汪慧甜.企业战略管理中的财务决策支持与ERP数据挖掘［J］.财务与会计（理财版），2012（7）.

[20] 何瑛.人才再造［J］.新理财，2012（1）.

[21] 何瑛.基于云计算的企业集团财务流程再造的路径与方向［J］.管理世界，2013（4）.

[22] 何瑛.基于价值导向的电信运营企业财务竞争力综合评价与提升路径研究［J］.中国工业经济，2011（11）.

[23] 何瑛.中国移动财务转型路径与实践研究［J］.管理现代化，2009（6）.

[24] 陈虎，董皓.财务共享服务［M］.北京：中国财政经济出版社，2009.

[25] 陈虎.创造价值的财务管理模式［J］.会计之友，2013（12）.

[26] 王国柱.关键词：财务智理［J］.新理财，2013（1）.

（分报告执笔人：彭亚男，北京邮电大学；指导人：何瑛，北京邮电大学）

分报告二
基于财务转型的电信投资管理新模式

一 引言

随着互联网产业的出现和发展,电信业长期的垄断状态被打破,其赖以生存的方方面面都在经受来自互联网业务运营商(OTT)的冲击和挑战。具体表现为,蓬勃发展的互联网产业提供的新业务,带来了电信运营商王牌语音和短信业务的动摇,造成其附加价值的不断降低及边缘化,而大量新型数据终端的出现,带来了电信业数据业务成本的增加,却没有带来相应的收入或回报。电信业进入了"后电信时代",产业链重点和利润也正在逐渐向上层业务和终端转移。电信市场环境的恶化也在一定程度上造成了电信企业在资本市场的地位日趋低值化。而在当前技术和产业格局变革的环境下,电信企业也面临着难得的机遇,目前电信企业在产业生态系统中仍然具有重要的资源优势,可以通过全面改革,积极运用优势来加强广泛的合作,并创新商业模式,从而在这一进程中实现企业的发展。总之,电信业进入了一个转型、转折的时代,电信企业只有通过企业转型,实现从基础网络提供商向现代综合、高附加值的信息服务提供商转型,才能充分应对挑战,并抓住互联网商机,继续保持产业链的主导地位。

成功的企业转型离不开包括环境、法律、财务、人才、组织、机制、文化等方方面面因素的支持和配合,其中财务转型是重中之重。作为企业转型的重要支撑手段,它通过组织转型和业务转型实现企业资源优化配置,提升企业竞争能力,从而为企业带来更多的经济效益。电信企业当前面临的利润不断稀薄的压力也促使电信企业向效益型方向发展,进行财务转型,以实现成长管理、盈利管理与风险管理的统一。财务转型是指企业从传统的核算型、管理型向战略型转变。战略型财务是一种面向战略,以战略为核心的财务管理过程,从以核算为重点向资源整合、决策支持和价值管理转变。在财务管理转型过程中,需要重点强化资源配置、过程管控和信息导航这三个主要职能(何瑛、彭晓峰,2008)。投资管理作为企业财务管理的重要组成部分,对企业的资源配置效率有着重要影响,同时,投资管理还是企业实现自身价值的一个重要途径,当前电信企业拥有的如较强的资源和能力(如管道能力)在产业链中仍然具有竞争优势,因而电信企业如何基于自身优势,创新投资管理模式,提高企业的投资配置效率,是电信企业应对挑战并抓住机遇,实现企业发展、提高自身竞争力和业务服务水平以及价值增值的突破口。总而言之,以盈利为经营目标的电信企业,只有在积极推进管理模式转型的基础上,不断完善企业的投资管理模式,才能更有效地保障经营目标的实现,促进企业经济效益和质量的提升。

二 电信企业投资管理及现状分析

(一) 电信企业投资管理

电信企业投资是指将企业筹集的资金投入使用的过程,包括主要用于购建固定资产的日常性投资和主要是并购、重组、股权投资等形式的战略性投资两个方面。作为企业财务管理的重要内容,投资管理对电信企业未来的发展有着决定性的作用,投资决策的好坏对于整个企业的财务状况都会产生影响。电信企业在进行投资决策时需要选择合适的投资方向和投资方式,确定合理的投资结构,以提高经济效益或降低投资风险。随着电信运营市场竞争的加剧和电信企业股份制改制上市,来自资本市场的股东监督压力、电信运营企业利润不断摊薄的压力以及国家加强宏观调控、压缩固定资产投资的压力等,对电信企业加强投资管理提出了严格的要求,以保证投资方向和投资规模的正确性。电信企业需要加强企业的投资管理,在注重市场效益的同时也要确保管理的效益是当前电信运营企业的一个重要关注点。

(二) 电信业投资的特点和投资趋势

电信业是典型的资源密集型的产业,存在着规模经济性和网络外部性,其投资方向主要是购建固定资产,初始投入的资金量大,且投入资金的回收周期很长,只能等用户数量达到一定规模时才能转化为盈利模式。与其他行业的投资相比,电信业投资具有以下特点:

首先,资产的专用化程度高,流动性差,变现能力低,具有相对独立性和固定性,资产用途专门化和地域专门化,以及设备的成套性和对特定原料的依赖性等一系列专门化属性,使其交易费用极高。

其次,电信投资数量相对集中,投资要素的积聚和集中必须达到一定数量才能进行现实的投资。

最后,投资实施具有连续性,项目一旦动工兴建,就必须不断投入资金、物资、劳力、技术和其他要素。

正因为如此,电信投资过程比较复杂,要求有较高水平的项目决策和宏观决策以进行科学化和规范化的管理(吴洪、李晓春,2007)。此外,由于电信领域技术更新频繁,电信业的投资还具有高风险性。

目前我国三大电信运营商的3G网络在全国范围内已经基本完成部署,而随着4G牌照的发放,三大运营商将开启新一轮的网络建设,我国地域广阔,人口众多,运营商建设网络的投资规模将非常庞大。根据3G网络建设经验和国外

NTT、Verizon 的 4G 网络建设周期来估计，我国 4G 网络建设需要 3~4 年方能建设成熟。从投资规模来看，在未来的 4G 网络建设中，中国移动 4G 投资规模最大，预计累计网络建设投资为 1100 亿~1500 亿元；中国电信 4G 投资规模居中，保守估计中国电信的累计投资为 320 亿~430 亿元；中国联通对 4G 网络建设运营的需求度远低于其他两家运营商，其 4G 投资规模最小，预计在 150 亿元左右。总之，电信企业未来的网络资源建设对于资金有着巨大的需求。

此外，近年来，随着世界企业并购重组浪潮的来临，国际电信运营商巨头都在积极采用并购、股权投资等方式进行战略性投资，其中沃达丰、英国电信、西班牙电信、日本 KDDI 和和记电讯表现得最为突出。沃达丰最初是英国 Racal Electronics 集团旗下的子公司，后来通过收购美国 Airtouch、德国曼内斯曼，以及持有美国 Verizon 无线、西班牙 Airtel 公司、法国 Cegetel 电信集团和日本电信等公司的股份，实现了跳跃式发展，由一个不知名的企业成功转变成为全球知名的跨国电信运营企业巨头。当前，沃达丰在全球 42 个国家拥有合作伙伴，有着很高的国际化程度，是"走出去"比较成功的典范。英国电信在进军 ICT 领域的过程中，不断采取并购方式来实现市场规模的快速扩张，通过收购包括美国 IT 咨询和软件解决方案提供商 INS、法国 CS 和 Infonet 在内的近 20 个国内外的 IT 服务商，显著地增强了其在本国、北美、欧洲和亚洲这些重要战略市场的 IT 服务实力，从而实现了为其全球服务部门的跨国公司客户提供全过程的快速 IT 服务。作为国际一流的跨国电信运营企业，和记电讯通过综合运用合资、上市、收购和出售等多种资本运营方式，逢低吸入、逢高抛出的资金操控和驾驭能力为其自身、母公司和记黄埔以及企业集团创造

了巨大的价值。对于我国电信运营企业来说，进行战略性投资是企业加速自身向国际性企业转变，做大做强、由国内市场向国际市场发展，进而实现"走出去"战略的必由之路。

（三）电信投资管理现状分析

随着互联网的普及和发展，电信企业正在面临产业变革的挑战，产业界限越来越模糊。互联网公司、终端厂商等行业外竞争者不断凭借自身所具有的某些优势向电信产业渗透，对电信运营商的传统语音业务和新业务都带来了巨大的冲击，国内三大运营商目前普遍面临着增量不增收、电信业务市场逐渐饱和以及 ARPU 值不断下降等困境。在这种情况下，电信运营商管道化趋势越来越明显，传统业务发展受到的限制越来越多，投资风险和投资回报的不确定性也都不断增大（饶柳、王力，2012）。同时，电信企业有着典型的资源、技术密集特点，资本性支出（CAPEX）在电信企业投资中占比较大，近年来，为了完成全国范围内 3G 网络的覆盖，三家电信运营商投入了大量资金，此外，为了创造新的盈利点，电信企业还广泛投资了包括移动互联网业务和物联网业务在内的新业务。2012 年，我国三大运营商 CAPEX 占收比都显著高于进入世界 500 的 20 家电信运营企业的平均水平（如图 1-2-1、图 1-2-2 所示）。然而从投资效果来看，我国三家运营商的盈利能力不尽如人意，呈现了逐渐下降的趋势，各项效益指标逐年下滑（如图 1-2-3 所示）。而当前电信技术的不断升级，LTE 商用的指日可待，有线宽带的不断提速等，所有这些都意味着电信企业有着大量的资金需求，有限的资源如何取舍，怎样配置投资才最优，以及如何才能提高企业的投资效率，是电信企业在进行投资管理时面临的新难题。

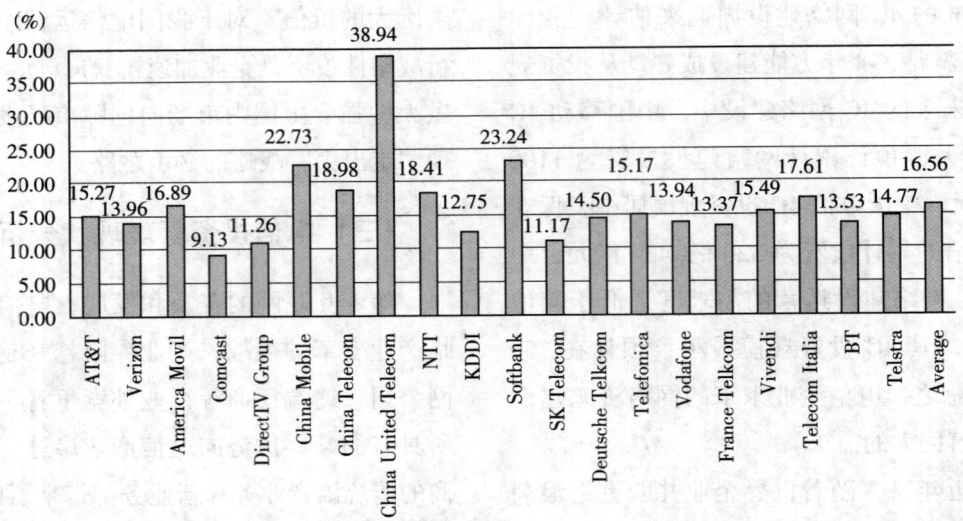

图 1-2-1 进入世界 500 强的 20 家电信运营企业 CAPEX 占收比（2012 年）

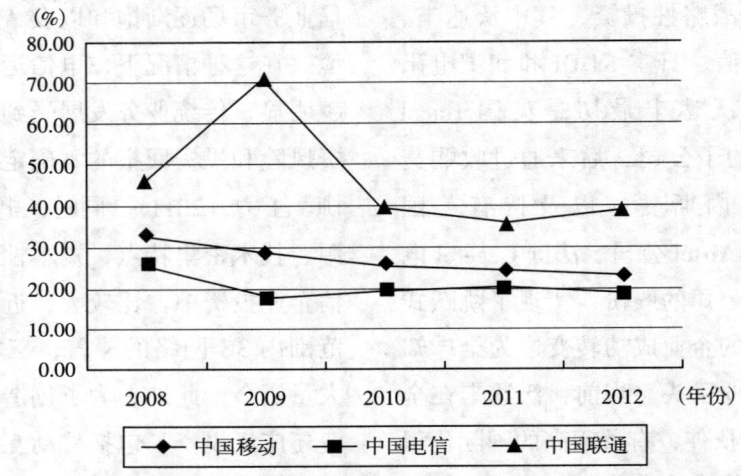

图 1-2-2 国内三家运营商 CAPEX 占收比（2008~2012 年）

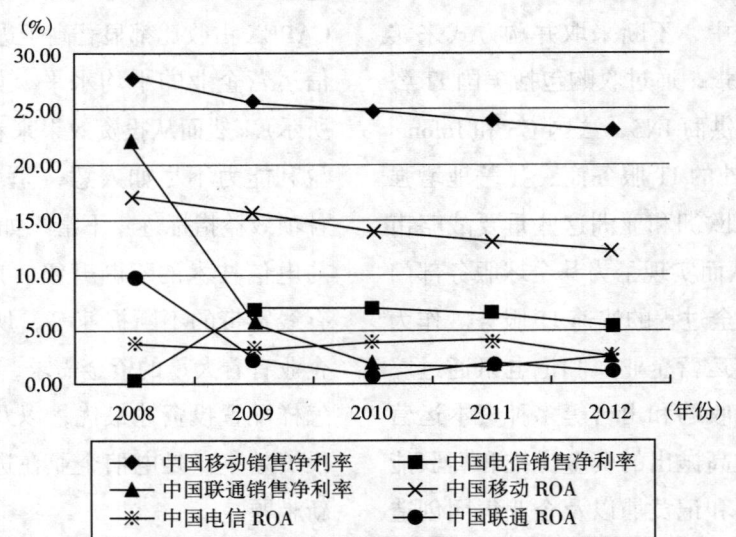

图 1-2-3 国内三家运营商销售净利率和 ROA（2008~2012 年）

总而言之，当前电信行业面临着产业结构调整及转型升级的挑战和机遇，在行业发展方面，一方面，传统产品乏力、收入增长缓慢甚至开始下降；另一方面，转型要增加成本支出以支撑新产品的发展，而移动互联网、云计算的发展势不可当，融合竞争、集中化运营不断向纵深发展，如何创新电信投资管理模式，提高投资管理效率，合理配置资源，将更多资源用于形成企业的核心竞争力，实现低成本高效运营目标和保证电信企业战略实现，对于电信企业的发展至关重要。

三 电信企业战略性投资管理

企业的本质是价值创造和价值增值，如何有效地实现价值创造和增值是企业运营的不变追求和本质目标。随着科学技术和管理理论的发展，企业的经营方式最终要经历由产品经营向资本运营即进行战略性投资的转变过程，这就是在企业发展中要重视价值创造和实现，将追求价值创造和价值实现作为企业发展的目标和企业战略的导向（张先治，2009）。电信企业的战略性投资是指对电信企业未来产生长期影响的投资支出，主要包括行业内并购、股权投资、多元化发展等投资方式。电信企业战略性投资的主体主要是企业，客体是资本及其运动，动机是追求资本增值的最大化，本质是企业产权的交易，结果是企业产权的转移或重新划分及由此引起的企业资产控制权和剩余索取权的转移和重新划分（张先治，2009）。电信企业进行战略性投资，目的是在国内外市场竞争中建立明显的竞争优势，电信企业在市场中的竞争地位加强，企业价值的实现和增值才有可靠保障。近年来，我国电信运营企业已逐步开始在国内外市场进行战略性投资，但其投资水平稍显保守和落后。当前，移动互联网之风越刮越劲，OTT业务打破了电信运营商的围墙，电信运营企业亟须通过战略性投资的方式来提高自身的竞争力，从而继续保持在市场中的领先地位。当前环境下电信企业可以采取的具体实施策略如下：

（一）借力股权投资实现重新定位，继续把握市场发展潮流

为了应对移动互联网来势汹涌的挑战，电信运营企业早早便做好准备，并计划进行企业战略转型，然而面对瞬息万变的互联网环境以及互联网企业的快节奏，电信运营企业的转型显得不够坚决，步伐也稍显缓慢。以微信为代表的OTT让电信企业为此付出了惨重的代价，王牌语音业务和短信业务的动摇、数据业务的增量不增收和产业链利润向下游的转移都迫使电信运营企业采取措施改善其运营状况。而股权投资可以从企业运营层面帮助电信运营企业抓住移动互联网时代的机遇，实现企业的发展。通过股权投资，电信运营企业可以及时抓住市场发展潮流。当前，移动互联网能及时抓住市场发展潮流，并迅速推出满足用户异质化需求的应用，主要依托于其背后资本的推动。资本对市场的新潮流、新发展趋势非常敏感，并能在很大程度上对其造成影响。在移动互联网时代，移动互联网提供了一个平台，而各方资本则积极参与并密切关注该平台的动向。如果电信运营企业能够参与其中，一方面，可以随时得知平台的动向，抓住电信市场的新潮流、新趋势；另一方面，电信运营企业可以通过主动

的资本运作方式影响行业的发展趋势，并引导其向有利于自身发展的方向推进。借力股权投资，电信企业可以将与公司发展战略协同且顺应市场发展潮流的应用招致自己麾下，并利用资金的优势将其做大，而那些与公司发展战略不协同的应用，电信运营企业也可以通过资本运作对其进行干预。通过股权投资，电信运营企业可以紧跟移动互联网的快节奏。移动互联网给电信运营企业带来巨大的冲击，主要依托于其节奏转换极快，能迅速适应瞬息万变的市场需求。而电信运营企业缓慢的运作模式则很难适应市场的需求，例如，三大运营商在微信推出之前也推出了一些移动互联网方面的应用，包括中国电信的"翼聊"、中国移动的"飞聊"和中国联通的"沃友"，然而直到微信的成功运作，才真正给电信运营企业带来震动。因而，电信运营企业需要通过股权投资的方式，随着市场需求的变化作出相应的调整，只有这样才能在应用层面有所作为。股权投资有助于电信运营企业"去电信化"。"电信化"是指从观念、理念、技术、服务、体制、机制、组织乃至监管等涉及电信服务运营的封闭制度文化。这种固化的封闭制度文化在电信垄断时代曾经发挥过重要的历史作用。然而在新的互联网时代，面对谷歌和腾讯之类的轻型运营商的挑战，却成为沉重的包袱，致使电信企业屡战屡败（韦乐平，2013）。而借力股权投资，电信运营企业可以将那些在市场上已经成熟的应用、开发运营团队，直接为自己所用。通过股权投资，电信运营企业可以化被动为主动。面对汹涌而来的移动互联网大潮，电信运营商只有成为其一部分才能保持基业长青。通过对移动互联网企业的股权投资，电信运营商将能够分享行业快速发展的成果，减少传统业务遭受冲击带来的损失（熊雄，2013）。

电信运营企业在进行系统性股权投资时，可以尝试以下几种形态：

第一，风险投资。电信运营商可以对市场上处于初创时期的创业项目有选择地进行风险投资，一方面，通过资本运作向市场传递信号，引导市场向有利于自身发展的方向发展；另一方面，为这些适应行业发展趋势的应用注入资金，培育其早日壮大。移动互联网时代是充满机遇的时代，存在许多抓住市场发展新趋势的初创型企业，这些企业并不缺乏优秀的创意和优秀的应用，其缺乏的是资金和机会。电信运营商从事风险投资，吸引这些创业公司的除了资金外，更多的是强大的推广能力。同样一项应用，依托电信运营商10亿量级的用户群体，能够很快发展并茁壮成长。

第二，战略性入股和并购。战略性入股和并购指的是对那些已经具有较大规模并在市场上独立生存的企业进行投资。这些企业经过了市场的洗礼，具有自己的市场规模，具有成熟的管理团队，并且符合电信运营商的发展方向。在移动互联网领域，电信运营商可以重点考虑对即时通信类、社交类、电子商务类、支付类等行业进行有选择的投资。

第三，全产业链经营。这是电信运营企业从事股权投资的终极形态。在大电信时代，电信运营商转型的目标是成为综合信息服务提供商，其业务将涉及信息制造、信息传递、信息存储、信息安全等各大领域，需要拥有基础接入公司、内容制造公司、电子商务公司、技术开发公司、支付公司、物流公司等。要成长为这样的跨领域、多业务公司，电信运营商仅靠自己的积累还远远不够，股权投资将有事半功倍的效果。总而言之，借力股权投资，电信运营企业将实现新的蜕变，从而能继续站在信息产业发展的潮头浪尖，享受信息技术进步带来的红利（熊雄，2013）。

（二）通过实施纵向并购，继续保持产业链优势地位

纵向并购是指对同一产业链上不同生产阶段的企业进行的并购，当前以苹果和谷歌为代表的新型、轻型运营商通过技术、业务和商业模式上的创新，大举进入电信服务业，获取了电信产业链的大部分利润，造成了电信产业的产业链重点和利润向上层业务和终端的转移。通过对产业链上终端商和业务提供商进行战略性纵向并购，一方面，电信企业可以实现上下一体化经营，便于发挥内部化控制和协调的优势，从而产生协同效应，实现成本的节约；另一方面，电信企业和上下游企业之间存在资源差异，通过纵向并购，电信企业可以充分利用上下游企业的资源，并基于自身的资源优势，显著增强自身的市场竞争力，从而重新获取产业链上的大部分利润，保持产业链上的优势地位，如在移动互联网时代，上下游企业对于市场变化有着敏锐的洞察力，而电信企业自身拥有丰富的用户群体和高质量的网络资源，依托于纵向并购，电信企业可以迅速把握市场潮流并将其推广，从而快速攫取移动互联网时代的果实。纵向并购还有助于组织专业化的生成和实现产销一体化。电信运营企业在选择并购对象时，应根据发展和扩张的需要灵活选择，择机组合使用。当前我国的电信运营企业需要通过纵向并购的形式对产业链的上下游进行渗透，战略性地实现由传统的基础网络提供商向综合性的信息服务商转型，在这个过程中，电信业运营企业可以通过组合使用"大吃小"和"大并大"的方式，建立有效支撑电信企业主业发展并且风险收入共担的价值链合作新模式。此外，电信企业在进行战略性纵向并购时，还需要注意并购带来的风险，尤其是经济风险中对于财务风险的控制，如企业是否存在充足的现金流、资产负债率的高低等。

和记电讯能够在全球众多的电信运营巨头中成为战略性投资成功案例的典范，离不开其卓越的财务风险控制能力，和记电讯自成立之始就一直保持着稳健的财务政策、合理的资本结构、稳定的资产负债率以及较高的现金流，并且从不进行超出企业偿债能力范围的战略性投资。为了有效地防范战略性纵向并购的风险，我国电信企业需要注意以下两点：一是并购必须与企业的发展战略一致，而且目标公司应该与电信企业自身有相同或者相似的业务领域，不能与电信企业自身的业务发生冲突。二是并购时还应该注重充分使用各种融资手段。

（三）基于战略联盟的方式，实现产业链的共赢

战略联盟是指两个或两个以上战略利益相同且经济实力对等的企业为了实现各自的战略目标，通过各种公司协议或联合组织等方式而结成的优势互补和风险共担的一种合作模式。目前互联网企业对传统的电信运营企业提出了新的挑战，如果电信企业还局限于电信运营商之间的竞争，其在产业链上的利润空间和领先地位将会迅速被互联网企业吞噬；与之相反，电信企业之间应该积极寻求合作，即通过战略联盟的方式，发挥协同效应，实现电信企业之间的共赢。电信业务的提供是个系统的过程，不能仅依托于一家电信运营企业，而电信运营企业的资源也存在差异，通过战略联盟的方式，电信企业可以实现资源共享和资源互补，加快产品开发进程和市场化进程。西班牙电信是世界上拥有最大海外市场的电信运营企业，其成功的经验是通过加强与国际电信运营商的战略联盟合作，以发展跨国经营业务。例如早在2005年，Telefonica 就入股中国网通公司，持股5%；2009年9月，Telefonica 和中国联通宣布成立一个广泛的战略联盟，并且发布了一个价

值10亿美元的股权转换协议；2011年Telefonica与中国联通加强了在采购、移动服务平台、MNCs服务等领域的合作；至2012年末，西班牙电信共持有中国联通5.01%的股份；Telefonica还通过战略联盟的方式与意大利电信进行合作，并持有意大利电信10.49%的股份。通过战略联盟的方式，西班牙电信显著增强了其在电信行业中的领先地位。此外，当前，电信产业链的利润和价值逐渐向网络提供商、业务提供商和设备制造商等利益主体转移，电信运营企业还应该打破常规，寻求与产业链上下游企业之间的合作，实现多元化主体合作的整链条企业联盟。电信产业链上下游企业具有敏锐的信息捕捉和分析能力，能够及时捕捉电信技术和市场发展的新潮流，并依托开发经验丰富、技术实力强大的开发团队迅速地研发出符合电信市场和技术发展新潮流的产品和应用。通过加强与产业链上下游企业的协调合作，建立以电信运营企业为核心的战略联盟，一方面，电信企业可以避免产业链价值和利润的进一步流失；另一方面，上下游企业也可以利用电信企业的资源优势提高服务质量，从而实现多方共赢。

（四）适时地战略性投资退出，支持核心业务的发展

电信运营企业在经营过程中，其外部经营环境是不断变化的，而公司总体战略也会有一定程度的变化，在这一过程中，总会存在不适应企业长期发展战略、没有成长潜力或影响企业整体业务发展的子公司、部门或产品生产线。为了更加合理地配置资源并规避风险从而为企业创造更多的价值，电信企业需要适时地进行战略性投资退出。战略性投资退出通常是指将与公司核心业务没有协同效应或协同效应不明显的业务以及附加价值低的业务放弃，战略性退出方式主要包括剥离、分立、股权切离和股份回购等，其宗旨是支持企业核心业务的发展。对于非核心业务的剥离或收缩，一方面，可以为企业带来可观的特殊收益和现金流。例如，2007年2月中旬，和记电讯向沃达丰出售其所持有的Hutchison Essar 67%的股权，售价110.8亿美元，通过此项交易，和记电讯获得约96亿美元的税前特殊盈利，为和记电讯其他业务的发展提供了充足的现金流。另一方面，企业可以将更多的资源转移到核心业务之上，实现专业化经营，提高核心能力，进而为企业自身的发展创造更大的价值。当前电信运营企业面对移动互联网的挑战，其资源也是有限的，因而电信运营企业亟须将企业资源用于附加价值高的核心业务或为应对互联网冲击而开发的新业务上，而适度放弃资源耗费较多且附加价值较低的业务。电信运营企业进行战略性投资退出不仅可以优化企业的资产结构，也有助于电信企业整个价值链的优化，虽然从表面看，企业的规模缩小了，但实质上通过收缩，企业可以进行更大幅度更高效率的扩张。沃达丰是电信运营企业进行战略性投资退出并获得成功的典范。沃达丰日本公司曾是日本第三大移动运营商，但在发展和营销多媒体的3G手机方面落后于日本的KDDI和NTT DoCoMo公司，手机用户净增长率大大下降，甚至还出现过负增长，鉴于此，沃达丰于2006年适时地将其在日本子公司97.7%的股权以150亿美元出售给日本软银公司，其中119亿美元为现金，通过这次出售，沃达丰获得了足够的资金投资其他新兴地区市场；2010年9月，沃达丰以43亿英镑出售其所持有的中国移动3.2%的股权；2010年10月，沃达丰以31亿英镑出售其所持有的日本软银股权，股权出售所得的第一笔资金即16亿英镑被用于减少沃达丰的负债净额。通过战略性投资退出的方式，沃达丰增强了资金的流动性，增多了企业的自由现金流，增加了对股东的投资回报以及为公司的投资活动提供了充足的资金。

总之,沃达丰的战略性投资策略告诉我们,战略性投资退出作为战略性投资的一种类型,经营绩效差的企业可以使用,经营绩效好的企业同样可以使用,通过将经营不善的部门、业务或产品线转让出去,可以优化企业的内部资源配置,调整企业的经营结构和产品结构,并强化核心业务。此外,我国的电信运营企业在进行战略性投资时要协同并用战略性投资扩张和退出这两种手段,在世界经济日益一体化的今天,任何一个企业只有既精于扩张型战略性投资,又善于适时地实施战略性投资退出,才能实现企业的做大做强。

(五)依托产融结合,实现跨行业的协同效应

产融结合是指产业资本和金融资本为了共同的发展目标和整体效益,基于股权关系,通过参股、持股、控股和人事参与等方式而进行的结合或融合。产融结合存在着经济合理性,可以实现资金有效配置并提高企业生产效率,同时,产融结合对于企业的多元化经营、交易成本和运营成本的降低都有积极作用,此外,还能加快集团公司财富聚集的速度,形成跨行业的协同效应。产融结合是现代企业发展的必然趋势。电信业是资金密集型产业,在与金融产业进行产融结合的过程中,一方面,其资本的获得将会更便利,而来自金融产业给予的支持还能提高企业的资本利用效率,企业的投资方式也将更灵活,同时还能实现电信企业的规模经营,进而提高电信企业的核心竞争力,实现企业可持续发展的目标;另一方面,金融产业将会渗透到电信企业的经营活动中,通过对电信市场、产品以及电信企业财务状况的分析,可以有效地加强电信企业的风险防范与控制。因而,电信企业采取产融结合的方式不仅是实现企业自身发展的内在要求,也是为了应对国际电信市场竞争、互联网企业冲击进而进一步实现跳跃式发展的需要。目前,世界500强企业中超过80%的企业通过不同的形式在不同程度上实现了产融结合,全球电信运营企业采取产融结合方式很早就有成功的先例。2005年,日本NTT支付980亿日元收购了三井住友金融集团旗下三井住友卡公司34%的股权,实现了电信运营企业与金融产业的强强联合与紧密合作。我国电信运营企业也顺应全球企业发展的潮流,对于产融结合方式进行了尝试。例如,2010年3月,中国移动子公司广东移动以人民币398亿元对价认购浦发银行向中国移动定向增发的每股18.03元的22.1亿股股份,占浦发银行全部股权的20%,成为浦发银行的第二大股东;双方还签署了《战略合作备忘录》,共同发展包括移动支付和移动银行卡在内的移动金融和移动电子商务业务;2011年4月22日,中国联通成立了移动支付公司"沃易付",这是我国电信运营企业首次为了进军移动支付行业专门成立的独立公司;2012年3月,经银监会等部门批准,国内首家电信运营商财务公司——中国移动通信集团财务有限公司在北京成立。只是我国电信企业对于产融结合的这些尝试还处于表层,还需要在总结国际电信运营企业成功经验的基础上进行更深层次的探索。

四 电信企业日常性投资管理

电信运营企业是资产、技术密集型企业，技术更新频繁，其提供的服务主要依托于网络设备，因而需要利用日常性投资拉动客户的消费，其日常性投资主要是指固定资产投资。电信企业的固定资产作为企业资产最重要的组成部分，是电信企业生产力水平的重要标志，对于电信企业的生产经营有着举足轻重的影响，是电信企业生存、发展和壮大不可或缺的影响因素。随着电信产业4G牌照的发放，电信运营企业的设备更新换代加剧，对于资金有着巨大的需求，因而加强对固定资产投资的管理，对提高企业投资效益和实现企业发展战略有着至关重要的意义。

（一）构建以价值为核心的投资精细化管理体系

随着互联网企业的发展，我国电信运营企业面临着产业变革的挑战，市场结构发生了翻天覆地的变化，投资结构日益复杂，投资风险也在日益增大，这些对电信企业投资管理体系的响应速度和精确程度提出了更高的要求，而电信企业传统的投资管理体系在资源核算和管理方面存在很多问题，如资源管理职责不清，资源管控偏重预算与核算，后续的评估、考核与激励相对欠缺，已不适应当前环境的需求，亟须进行突破与革新。企业的本质是价值创造和价值增值，因而电信企业应当建立适应新形势的、以价值为核心的精细化投资管理体系。为了提高企业的投资效率，实现以价值为核心的投资管理精细化，电信企业需要划小核算单元，实施收入和成本责任制，积极推行微事业经营体系，并建立包括投资前评审、过程实施监控和投资后评估与反馈的完整的闭环投资管理体系，为电信企业实现收入最大化、成本最小化、企业价值最大化和可持续发展提供全方位的支持和保障。具体的实施措施如下：

1. 划小核算单元，积极推行微事业经营体系

当前，我国电信运营企业普遍面临着收入增长幅度逐年降低，成本费用日益增加，而传统的资源核算与管理体系缺乏明确的资源责任主体，资源耗用归集与核算颗粒度也不够精细，省职能部门及市营销单元和微区域无法细化等问题。电信企业划小核算单元，积极推行微事业经营体系是适应市场环境变化、实现投资管理精细化的必然要求。划小核算单元核心理念来源于"阿米巴经营模式"，由日本经营四圣之一的稻盛和夫创立。其内涵是指将企业的经营单元和业务单元作为基础划小组织，统一资源配置过程中的"责、权、利"关系，通过整合多维划小数据核算基础业务单元的投入与产出，并根据产出效益进行利益分配，把每个单元转变为独立的自主经营主体，以更好地激发企业内在活力和创新动力（靳敏，2013）。正是这套经营模式，让白手起家的稻盛和夫在40年间将京瓷和KDDI做大做强，并挤入世界500强。微事业经营体系的本质是量化分权，即将企业各组织划小成若干个核算单元，构成精细化的部分独立核算管理体制，并设计相应的经营考核目标，以契约化的管理模式推进各组织明确责任意识，为企业创造价值。具体来说，即依据资源"谁占有、谁管理、谁负责"原则，先认定资源的各责任主体，实现成本管理责任的可溯

源,再完成对各项业务的收入计量,归集、核算各单元的全成本。最后,建立相应的激励约束机制,促进资源使用与价值创造匹配。

首先,基于企业管理的两个维度,电信企业划小核算单元包括划小经营单元与划小业务单元两个维度,同时考虑企业经营现状,划小经营单元与划小业务单元并重,相互促进。横向以划小业务单元资源精确管理为主,纵向以划小经营单位通过激励提升效益为主(如图1-2-4所示)。横向的划小业务单元,是基于电信企业内部价值链和管理流程,从投资、运维、产品设计、市场营销、客户服务等不同流程模块对业务板块进行划小,重点关注各业务单元的资源耗费,通过划小业务单元确定资源耗费的标准,精确化资源使用,提高资源使用效率,为资源配置服务,具体来说,制定各业务模块的资源耗费标准和目标,支撑精细化资源配置和资源使用效益评估和分析,提升各业务单元的资源效益。纵向划小经营单元,是构建从集团公司到省公司、本地网、县公司及支局的管理责任体系和效益评价体系,针对各级经营主体的战略定位、战略价值和管理要求,明确各级经营主体价值管理责任和评价标准(塞静,2013)。

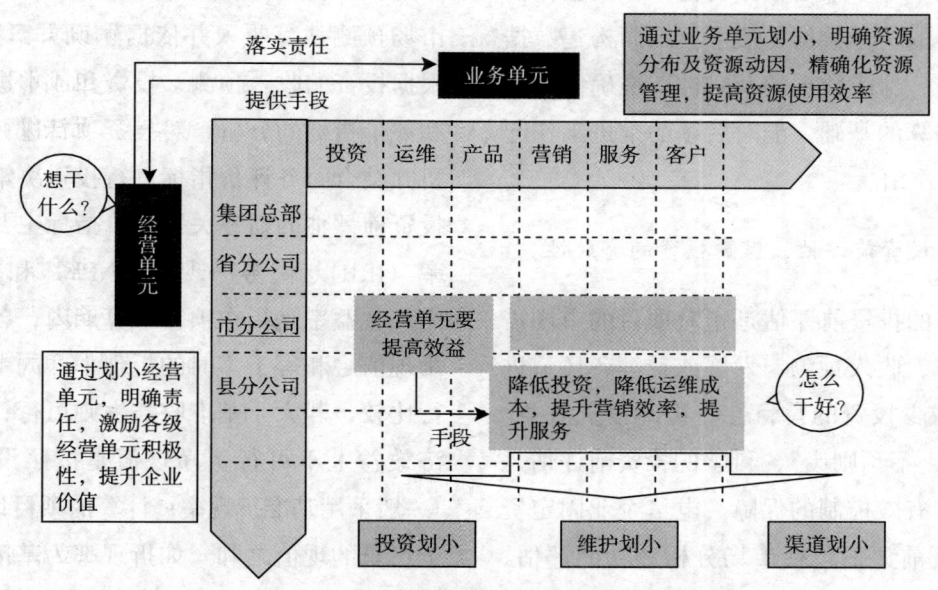

图1-2-4 划小核算单元包括经营与业务两个维度

资料来源:塞静. 划小经营单元在电信企业的创新和实践[J]. 通信与信息技术,2013(9)。

其次,基于企业内部管理的需要,要明确核算规则,对各业务单元进行收入核算和成本归集,科学地计量各业务单元的价值创造及资源耗用,引导其由成本中心向利润中心转型。收入核算方面,针对能够直接形成财务账面收入的业务,电信企业需要结合管理的需要进一步细化核算颗粒度,针对无法直接形成财务账面收入的业务,如营业厅服务营销等,可以通过内部转移定价法等,量化其价值创造。成本归集方面,可以综合运用5W1H法和作业成本法,实施生产单元全成本核算和多维度管理,对关键作业流程进行业务梳理和规范,实现成本的全过程和透明化核算。

再次,构建涵盖业务发展指标和财务效益指标的业绩综合考评体系,推进各业务单元综合运营效能的提升。核算规则服务于考核机制，电信企业划小核算单元，推行微事业经营体系的目的是提高内部资源配置效率，促进企业规模与效益的提升，因而离不开内部考核和激励体系的构建。具体来说，省公司各业务单元需要借助平衡计分卡，设计包括财务目标和聚焦核心能力的业务目标等综合性量化目标体系；市公司业务单元需要改变传统的单纯以市场发展类指标为主导的关键绩效指标考核体系，将效益指标纳入KPI考核，并实施分区（类）指导。

最后，搭建数据信息支撑系统。划小核算单元，推行微事业经营体系离不开人员、产品、用户、收入、成本等多维度数据的支撑，其工作质量很大程度上取决于数据的质量。因而构建数据信息支撑系统，保障数据的及时性、准确性和可靠性是划小核算的基础，能对后续的推进工作起到事半功倍的作用。

2. 科学的投资前评估，保障投资的有效性

固定资产的投资前评估是指对项目的市场需求、资源调查、收入预测、发展前景等各环节进行评估，以减少投资的盲目性，提高投资效益。"凡事预则立，不预则废"，科学的投资前评估是实现固定资产有效控制的保障。电信企业固定资产投资的投资前评估包括市场分析和功能评估、技术指标评估、财务效益评估、社会效益评估和综合评估。市场分析和功能评估是指对市场预测的结果、市场风险因素以及投资规模的合理性进行评估。技术指标评估是指对生产技术指标、资源消耗指标、技术风险和风险发生带来的损失进行评估。财务效应评估是指对投资的财务数据估算、盈利能力和财务风险进行的评估，具体来说，是指该投资带来的收入、耗费的成本费用、投资收益率、投资回收期以及财务风险因素和风险发生的损失的评估。社会效益评估是从社会福利的角度考虑该投资能否给社会带来积极的影响。投资是在社会环境中进行的，社会环境和投资项目之间的影响是双向的，即投资项目也会为社会带来效益或代价。对社会效益的评估主要包括对劳动就业、社会环境的改善和污染、自然生态以及人民物质和精神生活水平的影响。综合评估是基于上面的分析，从企业总体战略和发展方向以及结合该投资对企业未来可持续发展的影响角度，形成投资前评估的评估结论。

此外，依据国家建设项目经济评价的相关规定，电信企业的投资前评估流程应该包括：依据企业的总体战略和滚动规划确定企业的投资建设方案，基于建设方案测算企业的投资总额，基于市场预测估算收入并依据建设方案测算出成本，根据投资的收入预测、投资和成本进行财务评价和评价指标的分析，对投资项目进行财务风险分析并结合财务评价指标进行投资决策。电信企业投资前评估的财务关键评价指标主要有内部收益率（IRR）、财务净现值（NPV）和投资回收期。内部收益率是指在项目计算期内，各年净现金流量现值之和等于零时的折现率，同基准收益率进行比较，若大于基准收益率则可行；否则项目经济效益上不可行。净现值是按照设定的折现率（一般采用基准折现率）计算的项目计算期内净现金流量的现值之和。如折现率为基准收益率，净现值（NPV）大于零，项目经济效益上可行；否则，项目经济效益上不可行。投资回收期是指项目的净收益收回全部投资所需要的时间。将回收期限同规定回收期进行比较。如计算的投资回收期短于规定的回收期，项目经济效益上可行；否则，项目经济效益上不可行。

3. 加强投资过程中的监控，确保投资管理精细化

电信企业的投资规划决策是在电信企业历史

财务数据和市场数据基础上进行的分析预测，在投资过程中，受多方面因素的影响，财务预测的数据与现实数据总会出现偏差。在项目实施过程中，如果由于外界因素导致项目的拖延，会引起未来现金流的回报比预期晚，依据资金时间价值的定义，现金流的现值自然会下降，即存在原来为正值的NPV项目变成价值毁灭型的项目的可能。因此，电信企业需要加强投资过程中的监控，以确保投资管理的精细化，提高投资的运作效率，更快地提升企业价值，实现有限投资的效益最大化。具体地，可以通过指标化管理来实现，如构建网络能力指标体系，对投资建设与市场发展的匹配程度进行量化监控；构建投资进度监控指标体系，对整体投资和项目投资进行全生命周期量化监控。

4. 建立投资后的评估与反馈机制，形成完整的闭环投资管理系统

完善的投资管理是一个包括投资前评估、投资过程中监控和投资后评估并进行反馈，为以后投资管理决策提供支撑的闭环系统。电信投资后评估与反馈是指对已完成的电信建设项目的目的、执行过程、效益、作用和影响进行系统、客观的评价，并将评价结果反馈给相关决策或管理部门。目前，在发达国家，无论是政府（如美国）、国际组织（如世界银行），还是企业（如德国电信等），对投资项目进行后评估与反馈，已成为出资人加强投资管理、提高资金运用效率、提升股东价值的重要手段。电信企业投资后评估与反馈不仅能够检验某次投资的有效性，对于投资管理系统的检验也有着重要的意义。投资后评估反馈机制的建立，一方面，可以确定投资预期是否达到、投资效益是否实现，并依据实际的投资效果对相关业务单元进行相应的绩效考核；另一方面，投资决策和管理部门可通过评估反馈机制总结经验教训，对新一轮的投资进行指导，增强企业的投资管理水平和提高投资效益。同时，将预测与实际进行对比，分析偏差产生的原因，可促进电信企业的业务策划、网络规划和信息系统的不断完善。

电信企业的投资后评估与反馈是一项需要跨部门协作的综合性工作，因而企业首先需要建立相应的组织机构加以保障。

其次，投资后评估与反馈的流程及工作内容需要融入电信企业当前的投资管理流程之中，如果不把项目后评估的流程和工作内容融入现行投资计划管理过程中，而是作为一个完整的模块与投资计划管理工作的其他模块并列，将会大大增加执行部门和人员的工作内容，使得后评估工作的成本过高，在企业内部难以有效实施。

最后，与投资前评估一样，投资后评估与反馈也应该选取合理的评估方法体系、指标体系和绩效考核体系，实时考察投资产生的经济效果。

（二）构建基于精细化管理的全生命周期固定资产再生体系

在垄断经营时期，电信企业只要有投资就会有收益，即使投资无法满足市场的需求，市场也不会被外来企业抢走。伴随着市场竞争的加剧和新业务的快速发展，电信企业投资方向逐渐向开发新业务及保证服务质量方向转变，运营性支出逐渐挤占资本性支出在总支出中的份额；同时，近年来国资委加大了对电信企业国有资产的监管力度，确保其保值增值，避免国有资产的流失。总之，资本性支出的紧缩使得对固定资产精细化管理的要求越来越高，如果企业只重视投资建设，而忽略了建设完成后的管理与效益，在业务需求成熟后，将难以快速响应用户的需求，损害电信企业的长期效益和可持续发展。减少成本开支和提高企业资产的效率是电信企业发展的长远之计，电信企业的固定资产在总资产中占比40%~80%，

对已经完成投资的固定资产的管理可以最大限度地挖掘其潜力，弥补资本性支出不足、改善网络质量的下降或缓解建设的滞后等问题。电信企业基于精细化管理理念对固定资产进行管理时，可以引入固定资产全生命周期管理理念，构建固定资产的再生体系，促进企业资产的优化配置，实现固定资产生命周期内的价值最大化。

1. 固定资产全生命周期管理理念的内涵

固定资产全生命周期管理是一个全新的管理理念，它以资产总体效益为出发点，对固定资产全生命周期的各个阶段，从前期规划、设备选型、设计、采购、安装、调试管理开始，到交付运行后的设备运行状态——监控、维护保养、调动、退役直至报废整个生命周期统一纳入管理，把固定资产从立项开始直至报废处置为止所消耗的全部资源量化，从而对固定资产的购建和设计方案进行评估，其核心思想是以资产全生命周期的总费用最节省作为项目投资和资产购置的决策依据。固定资产的全生命周期管理可以分为购建阶段、运营与使用阶段和报废阶段管理。固定资产是电信企业赖以生存的物质基础，通过树立全生命周期管理的管理理念，并对固定资产的各个过程实现精细化管理，可以充分挖掘固定资产的潜力，提升企业的投资效益，实现企业的可持续发展，并有效防止国有资产因管理或使用不当而造成的资产流失。

2. 全生命周期固定资产再生体系的构建

近年来，随着技术更新速度的加快，电信企业的固定资产投资逐年增多，尤其在当前，随着4G牌照的发放，国内三大运营企业未来会耗费大量的资金进行固定资产投资，但电信企业的固定资产投资存在着投资精细化程度低、资产利用率低、资产效能偏低等问题，工程、营销剩余物资等低效资产的清理也有待加强。通过构建全生命周期固定资产再生体系，统筹固定资产全生命周期的各个阶段，可以对固定资产管理各环节资源进行系统整合，实现电信企业资产效率的最大化和维护成本的最小化，并能有效盘活各类闲置资产，提高电信企业的资源使用效益。具体构建路径如下。

首先，电信企业需要构建"客户需求—全生命周期—直线职能型"三位一体，以客户的网络需求为实际导向，以资产全生命周期的时间轴为基础，财务、采购、建设、综合、信息化等部门协调配合，最大化发挥网络资源快速配置作用，提升网络设备的使用寿命，并能迅速响应市场需求变化的管理框架（如图1-2-5所示）。电信企业固定资产进行再生配置的最终目标是提高电信服务质量，让用户感受到更好的网络服务支撑，因而电信企业需要注重从客户需求的视角切入，关注市场需求变化，打破传统的管理边界，加强资产全生命周期的横向合作与协调，不断发掘现有闲置设备，有效提升企业内部资源的使用效率（郑之平等，2013）。从固定资产全生命周期来看，固定资产全生命周期管理是指把固定资产全生命周期的各个阶段纳入统一管理。要实现固定资产全生命周期管理，需要财务、规划设计、采购、建设等职能部门之间的密切配合，相互协作，共同完成资产再生工作。管理层级方面，电信企业的管理层级需要包括战略领导组、计划考核小组和工作执行小组三个层级，其中战略领导组主要是制定固定资产再生目标、未来发展方向及总体管理架构；计划考核小组负责制定考核指标，定期考核各业务单元的固定资产再生工作进度；工作执行小组负责全生命周期下各阶段固定资产转移、拆分、合并等实物再生工作。通过建立固定资产全生命周期下以客户需求为导向的管理模式，电信企业可以实现经营成本、质量、服务和效率的巨大改善，更好地适应电信行业的激烈竞争（郑之平等，2013）。

第一部分 专题篇——技术变革、财务创新与电信企业价值创造

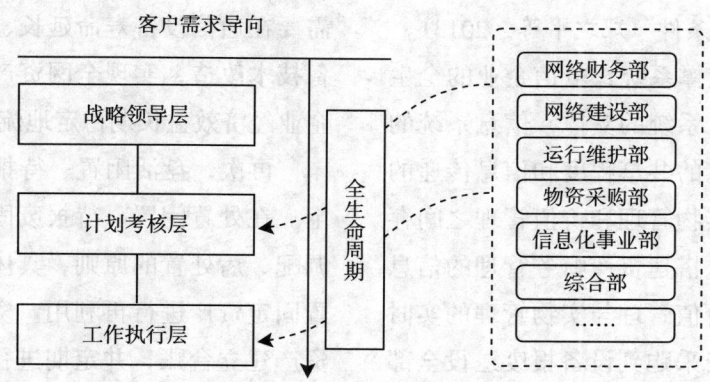

图1-2-5 三位一体管理框架

资料来源：郑之平，吴溪、李超恒、吴杨.通信企业资产再生的跨越式突破——广西联通构建全生命周期资产再生体系[J].中国总会计师，2013(6)。

其次，电信企业需要基于固定资产全生命周期精细化管理企业资源的分配利用情况，透视全生命周期固定资产再生的业务流程（如图1-2-6所示）。电信企业固定资产的全生命周期包括物资采购阶段、建设阶段、运行维护阶段和退役报废阶段。在物资采购阶段，通过优化原有的采购流程，在采购需求发出前，采购人员利用信息化系统对企业专项、共用、闲置资源库进行相关需求的搜索，满足需求的可直接利用，从而达到减少新采购订单、节约投资的效果。在建设阶段，建设部门对固定资产全生命周期的再生会产生重要的影响：一方面，实际的建设量影响工程的物资余料；另一方面，建设项目的完工进度会影响网络维修维护量。因而，在全生命周期固定资产再生体系下，各职能部门需要相互监督，发挥督导作用。在运行维护阶段，对现有固定资产进行有效的运行维护成本预算管控能有效节约网络维护成本开支。在退役报废阶段，通过适当技术手段或方式可以利用的资产即为企业的可再生资产。通过精细化以上全生命流程的企业资源的分配利用情况，可以将企业的内部资源划分为可再生资源和不可再生资源，为企业打造电子化的闲置可

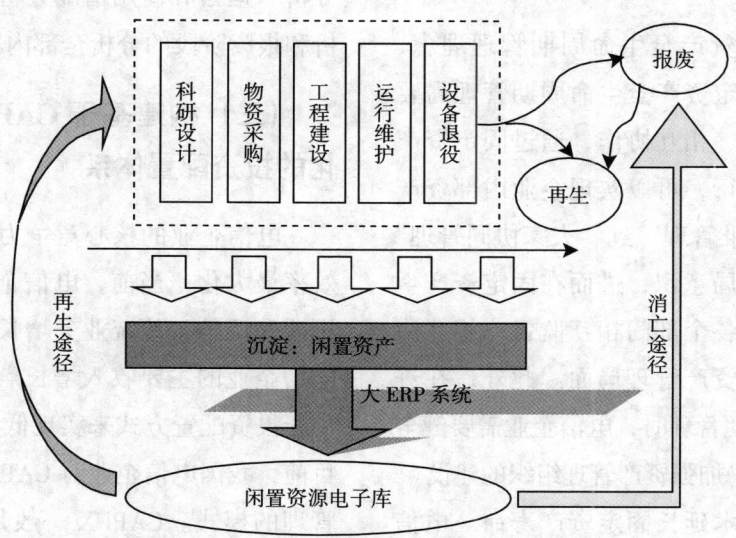

图1-2-6 全生命周期固定资产再生业务流程

资料来源：郑之平，吴溪、李超恒、吴杨.通信企业资产再生的跨越式突破——广西联通构建全生命周期资产再生体系[J].中国总会计师，2013(6).

再生资源库提供了实现条件（郑之平等，2013）。

再次，搭建信息支撑系统。电信企业的全生命周期管理离不开信息系统的支撑，信息系统的构建可以提高企业信息的共享程度和信息传递的及时性。电信企业的实物管理和价值管理之间存在相脱离的状况，通过搭建资产财务管理的信息平台，可以实现企业价值管理与实物管理的实时对接，形成资产从物资采购到设备报废退役全部阶段的闭环管理。

最后，电信企业需要建立相应的固定资产效益评价机制，并创新激励措施。在建立考核机制方面，电信企业可以运用固定资产全生命周期的"过程管理"理念导向，不断创新考核方法，建立和优化有效的考核评价机制和激励措施，引导各层级单位聚焦固定资产再生，深入挖掘资产潜能，保障资源效能提升的实现。固定资产的各项管理工作归根结底需要由电信企业的相关工作人员来落实，只有建立相应的效益评价机制，遵循"鼓励先行者"的原则，将工作绩效和薪酬激励相挂钩，才能强化资源责任，提升资源配置效率。

3. 电信企业固定资产再生的实施措施

首先，树立固定资产全生命周期管理理念，并优化组织结构。固定资产全生命周期管理需要企业各部门密切配合、相互协作，通过固定资产全生命周期管理的推行，可以实现企业内部资产管理上由"谁负责，谁管理"到"大家协同管理"的思想转变，树立全局意识，进而在固定资产生命周期的各个环节，各个部门相互监督、相互协作，形成良好的固定资产管理局面。此外，在进行固定资产全生命周期管理时，电信企业需要健全固定资产的管理制度，加强资产管理组织的建设。

其次，采用新技术延长固定资产寿命。电信行业设备的运行寿命和稳定性是电信企业网络质量的决定性因素，为了打造精品网络，电信企业需要在通信设备寿命延长、网络稳定方面进行设备技术改造，实现全网资产寿命的延长，并保证企业经济效益长期稳定地流入。

再次，盘活闲置、待报废固定资产，变废为宝。在处置闲置、待报废固定资产时，应坚持先调配、后处置的原则，具体可利用以下手段对闲置固定资产进行再利用。资源调配，将可利用的资产建立台账，并定期进行更新发布，对有需求的设备进行调配，实现资产的优化配置。资产租赁，对生产经营过程中的闲置资产，可以将其对外出租，既能盘活闲置资产，又能增加企业收入。对外投资，将闲置的固定资产对外投资，提高企业的固定资产使用率。公益、救济性的捐赠，捐赠是企业履行社会责任的一种方式，可以提高企业的声誉，为企业以后的经营带来积极影响。

最后，建立固定资产全生命周期管理的量化指标分析体系。固定资产全生命周期管理的核心思想就是通过对全生命周期所消耗的全部资源量化，实现全生命周期的成本费用的节省，从而为项目投资和资产购置提供决策支撑。电信企业在构建指标分析体系时，需要包括购建阶段的投入分析、运营和使用情况分析、资产使用效率的分析和报废阶段的分析全部内容。

（三）构建基于CAPEX与OPEX一体化的投资配置体系

电信企业的核心竞争力是成本最小化和资产效率最大化，当前，电信企业面临着转型升级的机遇和调整，传统业务增长乏力，新兴业务成为电信企业的主要收入增长点，因而电信企业亟须创新投资配置方式来实现低成本高效运营的目标。目前，我国电信企业对CAPEX与OPEX实行分离管理的模式。CAPEX一般是指固定资产的投入，与企业的技术更新速度密切相关，垄断经营时期，电信企业的资金投入主要是投向固定资产的建设，尤其是网络资源的建设，为了科学、快速地形成网络生产能力，保证网络资源的建设，电信企业将CAPEX管理从财务部门独立出去，交由计划部门对其进行专业管理。而OPEX是企业投资行为产生后对资产的后期运营所带来的成本。近年来，为了满足用户的异质化需求，电信企业增加了运营性支出，甚至在一定程度上其增加快于CAPEX的增加。且随着新技术周期的缩短，企业在进行资源配置时，对于CAPEX和OPEX很难清晰地进行界定，而企业的成本或资源耗费归根结底也由业务而来，"业务—投资—资产—成本（资源）"的运营主线清晰地阐述了成本的来源，并梳理出了CAPEX与OPEX之间的内在联系。因而电信企业现存的资源配置体系，忽略了CAPEX与OPEX之间的必然联系，难以有效解决资产全生命周期成本的最优化问题，不能实现企业的高效资源配置，基于CAPEX与OPEX一体化的投资配置体系，通过对CAPEX与OPEX协同管控，具有范围全面性、对象多维性和管理协同性三个特点，能显著提升资源配置效果，是电信企业资源配置创新的必然选择。

1. 基于CAPEX与OPEX一体化的投资配置体系的构建思路

电信企业基于CAPEX与OPEX一体化的投资配置体系的构建是指以企业发展策略为目标，以集中化战略为导向，协同管理CAPEX与OPEX，对资产的全生命周期成本进行管理，分析企业各业务、经营单元的成本耗用，将全部成本分摊至各业务、经营单元，并通过设立成本标杆体系，实现从业务前端推动低成本高效运营和企业资源配置效率的提高。

具体来说，首先，需要研究企业的发展战略，把战略目标作为决定成本投向的关键因素，并通过结合企业的年度工作目标，确定成本资源的投入重点。如电信企业的中长期发展战略是提高网络质量，则在进行成本资源配置时，需要加大对网络设备更新的支出；如果电信企业的年度工作目标是提高客户服务质量，则相应地应该加大客户服务成本的投入。

其次，电信企业需要对资产的全生命周期成本进行管理，综合考虑当前成本与长期总成本的均衡，实现长期总成本的最小，只有这样才能实现企业成本水平的确实下降，如在购建固定资产时，需要综合考虑资产的购建成本和后期的运营成本、维护成本、修理成本等，并基于成本精细化管理的需求，将全生命周期成本分摊至各业务、经营单元。

最后，电信企业需要通过对历史成本费用的分析，建立一套科学的内部成本标杆体系，对各业务、经营单元的成本进行管理，对于高于成本标杆水平的业务、经营单元，通过寻找与成本标杆之间的差异，确定改进方向并改进，促进成本效率提升，实现各业务、经营单元的低成本高效运行，进而提高企业整体资源配置效率的提高。此外，电信企业还需要建立与资源一体化管理相适应的组织运作流程，以保障战略目标的实现。如实施"横向到边、纵向到底、省市联动"管理，构建合理授权机制和业绩考评机制，促进精细化管理的不断增强（如图1-2-7所示）。

2. 构建基于CAPEX与OPEX一体化的投资配置体系对电信企业的影响

电信企业作为资源密集型企业，对CAPEX的管理关乎企业增量资本的质量，对OPEX的管理则影响了企业存量资本的使用效率，因而对CAPEX与OPEX的一体化管理直接关系到电信企业的企业效益，尤其在当前的市场环境下，对于电信企业应对互联网企业的挑战并抓住机遇获得发展具有至关重要的意义。

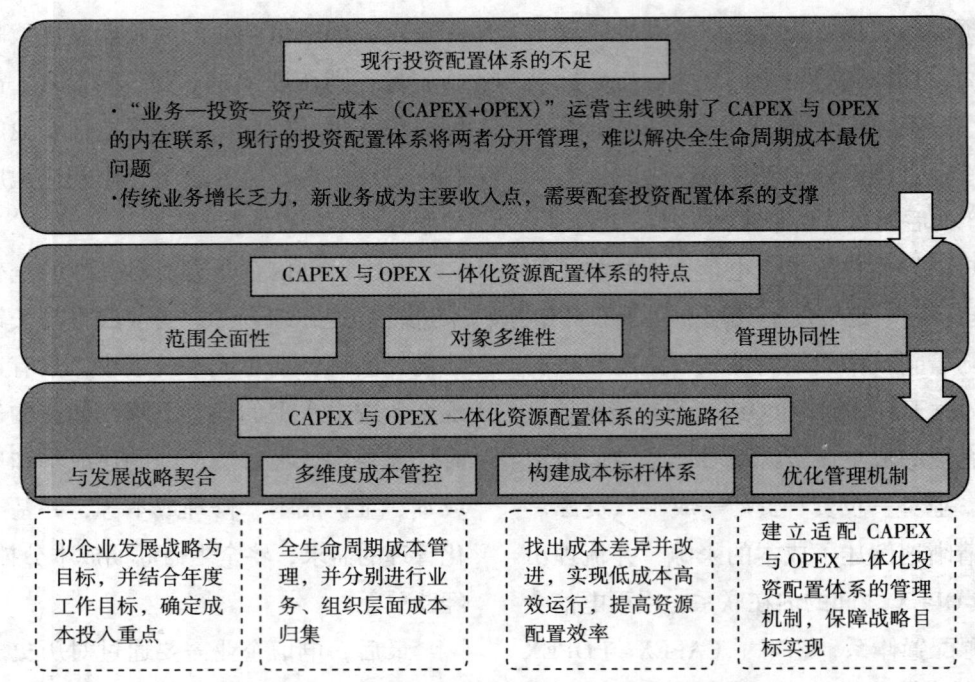

图 1-2-7 CAPEX 与 OPEX 一体化投资配置体系

具体来说，首先，在实施 CAPEX 与 OPEX 一体化管理时，需要对固定资产的全生命周期成本进行管理，不仅考虑项目的初期投资，同时还应关注投资形成资产的后期运营成本；不仅考虑企业的主营业务成本、销售费用等显性成本，还需要考虑企业为应对风险或竞争而发生的隐性成本，如销售折扣。通过实施全面的、前瞻性的成本管理方法，实现企业成本的节约和投资效益的提升。

其次，将全生命周期成本进行归口化管理，分摊至各业务、经营单元，并依据成本标杆对业务单元层面的成本进行改进，响应了以价值为核心的精细化投资管理体系的要求，促进了企业整体资源配置效率的提高和业务的发展，并影响了电信企业的核心竞争力。

最后，电信企业经营的本质是实现价值增值，企业价值是企业资源配置和资源利用效率的体现，其主流的计算方法是折现现金流法，即将未来各期的自由现金流以其加权平均资本成本为贴现率折现的现值之和。其中，自由现金流是通过企业的经营活动净现金流减去企业的 CAPEX 支出计算得出，而 OPEX 属于企业的付现成本，影响到企业的经营活动现金流支出，即会对企业的自由现金流产生影响。因而，通过对 CAPEX 与 OPEX 一体化管理，实现企业长期总成本的最小，能显著地增加企业未来自由现金流的预期，即实现企业价值最大化的目标。

3. CAPEX 与 OPEX 一体化投资配置体系的实现路径

首先，加强投资活动与发展战略的契合度。电信企业的投资方向、主要对策等方面需要与企业的发展战略相协调，以保证企业发展战略的实现，否则，则会导致企业资源的浪费，影响企业的发展。当前，互联网企业给电信企业的传统业务带来了巨大的冲击和挑战，电信企业更应该在确定投资重点之前准确分析企业的内外环境，科学地制定企业的发展战略。

其次，加强企业的多维度成本管控，实现资

源使用方式的精细规范，为企业的投资配置决策提供支撑。为合理进行投资配置，不仅要明确相应业务单元所需要的成本，还需明确各部门实现相应职能的成本。因此它包含两个层面，一是业务单元层面的成本归集，二是组织层面的业务成本归集。要进行业务单元层面的成本归集，需要先将资产、人工、项目外包费用等资源消耗与业务单元挂钩，设计业务单元资源归集方法和工作量统计方法，核算业务单元资源消耗。同时，需要研究资产与成本之间的关系，通过对比各部门不同业务单元成本与资产柱状图进行成本与资产关系的初步判定；然后对成本与资产关系进行回归分析，分别选取各部门各类业务单元的横截面数据进行回归，选取各部门各个业务单元的时间序列数据进行回归；通过调研进一步确定重要成本项目与资产的相关关系。另外，还需将业务单元与资产、成本间的关系连接起来，以识别各业务单元相应成本。为实现成本精细化管理、支撑资源配置决策，也需从组织层面进行成本归集，明确各部门实现相应职能的成本。识别各重点公用成本项目（内部服务业务单元）的成本动因和受益部门，按照"谁受益，谁承担"的原则，将公用成本按业务量准确归集至各受益部门，实现组织层面全成本管理，逐步实现归口管理资源有偿使用，提高资源使用效益（郑侨青等，2013）。

再次，建立基于全过程的内部成本标杆体系。随着电信企业面临的市场竞争日益激烈，电信企业更加关注对于成本的管控，成本管理更是企业核心竞争力的重要因素之一，因而通过建立基于全过程的内部成本标杆体系对电信企业的成本进行管理具有重要意义，同时满足了成本精细化管理的要求。全过程的内部成本标杆体系是指结合业务目标，前置成本管理阵线，跨越资产全生命周期的评估体系，具体来说，它包括了企业全部的成本，尤其是金额较大的成本费用；立足于全过程的视角来管理成本，并依据各类成本对象、成本流转环节等不同对各类成本在不同时点进行不同程度的评价；面向成本流转环节和作业控制过程中的所有职能主体，是包括各职能部门和部门中各责任岗位在内的全员参与、高效协同的标杆体系。通过建立该全面性的、颗粒程度更细的成本标杆体系，电信企业可以对资产全生命周期的各业务单元的不同时点的成本进行考察，并进行改进和优化，实现成本的降低和资源配置的提高。

最后，优化组织结构和实施流程优化。互联网企业最大的特点就是节奏转换很快，电信企业如果将新业务作为新的收入点，必须适应互联网的快节奏，因而需要通过流程优化和组织结构的优化实现内部管理流畅性的提高并提升对市场变化的反应速度。而为了充分保障基于 CAPEX 与 OPEX 一体化投资配置管理的实现，也需要从组织职能和流程制度角度予以保障。

五 提升电信企业投资管理效益的路径

当前，随着互联网产业的发展，电信行业进入了一个充满机遇和挑战的时代，但是，电信企业在产业链中仍然具有重要的资源优势，只有主动融入新的发展环境中，进行企业转型，并基于战略型的财务转型积极创新企业的投资管理模式，提升自身的竞争力，才能在互联网企业的冲击下站稳脚跟，并抓住机遇，获得自身的发展。本文通过上述对战略型投资管理和日常性投资管理的分类讨论，总结出日后我国电信企业提升企业投资管理效益的路径。

（一）强化价值引领投资的投资理念

企业经营的最终目标是实现企业的价值最大化，因而电信企业在进行投资时应以创造价值、实现价值增值为目标，而不是盲目地追求企业规模的扩大。电信企业的投资管理包括战略性投资管理和日常性投资管理两个方面，当前我国的电信企业缺乏价值投资意识，投资时往往只考虑如何经营或一味地追求扩大企业规模，忽视了在企业经营中应该适应企业战略发展的需要，适时进行战略性投资退出，并依据外部环境和内部经营的需要，适时调整投资方向，实现价值创造和价值增值，或加大对存量资产的管理以充分挖潜其潜力，避免企业价值的流失。故我国电信企业在进行投资决策时一定要转换投资理念，强化价值引领投资的投资理念，把创造价值作为投资目标，以实现企业的价值最大化。

（二）推进基于价值链经营的投资战略

目前在技术升级、市场需求异质化和政府管制力度加强的共同驱动下，电信价值链发生了裂变，价值链的重点逐渐向设备提供商等上层业务和终端转移，而电信运营商在价值链上的传统主导地位和重要性逐渐降低甚至边缘化。而电信企业进行转型的最终目标是成为综合的、高附加值的信息服务提供商。因而，电信企业在进行战略性投资时，其战略定位需要聚焦电信业整条价值链，通过采取参股、控股、战略联盟、股权投资、纵向并购等方式加强与产业链上下游企业以及国内外大企业的合作，向横跨多个领域、经营多个主业迈进，进而重新占据价值链的主导地位。

（三）实施收放自如的战略性投资策略

电信企业在实施战略性投资过程中对于投资方式的选择需要与企业的发展阶段以及发展战略相契合。扩张型和收缩型战略性投资方式作为电信企业对外战略性投资的两种重要模式，具有辩证统一的关系，扩张引起收缩，收缩是扩张的基础，当前的收缩是为了以后更好的扩张。企业在进行战略性投资时，既要精于扩张型战略性投资方式，有时也要善于以退为进，剥离与企业发展战略不相容的某些业务或部门，轻装上阵。只有综合运用扩张和收缩策略，收放自如，才能更好地推动企业的发展和实现价值增值。近期，互联网的发展给电信产业带来了颠覆性的影响，电信企业更应该依据外部市场和资本市场的变化灵活地选择战略性投资方式。对于未来有发展潜力的、竞争性的新业务，电信运营企业可以采用股权投资、战略联盟等扩张型战略性投资方式，在资源共享、产品研发和服务等方面谋求互利双赢，减少不必要的资源耗费，深挖国内市场的潜力，实现企业的发展，快速分享互联网产业的果实。而对于与发展战略不相容的业务，则应该审时度势，当机立断地采取战略性退出的方式以避免企业价值的流失。

（四）奉行全生命周期的成本管理

在当前的移动互联网时代，电信企业市场竞争加剧，一方面，电信企业的传统业务收入增长的势头渐缓，有的业务甚至出现了负增长，固定资产投资回收的风险增大；另一方面，为应对OTT的冲击，电信企业投资重点逐渐向开发新业务以及网络资源优化以保证服务质量方向转变。总之，资本性支出在企业总支出中的份额正在逐渐减少，对于固定资产精细化管理的要求越来越高。同时，运营性支出也是电信企业固定资产投资的重要影响因素,尤其是当前 OPEX 正不断挤占 CAPEX 在总支出中的份额。而全生命周期的成本管理是指对固定资产全生命周期各个阶段的成本费用统一纳入管理,综合考虑 CAPEX 与 OPEX,从而对固定资产的购建和设计方案进行评估,以全生命周期的总费用节省为日常性投资提供决策依据。此外,在进行全生命周期的成本管理时,电信企业需要将成本管理与企业发展策略相结合,进行策略性成本管理,将成本管理的对象从单纯地关注企业内部活动延伸到企业外部活动,从而不仅实现成本节约或者成本最小,建立企业的成本优势,也为实现企业战略目标服务。

(五)注重投资配置体系颗粒度的细化

电信企业传统的投资核算与管理体系对于资源的耗用归集颗粒度不够细化,从而导致资源占用权责的不匹配,归口管理职责不能落实,当前电信企业正处于大变革和大转型的关键时期,精细化投资管理,是电信企业优化资源配置、提高投资效益、推进企业健康发展的必然要求。通过划小核算单元,电信企业可以实现分组织划小全量核算和归口分级管理,形成权责利相统一的投资配置体系,建立企业内部的市场化机制。通过对不同投资业务单元的收入、成本分析,电信企业可以准确把握投资方向,合理控制资金使用,确保投资资金的安全,并实现投资效益的最大化和企业价值的最大化。此外,依托业务单元的划分,电信企业可以通过内部绩效考评机制调动相关工作人员的工作积极性、主动性和创造性,将资源使用和价值创造相匹配,从而提高企业的管理效益和促进可持续发展。

参考文献:

[1] 何瑛,彭晓峰.国际化进程中电信运营企业实施财务转型的必要性[J].通信世界,2008(3).

[2] 何瑛,彭晓峰.基于战略视角的企业财务转型拓展路径研究[J].经济与管理研究,2008(9).

[3] 韦乐平."去电信化"的思考[J].电信网技术,2013(12).

[4] 吴洪,李晓春.电信投资趋于理性平缓[J].通信信息报,2007(6).

[5] 郑磊,雷志勇.吹响 4G 投资号角[J].资本市场,2013(5).

[6] 饶柳,王力.运营商面临市场变化应积极优化投资管理体系[J].世界电信,2011(11).

[7] 白刚.移动通信企业 CAPEX 与 OPEX 资源配置研究[D].北京邮电大学硕士学位论文,2007.

[8] 张社建.河南网通构建精细化投资管理体系研究[D].北京邮电大学硕士学位论文,2007.

[9] 魏琴.谈中国电信投资管理的精细化[J].世界电信,2005(10).

[10] 熊雄.借力股权投资迎接大电信时代[J].中国电信业,2013(7).

[11] 郑侨青,徐剑锋,李垚,刘鑫.电信行业如何基于资源一体化配置投资?[J].财会信报,2013(4).

[12] 汪建.移动互联网创业热潮触动运营商[J].中国电信业,2013(7).

[13] 张先治.基于会计相关性的企业内部报告地位与价值[J].会计研究,2009(12).

[14] 何瑛.海外拓展如何成功实施资本运营[J].通信企业管理,2011(5).

[15] 吴政,王雯婧.电信企业资本运营模式分析及思考[J].经济师,2005(9).

[16] 李以宁.电信业资本运营主要模式研究——以我国四大电信运营商为例[D].复旦大学硕士学位论文,2007.

[17] 王学人.以资本运营战略推动我国电信企业国际化[J].世界电信,2006(5).

[18] 赵卫卫.电信运营企业海外扩张中的资本运作[D].北京邮电大学硕士学位论文,2007.

[19] 王强.精细化管理实现可持续发展[J].中国电信业,2013(1).

[20] 何瑛. 全球电信运营企业发展报告（2010~2011）——财务竞争力与可持续发展[M]. 北京：经济管理出版社，2011.

[21] 韩江卫. 电信企业战略联盟动因及特点研究[J]. 科技管理研究，2010（10）.

[22] 苑占伟. 中国电信企业集团产融结合模式研究[D]. 北京邮电大学硕士学位论文，2012.

[23] 何瑛. 全球电信运营企业发展报告（2012~2013）——资本运营与可持续发展[M]. 北京：经济管理出版社，2013.

[24] 王强. 精细化管理实现可持续发展[J]. 中国电信业，2013（1）.

[25] 蹇静. 划小经营单元在电信企业的创新和实践[J]. 通信与信息技术，2013（5）.

[26] 靳敏. 以划小核算单元助力国有企业管理效益提升——以广东电信为例[J]. 中国总会计师，2013（12）.

[27] 刘宁. 电信企业投资项目后评估系统研究——以北京移动彩铃业务项目为例[D]. 北京邮电大学硕士学位论文，2008.

[28] 刘杉. 中国移动通信企业固定资产全生命周期管理研究[D]. 北京邮电大学硕士学位论文，2010.

[29] 苏效东. 电信项目投资效益评估方法研究[D]. 北京邮电大学硕士学位论文，2008.

[30] 戴弋，武刚尧. 固定资产全生命周期管理之探索实践[J]. 通信企业管理，2012（11）.

[31] 罗忠良. 公司收缩性资本运营理论与实务[M]. 北京：中国民主法制出版社，2006.

[32] 吴林. 广西联通固定资产管理效益提升策略研究[D]. 广西大学硕士学位论文，2013.

[33] 郑之平，吴溪，李超恒，吴杨. 通信企业资产再生的跨越式突破——广西联通构建全生命周期资产再生体系[J]. 中国总会计师，2013（6）.

[34] 杨镇澜. 电信运营商策略成本管理研究[J]. 通信与信息技术，2011（5）.

[35] 王戈. 浅谈电信业基于决策的全过程成本标杆体系[J]. 会计之友，2010（12）.

[36] 梁景昊，李卫国. 发挥财务专业优势 优化投资管理——南化公司投资管理案例研究[J]. 财务与会计，2010（11）.

[37] 卢赫. 构建战略成本控制系统提升竞争实力[J]. 世界电信，2010（1，2）.

（分报告执笔人：张大伟，北京邮电大学；指导人：何瑛，北京邮电大学）

分报告三
基于轻资产盈利模式的企业价值创造与管理

一 引言

随着经济全球化的发展和科技水平的提高，市场竞争越来越激烈，企业如何在竞争中提高自己的核心竞争力，如何转变商业模式，成为企业最为关注的问题。同时，国内经济整体进入"二次转型"，企业融资结构从主要靠间接融资转变为直接融资和间接融资并重；增长模式从主要靠各种资源投入转向主要靠技术创新、提高生产率；增长点从高耗能、易污染的制造业、重工业转向金融、软件等服务业，使过多依赖固定资产等重资产投入的粗放式经营模式难以为继，并且市场变化的日新月异使产品生命周期越来越短，消费者对于个性化定制产品以及一体化复合价值产品或服务方案的需求也越来越高，企业在转型升级的过程中寻求适宜的盈利模式成为必然。

面对日渐萎缩的传统业务和日益激烈的市场竞争，以品牌影响力、科技研发、人力资本等为主导的轻资产模式顺应了时代的要求。企业不再依靠投资固定资产扩大企业规模，逐渐由具有更高收益的轻资产模式取代。这些轻资产公司通常具有稀缺性、较难替代的特性，凭借其长期以来所积累的品牌、技术研发、客户关系、人力资源、供应链管理能力等轻资产，以最少的资金或经济资源的投入，整合内外各种优质资源，创造最大的客户价值以及股东价值。2009年10月，我国创业板市场正式开板，随后大量的"二高六新"，即高成长、高科技、新经济、新服务、新能源、新材料、新农业、新模式公司登陆创业板，其中轻资产公司比例极高，截至2011年12月31日，创业板已有轻资产上市公司147家，占281家创业板上市公司总数的52.31%，从总市值/总资产指标看，轻资产上市公司估值仍然明显高于非轻资产上市公司（陈才溢，2013）。可见，轻资产模式成为企业一种新的实现价值创造的盈利模式。

目前，越来越多的企业开始运用轻资产模式，这些企业分布于不同的行业，如服装行业、房地产行业、互联网行业等，但学者们对此的研究比较少。笔者拟从盈利模式的角度出发，探究轻资产模式如何实现价值创造与管理，并以轻资产公司典型代表之一的戴尔公司为例，分析其如何通过轻资产模式进行价值创造与管理，实现企业价值的最大化。

盈利模式与价值创造理论综述

（一）盈利模式

1. 盈利模式的概念界定

Byron J.Finch（1996）是最早提出盈利模式的学者之一，他认为，盈利模式是用来诠释企业运营管理中核心要素的构架关系，其中运营管理中的核心要素包括企业资源、价值构成和盈利能力。国内外学者对盈利模式的定义众说纷纭，代表性的观点为：欧洲学者Paul Timmers（1998）认为，盈利模式是产品、服务和信息流的体系结构，是对企业能获得的潜在利润的描述。它包含三个要素：商务参与者的状态及作用；企业获得的收入来源；企业在商务模式中创造和体现的价值。美国学者Afush and Tucci（2002）认为，盈利模式是一个企业建立和有效使用自己资源的方法。通过这个方法，企业能够向客户提供比竞争对手更大的价值，并以此来盈利。国内学者对盈利模式也有不少研究，叶乃沂在《电子商务模式分析》（2004）一文中提出，网络盈利模式是企业在价值链系统一定位置上为目标市场提供价值和盈利的方法，由市场环境、客户关系、产品创新、财务要素、企业资源和业务流程六个要素构成，这些要素之间相互联系和依赖，共同确定了盈利模式的构成和特点。黄长征（2004）将盈利模式定义为通过电子市场反映产品流、服务流、信息流及其价值创造过程的运作机制。钱大宝（2007）给出了盈利模式相对全面的定义，认为盈利模式是一个逻辑框架，企业从思考收入来源问题开始，围绕价值创造、传递和实现而形成的一种逻辑，并且这种逻辑体现在整个企业战略、能力和结构的选择上。

综上所述，笔者认为盈利模式就是企业借助自身核心竞争力，以用户需求为导向，为目标用户提供价值，通过一系列经营活动，最终实现企业利润和价值的动态有机过程。盈利模式具有明确性、相对稳定性、灵活性的特点，好的盈利模式可以给企业带来长久的竞争力和利润，企业要想实现盈利并寻求长久的发展，就应该重视构建适合其自身的盈利模式。

2. 盈利模式的构成要素分析

在激烈的竞争中，企业为了提高自身的竞争地位，选择一个合适的盈利模式至关重要，但前提是要明确盈利模式的构成要素。盈利模式要以战略眼光从盈利的源头识别企业盈利的驱动力，从企业的内外部环境探析盈利模式构成要素，将盈利模式从企业内部分析延伸到企业所在的整个价值网分析（宋海燕、李光金，2012）。

对盈利模式的构成要素有很多种描述，国外学者注重从财务角度来分析盈利模式构成要素，Joel R.Evans（2005）认为，盈利模式的要素包括利润率、资产周转率、资产回报率、财务杠杆、净值报酬率等。马克·约翰逊等（2008）认为，收入模式、成本结构、毛利分析模型、资源（周转）速度是盈利模式的构成要素。国内学者从利润来源及利润维护的角度探讨盈利模式构成要素,邹利林等(2011)认为,盈利模式要素包括利润点(产品或服务)、利润对象(服务对象)、利润源(收入来源)、利润杠杆(业务活动)和利润屏障(持久力)。阎峰(2006)认为,技术、生产和服务、渠道、顾客、声誉、资本、品牌、生产过程、管理控制、销售构成盈利模式。由于不同研究者采用的方法不同和研究的行业不同,以及对盈利模式研究的深度和广度不同,因此得出的盈利模式的要素结论不同。但经过总结发现,在绝大多数学者对盈利模式要素的分析中,企业的关键资源和能力是构成盈利模式要素的主要内容。这些资源和能力包括企业所拥有的关系、技术、品牌、渠道、人才、知识、资本、产品或者服务等,这些正是目前企业运用轻资产模式的关键要素,可见企业要获得核心竞争力,轻资产模式是一种适宜的盈利模式。

(二)价值创造与价值驱动因素

1. 价值创造与管理

企业价值是企业预期自由现金流量以其加权平均资本成本为贴现率所折现的现值,它与企业的财务决策密切相关,体现了企业资金的时间价值、风险以及持续发展能力。对企业价值计量的具体公式如式(1-3-1)所示。

$$V = \sum_{t=1}^{n} \frac{C_t}{(1+k)^t} \qquad (1-3-1)$$

式(1-3-1)中,V表示资产的价值,即内在价值;C_t表示t时间收到的现金流;k表示投资者要求的收益率(资本成本);n表示现金流发生的期限。

价值管理的目标就是为企业创造价值,实现价值的增长,在公司经营管理和财务管理中遵循价值理念,依据价值增长规则和规律,探索价值创造的运行模式和管理技术,从而连接战略并应用于所有对企业价值有影响的各个因素和整个经营过程中的一种决策与控制制度。价值管理的主要特征为:奉行"现金流量至上原则";公司价值由多因素驱动;价值管理"以过程为导向";人的价值实现是公司价值管理的实质内涵(何瑛,2005)。可见,研究企业价值的驱动因素,分析其如何进行价值创造和管理具有很大的意义。

2. 基于不同理论视角的价值驱动因素

(1)基于经济学视角的价值驱动因素。经济学鼻祖、英国古典经济学家亚当·斯密在《国富论》中提出了关于价值的两个名词:交换价值和使用价值,并且认为劳动是衡量一切价值的尺度。大卫·李嘉图在此理论基础上提出了古典劳动价值理论,认为使用价值是交换价值的前提,商品价值量取决于在最坏的生产条件下所必须投入的劳动量。马克思在批判性地继承李嘉图古典劳动价值论的基础上,提出了自己的理论,他认为价值是凝结在商品中的无差别的人类劳动,交换价值是价值的量的表现,价值的本质是劳动。凯恩斯的效用价值论指出,商品的价值由商品为顾客带来的效用所决定,效用与其价值成正比。以马歇尔为代表的新古典经济学价值论把效用价值论和生产价值论结合起来,建立了均衡价格理论。马歇尔等认为,价格是衡量商品或服务稀缺程度、效用或满足欲望程度的标准。用商品的均衡价格来衡量商品的价值,认为均衡价格和价值是一致的。

从经济学视角看,这些价值理论的共同特点是:人类生产力资源及其水平的发展变化推动着人类社会历史发展和时代的变迁,不断变化、增长的生产力是商品价值形成的源泉(罗福凯,2002)。劳动价值论认为劳动是创造价值的源泉,新古典价值论认为商品或服务价格是由均衡价值决定,效用价值论认为顾客对商品或服务的主观感受或效用决定着其价值。因此，从经济学视角看，提高劳动效率，提升顾客价值，是价值创造的驱动因素。

(2) 基于管理学视角的价值驱动因素。随着市场需求的不断变化，企业所面临的竞争越来越激烈。依据波特的竞争优势理论，从管理学视角看，价值创造的驱动因素主要包括公司战略、公司治理、管理控制（宋常，2007）。公司战略是公司价值创造的决定性因素，是公司价值创造的源泉，公司治理为公司战略创造价值提供了制度保障，管理控制为企业价值创造提供了过程保证，公司治理和管理控制在公司战略中得到有效的融合，共同实现价值的创造。

公司战略是公司一项重要的管理活动，是公司根据内部环境和外部环境的状况，制定出关于组织的全局性目标，并在实施过程中适时调整以有效实现目标的过程，是企业价值创造的源泉。企业需要制定正确的公司战略，运用丰富的经验、知识、技能，通过行业吸引力分析、竞争地位分析和价值链分析，获得价值创造潜量的机会，才能获得竞争优势。相对于竞争对手，企业持续盈利的时间越长，创造的价值越大。

公司治理是一套制度安排，用以支配若干企业中有重大利害关系的团体，如投资者、经理人员、职工之间的关系，并从这种联盟中实现经济利益（钱颖一，1995）。公司治理通过绩效评估、薪酬规划、投资者关系管理来保证公司价值创造活动的贯彻和实施。公司绩效是一个非常关键的指标，基于价值的绩效评价指标有经济利润（EP）、经济增加值（EVA）、股东价值增加值（SVA）、股东总收益率（TSR）等。在绩效评估的基础上，通过制定合理的薪酬规划实现价值创造。一般有两种途径：一是通过工资、奖金、津贴与股票期权相结合来吸引、维系、激励管理者，使其目标集中在公司价值创造上，整合股东和管理者的目标以及在利益追求时的不一致；二是将公司战略分解成一系列的价值推动要素，并根据价值推动要素和时间期间来设计绩效评价指标，使管理者的变动薪酬与绩效指标挂钩，引导管理者将其注意力集中在企业的价值创造上（任翠玉，2005）。在价值管理的过程中，公司的管理高层人员要向投资者说明公司所处行业的环境、公司的战略和行为及其对公司发展的影响，让投资者对公司有一个全面的认识和了解，增加投资者对公司的信任。

管理控制是以企业价值最大化为目标，管理者影响组织中其他成员以实现组织战略的过程。管理控制一般包括战略目标分解、控制标准制定、管理控制报告、经营绩效评价、管理者报酬五个步骤，保证公司战略在企业内部得到有效的贯彻和实施，实现企业经营的效率和效果。

(3) 基于财务学视角的价值驱动因素。在经典的MM理论中，企业价值表现为未来预期自由现金流量的现值，以及企业自由现金流量（FCFF）基础的评估模式。20世纪90年代美国Stern Stewart公司提出了经济增加值EVA概念，将价值驱动因素分为税后净营业利润和资金成本，1996年Ottossonand Weissenrieder提出了现金增加值CVA价值，从股东角度持续衡量公司价值，认为建立在现金流量基础上的现金增加值模型，符合公司的价值来源于公司产生的现金流量和基于现金流量的投资回报的能力与企业价值管理相一致（何瑛，2011）。Copeland（1994）指出，公司价值创造的根本驱动因素是投资资本回报率和预期增长率。阿尔弗洛德·拉帕波特认为，价值驱动因素包括销售增长率、营业毛利率、所得税税率、营运资本投资、固定资产投资、资本成本和企业价值增长期。

三 轻资产模式的价值创造与管理

随着经济全球化的发展和科技的日新月异，企业面临的挑战越来越大。如何将企业财务管理的目标——企业价值最大化提升到最高层次，成为企业日益关注的核心问题。在市场竞争越来越激烈的压力下，企业要实现这个目标，就要以价值为驱动力，以价值创造为导向，不断寻找独特的盈利模式来提高自身的核心竞争力，实行价值管理。"轻资产"一词的提出，给众多企业带来了福音。轻资产模式以最少的资金投入，通过整合企业内外部资源和能力，最终实现企业的价值最大化。

（一）轻资产模式的概念界定

轻资产运营是由国际著名的麦肯锡管理顾问公司于21世纪初率先提出的一种资本运营战略，是指企业以知识资本的运营为基础，利用轻资产进行资本扩张，充分利用有限的资源，来利用他人的资源，以最低的资本投入实现企业价值最大化的战略管理模式（苗壮，2005）。《轻资产运营》（孙黎、朱武祥，2003）一书指出，轻资产是信息时代奠定企业竞争基础的各种资产，包括企业的经验、规范的流程管理、治理制度、企业的品牌、客户关系、人力资源等。轻资产运营水平的高低，决定了企业创造股东财富的能力。

以轻资产模式运营的企业，其轻资产一般有两种表现形式：一是企业流动资产特别是现金类资产多；二是更加注重产品的设计、品牌建设、营销渠道和客户管理等方面的构建，并把自身不擅长的非核心业务交给合作商来运营，减少其自身固定资产的投资和相关的管理成本。OEM（Original Equipment Manufacture）和OBM（Original Brand Manufacture）为典型的轻资产模式（戴天婧等，2012）。OEM即原始设备制造商，指一家厂商根据另一家厂商的要求，为其生产产品和产品配件，亦称为定牌生产或授权贴牌生产。OBM即原始品牌制造商，指代工厂经营自有品牌，或者说生产商自行创立产品品牌，生产、销售拥有自主品牌的产品。

（二）轻资产模式的特征

采用轻资产运营模式的企业，与重资产公司比较而言，通常不进行重大的固定资产投资或者只投入少量，使企业在重资产少的情况下，依靠稀缺资源化繁为简，从有形到无形，通过对轻资产的整合运用，所获取的价值远远超过了产品本身，获得更高的盈利能力和持续增长力。因此，这种模式下的轻资产企业资产有其自身鲜明的特点，如表1-3-1所示。

表1-3-1 轻资产模式的特点

资产属性	特征
资产规模	倾向于小
资产质量	倾向于精
资产形态	倾向于无形
资产投入	倾向于少
资产价值	分散时小，整合时大

轻资产模式作为一种企业的盈利模式，在财务报表上表现出显著的特征，如表1-3-2所示。

表 1-3-2　轻资产模式的财务报表特征

项目	财务特征
高	现金、运营资本
	存货周转率、资产周转率
	无息负债
	研发费用、销售费用
	利润
低	存货固定资产
	有息负债
	股权融资、资本成本
	股利分配

轻资产公司把生产和服务生产外包，所需固定资产投资少，加强存货和现金的管理；对广告、研发的高投入，使得轻资产公司往往具有营销、技术优势；从整体上说，轻资产模式公司作为整个价值网络体系的核心企业，具有较高的议价能力，因此无息占款较多而利润和经营现金流质量都非常高。

（三）轻资产模式的动因分析

轻资产运营是一种以价值为驱动的资本战略，越来越多的企业采用轻资产模式，提高自身的盈利能力。学者对轻资产模式的动因分析汇总如下：

1. 重资产经营的"瓶颈效应"

过去企业通过扩大规模"做大做强"，但当企业生产能力达到极限时，企业如果想继续获得更大的效益、追求更大的收获，则必须增加投资新的生产能力。而此时企业需要消耗大量的资金和时间，并且一旦这个市场需求发生转向，重资产公司不仅形成重复、浪费投资的事实，使企业发展方向出现重大决策性失误，增加的新设备和新厂房会造成大量的折旧，从而更进一步地降低企业的利润，形成严重的恶性循环。"轻资产"公司的核心思想是用最少的资金去撬动最大的资源，赚取最多的利润。这就要求企业由传统的竞竞业业的"黄牛式"管理模式，转变成能够最大限度地启动和利用企业的客户资源、治理制度、管理流程等"轻资产"，灵活机动地使企业高效运作起来，从而取代生产线等重资产，使对各种资源的整合成为企业获利的主角。

2. 价值链的优化

根据美国哈佛商学院著名战略学家迈克尔·波特提出的价值链分析模型，产品的价值创造分为不同的环节，不同的企业参与的价值活动中，并不是每个环节都创造价值，只有某些特定的价值活动才真正创造价值。这些真正创造价值的经营活动，就是价值链上的"战略环节"。在产业链中，附加值更多体现在两端，即设计和销售，既可获取超额利润，又可占据价值链领导地位，控制着价值分配，甚至还能左右产业演进的方向（苗壮，2005），处于中间环节的制造附加值最低，企业的投入成本运营成本大，经营周期长，资本回报率低。企业要保持竞争优势，实际上就是企业在价值链某些特定的战略环节上的优势，将谋求利润点放在价值链的两端。很多企业剥离重资产，将产品制造和零售分销等非关键因素的职能环节业务外包，向价值链两端转型，进行研发设计、品牌经营或市场推广，实行轻资产运营，在保持灵活性的同时，谋求更高的价值分配和价值链领导权。

3. 战略成本管控

从轻资产企业的自身特点以及企业的决策角度出发，战略成本动因对企业全部成本的影响比重比较大，本文主要从结构性成本动因和执行性成本动因两个方面来分析（苗壮，2005）。

第一，结构性成本动因。绝大多数轻资产企业将中游的产品生产进行外包或者进行贴牌制造，在生产方面的成本投入几乎为零，而在产品上游的研发阶段以及建立下游的营销渠道方面投入了大量的人力、物力和财力，使企业在高附加值阶段能迅速积累大量的经验，更迅速地拓展市场。而随着科学技术的发展，企业必须不断进行成功的技术变革，才能保持其成本领先地位，获得持久的成本优势。

第二，执行性成本动因。采用轻资产模式运营的企业，可以在上游的研发部门与下游的销售部门之间建立稳定的信息流渠道，屏蔽来自生产方面的信息的干扰，可以通过市场销售与客户满意度等信息直接反馈于研发部门，使整个企业的运转效率得到优化，并使企业内部各个部门之间联系的财务成本和机会成本降低。在垂直联系方面，企业要通过不断的反馈和沟通，形成长期稳定的合作关系，不断调整互利互惠的政策，改善与上游供应商、中游的生产业务承包商、下游的销售商之间的联系，才能降低企业和上游的供应渠道、中游的产品生产渠道、下游的销售渠道的总成本。

（四）轻资产模式的优势与劣势分析

1. 轻资产模式的优势

第一，降低行业进入门槛，减少企业的运营风险。在传统的运营模式下，企业要经历从开发、建设生产线、生产、市场推广等漫长的成长过程，还要面对资金紧张的困难。轻资产运营通过将制造或非核心技术的研发外包，利用合作伙伴的相关经验和资金，大大缩短了企业被市场接受的过程，也减少了资金占用。与合作伙伴共同分担风险，使企业更有柔性，更能适应外部环境的变化。

第二，降低生产成本，增加企业的利润。这是轻资产运营最显著的优点。企业将一些重资产环节如技术含量较低的产品、零部件的生产转移给更有成本优势的公司，这样不仅节约了大量的基建、设备投资，而且节约了大量的人工费用，极大地降低了生产成本，增加企业的利润。

第三，专注于核心业务，提高企业的核心竞争力。企业的发展更大程度上取决于其核心业务的成败。轻资产运营企业通过整合企业内外各种资源，将一些很难形成明显竞争力的环节外包，将企业的资金和精力集中于核心业务，如核心技术研发、品牌提升、市场拓展等，从而极大地提升本企业的核心竞争力，使企业在激烈的市场竞争中更长久地立于不败之地。

2. 轻资产模式的劣势

第一，弱化企业服务能力，品牌形象打折扣。企业把诸如生产等重资产业务转移出去，很有可能因此影响到与之密切相关的服务。尤其是在那些产品技术含量较高的行业中。在企业的品牌形象构成中，售前、售后服务是不可或缺的要素，服务也是产品，是有形产品的一个延伸。好的服务，既能够维系住老客户，又能够通过老客户发展新客户，而不及时、不到位的服务，会严重制约企业的市场拓展和品牌提升。

第二，产品质量缺乏控制，过度依赖外包商。企业重品牌、轻产品的思维模式，使企业在品牌、市场等方面投入较大精力，将业务外包后，对外包业务的某些环节难以做到足够力度的监督和审查，忽视或无暇顾及产品的质量，导致产品质量不合格。企业为自己的外包业务建立了一个不完全竞争市场，则企业必然受制于这个不完全竞争市场，即形成对一个或几个承包商的依赖。在有了一定的依赖关系后，承包商处于更有利的要价地位，受到了合作伙伴的牵制。

第三，培养潜在竞争对手，被迫走入价格战。这种经营方式短期内可以使企业获得较高的品牌附加利润，但企业丧失了学习核心技术和生产工艺的机会，从而不利于企业构建自己深层次的整合竞争能力。承包商却通过外包业务逐步积累了实力，并且强化了自己在一些关键环节的优势，更有优势向下游方向发展。除此之外，由于轻资产运营降低了行业进入的壁垒，更多企业会进入这个市场。在日益激烈的竞争中，由于缺乏一些关键技能，借助于轻资产运营的企业往往会选择价格战，结果就是使自己的品牌溢价被逐步压缩。

（五）轻资产盈利模式的价值创造路径

过去企业更多地将有限的资源投向固定资产、厂房以及生产线等重资产来扩大规模，然后通过规模经济实现此目标；现在企业所拥有的以品牌、专利、知识产权为代表的"轻资产"资源与能力，却在企业价值创造过程中起到了"举足轻重"的作用。在前文的总结中提到，企业的关键资源和能力是企业盈利模式的构成要素，但是企业如何利用这些关键资源和能力成为了最核心的问题，由此对轻资产公司的各项战略提出了前瞻性的要求。传统的MM理论提出了以企业自由现金流量（FCFF）为基础的评估模式，FCFF价值链主要从财务战略的角度出发，强调了股东价值和资本市场的作用（刘淑莲，2004），之后出现的一些价值评估模型也都是从财务学的角度来研究企业价值创造。1989年，美国罗伯特·S.卡普兰与戴维·P.诺顿在研究企业经营绩效评价指标体系——平衡计分卡时，以全新的视角提出了企业价值的驱动因素，其基本模式为：企业价值=产品/服务+形象/声誉+客户关系。他们从经营战略的角度出发，强调企业核心价值和产品市场的作用。本文从盈利模式的角度出发，以企业价值最大化为目标，以战略为导向，构建了如图1-3-1所示的框架。

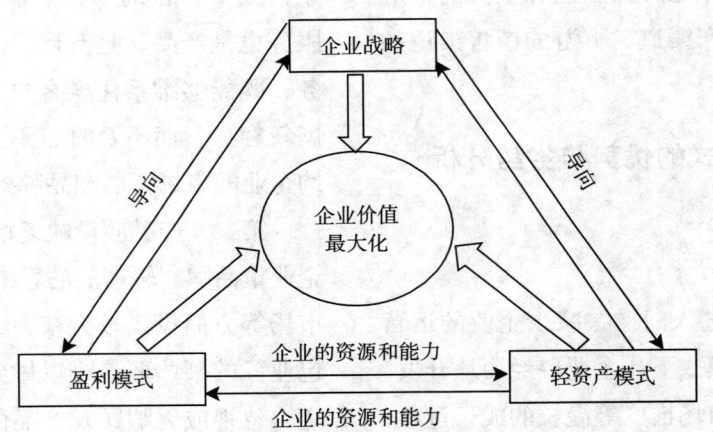

图1-3-1 轻资产模式的价值创造框架

从企业战略的角度出发，将轻资产盈利模式的战略分为财务战略和经营战略。财务战略包括现金策略、运营策略、资本策略、融资策略、税收策略。经营战略包括产品策略、采购策略、研发策略、销售策略。具体的轻资产模式创造路径如表1-3-3所示。

表1-3-3 轻资产模式的价值创造路径

企业战略	盈利模式	轻资产模式的创造路径
经营策略	产品策略	产品创新与生产外包
	采购策略	聚集供应链，锁定供应商

续表

企业战略	盈利模式	轻资产模式的创造路径
经营策略	研发策略	专注提高研发能力
	销售策略	控制销售终端,加强客户关系管理
	运营策略	短的存货和现金周转期
财务战略	投资策略	较少的固定资产投资,战略规划上下游并购
	融资策略	内源融资为主和低股利分配
	税收策略	合理税收筹划
	现金策略	高额现金储备和大量现金流

资料来源:汤谷良,张茹.财务战略驱动企业盈利模式——美国苹果公司的轻资产运营模式案例研究[J].会计研究,2012(11).

1. 经营战略——价值创造

随着经济全球化的发展和市场竞争的日趋激烈,企业经营战略对企业的发展具有重大影响力。要形成核心竞争优势,必须重视经营战略的创新,建立理想的行之有效的企业经营战略,从战略的高度推动自主创新,深化企业改革,提高经济竞争实力,实现价值创造。价值链理论认为,企业从研发开始,直至产品到达用户的每一环节都是创造价值的过程。所以,企业要从研发、设计、生产和制造、营销、配送和售后服务等方面来充分提升企业的价值,增强企业的生命力。对于轻资产公司,企业的经营战略主要从研发、采购、产品、销售四个方面来实现价值的创造。轻资产公司拥有自己的核心技术,并不断加强研发能力,将企业的焦点放在技术及研发上,对于其他业务进行外包,建立高效的供应链,缩短产品的生产周期。哈佛商学院教授李维特指出这是一个满足客户需求的过程,而不是生产产品的过程。客户关系管理(CRM)是一个不断加强与顾客交流,不断了解顾客需求,并不断对产品及服务进行改进和提高以满足顾客需求的连续过程。它可以让企业挽回失去的客户,保留现有客户,不断发展新的客户。实施轻资产运营策略的企业,运营模式的制定就不再是以企业自身的资源或能力作为最重要的参考依据,应该基于客户和利润为中心来设计企业的运营模式。客户往往愿意为自己的偏好付出溢价,从客户出发,与客户交流、沟通可以帮助企业认识客户偏好,并进一步明确满足客户偏好的价值链中附加价值高的环节,以此设计自己的运营模式,能使企业获取超出传统经营模式的高额利润。企业建立良好的客户关系从而减少销售成本,扩大销售收入。除了在生产和管理两个环节上对企业价值有增加作用,企业对客户关系进行管理,则将智力资本的作用集中于销售环节。客户关系增加企业价值首先来自于营销观念的改变,新的营销理念即关系营销认为应该更多地把重点放在企业和市场的关系上,更多地关注顾客,保留顾客,不断改善与顾客的关系,为客户提供满意的产品和服务,从而实现价值创造。

2. 财务战略——价值实现

价值获取主要是基于财务报表所反映的核心企业的收入结构、成本结构、现金流等财务状况,同时它也体现了核心企业与盈利模式体系内其他利益相关者之间的利益分配格局。可以说,价值实现所体现的是企业利用关键资源和能力整合业务系统的财务结果体现,其根源在于轻资产资源和能力的杠杆效用。

财务战略是指为实现企业的战略目标,以企业总体战略为指导,以价值分析为基础,以促进企业资金长期均衡有效的流转和配置为衡量标准，以维持企业长期盈利能力为目的的战略思维方式和决策活动。财务战略主要包括运营战略、投资战略、融资战略、税收战略和现金战略等。企业的生产经营活动，既包括使用价值的生产和交换过程，又包括价值的形成和实现过程。企业经营活动原本就是争取创造价值的过程，财务战略要服务于价值创造，以价值最大化为目标，获取价值实现。

3. 协同战略——价值至上

财务战略既承担了战略管理对财务管理的战略性要求，又对财务管理提出了经营管理的战略性视野与总体指导方针。财务战略在支持经营战略的同时，也制约着经营战略的实施及战略成效。经营战略以财务战略为依托，为企业的经营活动提供决策支撑。因此，轻资产企业要将经营战略与财务战略协同起来，才能实现价值最大化的目标。

四 案例分析

随着麦肯锡公司对"轻资产"一词的提出，轻资产战略在中国企业的运用如火如荼。目前，服装行业、互联网行业、餐饮行业等纷纷开始根据自身的特点，通过采用轻资产模式来为企业创造价值。戴尔公司作为计算机行业的优秀企业之一，具有轻资产企业的典型特征，本节将对戴尔公司如何运用轻资产模式来实现企业价值最大化进行探究。

（一）戴尔公司简介

戴尔公司于1984年由迈克尔·戴尔创立，总部设在得克萨斯州奥斯汀，是全球领先的IT产品及服务提供商，目前全球员工已经超过96000名。其产品涵盖多个领域，如笔记本电脑、服务器、网络产品、存储器、移动产品、软件等，业务包括帮助客户建立信息技术及互联网基础架构。

戴尔公司从20世纪90年代初开始为亚太地区的商业、政府、大型机构和个人提供服务。随着1993年首次在日本和澳大利亚开始运营，戴尔公司进入亚太区的目标市场，开始在区域性设施、管理、服务和技术人员等方面进行投资。目前戴尔公司在亚太区13个市场开展直线订购业务：澳大利亚、文莱、中国大陆、中国香港地区、印度、日本、韩国、中国澳门地区、马来西亚、新西兰、新加坡、中国台湾地区和泰国。除此之外，还有38个合作伙伴为其他31个市场提供服务。戴尔公司在亚太地区提供的系列产品和专业经验，能够帮助跨国企业、政府、大企业以及富有经验的个人用户和中小企业在区域内进行技术创新。戴尔通过其"全球客户计划"，向拥有全球业务的亚洲用户提供定制的成套服务和支持。它为全球客户提供统一订货、结账、定制产品（包括安装专有软件），以及本地供货和现场服务等。

戴尔于1998年8月建设了位于福建厦门的"中国客户中心"（CCC）。为了满足中国市场日益增长的需求，2000年11月"中国客户中心"拓展为35万平方英尺的设施。它继续在生产、管理、营销、财务等方面按照戴尔的模式运作。CCC于2001年3月获得ISO9001（2000年版）和ISO14001认证。2002年9月，它成为了戴尔全球首个获得OHSAS18001职业安全与健康管理认证的工厂。

戴尔公司创立20多年以来，革命性地改变着整个行业，使全球的客户包括商业、组织机构和个人消费者都能接触到电脑产品。它的理念非常简单：按照客户要求制造计算机，并向客户直接发货，使戴尔公司能够最有效和明确地了解客户需求，继而迅速做出回应。这个直接的商业模式消除了中间商，这样就减少了不必要的成本和时间，使戴尔公司更好地理解客户的需要。这种直接模式允许戴尔公司以富有竞争性的价位，为每一位消费者定制并提供具有丰富配置的强大系统。通过平均四天一次的库存更新，戴尔公司能够把最新的相关技术带给消费者，且远远快于那些运转缓慢、采取分销模式的公司。戴尔公司成为市场领导者的根本原因是：通过直接向客户提供符合行业标准技术的电脑产品和服务，致力于提供最佳的客户体验。戴尔公司的历史演变如表1-3-4所示。

表1-3-4 戴尔公司历史大事记

年份	事件
1984	迈克尔·戴尔在得州大学奥斯汀分校就学时创立了PCs Limited计算机公司
1985	公司生产了第一部拥有自己独特设计的计算机"Turbo PC"，公司第一年的营收毛利就超过7300万美元
1988	公司更名为"戴尔计算机企业"，并选择爱尔兰为它全球性扩展的第一站；6月22日，戴尔正式于美国NASDAQ上市，首次公开发布350万新股，每股作价8.50美元；在那之后戴尔公司市值从3000万美元增长至8000万美元
1992	戴尔公司被《财富》杂志评为全球500强企业，迈克尔·戴尔成为500强企业里有史以来最年轻的首席执行官
1999	戴尔取代康柏电脑（Compaq）成为美国第一大个人电脑销售商，同时开始最早的并购，收购ConvergeNet Technologies
2003	戴尔历史上首次季度出货量突破1000万台
2007	戴尔完成多项大手笔收购，力求提升自身竞争力，巩固其在IT产品及服务方面的领先地位
2010	戴尔入选美国《财富》杂志每年评选的"全球最大五百家公司"排行榜的第38名，《财富》同时也将戴尔列入科技业中全球第五大最受尊崇的公司
2012	《财富》杂志根据总营收将戴尔列为全美第44大公司以及在得州的第6大公司，同时是得州第二大非石油公司（仅次于AT&T），也是奥斯汀地区最大的公司
2013	戴尔宣布私有化方案，集团创办人迈克尔·戴尔及SILVER LAKE基金，斥资249亿美元将戴尔私有化，股东可获得每股13.75美元现金，另加每股13美分的特别股息

（二）戴尔公司的财务状况

根据戴尔财务报告，2012年全年营业收入569亿美元，主营业务收入447亿美元，相比2011年有所下降，净利润率为5.30%，下降1.7%。其中，企业解决方案业务营业收入为194亿美元，占戴尔全年总营业收入的34%，可见其解决方案业务逐渐成为戴尔的主要收入来源之一。按产品划分，戴尔的产品包括PC、移动设备、服务器和网络设备以及外设（包括显示器、键盘、鼠标、打印机、投影机），其收入状况及增长比例如图1-3-2所示。2012年除服务器和网络设备外，其他三个均有下降的趋势，其中移动设备连续4年出现了负增长；按地区划分，欧洲、中东和非洲营业收入同比下降14%，美洲区营业收入同比下降10%，亚太和日本营业收入同比下降9%。总的来说，2012年戴尔公司的产品盈利状况不是很好，这主要是由于其竞争对手如苹果、IBM、惠普、联想等都在不断占领市场份额，它们之间的差距越来越小。根据Gartner全球服务器最新调研报告显示，2012年第二季度，服务器收入方面，服务器厂商前5名依次为惠普、IBM、戴尔、甲骨文和富士通；服务器出货量方面，服务器厂商前5名依次为惠普、戴尔、IBM、富士通和联想。根据 IDC 全球最新调研报告显示，2012 年上半年，戴尔、惠普出现负增长，只有 IBM 与行业平均水平增长率基本持平，可见行业竞争越来越激烈。

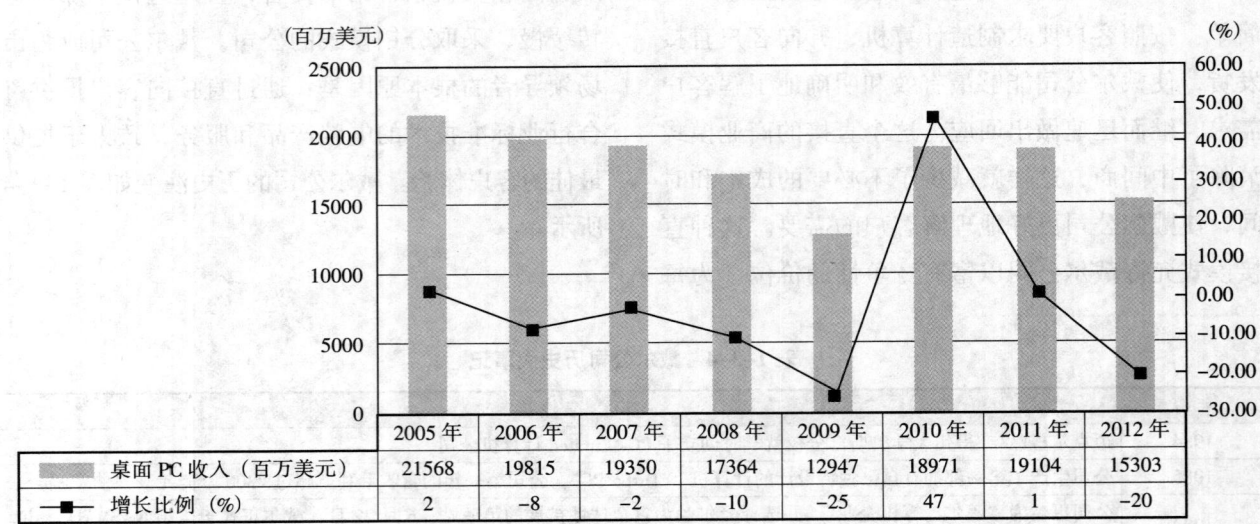

图 1-3-2 戴尔公司桌面 PC 收入及增长比例情况

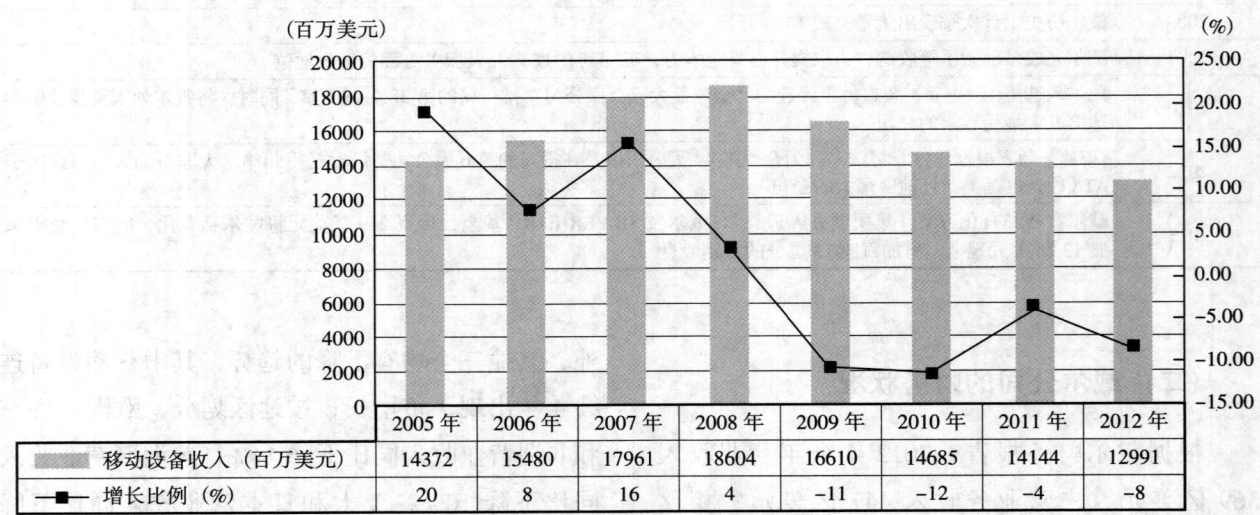

图 1-3-3 戴尔公司移动设备收入及增长比例情况

戴尔公司 2010~2012 年关键绩效指标如表 1-3-5 所示。

（三）戴尔公司的轻资产特征

戴尔公司运用轻资产模式，为公司带来了价值增值，其资产负债表显示的资产结构呈现出典型的"轻资产"特征，如表 1-3-6 所示。

（1）现金储备非常高。现金储备（现金及现金等价物、短期投资）与总资产比值占到 30% 以上，与其他资产相比，占有最高的比重，并且现金储备处于不断增加的趋势，2005~2012 年增长了将近 2 倍。

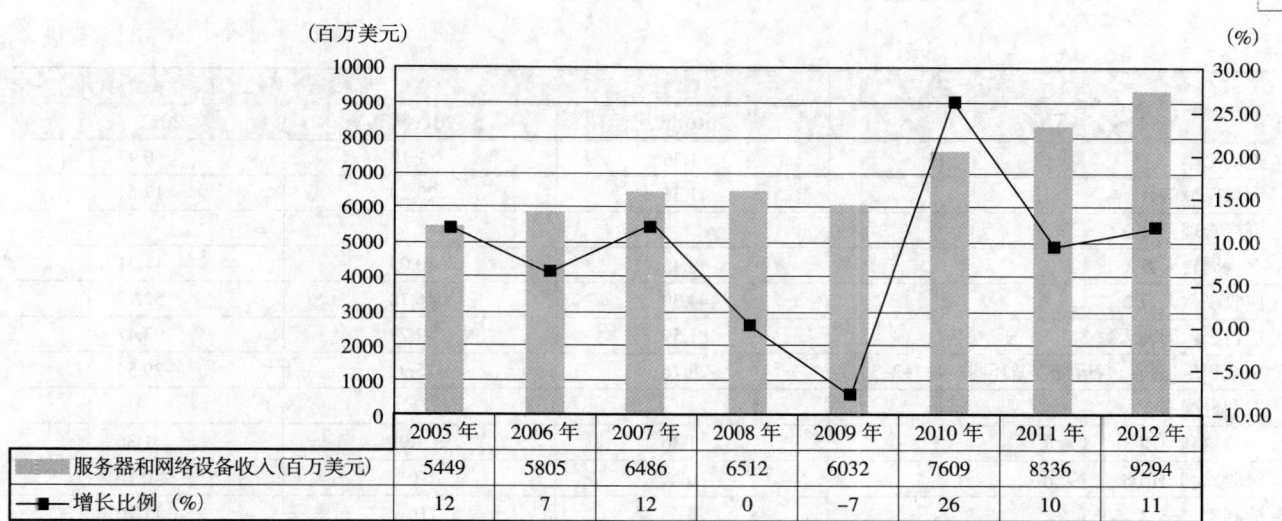

图 1-3-4　戴尔公司服务器和网络设备收入及增长比例情况

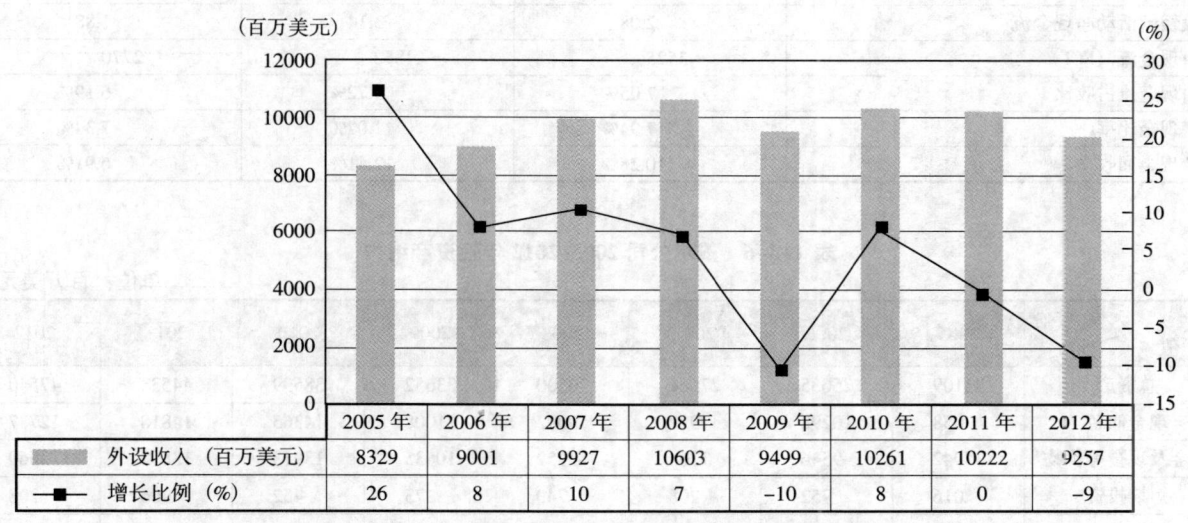

图 1-3-5　戴尔公司外设收入及增长比例情况

表 1-3-5　戴尔公司关键绩效指标一览表（2010~2012年）

单位：百万美元

绩效指标	2010年	2011年	2012年
投资经营效果：			
主营业务收入	50002	49906	44744
总资产	38599	44533	47540
净利润	2635	1433	2372
净利润率	5.27%	7.00%	5.30%
总资产报酬率（ROA）	6.83%	7.84%	4.99%
净资产报酬率（ROE）	33.93%	39.16%	22.17%
融资效率：			
资产负债率	79.88%	79.98%	77.49%

续表

绩效指标	2010 年	2011 年	2012 年
速动比率	1.26	1.12	0.97
利息保障倍数	41.36	23.20	17.61
资产管理：			
存货周转天数 1	8.45	10.09	11.21
应收账款天数 2	44.39	46.78	52.72
应付账款周转天数 3	81.59	82.77	93.47
资金积压期间（营运资金循环期）4=1+2+3	−28.76	−25.91	−29.55
股利分配：			
每股盈利（EPS）（美元）	1.36	1.9	1.36
每股股利（DPS）（美元）	0	0	0.16
股利支付率	0	0	11.76%
现金管理：			
经营活动净现金流	3969	5527	3283
每股经营活动净现金流	2.08	3.14	1.88
自由现金流（FCF）	3525	4852	2770
自由现金流占收比	7.05%	9.72%	6.19%
销售现金比率	7.94%	11.07%	7.34%
资产现金回收率	10.28%	12.41%	6.91%

表 1-3-6　戴尔公司 2005~2012 年轻资产结构

单位：百万美元

绝对值＼年份	2005	2006	2007	2008	2009	2010	2011	2012
总资产	23109	25635	27561	26500	33652	38599	44533	47540
现金储备	9058	10298	7972	9092	11008	14365	14818	12777
现金及现金等价物	7042	9546	7764	8352	10635	13913	13852	12569
短期投资	2016	752	208	740	373	452	966	208
长期债券	0	0	0	0	0	0	0	0
营运资本	1779	2148	1354	5292	5285	9538	7447	4529
流动资产	17706	19939	19880	20151	24245	29021	29448	27968
流动负债	15927	17791	18526	14859	18960	19483	22001	23439
固定资产	2005	2409	2668	2277	2181	1953	2124	2126
存货	576	660	1180	867	1051	1301	1404	1382
无息负债	5751	5808	5531	3578	5536	4800	5180	4950
应收账款	4089	4622	5961	4731	5837	6493	6476	6629
应付账款	9840	10430	11492	8309	11373	11293	11656	11579
有息负债	504	757	587	2011	4080	5997	9254	9085
短期负债	0	188	225	113	663	851	2867	3843
长期负债	504	569	362	1898	3417	5146	6387	5242
留存收益	12746	15282	18199	20677	22110	24744	28236	30330

续表

年份 百分比	2005	2006	2007	2008	2009	2010	2011	2012
总资产	100%	100%	100%	100%	100%	100%	100%	100%
现金储备	39%	40%	29%	34%	33%	37%	33%	27%
现金及现金等价物	30%	37%	28%	32%	32%	36%	31%	26%
短期投资	9%	3%	1%	3%	1%	1%	2%	0%
长期债券	0%	0%	0%	0%	0%	0%	0%	0%
营运资本	8%	8%	5%	20%	16%	25%	17%	10%
流动资产	77%	78%	72%	76%	72%	75%	66%	59%
流动负债	69%	69%	67%	56%	56%	50%	49%	49%
固定资产	9%	9%	10%	9%	6%	5%	5%	4%
存货	2%	3%	4%	3%	3%	3%	3%	3%
无息负债	25%	23%	20%	14%	16%	12%	12%	10%
应收账款	18%	18%	22%	18%	17%	17%	15%	14%
应付账款	43%	41%	42%	31%	34%	29%	26%	24%
有息负债	2%	3%	2%	8%	12%	16%	21%	19%
短期负债	0%	1%	1%	0%	2%	2%	6%	8%
长期负债	2%	2%	1%	7%	10%	13%	14%	11%
留存收益	55%	60%	66%	78%	66%	64%	63%	64%

(2) 流动资产占比很高，固定资产占比很低。2005~2012年，戴尔公司的流动资产占总资产的65%以上，并且呈不断增加的趋势，接近80%的比例，但固定资产始终占总资产10%以下，并且有不断下降的趋势，轻资产特征比较明显。

(3) 应收账款与存货比例很低。戴尔公司规模比较小，保持在20%以下，随着供应链结构的不断优化，直销模式保持着长久的核心竞争力，保持很低的存货比例，并且戴尔公司在选择供应商时执行严格的审核标准，自身具有良好的商业信用，使其应收账款占比很低。

(4) 负债占比较低。戴尔公司流动负债长期保持在占总资产30%左右的规模，其中一半为应付账款，而且公司长期负债占总资产的比例一直保持在15%以下。

(5) 留存收益占比高。从表1-3-6中看出，戴尔公司的留存收益占资产的平均比例达到64%，表现出以内源融资为主的轻资产特征。

(四) 戴尔公司轻资产模式的价值创造路径

戴尔公司从1984年成立以来，一直保持着很好的发展趋势，其根据企业的自身特征，制定适宜的战略，促进企业不断前进。戴尔公司运用轻资产模式之后，为企业带来了更大的价值创造，其主要的价值创造路径如图1-3-6所示。

1. 大举战略外包（零部件外包、服务外包），降低企业运营成本

第一，零部件外包。戴尔是具有大规模效应的大型企业，上下游的生产对各种零部件的需求量非常大，戴尔将零部件外包给加盟商生产，这些零部件供应的敏捷性直接影响戴尔公司的后续生产运营乃至整体生产运营。外包商由于大批量生产而产生规模效应，可以以低成本供应给戴尔，这样戴尔减少了自己的库存，提高了存货周转率，

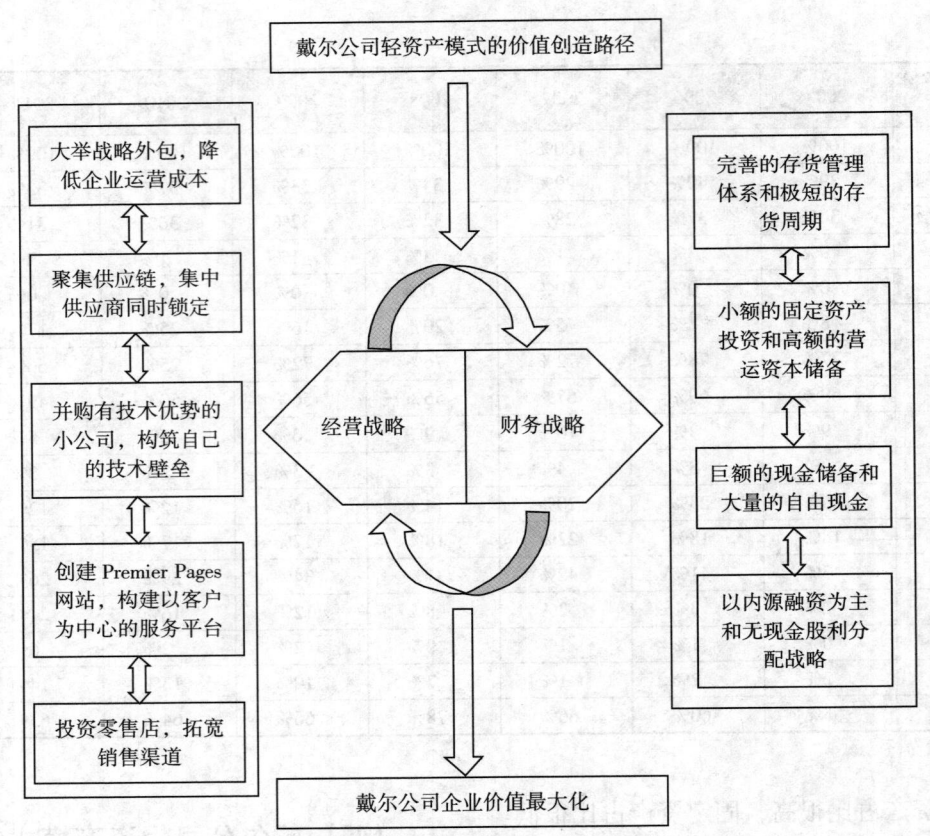

图1-3-6 戴尔公司的价值创造路径

又进一步强化了戴尔公司的成本优势和价格优势。戴尔公司通过网络,利用电子数据交换链接,使得上游的零件供应商能够及时准确地知道公司所需要的零件数量、时间,从而大大降低了存货,这就是戴尔所称的"以信息代替存货",戴尔也和供应商建立起一个"虚拟"的企业。

第二,服务外包。戴尔为了给顾客提供特别的服务,采用了代理服务商,代理服务商是专门向顾客提供服务和支持,其下游链条里没有分销商、批发商和零售商这样的传统角色,而是通过电话、面对面交流、互联网订购直接拿到客户的订单从而把产品卖给了顾客,即B2C模式。通过服务外包,由代理服务商向顾客提供售后服务和技术支持,既提高专业化的客户服务水平,又避免使公司的组织结构过度庞大。这就是戴尔采取的服务外包方式,并且用一系列的制度来保证服务品质,控制外包厂商的技术水平,外包有效地节约公司成本,对公司的业务重点做出细分。戴尔将服务外包,降低运营成本,既赢得了客户的认可和忠诚,也赢得了市场。2001年,戴尔在中国近1700个城市建立了售后服务,用户70%的问题可以用电话从厦门的客户服务中心工程师那里得到解决,剩下30%的问题,通过合作伙伴在当地的工程师那里解决。

2. 聚集供应链,集中供应商同时锁定风险

戴尔公司作为一家电脑直销企业,它能够在销售收入上超过汽车工业、超过全世界所有的银行保险公司等金融机构,超过引领"新经济"的信息企业,说明它具有强大的物流配送系统。这其实归功于戴尔公司的供应链管理,如图1-3-7所示。

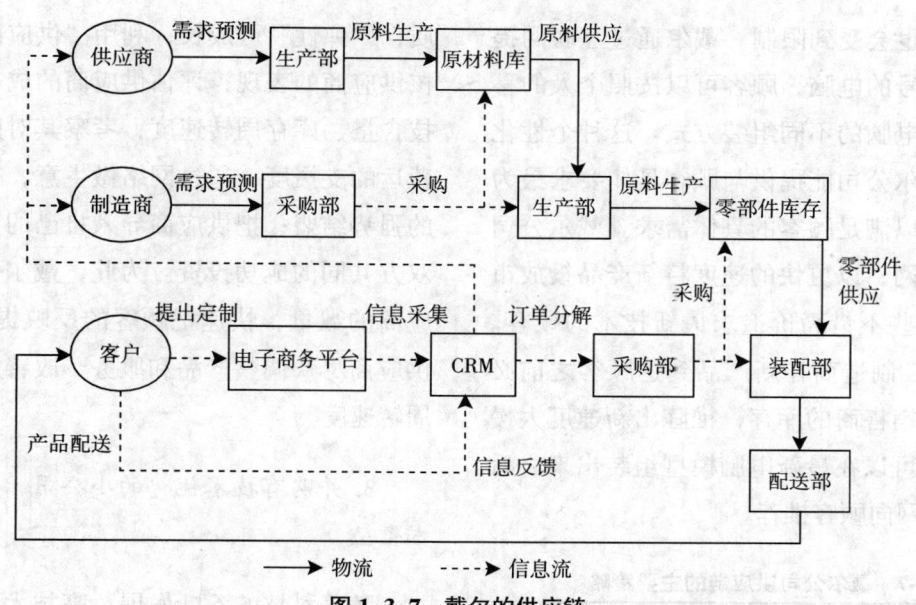

图1-3-7 戴尔的供应链

（1）戴尔的库存策略。高技术企业的一条经验规则是，产品投放市场延迟6个月就会导致大约30%的毛利或市场份额损失。因为高技术产品的技术发展快，市场寿命不断缩短，产品贬值快，积压就意味着亏损。戴尔公司根据这一产品特性安排其库存策略：坚持按订单生产和采用通用零部件策略，以提高需求预测精度，努力实现零库存。公司1998年仅有2.5亿美元的零部件库存，利润却高达168亿美元，年库存周转率为50次。据调研数据显示，戴尔每天制造超过50000台电脑，但是却只需保有4天的库存量，而它大部分竞争对手却必须保有20~30天的库存量以保证供给，如COMPAQ的存货天数为26天，一般PC机厂商的库存时间为2个月。而中国IT巨头联想集团是30天。如此少量的库存使得戴尔可以比其他竞争对手以快得多的速度将最新的技术提供给客户，同时也保证了较高的资金流动率和较低的商业风险。

（2）戴尔的运输策略。戴尔公司的运输策略是利用航空运输从亚洲运送零部件（内生运输成本）和利用包裹运输向客户运送PC机。其一，航空运输虽然价格昂贵，但是与电脑零部件的价值/重量比高，储存成本占其总成本的最大份额相比，航空运输显示出了优势；其二，由于戴尔公司采用网络和电话订购的直销模式，要求具备较高的反应能力，因此包裹运输成为PC机的首选，这样既能为戴尔提供快速、可靠的递送，并且还可以加速戴尔的库存流通、追踪订货状况，通知客户货物状况。

（3）戴尔的设施策略。戴尔公司在全球仅设立了5个生产基地，所有的顾客订购货物都由这些地方发出。建立如此少的生产基地是为了能够通过聚集效应提高顾客需求量的预测精度从而降低库存，并且减少设施方面的固定投资，增大流动资金的比例，增强自身的竞争力。

（4）戴尔的信息策略。戴尔和大多数PC制造商的不同之处在于，它投资建立直接面向顾客的销售渠道，通过电话或者互联网直接从顾客那儿获取订单，在接到顾客订单后再进行组装，而其他的PC制造商则先组装产品，然后再将产品卖给批发商，经由批发商把产品卖给经销商或顾客，这样就会导致积压在各个环节的大量库存，且推陈出新的速度也会受到限制。戴尔通过互联网提供大量不同型号的电脑，顾客可以按照个人的喜好，自行选择电脑的不同组装方式。这种个性化的策略，使戴尔公司能提供与顾客具体要求最为接近的产品，以满足顾客的具体需求。戴尔公司充分运用互联网，以更快的速度将新产品投放市场，以吸引那些不惜高价追求最新技术的顾客。相对于传统PC制造商在新产品到达顾客之前必须先充实各级销售商的库存，推陈出新速度太慢的情况，戴尔可以在最新电脑模型组装出来之后马上通过互联网向顾客推荐。

表 1-3-7 戴尔公司供应链的主要策略

策略	具体策略
库存策略	按订单生产，采用通用零部件以及提高需求预测精度
运输策略	利用航空运输从亚洲运送零部件和利用包裹运输向客户运送PC机
设施策略	全球建立5个生产基地
信息策略	通过电话或互联网了解客户需求

同时，戴尔公司在选择供应商时，严格根据一整套的供应商遴选与认证制度对供应商进行考核，主要是看其能否源源不断地提供没有瑕疵的产品。选择供应商有几个关键要素：追求共同品质，"弹性"可成长；利用"供应商记分卡"查核供应商的表现；评估供应商的成本、运送、科技含量、库存周转速度，考察其对戴尔公司全球营运的支援度；通过网络做生意，打造与供应商的强势结盟；把供应商导入自己的业务体系，为双方共同的成功投资。为此，戴尔公司减少了供应商的数量，快速把顾客的反映提供给供应商，供应商尽快调整产品和服务，改善库存的效率和周转速度。

3. 并购有技术优势的小公司，构筑自己的技术壁垒

随着科技的不断发展，高技术企业已经越来越多，戴尔公司在产品研发方面构筑起的高技术壁垒，并不是传统模式下大量投资研发。本文整理了2005~2012年戴尔公司及其主要竞争对手在研发投入以及研发占销售收入占比数，如图1-3-8和图1-3-9所示。与主要竞争对手相比，无论是从研发支出总额的绝对值，还是从研发支出占销售收入比重这一相对指标来看，戴尔公司都处于最低水平。

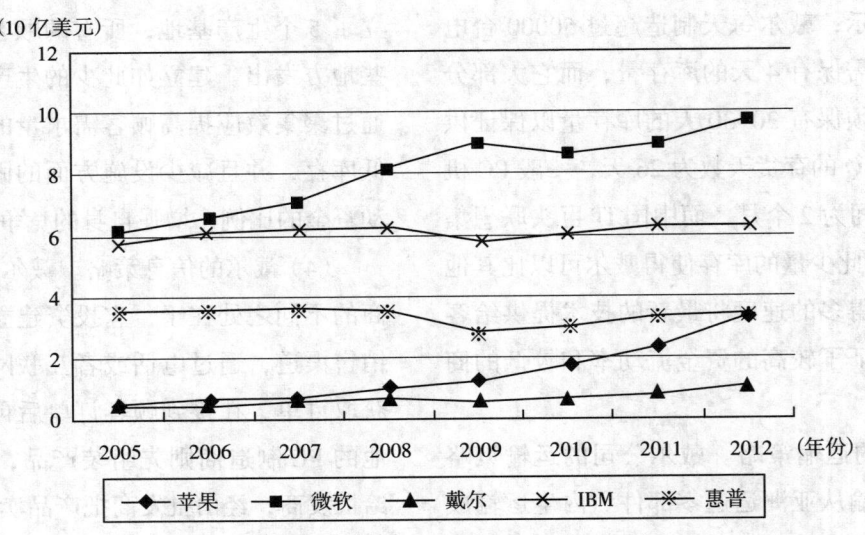

图 1-3-8 研发投入总额绝对值

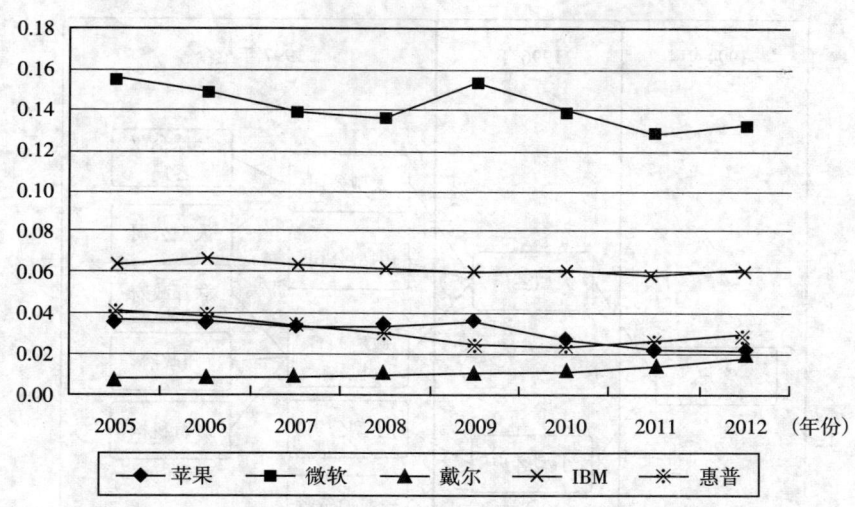

图 1-3-9 每单位销售收入的相对研发投入

戴尔公司是如何在技术领域保持自己的核心竞争力呢？如表 1-3-8 所示，戴尔公司主要采取了并购技术公司的策略，被并购的这些公司主要是一些小公司。戴尔总裁兼首席商务官史蒂夫·菲力斯（Steve Felice）对新浪科技表示，"戴尔的确会继续进行借助收购实现转型的策略，因为戴尔希望能够不断地加强公司各方面的能力。"他表示，戴尔将保持收购速度，希望每年可以收购 8~12 家企业。这些企业在被戴尔收购后，都还保持着非常快的增长速度。目前戴尔 30%的营业收入来自服务和解决方案部门，但该部分业务带来的利润已经占到戴尔总体利润的一半。菲力斯预计，未来服务和解决方案的收入占总体收入的比例肯定会超过 50%。

表 1-3-8 戴尔公司的收购情况一览表

单位：亿美元

年份	收购公司名称	收购价格
1999	ConvergeNet Technologies	未知
2006	Alienware（游戏电脑生产商）	未知
2008	EqualLogic（储器制造商）	14
2009	PerotSystems（IT 服务供应商佩罗系统公司）	39
2010	3PAR（数据存储公司）	11.5
2010	Compellent（虚拟化存储厂商）	9.6
2010	Boomi（云计算解决方案厂商）	未知
2011	Secureworks（安全服务厂商）	未知
2011	Force10 Networks（网络设备公司）	未知
2012	QuestSoftware（企业管理软件制造商）	24

4. 创建 Premier Pages 网站，构建以客户为中心的服务平台

第一，细分客户市场。20 世纪 90 年代初期，很多公司以产品为细分单位，而戴尔公司在对产品细分的同时又对客户都进行细分。戴尔公司认为每一个客户的偏好和需求决定公司生产什么样的产品和提供什么样的服务。戴尔公司的客户细分大致经历了三个阶段，如图 1-3-10 所示。

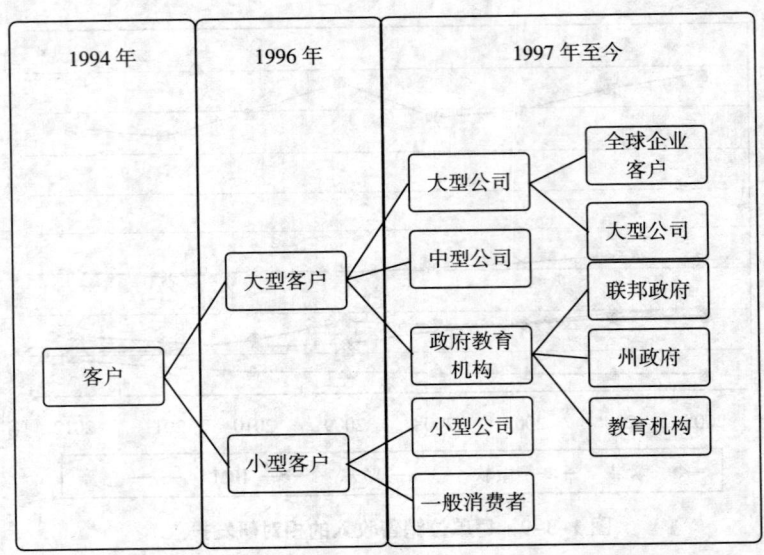

图1-3-10 戴尔公司客户细分

大型客户：一般需要大量购买产品。其中，大中型公司主要关注产品的性能、规格、售后等因素，多数依据广告、经验来买，重视经济效益，戴尔公司提供折扣拉拢客户，然后与之建立长期的合作关系，提高客户的忠诚度。对于政府而言，他们对价格不敏感，更多关注产品的可靠性，购置比较专业化，会通过产品分析、测试等不同手段测试产品质量。公司为这类客户提供法人购买程序、租用协议等有效的长期付款方式，以保持双方信誉对等、财务支持、长期合作的良性双赢关系。小型客户：一般一次性购买的数量很少，非常注重产品的性价比，公司根据他们的需求、购买习惯、消费能力、消费喜好来设计产品。

通过对客户市场进行细分，戴尔公司更加深入地了解到每一个客户群体的需求，逐步建立起客户关系管理体系。戴尔在以客户为中心的实施过程中，听取客户的意见和建议，不断改进，形成自己的核心竞争力。

第二，创建Premier Pages网站。Premier页面是戴尔的一个专业订购网站。Premier页面以"一对一"为核心，为公司客户专门设计，上面包括订购信息、订购历史、已经被公司客户认可的系统配置，甚至账户信息。当戴尔公司赢得一家有400人以上的企业客户时，它就为那家客户建立Premier页面，同客户的内联网连接，让获准的雇员在线配置个人计算机、付款、跟踪交付情况——每天约有500万美元的戴尔个人计算机以这种方式订货。戴尔的Premier页面向1100余个公司账户提供服务，为这些公司中的每一个提供单独的网址和顾客名单。Premier页面让客户能即刻与销售人员联系得到技术支持，再也不用在电话里等待。虽然戴尔公司有能力提供上百万种不同的电脑配置，但Premier Pages却只允许用户在1000种或100种或仅1种配置中进行选择，它还允许客户在未经公司采购部门同意的情况下更改所购PC机的配置。Premier页面帮助戴尔公司为公司客户提供更好的服务，这减少了公司电话中心的负担，并帮助公司将其市场扩展到全世界——大约30%的Premier页面是为海外客户服务的。

戴尔为每一位用户都建立了详尽的档案，当用户致电售后服务部门时，只需报出自己产品的序列号，技术人员便可以迅速调出相关详细资料，为其提供准确有效的技术咨询和疑难解答，使得用户在售前、售中、售后的各个环节都能享受到最完善的服务。

第三，建立客户体验中心。为了尊重客户更加注重直接感受的要求，戴尔公司2006年8月4日在重庆建立首家产品体验中心。这一体验中心将主要展示面向家庭和小企业客户的戴尔笔记本、台式机、服务器、软件及外设系列。这是继在美国、中国台湾地区、日本等地先后设立200多家体验中心之后，戴尔在中国首次以门店形式主动补充其直销模式。目前，戴尔已经把体验中心全部划归各地经销商管理，在全国迅速建立多个专为消费者服务的客户体验中心以及在全国开设了4家行业客户的"企业级客户体验中心"，企业应用解决方案中心帮助客户更好地体验戴尔的产品和服务。

5. 投资零售店，拓宽销售渠道

戴尔公司的直销模式为企业带来了丰厚的利益，但是随着竞争压力越来越大，其逐渐转向了多渠道的销售模式。2007年戴尔在日本、英国、美国分别与BicCamera公司、CarphoneWarehouse、沃尔玛这三家零售巨头达成合作，并在俄罗斯莫斯科开设当地首家戴尔专卖店。在中国市场，戴尔选择与国美合作进军零售市场。从2007年10月1日起，在国美遍布全国的50家主要门店销售戴尔公司的消费数码产品，并在随后几个月内将销售戴尔产品门店的数量扩展到700余家。此次合作意味着戴尔终于打破在中国近10年的单一直接模式。为进一步拓展中国消费电子产品市场，2008年4月17日戴尔宣布将与苏宁电器合作，在苏宁电器零售店销售戴尔笔记本及台式机，并再次扩大与中国最大的家电零售连锁国美电器之间的合作。与此同时，戴尔也与国内更多地区的PC连锁零售商如宏图三胞、五星、美承、恒昌、和雍、百思买（中国）等合作。

目前除了网站外，全球共有12000多家零售店销售戴尔产品。消费者能在分布在中国168个城市接近1000家店面的国美卖场购买到戴尔产品。并且，消费者能在600多个苏宁电器卖场购买到的东西除了戴尔笔记本及台式机之外，还有显示器、打印机和墨盒等，销售戴尔产品的苏宁电器的卖场数量还将继续增长。零售卖场的拓展意味着除了可以通过电话、网站购买戴尔产品外，消费者还可以去零售卖场了解并购买戴尔的主要产品。戴尔已经宣布了与印度的Croma，美国和加拿大的百思买，美国和加拿大的史泰博，新加坡的阁室，日本的BIC Camera，英国的Carphone Warehouse、特速购和DSGi以及美国、加拿大、巴西、墨西哥和阿根廷的沃尔玛建立了合作伙伴关系。

可见，戴尔公司不断与世界各地的零售商建立合作关系，扩大自己的零售市场，拓宽销售渠道，为企业的产品宣传与销售做准备，从而提高自身的核心竞争力。

6. 完善的存货管理体系和极短的存货周期

戴尔公司在不到20年的时间里，从1000美元扩张到470亿美元的规模，即使在美国经济萧条、惠普等竞争对手纷纷裁员、减产的情况下，戴尔公司仍以两位数的速度发展，可见其惊人的成绩。负责物流配送的副总裁迪克·亨特曾说："我们只保存可供5天销售的存货，而我们的竞争对手则保存30天、45天，甚至90天的存货，这就是区别。"迪克·亨特的话充分说明了戴尔公司的核心竞争力来自于其完善的存货管理体系。

存货管理对于提高企业的客户服务、资金流动和最终的利润率是至关重要的。戴尔直销模式的关键集中在存货管理，其特点是：对于戴尔，直销意味着其要不断从客户那里获取信息，以使其能对变化中的客户需求和市场形势迅速做出预测和反应。戴尔已经实现了先进的信息搜集系统。戴尔利用强大而统一的供应链管理，弥补了品牌优势的不足。戴尔直销模式中的存货管理主要有以下要点：

第一，准确预测。戴尔的直销模式使之能够紧紧跟随存货的速度——供应商提供的不同部件转变成计算机，然后发送到客户手中。在戴尔，每台计算机的部件都附有一个四位数印刷条码。在流水线上，检查每个部件以决定其从供应商到计算机成品的完成时间。

第二，监测存货速度。戴尔每周监测一次存货速度，一定天数后还对总存货进行一次监测。这些数据通过产品和部件计算出来，并在整个戴尔的管理团队中共享。

第三，实施两级JIT存货管理。一级是与客户的JIT存货管理，另一级是与供应商的JIT存货管理。实施与客户的JIT存货管理，既保证了对客户的产品销售，又加快了存货速度；实施与供应商的JIT存货管理，发展与供应商的伙伴关系，使供应商能够存储和及时配送所需要的大量零部件。这个过程能使供应链中的存货量降低。戴尔实施两级JIT存货管理，减少了产品循环时间。

2005~2012年，戴尔公司的存货虽然一直在增长，但是增长速度比较缓慢，其中在产品和产成品最为平缓，且产成品有下降的趋势。戴尔公司的存货周转天数均保持在10天以下，与其竞争对手比较，除了商业巨头苹果公司以外，有着绝对的优势，如图1-3-11、图1-3-12所示。

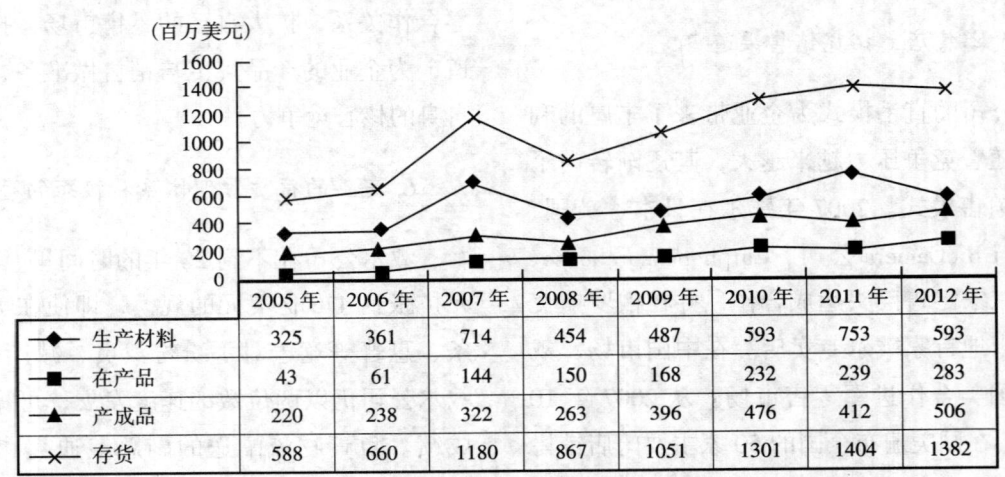

图1-3-11 戴尔公司的存货明细情况

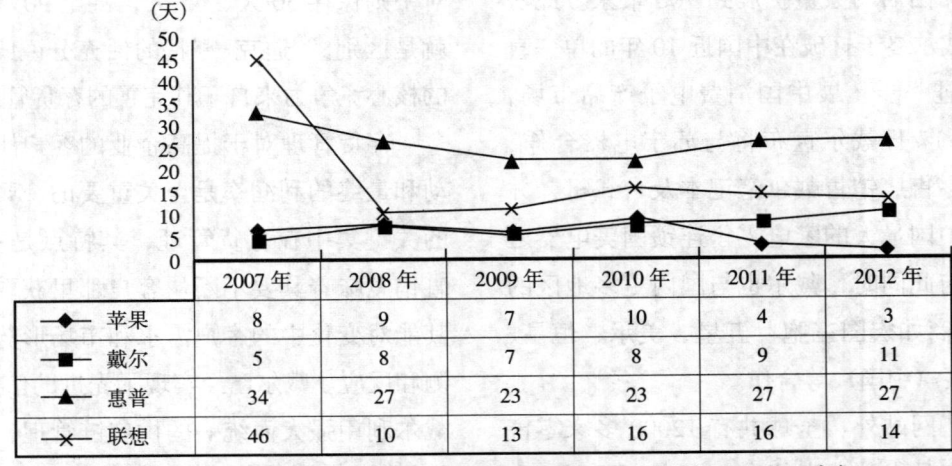

图1-3-12 戴尔公司与竞争对手的存货周转天数比较（2007~2012年）

7. 小额的固定资产投资和高额的营运资本储备

戴尔公司实施外包战略,其固定资产占总资产的比例 2005~2012 年一直保持在 10% 以下,其流动资产长期占据了总资产的 65% 以上,如图 1-3-13 所示,企业营运资本的金额与比例也都一直保持高位,这种资产结构的安排为企业战略措施预备了充裕的营运资本,也为营运与战略风险设置了厚实的防火墙。

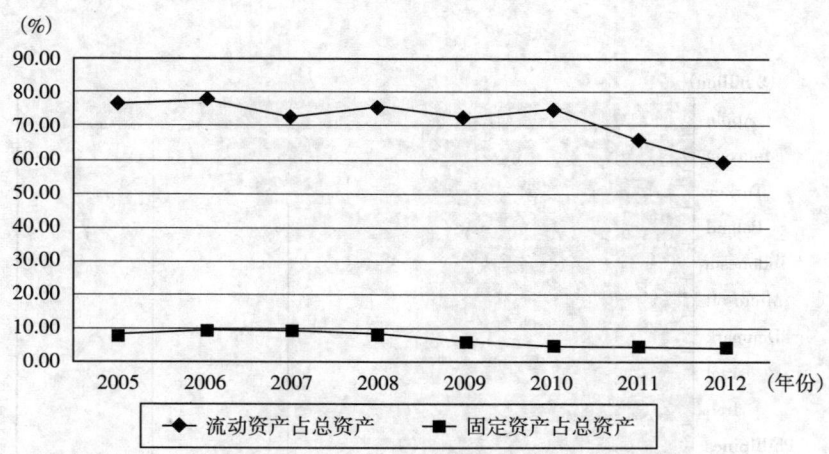

图 1-3-13　戴尔公司流动资产和固定资产占比（2005~2012 年）

净营运资本需求,它是企业进行生产经营活动,存货、应收账款等流动资产不足以满足应付账款等流动负债（不包括短期借款）,而需要另外筹集的现金需求,公式为:

净营运资本=存货+预付购货款+应收账款+应收票据-预收款-应付账款-应付票据

如果该指标值为负,表明企业在商业活动尤其是供应链管理中获得了"净现金"。由表 1-3-9 可以看出,戴尔公司的营运资本为正,净营运资本为负,这是公司应付未付款长期的现金使其获得稳定的正"利息收入",同时也是构成利润总额的重要支撑之一。这种轻资产模式和财务指标安排扬弃了传统财务风险控制的思维路径。

表 1-3-9　戴尔公司净营运资本需求情况

单位：百万美元

财务年度	2005	2006	2007	2008	2009	2010	2011	2012
营运资本	1779	2148	1354	5292	5285	9538	7447	4529
净营运资本	-5175	-5148	-4351	-2711	-4485	-3499	-3776	-3568
存货	576	660	1180	867	1051	1301	1404	1382
应收账款	4089	4622	5961	4731	5837	6493	6476	6629
应付账款	9840	10430	11492	8309	11373	11293	11656	11579

8. 巨额的现金储备和大量的自由现金流

自由现金流作为一种企业价值评估的新概念、理论、方法和体系,最早是由美国西北大学拉巴波特、哈佛大学詹森等学者于 20 世纪 80 年代提出的,自由现金流量不受会计方法的影响,在很大程度上避免了净利润和经营活动现金净流量指标在衡量上市公司业绩上的不足，并结合多方信息，综合股东利益及企业持续经营的因素，有效刻画上市公司基于价值创造能力的长期发展潜力。据有关报道，商业巨头苹果公司的现金储备950亿英镑，为英国国库的2.3倍，微软是现金储备第二的公司，为500亿英镑，比苹果少了450亿英镑。其他拥有大量现金储备的公司包括谷歌的350亿英镑，Verizon通讯的320亿英镑和思科系统的280亿英镑。苹果、微软、谷歌、Verizon和Pfizer在2013年底的现金储备共达到2410亿英镑，如图1-3-14所示。

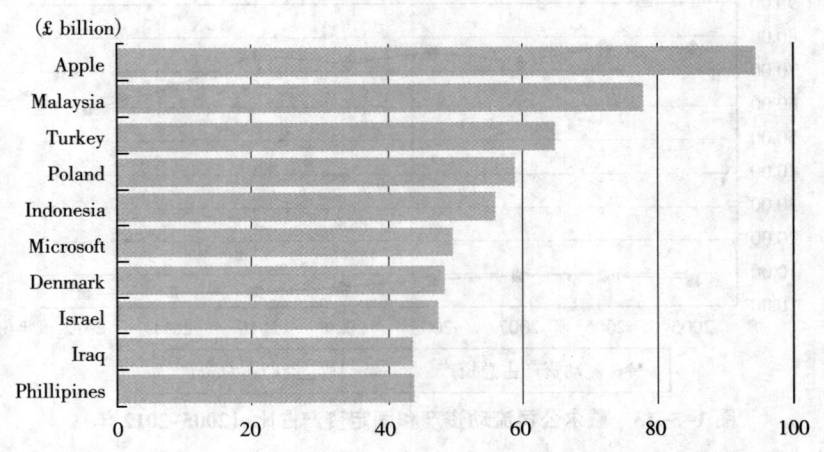

图 1-3-14　排名前10的国家和企业现金储备情况

资料来源：http://digi.163.com/14/0412/12/9pkmsmvc00162OUT.html。

戴尔公司作为轻资产公司的典型代表，也拥有高额的现金储备和自由现金流，如表1-3-10所示，主要用于：①利用外包战略，强化其供应链管控；从供应链上解决库存问题；战略性拉拢供应商、打压竞争对手。②越来越多地用于短期投资。

表 1-3-10　戴尔公司现金储备和自由现金流状况

单位：百万美元

财务年度	2005	2006	2007	2008	2009	2010	2011	2012
现金储备	9058	10298	7972	9092	11008	14365	14818	12777
现金储备占资产比例	39%	40%	29%	34%	33%	37%	33%	27%
资本支出	728	896	831	440	367	444	675	513
经营活动净现金流	4839	3969	3949	1894	3969	3969	5527	3283
自由现金流	4111	3073	3118	1454	3539	3525	4852	2770

9. 以内源融资为主和无现金股利分配战略

从表1-3-5可以看出，戴尔公司的有息负债占资产比例几乎在20%以下，并且2005~2012年，其留存收益占总资产的平均比例为64%，如表1-3-11所示，是典型的以内源融资为主的企业。

表 1-3-11 戴尔公司留存收益情况

单位：百万美元

财务年度	2005	2006	2007	2008	2009	2010	2011	2012
总资产	23109	25635	27561	26500	33652	38599	44533	47540
留存收益	12746	15282	18199	20677	22110	24744	28236	30330
留存收益占比	55%	60%	66%	78%	66%	64%	63%	64%

2005~2011年，戴尔公司从未有现金股利的分配，2012年只有少量的现金股利分配，行业竞争对手苹果公司截至2011财年末，17年来不曾有任何形式的分红（戴天婧，2012），可见轻资产公司实施无现金股利分配或者低现金股利分配的战略。

五 结论及建议

在经济全球化和国内经济"二次转型"的背景下，轻资产作为一种关键的资源和能力，成为企业关注的重点。随着企业价值最大化观念的深入人心，轻资产模式已变成企业运营的一种盈利模式和实现价值增值的一种方式。轻资产模式通过对产品创新、供应链管理、技术研发、客户关系、品牌文化等轻资产的运用，重新配置与整合企业内外部资源，凭借其低的固定资产投资和存货周期、内源融资为主、充足的现金流等财务特征，实现价值最大化的目标。本文从盈利模式的角度出发，研究轻资产模式如何运用独特的资源和能力实现价值创造与管理。通过分析IT行业的代表企业戴尔公司运用轻资产模式，利用自身的创新产品、供应链管理、技术收购、客户资源等取得成功的案例，进一步说明轻资产模式对企业价值的增值作用。通过本文的研究，对企业运用轻资产模式需要注意的问题，笔者提出以下几点建议：

（一）以战略为导向，实现经营战略和财务战略的协同

轻资产企业要实现可持续发展，只有根据自己的战略定位，建立经营战略和财务战略的协同机制，才能实现企业价值创造与管理。经营战略主要强调与外部环境和企业自身能力相适应，财务战略主要强调必须适合企业所处的发展阶段并符合利益相关者的期望。财务战略支持经营战略，任何经营战略若没有财务战略的支持，都将无法落实，财务战略与经营战略始终处于互补关系。企业在经营管理的过程中，要结合财务战略，实现价值最大化的目标。同时，企业在进行财务管理的过程中，要与企业经营管理、经营决策相匹配，防止过分追求产品和服务带来的收益。

（二）遵循"客户至上"理念，实现客户价值创造与管理

公司不断创造的价值是来自于现有顾客和未来顾客的价值，以顾客为中心来挖掘和加强组织的竞争能力，是其获得竞争优势、扩大市场份额

的关键环节。客户关系是轻资产企业的核心资产，企业要根据不同的客户群体进行市场细分，并不断挖掘客户需求，为客户提供更好的产品和服务，从而为客户创造价值，获取更高的顾客满意度和忠诚度，以此降低企业营销成本，增加企业的利润，进一步为企业带来价值的实现。

（三）重视人才培养，建设学习型虚拟团队

现在社会的竞争归根结底是人才的竞争，人力资源是轻资产企业的核心资产之一。人力资源管理是轻资产运营的纽带，人力资源的价值是通过人的知识与技能来发挥的，轻资产企业将自身的注意力聚焦于销售和研发环节，这两个环节需要专业性强的销售团队和研发团队，凭借他们的专业知识、经验、创新型能力等，为企业建立高的进入壁垒，不易被第三方复制。因此，重视人才培养，建设学习型虚拟团队成为关键。这样的团队拥有人才、信息、竞争、效率、成本等方面的优势，打破了组织的界限，充分利用自身和外在的条件，提高企业的核心竞争力。

（四）强化现金流管理，提高内源融资能力

现金流管理是企业管理中的重要组成部分，有效的现金流量管理，不仅有利于加强企业财务控制，还能增强企业决策的实效性，更重要的是能够提升企业持续经营的能力，保持企业持续健康发展。轻资产企业一般具有大量的自由现金流，负债水平较低，自有资金所占比重较大，这导致轻资产企业在融资方面以内源融资为主。因此，企业要通过改善经营管理、规范财务制度、提高核心竞争力和持续发展能力来逐步强化对现金流的管理，增加企业的留存收益，提高企业的内源融资能力。

（五）优化供应链管理，提升企业营运资金管理绩效

随着科技的进步和经济的发展，企业之间的竞争逐渐转向供应链之间的竞争。营运资金管理包括现金管理、存货管理、应收账款管理、应付账款管理等，轻资产企业需要有效协调供应链上下游各企业之间的关系，随时了解客户的需求，产品的供应情况，对企业的采购活动、生产活动、销售活动做进一步完善与管理，通过企业内部的业务流程再造和跨越企业的渠道优化和整合来化解营运资金管理的难题，实现营运资金的高效化管理。

参考文献：

[1] Fen May Liou, Ying ChanTang, Chih Pin Huang. Asset-light Business Model: A Theoretical Framework for Sustained Competitive Advantage[Z]. Working Paper, 2011.

[2] Georgiana Surdu. The Internationalization Process and the Asset-light Approach[J]. Romanian Economic Business Review, 2011, 6 (1).

[3] Joel R. Evans. Are the Largest Public Retailers Top Financial Performers? A Longitudinal Analysis[J]. Emerald Group Publishing Limited, 2005, 33 (11).

[4] 陈才溢. 轻资产上市公司违法违规行为分析及监管建议[D]. 浙江大学硕士学位论文, 2013.

[5] 戴天婧等. 财务战略驱动企业盈利模式——美国苹果公司轻资产模式案例研究[J]. 会计研究, 2012 (11).

[6] 高婷婷. 互联网企业的盈利模式研究——以腾讯公司为例[D]. 首都经济贸易大学硕士学位论文, 2012.

[7] 何瑛, 彭晓峰. 价值管理研究综述[J]. 财会通讯, 2005 (4).

[8] 黄长征. 互联网信息服务的市场特征与盈利模式创新[J]. 商业研究, 2004 (15).

[9] 刘淑莲. 企业价值评估与价值创造战略研究——

丙种价值模式与六大驱动因素 [J]. 会计研究, 2004 (9).

[10] 苗壮等. 轻资产运营模式的战略成本动因分析 [J]. 市场周刊（管理探索）, 2005 (4).

[11] 钱颖一. 中国的公司治理结构改革和融资改革：转轨经济中的公司治理结构 [M]. 北京：中国经济出版社, 1995.

[12] 任翠玉. 基于价值创造的公司治理与管理控制 [J]. 经济研究参考, 2005 (94).

[13] 宋常, 郭天明. 公司价值创造驱动因素研究 [J]. 生产力研究, 2007 (4).

[14] 宋海燕, 李光金. 基于价值网的盈利模式要素分析 [J]. 理论探讨, 2012 (6).

[15] 孙黎, 朱武祥. 轻资产运营 [M]. 北京：中国社会科学出版社, 2003.

[16] 杨扬. 第三代互联网盈利模式研究 [D]. 湖南大学硕士学位论文, 2008.

[17] 阎峰. 传媒盈利模式：概念、特点与战略层次 [J]. 新闻界, 2005 (3).

[18] 叶乃汗. 电子商务模式分析 [J]. 华东经济管理, 2004, 18 (4).

[19] http://digi.163.com/14/0412/12/9pkmsmvc00162OUT.html.

[20] http://baike.baidu.com/view/954079.htm.

（分报告执笔人：胡月，北京邮电大学；指导人：何瑛，北京邮电大学）

分报告四
互联网金融的特点、模式与发展趋势

一 引言

近年来，随着移动通信等技术的超常规发展，搜索引擎、移动支付、云计算、社交网络和大数据挖掘等新的网络技术开始涌现，使得互联网企业开始涉足新的领域——金融业。面对互联网企业"相继贴金"，传统的金融业也不甘示弱，频频触电，因而出现了一系列新型的互联网金融模式，如第三方支付、网络理财、在线小额贷款、P2P网络贷款、众筹、网上银行等。2013年互联网金融的全面爆发，在国内掀起了互联网金融的浪潮。

互联网金融是在传统金融的基础之上，结合先进的互联网技术而衍生出来的新型的金融模式。作为互联网与金融行业充分结合的新兴事物，互联网金融使金融服务能够充分利用社交网络、搜索引擎和云计算等高新技术，将开放、分享与协作的互联网精神融入金融创新之中，降低了金融服务成本，提高了效率和收益，并进一步实现了信息的公开透明，因而受到用户的广泛欢迎和认可，也为我国金融产业的发展创造了新的机遇。2013年6月，支付宝推出的金融理财产品"余额宝"，就是一款成功的互联网金融服务创新产品。余额宝在推出短短一个月内就取得了巨大成功，其资金规模已经突破千亿元，彰显了互联网金融的巨大发展潜力和财富效应。此外，互联网金融充分迎合大众网络消费的新趋势，在支撑小微企业发展和推动第三产业及经济结构调整方面也具有重要的意义和作用。

笔者通过对互联网金融的特点、模式及发展趋势加以研究，全面呈现了当前互联网金融的发展现状，并以此作为中国互联网金融的发展缩影，从而为未来互联网金融的创新提供理论支持，也为更多企业进军互联网金融领域提供示范和借鉴。

二 互联网金融及基本特征

（一）互联网金融的基本概念

互联网金融是传统金融行业与互联网精神相结合的新兴领域，是以大数据、搜索引擎、社交网络和云计算等先进的互联网技术为依托，以实现传统金融服务的改造与更新，实现资金融通、支付和信息中介等业务，从而将传统的金融与先进的互联网技术紧密结合起来形成的一种新型的金融模式。互联网金融最早兴起于欧美，1996年美国嘉信理财集团（Charles Schwab Corporation）开始提供网上股票交易等业务以及Scottrade.com的上线标志着互联网金融时代的开启。因此，1996年被认为是互联网金融的元年。

从我国的实践来看，随着2012年"三马"试水互联网金融以来，各大互联网创新企业如雨后春笋般出现，并逐步渗透到网络和移动支付、个人以及小微企业信贷和理财的方方面面，极大地加速了传统金融机构和互联网企业的融合，在国内掀起了互联网金融的时代热潮。互联网和金融的结合产品，如第三方支付、网络理财、电商小贷、P2P、众筹等众多新型服务模式异军突起，受到客户追捧，市场发展前景看好。

互联网金融不是互联网和金融业的简单结合，而是在实现安全、移动等网络技术水平上，在用户熟悉并接受电子商务后，为适应新的需求而产生的新模式及新业务，是传统金融行业与互联网精神相结合的新兴领域。互联网金融的实质是传统金融业务的网络化或是基于互联网的新金融形式，实现了对传统金融服务的变革与创新，两者在概念上有较强的联系与区别。互联网"开放、平等、协作、分享"的特点使得传统金融业务透明度更强、参与度更高、协作性更好、中间成本更低、操作更为便捷。历经网上银行、第三方支付、个人贷款、企业融资等多个阶段，互联网金融现在融通资金、资金供需双方的匹配等方面更加深入传统金融业务的核心。

具体而言，互联网金融与传统金融相比，在参与者、运营模式、运营成本、信誉及风险和具体操作五个方面具有较大区别，如表1-4-1所示。

表1-4-1 互联网金融与传统金融的区别

方面	项目	互联网金融	传统金融
参与者		投资者 融资者	投资者 融资者 金融机构
运营模式	操作平台	互联网	金融机构网点
	信贷产品	多样性	单一化
运营成本		相对低廉	成本较高
信誉及风险	征信体系	征信体系不完善	较健全的征信体系
	信贷风险	较高	较低
具体操作	信息处理	方便快捷	复杂繁琐
	支付方式	电子化	现金、票据和信用卡等
	资源配置	高效快捷	效率低下

1. 参与者方面

在传统金融模式中，参与者主要涉及三类角色：投资者、银行、融资者。而互联网金融实现了金融服务的"去中化"，即以直接融资取代间接融资，使得投融资双方资金能够直接对接。因而互联网金融的参与者主要包括两大类：投资者和融资者。

2. 运营模式方面

互联网金融在运营模式方面，实现了操作平台与信贷产品的创新。一方面，互联网金融实现了"自金融"的服务模式，即把传统的金融服务搬到网络之上，以互联网平台作为自助的理财渠道，根据自身的需求，随时随地直接实现资金的融通。这相较于传统金融机构的营业网点，突破了时间与空间的限制，方便了理财客户。另一方面，互联网金融能够为客户量身打造个性化的信贷产品，满足客户多样化的需求。而传统的信贷产品种类单一，大多趋于同质化，不能较好地迎合客户的需求。

3. 运营成本方面

互联网金融企业的成本主要投入在三个方面：平台的创新与研发，信贷产品的创新，大数据的开发与维护。这样一来，互联网金融企业省去了设置营业网点的巨额费用、职工的工资以及网点的系统和设备的维护费用，此外还节约了信贷审核过程中的人力与时间成本，极大地降低了营业成本。

4. 信誉及风险方面

一是在征信体系方面，传统的金融机构对人民银行的征信体系有着较强的依赖。而互联网金融机构还不属于金融机构，因而无法加入中国人民银行的征信体系，这使得整个互联网金融行业缺乏广泛的征信系统，随之而来的便是信用信息的缺失。二是在信贷风险方面，互联网金融利用大数据、云计算以及搜索引擎等先进的互联网技术，很大程度上改善了信息不对称这一现象，极大地降低了信贷风险。

5. 具体操作方面

一是信息处理。在传统融资模式下，金融机构处理信用信息需要花费较多人力物力，信息处理过程复杂繁琐。而在互联网金融时代，先进的互联网技术能够对客户在交易过程中形成的大数据进行有效的筛选和组织，简化信息处理的流程。二是支付方式。与现金、票据和信用卡等传统的支付方式相比，互联网金融模式实现了支付清算的电子化，减少了现钞的流通。三是资源配置。在互联网金融模式之下，融资本质上是直接融资。而传统的金融业则是以金融机构为中心的间接融资方式。显而易见，互联网金融的这种"脱媒化"特征，使得供需双方信息几乎对称，从而实现了资源的高效配置。

（二）互联网金融的基本特征

互联网金融作为互联网与金融行业结合的新兴产物，实现了互联网高新技术与金融创新的结合，使得金融服务低成本化、高效快捷、信息公开透明、收益相对较高。总结起来，互联网金融具备以下六项基本特征：

1. 成本相对较低

互联网金融的成本优势主要是指交易成本与服务成本相对较低。在交易成本上，互联网金融利用其自身的大数据和信息流，依托本身具备的公开、透明、数据完整等优势，实现金融信贷审批、运作与管理。与传统金融机构的"三查"相比，互联网金融成本低、速度快。另外在服务成本上，互联网金融大幅降低了小微企业融资成本。例如阿里小贷，客户全年的实际融资利率成本仅为 5%，仅相当于一年期的贷款基准利率。再如第三方支付带来的结算成本大幅度降低；众筹模式开拓了低成本的新融资渠道；互联网金融门户使客户以更低的成本搜索更多优质的金融服务产品。

2. 服务高效快捷

互联网金融业务主要由计算机处理，操作流程完全标准化，客户不需要排队等候，业务处理速度更快，用户体验更好。典型的例子是阿里小贷，其申请贷款流程比较简单，只要成为阿里巴巴诚信通会员和淘宝卖家，无须担保，从申请贷款到贷前调查、审核、发放和还款全程采用网络化、无纸化操作，客户足不出户，只需要在电脑前简单操作便可轻松获取贷款，成为真正的"信贷工厂"。此外，第三方支付推出的"快捷支付"业务使生活消费和企业信贷等支付行为更加省时方便。用户使用"快捷支付"，无须事先开通网银，只要输入卡号和手机动态口令等信息就能完成付款，减去了开通网银、操作U盾等程序。最终形成了随时随地全天候的金融服务。

3. 服务覆盖面广

在互联网金融模式下，客户能够突破地域和时间的限制，金融服务更直接，客户面更广泛。此外，互联网金融延伸到传统金融行业的服务盲区。银行的金融服务偏向"二八定律"里 20% 的客户，而互联网金融关注的是 80% 的"长尾"客户。互联网金融利用其在服务小微客户方面的先天优势，高效率地满足用户的个性化需求。大数据金融、P2P 网贷、众筹等互联网金融模式都在一定程度上解决了小微企业及个体工商户的融资需求，其中 P2P 网贷及众筹还满足了一部分客户的投资理财需求。

4. 信息公开透明

目前互联网进入大数据时代是大势所趋。互联网金融具备的先进的互联网技术优势是传统金融无法企及的。它将碎片化的信息加以组合，把传统金融行业信息不对称的金字塔形结构加以扁平化，使得金融信息趋向透明化、信息获取更加方便快捷，实现了信息资源的共享。同时互联网金融企业根据客户在社交网络中的交易行为和信用累积，全面掌握客户的偿债能力和信用水平，使得双方信息更加对称。

5. 发展势头强劲

近年来，随着互联网技术的突飞猛进，互联网金融得到快速发展。金融创新产品层出不穷，以满足客户多样化的需求。以互联网金融产品余额宝为例，余额宝上线 18 天，累计用户数就已达到 250 多万，累计转入资金达到 66 亿元。据有关报道，目前余额宝规模超 5000 亿元，上线至今仍以日均 5 亿元的速度增长，成为规模最大的公募基金。互联网金融的发展势头由此可见一斑，相信将来还会有更多创新的金融产品问世。

6. 高风险高收益

互联网金融产品与传统金融产品相比收益较高，而高收益也就意味着高风险。因此，互联网金融的风险问题不可小觑。互联网金融的高风险主要体现在两方面：一是信用风险大。目前我国的信用体系尚不健全，相关法律还有待完善，互联网金融的违约成本较低，容易引发恶意骗贷、卷款跑路等不良行为。特别是 P2P 网贷平台的准入门槛低和缺乏监管，使其成为诱发不法分子开展犯罪活动的"温床"。二是网络安全风险大。目前，我国互联网的安全问题突出。一旦遭遇黑客攻击，互联网金融的正常运作会受到影响，危及消费者的资金安全和个人信息安全。

（三）互联网金融的SWOT分析

互联网金融作为一个新兴领域，一定程度上实现了金融媒介的转变和金融模式的创新，使得金融市场更加活跃，提高了资源的配置效率。但是由于整个互联网金融行业尚处于探索阶段，其发展过程面临着一系列问题。因而充分认识互联网金融的优劣势及其所面临的机遇和风险，能够使其更好地扬长避短，抓住机遇，为其高效可持续发展提供指导。

1. 优势分析

互联网金融主要具备五大优势：一是覆盖面广，服务包容性更强。互联网平台上，资源开放共享，涵盖了传统金融无法兼顾或完全覆盖的小微企业、小商户、农民、学生等草根阶层。二是操作简便快捷。用户可以不受时间地域的限制，随时随地通过互联网平台获取金融服务，极大地节约了人力物力。三是信息高度透明。高效的数据和信息处理技术能缓解甚至消除交易双方信息不对称的情况，实现对信息的有效组织、排序、检索和匹配。四是低成本优势。互联网金融利用自身的大数据以及云计算等先进的互联网技术优势，极大地降低了交易成本，实现了资源的高效配置。五是互联网金融产品的收益高。通常互联网金融产品的收益高于传统的金融产品，因而更受投资者的欢迎。

2. 劣势分析

互联网金融的劣势主要体现在两大方面：一是监管难度加大。互联网金融的发展尚处于初步阶段，目前仍未形成完善的监管机制，存在诸多问题亟待解决。如互联网金融平台上比较容易滋生非法集资和诈骗等违法犯罪行为。此外互联网金融行业虚拟化的运营模式，使得现有监管体系失灵，监管难度加大。二是消费存在安全隐患。目前我国法律对消费者网络权益的保护力度不足，消费者个人信息和资金安全缺乏保障。快捷支付、二维码支付等无卡支付技术也存在着欺诈隐患，一旦出现问题将会造成互联网金融行业信用的损失，降低客户满意度。

3. 机会分析

随着互联网应用的普及，网上消费占社会消费总额的比重越来越大。而深谙互联网技术的青年一代正逐步成为消费的主力军，并更加注重金融产品的多样化和个性化。因此，互联网金融应该看到青年一代对金融产品的个性化多元需求，积极打造各式各样的金融产品，实现金融产品的创新。此外，针对传统金融无法兼顾和完全覆盖的草根阶层强烈的金融服务需求，互联网金融企业应充分利用其自身所具备的低成本优势，着力满足小微企业、小商户、农民、学生群体的需求，弥补传统金融服务的市场空白。

4. 威胁分析

互联网金融行业所面临的威胁主要来自于传统的金融机构与政府部门。面对互联网金融的发展浪潮，传统金融服务也不甘落后，积极改进和创新金融服务机制。在政府监管层面，由于互联网金融企业是新生事物，目前政府还没有形成完善的监管制度，因而未来发展空间也存在较大的不确定性。一旦进行严格管制，互联网金融企业的发展也无疑会遭受较大限制。

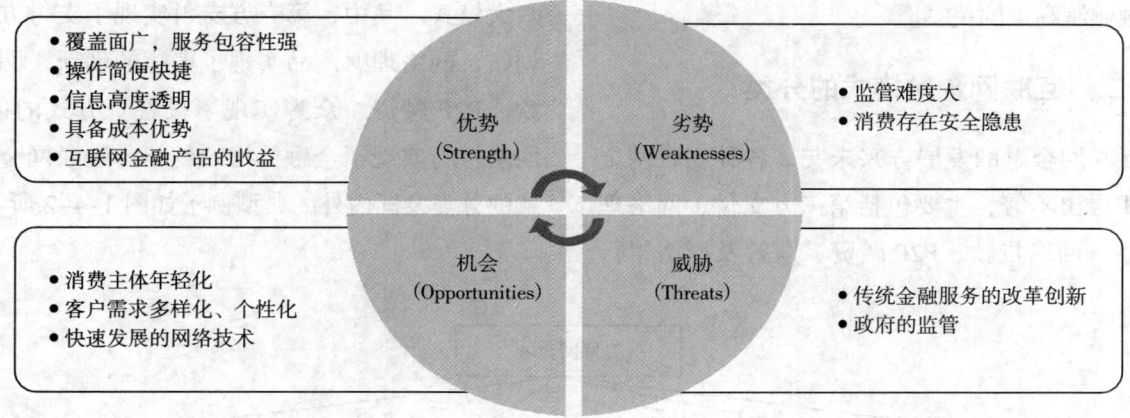

图 1-4-1　互联网金融的优劣势分析

三　互联网金融的模式

随着互联网技术与金融的深度融合，商业模式变革和创新服务模式不断涌现，推动金融市场环境和客户需求的深刻变化，催生了众多新兴的互联网金融模式。从创新方式的角度出发，按照支付方式创新、渠道创新、投融资方式创新和金融机构创新分类，当前的互联网金融模式主要可以分为六大类：第三方支付、网络理财、在线小额贷款、P2P 网络贷款、众筹、网上银行。未来互联网金融模式仍将不断创新和改变。

（一）互联网金融的发展历程

伴随着互联网技术的蓬勃发展，互联网金融先在国外应运而生，而后逐渐被引入中国。自 20 世纪 90 年代世界第一家网络银行成立至 2013 年互联网金融的全面爆发，互联网金融的发展历程大致可以划分为以下三个阶段：

第一阶段：1995~2003 年，以网络银行、网络证券和网络保险等网上金融服务的出现为标志，网上银行业务在全球获得了迅猛发展。截至目前，全球能提供网上银行服务的银行、储货机构已超过 5000 家。我国互联网金融也经历了第一轮高速发展。其中，招商银行于 1997 年率先推出了网上银行业务，成为我国首个实现网上金融服务的银行机构。

第二阶段：2003~2012 年，传统金融机构不断利用互联网技术发展业务，而互联网企业则利用先天优势涉足金融业。除了第一阶段的网上金融以外，第二阶段更多是互联网企业利用电子商务、社交网络、移动支付、大数据、云计算、搜索引擎等新技术形式将其业务范围渗透到金融领域。

第三阶段：2012 年至今，互联网金融发展如火如荼地进行着。传统金融机构包括银行、证券、保险等纷纷开始涉足互联网金融，而传统互联网企业更是发挥技术、商务优势开始全面布局互联网金融。随着网上购物占据传统商务的半壁江山，包括移动支付在内的第三方支付、P2P、众筹平台、大数据金融等互联网金融模式层出不穷。互联网金融上升为企业发展战略，成为企业抢占未来金融业制高点的关键。

（二）互联网金融模式的分类

互联网金融的发展方兴未艾，各种互联网金融模式层出不穷，主要包括第三方支付、网络理财产品、网络贷款、P2P融资、众筹及网络银行六大模式。其中，第三方支付实现了支付方式的创新，网络理财产品实现了渠道的创新，网络贷款、P2P融资、众筹实现了投融资方式的创新，网络银行实现了金融机构的创新。互联网金融模式的分类及国内外的典型例子如图1-4-2所示。

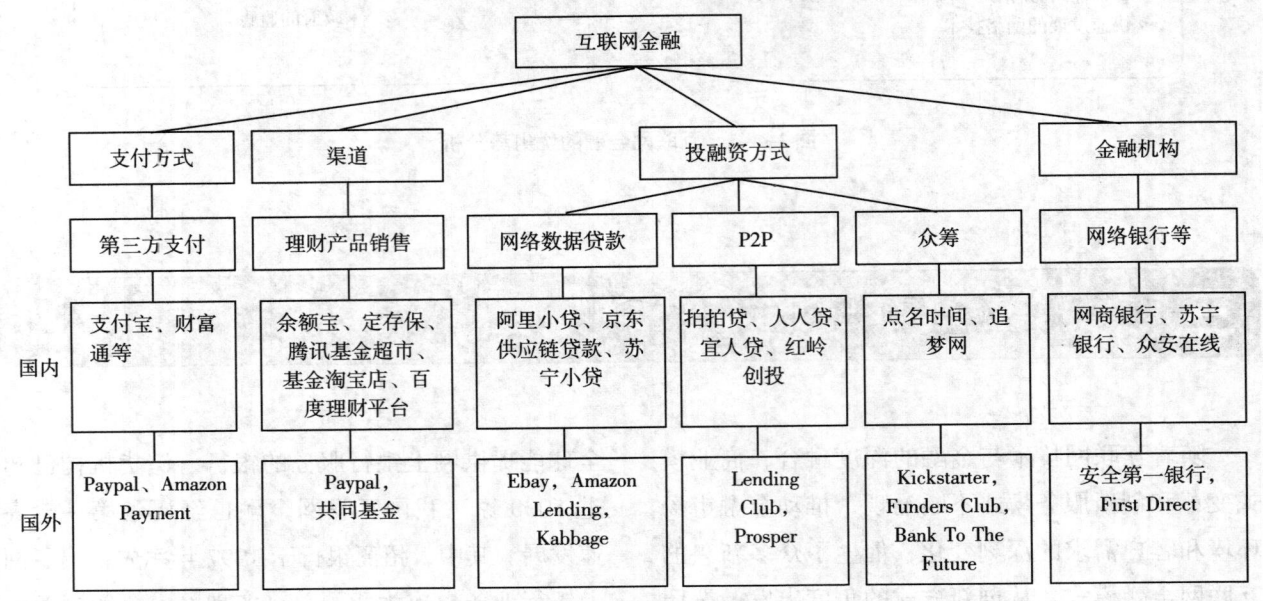

图1-4-2 互联网金融模式分类

（三）互联网金融模式解析

1. 支付方式创新

第三方支付是互联网金融支付方式创新的典型代表。第三方支付的优势在于其基于互联网的PC端有较好的Web支付客户体验，并拥有庞大的客户资源与销售渠道。第三方支付作为资金支付结算环节，按发展历程分为"线下支付"、"线上支付"和"移动支付"。根据艾瑞咨询公开数据显示，2012年我国第三方支付市场交易规模为12.9万亿元。线上支付占比28.3%，线下支付占比68.8%，移动支付规模较小，仅占比1.2%。在第三方支付领域，核心企业的市场份额已趋于稳定：无论是在互联网支付还是在移动支付领域，支付宝凭借电商平台的优势在第三方支付市场上占有绝对的领先地位，财付通和银联在线分列第2位、第3位，其他第三方支付机构则相对边缘化，主要走细分市场专业化道路，具体如图1-4-3和图1-4-4所示。

第三方支付实现了对传统金融支付结算方式的创新，与银行的支付结算业务形成明显的替代效应。这种以先进的信息技术优化金融业务流程，创新金融产品，为客户带来高效满意的服务理念，更容易赢得市场。面对第三方支付巨大的市场潜力，就第三方支付的参与机构来说，一方面，随着传统行业电子商务化程度的加深，以苏宁、平安、京东为代表的传统零售、电商以及金融机构

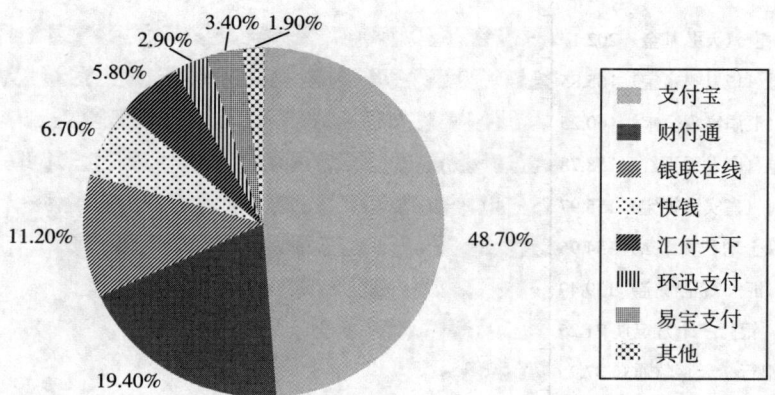

图1-4-3 2013年第三方互联网支付核心企业市场交易规模市场份额

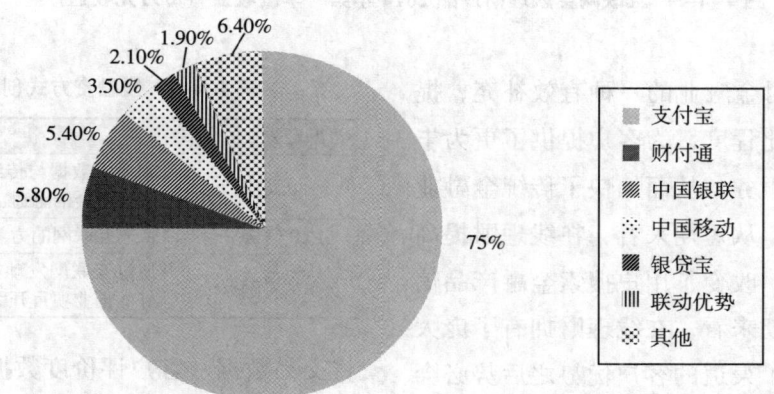

图1-4-4 2013年第三方移动支付核心企业市场交易规模市场份额

纷纷切入第三方支付市场。另一方面，在各种"宝宝"产品涌现的热潮之下，第三方支付企业进军传统金融服务领域也是一大趋势。

2. 渠道的创新

渠道的创新表现在传统金融渠道的虚拟化。互联网有效整合交易、支付和理财等业务，突破了时间和地域的限制，为客户提供一体化、多样化的金融解决方案，促进了虚拟市场的形成和发展，如券商综合理财账户、余额宝等。仅从理财产品的渠道上看，以银行等物理网点作为理财产品主要销售渠道的现状正在受到挑战。由于银行等物理中介基于成本效益的考虑，在产品销售中对高收入群体关注较多，但对中等和中下等收入群体关注较少。而互联网金融新增顾客的边际成本极低，交易群体扩张迅速，可以有效开发这一潜在客户群体，达到聚沙成塔的效果，实现了营销学中的"长尾效应"。

伴随着金融渠道的创新，各式各样的创新理财产品也层出不穷。如阿里巴巴的"余额宝"、腾讯的"微信理财通"、百度的"百赚"、苏宁的"零钱宝"和京东的"小金库"等。据统计，2014年第一季度各类网络理财产品每万元收益均超过银行存款的收益，其中，余额宝以每万元202元的收益高居"宝宝类"理财产品榜首。余额宝作为网络理财产品的先驱者，自2013年6月13日问世以来，平均每日净申购超过5000万元，截至2014年7月2日，余额宝的用户数突破1亿，可见网络理财产品炙手可热的态势。

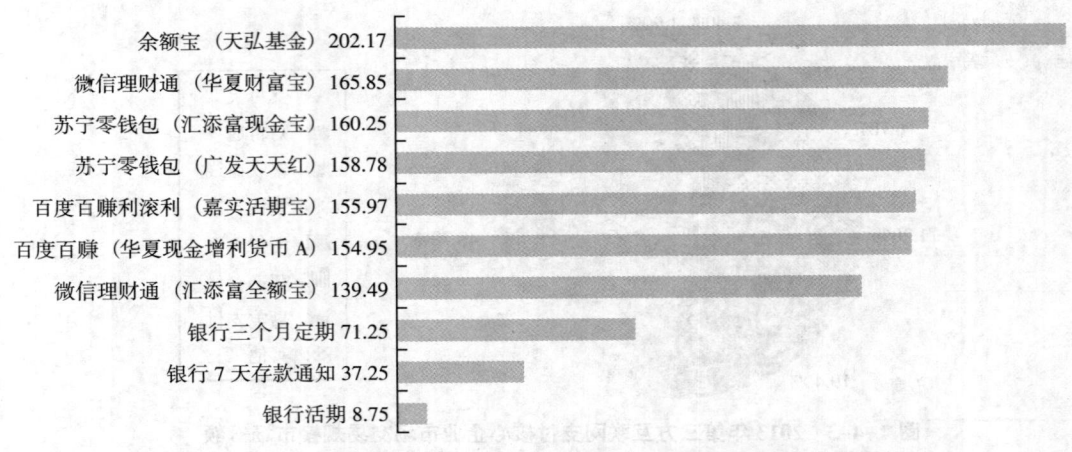

图 1-4-5 互联网金融理财产品 2014 年第一季度收益（每万元收益）

网络理财作为对金融业的一种有效补充，提高了金融产品信息化程度，为客户提供了更为丰富便利的金融产品服务，从而加快了传统金融业适应互联网的步伐。从短期来看，在线理财提高了信息的对称程度，改变了用户搜索金融产品信息的方式。而从长期来看，在线理财拥有了庞大的客户资源，积累了渠道的客户优势之后势必会对上游的金融产品供应商形成纵向控制，进而推动互联网金融行业的发展。

3. 投融资方式的创新

互联网金融投融资方式的创新实际上部分取代了商业银行的信用中介职能，大幅度降低了借贷双方的信息不对称性和交易成本，是解决中小企业融资问题和替代民间金融的有益尝试。网贷资金目前多集中于银行忽视或不重视的区域，具有"短、急、小"等特点，市场需求反应敏锐。但由于准入标准较低以及监管缺失，一旦未来金融监管收紧可能面临银行体系挤压收编。目前该类创新主要有电商小贷、P2P 信贷平台和众筹融资三种模式，从不同角度实现了对传统金融模式的创新。

（1）电商小贷的典型代表就是阿里小贷。依托在阿里体系内的巨大客户数据优势，阿里小贷

表 1-4-2 投融资方式创新的三种模式

投融资方式的创新	创新角度
电商小贷	利用大数据与传统金融相结合，创新性地开展资金的融通工作
P2P 信贷平台	依靠互联网的力量搭建借贷平台
众筹融资	通过互联网发动群众的力量，为发展前景好的创业项目开辟一条新的融资路径

将交易数据、客户评价度数据、货运数据、口碑评价、认证信息等结合外部数据进行量化处理，设定风险控制参数，建立了中小企业贷款的数据库模型。通过标准批量筛选，用大数定律控制违约风险。阿里这种量化放贷的方式大幅度提升了放贷效率。据统计，截至 2013 年 10 月，阿里小贷累计发放贷款金额超 1200 亿元，服务小微企业数量累计超过 50 万家，日均贷款超过 1 万笔，实际发放小微贷款利率 6.7%，不良贷款率控制在 0.87%，远低于银行抵押类贷款产品 1.7% 的坏账率。

阿里小贷的成功，促使大批平台金融企业的成立。苏宁凭借自身拿到的开展独立贷款业务的牌照开办了专门的子公司进行网络贷款，而京东、慧聪、敦煌等则采用与银行合作的方式，曲线进军贷款平台。此外，曾在电商遭遇滑铁卢的 eBay 也通过与平安银行的联姻，借助互联网金融的成功踏足国内的小额贷款领域。各大网络数据贷款

平台为了保持自己在激烈竞争中的领先地位，采取不同的融资方式来凸显自身的优势，从而抢占市场份额。

表1-4-3 网络贷款平台的对比分析

	贷款规模（截至2013年6月）	融资方式	优势
阿里巴巴	1000亿元	通过集团自有资金、小贷公司融资、担保公司担保及资产证券化等多重手段实现贷款	创新能力强
善融商务	23亿元	通过建设银行完成融资	资金实力雄厚，政策风险小
慧聪网	10亿元	与建设银行和民生银行合作为旗下10万家电商企业完成融资	坏账率较低
京东	4.6亿元	以京东自身为供应链融资中的核心企业，向其体系内几千家自营供应商提供资金支持	风险较小

（2）投融资方式创新的另一个代表是P2P网贷（Peer-to-peer，国内直译为"人人贷"），是指个人通过网络平台相互借贷，贷款方在P2P网站上发布贷款需求，投资人则通过网站将资金借给贷款方。P2P网贷源于英国Zopa（2005年3月），中国首家P2P网贷网站是成立于2007年8月的拍拍贷。国内P2P网贷平台数量近两年迅速增长，迄今已达到2000余家，较活跃的也有几百家。根据平台性质，我国的P2P信贷企业可以分为四类：以拍拍贷、人人贷为代表的纯中介线上模式，以安心贷为代表的复合中介型线上模式，以合力贷为代表的线下认证模式和以宜信为代表的非典型的P2P模式，如表1-4-4所示。

表1-4-4 典型的P2P模式的对比分析

模式名称	拍拍贷	人人贷	安心贷	合力贷	宜信
经营模式	纯中介线上模式	纯中介线上模式	复合中介型线上模式	线下认证模式	非典型P2P模式
对借款人的审核方式	信用认证以及信用评级	信用认证以及信用评级	实地审核及抵押担保	实地审核	实地审核
给借款人的担保	否	是	是	是	是
利率水平	可变、较高	可变、较低	固定、较低	可变、较低	固定、低
贷款方向	线上小额	线上小额	北京地区	北京地区	线下额度不定

P2P网络贷款期限短、金额小，本质上属于民间小额贷款。经过短短两年的发展，P2P的放贷规模不断扩大。根据艾瑞咨询数据，截至2012年，我国共有P2P贷款公司近300家，放贷规模达到228.6亿元，到2013年放贷规模达到680.3亿元，同比增长271.4%。据预测，P2P贷款规模未来两年内仍将保持超过100%的增速，预计到2016年中国P2P贷款交易的规模将增长到3482.7亿元。此外，在众多P2P网贷平台之中，拍拍贷以24%的市场份额位列第一。

P2P的出现为借贷双方提供了一个直接对接的平台，使得融资脱离了金融中介机构，以一种支付更为便捷、市场信息化对称程度较高、利率更加市场化、参与者更为大众化的形式出现。在P2P融资模式下，资金需求双方可以直接交易，打破了时间和空间的限制，在广阔的范围内引导资金按照市场规律合理高效地配置，抑制了高利贷的发展。与此同时，由于国内的P2P平台无法加入中国人民银行的征信数据系统，因而面临较高的坏账风险。所以推进全国征信系统的建设已经成为行业健康发展不容忽视的问题。

（3）众筹也是投融资方式创新的一个典型代

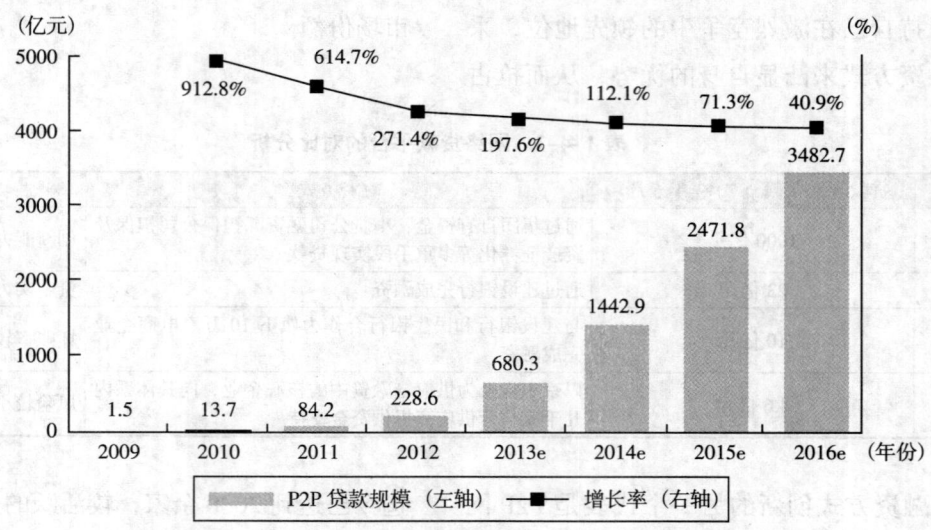

图1-4-6 2009~2016年中国P2P贷款交易规模

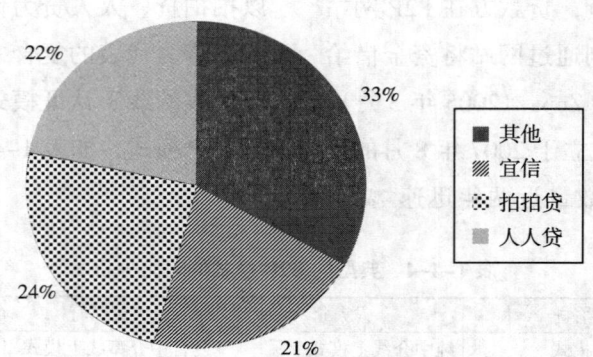

图1-4-7 2012年P2P市场份额占比

表。众筹是指小企业或者个人利用互联网和SNS向公众展示自己的创意、征求资金援助的一种融资模式。在众筹融资模式下没有股权的转让，项目发起人享有项目100%的自主权。实质上众筹是用"团购+预购"的形式获得完成项目所需的资金，属于"预消费"中的一环。相对于传统的融资方式，众筹更为开放，项目的商业价值也不再是获取资金的唯一标准，众筹增加了小本经营和创业者获得第一笔项目启动资金的可能。

虽然众筹进入中国的时间较晚，但短短几年内发展迅猛，涌现出了点名时间、追梦网、淘梦网等一大批众筹平台，发展模式与世界上其他国家也基本相同。其中，点名时间于2011年7月上线，是国内上线最早、发展最成熟的众筹网络平台。数据显示，截至2013年7月，点名时间成功为281个项目融通资金，融资规模高达636.7万元。其中设计类项目76个；影视类项目虽然只有27个，但融资规模高达211.6万元。

从商业和资金流动的角度来看，众筹模式其实是一种团购的形式，和非法集资有本质上的区别。众筹模式下，所有项目不能以股权或资金作为回报，项目发起人更不能向支持者许诺任何资金上的收益，而必须以实物、服务或者媒体内容等作为回报，对项目的支持属于购买行为，而不是投资行为。众筹模式实际提供了一个更有效的筹资投资方式，即跳过传统的风险投资，直接投

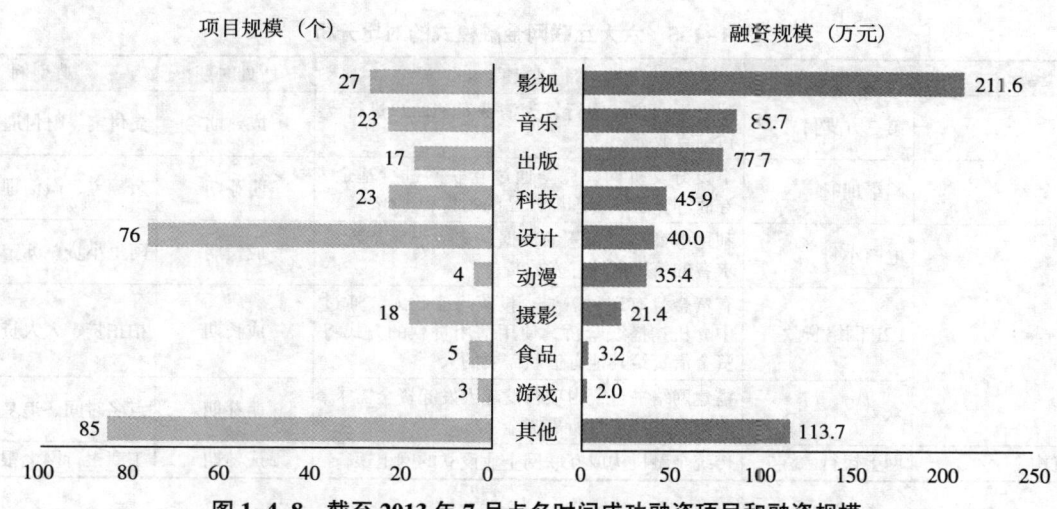

图 1-4-8 截至 2013 年 7 月点名时间成功融资项目和融资规模

资心仪的项目，并快速获得资本升值。目前，众筹模式主要运用于创意类、艺术类项目的小型筹资，向一般项目推广存在一定困难，因而对金融业的影响有限。

4. 金融机构的创新

金融机构创新是指一些有资质的互联网企业通过申请金融牌照、收购中小金融机构、联合有牌照的金融机构等方式进军金融领域，并探索新的金融机构运行模式的形式。国家目前对民间资本进入金融业持鼓励态度，管制限制较少。以民间资本开办银行为例，2013 年 7 月发布的《国务院办公厅关于金融支持经济结构调整和转型升级的指导意见》提出，鼓励民间资本投资入股金融机构和参与金融机构重组改造，允许发展成熟、经营稳健的村镇银行在最低股比要求内，调整主发起行与其他股东的持股比例，尝试由民间资本发起设立自担风险的民营银行、金融租赁公司和消费金融公司等金融机构。此后，2013 年 10 月，国内首家互联网保险公司"众安在线"获批开业，由阿里巴巴、腾讯科技和中国平安联手创立，其

产品销售和理赔工作完全通过互联网来进行。定位于"服务互联网"的众安在线除了通过互联网销售既有的保险产品之外，还通过产品创新，为互联网经营者和参与者提供一系列整体解决方案，化解和管理互联网经济的各种风险，为互联网行业的顺畅、安全、高效运行提供服务和保障。

在众安在线跨出创新服务模式第一步的同时，平安集团也开始筹建自己的征信公司，准备建立创新互联网金融平台。正在筹建中的征信公司业务范围将不仅包括网络借贷业务等金融机构的借款信息、银行的贷款记录，而且很有可能涵盖车险违章等非金融信息。因此平安征信的筹建可以说是为保险行业征信体系的建立迈出了第一步，也是发展互联网保险、建设信息化保险机构的关键一步。可以预期，未来以互联网金融业务为主的新型金融机构将是民间资本进入的主要领域之一。

当然，互联网金融行业正处于快速发展阶段，必将随着人类金融服务需求个性化、多样化的发展不断创新，因而各种新型的互联网金融模式会不断涌现。表 1-4-5 对比总结了当前六大互联网金融模式所处的生命周期及其行业特点。

表 1-4-5　六大互联网金融模式的对比分析

类型	主要内容	行业特点	所处时期	典型例子
支付结算	第三方支付	独立于商户、银行，为消费者和商户进行支付结算业务	成熟期	支付宝、财付通
网络渠道	网络理财	不设分支机构，完全通过互联网进行基金、券商等金融或者理财产品的销售和理赔	萌芽期	余额宝、微信理财通
网络融资	电商小贷	利用电商平台积累的数据，完成小额贷款需求者的信用审核并发放贷款	成长期	阿里小贷、苏宁小贷
网络融资	P2P 网络贷款	有资金且有理财需要、投资想法的人，通过中介机构搭线牵桥，使用信用贷款的方式将资金借贷给其他有借款需要的人	成长期	拍拍贷、人人贷
网络融资	众筹	搭建网络平台，由项目发起人发起资金需求，向网友募集项目所需资金	萌芽期	点名时间、追梦网
网络金融机构	网上银行	传统金融机构或互联网企业设立的网上银行	成熟期	工商银行网上银行

四　互联网金融的风险与管控

互联网金融的发展极大地降低了交易时间和成本，扩大了金融服务的边界和市场。但与此同时，金融服务所面临的风险也逐渐显现。作为重要的跨界创新，风险是互联网金融不可回避的一个话题。加上其虚拟化、高科技化、跨国经营的特点以及监管法律法规的缺失，导致互联网金融风险管理相比传统金融更为复杂，对维护我国金融稳定提出了巨大的挑战。

（一）互联网金融的风险类型

虽然互联网金融具备互联网和金融的双重属性，但其核心还是金融。因此互联网金融也面临着传统金融所面临的风险。同时由于互联网金融在技术与业务上较传统金融模式更为超前，所以其自身也具备一定的风险特点。一是互联网金融风险的扩散速度快。高科技的网络技术可能会加快支付、清算以及金融风险的扩散速度。二是金融风险的监管成本比较高。交易的虚拟化加大了监管机构的监管难度。三是金融风险交叉传染的可能性增加。随着我国金融业务的开展与完善，互联网业主与客户之间的相互渗透和交叉，金融机构间、各金融业务种类间、国家间的风险相关性日益加强，因此金融风险交叉传染的可能性加大。

目前，互联网金融所面临的风险主要包括九类：系统性风险、流动性风险、信用风险、市场性风险、国别风险、技术性风险、操作性风险、法律风险、声誉风险。其中，前五类风险是互联网金融与传统金融共有的风险，后四类风险是互联网金融所具备的特有的风险。六大互联网金融模式背后隐藏的风险类型也各不相同。

表 1-4-6 互联网金融的风险类型

风险 模式	金融业共有的风险					互联网金融特有的风险			
	系统性风险	流动性风险	信用风险	市场风险	国别风险	技术性风险	操作风险	法律风险	声誉风险
第三方支付							√	√	
网络理财			√			√	√		
在线小额贷款						√	√		
P2P 网贷		√	√				√		
众筹			√						
网上银行	√						√	√	

1. 技术性风险

互联网金融的技术风险主要表现在三个方面：一是计算机系统、认证系统或互联网金融软件存在缺陷。如果互联网金融软件没有足够的防火墙和防御系统，就容易受到病毒或不良分子的攻击而造成技术性风险。此外，计算机硬件也容易受自然灾害和人为的破坏，软件和数据信息易受计算机病毒的侵扰及非授权用户的复制、毁坏和篡改。二是伪造客户身份。即攻击者盗用合法用户身份信息，以假冒身份交易实施金融欺诈。如果客户身份信息在客户操作使用环节或通过互联网传输时安全保密措施不力，或身份认证体系存在安全漏洞，则可能导致不法分子伪造身份进入系统进行金融欺诈或恶意攻击。三是未经授权访问。主要是指黑客和病毒程序对网上银行的攻击。特别是目前针对网银的木马程序、密码嗅探程序等病毒不断翻新，通过盗取客户资料，直接威胁网银安全。

2. 操作性风险

互联网金融企业的操作性风险主要包括内部操作风险、第三方支付风险和客户操作风险。目前，网上银行业务普遍处于粗放式管理阶段，在组织保障、内部审计和管理、绩效考评机制以及审计监督等方面仍存在诸多问题，引发内部操作风险。在第三方风险方面，由于服务提供商水平参差不齐、系统保障投入不够、安全意识淡薄及缺少相应的服务和安全技能培训，导致网上银行存在诸多安全漏洞；此外，由于银行的 IT 系统全部或部分外包给专业的 IT 服务提供商，可能诱发互联网金融机构信息技术外包风险，如 IT 外包商盗用银行的名义开展业务，违反保密协议泄露信息等。同时由于网上支付多是 B2B、B2C 的形式，导致互联网金融中客户端的操作风险成为其不容忽视的一部分。特别是在公共网络操作时，若信息加密技术不高，用户操作安全性就得不到有效保障。近几年频繁出现的"钓鱼"网站，就是不法分子伪造出与网银交易相同的界面，诱骗客户按照提示操作，造成客户个人信息的泄露和严重的经济损失。

3. 法律风险

在互联网金融的发展过程中，更多的是无纸化交易与支付。电子货币的交易特点和系统运作过程中法律框架的不完善可能会带来以下不良影响：一是商业法规存在某些空当或难以解决合同各方之间的争端。由于电子货币正处于迅速发展时期，现有的法律法规不可能涵盖电子货币运作和交易各方的所有争议和纠纷。二是互联网金融中电子货币的匿名性，C2C 的交易方式及单个交易难以追踪等特征为洗钱、逃税等犯罪活动提供了便利。

4. 声誉风险

互联网技术特点决定了互联网金融的技术、信用或风险问题一旦出现就容易在互联网上迅速传播，因而对其品牌、信誉造成恶劣影响，甚至对机构产生根本性的伤害或颠覆。因此，需要对互联网金融的声誉风险进行防范。

（二）互联网金融风险管控措施

在互联网金融中，经济活动表现为货币信息的传递与调拨，代表货币资金的数字化信息在网络内流动、虚拟的金融交易不受时间和地域限制，使得金融风险的传播速度加快、波及范围扩大。此外，互联网金融业务几乎全部在网上完成，交易对象不明确、交易过程透明度低，使得金融管理部门调控和监管的难度加大。由此可见，互联网金融业务对金融风险具有放大效应，必须加强风险防范与管理，如表1-4-7所示。

表1-4-7　互联网金融的风险管控措施

互联网金融特有的风险类型	风险管控措施
技术风险	构建互联网金融安全体系
操作风险	健全互联网金融业务风险管理体系
法律风险	加强防范互联网金融风险的法制体系建设
声誉风险	建立互联网金融监管体系

1. 构建互联网金融安全体系

（1）改进互联网金融的运行环境。在硬件方面加大对计算机物理安全措施的投入，增强计算机系统的防攻击、防病毒能力，保证互联网金融正常运行所依赖的硬件环境能够安全正常地运转；在网络运行方面实现互联网金融门户网站的安全访问，应用身份验证和分级授权等登录方式，限制非法用户登录互联网金融门户网站。

（2）加强数据管理。将互联网金融纳入现代金融体系的发展规划，制定统一的技术标准规范，增强互联网金融系统内的协调性，提高互联网金融风险的监测水平；利用数字证书为互联网金融业务的交易主体提供安全的基础保障，防范交易过程中的不法行为。

（3）开发具有自主知识产权的信息技术。重视信息技术的发展，大力开发互联网加密技术、密钥管理技术及数字签名技术，提高计算机系统的关键技术水平和关键设备的安全防御能力，降低我国互联网金融发展面临的技术选择风险，保护国家金融安全。

2. 健全互联网金融业务风险管理体系

（1）加强金融机构互联网金融业务的内部控制。互联网金融业务的本质仍然是金融风险，从事互联网金融业务的机构应从内部组织机构和规章制度建设方面着手，制定完善的计算机安全管理办法和互联网金融风险防范制度，完善业务操作规程；充实内部科技力量，建立专门从事互联网金融风险防范的技术队伍。

（2）加快社会信用体系建设。完善的社会信用体系是减少信息不对称、降低市场选择风险的基础。以人民银行的企业、个人征信系统为基础，全面收集非银行信用信息，建立客观全面的企业、个人信用评估体系和电子商务身份认证体系，避免互联网金融业务提供者因信息不对称做出不利选择。

3. 加强防范互联网金融风险的法制体系建设

（1）加大互联网金融的立法力度。及时制定和颁发相关法律法规，在电子交易的合法性、电子商务的安全性以及禁止利用计算机犯罪等方面加强立法，明确数字签名、电子凭证的有效性，明晰互联网金融业务各交易主体的权利和义务。

（2）修订完善现行法律法规。修订现有法律法规中不适合互联网金融发展的部分，对利用互联网实施犯罪的行为加大量刑力度，明确造成互联网金融风险应承担的民事责任。

（3）制定网络公平交易规则。在识别数字签名、保存电子交易凭证、保护消费者个人信息、明确交易主体的责任等方面作出详细规定，以保证互联网金融业务的有序开展。

4. 建立互联网金融监管体系

（1）加强市场准入管理。将是否具有相当规模的互联网设备、是否掌握关键技术、是否制定了严密的内控制度、是否制定了各类交易的操作规程等内容作为互联网金融市场的准入条件，对互联网金融各种业务的开展加以限制和许可；根据开办互联网金融业务的主体及其申报经营的业务，实施灵活的市场准入监管，在防范金融风险过度集聚的同时，加大对互联网金融创新的扶持力度。

（2）完善监管体制。互联网金融市场的发展突破了银行业、证券业、保险业分业经营的界限，对分业监管模式提出了很大挑战。我国应协调分业与混业两种监管模式，对互联网金融风险实行综合监管；互联网金融的发展打破了地域限制，对单独的国内监管提出了挑战，我国需与有较高互联网金融风险防范能力的国家和机构合作，学习对方的先进技术，对于可能出现的国际司法管辖权冲突进行及时有效的协调。

五 互联网金融的发展趋势

互联网金融并不是中国特色，其产生源于全球性的金融创新。20世纪90年代开始，发达国家和地区的网络金融发展非常迅速，出现了从网络银行到网络保险，从网络个人理财到网络企业理财，从网络证券交易到网络金融信息服务的全方位、多元化的互联网金融的服务。网络银行走向成熟，网络证券和网络保险获得了长足的发展，电子货币和网络支付开始受到青睐。随着互联网的深入发展，互联网金融模式不断创新，在线贷款和众筹融资平台开始兴起。

（一）互联网金融的发展趋势

互联网金融在发展运用到极致之后，将会给人们带来金融服务的便利性和创新性，使人们对互联网金融充满无限的遐想。结合当前互联网金融的发展现状，可以分析总结出未来互联网金融呈现的四个重要的发展趋势：移动化、大数据、自金融和线上线下的营销方式。

1. 移动化

截至2013年底，中国的移动网民规模为5亿人，占整体网民的81%，手机成为上网的第一大终端。随着移动互联网用户的快速增加，依托移动互联网开展的金融服务交易量也快速增加，手机网民客户群体正在成为金融界争夺的焦点。根据艾瑞咨询公开的数据显示，2013年第三方移动支付市场交易规模达12197.4亿元（见图1-4-9），同比增长707%，远远高于其他类型的第三方支付。由此可见，移动支付有可能变革传统的金融模式，未来移动互联网金融将成为互联网金融发展的新趋势。

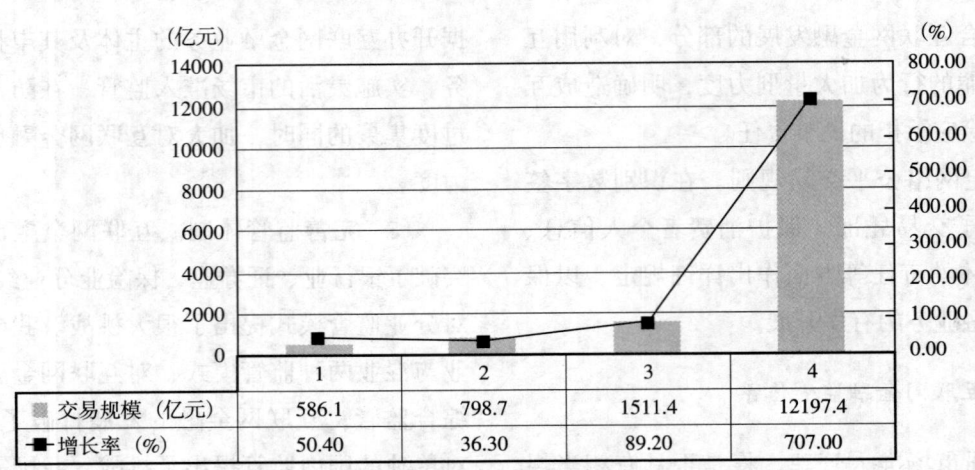

图 1-4-9　第三方移动支付市场交易规模

2. 大数据

大数据金融是未来互联网金融发展的重要趋势。它依托海量、非结构化的数据，通过互联网、云计算等信息化方式对数据进行专业化的挖掘与分析，并与传统金融服务相结合，创新性开展相关资金融通工作。相比而言，大数据金融有着传统金融不可比拟的优势：

一是通过庞大的数据量进行分析与挖掘，了解客户需求，实现非标准化的精准服务，增加客户黏性。

二是利用海量的数据构建企业自身的征信体系，实现信用管理的创新，有效降低了坏账率，增加了对小微企业的融资比例，降低了运营成本与服务成本，可以实现规模经济。

此外，从整个金融行业来讲，中国的金融业正在加大对大数据应用市场的投资规模，如图 1-4-10 所示。根据赛迪咨询公开数据显示，中国 2012 年金融行业大数据应用市场投资为 2.98 亿元。其中银行投资占整体投资的 41.1%，为 1.22 亿元；证券和保险分列第二位、第三位，金额分别为 1.05 亿元、0.71 亿元。由此可见，未来的互联网金融行业也会更加注重大数据这一项重要的资产，并且有效地利用大数据为企业创造不可低估的商业价值。

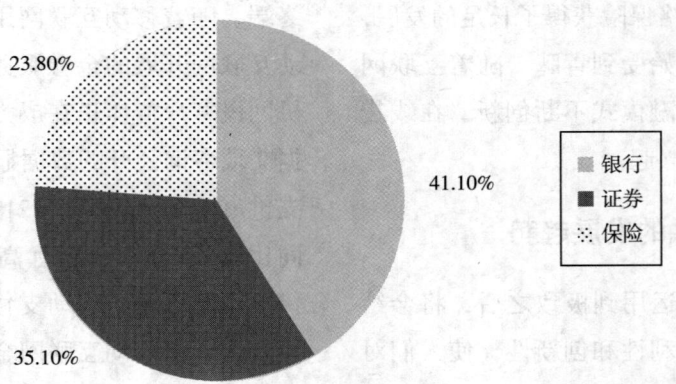

图 1-4-10　中国 2012 年金融行业大数据应用市场投资规模

3. 自金融

建立支付体系以及大交易平台，让投资者在平台上实现自助式投资理财、交易融资等一站式的金融服务功能。在"自金融"的模式之下，客户依托互联网发布大量的供求信息，使得交易信息在平台上集合。因此在信息对称、交易成本极低的条件下，形成"充分交易可能性集合"，从而实现了资源的高效配置，使中小企业融资、民间借贷、个人投资渠道等问题迎刃而解。"自金融"的服务模式使交易信息更加透明、交易成本更低、资金定价更加市场化。

4. O2O 营销

相比传统零售行业，金融服务更容易采用线上线下互动的商业模式。金融服务的产品大多为虚拟产品，不需要实体的物流运输，规避了物流损耗风险等问题。如结合二维码进行营销推广，将大为提高营销的直接性及到达率。给每一个金融产品配置一个二维码，当一个客户对公司的资管产品满意度较高，并愿意推荐给朋友时，只需用朋友的手机扫一下产品的二维码，便可直接进入产品页面进行详细了解和订购支付。其他客户的评价也可直观地显示在产品页面，供客户购买参考所用。对客户的调查活动也可通过扫描二维码，点击提交的方式进行，大大降低了调研成本。通过移动终端显示客户身份信息，让调研过程与结果更加可靠有效，解决方案也更具针对性。因而推测未来的互联网金融将会朝着O2O的营销模式发展。

（二）传统金融的变革与创新

在互联网技术的推动下，近年来互联网业和金融业融合日渐深入，已经形成新的"互联网金融"蓝海，具有巨大的潜在市场。新兴的互联网金融在支付、结算和融资领域的种种举措，给银行的传统经营管理带来巨大挑战。面对互联网金融的快速演进，传统商业银行也制定出一系列谋变措施巩固自身地位，以在新的竞争格局中拔得头筹。总体来说，传统金融业的变革与创新应该从经营理念、经营方式、业务体系和战略导向四个方面进行。

首先，从经营理念上谋变，实现由"产品中心主义"向"客户中心主义"的转变。互联网金融之所以得以迅速发展，追根溯源还是得益于用户的满意度。新金融模式凭借互联网平台的优势，针对客户快速变化的需求，有针对性地进行创新，使其比较有效地占有客户信息。因而传统银行应加快转变服务意识，摒弃原有的推销式经营模式。根据客户细分，提供金融产品在互联网尤其是移动互联网的客户端定制化部署，使客户可以自主决定在诸多移动金融服务中的个性选择和灵活下载，从而最大化用户体验。

其次，从经营方式上谋变，实现传统物理营销渠道和互联网营销渠道的有机结合。商业银行可以利用互联网金融模式，深度整合互联网技术与银行核心业务，拓展服务渠道，从以往前后台分离、集约化管理模式中跳脱出来，逐步转向一体化运营，将客户营销、产品定制、风险管控、财务处理等集中到IT层面统一设计。同时也应看到，传统商业银行模式在互联网时代仍具备不可替代的优势。实体银行具有资金实力雄厚、认知和诚信度高、基础设施完善、物理网点分布广泛等特点，仍可建立看得见、摸得着的信任。倘若物理银行与互联网银行得以并行，必将收获远超过"1+1>2"的巨额利润。

再次，从业务体系上谋变，实现聚集各类商业品种的"金融超市"式的服务模式。互联网金融的创新能力使其能够较快切入某一具体金融领域，然而由于经验匮乏，短时间内仅凭金融"门外汇"的互联网公司还不能做到各类金融产品的交错组合。因此，为完善服务方式，商业银行必须积极创新，将现有业务条线与在线金融中心、移动金融、电子商务、电子支付平台等新兴技术模式进行整合，以满足客户日益多元化的需求，实现"一站式综合金融服务"。

最后，要从战略导向上谋变，以商业银行与其他金融机构有益合作代替恶性竞争的关系。商业银行要正确认识互联网金融公司与其自身的关系。在大数据时代，商业银行应加强与互联网金融的紧密结合，一方面推进银行本身的数据驱动发展方式；另一方面加强对互联网金融的风险把控，实现两者互利共存的"竞合关系"。

六 建议与展望

进入21世纪以来，信息化技术的广泛应用彻底颠覆了人们的思维方式、商业模式与生活方式。如今，信息化技术更将其触角延伸到了金融领域。互联网金融的应运而生，变革了传统的金融服务模式，实现了对传统金融服务的创新。然而由于互联网金融发展时间较短，对于互联网金融的运行特点、面临的风险、发展趋势等，短时间内尚难以定论。因此在鼓励金融创新的同时，还应防范互联网金融的风险，实施密切关注、科学引导，加强分流疏导和公众教育，并适时出台相应的法律法规政策。

1. 密切关注，防止互联网金融业务风险的蔓延

应密切关注互联网金融业务的发展，保持对相关风险的高度警惕：

一是工商税务部门在职责范围内，应加强对互联网金融企业检查的频率和深度，充分收集第一手资料，及时反映该类机构发展中存在的问题。

二是工业信息、人民银行以及银监会等行业监管部门，可从信息技术、信贷政策、金融安全等角度，联合科研院所等机构对新型金融业务加强研究，并探索建立网络和风险的"防火墙"，避免相关风险的蔓延。

三是公安机关要加大对利用互联网金融名义诈骗公众钱财等违法犯罪行为的打击力度。

2. 科学引导，规范互联网金融行业运营机制

建议国家和地方各级金融主管部门应在密切关注、充分研究的基础上，加强与小额信贷行业自律组织、行业协会的沟通和联系，循序渗透和阐明国家的相关政策，并加以正确引导。应先从可持续角度出发，推动行业自律组织或行业协会内部形成自律规范，明确业务性质、准入规则和信息披露要求等内容。此外，为降低投资人遭受欺诈的风险，便于外部监管部门和投资人判断机构的管理水平和风险状况，切实发挥行业自律作用，应推动行业协会在监管部门的指导下，建立统一的信息披露平台，向社会公众进行行业披露。同时，应推动建立行业内投诉处理机制，由会员授权协会受理及协调处理投资人或借款人的投诉，并对投诉处理情况进行定期的分析通报。

3. 分流疏导，提升正规金融机构普惠金融的服务水平

面对互联网公司的强势逆袭，传统的金融机

构不能坐以待毙。为保持在金融领域的传统优势地位，必须积极寻求金融服务的创新与变革，实现先进的互联网技术与金融服务的深度融合。应注重互联网金融的特性，包括客户体验、交互性能等，专注于为客户提供个性化的金融服务，提升客户满意度，从而增加客户的忠诚度与黏合度。

4. 强化教育，增强公众的自我保护意识

应强化责任金融理念和认识，加大金融知识普及。提倡惠普金融、责任金融的行业理念，深入实践"行业自律、监管部门、消费者能力的提高"三大战略。建议政府部门以及各类金融机构应充分利用媒体、网络等手段开展公众教育宣传活动，积极向公众普及金融知识，提高风险的辨别能力和防范意识，提升对自身财产的保护能力，防止自身的合法权益遭受侵害。此举从消费者自身出发，能够有效地减小违法犯罪行为发生的概率，维护社会的和谐稳定。

5. 适时立法，促进互联网金融的规范化和阳光化

金融创新与金融监管是相互统一的。互联网金融作为新生的事物，其发展需要相关监管部门针对当前的情况适时制定法律法规，进行统一规范管理。一方面，作为政府主管部门应出台相应的规章制度，明确互联网金融企业的性质，对互联网金融的业务范围、发展方向、监管办法以及违规处罚、退出机制等相关内容做出界定；另一方面，应加强政策引导，探索建立必要的风险补偿，财政补贴及税收、信贷优惠等正向激励机制，降低运营成本。同时支持民间融资备案登记，以完善征信系统，防止信用风险，引导互联网金融真正走上健康持续发展的道路。

参考文献：

[1] 陈一稀. 互联网金融的概念、现状与发展建议[J]. 金融发展评论，2013（12）.

[2] 谭天文，陆楠. 互联网金融模式与传统金融模式的对比分析[J]. 中国市场，2013（46）.

[3] 张明哲. 互联网金融的基本特征的研究[J]. 区域金融研究，2013（12）.

[4] 陶娅娜. 互联网金融发展研究[J]. 金融发展评论，2013（11）.

[5] 韩壮飞. 互联网金融发展研究——以阿里巴巴集团为例[D]. 河南大学硕士学位论文，2013.

[6] 李博，董亮. 互联网金融的模式与发展[J]. 中国金融，2013（10）.

[7] 谢平，邹传伟. 互联网金融模式研究[J]. 金融研究，2012（12）.

[8] 彭涵祺，龙薇. 互联网金融模式创新研究[J]. 湖南社会科学，2014（1）.

[9] 王曙光，张春霞. 互联网金融发展的中国模式与金融创新[J]. 长白学刊，2014（1）.

[10] 王紫薇，袁中华，钟鑫. 中国P2P网络小额信贷运营模式研究[J]. 微型金融研究所，2012（2）.

[11] 黄海龙. 基于以电商平台为核心的互联网金融研究[J]. 金融与经济，2013（8）.

[12] 杨群华. 我国互联网金融的特殊风险及防范研究[J]. 金融科技时代，2013（7）.

[13] 刘亮. 互联网金融的发展现状及趋势研究[J]. 时代金融，2013（7）.

[14] 郭畅. 互联网金融的发展现状、趋势与展望[J]. 产业与科技论坛，2013（19）.

[15] 宗良. 全球互联网金融呈三大发展趋势 中国银行业传统模式面临变革[N]. 证券日报，2013-10-25.

[16] 王琴，王海权. 网络金融发展趋势研究[J]. 商业时代，2013（8）.

[17] 侯婷艳. 网络金融监管存在的问题及其完善对策[J]. 金融会计，2013（7）.

[18] Allen F. E-Finance: An Introduction[J]. Journal

of Financial Services Research, 2002 (5).

[19] Yan J. Risk Types and Risk Amplification of Online Finance [J]. Information Technology Journal, 2013 (12).

[20] Berger S. and F. Gleisner. Emergence of Financial Intermediaries on Electronic Markets: The Case of Online P2P Lending [Z]. Working Paper, University of Frankfurt, 2008.

(分报告执笔人：舒文琼、马林芳，北京邮电大学；指导人：何瑛，北京邮电大学)

分报告五
移动互联网时代电信企业流量经营策略

一 引言

随着消费者对移动宽带数据的需求迅猛增长，电信运营商所提供的数据流量正呈指数式增加。移动互联网业务的爆发性增长和智能手机的普及，在为运营商带来巨大机遇的同时，也带来了新的挑战与难题。大量的移动互联网流量需求占用了运营商有限的网络资源，运营商网络扩容、质量保障压力巨大；腾讯、新浪等互联网服务提供商和Apple等终端提供商向移动互联网领域的渗透，使原本技术准入门槛不高的移动互联网市场出现更多具有实力的竞争者；微信、陌陌等新业务的出现，使运营商的传统语音业务趋向饱和、短信及彩信等传统增值业务已呈下降趋势。运营商正面临着网络扩容投资激增、传统语音业务市场侵蚀而收入下降的双向倒逼。这些困境对电信运营商的传统经营模式提出了挑战，使其逐步沦为只传输流量而无法获取流量价值的"哑"管道。对此，提供价格合理的流量服务、挖掘流量潜在信息价值、做好流量经营将是运营商应对移动互联网挑战的"神兵利器"。

移动互联网时代运营商的转型已成定局。经过多方考虑和权衡，运营商将转型的目标集中到了"流量经营"和营造"聚合平台"上。其中，"流量经营"是运营商在移动互联网时代的核心竞争力所在。然而，运营商现行的"流量经营"策略并不尽如人意，相应的收入增长速度还远不及数据流量增长速度。笔者通过总结分析国内电信运营商的流量经营现状，未来移动互联网用户对流量业务需求的发展趋势以及国内外标杆电信企业在流量经营过程中的成功和失败要素，为国内电信企业未来的流量经营策略提出了可靠的意见和指导。

二 移动互联网时代特征分析

（一）移动互联网的发展历程

进入 Web 3.0 后，用户可以通过手机随时随地参与内容创造和传播，形成了移动与互联网融合的移动互联网时代。移动互联网具备基于个人身份及个人位置的服务、用户随时随地创造内容等特点，移动终端携带方便、操作简单，随时随地都能提供个性化的便捷服务。

综观移动互联网的发展历程，2002~2006 年是早期的封闭化模式，主要通过 WAP 形式，市场处于培育阶段；2007~2009 年，市场迅速起步，3G 牌照发放，开始商用，企业展开布局；2010 年至今，中国移动互联网市场快速发展，行业竞争全面展开。

（二）移动互联网的特点

移动互联网时代的到来使整个社会发生了翻天覆地的变化，主要体现在以下三个方面：

第一，移动互联网拥有前所未有的用户普及速度，其崛起速度比传统互联网快 9 倍。传统互联网发展到今天，已经拥有了相当庞大的用户基础，改变了用户在信息获取、休闲娱乐、购物出行等方面的习惯，也为移动互联网的迅速崛起创造了有利条件。

第二，移动互联网拥有无处不在的内容、应用与服务，可以给用户提供更快的上网时间，占据更多的上网人次。移动互联网的出现，将传统网络从庞大笨重的电脑上搬运到了小巧便携的移动设备上，满足了用户随时随地获取信息和服务的需求。用户通过智能手机，完全可以让移动互联网成为完美的个人信息中心。

第三，移动互联网突破了用户、运营商和开发者三者之间商业模式的"瓶颈"问题。突破这些"瓶颈"主要来源于以下动力：低价智能手机的崛起，应用开发者有了更直接、更有效的发行渠道，可以更容易地把应用推广给用户；手机支付移动互联网费用日趋便捷、便宜。

（三）移动互联网的发展趋势

未来移动互联网将主要朝着以下六个趋势发展：

1. 三网融合促进视频业务的发展

三网融合是指电信网、广播电视网、互联网在向宽带通信网、数字电视网、下一代互联网演进过程中，三大网络通过技术改造，其技术功能趋于一致，业务范围趋于相同，网络互联互通、资源共享，能为用户提供语音、数据和广播电视等多种服务。

三网融合技术的实现使得信息服务由单一业务转向文字、话音、数据、图像、视频等多媒体综合业务，同时也催生了智能手机的诞生和迅速发展。4G 网络商用的启动、移动互联网带宽的提升和大屏移动终端的普及等有利条件使得移动视频业务日益成为传媒通信领域的焦点，成为人们对手机娱乐服务的主要选择之一。艾瑞咨询数据显示，2013 年中国手机视频市场规模达到 3.52 亿元，环比增长 21.0%，同比增长 124.2%。这说明，2013 年视频服务商在移动端的营收已经具备了一定的规模。未来视频服务商将继续加大在移动端的投入，移动端将成为视频服务市场竞争的重点。

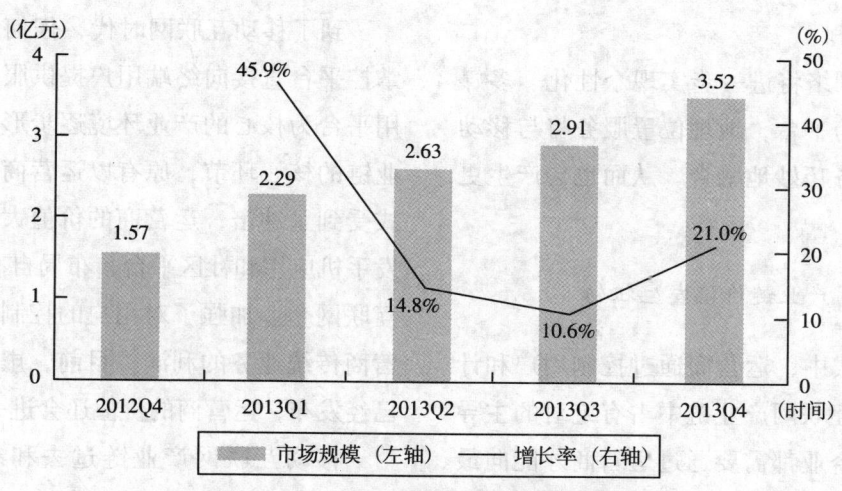

图 1-5-1 2013 年中国手机视频市场规模

2. 通信业管道化趋势更加明显

中国通信业的发展主要经历了三个阶段：话务量运营阶段、运营内容转型阶段和非话务量运营阶段。最初的电信业一直以话务量运营为主，运营相对简单，电信市场的主要特点是产品单一、需求量大；用户对产品的价格非常敏感。2002年，单纯的话务量运营模式开始改变，中国移动推出彩信和 GPRS 业务，产品种类增多。中国联通 CDMA 手机网正式运行、中国电信和中国网通正式挂牌，电信业形成竞争格局。从 2008 年 3G 牌照发放到现在，互联网公司积极利用电信运营商的宽带网络发展自己的业务，移动互联网市场开始蓬勃发展。运营商的传统业务增长减慢、流量业务开始飞速发展，却也逐渐沦为单纯的"传输管道"，根本无法触及管道中传输的巨大价值。

此外，每比特成本更低的 4G 网络的商用进一步推动了移动互联网业务爆炸性增长。迫于竞争形势，4G 网络运营商纷纷推出"不限量通话"、"免费短信"、"多终端共享一份套餐"等"管道化"套餐。然而这些套餐的推出都是"增量不增收"，运营商短期盈利能力不升反降，领先部署4G 的Verizon、AT&T 和韩国运营商均出现亏损和利润大幅下滑。电信运营商如果未来不能成功转型为"智能管道"，不能提供满足用户特殊需求的内容和应用，将很难降低用户离网率、提高营业收入。

3. 社交网络抢占移动即时通信时代的商机

社交网络是为一群拥有相似兴趣和爱好的人创建的在线社区，这一特点决定了它被众多互联网公司用作吸引用户和流量的"入口"。据麦肯锡全球研究院近日发布的报告称，社交网络将为快消品、金融服务、专业服务和先进制造业等行业创造上万亿美元的商业价值。

目前，通过社交网络掘金的主要方式有广告传播和数据服务两种。广告传播是目前企业对社交网络最主要的需求。社交网络最大的优点在于门槛低、参与度高、互动性强，可以有效地进行信息传递。许多企业看重这一点，纷纷利用社交网络进行营销从而为自己创造价值，开拓新的盈利方式。此外，目前全球社交网站用户有 15 亿人，1/5 的人上网时间花在了社交网络。在中国，2012 年社交网站用户数量达到 3.6 亿人。如此庞大的社交网络无时无刻不在产生新的用户信息，而云计算和数据挖掘技术的发展使得这些信息已经可以为企业实现精准营销、预测市场趋势等活动提供坚实的依据。

未来，社交网络将进一步实现个性化、多媒体化、开放化和跨平台，地理位置服务将与移动和社交及电子商务巧妙地融合，从而也会产生更加巨大的商机。

4. 移动互联网产业链价值发生扭转

传统商业模式中，运营商通过控制用户和计费方式，在移动互联网产业链中占有绝对的主导地位，其他相关企业都需要通过运营商才能向最终用户提供服务和销售产品。

到了移动互联网时代，任何厂商都可以通过掌控平台直接向终端用户提供服务。以业务和应用平台为核心的产业环境逐步形成并成为整个产业链的核心环节，原有以运营商为核心的商业模式受到了冲击，运营商的价值大幅下降。通过开发手机应用和社区平台、布局自有手机终端设备，互联网企业加强了对用户的控制，抢夺了来自运营商传统业务的利润。目前，虚拟运营商牌照也已经发布，运营商的价值还会进一步贬值。

移动互联网产业链过去和未来的布局如图1-5-2所示。

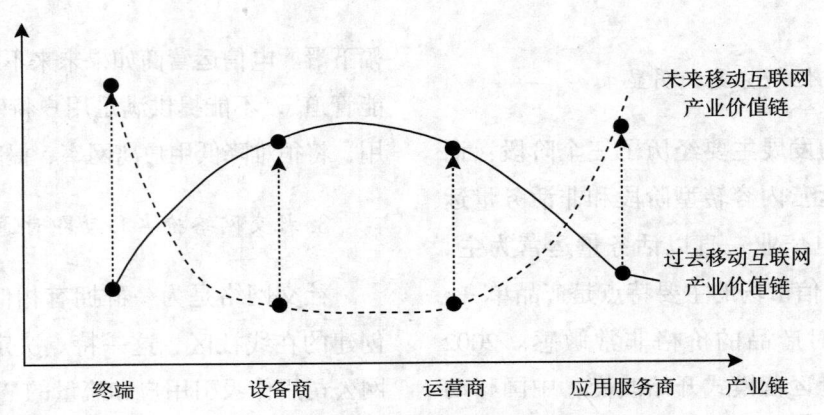

图 1-5-2 移动互联网产业链

5. 智能终端引领后 PC 时代

随着 3G 网络的普及、4G 网络的兴起，传统电脑在人们生活中的地位正在不断降低，以智能手机和平板电脑等设备为代表的智能终端则更受用户青睐。人们已经意识到，诸如访问网页、使用社交网络、发送邮件等日常运算，并不需要太多计算能力和本地存储，可以选择拥有更长电池寿命、响应更为及时的智能终端。目前，PC 庞大的市场正在不断萎缩，2011 年智能手机的全球销量为 4.877 亿部，首次超过了 PC（4.146 亿部，其中包括 6300 万台平板电脑）的销量。

"后 PC 时代"将会朝着智能化、个性化和多元化的方向发展。随着云存储、近距离无线通信（NFC）、情景感知计算等新技术的出现，更多的智能终端还将涌现。面对这一趋势，互联网公司开始纷纷推广移动客户端，这一行为也进一步加大了用户对智能终端的需求。未来人们的生活会是移动化的，几乎所有的工作都应该能够在移动客户端上进行，PC 的作用还会进一步被弱化。

6. 平台化、开放化将成为行业主流

移动互联网时代，平台开放成为趋势，运营商、互联网企业和终端的重要参与者会逐渐进入其他领域开展移动业务。目前，运营商为应对来势迅猛的 OTT 业务，纷纷推出了自己的产品，如飞信、易信、天翼视讯等。互联网企业也开始推出自己的终端产品，如阿里云手机、Google TV。终端制造商则大力发展产品的智能化和功能化，与运营商合作推出定制机，建立自己的网上应用商店。未来，移动互联网行业的参与者还将进一步在整个产业链上扩散自己的业务范围。

（四）移动互联网时代的运营商

1. 移动互联网时代运营商拥有的优势

移动互联网时代运营商的优势主要体现在以下三个方面：

第一，无限的传输骨干网为无限的互联网基础网络带来强大的基础网络能力。

第二，电信业的垄断格局尚未被打破，运营商经过多年的积累已经拥有了庞大的用户群体。

第三，运营商具有较强的资本和技术实力。

2. 移动互联网时代运营商的劣势

目前，运营商的劣势主要表现为：

首先，现有的2G网络速度慢，3G、4G流量套餐价格较高且选择余地小，用户对流量服务的满意度较差。

其次，传统语音、短信、彩信等付费业务无法与基于智能手机的新型免费即时通信应用程序相竞争。

最后，受到体制、政策等因素的影响，三大运营商普遍缺乏创新的动力，难以适应新想法层出不穷的移动互联网时代。

3. 移动互联网时代运营商迎接的机遇

移动互联网时代，运营商也迎来了巨大的发展机遇：

首先，随着用户对移动互联网的依赖程度日益增强，而国内的免费Wi-Fi网络覆盖面有限，因而为运营商的流量业务创造了巨大的市场需求。

其次，4G网络的建设使得智能手机用户可以随时享受高清视频、在线直播、在线游戏等服务，这些服务属于体验敏感、带宽需求高的业务，即体验越好用户越愿意消费，带宽需求也越高。

最后，蓬勃发展的数据挖掘技术和大数据分析技术可以帮助运营商更精确地了解并预测用户需求，从而为用户提供个性化、精细化的服务，提升用户满意度。

4. 移动互联网时代运营商面临的威胁

机遇与风险总是相伴相生，移动互联网时代的到来也对电信运营商提出了巨大的挑战。

首先，新型的互联网通信模式、虚拟运营商牌照的发布，使得电信行业的垄断模式逐渐被打破。移动话音业务日益饱和、行业竞争的不断激化使得传统话音业务越来越难以为电信运营商带来收入增长。

其次，暴增的用户数量、多样化的用户需求使运营商面临着巨大的网络压力。消费者信息需求的丰富性及多样化，对移动网络、终端设备提出了更高的要求。运营商需要提供更安全可靠、可随时随地接入的移动通信平台。

最后，在过去，电信运营商曾对数据流量业务具有巨大掌控力。但在移动互联网时代，随着消费者信息需求转变及智能手机的普及，未来的产业重心将转向应用层，竞争日趋集中在端、云之间。电信运营商的话语权正在逐步消失，并将逐渐被"管道化"。

通过SWOT分析可以看出，在移动互联网时代，运营商的传统业务将不再占有优势，流量将成为今后运营商的主要收入增长点，也是运营商未来成功的基石。因此，从话务量经营转向流量经营，是运营商的不二选择；专注流量经营，也成为运营商的必行之策。然而，由于自身条件的限制及外部环境的威胁，运营商的流量经营策略面临巨大的困境，还不能形成企业的竞争优势。

三 移动互联网用户及消费行为分析

根据中国互联网络信息中心发布的数据显示，截至2013年12月，中国网民规模达6.18亿人。其中，全部网民中使用手机上网的人群占比由2012年底的74.5%提升至81.0%，手机网民规模继续保持稳定增长，手机第一上网终端的地位更加稳固。

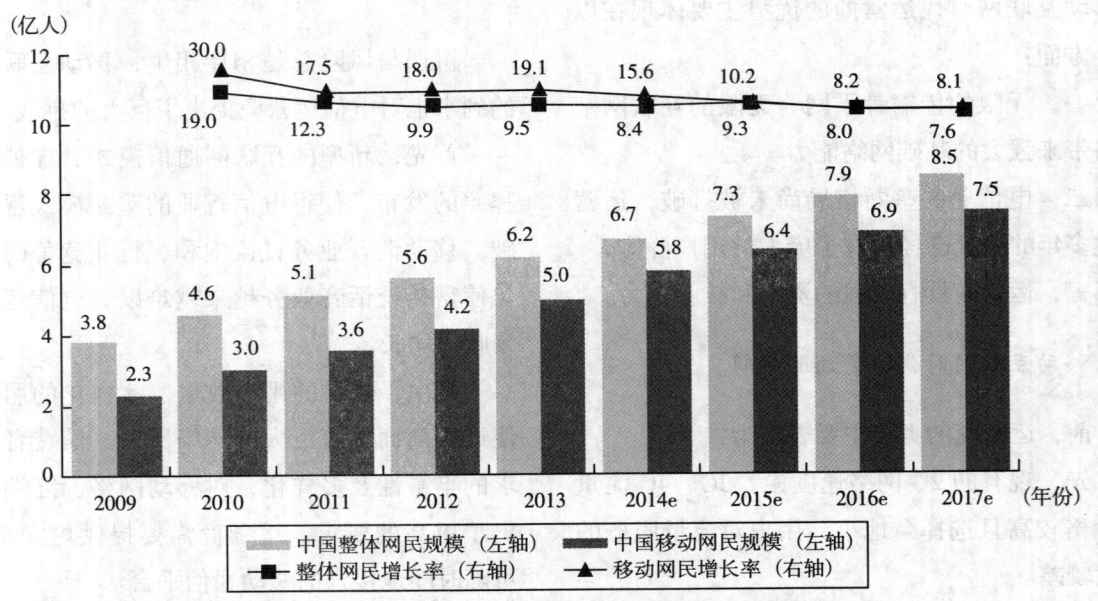

图1-5-3 2009~2017年中国整体网民及移动网民规模

（一）移动互联网用户结构特征

1. 移动互联网用户更偏年轻化，以10~29岁青少年用户为主体

在移动互联网用户中，10~19岁占比28.5%，20~29岁占比35.7%，均高于全体互联网用户在10~19岁和20~29岁年龄段的分布比例。一方面，10~29岁年龄段用户对新技术新事物比较感兴趣，智能机高性能配置和应用软件丰富的功能极大地吸引了他们对手机网络的使用；另一方面，10~29岁的移动互联网用户对社交、娱乐感兴趣，习惯通过手机联络朋友、阅读小说、玩游戏等，而年龄较大的互联网用户则相对成熟，主要通过网络获取资讯及完成工作相关事项，大都在电脑上完成。10~29岁年龄段的用户是伴随着移动互联网成长的一代，对新生事物接受较快，将成为未来移动互联网的主力军。

第一部分 专题篇——技术变革、财务创新与电信企业价值创造

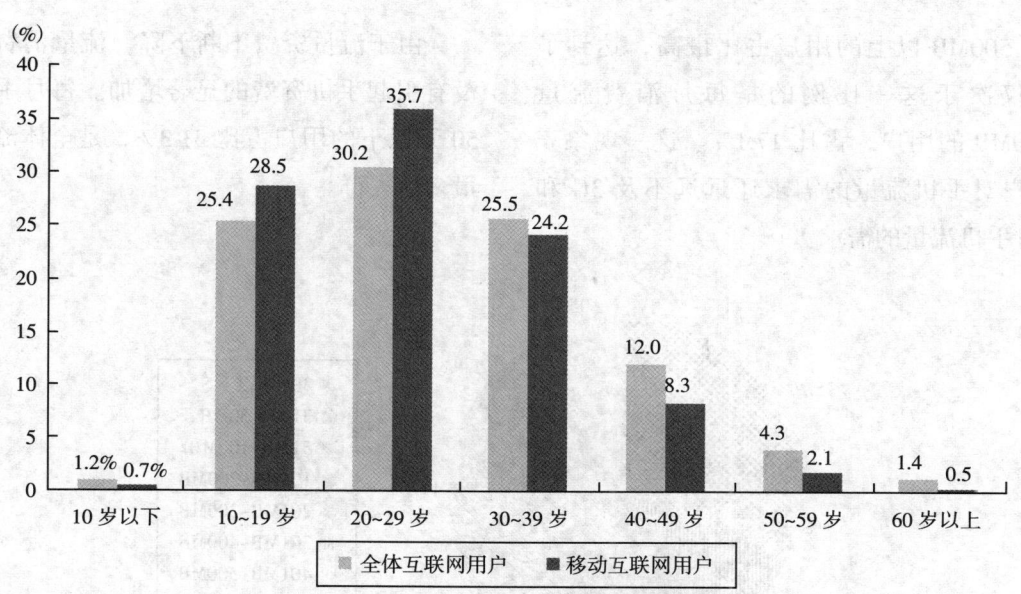

图 1-5-4 移动互联网用户与全体互联网用户年龄比较

2. 移动互联网用户的收入分布状况与全体互联网用户的收入分布状况相似

移动互联网用户收入在 500 元以下、2001~3000 元和 3001~5000 元的比例较大，分别为 18.1%、16.6% 和 17.1%。而在其他收入区间，两者则基本保持一致。

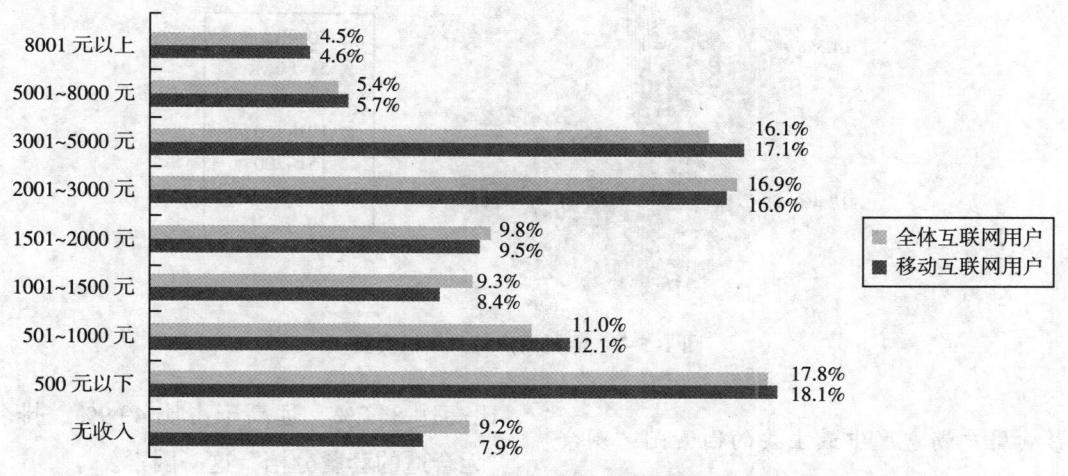

图 1-5-5 移动互联网用户与全体互联网用户收入比较

（二）流量用户的消费情况及满意度

1. 流量业务的用户群体庞大，流量消费呈两极化

据互联网消费研究中心的数据显示，目前使用手机流量上网的用户比例已经占到 97.4%，从不使用手机流量上网的个体仅占 2.6%。这充分表明移动端上网已得到了广泛的认可。

此外，流量用户对手机流量的消费情况呈两极化。随着 3G 和 4G 技术的发展，以及流量资费的不断下降，用户对流量的需求越来越大，每月

消费流量 500MB 以上的用户占比最高，达到了 25.2%；仅次于这一比例的是每月消费流量 51MB~100MB 的用户，占比 17.1%。这一现象表明 2G 用户对手机流量的需求还远远不及 3G 和 4G 用户对手机流量的需求。

由于流量资费不断下降，流量消费的增加并没有引起手机资费的显著增加。每月手机资费为 50 元以下的用户占比 31.3%，是全体流量用户中最多的人群。

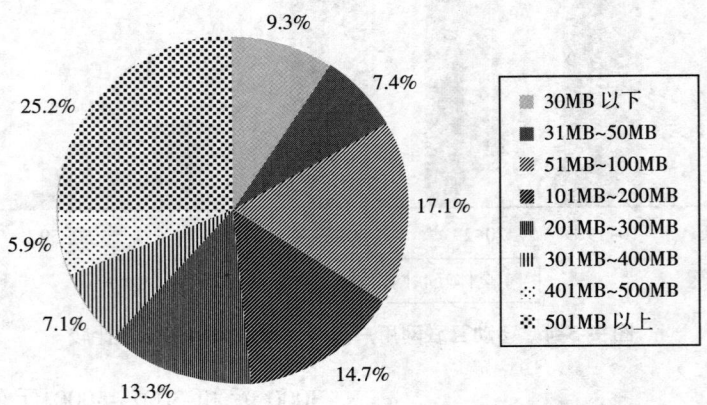

图 1-5-6　流量用户每月手机上网消费的流量

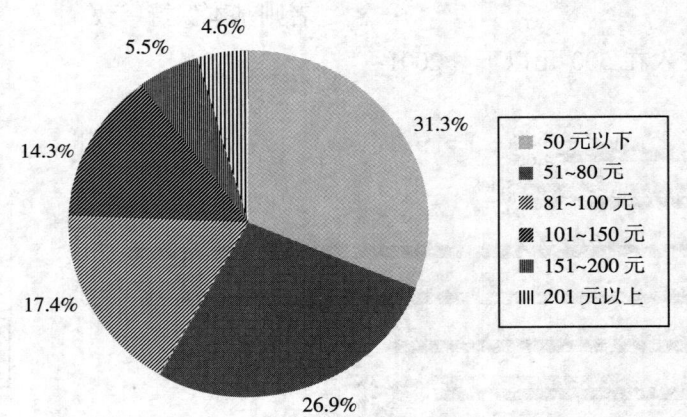

图 1-5-7　流量用户每月手机资费

2. 影响用户满意度中最主要的因素是"剩余流量清零"

总体来看，流量用户对电信运营商提供的业务基本满意。"比较满意"的用户数最多，占比 45.38%，"非常满意"的用户占比 11.7%，与"不满意"的用户数基本持平。

此外，在影响流量用户满意度的诸多因素中，"剩余流量完全清零，不能结转至下月"这一条占比高达 84.2%，远高于占比 49.9%、排名第二的"无合适的套餐分档"这一因素。

3. "超出套餐内流量后按标准计费"的用户满意度最低

显然，每月流量刚好够用的流量用户不必再支出额外流量费用，因此他们对电信运营商的业务满意度是最高的。其余三种用户中，每月流量消费超出套餐量后按标准计费方式支付额外流量

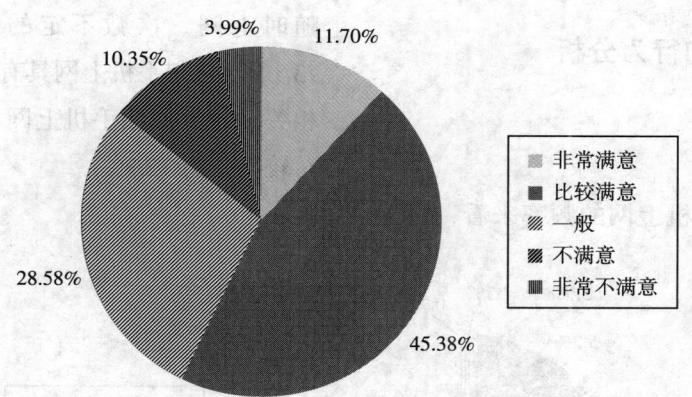

图 1-5-8 流量用户对业务的满意度

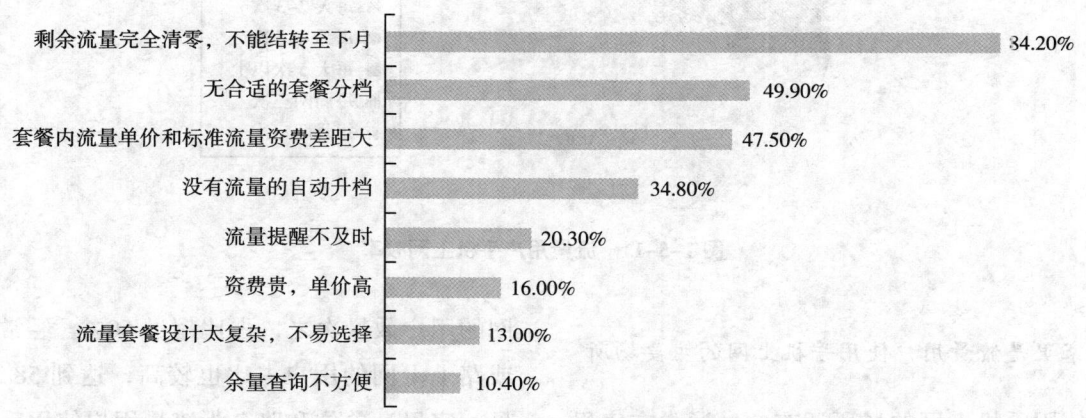

图 1-5-9 影响用户满意度的因素

的用户对电信运营商的业务满意度最低,这一点表明运营商现阶段的流量定价策略还有较大的改进空间。

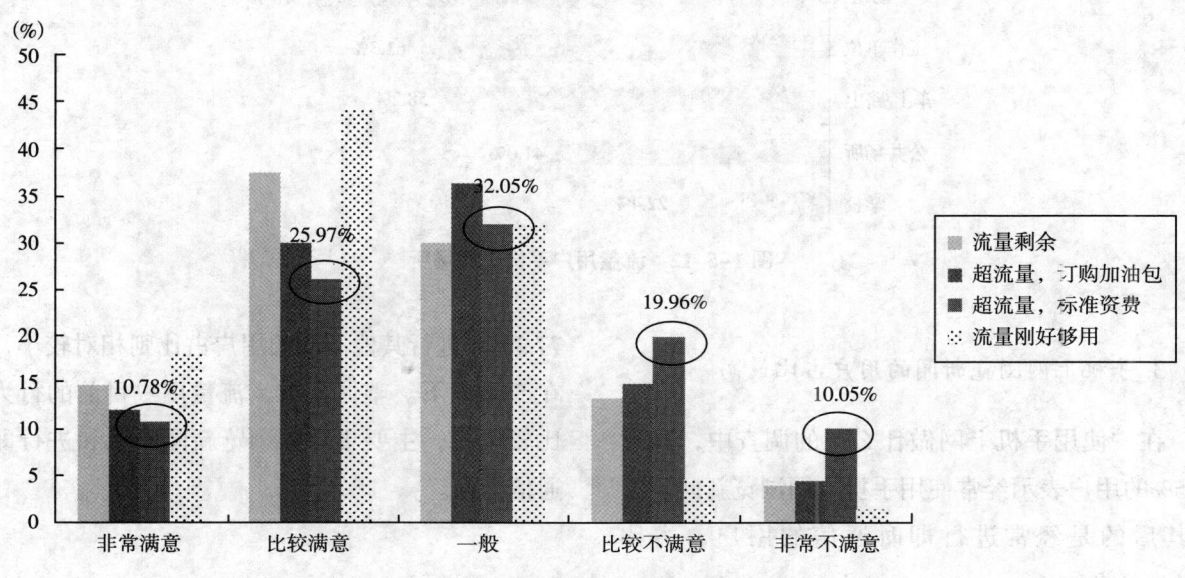

图 1-5-10 不同流量套餐用户的满意度

(三) 流量用户的行为分析

1. 上网频率不定

从流量用户使用手机上网的频率来看，每天随时上网、次数不定的用户占比最大，达到73.1%。这与手机上网具有随时随地性的特征直接相关。每天使用手机上网2~3次的用户比例也相对较高，为12.3%。

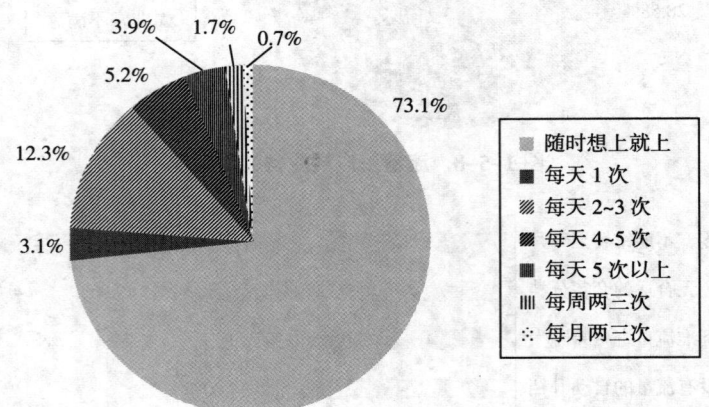

图1-5-11 流量用户手机上网频率

2. 家里是流量用户使用手机上网的主要场所

在使用手机上网的场所调查中，通常在家里上网的用户占比最大，为77.1%；在工作单位上网的用户数量次之，占比超过60%。经常在车上或路上上网的用户占比也较高，达到58.2%。可见，家里、单位和路上为流量用户使用手机上网相对集中的几大地点。

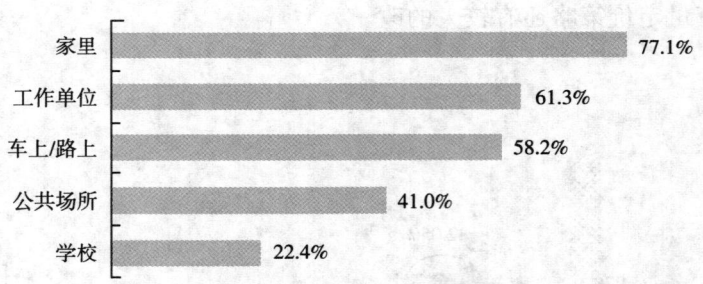

图1-5-12 流量用户手机上网场所

3. 手机上网浏览新闻的用户占比最高

在"使用手机上网做什么"的调查中，高达82.5%的用户表示经常使用手机上网浏览新闻。紧随其后的是经常进行即时通信的用户，占比77.3%。进行其他活动的用户占比则相对较小，均在50%以下。整体来看，流量用户目前的行为还比较单一，主要集中在浏览新闻资讯和进行即时通信方面。

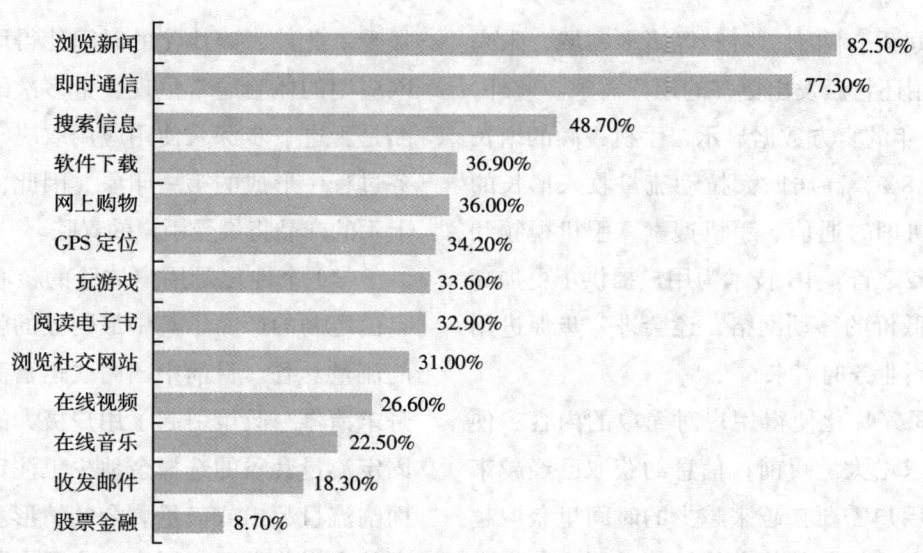

图 1-5-13 流量用户手机上网目的

4. Wi-Fi 对用户上网行为影响较大

对于使用 Wi-Fi 的网络用户而言，在各类应用的使用率上均高于非 Wi-Fi 用户，尤其是在对数据流量需求较大的应用使用上。调查显示，在手机娱乐类应用、网络购物和手机邮件的使用上，Wi-Fi 网络环境下的用户使用率更高，尤其是视频类应用，相差超过 20 个百分点，说明 Wi-Fi 对手机视频发展的作用较大，Wi-Fi 条件将成为网络视频等各类手机应用在手机端发展的重要因素。

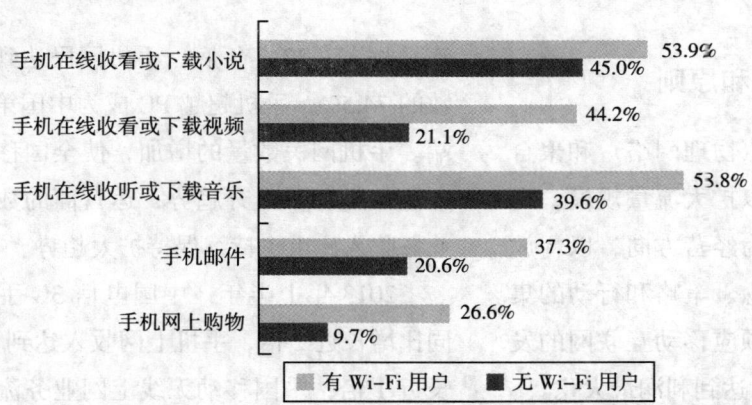

图 1-5-14 有 Wi-Fi 用户和无 Wi-Fi 用户网络应用使用率对比

（四）移动互联网用户需求分析

通过以上数据及分析可以看出，电信运营商现阶段的流量经营策略还远远不能满足用户的需求。这一结果也充分诠释了流量业务增加并不能为运营商带来显著收入增加的原因。

在未来，移动互联网用户的需求很可能具有以下几个特征：

（1）移动互联网环境激发了大量的用户需求，未来的用户需要在任何时候、任何地点、使用任何屏幕来接入互联网以使用任何业务。

（2）用户对手机应用的需求将更加多元化，其中手机视频业务将在很长一段时间内保持增长趋势。目前，用户使用移动互联网的目的已经涵盖了咨询、娱乐、购物、财经等诸多领域，未来新的手机应用还将激发出更多的用户需求。此外，工信部2013年的官方数据显示，手机视频的增长率达到了83.8%，高居四大拉动流量收入增长的应用——手机即时通信、手机搜索、手机视频和手机网络游戏之首。4G技术为用户提供了更加高速、优质、低价的移动网络，还会进一步促进用户对手机视频业务的需求。

（3）时间碎片化使得用户对简单的内容、便捷的产品需求增大。目前，信息的获取已经越来越容易，而用户需要在越来越少的时间里获取越来越多的信息。简化的信息能够帮助用户节省大量的时间，提高用户对信息的收集和处理效率。因此，短小精悍承载信息量大的内容成了用户的最爱。此外，碎片化的时间使得用户对移动互联网应用的体验通常呈现少量多次的特点，用户判断是否进一步深入使用应用取决于在使用应用服务过程中形成的第一印象。因此，便于用户快速上手的产品将最受用户的青睐。

（4）个性化是用户体验的核心。用户需要可自由定制的产品，其中最明显的就是可自由定制的流量套餐。目前中国内线运营商的"剩余流量月末清零"政策引起了用户极大的不满，而每月固定流量套餐的选择余地少也注定了大量用户会面临流量超出或流量剩余的情形。未来，随着需求的多样化发展，用户对流量套餐的灵活性要求也会进一步提高。

四 国内电信运营商流量经营现状分析

（一）流量经营的目的和原则

流量经营是以智能管道（物理网络）和聚合平台（商业网络）为基础，以扩大流量规模、提升流量层次、丰富流量内涵为经营方向，以释放流量价值为目的的一系列理念、策略和行动的集合。流量经营的最终目的是顺应移动互联网的发展，转变运营商的收入结构，达到利润最大化。

流量经营的四项原则是：让更多的客户使用流量、让每个客户使用更多的流量、让流量传输更多的信息、让单位流量带来更高的价值。

（二）国内电信运营商流量业务经营状况

1. 电信运营商流量经营的现状

第一，手机网民的增长给运营商带来大量的流量收入。2012年底，手机网民达到中国总网民数的74.5%，手机超越PC成为中国第一大网络终端。手机网民数量的增加，使全国移动互联网接入流量呈稳步上升趋势，运营商的数据及互联网业务收入比重也持续保持扩大趋势。

2013年上半年，中国电信3G手机上网流量同比增长近2倍，手机上网收入达到98亿元，增长近1倍；中国移动无线上网业务流量同比增长129%，收入同比增长62.2%，达到474.03亿元，无线上网业务收入占通信服务收入比重达16.6%，创历史新高；中国联通的移动数据流量同比增长131%，其中3G智能手机月户均数据流量达278MB。

第二，3G业务迎来大规模的发展机遇。2013年上半年，三大电信运营商3G用户和业务发展数据一路飘红。中国移动、中国联通3G用户数相继突破1亿户。截至6月30日，中国移动3G用户达1.38亿户，相比2012年同期的6708万户，增长了105.5%。中国联通3G用户达1亿户，同比增长73.9%，占该公司移动用户总数的38.2%，而3G用户ARPU也保持在77.6元的较高水平。中国电信移动3G用户达到8733万户，同比增长26.5%，占移动用户总数的比例达50%。

由于3G用户中智能终端普及率较高，流量消费特点更加突出，对数据流量的拉动十分明显。2013年上半年，国内3G用户月平均移动互联网接入流量达到212.3MB，是移动用户平均接入流量的1.7倍。其中，中国电信3G手机用户每月户均流量超过168MB，同比提升51%，3G手机上网总流量同比增长近两倍；中国联通3G服务收入同比增长52.1%，达到409.1亿元，对移动收入的贡献率达到56.2%。

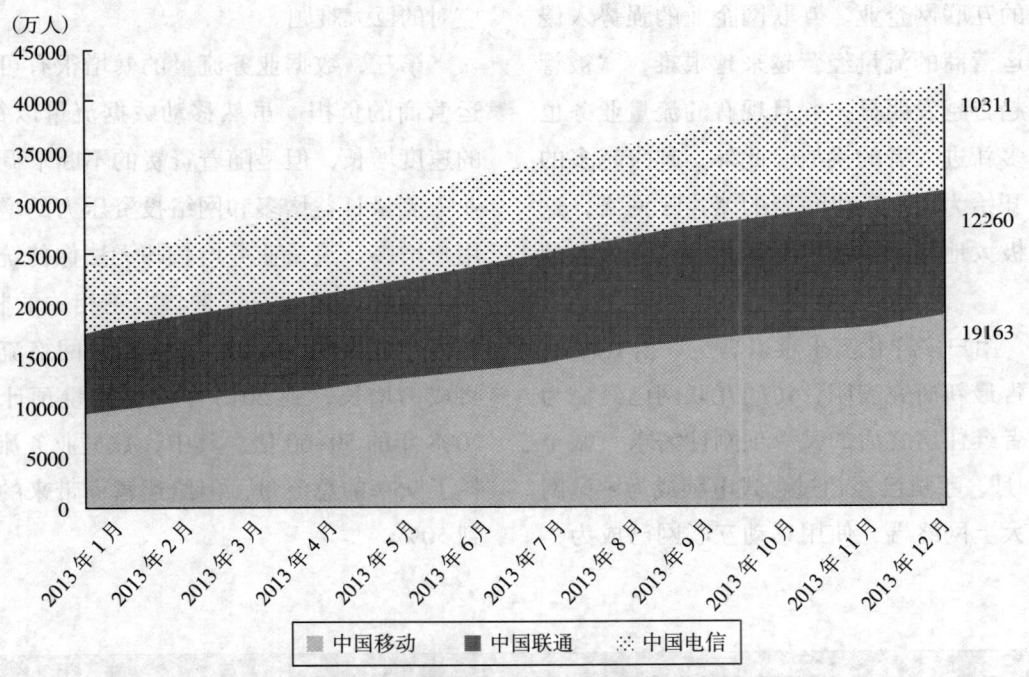

图1-5-15　2013年中国3G用户规模增长分布情况

第三，4G业务开始发展。目前，由于OTT业务的迅猛发展，使国内电信运营商面临新形势、新局面，4G牌照定局后新一轮竞争即将展开。2013年9月29日中国移动正式试水商用4G；10月18日，工信部明确表示首发TDD制式牌照；11月19日，TDD频谱划分公布；12月4日，TDD牌照对国内三大运营商发放，极大地推动了国内4G产业链的迅速发展，TDD、LTE的设备、芯片、终端已逐步就绪，将共同推动国内4G的发展。

2. 电信运营商流量经营的困境

第一，移动互联网时代竞争激烈。2013年初，"三大运营商要求微信收费"的话题引发网友热议。大量微信用户在论坛、社交网站上言辞激烈地谴责运营商的这一行为，指责"运营商自己的服务做得太差，只会打压其他优秀通信软件"。这一现象表明：OTT业务的出现使得数据流量所带来的价值不断地向OTT服务商转移。

2014年初，虚拟运营商牌照发布，国内共有11家企业成为虚拟运营商。这些企业采用转售模式，先租用基础电信运营商的移动通信网络，再将短信、话音、流量等重新组合为更灵活的套餐，销售给用户。其中，迪信通、苏宁互联率先开始接受170手机号段预约，并表示月底流量将不会清零、可以自由定制流量套餐、数据流量可以转赠给他人，这些政策得到了网友的强烈拥护。

4G时代，电信运营商面临的竞争已不仅存在于运营商之间，更多的是来自以腾讯、阿里、百度为代表的互联网企业。互联网企业的强势入侵使得电信运营商的流量经营越来越艰难，"被管道化"的趋势越发明显，并且现有的流量业务也面临着更多新进入者的挑战。此外，越来越多的公共场合开始为用户提供免费的Wi-Fi网络，这一行为也极大地降低了用户对运营商流量服务的需求。

第二，用户多样化需求难以满足。据IEM商业统计报告最新研究表明，访问互联网已经成为我国消费者继住房之后的又一项刚性需求。截至2012年6月，手机已经超过台式电脑成为中国网民的第一大上网终端，使用移动互联网已成为一种主流的生活方式。

移动互联网时代，用户更倾向于以人均多终端的方式同时接入、同时使用；更倾向于参与内容的制作、分享与传播，并以移动的方式生活、工作和学习。流量用户数目剧增对移动互联网的带宽提出了巨大的挑战，要求运营商加速建设数据网络、提高网络的承载力；与此同时，细分用户群体、满足用户多样化的需求也是运营商需要应对的巨大难题。

第三，数据业务流量的暴增很有可能会成为运营商的负担。虽然移动数据流量以每年130%的速度增长，但是随着资费的不断下调、OTT类业务流量日益增多和网络投资压力的增大，流量用户增多、流量业务增长却无法像传统的话音类业务那样为运营商带来与之正相关的收入增长。研究数据表明，2008~2013年，网络流量每年都将成倍增长，到2013年网络流量预计会增长到2008年的50~60倍。其中，数据业务流量已经消耗了95%的总流量，但给运营商带来的收入还不到50%。

五 移动互联网时代流量经营策略分析

目前，国外标杆电信运营商的4G业务经过多年的发展已经较为成熟，具备了相当多的经验。国内电信运营商的3G业务并不特别突出，4G业务刚刚开始起步。因此，了解和总结国内外电信运营商在3G、4G时代的经验和教训将为未来的流量经营策略提供指导意义。

（一）国内外电信运营商流量经营案例分析

1. 美国Verizon公司

Verizon是美国本土最大的电信运营商，它的4G采用了LTE的网络标准制式。Verizon于2011年上半年率先部署了自己的4G网络，并借助4G策略一举超越AT&T，占据了美国电信市场第一的位置。截至2013年第三季度，4G用户数达到了3000万人，预计年底Verizon将完成全美的4G

网络覆盖。

Verizon流量经营策略特点：

（1）积极实施4G网络部署。为应对主要竞争对手AT&T与iPhone的独家合作所造成的高端客户流失，Verizon制定了激进的4G策略，赶在AT&T前面部署4G网络。Verizon的4G网络在2011年初商用，到2012年第二季度，4G网络已覆盖2.3亿个网络服务提供点（POP），比美国其他所有运营商4G网络加起来还要广泛。2013年第二季度，Verizon的4G网络覆盖了500个市场的3.01亿人。

（2）重视终端渗透。Verizon的主流芯片和终端合作伙伴包括摩托罗拉、苹果、三星、HTC、LG等，率先以智能手机引领市场，同时支持PAD、数据卡和Mobile Wi-Fi。

Verizon全部终端产品都支持4G，仅商用三个月便推出首款HTC智能手机，比其他运营商更迅速地跟进4G终端的发展，并取得了不错的销量。随后，Verizon又推出了最受追捧的明星机型（如iPhone 5s、三星Galaxy Note3等）。同时，随着4G终端的丰富，网络市场规模不断扩大，其网络上运行的所有互联网设备，有95%都在使用4G，这使得Verizon的无线营收增长了9%。此外，Verizon还与业界厂商Novatel和高通联合，推出了LTE/CDMA多模数据卡。

（3）全球首创流量共享套餐。2012年6月，Verizon率先推出流量共享计划，成为全球第一家允许多款设备共享同一资费套餐内数据流量的运营商，开启了数据业务计费的新模式。这款套餐的特点表现为：

一是不再以语音、短信分档，而是以数据流量进行分档，流量可被套餐内所有终端共享（最多10个终端）。

二是语音不限量。

三是短、彩信数量不限量。

四是家庭共享趋势明显。

截至2013年第一季度，数据共享套餐推出9个月后，Verizon有30%（共计2780万用户）的后付费用户已经转向这个套餐，相比之下，2012年第四季度该比例为23%，2012年第三季度仅为13%。在发布4G两年以后，Verizon超过竞争对手AT&T成为美国市场的第1名。移动市场份额从30%增长到33%。可以看出，数据共享套餐策略取得了明显的成功。

表1-5-1 Verizon的流量共享套餐

共享通话时长	共享短信	共享数据流量	月套餐费用（允许10台终端共享）
不限	不限	1 GB	50美元
不限	不限	2 GB	60美元
不限	不限	4 GB	70美元
不限	不限	6 GB	80美元
不限	不限	8 GB	90美元
不限	不限	10 GB	100美元

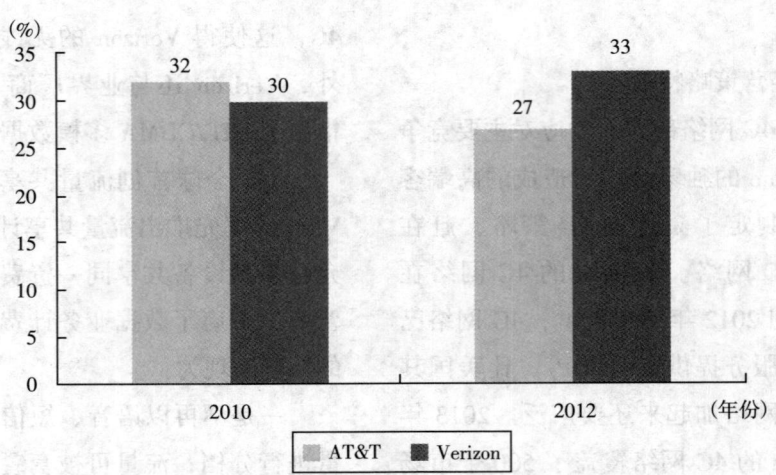

图 1-5-16　Verizon 和 AT&T 的市场份额对比

"流量共享套餐"之所以取得了如此巨大的成功,很大程度上是因为 Verizon 对自己的用户进行了准确的定位分析。对运营商来说,共享套餐能以较低的成本吸引到多个新用户,增加了用户黏性,有效防止了数据管理混乱,形成了自己的差异化优势,还可以吸引技术早期采用者,这类人群 ARPU 值较高,更倾向于拥有多款终端。对于用户来说,一旦选择了共享套餐,一般会留在这个套餐里,因为如果离开,反而会为更少的流量花费更大的成本。用户把原来每个终端都配备的单独账号整合起来,大大减少了整体支出。

(4)利用网络优势发展对传输速率要求较高的视频业务,拓展行业合作。Verizon 通过各种应用的效果对比,突出 4G 高速率、低延时的优势,吸引用户的使用。其全新的移动商务应用可以帮助消费者节约开支,同时还可以帮助零售商实现盈利。

通过以上流量经营策略,2010~2012 年,Verizon 公司的 4G 业务资费下降了 35%,DOU 值(平均每月每用户数据流量)增加了 106%,ARPU 值(每用户平均收入)增加了 34%。其 4G 策略效果如图 1-5-17 所示。

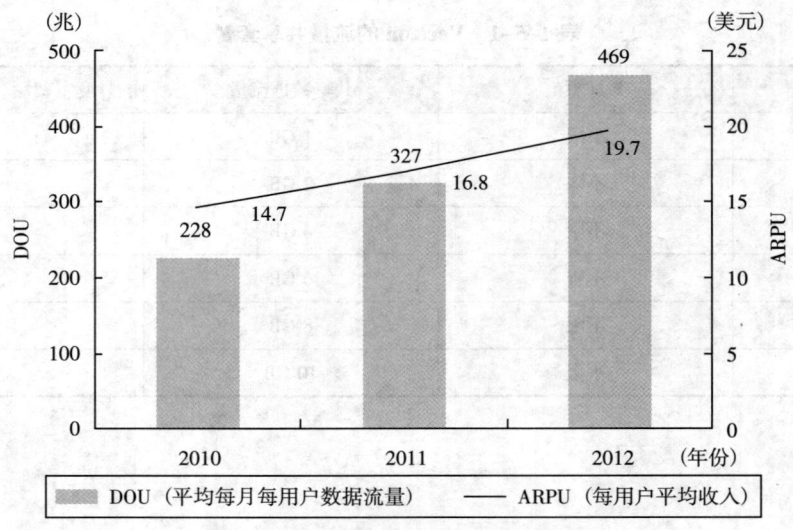

图 1-5-17　Verizon 的 4G 策略效果

2. 日本 DoCoMo 公司

DoCoMo 是日本最大的移动运营商，拥有 6150 万电信用户，占日本总人口的一半。它是全球最早建设 3G 网络的运营商（2001 年），其 4G 业务于 2010 年起开始商用，现已拥有 1500 万 4G 用户。

DoCoMo 流量经营策略特点：

（1）大力发展 4G 网络建设，推进 4G 网络部署。DoCoMo 在发展 4G 的时候非常重视技术积累。为升级到 4G，DoCoMo 投资了 1000 亿日元做研发，建立了上千人的研发队伍，希望能构建高速、高覆盖率的 4G 网络。截至 2014 年 3 月，DoCoMo 的 4G 基站建设部署量增至 5 万个，实现了全日本完全覆盖。

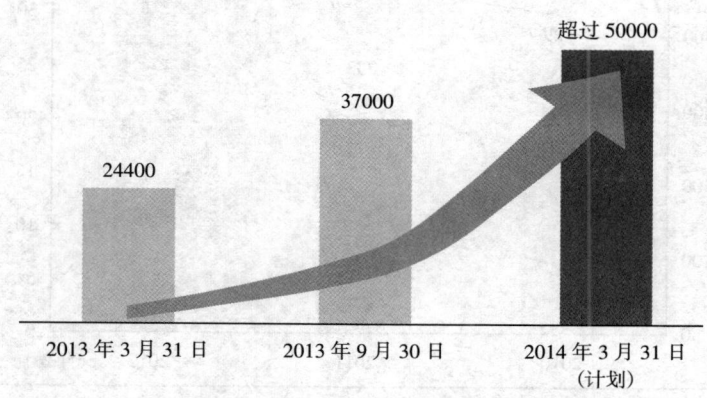

图 1-5-18 DoCoMo 公司 4G 网络基站数量

（2）掌控日本国内终端主导地位。DoCoMo 通过深度定制终端实现了本土化设计，并且承担了巨额终端补贴和促销费用，从而主导了国内终端的开发模式；此外，DoCoMo 采取了谨慎的智能手机终端策略，从封闭向开放逐步转变，并引入了 iPhone 等明星终端助阵 4G 终端阵营。

在全世界的运营商中，DoCoMo 拥有的 4G 终端数最多，为 4G 的推广奠定了坚实基础。DoCoMo 把 4G 打造成一个高端品牌，使其所有的高端智能手机全部支持 4G，从而获取更高的利润。

此外，DoCoMo 还对智能手机的用户进行了细分，深入分析用户需求，打造个性化终端战略。例如，DoCoMo 发现其智能手机用户中，女性占 13%。为进一步拓展女性市场，它增加了智能手机的款式和颜色种类，针对女性的使用特点，终端的设计更注重操作界面的简单性和易用性。通过这样的改进，DoCoMo 的智能手机女性用户占比从 2010 年初的 13% 上升到年底的 25%。

（3）由 3G 不限流量封顶资费变为 4G 限流量封顶资费。2012 年下半年，DoCoMo 首次开始在 4G 资费上推出了网内封顶随意打，但是通过"二阶段定价法"设置了高门槛。阶段一：小金额包小流量，超出阶段一的流量上限后开始按照固定单价线性计费。阶段二：流量费达到某一上限之后封顶，数据限速不限量继续使用。此外，DoCoMo 的 4G 套餐和 3G 套餐价格相差无几，因此许多日本用户在换新手机的时候都愿意加入 4G 套餐，极大地提升了 4G 的渗透率。

这一资费策略简单清晰，方便用户选择。流量封顶限速的资费方式，保证了足够的网络资源；"高门槛"的资费定价也符合 4G 高端品牌的定位，为 DoCoMo 带来了更高的 ARPU 值。

（4）强化特色业务推广，拓展基于云计算的云服务。DoCoMo强化特色业务推广，推出Dmenu门户网站和Dmarket内容商店，逐渐形成了智能管道，最大限度地增加了现有用户的黏性，并将基于大数据的云计算服务创新作为4G业务发展的重点。

通过以上流量经营策略，2010~2012年，DoCoMo公司的4G业务资费下降了48%，DOU值（平均每月每用户数据流量）增加了114%，ARPU值（每用户平均收入）增加了11%。其4G策略效果如图1-5-19所示。

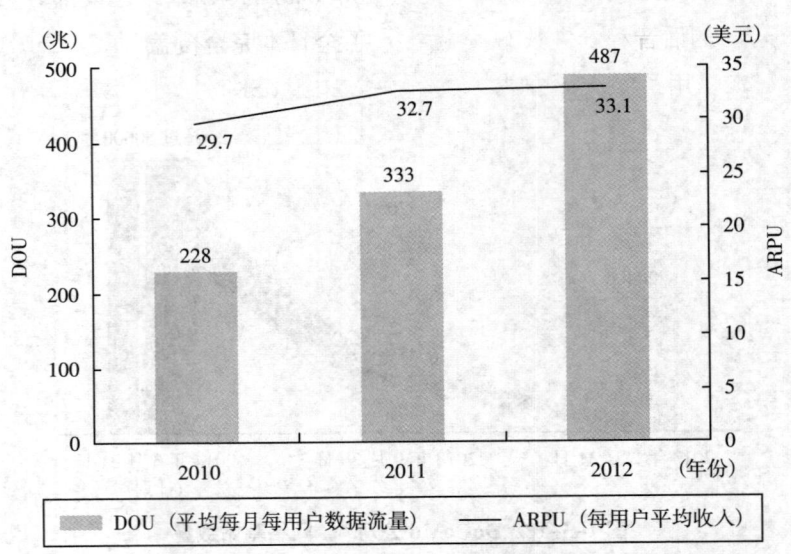

图1-5-19　DoCoMo的4G策略效果

3. 韩国SKT公司

SKT是韩国最大的移动通信运营商，2008年就拥有了韩国50%以上的市场份额。2003年6月，韩国电讯在世界上首次实现同步方式可视电话服务商用化，实现了真正的3G服务，为其在世界上树立3G服务的领导地位奠定了基础。目前，SKT的4G用户已经达到1102万，占据全国47%的4G市场份额，成为韩国市场发展4G的龙头企业，其4G用户数世界排名第四。

SKT公司的流量经营特点：

（1）全方位发展4G，跨代发展并率先商用LTE-Advance网络。SKT利用800 MHz低频谱部署LTE并推广VoLTE，提供更短的接通等待时间，以及更高质量、更自然的音视频通话效果。2013年6月27日，SKT在世界上首次商用LTE-Advance网络，使下载速度升级到150 Mbit/s。

（2）成立专业的终端生产企业。SKT很早就意识到移动终端对业务运营的重要性，并建立了自己的手机生产公司进行终端研发，涉及手机零部件乃至整体的生产。1998年，SKT成立了专业的手机生产企业SKTeletech（简称SKTT）。SKTT定位于为SKT的新业务发展提供战略支持。在新业务的具体实施上，SKT和SKTT内部各自成立了新业务与终端产品协作部门，把新业务的策划、设计、测试、发布推广与终端产品的设计、生产和推广有效结合，从而产生最大的互动效应。并根据新业务的特点，量身定制终端产品。截至2012年10月，SKT的4G终端款数达到27款，在韩国市场领先。

（3）3G不限流量套餐吸引用户，4G提高定价、限流量保证APRU值。SKT的4G资费延续了3G资费的特点，采用"数据+话音"捆绑销售的方式，与日本及美国运营商的资费结构有很大差别。3G套餐的数据业务采取包月不限量模式，在不到2个月的时间内，就吸引了超过100万名用户开始使用此项服务。4G套餐的资费高出3G套餐8000韩元，尽管包含的话音和分钟数有所增加，但包含的数据流量却采用了限定的方式，仅包含3GB数据流量。

（4）积极推出4G新业务。SKT联手手机游戏公司迪培7公司，推出每月3000韩元（约合人民币17元）的"LTE创世纪套餐"。用户可以无限量使用网络连接游戏时产生的流量，还可免费获得每月4000韩元（约合人民币23元）的游戏道具。

随着智能终端的发展，SKT将视频业务作为核心，同时扩展各种新应用，特别是个人云平台。SKT推出的T-Freemium业务，为用户提供包括电影、电视节目、游戏、电子书和SKT相关应用等高价值多媒体内容的下载。

通过实施以上流量经营策略，截至2013年第二季度，SKT公司移动服务收入为2.787万亿韩元，同比增长4.5%；计费ARPU为3.4万韩元，同比增长3.3%，出现了明显的回暖趋势。目前，SKT公司的4G用户数超过1100万，并且保持稳定增长。

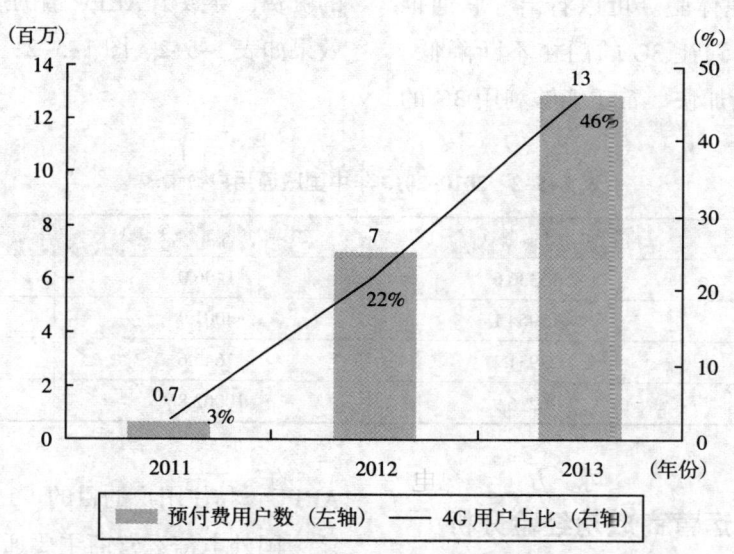

图1-5-20 SKT公司的4G策略效果

4. 中国联通公司

中国联通的3G制式为WCDMA。在3G的三种制式中，WCDMA拥有最快的网速、最成熟的终端产业链，联通还最早获得了苹果手机的支持。2009年以来，中国联通不断完善网络覆盖，提高网络速度。联通的3G网速一路领先，目前已建成全球最大的WCDMA 3G网络，3G基站已达到33.1万个，覆盖我国所有城市，而且全国所有3G基站都开通了HSPA+ 21M网络服务，3G网络下行速率全面升级到21Mbps，远远高于国内同行业平均水平。

联通公司流量经营策略特点：

（1）网络速度快但覆盖差。联通WCDMA使用的是1900和2100频段，频率虽高却不易做好覆盖。因此，联通的3G网络速度快的优势被淹没在覆盖差这一劣质当中，并未在用户中形成影响。

（2）技术与终端占尽优势。WCDMA是中国3G的三种制式中技术优势最明显的。此外，iPhone在国内最早支持的电信运营商也是联通。经过几年的积累，联通3G终端的技术成熟、种类丰富。

（3）由争取高端市场到争取大众的转变。2009年5月，在网络试商用阶段，中国联通制定了186~1686元的7档套餐。2009年10月，中国联通正式启动3G商用。此后，联通根据用户的流量使用特点，不断推出价格更低、选择余地更大的3G套餐，从而让更多用户以可承受的价格畅享"沃·3G"的高速体验。可以看出，联通推行在资费和终端上做到让3G的门槛不断降低、让3G的普及速度不断加快，希望能够利用3G的技术优势争取到了更多用户，扩大市场份额。

（4）与搜狐视频、多米音乐、QQ音乐等推出定向流量服务。2013年4月16日，中国联通宣布与搜狐视频展开深度合作，联通用户可以以定向流量包月形式观看搜狐视频的影视内容。此前，联通已陆续在多个城市借助"沃·3G"分别与多米、唱吧、音悦台建立了定向流量包月套餐试点。这些包月套餐都采取了包月不限流量的形式，在联通"沃·3G"6GB的月流量封顶以内，搭配联通的高速3G网络，用户支付包月费用即可在相应APP或网站无限制收听音乐、观看视频。

通过以上流量经营策略，联通公司的3G用户数和用户使用的总数据流量不断上升。但是，由于联通公司为了扩大市场份额不断降低3G业务的资费，导致了ARPU值的逐年下降。其3G策略效果如表1-5-2、图1-5-21、图1-5-22所示。

表1-5-2　2010~2013年中国联通用户数量表

年份	移动用户总量（万人）	3G用户总量（万人）	3G用户百分比（%）
2010	15336.6	1406.0	9.2
2011	15964.1	4001.9	25.1
2012	23931.2	7645.6	32.0
2013	26216.9	10002.8	38.2

（二）全球标杆运营商成功经验分析

4G时代的开启以及移动智能终端设备的凸显必将为移动互联网的发展注入巨大的能量。面对不同的发展环境，国内外电信运营商分别采取不同的资费政策，积极推广发展4G，利用4G高速度、高质量的网络，达到了增强用户感受、提高ARPU、黏住用户的目的。

国外电信运营商主要通过加速4G网络建设、推动智能终端普及、优化数据资费定价、推出特色4G业务等手段，刺激4G用户的规模化提升，实现了用户的网络迁移，培养了用户的数据消费习惯。

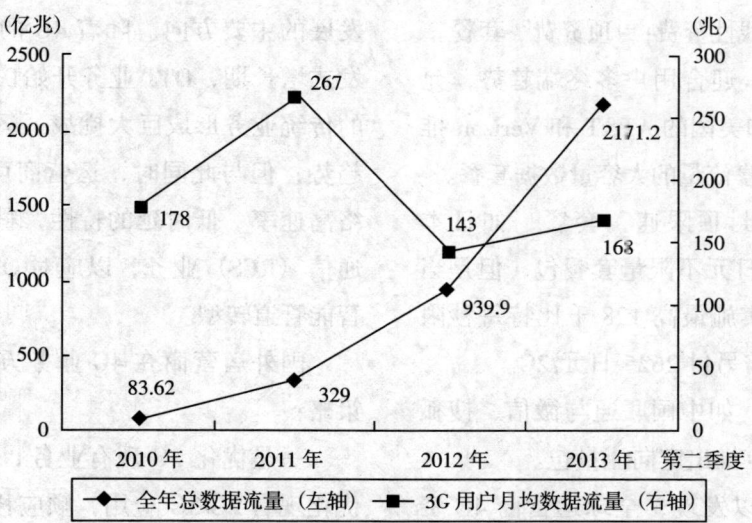

图 1-5-21 中国联通用户全年总数据流量及 3G 月均流量

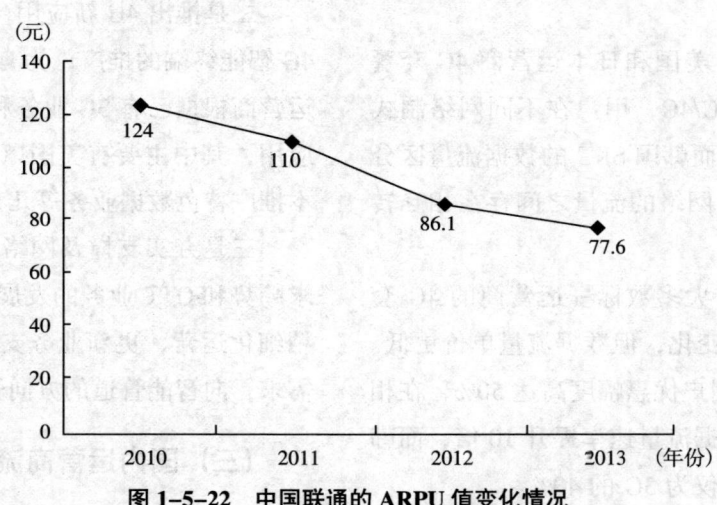

图 1-5-22 中国联通的 ARPU 值变化情况

1. 加速建设 4G 网络,提高网络承载能力

国外运营商通过推进 4G 网络商用的方式缓解网络压力,并通过调整数据流量业务套餐等方式稳定或提升整体收入。

2. 大力推动智能终端普及,创造流量需求

终端是 4G 发展的关键因素,国外运营商一方面努力提高智能终端普及率,如日本运营商 DoCoMo 自 2011 年全面拥抱智能手机,智能手机迅速普及带来的数据 ARPU 大幅提升取代了老迈的 i-Mode 业务,成为数据收入的重要驱动力;另一方面积极推动新型智能终端的发展,如 AT&T 围绕重点新品类进行全面配套产品开发,包括数码相机、可穿戴设备等,已经发展了超过 1300 万台各类新型终端。

3. 通过多种手段优化数据资费组合,提升整体 ARPU 值

综观全球运营商的 4G 定价,主要分为以下四种资费形态:

一是阶梯定价,如日本 DoCoMo 推出的"起始基础流量包+超流量线性资费+封顶资费"套餐。

二是共享数据包,迎合用户多终端趋势,允许多终端共享流量,如美国的 AT&T 和 Verizon 推出了允许 10 台终端共享流量的大容量数据套餐。

三是"不限量+封顶限速"套餐,如日本 KDDI 推出每月 5985 日元不限量套餐包,但是当每月流量超过 7G 时实施最高 128 千比特每秒限速,套餐外提升速度需另付 2625 日元/2G。

四是定向流量包,如中国联通与微信、搜狐视频等多个应用合作,推出定向流量包。

通过深入分析可以发现,全球运营商 4G 资费策略的关键配置因素主要包括网络、价格、流量和语音四个方面:

一是网络区分,美国和日本运营商 4G 套餐的数据流量不区分 3G/4G,用户在不同网络制式下使用流量无区别,而韩国 SKT 的数据流量区分网络制式定价,不同网络的流量之间存在相互转换关系。

二是流量价格,大多数标杆运营商的 4G 套餐门槛与 3G 基本无变化,但数据流量单价更低。如日本 DoCoMo 4G 用户优惠幅度高达 50%,在相同套餐价格基础上数据流量速率提升 10 倍,而韩国数据流量资费单价仅为 3G 的 40%。

三是流量控制,美国和韩国运营商超出套餐后无任何封顶限制,超出后按照标准资费收费,而日本的 DoCoMo 则设置了封顶套餐,用户流量超出套餐后限速或需要购买叠加包。

四是语音配置,美国 Verizon 推出语音网间全部不限量,日本 DoCoMo 推出语音网内全部不限量,韩国 SKT 尚未推出语音不限量套餐,但其在套餐中的价值比重下降。

4. 推出特色 4G 业务,增加流量收入与用户黏性

在 4G 时代,智能管道类业务是未来运营商发展的主要方向。随着 4G 的发展,流量进入爆发式增长期,OTT 业务开始快速发展,对运营商的传统业务形成巨大挑战,运营面临被管道化的趋势;但与此同时,运营商可以充分利用 4G 网络高速率、低时延的特性,积极发展视频类融合通信(RCS)业务,以应对 OTT 业务的侵蚀,向智能管道转型。

国外运营商在 4G 业务方面普遍采取了三种策略:

一是优化 3G 现有业务,基于 4G 网络优势,优化现有 2G/3G 应用,顺应移动互联网时代发展需求。

二是推出 4G 新应用,借助 4G 的技术优势和 4G 智能终端的推广,为有效吸收用户入网,各大运营商根据已有 3G 业务和资源不断创新 4G 业务应用,其中主要有美国以终端引领业务发展、日本推广特色数据业务等几种发展模式。

三是夯实支撑及网络能力,基于移动数据需求趋势和 OTT 业务的发展,国外运营商积极走向精细化运营,更新业务支撑系统,满足未来运营需求,向智能管道的方向转变。

(三)国内运营商流量经营的经验和教训

3G 时代,国内三大运营商基于自身资源和网络制式的发展,演变成了如今三足鼎立的通信市场现状,但在网络建设、终端普及、流量套餐和特色业务发展等方面仍然有待改进。

第一,网络建设方面,三大运营商的 3G 网络制式各有利弊。中国移动信号稳定但网络较差、中国联通网速最快但信号覆盖率差、中国电信网速较好但信号的稳定性一般。这些网络缺点都是引起用户体验差的关键原因。

第二,终端普及方面,中国联通基于其最成熟的 WCDMA 网络制式优势,推出 iPhone 合约机吸引了大量高端用户,发展迅猛。这也是中国联迟在3G建设中超越中国移动的主要原因之一。

第三，流量套餐方面，三大运营商在3G商用初期，纷纷采用包时、不限流量的套餐模式。最终，由于不堪3G上网卡带来的流量负荷，不得改用定额限流量的套餐模式，使原本就高昂的3G资费门槛进一步增高，导致3G手机当2G用的现象非常普遍。

第四，特色业务方面，"定向流量"为互联网企业和电信运营商提供了一条新的发展道路。"定向流量"计划满足了用户使用移动互联网观看视频的需求，同时免除了用户对高流量消耗的后顾之忧，用户能够随时随地安心打开手机享受来自互联网的影音内容。这对提升用户的移动互联体验和移动网络黏性、形成3G使用习惯具有十分重要的作用。同时，用户访问量的增加，带来搜狐在视频广告、收费内容等业务上的营收增加，而联通可以同时参与营收分成，避免了移动数据"管道"导致的营收下滑，形成了"运营商—互联网企业—用户"的多赢局面。

六 建议与展望

（一）国内电信运营商流量经营策略建议

通过分析移动互联网的发展趋势、国内用户的流量需求、国内外标杆电信运营商在3G和4G建设方面的经验和教训，可以发现，流量经营应该注重在网络建设、智能终端、资费方式和特色业务这四个方面的布局，从提升流量通道收入和流量信息附加价值两个方面入手，通过优化网络配置，改善网络拥塞性能，提高网络效率并降低网络承载成本。

1. 大力建设基础网络，提高网络资源利用率

网络质量是用户体验的保障，更是运营商流量经营的最大基石。然而，目前流量业务的用户需求暴增虽然给运营商带来了一定的收入，但更多的却是网络投资压力。根据爱立信发布的《流量与市场数据报告》显示，移动数据流量在未来几年仍将大幅增长，且主要由视频业务带动。预计到2018年，总体数据流量有望比目前增长12倍之多。因此，加大投资建设基础网络是流量经营策略胜利的前提。

在未来的流量经营中，运营商还要不断扩大移动网络的覆盖范围、提高网络资源的利用率。中国移动提出通过"四网协同"战略打造覆盖广、覆盖深、质量高、速率高的世界一流无线网，即实现2G网络承载语音和小流量数据业务；3G网络承载手机数据业务，分流2G数据流量；WLAN网络承载PC和手机的数据流量，延伸3G网络覆盖；4G网络承载未来大流量业务。此外，提高网络的利用率还要求运营商清楚主要流量集中在哪里、什么应用带来的流量最有效益、什么流量占用网络资源与收入特别不相匹配、可以提升的空间和重点在哪里等重要问题，在网络中设置给那些紧急而又高价值的流量提高优先级，低价值而又对时间要求不高的业务降低优先级，从而达到强化全业务发展的目的。

2. 了解细分用户需求，推出个性化智能终端

在3G时代，中国联通通过与苹果公司合作

推出联通定制版 iPhone 的方式抢走了中国移动的高端客户；而到了 4G 时代，智能终端市场已不再是 iPhone 一家独大，而中国移动、中国电信也认识到了终端布局的重要性，纷纷开始寻求和终端制造商合作推出定制版智能手机。因此，智能终端已经成为电信运营商抢夺流量份额的入口，极大地推动了运营商利润的增长。

过去，数据流量业务的用户多为月租费用较高的高端用户，因而电信运营商在智能终端的布局也倾向于和苹果、三星等高端智能手机制造商合作。随着智能手机价格不断降低，越来越多的中低端用户能够消费得起数据流量业务。电信运营商为了争抢用户，纷纷推出了廉价的定制版智能手机，扩大了智能终端的布局。未来，智能手机的更新换代速率还会加快，用户在购买时对价格不再敏感，而是更加关注手机的个性化功能。因此，电信运营商要把握好用户的这一心理，结合客户偏好、价值观等维度进行客户分群的结果，推动智能终端定制化，打造与不同客户需求相契合的智能终端。同时，电信运营商在智能终端的布局也不仅局限于智能手机，未来还将出现更多的移动智能产品，运营商可以通过和更多智能产品合作达到引流的目的。

此外，为提高终端的销量，电信运营商还应当扩大销售及售后渠道，并针对不同的用户群采取多样化的营销方案。例如，针对无流量客户开展 0 元体验套餐推广；通过数据分析找到对流量需求的潜在用户，给他们提供更低的购机价格等。

3. 加强企业合作，实施反收费定价策略

虚拟运营商牌照的发放为电信行业引入了新的竞争者，而 2014 年 5 月最新发布的《关于电信业务资费实行市场调节价的通告》更是将传统电信运营商推入了市场竞争当中。这些政策打破了中国电信行业三足鼎立的垄断局面，也使得流量套餐的设计更加重要。

目前，套餐的资费已经开始下降，用户转换网络的成本逐渐降低。套餐设计主要有以下三个趋势：语音畅打、流量封顶和分级速率，即套餐内通话时间不限，但流量总量有限，超出套餐后继续使用流量服务则无线网络速度减慢。2014 年 6 月 1 日起，中国移动开始实施"多终端流量共享计划"，但此计划规定的可共享终端数量和优惠力度还很有限。中国联通允许用户在固定价格的前提下自由搭配话音、短信和流量业务的比重，这一策略符合用户的个性化需求，未来可以考虑提供更大力度的自由定制套餐。

面对大型互联网企业 OTT 业务的挑战，电信运营商还可以采取一种新的定价策略——反向收费法。国内的互联网企业已经培养了一群需要免费服务的用户，套餐内流量限量也是制约用户使用移动数据网络的关键因素。因此，电信运营商可以和大型的互联网企业合作，允许用户免流量使用该企业的 OTT 业务，而用户在使用过程中产生的费用则由该企业统一支付。这一策略既可以极大地提高用户对流量服务的满意度，也可以提高互联网企业移动产品的使用率，从而达到双赢的目的。美国的 AT&T 公司已于 2014 年 1 月推出"流量 800"业务，正式开始使用反向收费的计费方式；国内联通公司与搜狐视频等公司合作推出的"定向流量套餐"也出自类似的想法。

4. 打造智能管道，提供精细化流量服务

推动智能化管道建设是电信运营商实现流量经营的基础和保障。国内电信运营商的高管一直认为运营商未来要发展的是"用户可识别、业务可区分、流量可调控、网络可管理"、主动提升运营商价值的"智能管道"。要想转型为智能管道，要求运营商调整和发展以用户为导向的新业务。

作为数据信息的传递者，电信运营商本身只

是一个管道；转型为智能管道的驱动力在于其自身的一大优势，即可以获取每个用户的流量使用特征信息，并利用这些信息清晰地还原每个用户独特的形象，包括兴趣爱好、消费水平、消费意愿、消费渠道、生活圈子等。对用户的深入了解可以帮助电信运营商更好地服务用户，提升电信运营商自身的价值。

智能管道的核心在于利用用户信息发展有针对性的多业务，提供精细化的流量服务。在业务发展方面，电信运营商要具备个性化需求识别的能力，以用户为中心，智能识别消费场景和消费需求。通过分析用户不同的需求，电信运营商推出新型手机应用，从广度和深度上提高用户体验，从而真正实现科学化的流量经营。目前，电信运营制作的手机应用均无法和互联网企业的手机应用相抗衡。但是，在未来，电信运营商可以为自己的产品提供更多的便利，如建立一个聚合平台，向所有的音乐、视频、游戏等内容提供商免费开放，用户可以免流量下载这些内容，并获取符合自己兴趣的最新推送信息。这些新业务战略将增加用户的离网成本，有利于电信运营商培养用户忠诚度。在流量服务方面，电信运营商具备个性化匹配/分发的能力。采用灵活的资源分配和计费策略，按照忙闲时、业务类型、客户类型、终端类型、合作伙伴等维度进行分类，根据既定策略灵活提供传输资源、计算资源、存储资源、应用能力、通道能力和支撑能力，并且能够提供不同QoS优先级。

（二）运营商流量经营前景展望

数据流量发展的总体趋势是"高速增长"。以往语音、即时通信等业务带来的数据流量远不及视频、游戏、图片等流量带来的冲击大。随着智能终端的不断普及和新型移动业务平台的开发，数据流量的增长还将迎来新的高潮。例如，视频类业务会从内容分发发展到实时的视频监控、视频教育、视频医疗等领域，用户对移动视频业务的需求日益增大，也会相应地使用更多的数据流量。数据流量发展的这一趋势将不断对电信运营商的流量经营策略提出新的困难和挑战。目前，第五代移动通信技术（5G）也在研究中，反向收费的资费方式也由部分互联网巨头企业开始试行。未来，电信运营商将会以更加积极的态度参与同互联网企业和虚拟运营商企业的竞争。同时，流量经营策略也会朝着更加多样化、更加注重满足用户需求的方向发展。

参考文献：

[1] 喻文学. 如何做好移动互联网流量经营？[J]. 中国电信业，2012（8）.

[2] 张作凤. 运营商如何做好流量经营[J]. 移动通信，2012（7）.

[3] 蔡文君，杨巧霞. 流量经营要素分析及对业务支撑系统的要求[J]. 邮电设计技术，2014（2）.

[4] 曲振华. 智能管道内涵和关键技术研究[J]. 邮电设计技术，2012（3）.

[5] Brunetti J. A., Chakrabarti K., Ionescu-Graff A. M., et al. Open Network Quality of Service and Bandwidth Control: Use Cases, Technical Architecture, and Business Models [J]. Bell Labs Technical Journal，2011（9）.

[6] 赵慧玲，徐向辉，陈运清等. 智能管道构建思路探讨[J]. 电信科学，2011（9）.

[7] Ghosh A., Morita H. An Economic Analysis of Platform Sharing [J]. Journal of the Japanese and International Economies，2008（6）.

[8] 龚勉，王旭昊. 电信运营商流量经营现状及流量经营转型的策略研究[J]. 通信管理与技术，2012（7）.

[9] 宋杰，张敏. 国际运营商流量经营模式变革研究[J]. 电信科学，2012（2）.

[10] 全波，姚素丹. 移动互联网时代电信运营商流量经营探索[J]. 电信科学，2012（10）.

[11] Kimbler K., Taylor M. Value Added Mobile Broadband Services Innovation Driven Transformation of the "Smart Pipe" [C]. In. IEEE. Intelligence in Next Generation Networks (ICIN), 2012 16th International Conference, 2012.

[12] 张雨秋. 新型移动互联网发展趋势下的流量经营策略探析 [J]. 硅谷, 2013 (8).

[13] 陈志刚. 注意力运营是流量经营的本质 [J]. 中国电信业, 2012 (3).

[14] 邹洁, 倪俊, 黄安勇. 浅谈运营商流量经营之道 [J]. 产业研究, 2012 (9).

[15] 王斌. 从客户研究角度挖掘促进移动互联网流量经营的措施与手段 [J]. 电信科学, 2012 (10).

[16] 曹文先, 郑惠莉. 从需求价格弹性看运营商的流量经营 [J]. 江苏科技信息, 2013 (6).

[17] 李继兵, 徐子涵. 电信运营商流量价值经营探讨 [J]. 现代电信科技, 2013 (6).

[18] 陈丹. 流量经营发展趋势 [J]. 邮电设计技术, 2013 (6).

[19] 黄小刚. 手机上网弱势群体流量经营的"道"与"术" [J]. 中国电信业, 2013 (3).

[20] 陈志竞, 梁伯瀚. 数据挖掘助力精细化流量经营 [J]. 电信科学, 2012 (10).

[21] 马驰. 电信运营商如何进行流量经营 [J]. 电信技术, 2012 (9).

[22] 高娃. 流量经营问题及"三步走"策略 [J]. 中国电信业, 2013 (9).

(分报告执笔人：孟鑫，王一荻，北京邮电大学；指导人：何瑛，北京邮电大学)

第二部分 报告篇
——可持续发展报告

一　美国电话电报公司可持续发展报告（AT&T）
二　美国 Verizon 电信公司可持续发展报告（Verizon）
三　中国移动通信集团公司可持续发展报告（China Mobile）
四　德国电信公司可持续发展报告（Deutsche Telekom）
五　西班牙电信公司可持续发展报告（Telefónica）
六　英国沃达丰电信公司可持续发展报告（Vodafone）
七　中国电信集团公司可持续发展报告（China Telecom）
八　墨西哥美洲电信公司可持续发展报告（America Movil）
九　法国电信公司可持续发展报告（France Telecom）
十　中国联通公司可持续发展报告（China Unicom）
十一　英国电信集团可持续发展报告（BT Group）
十二　韩国"SK电讯"公司可持续发展报告（SK Telecom）

兰德尔·斯蒂芬森〔Randall Stephenson〕
AT&T 董事长兼首席执行官

兰德尔·斯蒂芬森，2007年被任命为AT&T董事长兼首席执行官。自上任后，斯蒂芬森带领着AT&T以世界一流的网络打造全美的无线服务市场，并使用户过亿，取得了瞩目成就。此外，AT&T也在一些新型的移动领域和云服务领域建立了领导地位。

兰德尔·斯蒂芬森的职业生涯于1982年开始于俄克拉荷马州的西南贝尔公司，2001~2004年担任AT&T的高级执行副总裁和财务总监，2004~2007年担任AT&T首席运营官，在2005年成为AT&T董事会成员。除了任职于AT&T之外，兰德尔·斯蒂芬森还担任美国主要企业CEO圆桌会议的主席，美国艾默生电器公司（Emerson）的董事会成员，美巡赛政策委员会成员以及美国童子军执行委员会成员。

美国 AT&T
公司 LOGO

  AT&T 是 American Telephone & Telegraph Company 的缩写，全称是"美国电话电报公司"。AT&T 的标志以代表地球的球体为主，并在上面加上了一圈圈线条，意味着地球被电子通信信号所环绕，也代表着 AT&T 致力为客户提供更广阔、更深入的服务，且业务遍布全球。环球图案中巧妙的高光和阴影的混合，以及蓝白为主的颜色搭配，给人一种透视感和信赖感，使标志的可识别性更强。

一　美国电话电报公司可持续发展报告（AT&T）

（一）公司简介

美国电话电报公司（American Telephone & Telegraph Company）是一家历史悠久的美国电信运营商，其前身是由电话发明人贝尔于1877年创建的美国贝尔电话公司。AT&T曾长期垄断美国长途和本地电话市场，在近30年曾多次经历分拆和重组，目前仍是美国最大的通信运营商。AT&T总部位于美国得州达拉斯惠塔克大厦，在纽约证券交易所上市（NYSE：T）。

AT&T的发展史就是一部不断分拆重组的历史。1877年，美国贝尔电话公司创建。1895年，贝尔公司将其正在开发的美国全国范围的长途业务项目分割，建立了一家独立的公司，称为美国电话电报公司（AT&T）。1899年，AT&T整合了美国贝尔的业务和资产，成为贝尔系统的母公司。1984年，美国司法部依据《反托拉斯法》拆分AT&T，分拆出一个继承了母公司名称的新AT&T公司（专营长途电话业务）和七个本地电话公司（大西洋贝尔、西南贝尔、西部贝尔、太平洋贝尔、南方贝尔、亚美达科和纽新公司），美国电信业从此进入了竞争时代。1995年，AT&T又从公司中分离出了从事设备开发制造的朗讯科技和NCR，只保留了通信服务业务。2000年后，AT&T先后出售了无线通信、有线电视和宽带通信部门，朗讯的移动部门Avaya单独上市。2005年，原"小贝尔"之一的西南贝尔以160亿美元的价格收购AT&T，合并后的企业继承了AT&T的名称。2011年斥资390亿美元收购德国电信旗下的T-Mobile，但未获得美国反垄断机构的许可。

目前，AT&T是美国最大的移动无线语音和数据通信服务供应商，也是仅次于日本电信电话株式会社的全球第二大电信运营商，其品牌价值高达779亿美元，在"2014年度Brand Z全球最具价值品牌百强排行榜"上排第8名。AT&T的业务主要分为四部分：无线、有线、广告和出版及其他，向全世界各行各业及其他电信服务供应商提供服务和产品。AT&T提供的服务和产品因市场而异，包括无线通信、本地交换服务、长途服务、数据/宽带和互联网服务、视频服务、通信器材、网络管理、批发服务和分类广告及出版。

截至2013年12月31日，AT&T的总资产为2777.87亿美元，股东权益为914.82亿美元。2013年，AT&T主营业务收入达到1288亿美元，较2012年增长1.0%，净利润为182.49亿美元，较2012年增长151.22%，每股基本盈余为3.39美元/股。2013年12月31日，AT&T收盘价为35.18美元，市盈率为10.38。AT&T与标普通信服务500指数、标普500指数的五年期累计投资回报对比，如图2-1-1所示。

（二）公司战略

1. 细分客户，以客户需求为导向

AT&T将移动客户划分为个人客户和企业客户。其中，个人客户业务主要包括移动通信、数字电视、互联网接入、家庭固话以及各类组合捆绑业务。

在移动通信方面：AT&T主要为客户提供移动通信服务以及基于移动通信的终端销售服务。

股票绩效图
AT&T、S&P 500 通信服务指数和 S&P 500 的 5 年总回报比较

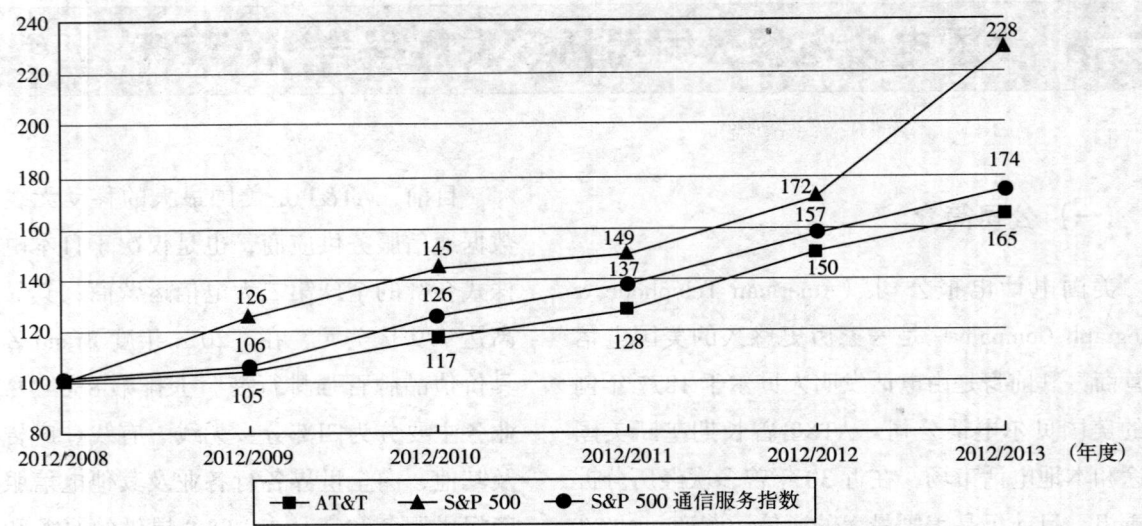

图 2-1-1 AT&T、标普通信服务 500 指数、标普 500 指数的五年期累计投资回报对比

注：该图假设于 2007 年 12 月 31 日，以 100 美元分别投资于 AT&T、标普通信服务 500 指数和标普 500 指数，并记录五年来三个投资对象的累计投资回报。

AT&T 为客户提供了丰富的终端种类和灵活多样的租机政策，并在此基础上提供个人、家庭、预付费、数据业务 4 大类共 27 种套餐，还为个人客户提供多种增值业务，内容涵盖娱乐休闲、生活辅助、教育学习等多个领域。

在数字电视方面：在光纤接入已覆盖区域，AT&T 为客户提供高清数字电视服务，客户使用相应套餐即可免费获得数字电视终端，并享受多达 390 个频道的高清数字电视服务；在光纤接入无法覆盖的区域，也提供超过 265 个频道的普通数字电视服务。

在互联网接入方面：AT&T 通过设计不同的上下行最大传输速率，推出了不同资费标准的业务，同时还向客户提供邮件、杀毒、上网保护等附加服务。客户可以通过上网保护，确保儿童远离不良网站的侵扰，并可以设置权限，控制儿童可以浏览的网站范围和内容。AT&T 还在全美部署了大量的 Wi-Fi 热点，覆盖了主要的酒店、机场、住宅区、连锁店和餐厅，只要是 AT&T 的客户都可申请使用，有线宽带客户还可利用账户密码直接登录。

在政企客户发展方面，AT&T 每年都投资大量资金用于发展企业客户，并侧重于应用和服务的提升。AT&T 的企业服务战略由网络、智能、应用基础架构、应用 4 个层面组成。在应用层面，AT&T 将政企客户分为小型商业用户和大型商业用户两大类，对前者主要提供综合通信解决方案、互联网接入、本地电话、长途电话、增值业务等；又将后者细分为企业用户、大宗业务用户和政府用户，在提供前者业务种类的基础上，根据不同用户的需求，组合不同的应用元素，提供定制化的服务。

2. 丰富的数据业务

在移动互联网的强劲发展下，数据业务已经成为 AT&T 收入的主要驱动力。2013 年，AT&T 的有线和无线业务中数据业务相关收入达 553.12 亿美元，占总收入的近 50%。在数据业务收入中，

移动数据业务收入占比不断增大，且增速明显，因此移动业务数据成为AT&T的重点发展方向。

在移动数据业务提供方面，AT&T仿照苹果的AppStore建立了自己的Media Mall媒体超市，提供包括铃声、游戏、应用软件、视频、图片、主题等在内的多种娱乐服务，用户可根据个人喜好选择自己感兴趣的服务种类。媒体超市的主页会及时更新最热门的各种信息，并在醒目位置给予标明，用户只需拥有一个账号，就可随时登录并下载自己需要的各类资源。

3. 多样的终端设备

在为用户提供丰富多彩的移动数据业务的同时，AT&T还与众多移动终端厂商建立了紧密的合作关系，如诺基亚、摩托罗拉、夏普、LG等。目前，AT&T定制的移动终端种类已达50余种，其中，与苹果的合作更是有效地提升了其市场竞争力。

2007年，AT&T开始与苹果公司独家合作，成为iPhone在美国的独家移动网络提供商。iPhone的引入不仅增加了AT&T的移动用户数和业务收入，而且iPhone强大的娱乐和互联网功能也改变了AT&T以往"大众品牌"的形象。近年来，AT&T还与Garmin公司结成合作伙伴关系，合作推出了一款具有无线连接功能的GP5终端，可以实时更新交通、天气、燃油价格等信息。该款终端的推出在业界尚属首例。为了更好地推动4G数据业务发展，AT&T未来计划开发更多的新兴移动网络终端，例如，将推出一款与亚马逊公司Kindle类似的电子书阅读器，还有一种移动导航仪也在研发之中，预计其可以使司机利用其网络收集实时的交通数据。

4. 引入互联网思维

AT&T推出了由企业付费、消费者可免费使用的"800"类业务，并为这一新业务取名为"Sponsored Data"，意为"赞助数据"。在该业务下，OTT服务商可为用户免费提供仅可用于其业务的数据流量，以免占用用户自己移动套餐内的流量限额。这一模式借鉴的是典型的互联网模式，即后向付费模式，通过免费业务吸引大量终端用户，并以其作为资本从企业获取收益。AT&T此举的意义不仅在于打破了同单个企业协商的零散合作模式，而且推出了后向付费平台，这意味着AT&T真正将互联网思维引入了数据业务领域。这将帮助企业通过网络为用户提供差异化的体验，从而改变企业传统的业务发展模式，并为AT&T带来新的盈利点。

（三）公司治理

良好的公司治理是创造符合道德要求和负责任的商业行为的基础，并且直接关系到企业的成功。AT&T认为做生意就跟做人一样重要，因此遵循诚实、正直和尊重的最高标准是AT&T向员工、客户、商业伙伴和股东做出的最重要的承诺。作为全球领先的电信企业，AT&T秉承高效透明的治理理念和合作共赢的发展态度，制定并通过了公司治理指引、董事委员会章程、企业道德准则等，以促进董事会及其委员会更好地履行其职能。

1. 董事会构成和选举

根据公司章程规定，董事会有权根据情况调整董事会规模和填补股东会议之间可能出现的职位空缺。董事会对规模大小的适当性定期进行评估，使董事会成员的数量范围为11~14名。公司治理和提名委员会接收来自其他董事或股东代理人的建议，推选出具有资格的董事会候选人，董事会则负责挑选获得提名的候选人加入董事会。

在评估候选人是否适合，董事会及公司治理

和提名委员会考虑到许多因素，包括：

（1）候选人对目前的商业环境中大型上市公司取得成功要素的大致了解。

（2）候选人对AT&T业务的了解。

（3）候选人的教育和专业背景。此外，董事会及公司治理和提名委员会还要对候选人的判断能力、工作经验、地理位置和特殊才能或个人特质的参与给予考虑，结合董事会多样化的人才需求进行定夺。在评估现任董事是否适合提名连任时，董事会及公司治理和提名委员会考虑董事的过往业绩，包括出席会议、参与和贡献、董事会活动等。当然，在提名和选举独立董事时，必须着重考虑董事的独立性。当成员达到72岁以上时，将不会批准被提名或连任。

2. 董事会责任

（1）监督公司运营。公司的业务及事项须在董事会根据特拉华州法律进行管理或监督下进行，以促进责任的确定及业务的有效开展。在履行这一职能时，董事会成员在必要和适当时有权利获取相关律师、会计师、审计师和其他专业顾问的意见。此外，董事会成员可在任何时间联络公司首席执行官，以讨论公司业务的任何方面。董事亦拥有对其他管理成员的完全访问权，包括内部法律顾问、内部审计和会计师，当然，应避免与管理层的过度频繁接触，以免对其工作造成干扰。

（2）出席会议。董事应出席董事会会议及董事委员会的年度会议，董事应投入适当的时间，以在会议前足够熟悉AT&T的相关业务及包括财务报表、资本结构、风险和竞争等在内的材料，以积极有效地促进会议开展。

（3）忠诚和道德。董事应遵守特拉华州的法律并对公司忠诚负责，按照企业道德准则的相关规定处理董事会的活动，特别是在处理公司证券交易、潜在的利益冲突、同业竞争等问题时要咨询律师。

（4）首席董事。首席董事应由非管理层董事委员选举，并任期两年。首席董事应担任非管理董事、董事会主席及行政总裁之间的主要联络人，首席董事应在董事会主席不能出席时主持董事会会议，并主持非管理层董事执行会议。首席董事有权召集非管理层董事会议，并须准备这些会议的会议议程。

3. 董事会委员会

董事会已成立下列主要委员会：审计委员会、企业发展及财务委员会、公司治理和提名委员会、执行委员会、人力资源委员会、公共政策和企业声誉委员会。每个委员会设有书面章程列明的责任、义务和权利，董事会可以根据适当的目的添加新的委员会或删除现有的委员会。治理和提名委员会、审计委员会和人力资源委员会至少由三名董事组成，以满足纽约证券交易所的上市标准。此外，审计委员会成员不得从AT&T接受除担任董事会或委员会费用以外的任何咨询、顾问或其他补偿费。

4. 董事会的年度绩效评估

公司治理和提名委员会应通过正式的调查或其他适当方式领导董事会进行年度自我评估，以确定董事会及其委员会是否有效运作。各委员会应至少每年进行一次自我评估，将结果报告提交给公司治理和提名委员，并向董事会做进一步报告，每个委员会的评估应根据委员会的性能及其书面章程的规定进行。

5. 企业道德准则

按照美国证券交易委员会和纽约证券交易所的要求，AT&T制定并通过了以下企业道德准则，要求公司全体董事、高级管理人员和员工应熟悉本规范，并遵守这些规定的行为准则和程序：

（1）鼓励诚实和道德的行为，包括进行公平交易和在利益冲突中的道德处理。

（2）鼓励全面、公正、准确、及时和易于理解的信息披露。

（3）鼓励符合适用法律和政府法规和规章。

（4）确保本公司的合法商业利益，包括对企业机会、资产和机密信息的保护，制止犯罪。

6. 股权结构

截至 2013 年 12 月 31 日，AT&T 发行在外普通股股数为 5226316175。其中，前 10 名的股东如表 2-1-1 所示。

表 2-1-1   2013 年 12 月 31 日 AT&T 前 10 名持股股东

股东名称	直接持股数量	占已发行普通股比例（%）
VANGUARD GROUP INC	258192215.00	4.94
STATE STREET CORP	236368354.00	4.52
EVERCORE TRUST COMPANY, N.A.	228922496.00	4.38
BARCLAYS GLOBAL INVESTORS UK HOLDINGS LTD	142189335.00	2.72
BANK OF NEW YORK MELLON CORP	73286516.00	1.40
NORTHERN TRUST CORP	73064364.00	1.40
BLACKROCK FUND ADVISORS	63016205.00	1.21
CAPITAL RESEARCH GLOBAL INVESTORS	60611810.00	1.16
PRICE T ROWE ASSOCIATES INC/MD/	48076904.00	0.92
BLACKROCK GROUP LTD	41050311.00	0.79

（四）市场概览

1. 整体市场概况

（1）收入增长能力。2013 年，AT&T 实现营业收入 1287.52 亿美元，比 2012 年增长 1.03%。2013 年和 2012 年的营业收入增长主要是由于无线数据业务和设备销售收入的增长，反映出无线用户选择智能手机的比例在不断提高。在有线数据收入中，住宅客户 U-verse 业务及战略业务收入的增长也推动了总体收入的上升。但是这些增长还是被持续两年下降的固网语音收入所抵消，同时由于出售广告解决方案部门，使 2013 年的销售收入下降 1049 美元，2012 年的销售收入下降 2244 美元。2013 年与 2012 年收入对比如图 2-1-2 所示，2009 年以来，AT&T 的收入变化如图 2-1-3 所示。

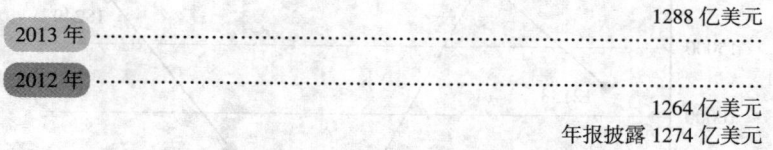

图 2-1-2   AT&T 近两年收入对比

2013 年，AT&T 的收入增长驱动因素主要来自无线服务、有线数据和信息管理服务，这三大驱动因素产生的收入占总收入的 83%，各部分的收入贡献如图 2-1-4 所示。

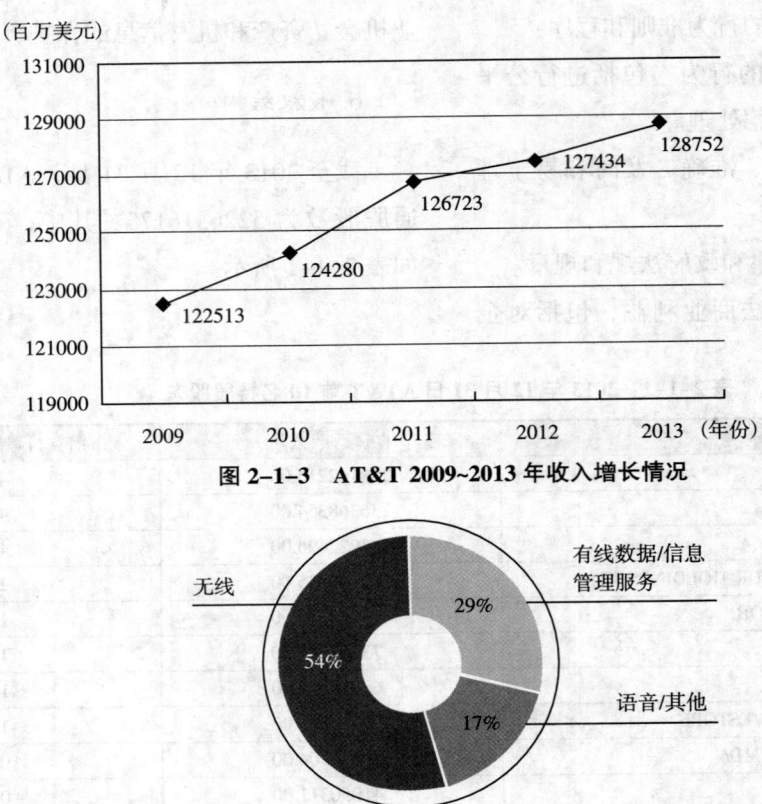

图 2-1-3　AT&T 2009~2013 年收入增长情况

图 2-1-4　2013 年 AT&T 收入驱动因素

（2）盈利能力增长。2013 年，AT&T 实现净利润 182.49 亿美元，比 2012 年增长 151.23%。2013 年利润的大幅增长主要得益于无线数据业务利润的持续增长，以及 U-verse 和战略业务服务利润的增加，这些增长部分抵消了传统语音和数据服务的利润下降，以及无线设备成本和 U-verse 成本的增长。与此同时，AT&T 的每股盈余也有了大幅提升，2013 年 AT&T 的 EPS 为 3.39 美元。自 2009 年以来，AT&T 的收入变化如图 2-1-5 所示，近两年来 AT&T 的 EPS 增长情况如图 2-1-6 所示。

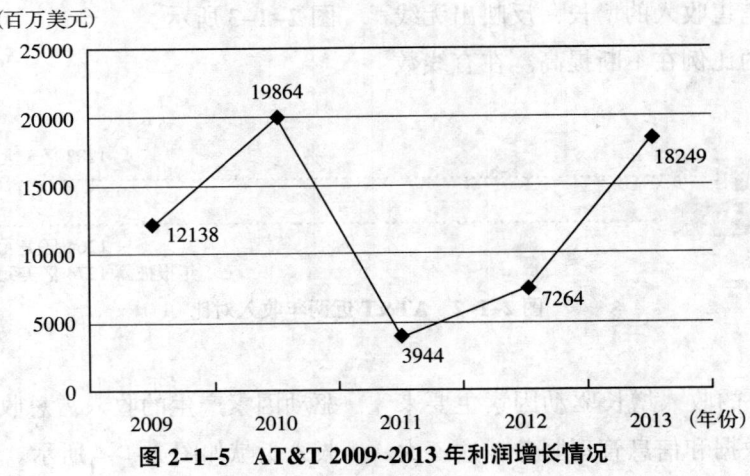

图 2-1-5　AT&T 2009~2013 年利润增长情况

图 2-1-6 AT&T 近两年 EPS 增长情况

2. 国内市场发展情况

AT&T 在全美 22 个州提供广泛的无线语音和数据服务，具体包括无线通信、本地交换服务、长途服务、数据/宽带和互联网服务、视频服务、通信器服务、网络管理、批发服务等。AT&T 拥有全美最可靠的 4G LTE 网络，网络覆盖范围达 2.8 亿人。在 AT&T 的智能手机用户中，超过一半的用户拥有 LET 设备，77%的用户使用 4G 网络，预计到 2014 年将完成 LTE 技术部署，使更多人能够使用 4G LTE 网络。

3. 国际市场发展情况

作为全球领先的电信运营商，AT&T 为全球几乎每一个国家和地区的客户提供广泛的国际语音和数据服务，在全球六大洲有数以百万计的 AT&T 为之服务的企业和跨国经营公司。AT&T 提供的语音业务覆盖超过 225 个国家，数据业务覆盖超过 210 个国家，并在超过 170 个国家提供超快速的 3G 网络服务。AT&T 的客户还可以在部分国家享受 4G LTE 网络，AT&T 是第一家也是唯一一家推出 LTE 国际漫游业务的美国运营商。此外，AT&T 的客户还可以在超过 250 个主要邮轮享受语音和数据服务。

（五）业务概览

AT&T 根据不同产品和服务所依赖的技术平台，将业务分为四大战略业务单元，分别是无线业务部、有线业务部、广告出版业务部和其他业务部，其中，广告出版业务部于 2012 年 8 月出售给 Cerberus 资本管理的子公司，剩下的三个部门各自分别构成一个报告分部。

1. 无线业务部

无线业务部是 AT&T 最重要的业务部门，为用户提供无线接入、移动设备、4G LTE、Wi-Fi 等服务。2013 年，无线业务分部实现营业收入 698.99 亿美元，约占总收入的 54%，同比 2012 年，上升 2 个百分点；实现利润 178.48 亿美元，占 2013 年总业务利润的 76%，同比 2012 年，上升 6 个百分点。2011~2013 年无线业务部的收入情况如表 2-1-2 所示。

表 2-1-2 2011~2013 年 AT&T 无线业务部收入情况

单位：百万美元

	2013 年	2012 年	2011 年	百分比变动	
				2013 vs 2012	2012 vs 2011
部门营业收入					
数据	21719	18297	$14861	18.7%	23.1%
语音、短信和其他服务	39833	40889	41865	(2.6)	(2.3)
设备	8347	7577	6489	10.2	16.8
部门营业收入合计	69899	66763	63215	4.7	5.6

续表

	2013年	2012年	2011年	百分比变动	
				2013 vs 2012	2012 vs 2011
部门营业成本					
运营和支撑	44508	43296	41282	2.8	4.9
折旧和摊销	7468	6873	6329	8.7	8.6
部门营业成本合计	51976	50169	47611	3.6	5.4
部门营业利润	17923	16594	15604	8.0	6.3
附属公司权益变动损益	(75)	(62)	(29)	(21.0)	—
部门利润总额	17848	16532	15575	8.0%	6.1%

在用户数量方面，截至2013年12月31日，AT&T共有约11040万无线用户，同比2012年增长3.2%。传统无线市场的成熟继续限制行业用户群的增长速度，2013年，无线业务用户的增速使总用户增速减低了1.4%，而2012年则降低了13%。用户数净增速度的放慢主要是由于低收益用户的减少，使用户流失率较高。2011~2013年无线用户数变化如表2-1-3所示。

表2-1-3　2011~2013年AT&T无线业务部用户数

单位：千

	2013年	2012年	2011年	百分比变动	
				2013 vs 2012	2012 vs 2011
无线用户					
后付费智能手机用户	51874	47076	39376	10.2%	19.6%
后付费功能手机和数据设备用户	20764	23421	29933	(11.3)	(21.8)
后付费用户	72638	70497	69309	3.0	1.7
预付费用户	7384	7328	7225	0.8	1.4
经销商	14028	14875	13644	(5.7)	9.0
连接设备	16326	14257	13069	14.5	9.1
无线用户合计	110376	106957	103247	3.2	3.6
净增用户					
后付费用户	1776	1438	1429	23.5	0.6
预付费用户	(13)	128	674	—	(81.0)
经销商	(1074)	1027	1874	—	(45.2)
连接设备	2032	1171	3722	73.5	(68.5)
净增用户合计	2721	3764	7699	(27.7)%	(51.1)%
总客户流失率	1.37%	1.35%	1.37%	2 BP	(2) BP
后付费客户流失率	1.06%	1.09%	1.18%	(3) BP	(9) BP

2. 有线业务部

2013年，有线业务部营业收入为588.14亿美元，约占总收入的46%，相比2012年下降1个百分点；利润为62.71亿美元，占2013年总业务利润的27%，同比2012年下降4个百分点。有线业务部通过地区、国家和全球网络，为消费者和企业客户提供数据和语音通信服务、U-verse高速宽带、视频、网络管理等服务。2011~2013年有线业务部的收入情况如表2-1-4所示。

表 2-1-4 2011~2013 年 AT&T 有线业务部收入情况

单位：百万美元

	2013 年	2012 年	2011 年	百分比变动	
				2013 vs 2012	2012 vs 2011
部门营业收入					
数据	33593	31841	29548	5.5%	7.8%
语音	20333	22614	25121	(10.1)	(10.0)
其他	4888	5118	5480	(4.5)	(6.6)
部门营业收入合计	58814	59573	60149	(1.3)	(1.0)
部门营业成本					
运营和支撑	41638	41207	41361	1.0	(0.4)
折旧和摊销	10907	11123	11615	(1.9)	(4.2)
部门营业成本合计	52545	52330	52976	0.4	(1.2)
部门营业利润	6269	7243	7173	(13.4)	1.0
附属公司权益变动损益	2	(1)	(2)	—	—
部门利润总额	6271	7242	7171	(13.4)%	1.0%

在 AT&T 的宽带接入、转换接入线路和其他服务中，宽带接入数量基本保持不变，U-verse 的用户增量明显，但是消费者语音连接和转换接入线路服务的用户数却在大幅下滑，2011~2013 年的用户数量如表 2-1-5 所示。

表 2-1-5 2011~2013 年 AT&T 有线业务部用户数

单位：千

	2013 年	2012 年	2011 年	百分比变动	
				2013 vs 2012	2012 vs 2011
U-verse 高速互联网用户	10375	7717	5224	34.4%	47.7%
DSL 和其他宽带连接用户	6050	8673	11203	(30.2)	(22.6)
有线宽带连接用户合计	16425	16390	16427	0.2	(0.2)
U-verse 视频连接用户合计	5460	4536	3791	20.4	19.7
零售用户交换接入线路数	12403	15707	18952	(21.0)	(17.1)
U-verse 用户网络电话连接数	3848	2905	2278	32.5	27.5
零售用户语音接入合计	16251	18612	21230	(12.7)	(12.3)
交换接入线路					
零售消费者	12403	15707	18952	(21.0)	(17.1)
零售商	10364	11484	12750	(9.8)	(9.9)
零售合计	22767	27191	31702	(16.3)	(14.2)
批发合计	1626	1775	1978	(8.4)	(10.3)
交换接入线路合计	24639	29279	34054	(15.8)%	(14.0)%

3. 其他业务部

其他业务部包括 AT&T 对美洲移动和 YP 控股的股权投资，以及支持公司的活动和运作的成本，也包括在各个经营分部不会进行评估的内容，如对养老金和退休福利计划的利息费用及预期收益。其他业务板块 2013 年的收入占 AT&T 收入的不到 1%，由于部分营运开支超过了收入，因而近两年来都发生了净亏损，2011~2013 年 AT&T 其他业务部收入情况如表 2-1-6 所示。

表 2-1-6　2011~2013 年 AT&T 其他业务部收入情况

	2013 年	2012 年	2011 年	百分比变动	
				2013 vs. 2012	2012 vs. 2011
部门营业收入合计	39	49	66	(20.4)%	(25.8)%
部门营业成本合计	1336	1065	5077	25.4	(79.0)
部门营业亏损	(1297)	(1016)	(5011)	(27.7)	79.7
附属公司权益变动损益	715	815	815	(12.3)	—
部门利润总额	(582)	(201)	(4196)	—	95.2%

（六）经营和财务绩效（见表 2-1-7）

表 2-1-7　AT&T 2011~2013 年度经营与财务业绩比较一览表

单位：百万美元

年份	2013	2012	2011
收入	128752	127434	126723
总资产	277787	272315	270344
EBITDA	50112	32026	28628
EBITDA 率（%）	38.92	25.13	22.59
净利润	18249	7264	3944
净利润率（%）	14.17	5.70	3.11
总资产报酬率（ROA）（%）	6.57	2.67	1.46
净资产报酬率（ROE）（%）	19.95	7.84	3.73
资本性支出（CAPEX）	20944	19465	20110
CAPEX 占收比（%）	16.27	15.27	15.87
经营活动净现金流	34796	39176	34648
每股经营活动净现金流（美元/股）	6.48	6.75	5.84
自由现金流（FCF）	13852	19711	14538
自由现金流占收比（%）	10.76	15.47	11.47
销售现金比率（%）	27.03	30.74	27.34
资产现金回收率（%）	12.53	14.39	12.82
EVA	-3241	-14077	-17199
EVA 率（%）	-1.33	-5.88	-7.23
每股盈利（EPS）（美元/股）	3.39	1.25	0.66
每股股利（DPS）（美元/股）	1.81	1.77	1.73
股利支付率（%）	53.39	141.60	262.12
主营业务收入增长率（%）	1.03	0.56	1.97
总资产增长率（%）	2.01	0.69	0.69
净利润增长率（%）	151.23	84.18	-80.14
经营活动现金流增长率（%）	-11.18	12.76	-0.99
每股盈余增长率（%）	171.20	89.39	-80.36
资产负债率（%）	67.07	65.96	60.87
流动比率（%）	66.28	71.43	74.78
利息保障倍数	8.05	4.03	2.90

续表

年份	2013	2012	2011
总资产周转率	0.46	0.47	0.47
固定资产周转率	1.16	1.16	1.24
坏账发生率（%）	3.60	4.14	6.06
折旧与摊销	18395	18143	18377
股息	9696	10241	10244
内部融资额	26948	15166	12077
折旧摊销率（%）	14.29	14.24	14.50
付现成本率（%）	62.04	75.56	78.22
营销、一般及管理费用率（%）	22.07	32.23	30.65

（七）内控与风险管理

1. 内部控制

AT&T 的内部控制主要由审计委员会负责，根据公司董事会的决议，AT&T 的审计委员会需要协助董事会监督公司以下几个方面的内容：

（1）委员会应与管理层负责高级内部审计主管的任命和更换，并须每年评估其表现。

（2）委员会应与高级内部审计主管检查内部审计部门及管理部门的重要报告。

（3）委员会应与高级内部审计主管、独立核数师及内部审计部门确定各自的职责，对来年的内部审计计划进行财务预算和人员配备。同时，审计委员会每年召开会议的次数不得少于 6 次，且委员会成员需要定期与公司高级内部审计主管和独立核数师谈话。委员会召开会议或者采取任何行动后，需要尽快向董事会报告。此外，委员会每年都需要对自身的业绩进行评估，并向公司治理和提名委员会报告。

具体内控措施包括：

（1）委员会应取得并审阅由独立审计师编制的审计报告，包括独立审计师的内部质量控制程序，在最近一次的内部质量控制审查或同行评议中发现的任何重大问题，以及应对此类问题采取的措施。

（2）委员会应评价独立审计师的资质、业绩和独立性，在此过程中要考虑管理层和内部审计主管的意见。

（3）委员会应和公司管理层审查和讨论公司的主要财务风险，以及未来检测和控制这些问题已经采取的措施，包括公司的风险评估和风险管理政策。

（4）委员会应定期与管理层、独立审计师讨论与会计准则和财务报表演示相关的任何重大问题，包括在会计政策和会计估计方面的任何重大变化，以及内部控制和审计方面的重大问题。

2. 风险管理

企业在经营过程中会面临很多风险，AT&T 将这些风险进行分类，并分别制定了风险应对策略，以降低风险对企业造成的不利影响。

（1）市场风险及风险管理。AT&T 面临的市场风险主要包括利率变化和汇率变化带来的风险。这些风险和其他经营风险对 AT&T 的资本成本会产生较大影响。为了优化资本成本、控制财务风险，维持长期的财务灵活性，需要对债务结构及外汇风险进行管理。在管理市场风险上，AT&T 根据成文的政策和程序而使用衍生工具，包括利率掉期、利率锁定、外汇合约、外币组合利率合约（交叉货币掉期）等，并且不使用衍生品进行交易或投机用途。

AT&T的大多数金融工具是中期和长期固定利率债券，利率的变化会导致这些金融工具的公允价值大幅波动。在管理利息成本时，AT&T主要通过利率掉期来控制固定和浮动利率债务组合。此外还建立了利率风险限额，通过测量债务和利率衍生品构成的投资组合的利率敏感性来控制风险。AT&T还通过交叉货币掉期将所有的外币债务从固定利率外币交换为固定利率美元，并通过利率锁定以部分对冲增加基准利率的风险。

AT&T面临的外汇风险主要来源于外国子公司和对外国子公司的股权投资，主要涉及发行的外币债务、外国投资收取股息及其他收入和支出等。在预期其他以外币计价的交易中，AT&T通常通过订立外汇远期合约来获取固定的外币利率。对于特定风险的评估，AT&T使用了敏感度分析，以确定市场风险对企业金融工具的公允价值及经营业绩的影响。

（2）其他风险因素及风险管理。除市场风险之外，AT&T面临的其他可能会超出控制范围，并会造成重大影响的风险因素包括：

1）AT&T向美国和世界各地的消费者和企业提供服务和产品，在当前经济复苏缓慢的情况下，消费者正在改变他们的购买习惯以应对萧条的经济条件和技术进步。如果不能及时回复处理这些变化的客户需求，AT&T很可能会感受到更大的定价和利润率压力，对业务发展造成重大不利影响。

2）医疗费用、美国证券市场及利率的进一步不利变动可能会大大增加AT&T的福利计划成本。

3）全球金融市场的不利变化可能会限制企业以及企业的大客户进入资本市场或增加企业所需经营资金的能力。

4）现有技术的变化会加剧行业竞争和增加企业的资本成本。

5）联邦、州以及外国政府法规和监管制度的变化可能会对企业产生重大不利影响。

6）无线服务业务的持续增长将依赖于持续获得足够的频谱、新技术的部署和为客户提供更有吸引力的服务。

7）无线业务日益激烈的竞争可能对AT&T的经营业绩造成不利影响。

8）有线业务运营成本的增加可能会对有线业务运营利润率造成不利影响。

9）VIP项目的持续成功将取决于AT&T的U-verse服务和无线活动的发展；有吸引力且可盈利的宽带和视频服务产品；监管、特许经营费和适用于这一创新的扩建要求的程度；提供合理的条款和条件，以及提供此类产品的各种技术的可用性和可靠性。

10）不利的诉讼或政府调查结果可能需要AT&T付出较大代价或导致经营程序更加复杂。

11）设备故障、自然灾害、电脑黑客和恐怖袭击的出现会对业务造成不利影响。

（八）人力资源发展

1. 员工多元化构成

AT&T 137年不断创新的历史是一个关于社会各个阶层和各种背景的人一起奋斗的故事，因此AT&T具有多元化和包容性的文化，欢迎具有不同观点的人加入，使AT&T成为一个伟大的工作场所，一个适宜的贸易伙伴，以及所服务社区的忠实成员。AT&T的员工、客户和股东都从这种包容性的文化中受益。2013年底，AT&T共有员工243360人，其中，女性员工占比36%，有色员工占比40%，均高于全国平均水平。

2. 员工培训及职业发展

AT&T帮助员工成长，并鼓励他们按照自己想要的职业道路发展。2013年,AT&T在员工学习和职业发展项目总投资额超过2.8亿美元,该项目的成功也被Chief Learning Officer Magazine报道,AT&T 2011年和2013年在该杂志的学习精英排名中均荣获第1名。此外,AT&T还投资近250万美元对管理层和非管理层员工进行学费援助。

相关员工培训及职业发展项目包括:

(1) AT&T大学。AT&T大学成立于2008年,帮助各个管理层加速增长,促进创新和发展领导力,成为AT&T开发创新力和人才培养的大本营。

(2) AT&T与成功相连。该项辅导方案被设计用来连接管理者和员工,培养管理层与员工的辅导关系,并为包括女性和有色人种在内的所有人创造领导力提升培训机会。

(3) AT&T的职业发展资源中心。这个虚拟的资源中心为所有员工提供制定战略和学习技能,以使他们保持优秀的业绩。

(4) 职位申请。管理层和非管理层员工都可以根据整个公司发布的招聘信息进行职位申请,重新成为一名应聘者。

(5) 持续的技能培训。AT&T在全球范围内都会给员工提供全面的培训。AT&T为包括客户呼叫中心和零售销售、商务呼叫中心和直销、网络工程及直销在内的所有员工提供成千上万的课程。2013年,AT&T的所有员工完成了超过20万个小时的培训,平均每名员工培训77个小时。

(6) 学费补助计划。AT&T为管理层和非管理层中提升学历的员工提供财政援助,2013年,AT&T的学费计划帮助超过9000名员工,其中41%为女性,近57%是有色人种。

(7) 社会化媒体的反向辅导计划。该计划开始于2010年,以通过社会化媒体连接政府官员和企业高层领导,这些团队从事社交对话并探讨AT&T如何改善社会化媒体的高层应用。

3. 员工福利计划

在AT&T,几乎所有的员工都享受非缴费型养老金和死亡福利计划,新聘请的管理人员参加的是现金余额养老金计划,其他管理人员参加的是传统的养老金和冷冻现金余额的退休金计划。非管理层员工的退休金福利一般都使用两个公式计算:根据职业分类,每年基于一个不变的金额或基于一个初始现金余额协商的年度退休金进行计算。此外,大多数非管理层员工可以选择一次性付款或年金方式领取退休金福利。此外,AT&T还为退休员工提供医疗、牙科及人寿保险等福利。

4. 确保员工安全

AT&T目标是为所有员工提供一个安全和健康的工作场所,这是AT&T"环境、健康和安全政策"(EH&S)的一个重要方面。AT&T通过预防职业伤害、疾病和工作场所事故以保护员工,一方面,AT&T为所有员工提供特定工作的EH&S培训,根据每个员工的培训记录确保所有员工完成全部课程;另一方面,在事故发生时,AT&T根据政策迅速响应并有效保护和救治员工。AT&T要求员工报告所有工伤、疾病和意外事故,通过调查这些事件来寻找机会实现流程的改进。对于美国区业务,2013年,AT&T的可记录总工伤事故和职业病率为1.75%,这个比率低于劳动统计局最新公布的电信行业平均水平2%。

(九) 企业社会责任

1. 人和社区

以人为本,AT&T认为人对社区和企业是最重要的。这也是AT&T经营137年来的核心信念之一,并将永远是企业的核心信念。正是因为这一信念的存在,AT&T的员工、客户和所服务的社区不断强大。AT&T 一直致力于构建更好的人文环境和社区环境服务，主要体现在教育、退伍军人、多元化和员工激励四个方面。2013 年以来，AT&T 在"人与社区"领域取得的新成就如图 2-1-7 所示。

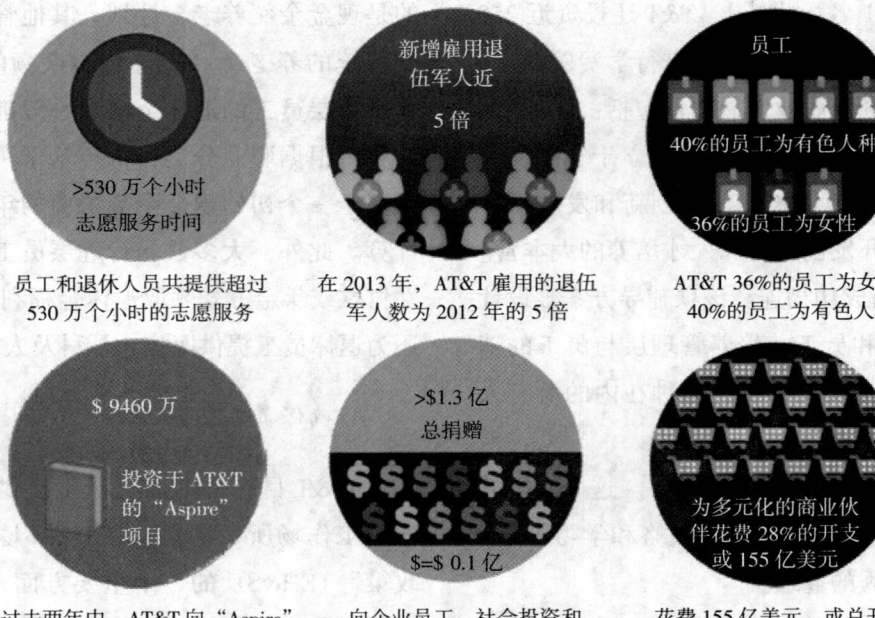

图 2-1-7　2013 年 AT&T 在人与社区领域取得的成就

（1）教育帮助。投资于教育，以培养受过良好教育的劳动力，可能是 AT&T 帮助美国在全球数字经济下保持领导者地位能做的最重要的事情。因此教育一直是 AT&T 一个多世纪以来优先考虑的社会投资方向，为此 AT&T 推行了一个名为"Aspire"的项目。目前，大约有 1/5 的学生与同龄人相比没有高中毕业。通过"Aspire"，AT&T 希望帮助更多的学生高中毕业，上大学并进行就业，努力帮助学生在学校、工作和生活中获得成功。作为 AT&T 的主要慈善活动，"Aspire"项目预计在 2008~2017 年投入 3.5 亿美元，以试图提高高中毕业率，在 2020 年使毕业率达到 90%。此外，AT&T 还鼓励员工通过"Aspire Mentoring Academy"活动来指导有辍学风险的学生，预计到 2016 年实现一百万小时的累计指导目标。

（2）退伍军人招聘。军人及其家属为国家做出了巨大的贡献，并经常在退伍时期面临挑战。退伍军人招聘一直是 AT&T 在招聘程序中的长期承诺，并在 2013 年 11 月扩大了先前的目标，使得 2013 年 AT&T 聘请的退伍军人比 2012 年多了近五倍，并致力于在未来五年雇用 1 万名退伍军人及其家属。

（3）员工及供应链多元化。AT&T 相信，企业的成功来自于员工，多元化和包容性的工作环境将有利于公司的业务、员工、客户、投资者和社区。在多元化的员工队伍下，AT&T 可以更好地了解客户的不同需求，从而为客户提供更具针对性的产品和服务。目前，在 AT&T 50 个州的员工中，有36%的员工为女性，40%的员工为有色人种。在管理层中有37%为女性，超过领先科技公司32%的平均值。在管理层中有33%为有色人种，远高于全国22%的平均标准。

多元化管理还体现在供应链上，AT&T认为多元化的供应链能够为企业带来不同的视角、技能和创意，从而提高公司业务成功的可能性。因此，AT&T在购买少数族裔、妇女和伤残退伍军人拥有的商业企业的材料和服务时，注重提高他们的整体参与性，同时也鼓励这些商业伙伴在供应商多元化参与计划中拥有企业分包的机会。2013年，AT&T在这一项目上投资155亿美元，占公司总支出的28%以上。

（4）员工激励。AT&T拥有超过240万名员工。如果他们每个人都选择多做一件既能够提升自己又对团体或者公司有利的事情，这些事情汇集起来将会对AT&T产生重大的影响，这就是"Do One Thing"计划。在"DOT"计划下，AT&T员工积极地去做对自己和公司有利的事情，如每天骑自行车上下班，利用和重复使用容器携带午餐，这些事情虽然简单，但却能让公司员工理解可持续发展的含义，并对公司的声誉有利。

2. 环境

如何连接七十亿人口的世界，而又不抑制支持这一切的自然环境的能力——这是一项艰巨的，但同时又令人兴奋的挑战。AT&T正在从能源管理、水资源节约、清洁运输和供应链影响四个方面进行努力，2013年以来AT&T在环境领域取得的新成就如图2-1-8所示。

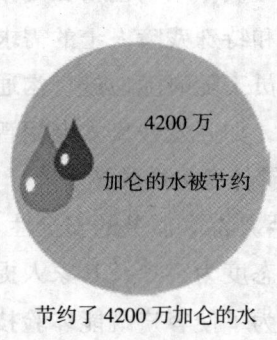
节约了4200万加仑的水

在2013年4467项节能项目中共节约400万美元的能源

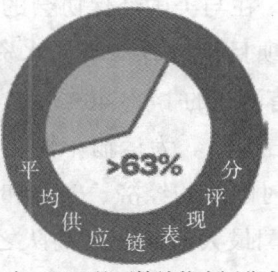
在AT&T的可持续能力评分中达到顶级供应商的占63%以上

大约450万台手机被重复利用或回收

487000磅手机电池和配件被回收

通过配置8230辆替代燃料车辆避免了购买460万加仑的无铅汽油

图2-1-8　2013年AT&T在环境领域取得的成就

(1) 能源管理。资源的有效利用不仅对公司的盈利能力有利，通常也会降低公司对环境的影响。但是能源管理也是复杂的，可以在整个组织触及多个业务单位。考虑到这一点，AT&T 在过去的几年里已经建立了一个强大的能源效率计划，用三管齐下的方法来解决能源管理问题：全公司的能源效率，协作和替代能源。2010~2013 年，AT&T 通过实施超过 18800 项能源效率项目实现节省超过 1.91 亿美元。

(2) 水资源节约。相比于其他资源，水资源相对比较便宜，然而具有讽刺意味的是，我们简直不能没有它，它对生态健康、社区活力和业务运营都极其重要。预计到 2030 年，由于气候变化影响水供应，人们对水的需求将增长 40%，因此水的成本费用肯定会发生改变。AT&T 公司正在努力减少用水，使公司免受水资源短缺和水成本上升的困扰。在与美国环保协会的合作中，通过进行多年的项目探讨冷却塔的水资源利用问题，并发现其中有潜在的 14%~40%的水资源节省空间。

(3) 清洁运输。为运输车辆寻找更清洁高效的供能方法对国家的经济、安全和环境发展很重要。作为全国最大的商业运输队之一，AT&T 致力于寻找更高效清洁的供能方法。2009 年，AT&T 设定了一个目标，预计到 2018 年投资达 5.65 亿美元以部署 15000 辆替代燃料车辆。这些替代燃料车辆将使公司在 2014 年和随后使用的每一年都减少购买近 600 万加仑的无铅汽油。

(4) 供应链影响。AT&T 的供应链是由制造、销售、服务等行业的企业构成的大型生态系统，从手机到网络设备和办公用品无所不包。AT&T 每年对数万直接供应商的开销达数百亿美元，因此当谈到可持续发展时，AT&T 认为应以供应链为契机，扩展 AT&T 的愿景和活动，以通过双方的影响力放大效应。多年来，AT&T 从提高认识，到促进问责制，再到促进行动的开展不断促进项目发展。未来 AT&T 将继续重点培养符合可持续发展的合同管理人员，使他们能够直接对供应商产生积极影响，并将继续把可持续发展的条款作为合同的一部分，以简化和标准化的报告努力打造全行业的解决方案。

3. 科技

科技是使画在一张餐巾纸上的愿望实现的路径，也是 AT&T 公司发展的核心。通过不断创新提升科技的领先水平，AT&T 在创造无限可能的世界。2013 年，AT&T 在科技领域取得的成就如图 2-1-9 所示。

(1) 提高可使用性。人们有各种各样的通信需求，信息和通信技术产业在为满足这些需求提供可接入的产品和服务方面有着重要作用。AT&T 致力于通过提供一系列创新和可接入设备满足各种年龄阶段和特殊残障人士的需求，从而帮助所有的客户和员工随时随地进行沟通，方便他们的生活和工作，如开发残疾人专用智能手机和软件使他们也能够体验尖端的技术。

(2) 确保产品和服务的安全性。AT&T 以安全和负责任的态度为客户及其家人提供有保障的产品和服务。为了使客户既能体验技术优势，同时又能避免安全隐患，AT&T 开展了多种安全计划，包括安全教育活动，为移动电话和媒体内容提供家长控制功能，并与非营利组织和政府机构合作，对客户进行安全使用指导。

(3) 用技术解决环境和社会挑战。企业经营面临着日益复杂的经济、社会和技术环境挑战。信息和通信技术（ICT）解决方案——包括硬件、软件与宽频和无线技术，能够让个人和企业做出更节能的选择，减少对环境的影响。AT&T 与 Carbon War Room 合作完成了一份报告，提出机器对机器（M2M）技术产业转型的重点，并减少 90 亿吨温室气体排放。AT&T 还与智能城市理事

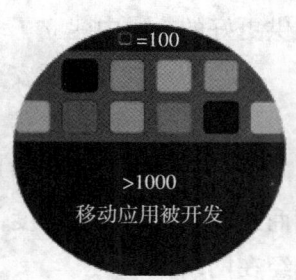

图 2-1-9　2013 年 AT&T 在科技领域取得的成就

会制定了准备指南,通过移动连接、强大的应用平台和创新解决方案来创建智能的、可持续发展的城市。

(十) 前景展望

电信业正迅速地从固定位置服务和面向语音的服务,演变成一个被客户的即时通信需求和数据服务需求所驱动的行业。为此,企业的产品、服务和计划要随之改变,逐渐过渡到复杂的、高速的、基于 IP 的产品服务。为了满足这些新的需求,企业还需重新设计网络,以利用相关技术的效率优势。2013 年,AT&T 的收入和利润都实现了增长,在全球经济依然低迷的背景下,这样的成绩体现出 AT&T 拥有优秀的企业团队。为了在 2014 年有更好的业绩表现,AT&T 将从以下几个方面努力:

1. 扩展 VIP 项目

目前,AT&T 正在不断扩展 VIP 项目,提高网络的速度和稳定性,为建设下一代创新计划做准备。VIP 项目由几项无线和有线项目组成,到 2014 年底,AT&T 将扩大 4G LTE 网络,使其在美国的覆盖人数达到 3 亿人。预计到 2015 年,AT&T 将部署超过 10000 个新的宏观站点、超过 1000 的分布式天线系统和超过 40000 的蜂窝系统。同时,AT&T 还将扩大和加强有线 IP 网络覆盖和光纤网络覆盖,到 2015 年底,使有线 IP 网络覆盖到 75% 的客户,光纤网络覆盖企业用户数增加 100 万个。

2. 虚拟化网络功能

视频已经成为网络流量一个庞大而快速增长的部分——从娱乐到用户生成内容、会议和商务应用等。因此,AT&T 正在迅速建造和优化网络以满足视频需求。与此同时,AT&T 正在引领行业发展,虚拟化越来越多的网络功能,让软件而不是硬件成为网络基础设施的心脏。这样做有利于削减开发时间,使新产品更快地推向市场。而最重要的是，这将有利于企业为客户提供更好的服务。

3. 提升运营透明度，保护用户隐私

用户对企业的信任是企业进行一切商业活动的基础，为了保护用户隐私，AT&T 已经在网络中建立了多层次的信息安全保护措施，致力于成为透明安全的运营商。为了使用户更加清晰地了解自己信息的被使用情况，AT&T 计划发布关于对客户信息的请求数量透明报告，从而提升运营的透明度，增强用户对 AT&T 的信任。

附件一：AT&T 财务报告（2013 年）

1. 合并资产负债表

单位：百万美元（每股数据除外）

	12月31日	
	2013年	2012年
资产		
流动资产		
现金和现金等价物	3339	4868
应收账款净值（2013年坏账483，2012年坏账547）	12918	12657
预付款项	960	1035
递延所得税资产	1199	1036
其他流动资产	4780	3110
流动资产合计	23196	22706
物业、厂房和设备净值	110968	109767
商誉	69273	69773
牌照	56433	52352
客户名单关系净值	763	1391
其他无形资产净值	5016	5032
子公司股权投资	3860	4581
其他资产	8278	6713
资产合计	277787	272315
负债和所有者权益		
流动负债		
一年内到期的债务	5498	3486
应付账款和应计负债	21107	20494
预收账款和客户存款	4212	4225
应交税费	1774	1026
应付股利	2404	2556
流动负债合计	34995	31787
长期负债	69290	66358
递延信贷和其他非流动负债		
递延所得税负债	36308	28491
退休福利义务	29946	41392
其他非流动负债	15766	11592

续表

	12月31日	
	2013年	2012年
递延信贷和其他非流动负债合计	82020	81475
所有者权益		
普通股（每股1美元，2013年12月31日和2012年12月31日批准140亿股，2013年12月31日和2012年12月31日发行6495231088股）	6495	6495
资本公积	91091	91038
留存收益	31141	22481
库存股（2013年12月31日1268914913股，2012年12月31日913836325股，以历史成本计价）	(45619)	(32888)
累计其他综合利润	7880	5236
少数股东权益	494	333
所有者权益合计	91482	92695
负债及所有者权益合计	277787	272315

2. 合并损益表

单位：百万美元（每股数据除外）

	2013年	2012年	2011年
营业收入	128752	127434	126723
营业成本			
服务和销售成本（不含折旧和摊销）	51464	55228	54904
销售、一般及管理费用	28414	41066	41314
无形资产减值准备	—	—	2910
折旧和摊销	18395	18143	18377
营业成本合计	98273	114437	117505
营业利润	30479	12997	9218
其他收入（费用）			
利息费用	(3940)	(3444)	(3535)
子公司净利润中所占权益	642	752	784
其他收入（费用）净值	596	134	249
其他收入（费用）合计	(2702)	(2558)	(2502)
税前利润	27777	10439	6716
所得税费用	9224	2900	2532
净利润	18553	7539	4184
减：归属于少数股东的净利润	(304)	(275)	(240)
归属于AT&T的净利润	18249	7264	3944
归属于AT&T的基本每股盈余	3.39	1.25	0.66
归属于AT&T的稀释每股盈余	3.39	1.25	0.66

3. 合并现金流量表

单位：百万美元

	2013 年	2012 年	2011 年
营业活动			
净利润	18553	7539	4184
将净利润调节为经营活动现金流量净额			
折旧和摊销	18395	18143	18377
子公司股权投资未分配盈余	(324)	(615)	(623)
坏账准备	954	1117	1136
递延所得税费用	6242	1747	2929
资产减值及出售净损益	(492)	(19)	(89)
无形资产减值准备	—	—	2910
养老金及退休福利计划的精算损失	(7584)	9994	6280
经营资产和负债变动			
应收账款	(1329)	(1365)	(1164)
其他流动资产	412	1017	(397)
应付账款及应计负债	(152)	1798	(341)
退休福利基金	(209)	—	(1000)
其他净额	330	(180)	2541
调整总额	16243	31637	30559
经营活动现金流量净额	34796	39176	34743
投资活动			
筹建及资本支出			
资本性支出	(20944)	(19465)	(20110)
筹建期间利息费用	(284)	(263)	(162)
并购现金流入	(4113)	(828)	(2368)
准备金	1923	812	1301
销售证券净值	—	65	62
子公司的返还垫款和投资	301	—	—
其他	(7)	(1)	27
投资活动现金流量净额	(23124)	(19680)	(21250)
筹资活动			
三个月内短期借款变动净额	20	1	(1625)
发行其他短期借款	1476	—	—
偿还其他短期借款	(1476)	—	(28)
发行长期债务	12040	13486	7936
偿还长期债务	(7698)	(8733)	(7574)
发行其他长期融资合同	4796	—	—
购买库存股	(13028)	(12752)	—
发行库存股	114	477	237
分配股利	(9696)	(10241)	(10172)
其他	251	89	(423)
筹资活动现金流量净额	(13201)	(17673)	(11649)
现金及现金等价物增减净额	(1529)	1823	1844
年初现金及现金等价物	4868	3045	1201
年末现金及现金等价物	3339	4868	3045

附件二：AT&T 大事记

AT&T 的前身是由电话发明人贝尔于 1877 年创建的美国贝尔电话公司。

1885 年 3 月 3 日，AT&T（美国电话电报公司）成立，最初是经营、扩展美国贝尔电话公司及其他小公司的长途业务。

1899 年 12 月 30 日，AT&T 收购了美国贝尔的业务和资产，成为贝尔系统（Bell System）的母公司。

1984 年 1 月 1 日，美国联邦法院颁布的《最终修正案》规定 AT&T 剥离资产，公司的本地电话业务被拆分出去，重新组建了 7 个子公司，分别是：大西洋贝尔、西南贝尔、西部贝尔、太平洋贝尔、南方贝尔、亚美达科和纽约公司。

1995 年 9 月 20 日，AT&T 宣布其分为三个公司：一个"新的"AT&T（提供通信业务）、朗讯技术有限公司（提供通信系统和技术）和 NCR 公司（集中商务密集型计算机业务）。此次战略重组于 1996 年 12 月 31 日全部完成。

1998 年，AT&T 收购有线电视巨头 Tele-Communications 公司。

1999 年，AT&T 收购 Media One Group，成为全美最大的有线电视公司。

2000 年 10 月 25 日，AT&T 公布了今后两年内一分为四的改组计划。根据它所经营的业务，成立的 4 家新公司分别是 AT&T 商业服务公司、AT&T 消费者服务公司、AT&T 无线通信服务公司和经营有线电视业务及互联网接入服务的 AT&T 宽带公司。

2001 年 7 月，AT&T 将 1994 年创建的 AT&T 无线公司剥离出去，使它成为一家独立的公司。当时，AT&T 持有 AT&T 无线服务公司 9100 万股股票，约占 AT&T 无线服务公司股票总额的 3.6%。

2002 年 11 月，AT&T 再次卖掉其电缆部门。

2002 年 11 月 18 日，AT&T 卖掉了公司最有希望的 AT&T 宽带。

2004 年，Cingular 以 410 亿美元收购 AT&T 无线，成为美国头号移动运营商。

2005 年，西南贝尔（SBC）合并了 AT&T 和原来 4 个小贝尔公司，重新命名为 AT&T；同年 Verizon 收购 MCI，美国重新出现通信业双巨头的局面。

2006 年 3 月 5 日，AT&T 与南方贝尔宣布合并计划，同年 12 月 30 日，美国联邦通信委员会（FCC）全票通过 AT&T 对南方贝尔的收购。

2007 年 1 月 8 日，AT&T 宣布对南方贝尔的收购正式完成，新 AT&T 成为全球第一大电信公司。

2007 年 5 月，AT&T 以 3 亿美元的价格向 Clearwire 公司出售教育宽带服务频谱和宽带无线服务频谱。出售频谱作为 AT&T 收购南方贝尔的一个批准条件。

2007 年 11 月，AT&T 斥资约 25 亿美元收购了多布森通信公司（Dobson Communications Corporation）。

2008 年，AT&T 合计出资 6.63 亿美元收购了 Easterbrooke Cellular Corporation、Windstream Wireless、WayportInc 以及 Edge Wireless 64% 的股份，其中包括 4.49 亿美元的商誉。AT&T 收购这些公司旨在扩大其无线 Wi-Fi 覆盖面积。

2008 年 4 月，AT&T 将 Berry 公司的独立业务线分部出售给了 Local Insight Regatta Holdings 公司，这家公司是 Local Insight Yellow Pages 公司的母公司，售价为 2.3 亿美元。

2010 年 6 月，AT&T 出资 23.76 亿美元从 Verizon 收购了无线属性，包括 FCC 牌照和网络资产。这项资产原为前 Alltel 无线资产，曾跨越 18 个国家在 79 个服务领域向 160 万用户提供服务。

2010年8月，AT&T以约14亿美元的价格将Sterling Commerce（Sterling）的附属公司出售给IBM。Sterling提供业务应用程序和集成解决方案，在全球约有18000个客户。

2010年12月，AT&T完成了对Centennial的收购。截至2010年12月31日，收购的Centennial的公允价值总计包括15.18亿美元的商誉、6.55亿美元的FCC牌照和4.49亿美元的客户名单和其他无形资产。

2010年12月，AT&T同意出资约19.25亿美元从高通公司（Qualcomm）购买700MHz以下频段的频谱牌照。该频谱在全国覆盖超过3亿人口，其中700MHz以下的D和E块频谱的12MHz在最大的15个大都市地区覆盖超过0.7亿人口，700MHz以下的D块频谱的6MHz在美国其他地区覆盖超过2.3亿人口。一旦AT&T开发兼容手机和网络设备，则AT&T计划使用载波聚合技术，部署该频谱作为下行容量的补充。该交易还有待监管部门的批准和其他成交惯例条件。在2011年2月，根据《哈特—斯科特—罗迪诺法案》（Hart-Scott-Rodino Act）的等待期满，司法部门未提出额外的信息要求。AT&T和高通公司的交易将在2011年下半年交易完成。

2011年3月，AT&T宣布斥资390亿美元收购T-Mobile美国，但收购失败。

2011年4月，墨西哥工业巨头ALFA宣布收购AT&T在墨西哥电信运营商Alestra中所持有的49%的股权，以实现对Alestra的完全控股，同年7月，ALFA完成该收购。

2011年6月，AT&T宣布斥资3.2亿美元收购肯沃基公司（Convergys）公司旗下位于俄亥俄州辛辛那提地区的两个无线业务单元，进一步扩展服务范围。同年7月，AT&T完成该收购。

2011年12月，监管部门批准了AT&T对高通公司无线频谱的购买，AT&T完成收购。

2012年4月，AT&T宣布同意将其黄页业务，包括AT&T广告解决方案部门（AT&T Advertising Solutions）与AT&T互动部门（AT&T Interactive）以9.50亿美元的价格出售给博龙资产管理有限公司（Cerberus Capital Management，L.P.）的一个附属公司。被出售的两个部门将组成一家新公司——YP Holdings LLC，根据交易条款，AT&T还将获得该公司47%的股权。同年5月，AT&T完成此项出售。

2013年1月25日，AT&T宣布将斥资7.8亿美元收购美国乡村无线运营商Atlantic Tele-Network旗下的Alltel品牌无线业务。

2013年1月25日，AT&T宣布将以19亿美元的现金和至少5个市场的Advanced Wireless Services频谱授权收购Verizon无线的700MHz B频谱资源，以支持AT&T继续快速部署4G LTE服务以满足日益增长的移动互联网需求。

2013年10月13日，AT&T与无线网络服务商冠城国际（Crown Castle International）达成协议，冠城国际将以48.5亿美元购买约600座无线通信塔并独有约9100座无线通信塔加权平均28年的租赁和使用权。

洛威尔·迈克亚当（Lowell C. McAdam）
Verizon 董事长兼首席执行官

洛威尔·迈克亚当，59 岁，Verizon 的董事长兼首席执行官。2011 年 8 月 1 日，麦克亚当当选 Verizon 通讯公司 CEO，2012 年 1 月 1 日当选董事局主席。

自 2010 年 10 月至成为 CEO 之前，麦克亚当担任总裁兼首席营运官，并负责本公司的网络基础运营业务——Verizon 无线、Verizon 电信业务和商业以及 Verizon 共享服务业务运营。在此之前，麦克亚当在 Verizon 无线公司担任重要管理职务，帮助 Verizon 无线发展成行业领先的无线提供商，2007 年至 2010 年 10 月，他是 Verizon 无线总裁。在 Verizon 无线成立前，麦克亚当先生曾担任 PrimeCo 个人通信的首席执行官。

自 2003 年开始，麦克亚当一直是 Verizon 无线公司的代表董事局的成员，2007 年成为 Verizon 无线的总裁兼首席执行官，并从 2010 年 9 月开始担任 Verizon 无线董事长。

美国 Verizon
公司 LOGO

  Verizon 由两个词语"Veritas"（拉丁语里的 Truth）和"Horizon"（时空）拼缀而成，包含确定性和可靠性的意思，它的发音与 Horizon 相押韵，标志着富有前瞻性和远见。

二　美国 Verizon 电信公司可持续发展报告（Verizon）

（一）公司简介

Verizon 通讯公司（Verizon Communications，简称 Verizon），是全球领先的宽带和电信服务提供商，是美国目前最大的无线通信提供商和本地电话交换公司，也是全世界最大的印刷黄页和在线黄页信息提供商，是道琼斯 30 种工业平均指数之一。公司总部位于纽约市，在纽约证券交易所和纳斯达克上市（NYSE：VZ，NASDAQ：VZ），提供的主要业务分为电信业务、移动通信、话音业务、数据业务以及黄页等其他多种业务，同时，其旗下的 Verizon 无线是美国最大的无线通信服务提供商。Verizon 非常重视用户服务质量，尤其是用户申诉的解决，公司设有用户服务中心，负责有效和快速解决所有用户申诉问题。目前，公司在美国、欧洲、亚洲、太平洋等全球 45 个国家经营电信及无线业务，还在全球 150 多个国家，为 99% 的《财富》500 强企业客户提供综合业务解决方案。在《财富》500 强 2014 年排名中，Verizon 的排名由 2013 年的第 48 位上升至第 42 位，位列电信行业第 2 位。

Verizon 的前身是 Bell Atlantic（大西洋贝尔），是 1983 年 AT&T 分拆的七个小贝尔之一。1997 年大西洋贝尔与另一家小贝尔 NYNEX 合并，随后在 2000 年收购 GTE（通用电话电子，美国当时最大的本地电话交换公司），并改名为现在的 Verizon。

截至 2013 年 12 月 31 日，Verizon 实现营业收入 1205.5 亿美元，实现净利润 235.47 亿美元，基本每股盈余为 4.01 美元，2013 年 12 月 31 日，Verizon 的收盘价为 46.87 美元，市盈率为 11.69，年末总资产为 2740.98 亿美元，净资产为 954.16 亿美元。此外，将 Verizon 的投资收益率与标准普尔 500 电信服务指数以及标准普尔 500 指数进行对比，结果如图 2-2-1 所示。

（二）公司战略

1. 通过融合解决方案不断增长

近年来，Verizon 一直致力于转型成为一家满足数字经济需求的公司，得益于 Verizon 此前稳定的技术投资，当前很少有公司可以与 Verizon 世界级的无线和宽带网络的覆盖范围和能力相抗衡。通过自建和收购的方式，Verizon 已经建立了能够满足用户需求的综合解决方案的能力。

通过 Verizon Terremark，公司运营着一些世界上最先进的数据中心，并为企业客户提供先进设备和最先进的云计算服务。当前，Verizon 为企业提供安全服务，这对未来的移动商务和云计算是至关重要的。此外，预计至 2020 年，全球范围内对"Connected Cars"的需求量为 1.5 亿辆，而 Verizon 的 Telematics 是"Connected Cars"业务的领导者，处于新兴的机器对机器市场（Machine-to-machine）的最前沿。未来，Verizon 将会充分利用这些资产作为解决方案的重要补充，促进企业的发展。

2. 以用户为中心的文化

自 2014 年起，Verizon 将全资持有当前全美最大的无线业务提供企业 Verizon 无线。同时，

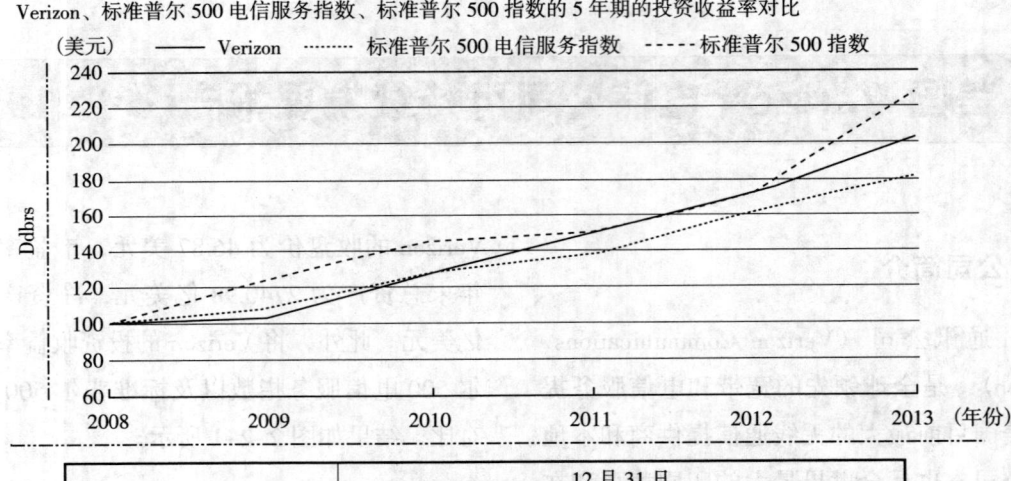

Verizon、标准普尔500电信服务指数、标准普尔500指数的5年期的投资收益率对比

以美元计价的数据点	12月31日					
	2008年	2009年	2010年	2011年	2012年	2013年
Verizon	100.0	103.8	127.9	151.3	171.2	202.8
标准普尔500电信服务指数	100.0	108.9	129.6	137.8	163.0	181.4
标准普尔500指数	100.0	126.5	145.5	148.6	172.3	228.0

图2-2-1 Verizon、标准普尔500电信服务指数、标准普尔500指数的投资收益率对比

注:假设2008年12月31日的三种方式的初始投资都为100美元。

Verizon在平台、解决方案等方面也有着很强的实力,但Verizon认为无论自己的愿景多崇高,能否建立一个持久的公司还是主要依靠用户,Verizon的信条是:"我们能够运营,是因为我们的客户重视我们高品质的通信服务。"因而,Verizon一直致力于为包括年轻人、残疾人和老人等范围广泛的客户提供安全和方便的产品和服务。为完成上述目标,一方面,Verizon采用了一套1987年开始使用的,但是和现今产品设计进行整合的通用设计准则;另一方面,Verizon严格要求公司员工将上述信条转化为行动,致力于完成承诺,获取用户的忠诚度。

(三) 公司治理

1. 股权结构

截至2013年12月31日,Verizon发行的流通股总数为28.62亿股,机构持股占大部分,其中第一大股东为美国先锋集团,持股14.08亿股,占比4.92%,其前20名大股东持股数量及占比如表2-2-1所示。

表2-2-1 Verizon前20名大股东持股数量及占比

股东名称	直接持股数量	占已发行普通股比例(%)
VANGUARD GROUP INC	140862928.00	4.92
STATE STREET CORP	122719496.00	4.29
CAPITAL RESEARCH GLOBAL INVESTORS	100624002.00	3.52
BARCLAYS GLOBAL INVESTORS UK HOLDINGS LTD	78249051.00	2.73
CAPITAL WORLD INVESTORS	66074036.00	2.31
WELLINGTON MANAGEMENT CO LLP	58743593.00	2.05

续表

股东名称	直接持股数量	占已发行普通股比例（%）
FMR LLC	43200768.00	1.51
NORTHERN TRUST CORP	41635941.00	1.45
BANK OF NEW YORK MELLON CORP	40171648.00	1.40
JPMORGAN CHASE & CO	39650020.00	1.39
BLACKROCK FUND ADVISORS	28243665.00	0.99
BANK OF AMERICA CORP/DE/	24730305.00	0.86
PRICE T ROWE ASSOCIATES INC/MD/	24102482.00	0.84
BARROW HANLEY MEWHINNEY & STRAUSS LLC	23793444.00	0.83
BLACKROCK GROUP LTD	22850433.00	0.80
MASSACHUSETTS FINANCIAL SERVICES CO/MA/	22539355.00	0.79
GEODE CAPITAL MANAGEMENT, LLC	21157869.00	0.74
AMERIPRISE FINANCIAL INC	18818142.00	0.66
BLACKROCK ADVISORS LLC	18613988.00	0.65
TIAA CREF INVESTMENT MANAGEMENT LLC	18068079.00	0.63
合计	954849245.00	33.36

2. 董事会结构

Verizon董事会由11名成员组成，董事长为洛威尔·迈克亚当（Lowell C. McAdam），这个强大而独立的董事会对公司的高级管理人员及一般雇员进行监督，以确保公司行为能够在长期为股东利益最大化服务。

Verizon董事会下设4个专门委员会，每个专门委员会的职责、组织和运作程序在董事会议事规则中均有规定，专门委员会根据其职责向董事会提出意见和建议，并根据董事会的授权进行有利于董事会的研究。

（1）审计委员会。审计委员会的主席是唐纳德·T.尼古拉森（Donald T. Nicolaisen），其成员还包括M. Frances Keeth、Clarence Otis Jr.和Gregory D. Wasson。审计委员会的职责包括监督公司的会计和财务报告、内部控制系统，独立核数师的任职资格（包括独立审计师的独立性）和表现、公司内部审计职能的表现以及公司对于法律和监管要求的遵守情况。该委员会还负责独立审计师的工作任命、薪酬、辞退和监督工作。

为了充分发挥这项监督职能，审计专门委员会应有权在专门委员会的职责范围内对任何事宜进行调查，只有这样才有充分的机会对本公司的记录、员工和独立会计师事务所进行监督。

（2）公司治理和政策委员会。公司治理和政策委员会由5名成员组成，主席是M. Frances Keeth，公司治理和政策委员的职责包括确定个人成为董事会成员的任职资格以及在下届股东周年大会提名董事候选人。该委员会向董事会就董事委员会的结构和组成提出建议，并就公司治理事宜给出建议，包括上市公司治理准则。该委员会还负责监督公司的政策和与慈善捐款、环境、监管事务、机会平等、多样性相关的合规流程。

此外，委员会应当有全权雇用和终止该委员会认为适当的顾问，包括任何协助专门委员会确定董事候选人的猎头公司，并批准有关顾问的相关费用及保留条款。公司须支付任何由专门委员会雇用顾问所产生的成本。

（3）金融委员会。金融委员会由3名独立董事组成，主席是Richard L. Carrión，该委员会的职责是协助董事会监管金融资源和公司的财务风险管理。与监督职能相一致，委员会有权调查任何在该委员会职责范围内的事项，并在此过程中，有充分接触公司记录和员工的权限。该委员会有权审查和批准公司进行掉期的决策。

（4）人力资源委员会。人力资源委员会由4名成员组成，主席是 Clarence Otis Jr.，该委员会的职责是决定董事会关于公司高级管理人员的薪酬、监督公司的继任计划和管理发展活动。该委员会还审查并向全体董事会建议非雇员董事的薪酬和利益。

此外，该委员会在适当的时候有雇用和终止薪酬顾问、法律顾问及其他顾问的权力，以协助其执行委员会的职责。在选择一个顾问或者律师之前，该委员会应考虑所选人员和机构是否满足法律要求、是否符合证券交易所上市标准以及是否是独立等。该委员会还应当有全权批准相关费用及设定保留条款，应在职责范围内有权对任何事宜进行调查。当委员会认为适当时，应有权形成和委托任何责任小组委员会履行职责。

（四）市场概览

依据经营和管理的战略业务单元，Verizon 的市场主要包括两类：无线市场和有线市场。2013年，Verizon 无线市场和有线市场的营业收入分别为 810.2 亿美元和 392.2 亿美元，在总收入中的占比结构如图 2-2-2 所示。

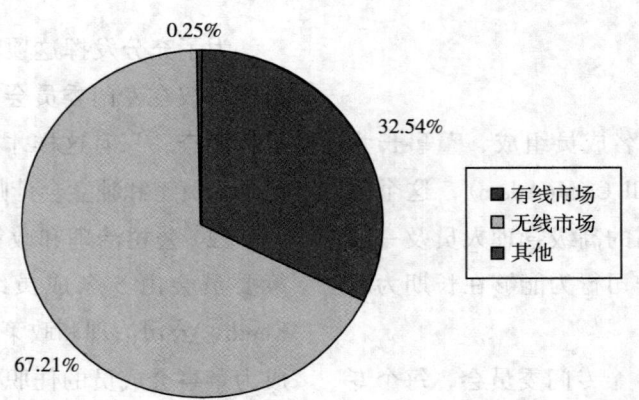

图 2-2-2　Verizon 市场营业收入构成

1. 无线市场

无线业务是 Verizon 最主要的业务，由其子公司 Verizon 无线经营。从 2000 年 Verizon 无线成立时起，Verizon 已经为其投资超过 800 亿美元，几乎每年投资 60 亿美元，将 Verizon 无线打造成为覆盖范围和传输能力首屈一指的全国性网络，并为客户提供创新服务，提高他们的生产率和生活质量。Verizon 无线主要提供无线语音和数据服务，其他增值服务及设备销售也广泛覆盖美国，使 Verizon 无线成为美国使用最广泛的无线网络之一。

在美国，Verizon 无线公司是第一个建设和大规模运营 4G LTE 的公司，当前其拥有全美最大的 4G LTE 网络，网络覆盖率在美国也遥遥领先，其已覆盖了 99% 的 3G 网络区域、美国 97% 的人口（约 3.05 亿人）。4G 用户的数据消费能力明显高于其他用户，截至 2013 年底，网内 69% 的数据流量是通过 4G LTE 网络传送的。2013 年 9 月 2 日，随着 Verizon 和沃达丰达成股份回购的协议，Verizon 以 1300 亿美元的价格收购了沃达丰持有的 Verizon 无线 45% 的股权，至此，Verizon 持有

Verizon 无线 100%的股权，在未来将带来更大的灵活性，使其可在无线领域的新技术创新展开投资，从而进一步促进无线市场的发展。

此外，为加快业务发展，2013 年 11 月 Verizon 无线开设了首个体验店，以不同的生活方式区域划分，希望借助体验式营销帮助用户发现最新的无线设备、配件和服务。

2. 有线市场

Verizon 有线向客户提供包括语音、宽带视频和数据、网络接入、长途在内的其他服务。这部分客户包括住宅、小型客户、运营商。同时也提供面向全球大中型企业和政府客户的下一代 IP 网络服务和通信解决方案。当前，Verizon 有线的用户包括美国及其他 150 个国家的个人消费者、运营商、大中小型企业和政府客户。

在美国，Verizon 公司还设有先进的宽带骨干网络，为客户提供光纤技术，能够直接为住宅家庭和小型企业提供 300 兆的容量。对于住宅用户而言，Verizon 的 FIOS 是美国最大的 100%的光纤到户网络，为客户提供全国最快、最稳定和最可靠的互联网服务，以及最佳质量的电视图像。根据美国市场调研机构 Informitv 的调查数据显示，美国国内部分运营商的有线电视付费用户出现了一些增长。截至 2013 年底，Verizon 旗下宽带用户数逾 900 万，同比增加 2.5%，FiOS 高速互联网业务净增用户抵消了 DSL 宽带流失的用户数。Verizcn 共发展了 610 万 FiOS 互联网用户，FiOS 视频连接数为 530 万条，同比分别增长 11.9%和 11.3%。46%的 FiOS 互联网消费者用户订购了 FiOS Quantum 业务，即提供 50M~500M 比特/秒的高速互联网业务，环比提升 5 个百分点。对于大型企业而言，Verizon 公司是一个全球性的 IP 领导者，经营着世界上连接最广泛的公共互联网骨干网，为客户提供解决方案，让客户安全地连接到世界各地。

当前，Verizon 正加大宽带网的升级规模，上年将 33 万个家庭由原有的铜线网迁移到了光网，超过了此前制定的 30 万家庭的目标。到今年底，在 FiOS 光网覆盖的区域，Verizon 旗下仍待迁移的铜线宽带家庭剩余不足 100 万户。固网业务部门还在加快部署创新型的云安全、M2M 等固网和无线解决方案，但全球企业业务和批发业务收入均出现了不同程度的下滑。

（五）业务概览

Verizon 的业务主要分为无线业务和有线业务，其中无线业务是最主要的业务，其收入占比、EBITDA、净利润等方面远高于有线业务。

1. 无线业务

Verizon 的无线业务主要由子公司 Verizon 无线提供，从营业收入来看，2013 年无线业务的总收入为 810.23 亿美元，较 2012 年增长了 51.55 亿美元，同比增长为 6.8%，其中业务收入为 690.33 亿美元，同比增长 8.3，具体如表 2-2-2 所示。

表 2-2-2　Verizon 无线业务的收入概况

单位：百万美元

截至 12 月 31 日	2013 年	2012 年	2011 年	增加/减少			
				2013 vs 2012		2012 vs 2011	
无线业务零售服务	66334	61440	56660	4894	8.0%	4780	8.4%
其他服务	2699	2293	2497	406	17.7	(204)	(8.2)
服务收入	69033	63733	59157	5300	8.3	4576	7.7
设备和其他	11990	12135	10997	(145)	(1.2)	1138	10.3
营业收入合计	81023	75868	70154	5155	6.8	5714	8.1

从营业利润和EBITDA来看，2013年度无线业务的营业利润为259.97亿美元，同比增长19.4%，营业利润率为32.08%。EBITDA为341.99亿美元，同比增长15.0%，EBITDA利润率达49.5%，具体如表2-2-3所示。

表2-2-3 Verizon无线业务营业利润和EBITDA概况

单位：百万美元

截至12月31日	2013年	2012年	2011年	增加/减少			
				2013 vs 2012		2012 vs 2011	
分部营业利润	25997	21768	18527	4229	19.4%	3241	17.5%
加上折旧和摊销成本	8202	7960	7962	242	3.0	(2)	—
分部EBITDA	34199	29728	26489	4471	15.0	3239	12.2
分部营业利润率	32.1%	28.7%	26.4%				
分部EBITDA率	49.5%	46.6%	44.8%				

此外，2013年Verizon新增410万零售无线用户（不包括并购和调整），至2013年底，零售无线连接数为1.028亿，同比增加4.7%，其中9680万为后付费连接。截至2013年底，Verizon旗下的零售后付费账户为3510万个，平均每个账户接入2.8个连接，同比增加4.5%。零售后付费用户中70%使用智能手机，环比提高3个百分点。Verizon此前推出了数据共享套餐，允许多名用户共享一个账户。截至2013年底，Verizon后付费零售用户中10.7%使用了共享套餐。Verizon为此专门启用了全新的统计指标——ARPA（平均每个账户的消费），用以取代此前的ARPU（平均每位用户的消费）。后付费零售业务ARPA为153.93美元，2012年和2011年分别为144.04美元和134.51美元，呈逐年上升态势，主要原因是智能手机普及率不断提升，且每账户接入的连接数持续增加。2013年后付费用户的智能手机激活率为86%，2012年为77%。2013年第四季度零售无线业务离网率为1.27%。

2. 有线业务

Verizon提供的有线业务包括语音、数据和视频电话等产品，另外还为用户提供包括宽带视频和数据、公司网络解决方案、数据中心、云服务、网络安全和管理服务、本地和长途语音服务等增值服务。Verizon有线的用户包括美国及其他150个国家的个人消费者、运营商、大中小型企业和政府客户。从营业收入来看，2013年有线业务的总收入为392.23亿美元，较2012年减少了6亿美元，同比减少1.4%。营业收入的减少主要原因在于FiOS服务和战略服务收入增加而对全球企业核心和全球零售业务的抵消作用，具体如表2-2-4所示。

表2-2-4 Verizon有线业务的营业收入概况

单位：百万美元

截至12月31日	2013年	2012年	2011年	增加/减少			
				2013 vs 2012		2012 vs 2011	
消费者零售	14737	14043	13606	694	4.9%	$437	3.2%
小型企业	2591	2659	2731	(68)	(2.6)	(72)	(2.6)
大众市场	17328	16702	16337	626	3.7	365	2.2

续表

截至12月31日	2013年	2012年	2011年	增加/减少			
				2013 vs 2012		2012 vs 2011	
战略服务	8420	8052	7575	368	4.6	477	6.3
全球企业核心	6283	7247	8047	(964)	(13.3)	(800)	(9.9)
全球企业	14703	15299	15622	(596)	(3.9)	(323)	(2.1)
全球批发	6714	7240	7973	(526)	(7.3)	(733)	(9.2)
其他	478	539	750	(61)	(11.3)	(211)	(28.1)
营业收入合计	39223	39780	40682	(557)	(1.4)	(902)	(2.2)

从营业利润和EBITDA方面来看，2013年有线业务的营业利润为3.73亿美元，营业利润率为1.0%。EBITDA为87亿美元，同比增长2.5%，EBITDA利润率为22.2%，与2012年持平，预计这一指标在2014年度会出现增长，具体如表2-2-5所示。

表2-2-5 Verizon有线业务的营业利润和EBITDA概况

单位：百万美元

截至12月31日	2013年	2012年	2011年	增加/减少			
				2013 vs 2012		2012 vs 2011	
分部营业利润	373	60	959	313	nm	(399)	(93.7)%
加上折旧和摊销费用	8327	8424	8458	(97)	(1.2)%	(34)	(0.4)
分部EBITDA	8700	8484	9417	216	2.5	(933)	(9.9)
分部营业利润率	1.0%	0.2%	2.4%				
分部EBITDA率	22.2%	21.3%	23.1%				

（六）经营和财务绩效（见表2-2-6）

表2-2-6 Verizon 2011~2013年经营与财务业绩比较一览表

单位：百万美元

年份	2013	2012	2011
收入	120550	115846	110875
总资产	274098	225222	230461
EBITDA	48550	37466	35330
EBITDA率	40.27%	32.34%	31.86%
净利润	23547	10557	10193
净利润率	19.53%	9.11%	9.20%
总资产报酬率（ROA）	8.59%	4.69%	4.43%
净资产报酬率（ROE）	24.68%	12.34%	11.87%
资本性支出（CAPEX）	16604	16175	16244
CAPEX占收比	13.77%	13.96%	14.65%
经营活动净现金流	38818	31486	29780
每股经营活动净现金流	13.54	30.21	10.51
自由现金流（FCF）	22214	15311	13536

续表

年份	2013	2012	2011
自由现金流占收比	18.43%	13.22%	12.21%
销售现金比率	32.20%	27.18%	26.86%
资产现金回收率	14.16%	13.98%	12.92%
EVA	989	−7838	−7747
EVA率	0.40%	−3.86%	−3.86%
每股盈利（EPS）	4.01	0.31	0.85
每股股利（DPS）	2.09	2.03	1.98
股利支付率	52.12%	654.84%	232.35%
主营业务收入增长率	4.06%	4.48%	4.04%
总资产增长率	21.70%	−2.27%	4.75%
净利润增长率	123.05%	3.52%	−0.19%
经营活动现金流增长率	23.29%	5.73%	−10.74%
每股盈余增长率	1193.55%	−63.53%	−0.56%
资产负债率	65.19%	60.61%	62.72%
流动比率	262.45%	78.78%	100.58%
利息保障倍数	11.98	4.85	4.71
总资产周转率	0.44	0.51	0.48
固定资产周转率	1.36	1.31	1.30
坏账发生率	4.92%	4.85%	6.38%
折旧与摊销	16606	16460	16496
股息	5936	5230	5555
内部融资额	34217	21787	21139
折旧摊销率	13.78%	14.21%	14.88%
付现成本率	59.71%	74.43%	73.51%
营销、一般及管理费用率	22.47%	34.49%	32.13%

（七）内控与风险管理

1. 风险管理

Verizon 在正常经营过程中，会接触到各种市场风险，包括利率变化风险，外汇汇率波动风险，投资、股票和大宗商品的价格变化，企业税率的变化等。在应对这些风险时，Verizon 采用的风险管理策略包括使用各种衍生物，如交叉货币掉期、利率掉期合约、商品掉期、远期合约和利率锁定等。

（1）利率风险。Verizon 面临的利率风险主要来源于短期负债和长期债务的浮动利率负债。按照 Verizon 2013 年底的负债金额计算，如果利率增长 100 个基准点，会增加企业 1 亿美元的财务费用。表 2-2-7 显示的是 Verizon 截至 2013 年 12 月 31 日长期负债包括一年内到期的负债和利率掉期衍生物的公允价值，表 2-2-7 也展示了利率变动 100 个基准点对该公允价值的影响。

表 2-2-7 Verizon 利率风险模拟

单位：百万美元

2013年12月31日	公允价值	假设增加100个基准点的公允价值	假设减少100个基准点的公允价值
长期债务及相关衍生品	103103	95497	111910
2012年12月31日			
长期债务及相关衍生品	61045	56929	65747

对于利率风险，Verizon 通过使用国内利率掉期来实现固定和浮动利率债券有针对性的组合。Verizon 主要接受固定利率，并支付根据 LIBOR 的浮动利率，来引起利息支出的减少。Verizon 还通过公允价值套期和对冲来管理债务投资组合的公允价值。

（2）汇率风险。Verizon 在运营海外业务时的功能货币主要是当地货币。因而外币在被换算成美元时，汇率变动的差异会影响公司的利润表和资产负债表。截至 2013 年 12 月 31 日，Verizon 存在汇率风险的货币包括英镑、欧元、澳元和日元。对此，Verizon 主要采用的是现金流量套期。

2. 内部控制

Verizon 的内部控制主要来源于审计委员会对于风险管理与控制、内部审计、财务报告和披露事宜等方面的监管和控制。具体来说，内部控制活动包括：评估和讨论公司重大经济业务暴露出来的商业风险，并对这些风险进行监控和管理，包括公司的风险评估和风险管理政策；评估公司总体控制环境包括选定的特定领域的财务报告、披露和重大商业和财务风险的适当性；审查 CEO 或 CFO 的报告存在欺骗或舞弊的风险；评估内部独立升级的范围和计划；与独立审计师审查和讨论被审计的财务报表、相关的依据、对于财务状况和经营状况的管理层披露；与独立审计师审查和讨论任何重大事项和交易的会计估计的变化，或重要会计准则的变化和适用性；审查内部审计部门提供的报告的审计范围和审计计划等。此外，审计委员会还对独立注册公共会计事务所负责审核的财务报表和其公司内部控制的评估进行确认。

（八）人力资源发展

在 Verizon，员工被看成是企业的重要资产，员工的创新思想、抱负和奉献是企业先进解决方案的重要组成部分，因而 Verizon 一直承诺为员工提供有文化氛围、有丰厚回报、有较好职业发展机会并尊重员工的工作环境。截至 2013 年 12 月 31 日，Verizon 的员工总数为 176800 人，具体如表 2-2-8 所示。2013 年，Verizon 人力资源发展方面的举措主要包括以下方面。

表 2-2-8 Verizon 的员工构成

种族群体	员工总数（2013年）		员工总数（2012年）	
美洲印第安人/阿拉斯加原住民	822	0.5%	883	0.5%
亚洲人	9867	6.0%	9519	5.6%
夏威夷原住民/太平洋岛民	493	0.3%	559	0.3%
黑人/非裔美国人	31573	19.2%	32807	19.3%
西班牙人/拉丁美洲人	17431	10.6%	17765	10.4%
两个种族或更多	2960	1.8%	2884	1.7%
白种人	101297	61.6%	105745	62.1%
美国地区合计	164443		170162	

续表

种族群体	员工总数（2013年）		员工总数（2012年）	
国际地区	12357		13238	
劳动力合计	176800		183400	
按性别划分（美国地区）				
女性	61831	37.6%	65172	38.3%
男性	102612	62.4%	104990	61.7%
合计	164443		170162	
按性别划分（国际地区）				
女性	64673	36.6%	68309	37.2%
男性	112127	63.4%	115091	62.8%
合计	176800		183400	

1. 员工发展

为了紧紧跟随日新月异的技术发展步伐，进而为用户提供更便利、更优质的服务，Verizon致力于为员工的学习和发展提供帮助。2013年度，Verizon为员工的学习和发展共投资超过2.75亿美元，为员工提供了超过12000节课程。在2013年度，Verizon员工也累计完成了超过800万小时的培训课时，即每位员工平均大约学习45.2小时。在最近三年内，Verizon平均每位员工都完成了超过24小时的培训课时，具体如表2-2-9所示。

2. 学费资助

Verizon还在全球开展了学费资助计划，每年为员工提供高达8000美元的资助，资助他们进行高等教育学习，以对他们的职业生涯提供帮助。2013年，近22000名员工通过持续的教育计划获得了援助，具体如表2-2-10所示。

表2-2-9　2011~2013年Verizon员工培训课时

年　份	（每位员工的平均培训课时）
2011	44.1
2012	44.6
2013	45.2

表2-2-10　2011~2013年Verizon的学费资助计划

年份	参加人数	费用
2011	27232	127百万美元
2012	23302	98.6百万美元
2013	21912	86.3百万美元

3. 安全

对于员工来说，安全是重中之重，为此，Verizon致力于确保所有员工有一个安全和高效的工作环境，不断努力增强安全程序，使安全成为工作场所文化的一个组成部分。公司的安全性能是劳工统计局（BLS）衡量地方领导人的一个关键指标。2013年，Verizon在美国的工伤和职业病率仅为1.35%，比BLS公布的电信行业平均水平的2.00%低了近1/3，具体如表2-2-11所示。

表2-2-11　Verizon的事故发生率

	Verizon事故发生率（每100）			劳工统计局数据
年　份	2011	2012	2013	行业比率
职业伤害和疾病比率（%）	2.20	1.35	1.35	2.00

4. 多元化

员工是企业的核心竞争力之一，为了保持竞争力，Verizon 不仅推出了以绩效文化为基础的有竞争力的薪酬计划来吸引全球技术领先人才，并通过多元化政策来实现。在 Verizon，通过拥有不同背景和经验的员工，使公司获得更多的创新，并可以帮助公司满足日益多元化的客户需求。因而，Verizon 也致力于为全球所有员工创建一个包容的、以绩效为基础的文化，公司的机会均等政策也会为所有人提供保护，无论种族、肤色、宗教、年龄、性别、性取向、性别认同和表达、国家出身、残疾、军事状况、公民身份、退伍军人身份或任何其他保护类。Verizon 在以上列出的受保护的分类或根据其他联邦、州或地方法律的基础上，承诺不歧视任何员工，并通过评估管理人员在他们的组织内促进多样性的责任来衡量公司的进步。

5. 听取员工的建议

在 Verizon，通过邀请员工参加 Verizon 意见调查，公司会积极听取员工对于业务的建议。这个调查每两年举办一次，调查允许员工提供关于公司业务的关键领域的感知，如对公司的信条、文化和核心价值观、以客户为中心、质量与价值创造、员工体验、工作环境等的看法。员工也会被邀请填写任何与业务相关的内容，2012 年，在近 94000 名员工的回应意见中，Verizon 收到了 4 万条写在注释中的建议。

（九）企业社会责任

Verizon 承担企业社会责任的方式是利用公司的移动和互联网技术，帮助解决重大社会挑战，承担社会责任的策略是充分利用技术授权和社会最深层次需要之间的天然联系，包括：展示公司创新产品的价值，以提高教育、医疗保健和能源效率；尽量减少对环境的影响，并专注于从根本上负责任的商业行为；设定目标，跟踪进度和性能报告。具体来说，Verizon 的企业社会责任框架如图 2-2-3 所示。

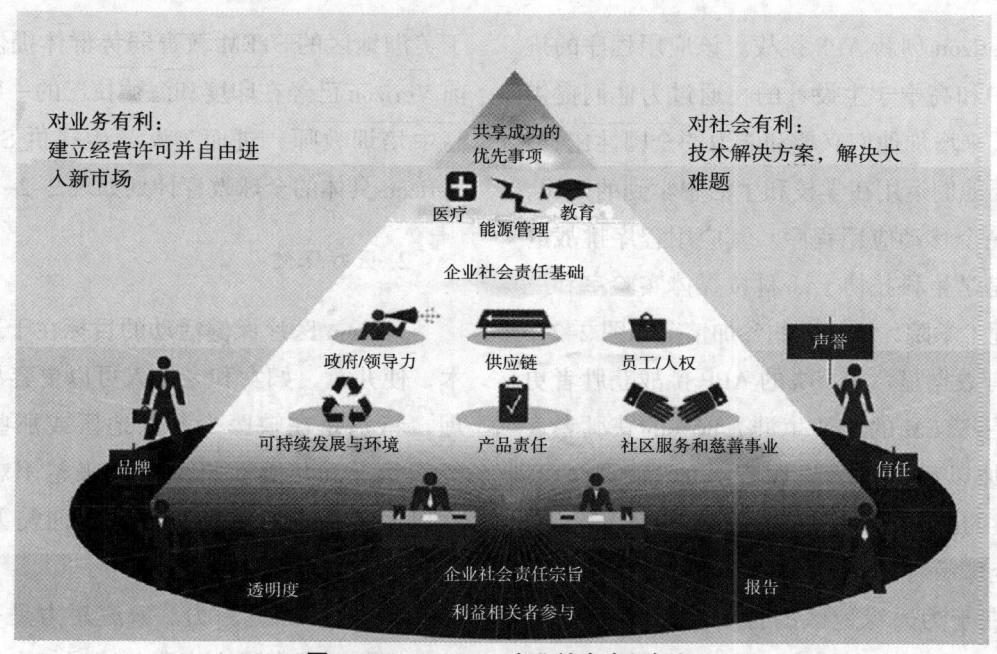

图 2-2-3 Verizon 企业社会责任框架

1. 教育

Verizon 对于教育的社会责任的目标是通过利用移动技术和教师培训，增加学生对 STEM（科学、技术、工程学和数学）的兴趣和能力。

（1）Verizon 创新学习学校（VILS）。许多学校在给学生传授技术方面的知识，但问题是，老师并不总是有驾驭它潜力的能力。Verizon 正在积极弥补这一差距。在与国际科技教育协会合作的情况下，Verizon 为来自全国各地的 24 所能力不足的学校的数学和科学教师团队提供密集的专业发展，以帮助他们充分利用移动技术来提高学生 STEM 方面的成绩。参加 VILS 活动的学生种族和地区信息如图 2-2-4 所示。通过 2013 年 1 月的一份调查报告显示，在标准化的数学和科学评估时，VILS 学校的学生的平均分增加了 4.63%，而非 VILS 学校学生的平均分下降了 4.18%。同时，调查还显示 VILS 学校学生对于数学和科学有着更积极的看法，更倾向于去大学进修，而且更自信，且更期盼学习 STEM 领域的一个专业。

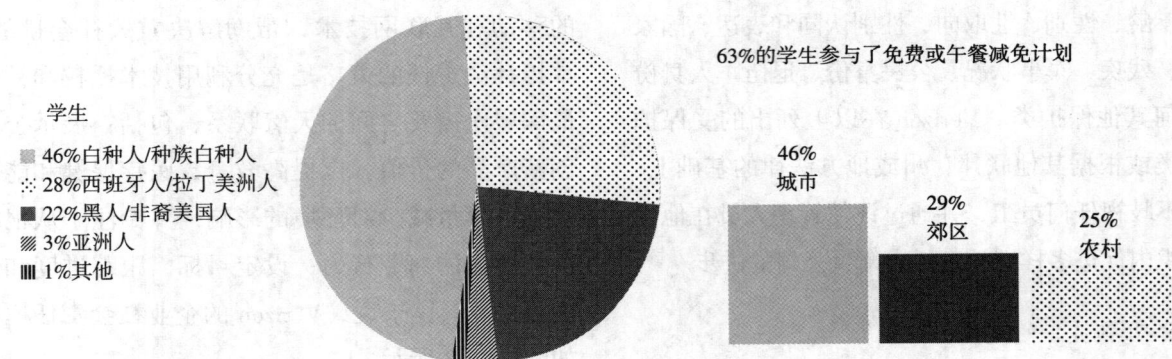

图 2-2-4　参加 VILS 的学生信息

（2）Verizon 创新 APP 挑战。该应用程序的挑战是为初中和高中学生设计的，通过为他们提供编码技能，来增加他们兴趣和能力的全国性比赛。该比赛需要他们运用在学校和生活中学到的知识，独创开发一个移动应用程序。其应用程序挑战的合作伙伴是学生科技协会、科技媒体实验室和三星的麻省理工学院，该活动的参加情况如图 2-2-5 所示。另有数据显示，60% 的 APP 挑战获胜者更倾向于追寻 STEM 的职业生涯，86% 的获胜者表示对于参加以后的计算机课程更加感兴趣，且 90% 的获胜的原始概念都被 Google 公开发布。

（3）全球教育倡议。Verizon 进行全球教育倡议的目标在于为边缘地区的青年提供高等教育，改善欧洲女性的 STEM 职业生涯，对亚太区和拉丁美洲地区的 STEM 教育弱势群体提供帮助。目前 Verizon 已经在印度和海德拉巴的一所政府女子高中培训教师，进而为女学生提供 STEM 教育。Verizon 具体的全球教育计划如表 2-2-12 所示。

2. 医疗保健

Verizon 医疗保健活动的目标在于通过部署技术，使儿童、妇女和老年人可以更容易地访问护理，特别是在缺医少药的地区或那些由于社会经济状况和年龄获得关心越来越困难的人；建立以病人为中心的护理模式，向需要的人提供健康教育。

（1）禁止家庭暴力。家庭暴力是一个普遍的社会问题，现有研究表明，这对妇女的健康有着

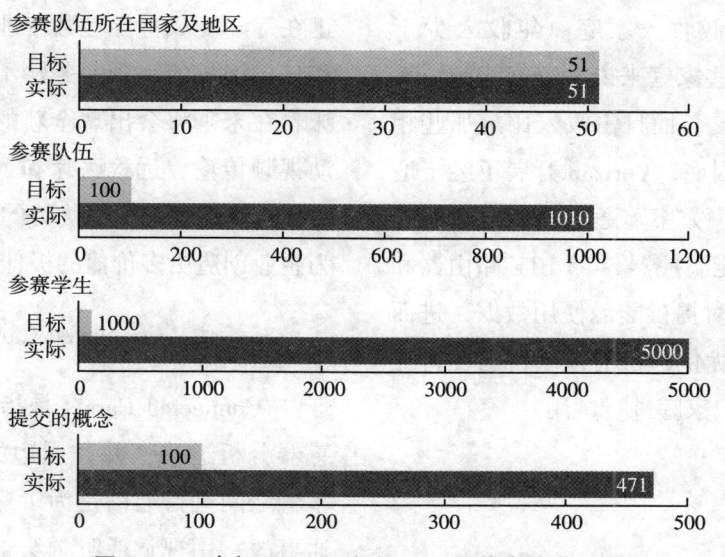

图 2-2-5 参加 Verizon 创新 APP 挑战赛的学生信息

表 2-2-12 Verizon 全球教育计划

合作伙伴公司方案	范围
世界教育 法国、德国、荷兰、英国	• 侧重于提高 STEM 教学的公立高中 • 达到 800 名教师
国际教育协会 钦奈和海德拉巴	• 一个帮助教师向钦奈和海德拉巴 10 所学校的 200 名女生传递 STEM 教育的计划 • 这个计划包括工作坊，女孩/教育/STEM 的文化障碍 • 培训将帮助提升参加并通过印度技术学院的女生人数
员工推动计划（部分名单）	范围
香提总统府儿童项目 印度班加罗尔	• 员工正在帮助提高技术基础设施，使学生有更多机会接触数码材料 • 雇员也参与建立相关的 STEM 计划
Passeport 艾文莉集团 法国	为了帮助学生更好地接受高等教育，我们巴黎办事处的员工加入公司其他志愿者计划去指导青少年。目标：4200 个学生

不利的影响。由 Verizon 和其他杂志委托进行的一项调查发现，70%的超过 21 岁的美国成年女性有慢性健康隐患。对于经历过家庭暴力的妇女，这一数字将上升到 81%。另有调查显示，44%的女性曾经历过一种形式的家庭暴力，包括身体、精神、经济等方面。

自 2000 年以来，Verizon 已经向家庭暴力防治组织和庇护所提供了超过 5200 万美元的赠款。Verizon 还采取举措鼓励成年男子成为年轻人的榜样，以及一些教导有关健康的关系和防止约会暴力的举措。

（2）增强儿童的护理服务。通过 4G LTE 无线技术在几个重点城市配备儿童健康基金巴士，Verizon 正在利用医疗 IT 解决方案使集团的医务人员能够为患者提供更直接的服务。这一举措在迈阿密、纽约、旧金山、凤凰城、底特律和达拉斯已开始运行。儿童健康基金估计，由该项目带来的效率的提升每年将节省近 4000 小时行政工作，有助于腾出更多的时间照顾病人。

3. 能源管理

Verizon 能源管理的目标是使用以技术为基础的解决方案去更好地管理能源消耗并节省金钱，以及建立如何更好地推广能源消耗的意识。在美国，20%的家庭都是低收入家庭（年收入少于20000美元），对于这些家庭来说，家庭能源消耗成本是一笔很大的开支，而且占收入比是那些相对富足家庭的两倍。因而，Verizon开展了经济适用住房项目的智能解决方案，通过安装全套的能源监控系统，包括智能温控器、4G LTE路由器和一个移动的APP来实时提供能源使用数据，进而对家庭能源使用进行优化，目前该项目已在得克萨斯州奥斯汀的140户家庭进行试用。

（十）前景展望

1. 引领移动至新的水平

随着2013年9月Verizon与沃达丰达成股份回购协议，2014年Verizon将全面收购沃达丰持有的Verizon无线45%的股份，那时Verizon将全资控股Verizon无线，即可以保留其所有的现金流，当前Verizon无线是全美无线产业最大的、最盈利的提供商，因而未来Verizon将拥有充足的现金流去投资创新新的技术、满足用户的需求。同时，财务流动性的增强也会使得Verizon对于市场上快速增长的机会有迅速的反应，美国现存市场中仍有1/3的用户没有使用智能手机，即Verizon在未来有很大的盈利空间。此外，当前移动网络正在逐渐变成世界性数字业务（包括语音、数据和日益增长的视频业务）不可缺少的平台，这意味着在未来将会出现全新的产业如移动商务、移动视频传输、远程医疗和远程教育等，这对于在无线网络拥有技术性优势的Verizon来说，将会是为企业创造更多价值的极佳机遇。

2. 抓住"Connected Cars"机遇

"Connected Cars"是指计划在汽车中使用传感器分析道路，并和周边的其他汽车进行通信，车辆之间进行通信是为了避免在可能会发生的交通事故，用视觉或听觉给予警告。在未来，这项技术还可以用于识别交通拥堵等。据预计，至2020年，全球对于这种类型车的需求将会达到1.5亿辆，而且伴随着越来越多的关于驾车体验的应用程序的开发，智能车将会和现今的智能手机一样成为创新的平台。

在这个全新的市场，Verizon是不可或缺的重要提供商，通过公司的无线和远程信息处理业务，Verizon可以为各大汽车公司如奔驰、大众、丰田、韩国现代等提供诸如导航、搜索和视频流等无线连接和服务，这意味着2015年这些车型都将会嵌入Verizon的无线功能。

附件一：Verizon财务报告（2013年）

1. 合并资产负债表

单位：百万美元（除每股数据外）

12月31日	2013年	2012年
资产		
流动资产		
现金及现金等价物	53528	3093
短期投资	601	470
应收账款净额	12439	12576

续表

12月31日	2013年	2012年
存货	1020	1075
待摊费用及其他	3406	4021
流动资产合计	70994	21235
物业、厂房和设备	220865	209575
减：累计折旧	131909	120933
	88956	88642
非合并企业投资	3432	3401
无线牌照	75747	77744
商誉	24634	24139
其他无形资产净值	5800	5933
其他资产	4535	4128
资产合计	274098	225222
负债及所有者权益		
流动负债		
一年内到期负债	3933	4369
应付账款及应计负债	16453	16182
其他	6664	6405
流动负债合计	27050	26956
长期负债	89658	47618
员工福利义务	27682	34346
递延所得税负债	28639	24677
其他负债	5653	6092
所有者权益		
系列优先股（面值10美元，未发行）	—	—
普通股（面值10美元，两个期间发行在外的股份数均为2967610119）	297	297
实收资本	37939	37990
再投资收益	1782	(3734)
累计其他综合利润	2358	2235
库存普通股，以历史成本计价	(3961)	(4071)
递延补偿——员工持股计划及其他	421	440
少数股东权益	56580	52376
所有者权益合计	95416	85533
负债及所有者权益合计	274098	225222

2. 合并损益表

单位：百万美元（除每股数据）

截至12月31日	2013年	2012年	2011年
营业收入	120550	115846	110875
营业费用			
服务和销售成本（不包括折旧与摊销)	44887	46275	45875
销售管理费用	27089	39951	35524

续表

截至12月31日	2013年	2012年	2011年
折旧与摊销	16606	16460	16496
营业费用合计	88582	102686	97995
营业利润	31968	13160	12880
子公司净利润中所占权益	142	324	444
其他收入（费用）净额	(166)	(1016)	(14)
利息费用	(2667)	(2571)	(2827)
税前利润	29277	9897	10483
所得税费用	(5730)	660	(285)
净利润	23547	10557	10198
少数股东权益应占净利润	12050	9682	7794
归属于Verizon的净利润	11497	875	2404
净利润	23547	10557	10198
基本每股收益			
归属于Verizon的净利润	4.01	0.31	0.85
加权平均流通股（百万）	2866	2853	2833
稀释每股收益			
归属于Verizon的净利润	4.00	0.31	0.85
加权平均流通股（百万）	2874	2862	2839

3. 合并现金流量表

单位：百万美元

截至12月31日	2013年	2012年	2011年
经营活动现金流			
净利润	23547	10557	10198
将净利润调整为经营活动净现金流量			
折旧及摊销	16606	16460	16496
员工退休福利	(5052)	8198	7426
递延所得税	5785	(952)	(223)
坏账准备	993	972	1026
非合并企业的股权收益，扣除已收利息	(102)	77	36
流动资产和流动负债的变动，扣除处置企业的影响			
应收账款	(843)	(1717)	(966)
存货	56	(136)	208
其他资产	(143)	306	86
应付账款及应计负债	925	1144	(1607)
其他净额	(2954)	(3423)	(2900)
经营活动产生的现金流量净额	38818	31486	29780
投资活动现金流			
资本性支出（包括资本化的软件）	(16604)	(16175)	(16244)
投资企业收购取得的净现金流	(494)	(913)	(1797)
无线牌照收购	(580)	(4298)	(221)

续表

截至12月31日	2013年	2012年	2011年
无线牌照处置取得的现金流	2111	363	—
短期投资变动净额	63	27	35
其他净额	671	494	977
投资活动产生的现金流量净额	(14833)	(20502)	(17250)
筹资活动现金流			
长期借款取得的现金流	49166	4489	11060
偿还长期债务及融资租赁债务	(8163)	(6403)	(11805)
短期债务的减少，不包括已到期部分	(142)	(1437)	1928
分配股利	(5936)	(5230)	(5555)
发行普通股	85	315	241
回购股票	(153)	—	—
对少数股东的特殊分配	(3150)	(8325)	—
其他净额	(5257)	(4662)	(1705)
筹资活动产生的现金流量净额	26450	(21253)	(5836)
现金及现金等价物增加（减少）额	50435	(10269)	6694
年初现金及现金等价物	3093	13362	6668
年末现金及现金等价物	53528	3093	13362

附件二：Verizon 大事记

2000年6月30日，Bell Atlantic 和 GTE 公司合并成立 Verizon。合并后，Verizon 一举成为美国最大的本地电话公司、最大的无线通信公司，全世界最大的印刷黄页和在线黄页信息提供商。

2000年7月3日，Verizon 在纽约证券交易所以标识"VZ"上市。

2002年，Verizon 公司将阿拉巴马州、密苏里州和肯塔基州的有线接入线路出售。

2005年，Verizon 将夏威夷州的有线接入线路出售。

2006年1月6日，Verizon 公司以约85亿美元的价格收购了 MCI 公司，此举是为了提高 Verizon 在全国及全球融合通信、信息和娱乐的收益。

2006年，Verizon 将其在美国的印刷和互联网黄页目录从公司剥离。

2006年12月，Verizon 将其在多米尼加的电信运营商的权益出售给 AméricaMóvil。

2007年初，Verizon 又将其在波多黎各和委内瑞拉的电信运营商的权益出售给 AméricaMóvil。

2008年5月31日，Verizon 将缅因州、新罕布什尔州和佛蒙特州的有线业务出售给 FairPoint Communications。

2009年1月9日，Verizon 无线以59亿美元的价格完成了对 Alltel 的收购，收购后 Verizon 无线的网络几乎覆盖整个美国人口，Verizon 无线也一跃成为美国最大的无线服务供应商。

2009年5月，Verizon 与 AT&T 签订协议出售79个无线属性，并于2010年6月，以23.76亿美元的价格完成了交易，包括 FCC 牌照和网络资产。这项资产原为前 Alltel 无线资产，曾跨越18个国家在79个服务领域向160万用户提供服务。

2009年6月，Verizon 与 Atlantic Tele-Network 签订协议出售余下的26个无线属性，交易在2010年上半年完成。

2010年7月1日，Verizon 将爱达荷州、伊利诺伊州、印第安纳州、密歇根州、内华达州、北卡罗来纳州、俄亥俄州、俄勒冈州、南卡罗来纳州、华盛顿、西弗吉尼亚州和威斯康星州，以及与加利福尼亚州接壤的亚利桑那州、内华达州和俄勒冈州的部分有线业务出售给 Frontier Communications。

2010 年 12 月，Verizon 无线推出 4G LTE 移动宽带网络，是美国最快最先进的 4G 网络，覆盖 38 个主要城市、1/3 的美国人口和 60 多个民用机场。

2011 年 1 月，Verizon 宣布以 14 亿美元的价格收购 Terremark 全球公司，Terremark 公司是管理信息技术基础设施和云服务的全球供应商，此项交易预计在 2011 年完成。

2011 年 4 月，Verizon 完成对 Terremark 的收购，Terremark 成为 Verizon 的全资子公司。

2011 年 8 月，Verizon 宣布收购 CloudSwitch 软件公司，并计划利用其云软件帮助企业客户更轻松地在 Verizon 的 Terremark 环境中迁移应用程序。

2011 年 12 月，伊凡·塞德伯格退休，洛厄尔·麦克亚当继任 Verizon 董事长和首席执行官。此外，宝洁北美业务总裁梅兰尼·希利被任命为 Verizon 董事会成员。

2011 年 12 月，Verizon 无线斥资 36 亿美元购买新的无线频谱，该频谱由 Comcast、Time Warner Cable 和 Bright House Networks 联合投资的 SpectrumCo 所出售，包括 122 个移动业务频率许可证。

2012 年 2 月，Verizon 宣布进军在线流媒体领域，将与著名 DVD 租赁公司 Redbox 合作，提供影碟租赁和网络视频服务，将和 Netflix 展开针锋相对的竞争。

2012 年 6 月，Verizon 无线和 T-Mobile 美国达成了一项频谱协议，有望为前者从有线电视运营商手中购买大量频谱扫清障碍，该协议不仅涉及频谱交换，T-Mobile 美国还需用现金购买部分频谱。

2012 年 6 月，Verizon 宣布同意以 6.12 亿美元现金收购总部位于亚特兰大的 Hughes Telematics Inc（HUTC），以扩大其在车载信息服务领域的足迹，预计此项交易将于第三季度完成。

2012 年 7 月，Verizon 再次扩大了其在 4G LTE 覆盖方面的领先优势，将在 33 个新地区开启 LTE 服务，使总数达到 337 个，其 4G LTE 覆盖城市的数量相当于其所有竞争对手总和的 6 倍。

2012 年 8 月，美国司法部批准了 Verizon 无线从有线电视提供商手中收购 39 亿美元无线频谱的交易，但是限制了这些公司之间的商业协议的范围和期限。美国司法部另外还单独批准了 Verizon Wireless 与德国电信旗下的 T-Mobile 美国公司之间达成的频谱协议。

2012 年 11 月，Verizon 在其专门面向开发者的网站上贴出通知，将于 2013 年 1 月关闭其应用商店——Verizon APPS，预计商店关闭工作将在 2013 年 3 月 27 日前完成。

2013 年 2 月，Verizon 推出了 Verizon 的合作伙伴计划（VPP），为中型企业提供"云、移动、通信和网络解决方案"。

2013 年 9 月，Verizon 和沃达丰达成了一项股份回购协议，致力于回购沃达丰持有的 Verizon 无线 45% 的股权。

2013 年 10 月，Verizon 公司宣布，Verizon 的云平台将作为一种服务产品，为用户提供虚拟机的快速部署和配置控制。

奚国华
中国移动通信集团董事长

奚国华,62岁,于2011年7月加入中国移动通信集团董事会,主持公司全面工作,他同时担任中国移动通信集团公司党组书记、董事长和通信公司董事长。奚先生曾先后担任上海市邮电管理局电报局副局长、电信处副处长、长途电信局副局长和局长、副总工程师和副局长,原邮电部电信总局副局长,上海贝尔有限公司董事长、常务副总裁,信息产业部副部长,中国网络通信集团公司总经理,工业和信息化部副部长,移动集团、通信公司及中国移动副董事长。奚先生在过去三年内并无担任其他上市公司的董事职务。奚先生于1977年毕业于合肥工业大学电机系,拥有上海交通大学经济管理专业管理学硕士学位及同济大学管理学博士学位。奚先生是一位教授级高级工程师,在电信管理、运营和技术方面拥有丰富的经验。

李跃
中国移动通信集团首席执行官

李跃,54岁,中国移动执行董事兼首席执行官,于2003年3月加入本公司董事会,主持生产经营管理工作。同时担任总裁、董事和通信公司董事、总经理。李先生于1976年参加工作,曾先后担任天津长途电信局副局长兼总工程师,天津市邮电管理局副局长,天津移动通信公司总经理,移动集团筹备组副组长、副总裁,卓望董事长,凤凰卫视控股有限公司非执行董事以及北京联动优势科技有限公司董事长。李先生先后获得北京邮电大学函授学院电话交换专业本科学历、天津大学工商管理硕士学位及中国香港理工大学工商管理博士学位,具备教授级高级工程师资格,多次荣获国家级、省部级科学技术进步奖。李先生长期从事电信网络运行维护、规制建设、运营管理和企业发展战略等工作,拥有多年的电信行业丰富经验。

中国移动
公司 LOGO

2013年,中国移动发布了新的 LOGO,新图标中,将原来的"中国移动通信"去掉"通信"二字,打破了"中国移动是做电话通信"的局限认知,淡化了中国移动"通信"的行业属性。同时,英文名称由"CHINA MOBILE"改为"China Mobile",大写字母改为小写字母,不仅提高了可读性,也为中国移动品牌形象带入活泼、亲切感。

LOGO 中一组回旋错落的线条组成了一个平面造型为六面体的网络结构,象征着移动通信的蜂窝网络。线条纵横交错,包含了"China Mobile"的缩写"C"和"M"两个字母,寓意中国移动通信四通八达,无处不在。此外,新的纽带相握的造型,不仅很好地延续了中国移动的品牌形象资产,而且使整个形象更加简洁动感、互通顺畅,也打开了互联网特征的延伸性。时尚、亲和、智慧的浅蓝色代替了过去强势、冰冷的色彩感受,一抹富有生机的绿色为企业注入创新活力与社会责任的品牌联想。

新 LOGO 秉承"责任、卓越"的核心价值,体现"移动改变生活"的战略愿景,强化了中国移动作为企业公民对国家、对社会的价值承诺,并且弱化了与消费者在功能利益和使用体验上的沟通。

三 中国移动通信集团公司可持续发展报告 (China Mobile)

（一）公司简介

中国移动通信集团公司（简称"中国移动"）于 2000 年 4 月 20 日成立，公司总部位于中国北京，是一家基于 GSM、TD-SCDMA 和 TD-LTE 制式网络的移动通信运营商。中国移动是根据国家关于电信体制改革的部署和要求，在原中国电信移动通信资产总体剥离的基础上组建的国有骨干企业。中国移动全资拥有中国移动（香港）集团有限公司，由其控股的中国移动有限公司（简称"上市公司"）在国内 31 个省（自治区、直辖市）和中国香港特别行政区设立全资子公司，并于 1997 年 10 月 22 日和 23 日分别在纽约证券交易所和香港联合交易所有限公司上市，公司股票在 1998 年 1 月 27 日成为香港恒生指数成份股。

中国移动主要经营移动话音、数据、IP 电话和多媒体业务，并具有计算机互联网国际联网单位经营权和国际出入口局经营权。除提供基本话音业务外，还提供传真、数据、IP 电话等多种增值业务，拥有"全球通"、"神州行"、"动感地带"等著名客户品牌。截至 2013 年底，其注册资本为 3000 亿元人民币，资产规模超过万亿元人民币，基站总数超过 130 万个，客户总数近 8 亿户，是全球网络规模、客户规模最大的移动通信运营商。近年来，中国移动通过全面推进战略转型，深入推动改革创新，加快转变方式、调整结构，经营发展整体态势良好，经营业绩保持稳定，并于 2013 年全新发布了商业主品牌"和"。同时，中国移动多年来一直坚持"质量是通信企业的生命线"和"客户为根，服务为本"的理念，不断提升质量，改善服务，客户满意度保持行业领先，百万客户申诉率连续多年全行业最低。

企业社会荣誉方面，中国移动连续九年在国资委考核中获得最高级别——A 级，并连续六年入选道琼斯可持续发展指数，是中国内地唯一入选的企业，并连续四年入选恒生可持续发展指数。2014 年，中国移动位居《财富》杂志"世界 500 强"排名第 55 位。中国移动的债信评级目前为穆迪公司评价 Aa3/前景正面和标准普尔公司评价 AA-/前景稳定，分别等同于目前的中国国家主权评级。同时，中国移动积极投身社会公益事业，连续五年荣获慈善领域最高政府奖"中华慈善奖"。中国移动还是联合国全球契约正式成员，认可并努力遵守全球契约十项原则，并加入该组织倡导的"关注气候变化"行动，努力在应对气候变化中发挥积极作用。

截至 2013 年底，中国移动的总资产为 11673.92 亿元，期末股东权益为 7907.24 亿元，年度总收入为 6301.77 亿元，净利润为 1218.03 亿元，总投资报酬率为 10.43%，净投资报酬率为 15.40%，基本每股盈余为 6.05 元/股，年底最后一天的收盘价为 80.4 港元/股，折合人民币为 63.36 元/股，市盈率为 10.47。

（二）公司战略

积极履行社会责任、努力实现与相关方共同可持续发展是中国移动追求基业长青的战略选择。作为通信运营企业，中国移动的网络、产品和服务与近7.7亿客户的日常生活息息相关；作为中央企业，中国移动有责任在实现国有资产保值增值的同时，为加快转变发展方式、促进民生改善、构建和谐社会发挥积极作用。正因为如此，中国移动近年来一直致力于实现可持续发展与其自身战略的紧密结合。2011~2015年，中国移动继续秉承"正德厚生，臻于至善"的核心价值观，制定了"铸就国际领先、实现可持续发展"的目标，全力实施"可持续发展战略"，以"移动改变生活"的战略愿景为指引，着眼于满足股东与投资者、政府与监管机构、员工、价值链合作伙伴、客户、社区及环境等相关方的不同期望。中国移动可持续发展的三大战略重点分别是：更稳健的中国移动、更满意的相关方、更美好的信息化未来，以此创造和分享可持续发展的美好未来，如图2-3-1所示。具体来说，中国移动的可持续发展战略包括以下几方面的内容：

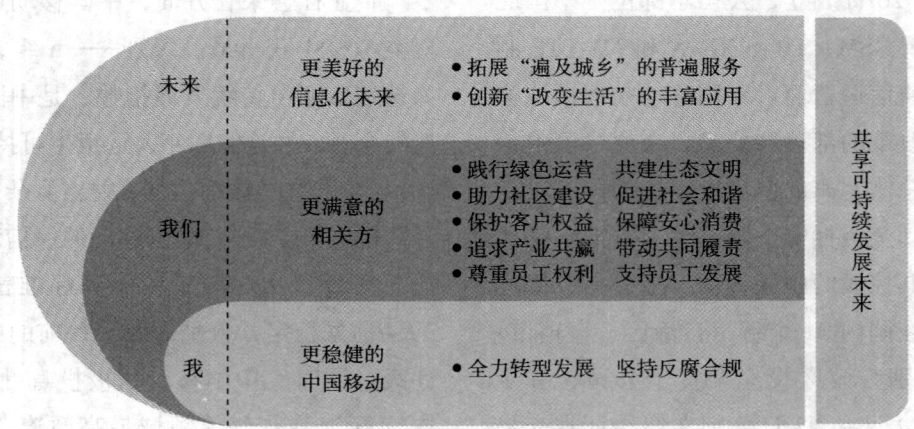

图2-3-1 中国移动可持续发展战略的战略重点

1. 抓住4G发展的新机遇

目前全球TD-LTE的覆盖率不是很高，仅覆盖了全球人口的6.4%，但来自市场调研公司ABI Research的数据显示，TD-LTE在全球4G版图上，有望以"星火燎原"之势快速扩张，在未来五年内，TD-LTE将在全球快速推广，2018年的覆盖率就将达到49%。2013年12月4日，工业和信息化部正式颁发了TD-LTE经营许可，标志着中国的移动通信进入4G时代。4G不仅会带来更快的网络速度，对企业来说更是蕴含着移动互联网产业新形态的无限可能。

伴随着TD-LTE规模商用大幕的开启，中国移动2013年克服重重困难圆满完成4G试点，率先在国内开展了4G服务，成为TD-LTE的"领头羊"。目前，中国移动正在100个以上城市建设TD-LTE网络，北京、杭州、广州、深圳等许多城市已经启动了友好用户的试用；伴随着2013年20万基站的建设完成，TD-LTE网络技术将更加成熟，终端价格将大幅降低。正如中国移动副总裁李正茂所说，中国移动将会建设一张全球最大的TD-LTE精品网络。

2. 转型发展

2013年，国家大力促进信息消费、推进实施"宽带中国"战略，同时随着4G牌照的发放，中国进入了4G时代，而原有产业发展模式和运营生态也在移动互联网的冲击下发生了巨大变革，对此中国移动积极提出全力做好战略转型，努力保持和创造竞争优势，其转型发展的内容包括四

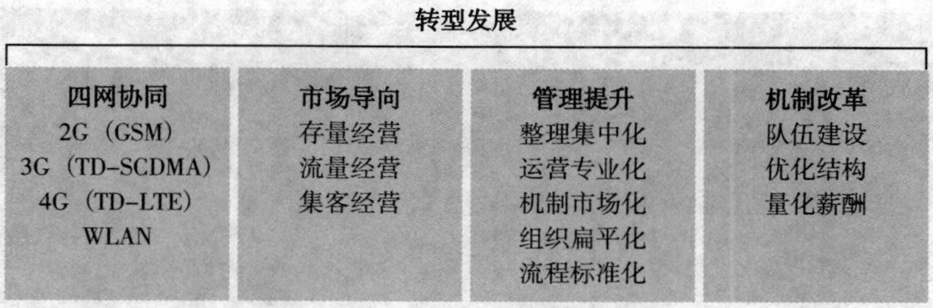

转型发展			
四网协同	市场导向	管理提升	机制改革
2G（GSM） 3G（TD-SCDMA） 4G（TD-LTE） WLAN	存量经营 流量经营 集客经营	整理集中化 运营专业化 机制市场化 组织扁平化 流程标准化	队伍建设 优化结构 量化薪酬

图 2-3-2 中国移动转型发展的内容

网协同、市场导向、管理提升和机制改革，如图 2-3-2 所示。

具体地，加快从传统语音经营向以流量经营为主的转变，深入实施四网协同战略、全业务战略和移动互联网战略，持续做好网络建设和优化，深入挖掘 2G 的网络潜力，保持网络覆盖和语音品质双优势，精细规划 WLAN 建设，更好地发挥流量分流作用，大力推进 4G 网络建设，为全国大范围运营积累能力和经验；进一步深化集中管理，发挥规模优势，加快基础设施布局和业务拓展，稳步推进数据中心、呼叫中心、研发中心等集中化基础设施的建设，并优化研发布局，在现有研究院和设计院基础上，启动苏州、杭州研发中心的筹建工作；提出"共享式"分层产品开发体系和研发成果货架式管理模式，确保核心产品开发能力自主掌控；在 TD-LTE、物联网、移动互联网、OTT 应用、5G 等关键技术领域加大研发力度，以带动相关技术及产业的快速发展。同时，在企业管理方面，推进改革创新，建立适应生产力发展的组织机制、管理模式和支撑体系，在管理集中化、运营专业化、机制市场化、组织扁平化、流程标准化等方面做出积极的探索和实践，为战略转型提供支撑，其中最重要的是电信企业现存的层层管理的金字塔式组织结构（生产关系）已经严重不能适应移动互联网这一生产力的发展要求，因而未来是否能够真正实现组织扁平化将是中国移动能否由一个电信运营商成功转型为一个移动互联网公司的关键。

3. 构建共赢生态圈

开放是移动互联网时代最重要的特征之一，从 TD 产业由零起步的快速增长，到信息通信跨界融合的不断创新，都离不开价值链各方的共同努力。尽管通信运营商在价值链中的绝对主导地位正面临跨界竞争的挑战，但作为年度采购规模上千亿元的大型企业，中国移动对于标准研发、设备制造、终端生产、系统集成、应用开发、营销推广等价值链相关环节的影响力仍然不言而喻。一方面，合作伙伴期望中国移动在急剧变化的产业环境下能够以充分的战略前瞻性识别潜在机会、构建公平互利的合作关系，基于资源和能力的最优配置、构建更加和谐的产业生态，迎来通信产业的第四波增长；另一方面，中国移动如何在确保自身履责的前提下，发挥影响力构建责任共同体，带动产业健康、可持续发展也是相关方关注的重点。

基于此，中国移动提出构建共赢生态圈和价值链共谋创新发展，包括共同成长和携手履责两个方面，如图 2-3-3 所示。其中，共同成长是指面向价值链，中国移动以开放的心态、公平的机制，与合作伙伴建立友好、互利的合作关系，力促产业链多方共赢，带动产业创新发展。携手履责是指中国移动深刻理解价值链合作伙伴与自身不仅是利益共同体，也是责任共同体。因此，公司通过规范采购管理、严格履责要求及探索绿色合作，积极传递责任理念，推动产业链整体履责水平的提升。

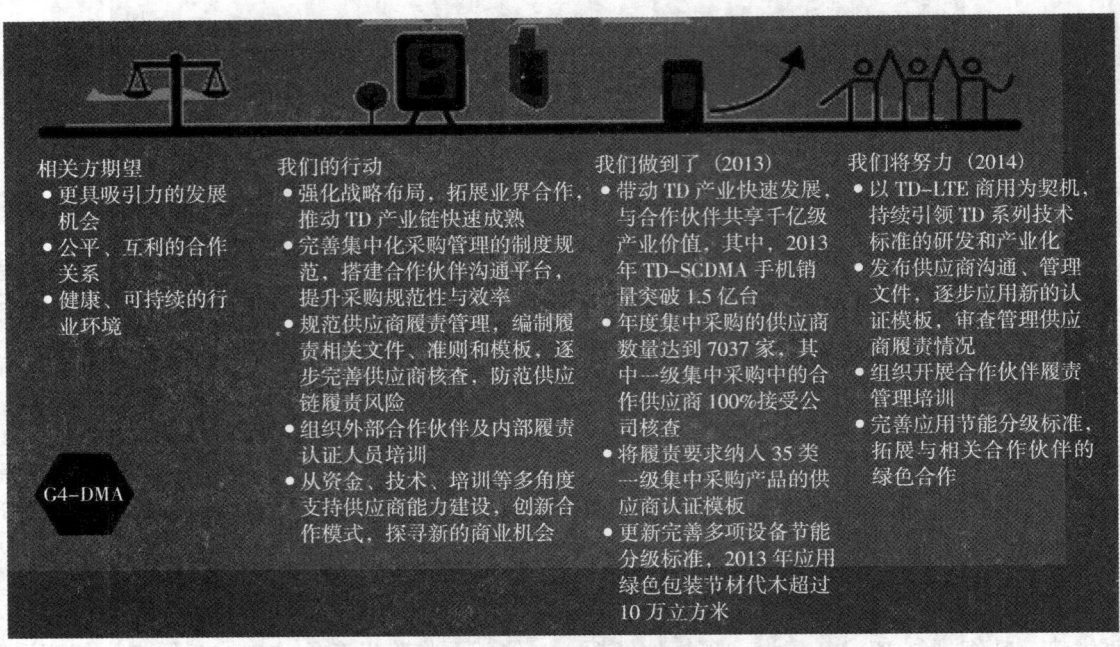

图 2-3-3 中国移动构建共赢生态圈的举措和展望

(三)公司治理

1. 股权结构

截至 2013 年 12 月 31 日,中国移动发行的普通股总股数为 20102539665 股,其股权结构如图 2-3-4 所示,其中中国移动(香港)集团有限公司通过其全资拥有的子公司中国移动香港(BVI)有限公司,间接持有中国移动 74.07% 的股东权益,是中国移动的单一大股东,剩下约 25.93% 的股东权益由公众人士持有。

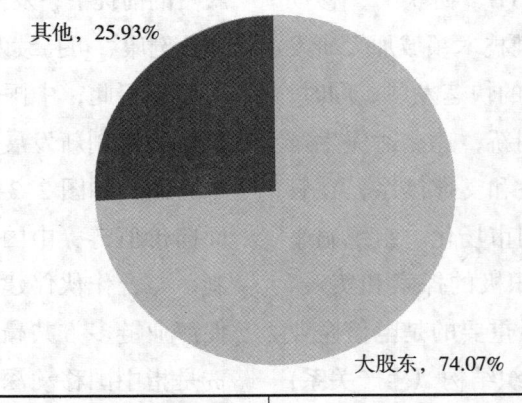

大股东数量	1
持股合计(万股)	1489011.68
持股市值(万元)	119716539.41
占总股数比例(%)	74.07

图 2-3-4 中国移动股权结构

中国移动每年举行一次股东大会，作为其股东周年大会，通常于5月举行，并可以请求召开特别股东大会。2013年度，中国移动的周年大会于5月30日召开，会议讨论和批准了2012年度经审核的财务报表、董事会报告书和核数师报告书，并宣告2012年度派发的股息，同时重选李跃、薛涛海、黄文林连任为董事，并委聘普华永道会计师事务所等事项。

2. 董事会结构

中国移动董事会的主要职责包括制定本集团整体战略目标、设定管理目标、监督公司的内部控制和财务管理、监管管理层的表现、负责履行企业管治职责，而公司的日常运作由董事会授权公司管理层进行管理，董事会按照制定的董事会常规（包括有关汇报及监管程序）运作。董事会目前共有10名董事，董事会成员的资料和职位如表2-3-1所示。

表2-3-1 中国移动董事会成员

姓名	职务	任职日期	性别	出生年份
奚国华	董事长，执行董事	2012-03-22	男	1952
李跃	执行董事，首席执行官	2003-03-18	男	1960
刘爱力	执行董事，副总经理	2006-03-16	男	1964
沙跃家	执行董事，副总经理	2006-03-16	男	1959
黄文林	执行董事，副总经理	2007-09-24	女	1955
薛涛海	执行董事，副总经理，财务总监	—	男	1957
罗嘉瑞	独立非执行董事	2001-04-10	男	1947
黄钢城	独立非执行董事	2002-08-14	男	1948
郑慕智	独立非执行董事	2003-03-18	男	1950
周文耀	独立非执行董事	2013-05-30	男	1947

董事会目前下设三个主要委员会，包括审核委员会、薪酬委员会和提名委员会，全部由独立非执行董事组成，各项委员会按照其职权范围进行运作，各委员会的成员及职责如下所述：

（1）审核委员会。现任成员包括黄钢城、郑慕智和周文耀三人，均拥有适当的专业资格和多年的财务和商业管理经验。主要职责包括就外聘核数师的委任、重新委任及罢免向董事会提供建议、批准外聘核数师的薪酬即聘用条款，以及处理任何有关该核数师辞职或辞退该核数师的问题；按适用的标准检讨及监察外聘核数师是否独立客观及审计程序是否有效；就外聘核数师提供非审计服务制定政策并予以执行；监察公司的财务报表及公司年度报告及账目、半年度报告及季度报告的完整性，并审阅报表及报告所载有关财务申报的重大意见；监管公司财务申报制度及内部监控程序等。

（2）薪酬委员会。现任成员包括罗嘉瑞、黄钢城和郑慕智三人。主要职责包括向董事会建议个别执行董事及高级管理人员的薪酬待遇，包括非金钱利益、退休金权利及赔偿金额（包括丧失或终止职务或委任的赔偿），并就非执行董事的薪酬向董事会提出建议；因应董事会所订的公司方针及目标、检讨及批准管理层的薪酬建议；检讨及批准向执行董事及高级管理人员就其丧失或终止职务或委任而须支付的赔偿，以及因董事行为失当而解雇或罢免有关董事所涉及的赔偿安排，以确保该等安排与合约条款一致；确保任何董事或其任何联络人不得参与制定自己的薪酬；就公司董事、高级管理人员及员工的薪酬、激励机制和其他股权计划等方面的全体薪酬政策及架构，以及就设立正规而具透明度的程序制定薪酬政策向董事会提出建议；就董事会向股东发出的有关董事酬金周年报告中（如适用）的内容向董事会提出建议；每年就股东应否获邀请在公司的股东周年大会上审批董事会在薪酬报告中（如适用）所载的政策，向董事会提出建议等。

（3）提名委员会。现任成员包括罗嘉瑞、黄钢城和郑慕智三人。主要职责包括至少每年检讨董事会的架构、人数及构成（包括技能、知识及经验方面），并就任何为配合公司的公司策略而拟对董事会做出的变动提出建议；物色具有合适资格可担任董事的人士，并挑选提名有关人士出任董事或就此向董事会提供意见；评核独立非执行董事的独立性；就董事委任或重新委任以及董事（尤其是董事长及首席执行官）继任计划向董事会提出建议等。

依据中国移动公司章程规定，董事会最少每季度及需要时召开会议，2013年，本公司董事会共召开了4次会议，所有董事的出席会议情况如表2-3-2所示。

表 2-3-2 董事出席会议情况

	董事会	审核委员会	薪酬委员会	提名委员会	股东年大会
独立非执行董事					
罗嘉瑞先生	4/4	3/3	3/3	1/1	1/1
黄钢城先生	4/4	5/5	3/3	1/1	1/1
郑慕智博士	3/4	4/5	2/3	0/1	0/1
周文耀先生	3/3	2/2	—	—	—
执行董事					
奚国华先生（董事长）	4/4	—	—	—	1/1
李跃先生（首席执行官）	4/4	—	—	—	1/1
薛涛海先生	4/4	—	—	—	1/1
黄文林女士	2/4	—	—	—	0/1
沙跃家先生	4/4	—	—	—	1/1
刘爱力先生	4/4	—	—	—	1/1

2013年，中国移动董事会通过采纳董事会成员多元化政策，董事会认为拥有多元化成员将有助于公司更有效地理解及满足客户的需要，以及保持公司在行业的竞争优势。董事会在考虑董事会的组成架构时，可以考虑不同的多元化因素，包括专业经验及资历、区域及行业经验、教育及文化背景、技能、行业知识及声誉、对适用于集团的法律及法规的知识、性别、种族、语言能力及服务任期等。在决定董事会的组成架构时，应在每一个案的基础上根据公司的实际情况及业务运营、发展和策略对以上因素予以考虑。董事会成员的委任应在适当地考虑到董事会成员多元化带来的益处下，基于有关人选的优点长处及预计其将为董事会带来的贡献而做出。就董事的任命及再次任命做出决定时，公司的提名委员会应对多元化政策予以考虑，并持续监督政策的执行情况。此外，本公司所有董事（包括独立非执行董事）均不订立特定服务年期的服务合约，所有董事每三年于股东周年大会上轮值告退及重选。

3. 董事薪酬与任免

中国移动的薪酬委员会负责界定全体执行董事及高级管理人员的薪酬待遇，公司目前针对高级管理层的现金薪酬采用固定的每月工资及与绩效挂钩的年度奖金结构，与绩效挂钩的年度奖金发放办法是以设定考核指标完成情况作为评核标准。2013年薪酬委员会审议通过了修订高级管理层绩效考核方案。在长期奖励计划方面，中国移动采用了认股期权奖励，不同级别的管理层会获分配不同比重的认股期权奖励。非执行董事的酬金则部分根据市场回评，并考虑担任非执行董事及董事委员会成员的工作繁重程度而定，2013年度公司董事的薪酬情况如表2-3-3所示。

表2-3-3 董事会成员薪酬和持股

持股人姓名	对应高管职务	薪酬（万元）	相对上年增减（万元）	持股数量（万股）	持股比例（%）	参与持股市值（万元）	薪酬与持股市值合计（万元）	币种
罗嘉瑞	独立非执行董事	39.90	-10.60	70.00	0.00	5628.00	5667.90	HKD
黄钢城	独立非执行董事	45.80	1.80	25.00	0.00	2010.00	2055.80	HKD
奚国华	执行董事	227.50	0.10	0.00	0.00	0.00	227.50	HKD
李跃	执行董事	208.70	-2.20	0.00	0.00	0.00	208.70	HKD
黄文林	执行董事	189.70	-2.00	0.00	0.00	0.00	189.70	HKD
薛涛海	执行董事	189.70	-2.00	0.00	0.00	0.00	189.70	HKD
沙跃家	执行董事	189.60	-2.00	0.00	0.00	0.00	189.60	HKD
刘爱力	执行董事	189.60	-2.00	0.00	0.00	0.00	189.60	HKD
郑慕智	独立非执行董事	44.00	0.00	0.00	0.00	0.00	44.00	HKD
周文耀	独立非执行董事	19.40	—	0.00	0.00	0.00	19.40	HKD

中国移动对执行董事的提名主要是在集团内挑选和物色深谙电信业务并拥有丰富的电信行业管理经验的人士，对非执行董事的提名则以其独立性及其在金融和商业管理方面的经验和专业资格为标准，并考虑上市地法律法规的要求以及董事会的架构及组成的合理性等广泛审慎物色具备合适资格的人士。公司提名委员会先商议新董事的提名和任命，然后在提交董事会通过后任命。新任董事须于委任后首年的股东大会上告退并获重选，每名董事应至少每三年一次轮流退任。

4. 管理层及员工

公司管理层的职责是执行董事会的策略和方针，负责公司的日常运作。管理层在执行职务的过程中，需要秉承一定的商业原则和道德操守。为了鼓励诚信道德的行为，中国移动于2004年通过了适用于本集团的首席执行官、财务总监、副财务总监、助理财务总监及其他高级职务的职业操守原则以配合《索克斯法案》的要求。管理层每月向董事会提供更新资料，载列有关公司的最新发展情况，以便董事履行职责。

此外，针对近年来中国移动先后发生的多名管理人员因个人违法违纪受到查处事件，中国移动继续推进管理制度优化和业务流程改进，建立严格的内部控制体系，全面进行风险防范，不断提升公司管治水平，深入开展廉洁从业教育、规范员工从业行为。严格执行重大事项集体决议制度，规范决策行为。建立健全监督制约机制，开展效能监察工作，加强对采购招标等重点领域和关键环节合法合规风险的排查和监督，发现并逐步解决管理中存在的问题。督促各级公司诚信经营、健康发展、创造优良绩效，维护股东合法权益。

(四)市场概览

中国移动拥有覆盖全国31个省（自治区、直辖市）的现代通信网络，2013年面对复杂的经营环境变化，中国移动积极推进战略转型，实施移动互联网战略，适度加大资源投入，着力锻造网络质量、客户服务等核心竞争力，实现了收入的平稳增长。通过将中国移动的数据与中国联通以及中国电信进行比较，从而得出中国移动的市场概况。

1. 投资重点

2013年中国移动的资本开支为1849亿元，主要用于移动通信网（占40%）、传输网（37%）、业务网（5%）、支撑网（5%）、局房土建（9%）以及其他方面（4%）的建设，作为国内率先提供4G服务的运营商，其TD-LTE无线网络建设支出了303亿元，即中国移动的未来投资重点是4G网络。对于2014年的投资目标，中国移动计划开支2252亿元，各项投资占比分别为移动通信网44%、传输网28%、业务网5%、支撑网5%、局房土建12%以及其他6%，其中投资重点仍然是TD-LTE网络，计划投资为749亿元。

中国电信方面，为了抓住移动发展机遇，巩固宽带网络优势，提升网络核心价值能力，中国电信注重优化投资结构，重点保障高增长型业务投资，严格控制传统网络投资。2013年，其资本支出为799.92亿元，较2012年的537.48亿元增长48.8%，增加的投资主要是移动网络投资。

中国联通方面，2013年公司各项资本开支合计734.6亿元，主要用于移动网络、宽带及数据、基础设施及传送网建设等方面。其中，移动网络资本开支为246.5亿元，宽带及数据业务资本开支为174.7亿元，基础设施及传送网资本开支为237.7亿元。

2. 营业收入

2013年中国移动营业收入为6301.77亿元，净利润为1218.03亿元，通信业务收入占5908.11亿元，其中语音业务和数据业务的收入和占比分别为3556.86亿元与60.2%和2068.86亿元与35.0%，移动数据业务有大幅度的增长。中国联通的营业收入为3037.3亿元，净利润为102.92亿元，其中主营业务收入为2463.8亿元。这部分收入中，移动业务和固网业务收入分别为1557.7亿元和893.8亿元。中国电信的营业收入为3215.84亿元，净利润为176.66亿元，其中移动业务和固网业务收入分别为1511.86亿元和1703.98亿元。由此，从营业收入规模和净利润来看，中国移动在三家运营商中占据着绝对的领先优势，如图2-3-5所示。此外，中国移动为应对移动互联网业务和物联网的竞争压力开发的内容型业务收入2013年增势良好。

3. 用户数额

截至2013年底，中国移动客户总数达到7.67亿户，比2012年增长8.0%，净增客户数为5690万户，其中3G客户总数提升至1.92亿户，3G市场份额达到45.8%，2013年净增数为1.04亿户。2013年，中国电信的移动总用户数为1.86亿户，其中3G用户数为1.03亿户。中国联通的移动总户数为2.8亿户，2013年净增4167万户，其中3G用户数为1.23亿户。由此，中国移动在用户数方面仍然遥遥领先，且3G用户2013年实现了迅猛增长，并一度超越中国电信和中国联通，成为国内最大的3G服务提供商，如图2-3-6所示。

图 2-3-5 三大运营商收入对比

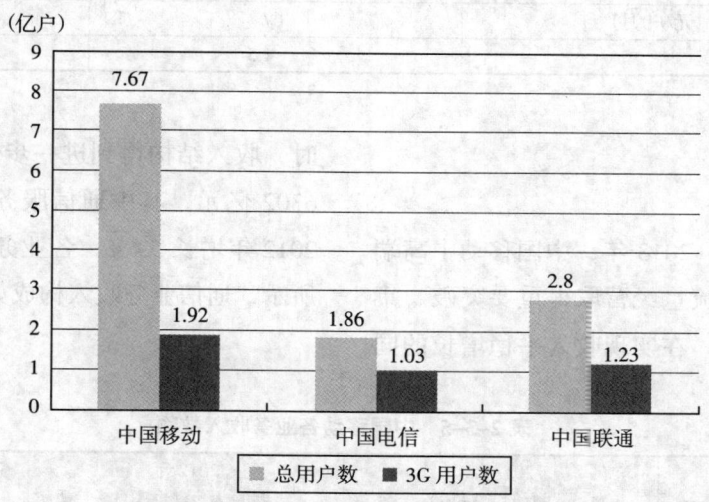

图 2-3-6 三大运营商用户数对比

（五）业务概览

2013 年，中国移动面对普及率不断提高、竞争日趋激烈的压力以及互联网业务对传统通信行业形成的挑战，克服各种困难，把握四网协同、移动互联网、全业务的发展战略，围绕存量经营、流量经营、集团客户经营三大驱动力，推动战略转型，着力深化质量、服务与创新，取得了积极成效。

1. 运营数据

从运营数据来看，截至 2013 年底，中国移动客户总数达到 7.67 亿户，比 2012 年增长 8.0%，全年净增用户数 5691 万户，继续保持着规模优势，但是受普及率提高和市场竞争加剧的影响，总体市场份额有所下降；总通话分钟数为 4.32 万亿分钟，比 2012 年增长 3.0%，平均每月每户通话分钟数（MOU）为 486 分钟；3G 客户规模提升至 1.9 亿户，市场份额达到 45.8%；TD-SCDMA 手机销量达到 1.5 亿台，比 2012 年增长 180%，其中智能手机占比超过 95%；得力于存量客户经营，中高端客户总体保持稳定；集团客户经营取得进步，集团客户数达到 323 万家，其个人客户数占总客户数的比例达到 30%，集团专线累计达到 134 万条，集团客户通信和信息化收入增长

31%；无线上网业务仍然高速增长，无线上网业务流量达到 2.01 万亿 MB，比 2012 年增长 93.6%，平均每月每户手机上网流量达到 72MB，具体如表 2-3-4 所示。

表 2-3-4 中国移动主要运营数据

	2013 年	2012 年
客户总数（百万户）	767.2	710.3
净增客户数（百万户）	56.9	60.7
3G 客户总数（百万户）	191.6	87.9
3G 净增客户数（百万户）	103.7	36.7
总通话分钟数（十亿分钟）	4316.0	4192.3
平均每月每户通话分钟数（MOU）（分钟/户/月）	486	512
短信使用量（十亿条）	734.1	744.5
无线上网业务流量（十亿 MB）	2011.8	1039.2
平均每月每户手机上网流量（MB/户/月）	72	36
平均每月每户收入（ARPU）（元/户/月）	67	68
TD-SCDMA 手机销量（亿台）	1.5	0.5

2. 营运收入

从营运收入来看，2013 年，中国移动中高端客户保有情况良好、流量经营取得重要突破、集团客户业务实现拓展，在实现收入平稳增长的同时，收入结构得到进一步优化。全年营运收入为 6302 亿元，其中通信服务收入为 5908 亿元，比 2012 年增长 5.4%，各业务的收入数额如表 2-3-5 所示，通信业务收入构成如图 2-3-7 所示。

表 2-3-5 中国移动各业务收入数额

	2013 年（百万元人民币）	2012 年（百万元人民币）	变化（%）
管理收入	630177	581835	8.3
通信服务收入	590811	560413	5.4
语音业务	355686	368025	(3.4)
数据业务	206886	166348	24.4
其他	28239	26040	8.4
销售产品收入及其他	39366	21422	83.8

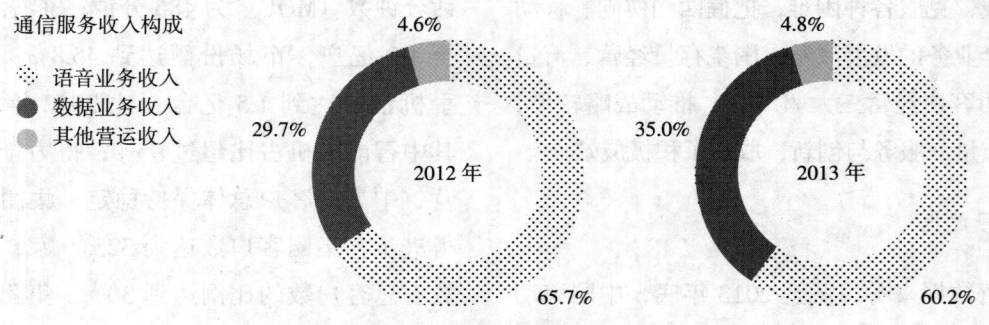

图 2-3-7 中国移动通信业务收入构成

其中，语音业务收入受互联网业务替代的影响，有所下降，收入为3557亿元，下降3.4%，为延缓语音业务的下滑速度，中国移动采取了细分客户市场、提供更具有吸引力的资费套餐、有效推行话务营销等措施，积极维系语音业务增值，为公司向移动互联网业务经营转型赢得了宝贵时间。同样，OTT业务的替代加快也使短信及彩信业务量首度出现下滑，业务收入为413亿元，比2012年下降6.5%。

数据业务收入方面，保持着快速发展，2013年数据业务收入为2069亿元，比2012年增长24.4%，占通信服务收入的比例达到35%，比2012年提升5.3个百分点，无线上网业务更是飞速发展，收入达到1082亿元，比2012年增长58.6%，占通信服务收入的比例提升至18.3%，流量成为拉动收入增长的主要驱动力。流量业务的高速增长有效地弥补了短信和彩信等传统数据业务下滑的影响。此外，咪咕音乐、和阅读、和视频、和游戏、和动漫等移动互联网和物联网的内容型业务收入增势良好，集团信息化业务也获得较快发展。

3. 服务质量提升

中国移动一贯坚持"质量是通信企业生命线"和"客户为根，服务为本"的理念，注重提升网络、业务、服务质量。网络方面，中国移动通过四网协同发展持续稳固综合竞争优势。2G网络利用率保持在合理水平，在覆盖和语音质量上继续保持行业领先，母公司3G基站数为45万个、网络覆盖和质量稳步提升，分流能力持续增强。WLAN接入点达到429万个，利用率得到进一步提高。流量的承载结构持续优化，2G承载的流量向3G、WLAN显著转移。中国移动已正式推出4G服务，预计2014年底基站数将超过50万个，基本实现全国城市及县城城区、重点乡镇的连续覆盖。2013年，中国移动与评估公司达成长期合作协议，引入支持TD-LTE和TD-SCDMA的iPhone手机。中国移动还发布了VoLTE白皮书，开展试验，实现了省际国际VoLTE高清语音互通以及与2G网的商用切换，力争今年底全网实现VoLTE商用。

中国移动着力加强基础网络资源规划和布局，应对全业务竞争。光缆传输能力、市政道路管道覆盖水平、重要集团客户专线接入能力等进一步提升。互联网内容资源引入和调度能力显著增强，流量本网率提升至91%。

业务和服务方面，中国移动深入开展质量提升活动。GPRS国际漫游计费处理用时大幅缩减；建立一点受理全网响应的全网服务保障体系；实施品牌重塑，推出新的商业品牌"和"；优化资费体系，显著提升客户感知等。在4G业务方面，中国移动努力实现"不换号、不登记、快速换卡"。实施统一营销，推出统一的资费套餐，突出流量为主，支出多端共享。在推动移动商城、手机营业建设的同时，主动发展了第三方电子渠道服务，并推进焦点问题处理，实现互联网投诉的集中处理以及垃圾短信、不良信息、骚扰电话的集中治理。中国移动的这些举措也取得了良好的成效，公司的百万客户升级申诉率连续四年保持行业最低。

4. 创业布局和创新发展

面向新的业务和服务领域，中国移动坚持探索创新、加快管理集中化、运营专业化、机制市场化、组织扁平化、流程标准化的进程。管理集中化方面，数据中心、呼叫中心、研发中心等集中化基础设施建设稳步推进，通过组建采购共享服务中心，采购集中度持续提高，采购成本进一步降低，另外，国际信息港一期的投入使用、南方基地作用的进一步发挥，使得规模优势得到充分发挥,降本增效得以实现。运营专业化方面,2013年中国移动通过聚合产业链合作伙伴,实现终端销售规模的突破,此外,TD-LTE终端产业化、商用化的发展进程顺利、手机款数的不断增加,显示着中国移动专业化运营能力逐渐形成。

在移动互联网时代,中国移动正在加快拓展移动互联网和物联网。推出了基于NFC的手机钱包、咪咕音乐、和阅读等业务继续保持业内领先地位,飞信和、地图等应用体验进一步提升等。同时,中国移动还在加快物联网专网平台建设,推出了自主品牌物联网终端和多款通信模组。通过探索无线城市商务新模式,中国移动正努力实现以新通话、新消息为特征的融合通信业务。

5. 资本开支

中国移动正处于维持传统业务经营价值和加快推动转型发展的关键时期,正在努力推动从语音经营为主向流量经营为主的转变,推动从拓展通信业务向拓展移动互联网业务和信息消费的转变,同时推动从移动通信经营向创新全业务经营的转变。为了增强核心能力、适应新形势下产业发展规律,中国移动科学安排投资,重点用于保证四网协同发展,保持语音优势,满足流量爆发式增长需要,支撑移动互联网、物联网、云计算等技术创新和业务发展,加强基础资源积累,提升全业务竞争能力。中国移动将面向长远发展,保持合理必要的投资规模以提升综合竞争力,同时确保投资效率和效益。

（六）经营和财务绩效

表2-3-6 中国移动2011~2013年度经营与财务业绩比较一览表

单位:百万元人民币

年份	2013	2012	2011
收入	630177	560413	527999
总资产	1167392	1052109	952558
EBITDA	263609	253646	251025
EBITDA率	41.83%	45.26%	47.54%
净利润	121803	129359	125439
净利润率	19.33%	23.08%	23.76%
总资产报酬率（ROA）	10.43%	12.30%	13.17%
净资产报酬率（ROE）	15.40%	17.84%	19.29%
资本性支出（CAPEX）	184900	127400	128500
CAPEX占收比	29.34%	22.73%	24.34%
经营活动净现金流	224985	230709	226756
每股经营活动净现金流	11.19	11.48	11.30
自由现金流（FCF）	40085	103306	98208
自由现金流占收比	6.36%	18.43%	18.60%
销售现金比率	35.70%	41.17%	42.95%
资产现金回收率	19.27%	21.93%	23.80%
EVA	37962	59807	63487
EVA率	5.23%	8.56%	10.18%
每股盈利（EPS）	6.05	6.43	6.27

续表

年份	2013	2012	2011
每股股利（DPS）	2.77	3.41	3.33
股利支付率	45.83%	53.05%	43%
主营业务收入增长率	8.31%	6.14%	8.81%
总资产增长率	10.96%	10.45%	10.51%
净利润增长率	-5.86%	3.13%	4.63%
经营活动现金流增长率	-2.48%	1.74%	-2.00%
每股盈余增长率	-5.91%	2.55%	5.20%
资产负债率	32.27%	31.06%	31.72%
流动比率	125.96%	49.97%	140.05%
利息保障倍数	480.09	440.23	295.83
总资产周转率	0.54	0.53	0.55
固定资产周转率	1.12	1.30	1.29
坏账发生率	30.08%	31.03%	32.44%
折旧与摊销	104699	100648	97167
股息	52675	55521	54298
内部融资额	173827	174386	168308
折旧摊销率	16.61%	18.00%	18.40%
付现成本率	61.86%	55.15%	52.94%
营销、一般及管理费用率	14.57%	18.72%	18.34%

（七）内控与风险管理

1. 内部审计

中国移动的内部审计通过运用系统化和规范化的审计程序和方法，对公司各项经营活动和内部控制的适当性、合规性和有效性进行独立、客观的监督、评价并提供咨询服务，协助改善公司治理、风险管理和控制过程的效果，旨在增加公司价值，改善公司运营，促进公司持续健康发展，服务公司战略目标的达成。

中国移动及其运营子公司设有内审部，对公司及子公司各业务单位开展独立的内部审计工作。内审部主管直接向审核委员会汇报，并由审核委员会定期向董事会做出报告。内审部在执行职务时，可不受限制地查阅各业务单位所有业务、资产记录及接触相关人员。

内审部搭建了公司内部审计范围框架，每年开展风险调查，基于风险调查结果制定内部审计项目滚动规划和年度审计计划，并与审核委员会检讨及议定年度审计计划及资源运用。内审部年度审计计划涵盖财务审计、内部控制审计、风险评价、审计调查和咨询服务等类型工作。财务审计对公司财务活动及财务信息的真实性、准确性、合规性和效益性以及公司资金、资产的管理和使用情况进行审计和评价；内部控制审计对公司内部控制制度设计有效性和执行有效性进行审计和评价；同时，内审部对公司各业务流程和管理机制的风险管控状况进行评估和评价，按公司管理层或审核委员会的要求或根据需要进行特设的项目及调查工作。内审部每年按照《索克斯法案》第404条要求，组织开展对公司与财务报告相关的内部控制进行内部测试，为管理层出具内部控制评估报告提供保证。内审部针对各项审计中的发现提出改进建议，并要求相关公司管理层承诺和明确改进的计划、方法及时限。内审部定期对审计建议的落实情况进行跟进，确保相关公司改进计划能得到执行。此外，在不损害独立性的前提下，内审部亦会根据公司管理层要求及业务部门需要，利用审计资源和审计信息，为公司决策和经营管理活动提供管理建议或咨询服务。

内审部针对各项审计中的发现提出改进建议，并要求相关公司管理层承诺和明确改进的计划、方法及时限。内审部定期对审计建议的落实情况进行跟进，确保相关公司改进计划得到执行。

2013年，内审部突出重点，高度关注发展质量和效益，有效落实对审计署发现问题的整改监督，切实提升审计工作效能与估值，具体来说，包括：

（1）更加突出审计重点，重点关注采购招标、工程建设、合作业务等方面的风险。同时，加大对客户俱乐部管理、职工福利、职务消费等方面的审计监督力度，揭示并切实堵塞高风险领域和关键环节的管理漏洞和风险。

（2）在全公司范围内组织展开垃圾短信治理专项检查工作，关注各单位相关规定、制度的贯彻执行情况，促进各项整改措施的落实。

（3）更加关注公司发展质量与效益，对存量经营、流量经营、集团客户经营等战略措施的落实有效性展开监督评价，推动各公司加强业务审核监督，确保企业健康经营。

（4）充分利用内部审计的自身优势，通过系统、规范的方法，对公司合同管理、内部控制建设、积分商城运营管理、互联网接口风险等推行监督，开展流程穿越和审计评价，促进流程管控优化。

（5）研究建立审计问责机制，制定下发了《中国移动审计整改及问责管理办法》，明确了相关部门在审计问题的整改及问责工作中的职责、梳理、规范审计问责流程，为切实推动审计发现问题整改，实现审计闭环管理提供了制度基础。

2. 内部监控

中国移动董事会定期检讨集团内部监控的成效以合理保障公司的合法经营、资产安全以及业务上使用或向外公布的财务资料正确可靠。中国移动采用美国COSO《企业内部控制——综合框架》的标准框架，并遵循中国香港联交所《企业管制常规守则》的要求，建立了一套严格的与财务报告相关的内部控制体系，完善了常态化的内部控制管理机制。

中国移动还建立了良好的公司治理结构，搭建了从董事会到具体内控岗位的自上而下、职责明确的组织架构，董事会下设审核委员会，负责监查公司的财务报告程序、内部控制及风险管理工作。中国移动每年均向审核委员会汇报内部控制体系建设和执行情况，接受审核委员会的指导和监督。公司还建立了"内控顶层制度—总部标准化内控手册和矩阵—各单位本地化内控手册和矩阵"的三层级内控制度，将控制要求扩展到市场、生产、管理等全流程，并力求从业务角度出发，以风险评估的方法，聚焦高风险领域和管理重点，促进内控要求融入日常业务活动。同时，依靠责任到人以及将内控要求固化到IT系统中的方式强化内控执行，并通过自查、管理层测试、外部审计等多层次、内外结合的监督检查，有效提升了内控制度的执行效率和效果。

3. 风险管理

中国移动遵循美国COSO Ⅱ《企业风险管理——整体框架》原则，借鉴国内外优秀风险管理理论和实践，搭建了一套切实可行的全面风险管理体系框架，明确了风险管理的发展规划和重点领域。2013年，在此框架下中国移动开展了法律风险、廉洁风险、信息安全风险等专业领域的风险防范和管控工作。同时，在全集团开展了重大风险评估工作，针对评估确定的重大风险制定了风险管理策略和措施，并开展定期回顾，进一步提升了公司的风险预判能力和风险管控水平。此外，中国移动2013年更新了重点业务领域的法律风险数据，重新识别了信息安全、实名制、互联网业务、招投标四大领域的法律风险，制定了相应的风险控制措施；同时，调整优化了法律风险信息系统，指导各省公司完善系统功能，加大了系统应用力度。

（八）人力资源发展

截至2013年底，中国移动的员工总数为231546人，其中少数民族员工所占比例为6.92%，员工性别构成如表2-3-7所示，员工是中国移动创新和发展的动力源泉，是企业提供服务和创新实践的主体。中国移动从健康安全的工作环境、公平的发展机会和良好的职业前景、尊重和认可三个方面，致力于为员工提供安全、稳定、和谐的工作环境，并支持员工发展，开展员工关怀，和员工共促和谐成长。

表2-3-7 员工性别构成

指标名称	2011年	2012年	2013年
全体员工中女员工比例（%）	40.53	40.08	40.92
高级管理层中女性比例（%）	17.43	17.92	18.17

1. 安全与健康

中国移动认真落实安全生产责任，密切关注和保护员工职业健康安全，为员工营造平安、和谐的工作环境。

(1) 安全工作。2013年，中国移动两次开展全公司安全生产大检查，并在27个省公司实施现场监督检查，检查覆盖率达87%，共发现安全隐患15171处，隐患整改率达94%，所属各单位自查覆盖率达100%。同时，积极开展贴近一线的安全文化宣传活动，组织形式多样的安全教育和应急演练共1120场次，提升全员安全意识，员工参与率达85%。此外，中国移动还推进了安全管理规章制度建设，组织制定了《中国移动交通安全管理办法》、《中国移动安全生产与保卫管理办法》等四项规章制度；探索建立统一规范的安全集中化管理模式，在辽宁、山西、天津公司试点应用具有自主知识产权的安全集中化监控与管理平台。2013年中国移动未发生一起安全生产责任事故及因公死亡事故。

(2) 身心健康。中国移动定期组织员工体检，2013年员工体检率达到90.5%。同时，为帮助员工应对工作压力、调节身心健康，公司持续开展员工帮助计划（EAP），如图2-3-8所示。截至2013年底，集团总部及各省公司均已实施EAP项目，覆盖员工超过25万人（含劳务派遣人员）。

2. 培训与发展

中国移动努力为员工提供良好的职业发展平台，通过高水平、多形式的员工培训，帮助员工实现自我提升。

(1) 知识获取。中国移动持续完善培训体系，创新培训实践，为员工提供培训和学习机会，加强人才队伍的能力建设。2013年，中国移动共培训员工98.9万人次，人均培训时长达61.2小时，人均培训费用达2632元，如表2-3-8所示。同时，中国移动开创了融合面授培训、网上大学、在线考试、手机平台等多个学习平台于一体的

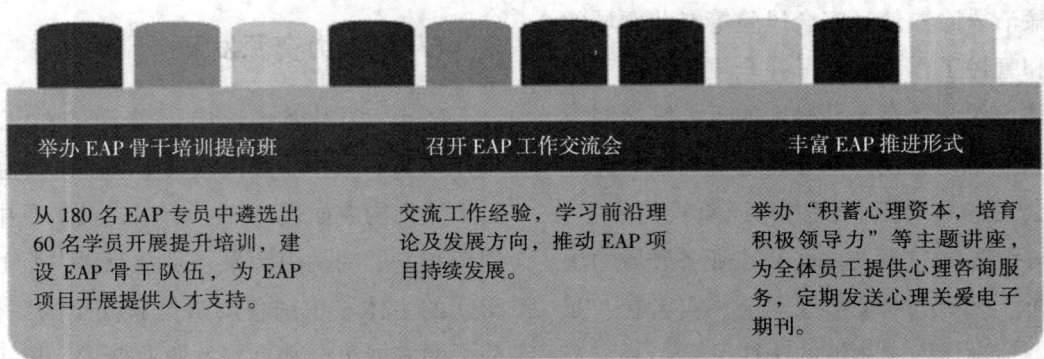

图2-3-8 中国移动的员工帮助计划（EAP）

"助力技术人才快速发展的混合式学习实践"项目，荣获美国培训与发展协会（ASTD）颁发的2013年度卓越实践提名奖，并将作为全球培训学习项目的典范案例发布和推广，其中网上大学登录次数达1150万人次，参与员工人均学习时长达25小时。

表2-3-8 员工接受培训人次

指标名称	2011年	2012年	2013年
培训总人数（万人次）	97.5	98.3	98.9
高层接受培训的人数（人次）	421	438	686
中层接受培训的人数（人次）	8901	9306	15126
普通员工接受培训的人数（万人次）	96.6	97.3	97.9
员工中参加学历学位学习的比例（%）	5.32	5.24	4.13

（2）职业发展。中国移动通过完善晋升机制和轮岗、挂职交流等实践，为员工职业发展提供机会。2013年，中国移动从总部选派15人分赴七省交流任职，帮助员工得到多岗位的锻炼；组织召开了2012年首批下基层交流员工座谈会，共同分享心得与体会。此外，中国移动还首次组织总部与直属单位之间进行六人次的专项交流，并组织总部三名员工赴国际公司交流工作，进一步扩大了交流任职的范围。

中国移动为员工提供多种职业发展平台，推荐员工参与"国家特支计划"、"百千万人才工程"、"中国青年科技奖"等各类评选。在153人的后备领导人员库基础上，遴选出135名"75后"优秀经理人员名单，加强领导人员队伍梯队建设。同时，中国移动还以认证考试的形式持续促进员工岗位任职能力的提升。2013年，累计举办考试925场，参加人次近19万，较2012年同期分别增长了1.6倍和6.9倍。

3. 尊重和认可

在保障员工基础权益、创造良好发展机会的基础上，中国移动注重建立合理的绩效和薪酬激励机制，尊重并认可员工的个人价值与贡献，帮助员工平衡工作与生活。

（1）绩效薪酬。中国移动推广以"多劳多得"为核心的量化绩效薪酬，截至2013年底，已覆盖100%的营业人员、话务员、集团客户经理和电话经理，并实施了网络一线人员的量化绩效薪酬改革，充分调动一线人员的工作积极性。

（2）支持多元化。中国移动关注女性员工发展，成立女工委员会，对女员工开展专项保护，并通过开展女员工岗位技能大赛、创新技能大赛等，帮助女员工快速成长。针对劳务派遣人员，中国移动于2012年参与了"深化劳动用工市场化改革"的调研工作，并于2013年制定下发了《关于贯彻实施新修订的劳动合同法进一步规范劳动用工管理的通知》。同时，各级工会主动听取劳务派遣人员对《劳务派遣若干规定（草案）》的意见，组织广大劳务派遣人员参与意见征集，配合完成草案的公开意见征求。

（3）平衡工作与生活。中国移动各级工会在各省、地市公司建立职工之家，并在部分县公司建立职工小家，营造舒适、便利的工作环境。2013年，各省公司、地市分公司模范职工之家创建率达72%。同时，还制定了《集团工会突发事件慰问管理办法》，持续做好困难员工慰问和帮扶。此外，中国移动还积极组织员工参加首届北京国际摄影周"云影像"大众手机摄影展、世界企业体育运动会保龄球比赛等活动，并在公司内部举办员工乒乓球赛、桥牌比赛及书画巡展等活动，帮助员工在工作与生活间取得平衡。2013年，公司组织的文体活动参与人次达到23.5万。

（九）企业社会责任

自2007年以来，中国移动以全球企业社会责任（CSR）的通行标准和最佳实践为指引，充分考虑企业运营管理的现实基础，创新开发了可持续发展指标体系、道琼斯可持续发展指数对标管理等一系列管理工具，实施了与企业战略和运营紧密融合的战略性企业社会责任管理，保持了良好的可持续发展绩效。而有效的社会责任管理离不开高层的重视与全员的参与，中国移动自2008年起设立CSR指导委员会，建立起管理层深度参与、横向协调各专业部门、纵向覆盖各下属单位的CSR组织体系，如图2-3-9所示。2013年，中国移动的社会责任活动主要包括以下几个方面：

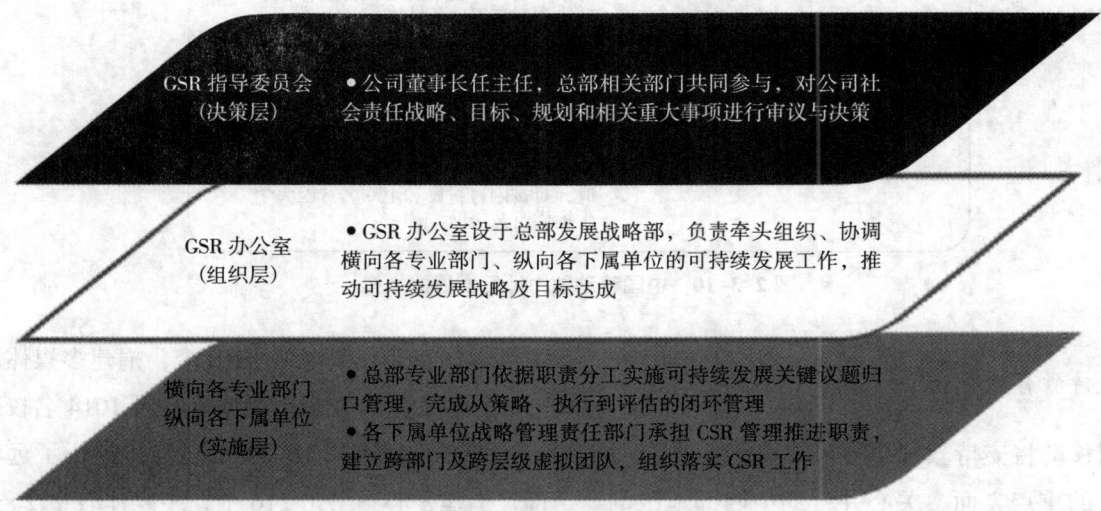

图2-3-9 中国移动的CSR组织体系

1. 助力地区发展

作为深深扎根于社区、与公众生活息息相关的大型服务企业，帮困扶贫、促进社区发展是中国移动义不容辞的责任。2013年，中国移动积极开展对贫困地区的对口支援与扶贫工作，研究确定对口支援和扶贫管理新模式，重点强化省公司对口支援和扶贫工作的管理；制定《对口支援（扶贫）项目及资金管理办法》，确立"三级"管理组织体系，为规范资金使用、提高项目质量和合规性提供制度保障。2013年累计拨付资金4043万元，有效保证了相关项目的开展。同时，在扶贫过程中，中国移动逐步摆脱传统的"捐赠"式扶贫模式，实现了从"输血"向"造血"的转变，通过产业扶贫、科技扶贫、管理扶贫等多种模式，实现"授人以渔"，如图2-3-10所示。

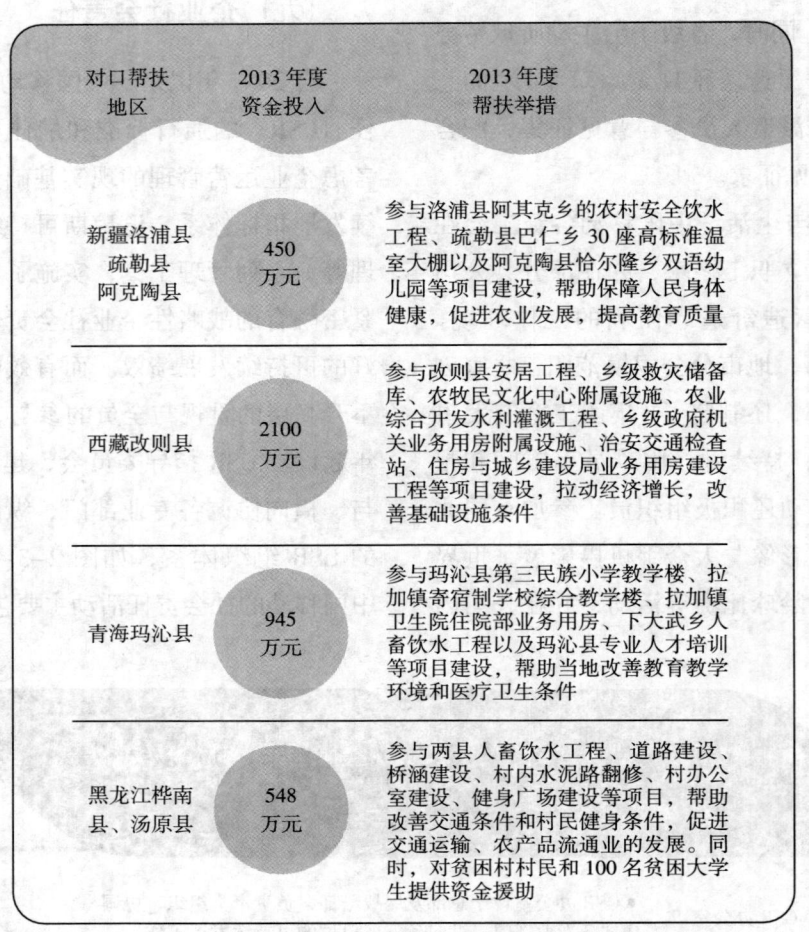

图2-3-10 中国移动助力地区发展的举措

2. 支持教育均等

中国移动将支持教育事业发展作为企业公益资源投入的重点方面，关心并帮助中西部地区的孩子们获取更好的教育，实现梦想，改变命运。自2006年起，公司联合教育部、中国教育发展基金会共同启动了"蓝色梦想——中国移动教育捐助计划"，全力帮助中西部贫困地区提升教育水平、改善教学设施。项目实施八年来，累计培训中西部农村中小学校长59000人，为中西部农村中小学捐建爱心图书馆1910个，捐建多媒体教室880个。其中，2013年，项目共对1014名校长进行了"影子培训"，对9781名校长进行了远程培训，捐建爱心图书馆216个，多媒体教室206个。此外，中国移动还通过实施中小学教室信息技术能力国家级培训项目、中小学信息技术大赛和支持高效科研项目等活动助力教育事业的发展。

3. 关爱弱势群体

扶助弱势群体，帮助其走出生活困境，有利

于实现社会公平,促进社会和谐。中国移动从弱势群体需求入手,有针对性地开展帮扶,努力为他们带去最切实的帮助。2009~2013年,中国移动慈善基金会累计捐赠金额达1.1905亿元,其中2013年的捐赠金额为3830万元,如图2-3-11所示。同时,2013年,中国移动投入了2250万元,用于扩大实施"中国移动爱'心'行动——贫困先心病儿童救助计划",在继续推进河南、辽宁项目的同时,新增内蒙古二期项目、辽宁二期项目和山西项目。2013年,项目共为5241名贫困儿童提供了免费先心病筛查,并完成了对其中确诊先心病的748名贫困儿童的手术救治。

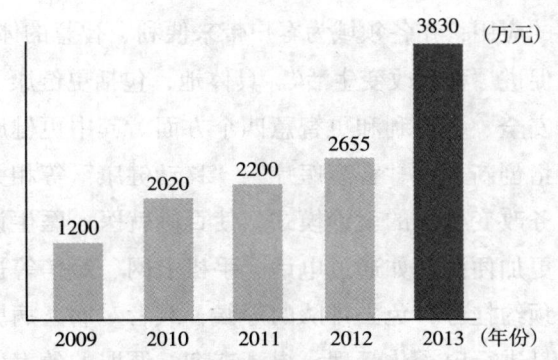

图2-3-11 中国移动慈善基金会历年捐赠金额

4. 鼓励志愿服务

中国移动鼓励和支持员工参与公益志愿活动,并结合实际逐步引导。2013年,中国移动发布了《关于进一步推进中国移动志愿服务工作的指导意见》,进一步鼓励和规范员工志愿活动。截至2013年底,员工志愿者人数达98581人,年度志愿服务总时长达52.2万小时。具体地,在"蓝色梦想"项目中,为了引导学生热爱读书、学习知识的热情,中国移动在31个省公司举办了包括"捐赠好书"、"梦想课堂"等一系列以员工志愿者为主体的公益活动,员工捐赠图书总数达14万余册。在"爱'心'行动"中,中国移动慈善基金会的各位理事也作为普通志愿者,走进医院看望手术患儿,为孩子们带去学习用品并一起联谊。截至2013年底,该项目的志愿者服务时长累计超过3000小时。此外,中国移动还通过评选年度公益之星的方式鼓励员工从事志愿活动。

5. 共赢绿色明天

面对日益恶化的资源与环境形势,中国移动主动将应对气候变化、促进节能减排纳入企业经营战略。一方面,公司积极从网络、服务和办公三方面着手减小自身运营活动的环境影响,在合作伙伴的支持下提升设备能效、加强废弃物管理,打造低成本、绿色的运营生态;另一方面,充分发挥信息通信技术优势与影响力,创新推广绿色解决方案,倡导公众参与环境保护,为社会整体生态文明建设提供平台和手段。

在环境策略与管理方面,中国移动从建立组织体系、提升管理能力、健全考核机制三大方面入手,建立了相对完善的环境管理体系,如表2-3-9所示。2013年,通过在节能减排管理、统计分析、考核奖惩体系等方面持续优化环境管理,中国移动实现单位业务量耗电较2012年底下降23%,单位信息流量综合能耗下降38%,超额完成全年下降15%的节能目标。

此外,为进一步降低业务办理、市场推广、员工日常办公等业务环节的资源消耗,中国移动还大力推广无纸化、信息化办公手段和业务办理方式,并积极应用节能技术建设绿色建筑。其中,2013年实现了全流程无纸化营业,电子渠道业务办理占比达到82%,并对视频会议预订管理流程进行了优化,进一步提高会议室利用率,总部全年共召开高清视频会议942次。

(十)前景展望

在生活的点点滴滴中都能享受到信息化所带

表 2-3-9 中国移动环境管理体系

建立组织体系	提升管理能力	健全考核机制
• 成立"绿色行动计划"领导小组,并在总部计划建设部设立专门机构负责日常工作推进 • 省公司成立相应领导机构,并设置专人专岗负责日常工作	• 召开经验交流及工作推进会,交流推广各地最佳实践 • 组织专题培训,邀请相关专家对工作骨干培训能源审计、碳交易等相关知识,搭建双月一题交流平台,以视频会议形式推广最佳实践 • 首次建立节能最佳实践案例库,推动节能措施应用	• 将节能减排纳入公司经营业绩考核体系,2013年专项考核办法涵盖4项定量指标和11项重点节能推进措施 • 逐月统计分析并通报各省公司能耗和节能数据 • 对先进公司进行通报表彰

来的便利,是社会和公众对信息时代的期望,随着城市居民的基本通信需求逐步得到满足,中国移动计划持续在边远地区开展通信设施建设,普及电话和宽带服务,缩小数字鸿沟;重点开发便捷、丰富的经常应用,让城市居民共享精彩的信息化未来。

1. 遍及城乡的普遍服务

普遍服务,是指任何人在任何地点都能以可负担的价格享受电信业务,而且业务质量和资费标准一视同仁,但由于地理位置、收入水平、教育程度、年龄等因素的影响,不同社会群体之间往往不能享受到真正意义上的普遍服务。中国移动正努力将通信网络覆盖至更广阔人群,努力为各个社会群体提供贴近生活需求的信息通信服务。2013年,中国移动共为7129个自然村新开通电话服务,为9331个行政村新开通宽带业务,同时,总计帮助1767个农村学校开通宽带。但是农村地区的网络覆盖与质量还存在很大提升空间,且还需要继续开展"村村通"工程,因而,在未来,中国移动需要继续扩大农村地区网络覆盖范围,并推广农村地区宽带及数据服务,同时为农民、老年人、少数民族、残障人士等特殊群体提供专属服务。

2. 提供改变生活的丰富应用

在移动互联网时代,OTT业务给电信运营商的传统业务带来了巨大的冲击。在此背景下,中国移动致力于将信息通信技术发展所带来的各种可能通过创新的产品和服务转变为现实的生活场景,并充分运用移动互联网、物联网、云计算等最新发展成果,开发出越来越多改变生活和生产的应用,在各领域为客户带来便利、智慧的体验,促进"移动改变生活"。具体地,包括更健康、更安全、更便利和更智慧四个方面。其中更健康是指创新开发"智慧医疗"、"移动健康"等相关服务改变传统的就诊模式,使百姓就医、医生诊疗更加便捷,如通过电话、手机上网、短信等进行预约挂号,免去排队的等候,或者对病人病历信息进行电子化管理,提高查询、调取的效率以及进行远程诊断、紧急救援等应用和服务。更安全是指通过与公安部门合作,构建视频监控网络,对交通、治安等情况进行实时监控和数据调取,打造"平安城市",守护民众安全。更便利是指中国移动充分利用移动互联网技术和物联网技术,在社区服务、交通、金融、教育等领域为人们的生活创造便利,包括社区服务、交通出行、移动支付、远程教育、生活助手等方面。更智慧则是指针对不同行业的特定要求,中国移动开发了丰富的行业信息化应用,助力相关行业转变传统运作方式,实现转型发展,如智慧农业、智慧油田、智慧矿山和智慧林业等。

附件一：中国移动财务报告（2013年）

1. 合并资产负债表

	附注	2013年12月31日（百万元）	2012年12月31日（百万元）
非流动资金			
物业、厂房及设施	14(a)	479227	430509
在建工程	15	85000	55507
预付土地租赁费及其他预付款	16	19735	14244
商誉	17	36894	36894
其他无形资产	18	1063	924
联营公司权益	20	53940	48343
合营公司权益	21	—	6
递延税项资产	22	17401	13544
受限制的银行存款	23	6816	5418
其他金融资产	24	127	127
		700203	605516
流动资产			
存货	25	9152	7195
应收账款	26	13907	11722
其他应收款	27	11649	8605
预付款及其他流动资产	27	11832	15913
应收最终控股公司款项	28	94	102
预付税款		647	153
银行存款	29	374977	331997
现金及现金等价物	30	44931	70906
		467189	446593
流动负债			
应付账款	31	173157	123896
应付票据		1360	1159
递延收入	32	61789	57988
应计费用及其他应付款	34	125811	103774
应付最终控股公司款项	28	22	39
应付直接控股公司款项	28	—	16
融资租赁承担		68	68
税项		8706	10856
		370913	297796
净流动资产		96276	148797
资产总值减流动负债结转		796479	754313
非流动负债			
带息借款	33(a)	(4989)	(28619)

续表

	附注	2013年12月31日 (百万元)	2012年12月31日 (百万元)
递延收入（不包括即期部分）	32	(662)	(334)
递延税项负债	22	(104)	(51)
		(5755)	(29004)
资产净值		790724	725309
资本及储备			
股本		2142	2142
储备		786631	721305
本公司股东应占总权益		788773	723447
非控制性权益		1951	1862
总权益		790724	725309

2. 合并损益表

	附注	2013年（百万元）	2012年（百万元）
营运收入（营业额）	4		
通信服务收入		590811	560413
销售产品收入及其他		39366	21422
		630177	581835
营运支出			
电路租费		18727	9909
网间互联支出		25998	25140
折旧		104699	100848
人工成本	5	34376	31256
销售费用		91834	80232
销售产品成本		61363	41448
其他营运支出	6	157531	140272
		494528	429105
营运利润		135649	152730
营业外收入净额	7	910	615
利息收入		15289	12661
融资成本	8	(331)	(390)
应占联营公司利润	20	7062	5685
应占合营公司亏损	21	—	(1)
除税前利润		158579	171300
税项	11(2)	(36776)	(41919)
本年度利润		121803	129381
以后可能重分摊至损益的本年度其他综合亏损：			
境外企业的财务报表汇兑差额		(172)	(6)
应占联营公司其他综合亏损		(767)	(16)
本年度总综合收益		120864	129359
股东应占利润			
本公司股东		121692	129274

续表

	附注	2013年（百万元）	2012年（百万元）
非控制性权益		111	107
本年度利润		121803	129381
股东应占总综合收益：			
本公司股东		120754	129252
非控制性权益		110	107
本年度总综合收益		120864	129359
每股盈利——基本	13(a)	人民币 6.05 元	人民币 6.43 元
每股盈利——摊薄	13(b)	人民币 5.98 元	人民币 6.36 元

3. 合并现金流量表

	附注	2013年（百万元）	2012年（百万元）
经营业务			
除税前利润		158579	171300
调整：			
——物业、厂房及设备折旧		104699	100848
——其他无形资产摊销	6	78	68
——预付土地租赁费摊销	16	385	346
——出售物业、厂房及设备（收益）/亏损	6	(3)	1
——物业、厂房及设备注销	6	2074	2818
——呆账减值亏损	6	5084	4504
——存货减值亏损	6	202	313
——利息收入		(15289)	(12661)
——融资成本	8	331	390
——非上市证券之股息收入	7	(34)	(11)
——应占联营公司利润		(7062)	(5685)
——应占合营公司亏损		—	1
——未实现汇兑收益净额		(59)	(17)
——出售子公司亏损		18	—
营运资金变动前的经营业务现金流		249003	262215
存货（增加）/减少		(2156)	436
应收账款增加		(7273)	(7063)
其他应收款（增加）/减少		(148)	82
预付款及其他流动资产增加		(2189)	(3403)
应收最终控股公司款项减少		8	68
应付账款增加		5372	5443
应付票据（减少）/增加		(563)	20
递延收入增加		4129	6308
应计费用及其他应付款增加		22041	11432
应付最终控股公司款项减少		(17)	(246)
经营业务现金流入		268207	275292
税项			
——已付香港利得税		(26)	(100)

续表

	附注	2013年（百万元）	2012年（百万元）
——已付中国企业所得税		(43196)	(44483)
经营业务现金流入净额结转		224985	230709
承前经营业务现金流入净额		224985	230709
投资业务			
资本开支		(138997)	(123232)
预付土地租赁费		(1044)	(1792)
购置其他无形资产所付款项		(355)	(174)
出售物业、厂房及设备所得款项		44	6
银行存款增加		(42980)	(85310)
受限制的银行存款增加		(1398)	(5264)
收回委托贷款		—	14000
已收利息		12392	9459
出售合营公司所得款项		6	—
出售子公司所得款项		124	—
购置联营公司权益所付款项	20	(1363)	—
已收联营公司之股息	37(c)	2062	1120
已收非上市证券之股息		34	11
投资业务现金流出净额		(171475)	(191176)
融资业务			
行使认股权计划发行股份所得款项	36(c)(ii)	43	531
子公司收到非控制股东注资款项		—	400
已付利息		(329)	(403)
已付本公司股东股息	36(b)	(55491)	(55425)
已付非控制股东股息		(21)	—
偿还递延对价		(23633)	—
融资业务现金流出净额		(79431)	(54897)
现金及现金等价物净减少		(25921)	(15364)
年初现金及现金等价物		70906	86259
外币汇率变动的影响		(54)	11
年末现金及现金等价物	30	44931	70906

附件二：中国移动大事记

2000年4月20日，中国移动通信集团公司根据国家关于电信体制改革的部署和要求，在原中国电信移动通信资产总体剥离的基础上组建成立。中国移动通信集团公司全资拥有中国移动（香港）集团有限公司。

2000年10月4日，中国移动（香港）有限公司与Vodafone Group Plc 达成了一项策略投资者配售协定，Vodafone Group Plc 购入25亿美元中国移动（香港）有限公司的新股。

2000年11月3日，中国移动（香港）有限公司完成约68.85亿美元的股票发行和6.9亿美元的于2005年到期的美元可转换票据的发行。中国移动（香港）有限公司亦通过银团贷款，融资125亿元人民币。

2000年11月13日，中国移动（香港）有限公司正式完成收购北京移动、上海移动、天津移动、河北移动、辽宁移动、山东移动和广西移动的权益。

2001年6月18日，中国移动（香港）有限公司通过其全资子公司广东移动在中国内地发行了总额50亿元人民币债券，并在2001年10月23日于上海证券交易所成功挂牌上市。

2002年7月1日，中国移动（香港）有限公司完成收购四川移动、湖北移动、湖南移动、陕西移动和山西移动的权益。

2002年10月28日，中国移动（香港）有限公司通过其全资子公司广东移动，在国内再次发行了总额80亿元人民币债券。

2003年1月22日，中国移动（香港）有限公司通过其全资子公司在中国内地发行的80亿元人民币债券在上海证券交易所成功挂牌上市，市场反应热烈。

2004年7月1日，中国移动（香港）有限公司正式完成收购内蒙古移动、吉林移动、黑龙江移动、贵州移动、云南移动、西藏移动、甘肃移动、青海移动、宁夏移动、新疆移动、中国移动通信有限公司和京移通信设计院有限公司的权益，成为第一家在中国国内所有31个省（自治区、直辖市）经营电信业务的海外上市中国电信企业。

2004年11月5日，王晓初先生辞去移动公司的执行董事、董事长兼首席执行官职务。经移动公司董事会及提名委员会会议批准，王建宙先生获委任为移动公司的执行董事、董事长兼首席执行官，主持移动公司全面管理工作。

2005年11月10日，中国移动（香港）有限公司提出以自愿有条件现金收购要约方式，通过全资附属公司Fit Best Limited收购华润万众电话有限公司全部已发行股份。

2006年3月28日，中国移动（香港）有限公司正式完成对前华润万众电话有限公司的收购和私有化，该公司后改名为中国移动万众电话有限公司。中国移动万众电话有限公司成为中国移动（香港）有限公司全资拥有的子公司。中国移动万众电话有限公司其后改名为中国移动香港有限公司。

2006年5月29日，中国移动（香港）有限公司改名为中国移动有限公司。

2006年6月8日，中国移动有限公司与新闻集团及星空传媒签订战略合作备忘录，在无线多媒体领域建立长期战略合作伙伴关系。

2007年10月22日和23日，中国移动有限公司分别于纽约交易所和香港交易所成功挂牌上市10周年纪念。

2008年5月23日，中国铁通集团有限公司并入中国移动通信集团公司，成为其全资子公司，保持相对独立运营。

2009年4月29日，中国移动有限公司与台湾远传电信股份有限公司（远传电信）签订股份认购协议，其将通过全资子公司认购远传电信444341020股股份，占远传电信扩大后已发行股本的12%。

2010年3月10日，中国移动通信集团公司全资子公司广东移动与上海浦东发展银行股份有限公司（浦发银行）签订了股份认购协议，以395亿元人民币认购浦发银行20%股权。股份认购于10月完成交割。

2010年4月30日，中国移动在台设立子公司纵信股份有限公司。中国移动拟通过该子公司入股台湾远传。

2011年11月25日，中国移动有限公司与浦发银行签署了《战略合作协议》，正式启动了在移动金融及移动电子商务领域的合作。

2012年7月8日，中国移动与中国农业银行签署战略合作协议，双方将建立移动金融战略联盟，加强在移动支付类业务、电子商务、网上商城及通信业务等领域的战略合作。特别在移动支付业务方面，将加大移动现场支付产品研发、推广和应用，开展移动远程支付合作，加大手机汇款业务合作，开展联合营销。

2012年8月23日，中国移动加快互联网布局，其全资子公司通信公司与安徽科大讯飞信息科技股份有限公司（以下简称"科大讯飞"）签订股份认购协议，认购科大讯飞70273935股普通股，占科大讯飞扩大后已发行股本的15%。

2012年9月25日，恒生可持续发展企业指数系列发布最新名单，中国移动有限公司连续三年入选其中。

2012年9月27日，中国移动终端产业链大会暨渠道合作签约仪式在京举行。250余家合作伙伴近千人参会。

2012年10月14日，在中国移动联合举办的TD-LTE技术与频谱研讨会上，我国政府正式公布将2.6GHz频段的2500~2690Hz全部190MHz频率资源规划为TDD频谱。

2012年11月16日，集团公司召开传达学习贯彻党的十八大精神视频会议。集团公司奚国华董事长讲话，李跃总裁主持会议。

2012年12月5日，2012年中国移动全球开发者大会在广州召开。李跃总裁在主题演讲中表示，中国移动将通过转方式、调结构，努力实现创业布局和创新发展。

2012年12月18日，中国移动香港公司正式宣布推出全球首个TD-LTE/LTE FDD融合网络服务，成为香港首个可提供国内LTE漫游服务的运营商。

2012年12月28日，中国移动印发贯彻落实改进工作作风、密切联系群众有关规定的实施细则，结合公司实际落实改进工作作风、密切联系群众的有关规定。

2013年2月，中国移动在世界通信大会（MWC）宣布"双百计划"，预计2013年TD-LTE将覆盖100座城市，终端采购量达到100万部。

2013年6月26日，中国移动在上海GSMA年度盛会上，以"互联城市，无线畅想"为主题，重拳推出"无线城市统一平台"，为即将到来的4G时代排兵布阵。

2013年6月，中国移动正式启动4G体验用户招募，分别是北京、上海、广州、深圳、南京、宁波、成都、杭州、天津、沈阳、福州、厦门、青岛。

2013年9月23日，中国移动发布了新的LOGO。

2013年12月4日，中国工业和信息化部向中国移动颁发了LTE/第四代数字蜂窝移动通信业务（TD-LTE）经营许可，同时批准中国移动通信集团公司将固定通信业务授权给中国移动有限公司经营。

2013年12月18日，中国移动推出崭新的商业主品牌"和"，它代表中国移动不断进行价值创新、推动行业发展、实现"移动改变生活"美好愿景的信念，也寓意中国移动将时刻在客户身边，助力梦想的实现，和每个人一起共创美好未来。

2013年12月23日，中国移动与美国苹果共同宣布，双方已达成长期协议，将正式引入支持中国移动3G、4G网络的iPhone 5S和iPhone 5C。

蒂莫休斯·霍特吉斯（Timotheus Höttges）
德国电信集团董事长兼首席执行官

蒂莫休斯·霍特吉斯，现年52岁，1962年9月出生于德国索林根，在科隆大学工商管理专业完成学业后，曾就职于商业咨询公司，其后加入VIAG集团。在合并VIAG AG和VEBA AG并整合成为德国意昂集团（E.ON）的过程中，霍特吉斯担任了重要的角色，现在意昂集团已经成为了德国最大的能源企业。霍特吉斯于2000年加入T-Mobile公司，担任总经理，主要负责公司财务与控制，其后担任德国电信T-mobile董事局主席。2006~2009年，他主要负责T-Home品牌的固定网络和宽带业务，以及该品牌在德国的综合销售和服务。在他的领导下，T-Home品牌在新DSL用户方面成为市场的领导者，将互联网电视服务、娱乐发展为大众市场的产品，并且维持了稳定的盈利能力。2009年，霍特吉斯被提升为德国电信的首席财务官，负责德国电信在美国和英国等地的多次重要交易谈判，还在有线电视竞争对手的猛烈攻势下使德国固网业务成功好转。2014年1月，蒂莫休斯·霍特吉斯正式成为德国电信集团董事长兼首席执行官，主要负责集团美国移动分部的经营发展、集团的发展战略、集团的组织架构、企业社会责任、品牌管理以及政策规制等。

德国 Deutsche Telekom
公司 LOGO

  此标识主要是代表德国电信在 2009 年完成"卓越计划"后三个简化的品牌单元——T 品牌：T-com, T-systems, T-mobile。2013 年 3 月 4 日，德国电信发布公告，宣布更新品牌标识，一方面将绛红色重新定义为品牌最重要的色彩，另一方面将 T-logo 原有代表数字科技的方块从 10 个减少为 4 个。标识的意义在于为客户提供最好的服务和沟通，了解客户的需求是德国电信的宗旨，德国电信品牌使命声明的核心是要了解德国电信业的发展以及客户的需求；德国电信认识到生命是所有人经验的集合，人们希望彼此分享。

  德国电信的品牌口号是"Life is for Sharing"，此口号是针对"T"旗下的所有品牌，是德国电信对客户的一种品牌承诺，也是其对未来发展方向的一种希望。

四 德国电信公司可持续发展报告（Deutsche Telekom）

（一）公司简介

德国电信是全球第五、欧洲最大的全业务电信运营企业，总部设在德国波恩，在全球50多个国家有业务，拥有1.92亿移动用户、3600万固定网络用户和超过1700万的宽带用户，为客户提供包括固定网络/宽带、移动通信、智能网络以及网络电视等产品和服务在内的多项业务，同时也为企业和公司用户提供全方位的信息通信技术解决方案，旗下T-Systems是全球领先的ICT解决方案和服务供应商。德国电信于1995年由国家垄断企业改组成为有限公司，1996年11月在东京、纽约和法兰克福同时上市。德国电信以其优秀的网络和客户服务广受行业认可，连续14次入选"年度优秀移动通信网络运营商"。旗下澳大利亚T-Mobile荣获"澳大利亚最佳网络奖"，匈牙利电信被评为"优秀服务奖"，克罗地亚电信荣获"市场最佳电信运营商"、"企业客户最佳服务运营商"奖项。由于良好的网络覆盖和信号，德国电信在客户满意度中也居于首位。

2013年，德国电信总收入为601.32亿欧元，净利润达到28亿欧元。其中，超过半数以上来自国外。德国电信的全球员工规模达到228600人，截至2013年12月31日，德国电信收盘价格为12.43欧元，市盈率为59.1，基本每股盈余为0.21欧元/股，总投资报酬率为2.37%。

（二）公司战略

2010年，德国电信提出了一切以用户为导向、实现从电信运营商向"Telecom Plus"转变的发展战略，进一步加强在高速宽带、移动数据、IT服务方面的投入，取得良好成效。

从2013年起，德国电信在原有的"Telecom Plus"战略上进行延伸拓展，集中部署了新的"Leading Telco"战略，致力于成为欧洲领先的电信运营商。修订后的发展战略将基于四个以客户为中心的战略操作方面，伴随着三个支撑业务领域展开。预计到2015年，德国电信在移动互联网、宽带、互联网服务、T-systems和智能网络这五个成长领域的净利润将达到270亿欧元。

德国电信将随时随地成为人们最信赖的伙伴、从长远上使人们的生活更丰富便捷作为公司目标，建立强大的网络和成为综合的电信运营商已经成为公司未来发展的主旋律。因此，德国电信将其"Leading Telco"电信领先计划的战略目标细分为以下四个方面：建设最好的网络，提供最好的服务，提供最好的产品以及成为企业客户的首选供应商。

为了实现以上战略目标，德国电信旨在从以下四个方面进行努力：

1. 集成IP网络

德国电信希望为其客户提供最好的网络和最快的连接服务，为智能手机、笔记本电脑、平板电脑和其他终端设备提供无缝式的访问。集成网络战略主要基于以下四个方面：

第一，加速的4G网络建设将巩固德国电信在移动通信市场的领先地位。

第二，加速建设的FTTC光纤接入技术将使光纤更加接近客户。

第三，FTTC网络转出和新的矢量技术的结合能优化现有铜缆线的容量。

第四，德国电信将开发融合固网和移动网络优势的复合产品，提高容量和速度。德国电信目前正致力于固定网络基础设施向全IP技术切换的简化集成服务。这一切换服务有望在2018年底完成。LTE移动通信技术也正在向所有的分部市场推广，截至2017年底，德国电信计划至少实现欧洲50%的用户LTE网络覆盖。而在德国，通过拓展LTE网络实现了传输速度高达150兆比特/秒，集成网络战略覆盖了超过85%的网络。未来，先进的LTE网速有望达到300兆比特/秒。实现德国和欧洲向全IP网络的变革也有望在2018年完成。

2. 最佳客户体验

通过建设高质量的服务和网络，提供可靠、便于操作的产品和服务，德国电信致力于在客户体验层面成为行业领先者，并通过持续改进IT系统和加大通信投入，推出包含固定网络、电视和移动通信在内的集成服务，实现客户满意的目标。此外，德国电信计划2014年推出混合路由器，它将固定网络容量大的优势和移动网络的高传输速率相结合，将实现最快下载速度250兆比特/秒。此举使得德国电信的服务更为简便快捷，这些简化的服务平台将实现用户自助服务，为顾客提供简单迅速的无缝式网络体验。德国电信持续加强服务创新，并在2013年尝试运用Facebook和Twitter为客户提供便捷的服务。此外，2013年，客户数据隐私和安全也成为备受关注的焦点。为了应对激烈的挑战，德国电信将持续加大在数据隐私安全领域的研发投入并提供相关安全解决方案。

3. 与合作伙伴谋求共赢

德国电信一直希望加强同研发网络创新服务的合作伙伴的关系，通过建立标准化平台为客户提供更丰富的产品和服务。未来，建立简化的网络基础设施将是跟合作伙伴一起提供更广泛的产品和服务的关键。合作伙伴的产品被灵活地集成到这一平台上供客户直接下载，并且在合同和技术层面都进入了德国电信的投资组合。目前，德国电信和提供音乐服务的Spotify以及云笔记应用服务的Evernote公司都已建立了此类合作关系。跟商业伙伴的平台合作在物联网、智能家居、智能网络和支付领域的应用尤其重要。此外，德国电信正在大力拓展其电视业务，希望在德国和欧洲实现"屏幕即电视"的目标，并且计划到2017年拥有1000万客户。德国电信还提供现代化的基础设施、大众化的市场流程及专业化的营销和销售架构，结合有吸引力的合作伙伴，提供客户需要的数码产品。德国电信集中创新精神优化网络、产品发布平台、销售以及接入产品，通过建立技术和商业平台，使顾客能快速灵活地连接合作伙伴和他们的产品。德国电信希望成为创新型合作伙伴出售商品时的首选电信供应商，在以产品和捆绑服务为顾客增加附加值的同时，也使其企业客户从业务市场获益。

4. 商业领先

德国电信对企业客户期望颇高，在德国市场希望增加在中小型企业的电信解决方案层面的获利，并将其强大的信息技术解决方案拓展到商业客户领域，强化其在云服务、安全解决方案融合移动和固网产品以及在虚拟协助解决方案层面的应用。德国电信旗下T-systems将重组其业务模式，重点发展转型和集成服务以及可扩展的ICT服务，并将在信息技术平台和云服务等增长领域有所侧重。其欧洲子公司也将强化 B2B 业务，以期增加 ICT 业务收入。德国电信希望成为企业客户首选的通信和互联网业务提供商。在电信领先战略计划中，德国电信还开辟了专门负责企业客户的部门，足以显示其对企业客户群体的重视程度。同时，德国电信也希望加强同中小型企业的业务往来，并专注于拓展其产品组合以迎合不同客户的需求。中小型企业 IT 服务领域拥有巨大的市场潜力，德国电信希望到 2017 年大力增加这一领域的收入，同时拓展合作伙伴的销售活动。

(三) 公司治理

1. 股权结构

截至 2013 年底，德国电信的总股本为 1181 亿欧元，总股数为 44.51 亿股。其中，机构投资者持股比例为 52%，德国联邦政府（含德国复兴信贷银行）持有 14.2 亿股，是公司的第二大股东，持股总额占公司总股本的 32%；流通股合计 30.27 亿股，占比 68%，占据绝对比重，零售投资者的持股比例也增长到了 16%。德国电信的股权结构及其地理分布情况如图 2-4-1、图 2-4-2 所示。

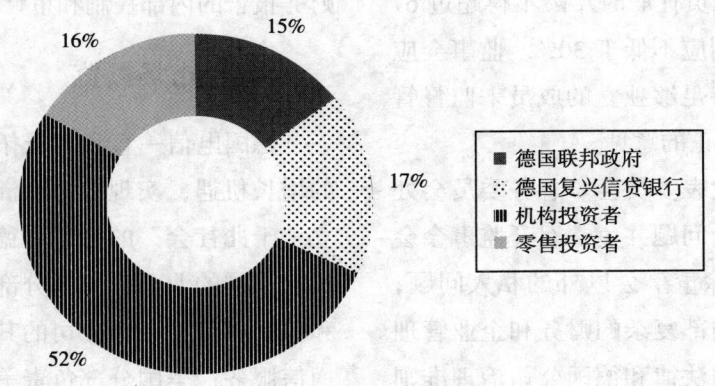

图 2-4-1　德国电信公司股权结构

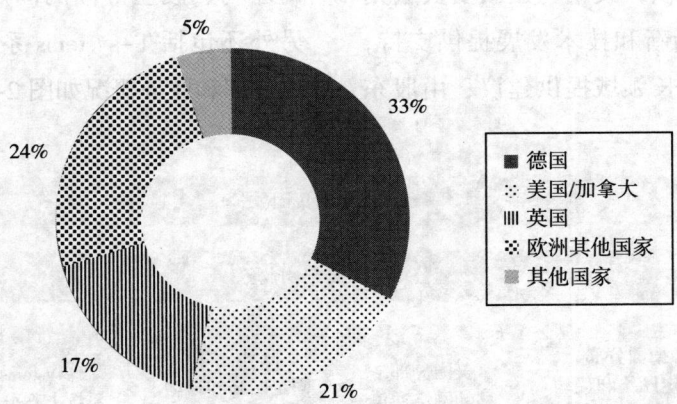

图 2-4-2　德国电信公司流通股地理分布

2. 董事和监事制度

按照董事会管理层的职责范围，德国电信的董事会设有七个管理部门，分别是董事局主席部、财务部、人力资源部、数据安全及法务部、T-Systems 部门、德国分部、欧洲分部以及技术部，每个管理部门的成员必须坚守各自分配的责任。重大事件必须获得管理层所有成员的同意，并且每个成员都需要提交报告给管理层才能做决定，管理层成员的年龄不能超过 62 岁。

德国电信监事会共由 20 名成员组成，10 名股东代表和 10 名员工代表。其中，10 名股东代表都是通过简单投票制在股东大会上选举产生的，10 名员工代表则是员工集合在一起选出的。在性别和年龄上，监事会成员任职时年龄不得超过 67 岁，且女性代表的比例应不低于 30%。监事会应恪守第三方地位、保持足够独立的成员来监督管理层的行为，并提供公正的意见。

监事会下设 7 个代表委员会。总务委员会处理与董事会相关的私人问题并负责召开监事会会议；员工委员会处理除董事会以外的私人问题；财务委员会处理公司内部复杂的财务和企业管理问题；审核委员会按照法律和德国公司治理准则的相关要求，负责公司的会计流程、内部控制效率、风险管理和内部审核；技术与创新委员会则为基础设施和产品的创新和技术发展提供支持，并为董事会发掘新的增长领域提供建议；由股东代表构成的提名委员会负责向监事会提名股东大会选举和委员会主席的建议候选人；此外，还包括根据共同决策法成立的调解委员会。各委员会负责人定期向监事会汇报工作情况。

董事会与监事会为了公司的利益紧密协作，定期沟通。监事会每年召开四次常规例会，2013 年为商讨关于建立公司战略联盟的问题额外召开了四次会议和深度会谈。董事会定期向监事会发布关于公司战略、计划、业务发展、风险管理、重要交易方面的公告，并形成口头和书面报告。监事会负责就公司治理方面的问题向董事会提出建议，并监督其日常活动和行为。董事会和监事会共享所有权，避免利益冲突，共同进行风险和机遇管理，保证经营管理活动的合规性，并负责财务报告的内部控制和审计工作。

（四）市场概览

德国电信一直致力于拓展业务领域以提供新的增长机遇，实现成为欧洲领先的通信公司和建立"千兆社会"的愿景。德国电信下设四个分部负责不同的业务：德国分部主要业务是固定网络和移动通信，并为公司的其他部门提供全方位的通信服务；美国分部负责美国市场的全部移动通信业务；欧洲分部则统筹包括雅典、罗马尼亚、匈牙利、波兰等国的固定网络和移动通信业务；另外还包括 T-systems 系统方案分部。德国电信的分部和业务概况如图 2-4-3 所示。

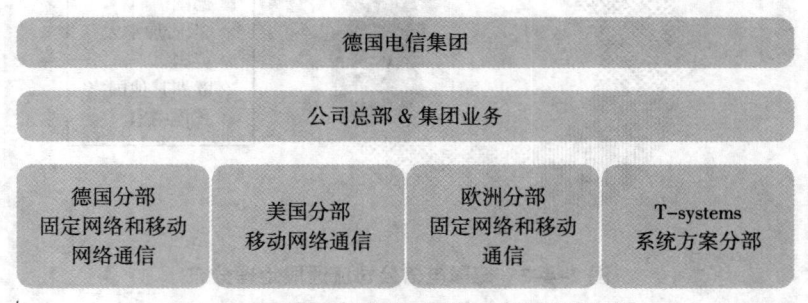

图 2-4-3 德国电信公司经营分部及业务概况

2013年，德国电信净收入为601.32亿欧元，同比2012年增长3.4%，调整后的EBITDA达到174亿欧元，自由现金流总额达到46亿欧元，顺利完成并超过了当年的预期目标。2013年，德国电信净负债从369亿欧元增加到了391亿欧元。总体来讲，除了美国分部以及公司总部和集团业务收入呈现正增长之外，其他分部的收入都表现为负增长。其中，美国经营分部由于兼并了MetroPCS和实施"去电信化"战略（Un-carrier）带来的巨大客户增量成为净收入增长的主要贡献者。而在欧洲分部，由于激烈竞争和严格的政府管制以及紧张的经济形势的影响，收入下降7.47亿欧元；德国本部在移动市场上一直努力坚守阵地，但由于受到传统固定网络的限制，总体收入也呈现轻微的下降趋势。同时，IT和通信服务价格整体下滑的趋势对德国电信系统方案分部也带来了一定的负面影响，收入同比下降5.2%。2013年德国电信各营业分部收入及变动情况如表2-4-1所示。

表 2-4-1 2012~2013年德国电信各营业分部收入及变动情况对比

	2013年（百万欧元）	2012年（百万欧元）	变动（百万欧元）	变动百分比（%）
净收入	60132	58169	1963	3.4
德国	22435	22736	(301)	(1.3)
美国	18556	15371	3185	20.7
欧洲	13659	14406	(747)	(5.2)
系统方案分部	9491	10016	(525)	(5.2)
公司总部和集团业务	2879	2835	44	1.6
分部间收入	(6888)	(7195)	307	4.3

从分部收入对集团净收入的贡献来看，2013年德国经营分部收入22.435亿欧元，以35%的贡献率稳居首位。就整体而言，德国电信在全球范围内的净利润仍然呈现持续增长的趋势，2013年涨幅为2.1%。2013年，德国电信收入的地理分布情况及各经营分部收入对公司净利润的贡献率如图2-4-4、图2-4-5所示。

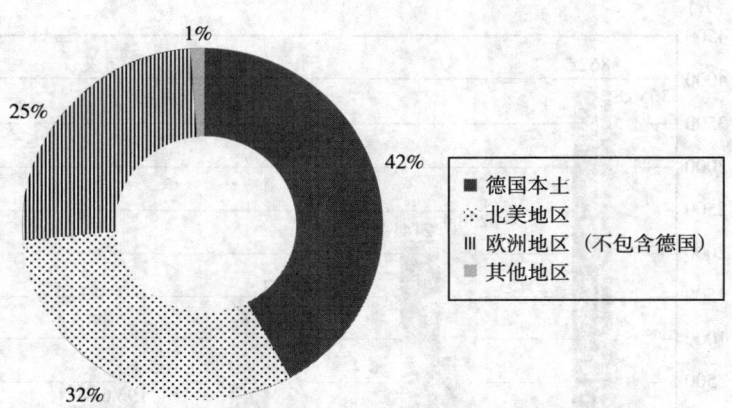

图 2-4-4 2013年德国电信各地区收入分布情况

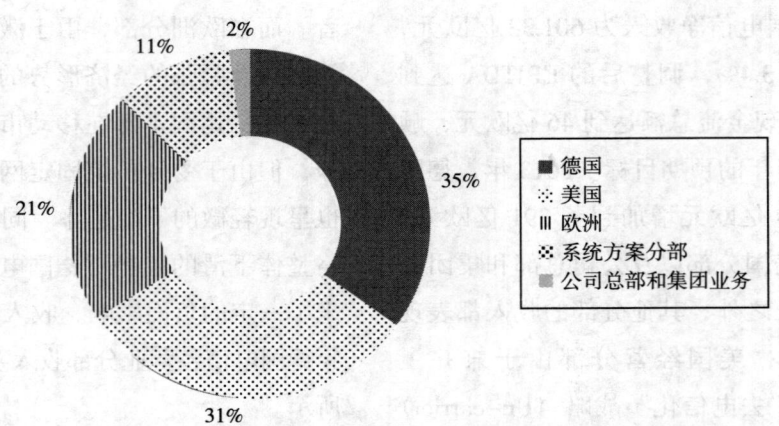

图 2-4-5 2013年德国电信各经营分部对净收入的贡献率

各个经营分部的市场发展状况如下：

1. 德国

（1）客户发展方面。总体来讲，尽管不断面临新的挑战，德国电信在2012年始终不断巩固自己在市场中的地位。移动用户、合约用户、IP用户和网络电视客户的增长迅猛，IP用户总量增幅达到128.5%；固定网络用户在2013年减少了96.7万，降幅为4.3%，而移动网络用户的市场份额有所上升，主要是由于对高端消费客户的关注。其中，在德国本土市场，德国电信在固定网络、移动通信、服务质量和技术上始终处于市场领先地位，用户认可度也远远高于竞争对手。相比2012年，德国电信实现了205.7万客户增量，智能手机销量也增长到了430万部。移动用户3862.5万，较2012年增长了210万，涨幅达到5.6%；固定网络用户主要集中在固话、网络和电视三个方面，其中，传统固定网络线路数较2012年减少了4.3%，用户向有线运营商和移动产品倾斜。电视娱乐服务较2012年增长了10.7%。未来，客户对于高带宽、高性能设备以及云产品的需求将进一步增强。2013年，德国经营分部的用户分类构成及变动情况如图2-4-6、表2-4-2所示。

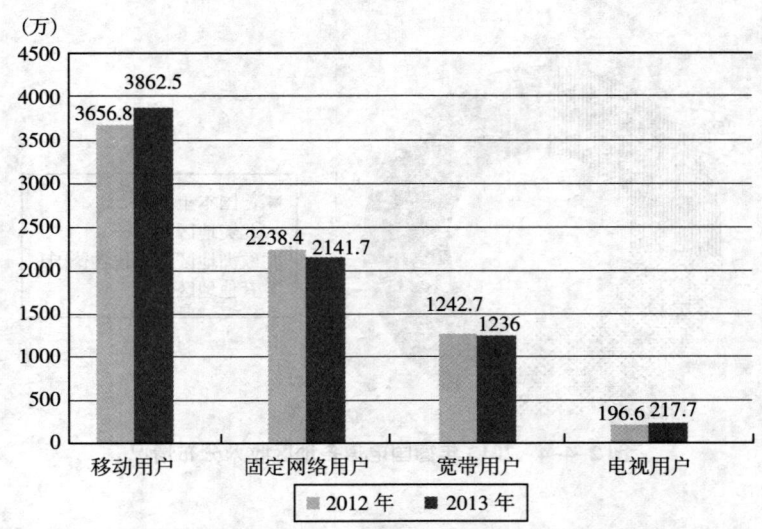

图 2-4-6 2012~2013年德国电信德国经营分部用户分类

表 2-4-2　2011~2013 年德国经营分部用户构成及变动情况

	2013 年（万）	2012 年（万）	变动（万）	变动百分比（%）	2011 年（万）
总计					
移动用户	3862.5	3656.8	205.7	5.6	3540.3
合约客户	2155.3	1957	198.3	10.1	1822.1
预付费客户	1707.2	1699.7	75	0.4	1718.2
固定网络线路	2141.7	2238.4	(96.7)	(4.3)	2339.9
IP 线路	214.1	93.7	120.4	n.a.	51.4
宽带线路	1236	1242.7	(6.7)	(0.5)	1226.5
网络电视	217.7	196.6	21.1	10.7	155.3
非绑定本地环路线	925.7	943.6	(17.9)	(1.9)	959.8
全盘分拆线路	156.4	130.3	26.1	20	122.2
全盘捆绑线路	39	51.8	(12.8)	(24.7)	70.4
个人客户部分					
移动用户	2994.3	2881.1	113.2	3.9	2838.2
合约客户	1566.9	1399	167.9	12	1287.4
付费客户	1427.5	1482.1	(54.6)	(3.7)	1550.8
固定网络用户	1692.3	1778.9	(86.6)	(4.9)	1876.3
IP 用户	196	85.6	110.4	n.a.	488
宽带用户	996.3	1003.9	(7.6)	(0.8)	995.9
网络电视用户	200.1	180.4	19.7	10.9	143.4
企业客户部分					
移动用户	868.2	775.7	92.5	11.9	702.1
合约客户	588.5	558.1	30.4	5.4	534.7
付费客户（M2M）	279.7	217.6	62.1	28.5	167.5
固定网络用户	344.5	351	(6.5)	(1.9)	350.5
IP 用户	16.4	5.5	10.9	n.a.	2.1
宽带用户	207.2	206.2	1	0.5	197.3
网络电视用户	174	161	13	8.1	11.7

（2）总收入方面。2013 年德国经营分部总收入为 224 亿欧元，同比 2012 年下降了 1.3%，但是与 2012 年的 2% 相比，收入下降速度有所放缓。除了前面提及的规制问题外，原有固网用户流失，转而使用高性能、高带宽的产品造成固定网络方面的收入下降了 0.7%，而数据业务和智能手机的广泛推广，仍在德国市场中保持着领先者的地位。相比 2012 年，德国经营分部移动用户增加了 205.7 万，智能手机销量也增加到了 430 万部。在固定网络方面，光纤产品 VDSL 和 FTTH 线路也增长到了 150 万条。2013 年德国经营分部各项业务发展的详细情况如表 2-4-3 所示。

（3）现金资本支出方面。2013 年资本投资同比增长 0.2%，总投资达到了 34.1 亿欧元，主要用于 LTE 的初始投资、移动互联网的基础设施建设以及移动网络的升级。

（4）员工方面。2013 年，德国经营分部员工总数为 66725 人，但是从履行企业社会责任的角度考虑，为进一步优化企业人力资本结构，公司的总人数 2013 年下降了 1.1%。

2. 美国

（1）客户发展方面。美国分部主要是移动用户，客户总数为 4670 万人，同比 2012 年增长

表 2-4-3　2013 年德国经营分部各项业务发展情况

	2013 年 (百万欧元)	2012 年 (百万欧元)	变动 (百万欧元)	变动百分比 (%)	2011 年 (百万欧元)
总收入	22435	22736	(301)	(1.3)	23206
个人用户	12122	12197	(75)	(0.6)	12497
企业用户	5676	5680	(4)	(0.1)	5615
集团业务	3811	4035	(224)	(5.6)	4209
增值业务	288	367	(79)	(21.5)	425
其他	538	457	81	17.7	460
经营利润（息税前利润）	4435	4213	222	5.3	4597
EBIT 率（%）	19.8	18.5	—	—	19.8
折旧、摊销以及资产减值损失	(3966)	(4393)	427	9.7	(4344)
EBITDA	8401	8606	(205)	(2.4)	8941
EBITDA（特殊事项调整后）	8936	9166	(230)	(2.5)	9553
EBITDA 率（调整后）(%)	39.7	40.3	—	—	41.1
现金资本支出	(3411)	(3418)	7	0.2	(3506)

1330 万人。其中，品牌后付费客户净增量达到 200.6 万，主要得益于网络质量的提升和用户体验的改善以及德国电信的"去电信化"战略和价值/易选方案。品牌预付费客户增量达到 924.6 万人，主要得益于兼并 MetroPCS 公司为其带来的 890 万的客户增量，集团客户数也增长到了 204.3 万。德国电信美国经营分部 2013 年的客户分布情况如图 2-4-7 所示。

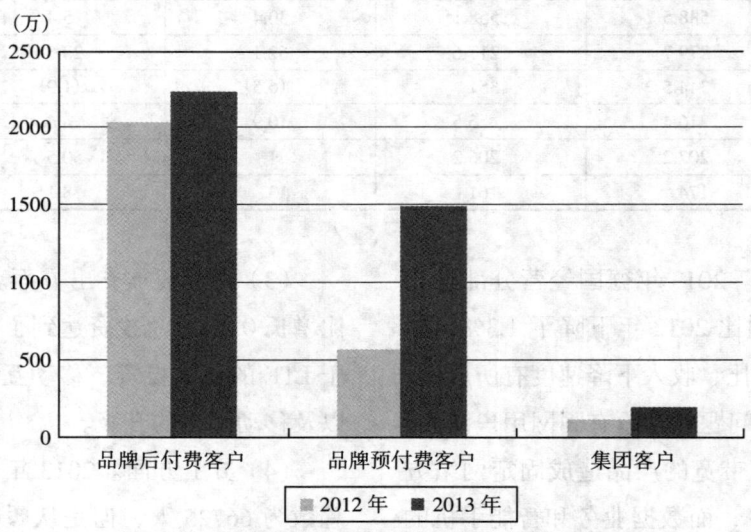

图 2-4-7　德国电信美国经营分部客户分布情况

（2）总收入方面。2013 年美国经营分部的总收入为 186 亿欧元，同比增长 20.7%。自 5 月兼并 MetroPCS 以来，美国 T-Mobile 的总收入较 2012 年同期增长了 24.9%。在服务收入方面，品牌后付费用户的平均收入下降导致了服务收入的减少，但智能手机的热销和价值/易选计划的推出有效地缓解了收入下降的情况。

（3）现金资本支出方面。2013 年美国分部的资金投入为 33 亿欧元，同 2012 年相比增加了 28.1%。2013 年的资本投入主要用于 LTE 网络的部署和美国T-Mobile的网络现代化建设。

（4）员工方面。平均员工数37071人，比2012年同期增长了6783人，增幅达到22.4%。

3. 欧洲

（1）客户发展方面。自2013年1月起，德国电信集团技术（Group Technology）和全球网络工厂（Global Network Factory）正式并入欧洲经营分部。欧洲经营分部的发展愿景旨在成为一个综合的、泛欧洲的全IP通信运营商，并根据不同的市场定位将欧洲划分成四个片区，分别是在移动和固网方面均占据领先地位的"高层市场"（Senior Leader）、在固网通信具有强大优势的"中级市场"（Junior Leader）以及集中发展移动网络的"移动亚军市场"（Mobile Runner-up）和在移动与固网方面都仍需加强的"智能赶超市场"（Smart Attacker）。

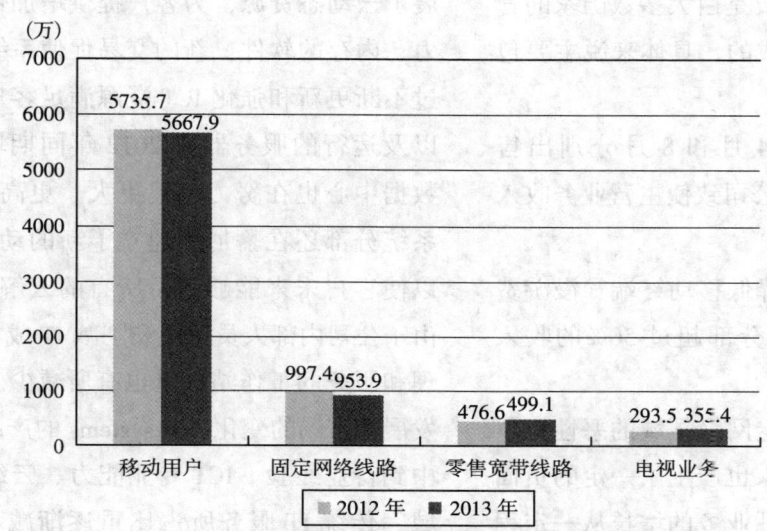

图2-4-8 德国电信欧洲经营分部客户发展概况

总体来讲，尽管面临市场竞争加剧和严峻的经济环境，2013年德国电信在欧洲的客户发展维持着较为平稳的态势。2013年底，欧洲经营分部的客户数量呈轻微下降趋势，预付业务尤为明显。合约客户方面持续到第四季度仍然呈良性趋势，一定程度上弥补了预付业务的下滑。固定网络用户维持相对较稳定发展，目前的在网人数为953.9万。IP用户较2012年增长了86.6万人，涨幅达到46.8%，电视客户增长21.1%，零售宽带用户也有所上升。在移动网络方面，2013年欧洲运营分部移动用户为5667.9万，同比下降了1.2%。合约客户的增长、智能手机的推广和捆绑业务的推出成为移动网络发展的主要助推器，而电视业务和IPTV的增长则对维持固定网络稳定发展起到了重要作用。2013年德国电信欧洲经营分部客户发展及变动情况如图2-4-8、表2-4-4所示。

表2-4-4 2012~2013年德国电信欧洲分部客户变动情况

	2013年（万）	2012年（万）	变动（万）	变动百分比（%）	2011年（万）
移动用户	5667.9	5735.7	(67.8)	(1.2)	5602.8
固定网络用户	953.9	997.4	(43.5)	(4.4)	1061.7
IP用户	271.8	185.2	86.6	46.8	114
零售宽带用户	499.1	476.6	22.5	4.7	458.8

续表

	2013年（万）	2012年（万）	变动（万）	变动百分比（%）	2011年（万）
电视用户	355.4	293.5	61.9	21.1	266.4
非绑定本地环路线/全盘PSTN	225.8	215.7	10.1	4.7	207.2
全盘捆绑线路	15	15.3	(3)	(2)	15.3
全盘分拆线路	10.1	7.4	2.7	36.5	5

（2）总收入方面。2013年，欧洲经营分部的总收入为137亿欧元，同比下降5.2%，除去集团内部结构调整以及汇率变动的影响外，总收入仅下降了3.6%。收入下降主要是由大多数国家的管制以及激烈的市场竞争造成的，具体来说主要包括以下三个方面：

第一，由于2013年4月和8月分别出售Hellas Sat和保加利亚经营公司致使主营业务收入降低。

第二，监管部门关于降低移动终端和漫游费用的规定造成了欧洲经营分部超过50%的收入损失。

第三，移动通信和固定网络领域的恶性竞争以及严峻的经济形势对收入也产生了一定的负面影响。移动数据和语音通话业务的增长从一定程度上缓解了收入下降的局面，消费者业务、智能手机以及宽带和电视业务保持着持续增长的良好态势。

（3）现金资本支出方面。截至2013年，欧洲经营分部的资本投资额为36.5亿欧元，同2012年相比，艰难的市场环境以及严格的官方管制也限制了在欧洲经营分部的投资。

（4）员工方面。总人数与2012年相比减少4677人，目前有52519名在职员工。

4. 系统方案分部

（1）总体业务的发展。2013年，系统方案分部在德国以及国外市场接受了大量的新订单，但在ICT市场的成本仍居高不下。订单总量较2012年同期下降了5.5%，云计算领域的标准解决方案在激烈的市场竞争中站稳了脚跟，为其带来大量的企业客户订单。对此，系统方案分部进一步拓展了云动态资源，为客户提供增加带宽、计算能力、内存的软件。新的交易促使系统方案分部通过不断更新和强化ICT资源满足客户需求。管理以及运行的服务器比2012年同期增长了9.1%，数据中心也在努力创建更大、更高性能的单元。系统分部还在慕尼黑建立了新的动态计算平台，以使客户未来能够进行所有的云解决方案操作。由于公司内部人员重组和削减IT成本的需要，管理和服务的工作站数量也有所减少。随着产业的发展和市场的变化，T-systems的产品组合更多集中到行业经验、ICT专业能力、云组织架构等领域，传统IT服务所占比重逐渐减小。2013年，T-systems的收入增长未赶上ICT成本削减的速度，同比出现了负增长。T-systems提出了"Dynamic Service"的服务战略，通过IT资源的虚拟化实现给客户动态服务的提供。

（2）总收入方面。实现了95亿欧元的收入，相比2012年同期减少了5.2%，主要原因在于德国电信降低IT成本带来的收入的大量减少。德国国内收入与2012年同期持平，国际收入有所降低。取消意大利T-systems综合入账、出售法国T-systems事业部以及汇率变动都对收入产生了负面影响。

（3）现金资本支出。同2012年相比有所增长，达到10.8亿欧元，主要投资于动态计算平台和云动态资源。

（4）员工方面。平均员工数量减少了 2561 名，降幅为 4.8%，员工总人数为 50286 人。系统方案经营分部的各项业务发展情况如表 2-4-5 所示。

表 2-4-5 2013 年德国电信系统方案分部各项业务发展情况

	2013 年	2012 年	变动	变动百分比（%）	2011 年
订单数量（百万）	8259	8737	(478)	(5.5)	7396
计算 & 台式机服务：服务器数量（台）	62308	57121	5187	9.1	58053
工作站数量（百万）	1.31	1.93	(0.62)	(32.1)	2
系统集成：小时计费（百万）	6.6	6.3	0.3	4.8	n.a.
使月率（%）	82.5	85.1	—	(2.6)	n.a.

5. 集团总部和集团服务

经过中央管理和服务功能的改组，新的集团总部和集团服务中心成立，并将旗下集团技术及全球网络工厂划分到了欧洲经营分部。德国电信的个人业务服务公司 Vivento 在公司重组过程中发挥了重要作用，其工作重点是为公务员和员工提供在公共部门的外部就业机会。集团总部和集团服务经营分部 2013 年收入为 28.8 亿欧元，同比增长 1.6%，主要原因在于数字业务部 tolino 电子阅读器和平板电脑销量增长带来的收入的增加。集团总部和集团服务现有员工 21995 人，同期增加 137 人。

（五）业务概览

德国电信按照地理区位主要划分为四个业务单元，对应不同的业务。目前，德国电信经营的主要业务包括固定网络/宽带、移动网络、互联网、网络电视产品和服务以及 ICT 解决方案五大类。

1. 固定网络/宽带

德国电信固定网络业务包括所有基于固定网络和宽带技术的语音和数据通信活动，同时也包括向经销商出售终端设备、硬件设施和服务。固定网络业务主要在德国本土和欧洲开展，线路总数达到 4830 万条。2013 年以来，随着固定用户的流失、替代产品造成的业务量流失以及互联网内容不断丰富造成的网络负荷的加重，德国电信的固定网络业务受到严重冲击。为此，德国电信积极实施由固定网络向 IP 网络迁移的转型策略。截至 2013 年底，德国电信在德国本土已经实现了超过 200 万条线路到 IP 网络的迁移。尽管经济形势严峻，德国电信在固定网络服务方面的收入仍然较为乐观。预计到 2015 年，包括固定网络语音、数据和电视业务以及 QIVICON 等创新管理平台的累计收入有望达到 70 亿欧元。

2. 移动网络

移动通信业务是指向个人和企业客户提供移动语音和数据服务。在进行移动通信营销的同时，也出售相关的移动设备和硬件。此外，也向经销商和移动虚拟网络运营商（MVNO）出售移动通信服务。该业务主要在德国本土、美国、东欧以及南欧的部分国家开展。德国电信移动网络目前客户总数约为 1.42 亿。近年来，德国电信市场出现饱和，移动用户增长缓慢，固定网络用户大幅减少，移动对固网的替代加剧。为此，德国电信继 "Telecom Plus" 战略推出了新的电信领先战略，在管理层面，提高领导力，促进绩效发展；在终端和网络层面，加快建设集成泛全欧 IP 网络，并在接入网采用 ADSL 和 VDSL 技术，以支持创新型和融合型业务的发展。2013年，德国移动在移动通信和数据服务领域的收入达到了83亿欧元。德国电信正在大力提升移动数据传输业务的收入，并有望在2015年突破100亿欧元。

3. 互联网

新的移动互联网生态系统包括了一系列的设备、移动操作系统、应用程序和移动服务。近年来，德国电信积极推广其互联网服务，包括软件、视频以及音乐下载网站等。随着上网、视频通话、音视频节目等业务的普及，互联网服务对带宽提出了更高的需求。为此，德国电信积极发展高带宽、高性能的智能高速LTE网络，使用户对于数据业务，尤其是视频业务的体验大大提升。同时，LTE采用高集成度的扁平化平台，能够显著降低成本，从而为用户提供更合理的资费，促进业务的使用和体验的提升。此外，LTE将继续推动手机支付等新应用的产生。2013年，互联网服务为德国电信创造了超过10亿欧元的收入。

4. 网络电视（IPTV）产品和服务

IPTV集宽带有线电视网、互联网、多媒体、通信等多种技术于一体，充分有效地利用网络资源，向家庭用户提供包括数字电视在内的多种交互式服务。2006年德国电信正式推出了T-Home视频与数据融合的IPTV业务，其后发展迅猛。2013年，德国电信的电视用户累计达到了573万人，同比增长12%，成为经济发展的重要助推器。德国电信在德国本土的电视用户数为217.7万，同比增长10.7%，该公司新推出的卫星电视业务"Entertain Sat"表现强劲，用户增量达到了34.8%。随着多屏视频和新的三网融合服务的进一步发展，全球IPTV市场还将继续升温，预计将在2016年底之前实现19.41%的复合年增长率。

5. ICT解决方案

ICT解决方案是德国电信业务单元T-systems经营分部的主打品牌。T-Systems主要面向大用户和集团企业用户和大型项目实施提供系统集成服务，另外也有对应领域的研究和开发部门。德国电信提供的系统解决方案包含从基础网络服务到系统构建及上层系统应用服务等。通过将T-systems的电信和信息技术与整个系统解决方案捆绑在一起，成为真正全套解决方案提供商，以期提供"一站式"的综合信息服务。2013年，T-systems业务创造了62亿欧元的外部收入，但目前ICT市场仍然面临着强烈的竞争和持续的价格侵蚀压力，云服务、大数据、ICT安全、嵌入式系统和智能网络将成为未来新的增长主题。

（六）经营和财务绩效

表 2-4-6　德国电信 2011~2013 年度经营与财务业绩比较一览表

单位：百万欧元

年份	2013	2012	2011
收入	60132	58169	58653
总资产	118148	107942	122496
EBITDA	14584	18000	18700
EBITDA率	24.25%	30.9%	31.8%
净利润	1204	-4757	670
净利润率	2.00%	-8.18%	1.14%

续表

年份	2013	2012	2011
总资产报酬率（ROA）	1.02%	-4.41%	0.55%
净资产报酬率（ROE）	3.76%	-15.57%	1.68%
资本性支出（CAPEX）	11100	8432	8406
CAPEX占收比	18.46%	14.50%	14.33%
经营活动净现金流	13017	13577	16214
每股经营活动净现金流	2.92	3.14	3.77
自由现金流（FCF）	1900	5145	7808
自由现金流占收比	3.15%	8.84%	13.31%
销售现金比率	21.62%	23.34%	27.64%
资产现金回收率	11%	12.58%	13.23%
EVA	-7265	-12376	-8139
EVA率	-7.20%	-13.53%	-7.71%
每股盈利（EPS）	0.21	-1.22	0.13
每股股利（DPS）	0.5	0.70	0.7000
股利支付率	238%	-57.38%	538.46%
主营业务收入增长率	3.26%	-0.83%	-6.04%
总资产增长率	9.45%	-11.91%	-4.12%
净利润增长率	-125.31%	-810.00%	-61.93%
经营活动现金流增长率	-4.12%	-16.26%	10.07%
每股盈余增长率	-117.21%	-1038.46%	-66.67%
资产负债率	72.86%	71.70%	67.41%
流动比率	97.63%	65.28%	65.19%
利息保障倍数	1.89	-1.66	2.16
总资产周转率	0.51	0.54	0.48
固定资产周转率	1.61	1.55	1.40
坏账发生率	2.58%	2.18%	1.66%
折旧与摊销	10705	10848	10935
股息	2200	3010	3010
内部融资额	11305	3081	8645
折旧摊销率	17.8%	18.65%	18.73%
付现成本率	42.49%	40.15%	39.04%
营销、一般及管理费用率	30.46%	32.40%	32.98%

（七）内控与风险管理

1. 内部控制

德国电信的内部控制系统基于COSO内部控制—整合框架，由审计委员会监督内控的绩效，管理层有责任根据自己的判断力定义内部控制的范围和结构。内部审计主要负责单独评价集团和总部内控系统的有效性，并拥有全面的信息、审计和访问权限。此外，还专门外聘审计师对财务报告相关的内部控制功能进行核实。内部控制系统是不断修正的，包括基本原则、方法和具体措施，一个目的在于保证集团的财务报表的编制遵从国际财务报告准则（IFRS）和《德国商法》；另一个目的是保证总部的财务报表的编制符合德国的一般会计准则。内部控制系统根据风险程度的不同，存在于整个会计过程当中，同时包括预防和检测两种控制，具体包括基于IT和人工的匹配、职责的分离、双重检测原则、变革管理以及对这些系统的监督。

2. 风险管理

德国电信在风险管理方面使用"整体风险早期预警系统"，集团的风险管理系统覆盖所有的外部、战略、执行、财务以及商誉层面的风险和机遇，目的在于尽早识别、监督和将风险控制在管理范围以内。德国电信的风险管理系统是基于全球适用的ISO风险管理系统相关的原则和指导方针指定的。德国电信的风险管理系统如图2-4-9所示。

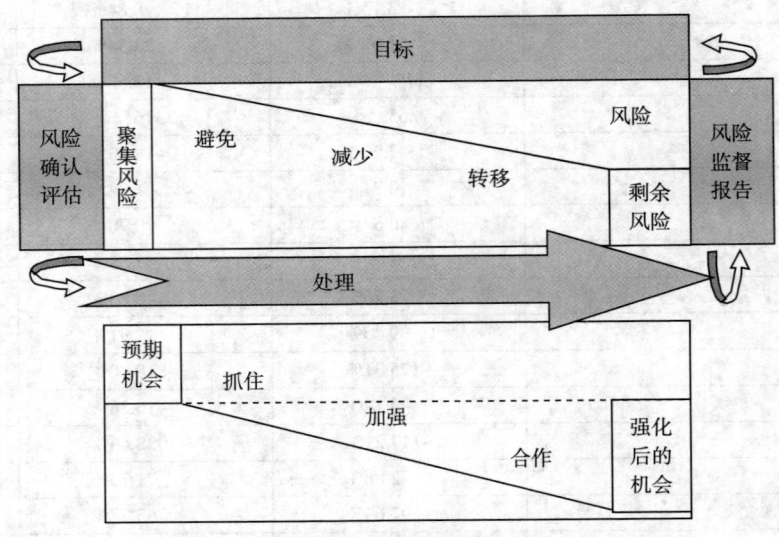

图2-4-9 德国电信风险管理系统

在德国电信的风险预警与保障系统中，德国、美国、欧洲以及系统方案四个风险管理单元通过各自的风险管理链接到公司的中央风险管理系统，并根据中央风险单元的标准提交季度风险报告，对分部的经营成果、财务状况以及风险发生的可能性进行评定，同时提出对应的解决方案和措施。在此过程中，风险管理单元定期向管理层报告风险及其发展，管理层向监事会报告，监事会下的审计委员会在会议上按季度定期检查风险。德国电信各经营单元与中央风险管理系统的关系如图2-4-10所示。

此外，德国电信还引入并不断完善应对金融危机的风险驾驶舱（Risk Cockpit），作为额外的监测和分析风险的工具。风险驾驶舱每个季度收集大量的包括宏观经济、政治和法律方面的早期预警信息和经济指标，以映射整个经济发展的情况。

3. 风险评级和风险遏制

风险评估：风险评级主要是根据发生的概率和风险的程度来确定，根据业务目标依次划分为高、中、低三个风险级别，如表2-4-7所示。

德国电信的风险管理系统将发生的可能性和关联性考虑在内，集合了基本的EBITDA进行风险评估。早期预警系统基于整个集团，但实施上受制于具体的要求。例如，风险根据具体的情景进行确定，基于发生的概率及影响程度进行评估，潜在影响范围的参考变量就是其目标值，如EBITDA等。德国电信的风险程度及描述如表2-4-8所示。

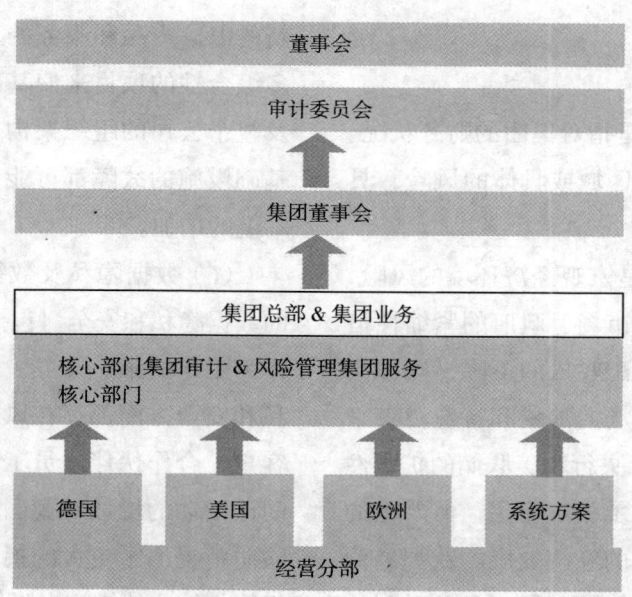

图 2-4-10　德国电信各经营单元与中央风险管理系统

表 2-4-7　德国电信风险发生概率与定级

风险发生的概率	描述定级
<5%	很低
5%~25%	低
25%~50%	中等
>50%	高

表 2-4-8　德国电信风险程度及其描述

风险程度	风险描述
小	对商业活动、经营成果、财务状况和商誉的负面影响较有限，个人 EBITDA 风险小于 1 亿欧元
中等	对商业活动、经营成果、财务状况和商誉有一定的负面影响，个人 EBITDA 风险大于或等于 1 亿欧元
大	对商业活动、经营成果、财务状况和商誉有重大的负面影响，个人 EBITDA 风险大于或等于 2.5 亿欧元，影响超出集团范围
非常大	对商业活动、经营成果、财务状况和商誉具有颠覆性的影响，个人 EBITDA 风险大于或等于 5 亿欧元，影响超出集团范围

风险遏制措施：总的来说，德国电信通过评估故障发生的可能性及其损坏程度，采取相应的预防措施和应急预案应对风险。德国电信的风险遏制主要通过以下三个方面实现：

第一，引入 DeTeAssekurranz 有限公司作为负责整个集团风险管理的全资子公司，通过保险及其相关工具为公司的经营发展提供解决方案，并将其投放在国际国内保险市场。

第二，通过购买保险实现外部风险转移，达到了维护集团财务状况和利益的目的。

第三，通过业务持续性管理（BCM）有效地使商业流程免受毁灭性事件或故障的干扰和影响，同时确保了业务的持续性。BCM 旨在识别潜在的威胁，并通过确保组织适当的弹性和适度应对风险的能力将关键业务流程故障对业务及其持续性的影响降到最小。

4. 风险类别

德国电信的主要风险是指对集团的财务状况、经营成果造成巨大影响的区域或具体的风险，具体包括以下十个方面：

（1）经济环境。主要是宏观经济环境的风险，包括不稳定的金融及外币市场、政府的紧缩性措施导致的公众需求和可支配收入的下降、国家高负债水平以及欧洲部分市场的加税和特殊税带来的危机。尽管2013年欧洲央行和美联储的扩张性货币政策使资本市场维持了相对稳定，但严重的债务危机仍然困扰着欧洲的经济发展。欧洲经营分部面临充满挑战的宏观经济环境、日益激烈的竞争环境以及逐渐增加的税负负担和汇率的较大波动。

（2）电信市场及行业竞争。2013年，德国电信在固网和移动通信语音及数据服务上的价格下跌，主要是由于政府管制、运营商价格战以及技术进步和新产品服务带来的蚕食效应。系统方案分部ICT市场也面临着激烈竞争、价格侵蚀、销售周期过长以及项目获取受限等压力。未来，固定网络在德国和欧洲市场的竞争压力将进一步加剧。此外，德国电信在产品创新、战略转型和集成方面也面临着巨大的压力。

（3）政府规制。主要是政治和管制风险对经营成果、财务状况、现金流和商誉的影响。德国和欧洲分部持续受到严重的市场管制，产品设计和定价受限对经营状况和收入造成了巨大的影响。政府规制也在加剧。

（4）人力。人力资源结构优化整合，如果不能按照预期完成，则可能对财务目标和营利性产生负面影响。

（5）信息技术和网络技术基础设施建设。包括网络建设、信息服务以及用于信息加工的软、硬件，这是"千兆社会"的核心基础，也是研发新的电信产品和服务的基础。德国电信启动了很多综合性的项目来使基础设施符合客户的需求以及整个公司的组织架构，任何计划方面的纰漏或基础设施的故障都可能带来收入上的损失或是成本上的增加。

（6）数据隐私及数据安全。德国电信将客户的数据隐私和安全（包括迅猛增长的云计算业务）作为工作的第一要务。但其产品和服务在数据隐私和安全方面都存在风险，特别是在未授权访问客户、合作伙伴或员工数据时。网络犯罪和行业间谍活动的增加对德国电信的数据隐私和安全风险防范提出了更大的挑战，应采取优化、预防和组织相结合的措施来降低风险。

（7）品牌和商誉。主要是负面的媒体报道影响商誉和企业形象从而导致收入和品牌价值下降，相关情报机构监控客户活动的报道也间接降低了客户对运营商的信任。

（8）诉讼风险。主要包括诉讼风险和反垄断行动，还包括用户数据损坏和电话簿合作出版商、价格挤压（Time-squeeze）以及收费等方面的索赔。

（9）采购风险。和各种各样的大量供应商保持联系。供应链风险是不可避免的，传输"瓶颈"、价格上涨、供应商战略的改变都可能影响企业的经营过程和经营结果。

（10）财务风险。主要是指和资产、负债以及交易计划相关的流动性风险、信用风险、货币风险以及利率风险。德国电信根据最坏的市场情况进行仿真计算，以测试不同环境的影响。并根据风险评估，使用避险的衍生和非衍生对冲工具来对冲影响集团现金流的风险。

（八）人力资源发展

德国电信致力于实现企业和员工的可量化发展，人力资源发展主要围绕四个战略方向展开——生产率、绩效、权力、简约。2013年，确立了人力资源发展的四个主题（HR Big4），进一步明确了人力资源的发展方向。

1. 生产率（Productivity）

德国电信希望提高员工的生产率和投入。2013年，德国电信继续实施其"总劳动力管理"战略，通过控制员工的薪酬、能力和技能结构，预测人力资源状况并启动相应措施。而外部员工管理计划使其在整个集团范围内高效地管理合作伙伴、供应商和服务提供商，以保证整体工作量和创新投入的持续稳定。有针对性的人力资源管理有效节约了部署外部员工的短期成本，德国电信2013年人力资源战略部署情况如图2-4-11所示。

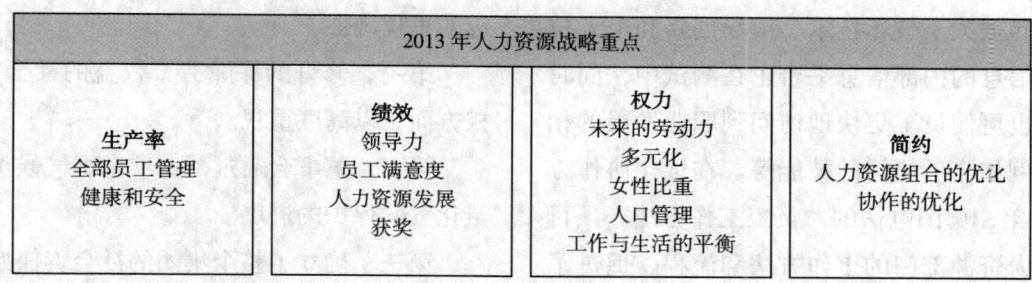

图 2-4-11 2013 年德国电信人力资源战略实施情况

在健康和安全方面，德国电信遵照国际健康安全和环境保护准则 QHSAS18001 和 ISO14001 标准，引入了系统全面的员工健康安全方案。德国电信设计了统一的集团范围的职业健康安全和防火指南，同时增强员工的身体素质和安全意识，以满足法定要求，保障员工安全。

2. 绩效（Performance）

2013年，德国电信首次引入了集团范围的领导力原则和提高绩效的其他改进措施。此举一方面旨在为中高层管理人员建立新的绩效发展和支持系统，帮助其培养企业家心态；另一方面，德国电信一直以良好的企业形象赢得员工的好评，满意度持续攀升。公司未来也将更加重视员工发展，鼓励员工"终身学习"，并为其提供涵盖远程网上学习、专业方法指导、自主学习、系统化教育和志愿社会实践的培训。德国电信的人力工作得到了广泛的认可和好评，例如 2013 年 T-systems 荷兰分部荣获 2012~2013 年度最佳雇主奖，马来西亚经营分部获得 2013 年最佳雇主金奖。

3. 权力（Power）

德国电信致力于为未来职工建立能共享专业经验和知识的现代工作环境。随着电信行业技术、商业模式、产品和服务的发展和深度融合，德国电信紧抓机遇优化流程。通过加强内外部协作、灵活的工作模式、专注服务和创新并不断提升企业家思维和行动，德国电信为未来世界提供可持续的解决方案。此外，德国电信聚集了来自世界各地不同文化的人才，并运用这一多元化的背景来激发创造力和灵活性。注重开发员工潜在能力，提供多样化自由的工作条件，重点关注女性在职工中所占的比例，尤其是在中高端管理机构中所占的比例。在员工的年龄结构上，为平衡老龄化的员工结构现状，德国电信建立了专门的竞争力集团来确定基于学术研究的系统的人口管理的关键行动和需求。同时，使员工实现工作和生活的平衡也将是未来公司文化的一个重要部分。

4. 简约（Simplicity）

德国电信的人力资源流程和产品清晰而简洁，一切以员工利益为出发点。德国电信努力改善服务，降低复杂性，使其人力资源服务组合更加简洁高效。未来还将进一步优化人力资源流程，研发新的产品和产品的改进将是工作的重中之重。目前一项涵盖关于破坏技术、市场创新和个人技能等有用信息的内部信息平台正在测试中，同时新的内网也可使员工更快地访问到职业发展的相关信息，例如今后热门的技能等。在优化协作方面，2013 年，德国电信的"员工工作方法"项目改进了人力资源部门的工作方法和流程，促进了简化的、以客户和结果为中心的合作。

5. 2014 年人力资源战略

德国电信的人力资源战略依托并服务于其"电信领先"计划。2014 年，公司的人力资源战略的核心将集中于三个领域：培养员工的就业能力；提高组织效能；继续推进基于商业的总劳动力管理战略。总的来说，德国电信的人力资源管理在 2013 年取得了不错的成绩，总人数为 228596 人，较 2012 年同期下降了 0.5%。由于持续激烈的行业竞争以及核心市场严峻的经济形势，使德国电信的人员重组势在必行。2013 年，除美国经营分部由于兼并 MetroPCS，实现了 3400 人的员工增量外，其他各分部的员工人数均呈现下降趋势。德国分部由于裁员和重组计划削减了 1.1%的员工，欧洲分部提高效率和裁员计划员工数减少 8.2%，系统方案分部则由于实施重组计划缩减了 4.8%的员工。新成立的集团总部和集团业务分部员工人数则和 2012 年基本持平。

（九）企业社会责任

德国电信致力于在 2015 年之前在企业社会责任履行方面成为世界领先者，确立了"责任—商业"（Responsibility-business）的社会责任模式。公司在社会责任方面的工作以 Group-wide CR 战略为框架，以"可量化的发展进程"、"可持续的价值创造"和"社会贡献"为核心内容。2013 年，德国电信在社会责任履行方面实现了三个关键的里程碑：

第一，修订的保障劳工权益的社会宪章在人权方面予以高度重视。

第二，董事会通过了一项全国气候保护目标，量化气候保护的进展。

第三，确立了整个集团的社会责任战略。

1. 确立关键绩效指标（KPI），量化可持续发展进程

为使企业责任状况透明化并且具有可比性，德国电信引入了量化的企业社会责任活动。自 2011 年起，开始在年报中发布企业社会责任绩效关键指标，这些指标是在德国联邦环境部、外聘分析师和审计师的合作和讨论下制定的。2013 年，德国电信主要专注于三个关键绩效指标的结果——可持续采购、能源消耗和二氧化碳排放。量化企业社会责任活动的另一个重要方面是基于生态、社会和治理指标投资上的德国电信的投资者的股份持有情况。2013 年，将社会责任指标纳入投资决策的股东占到了德国电信全部股份的 19%，德国电信对可持续发展的投入得到了广泛的好评，在各类可持续性评级中均名列前茅。

2. 创造生态和社会附加值，维持价值链上的持续性

德国电信的社会责任横跨整个价值链，在外

部采购、公司自身以及网络、产品和服务上都严格遵循可持续发展的原则。德国电信将供应链的社会和环境标准纳入了公司的行为准则和社会宪章当中,也是其可持续采购政策的重要组成部分。作为全球50多个国家的ICT服务提供商,德国电信在新兴国家和发展中国家以及各种不同的经济环境中购买产品和服务。德国电信在采购选址过程中综合采取社会和环境标准,让上下游厂商都加入到此行列中来,通过为其供应商制定相关规定并定期实施检查以确保其遵守社会和环境准则,同时为生产国创造经济和社会效益。通过帮助商业伙伴建立激励机制、提供建议以及相关的惩处措施帮助其建立可持续发展机制。另外,公司也将在产业创新活动中采取措施,以保证供应链关系的可持续性。德国电信的可持续价值链如图2-4-12所示。

图2-4-12 德国电信公司可持续价值链

3. 践行集团社会责任战略,实施保护气候活动及新的环保目标

2013年12月,德国电信董事会通过了整个集团范围内的企业社会责任战略,明确了公司各职能部门的权利和义务,将从公司治理结构、可持续业务、高效负责的供应链、资源和能源、气候保护和社会责任以及可持续的产品和服务等方面履行社会责任。保护气候是公司2013年社会责任活动的一个重要关注点,不仅包括减少由公司业务产生的有害气体,而且还让公司的客户通过使用公司的产品和解决方案来减少气体的排放。此外,德国电信建立了一套标准化的全球废物管理系统,以减少有害废物的排放,提高原材料的回收率。公司的业务还包括专注于可持续的移动性。

德国电信的新环保目标是到2020年,二氧化碳排放总量较2008年减少20%。公司制定的另一个目标是使气候保护战略更加国际化,并且为不同的国家和地区制定不同的具体目标。

4. 基于"客户—网络—产品"体系,全方位履行社会责任

其ICT智能解决方案实现环保目标,不仅大大减少了二氧化碳排放量,而且使得工业、贸易、农业和交通向气候友好型经济转变。德国电信计划关闭未充分利用的设施并通过高性能的数据中心提供捆绑服务,使用户以最小的二氧化碳排放量获得最高的效率和移动性。此外,德国电信将通过持续加大在教育、医疗、卫生等公共服务方面的投入来履行社会责任。同时,德国电信还将员工纳入社会责任行列,积极组织各分部为青年和儿童的成长发展提供帮扶。

(十)前景展望

2013年,"去电信化"战略的推出以及与苹果的合作为德国电信赢得了大量的品牌后付费客户。放眼2015年,德国电信的长远目标是实现"Leading Telco"战略,成为欧洲领先的电信运营商。德国电信未来的发展计划主要集中于以下八个方面:

1. 去电信化

2014年,德国电信美国经营分部T-Mobile将继续实施去电信化战略(Un-carrier Strategy)。这一战略的核心旨在通过消除客户痛点和提供优质的4G服务为顾客提供独一无二的价值,去电信化战略的核心是吸引和培养一批忠诚的客户群,而这一目标需要通过提供价值领先的服务、驱动型的经营效率、持续提高的网络质量和开发有吸引力的设备产品来实现。

2. 增长领域

增长领域之一是宽带和电视领域,实现了让用户在包括电视、电脑、手机等所有的屏幕上获得一致的顾客体验。另一个重要增长驱动是ICT服务,在B2B领域,不仅面向大的企业提供高水平的ICT产品,同时也将加大对欧洲分部中小企业的投入。

3. IP转型

使用创新混合技术实现固网和移动网络传输容量的智能捆绑,获取最大的可用带宽。同时加大网络基础设施方面的投入,重点实现从固网到IP的网络迁移。2013年,德国电信建立了Terastream——基于云的IP建筑概念,并有望在2015年完成瑞士的宽带网络网管控制设备(BNG)建设。

4. 高速集成网络

为成为集成的网络运营商,德国电信将增加在网络基础设施领域的投入,特别是在光纤和LTE网络建设方面。预计2016年建成覆盖85%人口的LTE网络,实现传输速率达到150兆比特/秒;建设光纤网络,预计2016年实现65%的家庭FTTC线路覆盖,矢量技术传输速率达到100兆比特/秒;同时将拓展VDSL和FTTH光纤服务,引入新的"队伍模式"(Contingent Model)和合作活动,并提供涵盖移动通信、传统语音、互联网以及具有吸引力的高清电视服务。

5. 千兆社会

通过建立智能、高带宽的高性能网络,德国电信希望以最快的速率传输大量数据,并为客户提供集固定网络、移动通信、互联网和网络电视于一体的综合服务,并使其安全访问所有的个人数据。

6. 无缝互联生活

德国电信的使命定位是便捷、丰富人们的生活,亲近客户,透明公开地进行交流,使其随时随地享受信息、沟通与娱乐。公司为手机、电视、个人电脑能连接生活方方面面的产品开发了一系列的应用及解决方案。这些应用和解决方案塑造了互联生活,实现所有接入技术的无缝式衔接,没有限制,随时随地相互连接。

7. 创新和协作

技术进步为德国电信带来了更多的机遇。德国电信将继续加强技术创新,加大研发投入,开发诸如Entertain之类的创新产品,满足用户的多元化需求。同时,通过加强同商业伙伴的合作,联合为客户提供更优质的产品和服务。

8. 卓越的业绩

从关键绩效指标和具体经营成果来看,德国电信计划通过更加多元化的收入的增加来实现收入的持续增长,预计的收入增长领域包括De-mail、云服务、终端设备租赁、ICT服务和深入的技术支持服务等多个方面。为了实现上述目标,公司将进一步投资于下一代通信技术,预计2014

年资本投资总额达到93亿欧元,期待2014年实现更高的EBITDA,并获得将近42亿欧元的自由现金流。与此同时,公司将为股东提供更多的回报,预计2015年将实现5.5%的投资回报率。

附件一:德国电信财务报告(2013年)

1. 合并资产负债表

	2013年12月31日 (百万欧元)	2012年12月31日 (百万欧元)	2011年12月31日 (百万欧元)
资产			
流动资产	21963	15019	15865
现金及现金等价物	7970	4026	3749
应收款项及其他应收款	7712	6417	6557
可收回的所得税	98	95	129
其他金融资产	2745	2020	2373
存货	1062	1106	1084
非流动资产以及集团持有待处理资产	1033	90	436
其他资产	1343	1265	1537
非流动资产	96185	92923	106631
无形资产	45967	41847	50227
土地、工厂以及设备	37427	37407	41797
(使用权益法计量的)长期投资	6167	6726	6873
其他金融资产	1362	1901	2096
递延所得税资产	4960	4712	4403
其他长期资产	302	330	1235
总资产	118148	107942	122496
负债及所有者权益			
流动负债	22496	22995	24215
短期借款	7891	9260	10219
应付款项及其他应付款	7259	6445	6436
所得税负债	308	440	577
其他准备金	3120	2885	3095
和其他非流动资产以及集团持有待处理资产相关的负债	113	9	—
其他负债	3805	3956	3888
非流动负债	63589	54416	58249
长期借款	43708	35354	38099
退休金及其他员工福利的准备金	7006	7312	6124
其他准备金	2071	1857	1647
递延所得税负债	6916	5988	8491
其他负债	3888	3905	3888
负债	86085	77411	82464
所有者权益	32063	30531	40032
股本	11395	11063	11063

	2013年12月31日 (百万欧元)	2012年12月31日 (百万欧元)	2011年12月31日 (百万欧元)
库存股	(54)	(6)	(6)
	11341	11057	11057
资本公积	51428	51506	51504
期初未分配利润（上期结转未分配利润）	(37437)	(29106)	(25371)
其他综合收益	(2383)	(2176)	(2326)
净利润（损失）	930	(5353)	538
归属母公司股东的股本及资本公积	23879	25928	35402
少数股东权益	8184	4603	4630
负债及所有者权益总额	118148	107942	122496

2. 合并损益表

	2013年12月31日 (百万欧元)	2012年12月31日 (百万欧元)	2011年12月31日 (百万欧元)
净收入	60132	58169	58653
营业成本	(36255)	(34256)	(33948)
毛利润（亏损）	23877	23913	24705
销售费用	(13797)	(14075)	(14001)
一般、行政费用	(4518)	(4855)	(5279)
其他营业收入	1326	2968	4362
其他营业支出	(1958)	(11913)	(4224)
营业利润（亏损）	4930	3962	5563
财务费用	(2162)	(2033)	(2325)
利息收入	228	306	268
利息费用	(2390)	(2339)	(2593)
（以权益法计量）的联合企业及合资企业的股份相应的利润	(71)	(154)	(73)
其他财务收入（费用）	(569)	(225)	(162)
财务活动净利润（亏损）	(2802)	(2412)	(2560)
税前利润	2128	6374	3003
所得税	(924)	1516	2345
净利润（损失）	1204	(4858)	658
归属于：			
母公司股东净利润（损失）	930	(5353)	538
少数股东权益	274	495	120
每股盈余			
基本每股盈余	0.21	(1.24)	0.13
稀释的每股盈余	0.21	(1.24)	0.13

3. 合并现金流量表

	2013年12月31日 (百万欧元)	2012年12月31日 (百万欧元)	2011年12月31日 (百万欧元)
利润（亏损）	1204	(4858)	658
折旧、摊销以及减值准备	10904	21957	14436
所得税支出（收入）	924	(1516)	2345
利息收入及利息支出	2162	2033	2325
其他财务支出（收入）	569	225	162
（以权益法计量的）联合企业及合资企业的投资相应的利润（亏损）	71	154	73
处置子公司等的亏损（利润）	(131)	(6)	(4)
和美国冠城公司就手机信号塔租赁使用协议的营业收入	—	(1444)	—
AT&T公司相关补偿的非现金交易收入	—	—	(705)
其他非现金交易	101	15	27
处置土地、工厂以及设备等损失（收益）	138	(83)	28
营运资本（资产）增加/减少	(1266)	(24)	690
准备金增加/减少	(195)	(203)	(135)
营运资本（负债）增加/减少	696	(406)	(885)
收到（或支出的）所得税	(648)	(694)	(778)
收到的股利现金	273	490	515
投资或处置远期利率的净支出	290	122	—
经营活动现金流入	15092	15762	18752
支付利息支付的现金	(2961)	(3060)	(3397)
收到_利息收到的现金	886	875	859
经营活动现金流量净额	13017	13577	16214
投资现金流出：			
无形资产	(4498)	(2811)	(2316)
土地、工厂及设备	(6570)	(5621)	(6090)
非流动金融资产	(667)	(1028)	(430)
投资子公司及其他营业单位的现金支出	(48)	(19)	(1239)
现金净额来源：			
处置无形资产	8	26	20
处置土地、工厂及设备	245	187	336
处置和美国冠城公司签订框架协议建立的手机信号塔	—	1769	—
处置非流动金融资产	54	549	61
出售子公司及其他营业单位的收入	650	50	5
由完全兼并MetroPCS公司带来的现金及现金等价物增加/减少	1641	—	—
短期投资、交易性金融资产和应收账款的增加/减少	(701)	219	339
其他	(10)	8	39
投资活动现金流量净额	(9896)	(6671)	(9275)
发行流动负债的现金净额	10874	22664	66349
偿还流动负债支付的现金	18033	29064	71685
发行非流动负债的现金净额	9334	3539	3303
偿还非流动金融负债	(129)	(171)	(51)

续表

	2013年12月31日（百万欧元）	2012年12月31日（百万欧元）	2011年12月31日（百万欧元）
股息	(2243)	(3400)	(3521)
回购股票	(2)	—	(3)
支付租金支付的现金	(172)	(169)	(163)
原MetroPCS项目中T-Mobile其他美国股东股票期权行权的现金额	102	—	—
美国T-Mobile发行新股	1313	—	—
其他	(22)	—	—
融资活动现金流量净额	1022	(6601)	(5958)
汇率变动对现金及现金等价物的影响	(167)	(28)	(40)
和非流动资产以及集团持有待处理资产相关的现金及现金等价物变动	(32)		
现金及现金等价物净增加（减少）	3944	277	941
现金及现金等价物期初余额	4026	3749	2808
现金及现金等价物期末余额	7970	4026	3749

附件二：德国电信大事记

1950年，"德国邮政服务"在西德成立，德国电信作为国有机构的一部分隶属其中。

1989年7月1日起，德国邮电部门——联邦德国联邦邮政系统开始实施改革，德国电信从一个国家行政机构变成政企分开、独立经营、以市场为导向、贴近顾客的国有企业。

1995年，德国电信开始从国有企业到股份企业的改革进程。

1996年11月18日，德国电信公司在纽约、东京、法兰克福三地同时上市，出售26%的股份，集资额达207亿马克（约137亿美元），德国电信正式从国有企业转型为股份制企业。

1998年，德国电信制定了"未来电信"规划，出售转让亏损单位，大力发展新兴业务，通过创新形成全新的电信运营集团，同时确立了四大战略支柱产业：移动通信，互联网网络，电子商务和面向企业客户的、具有高回报的信息技术产业，并分项制定了业务发展战略。

1999年6月，德国电信第二次发行新股，筹资额为106亿欧元。

2000年，T-Online公司上市，并在当年脱离德国电信成为一家独立核算的公司。

2001年，德国电信引入一个全新理念：未来是一个TIMES时代（T代表电信；I代表信息技术和因特网；M代表多媒体和移动商务；E代表娱乐和电子商务；S代表系统解决方案和安全业务），未来的发展是将这五项融合在一起。这个新理念将公司运作分为四个核心支柱部门和一个非核心业务部门。

2001年，德国电信旗下T-Mobile公司收购VoiceStream和Powertel，成为第一个跨大西洋的GSM供应商。

2002年7月，佐默辞去德国电信首席执行官职务。

2002年11月，里克被任命为德国电信首席执行官，开始接手上任遗留的难题，其中包括820亿美元的巨额债务、过剩的员工队伍以及严重缩水的股票价格。

2004年10月，德国电信宣布收回互联网部门的 T-Online 公司。

2005 年 9 月，德国电信将持有的俄罗斯 MTS 通信公司的股票售出。

2005 年 11 月，德国电信宣布在德国市场裁员 32000 人的计划。

2006 年 4 月，美国私人投资公司——黑石集团（Blackstone）以 26.8 亿欧元收购德国电信 4.5% 的股份。

2006 年 11 月，里克被迫辞去德国电信首席执行官一职。

2006 年 11 月，勒内·奥伯曼任职集团新任 CEO。

2009 年 2 月，德国电信公司对外宣布了一项重大的部门重组计划。该公司计划将旗下的移动通信子公司 T-Mobile 国际公司并入母公司之中，并将本土移动业务部门和固定业务部门合并。

2009 年 9 月，德国电信与法国电信宣布，双方将合并各自在英国的手机运营业务——T-Mobile 英国及 Orange。此项合并将催生英国最大的移动服务运营商。两家母公司将各持合并后新公司 50% 的股份，并由此节约超过 40 亿欧元的成本费用。新公司将拥有 2840 万用户，占英国市场 37% 的份额。

2010 年，德国电信公司宣布其新战略为"改进—转型—创新"。

2010 年 8 月，作为向国际电信市场拓展的一个重要步骤，德国电信以 111 亿美元现金收购了英国第四大移动电话公司——121 公司，在英国移动电信市场上站稳了脚跟。并通过股权交换的方式，以 T-Online 6.5% 的股权购入拉加代尔集团持有的互联网俱乐部 99.9% 的股权，进军发展迅速的法国互联网市场，向网络业务国际化迈出了重要一步。

2011 年 3 月，宣布将出售旗下的 T-Mobile USA 给美国 AT&T。

2011 年 4 月，德国电信和法国电信发布了共享部分网络基础设施的公告，并宣布合资成立采购公司 Buyin，计划联合采购手机、移动网络基础设施和固网设备，预计新公司运营三年后，每年可为两大运营商节省 13 亿欧元的成本。

2012 年，德国电信出售了其在塞尔维亚电信的股份，并随后与西班牙电信签署分享部分网络基础设施的合作协议。

2012 年 10 月，德国电信和 MetroPCS 通信公司达拉斯和美国分部达成协议，实现两者在美国的业务合并。

2013 年初，德国电信与德国 SKY 签署广泛的合作协议，德国电信娱乐业务 IPTV 客户可以享受 SKY 程序包中包括体育、电影等方面的高清视频服务。

2013 年 3 月，与德国领先电子书商 Thalia 和 Club Bertelsmann 建立合作，推出全新的数字阅读业务 Tolino 品牌。

2013 年第一季度，德国电信欧洲运营分部 OTE 以 2 亿欧元的价格出售了旗下 Hellas Sat 的全部股份。

2013 年 5 月，德国电信董事会任命蒂莫休斯·霍特吉斯接替勒内·奥伯曼担任公司 CEO。

2013 年 5 月 1 日，美国 T-Mobile 和 MetroPCS 业务合并达成。

2013 年 5 月，德国电信和西班牙电信签署关于增加 VDSL 和引导批发产品的协议。

2013 年 7 月，OTE 以 6 亿欧元的价格将其在 Globul 和 Germanos 的股份全部出售给了挪威的电信运营商 Telenor。

2013 年 9 月 1 日，德国电信欧洲运营分部以 1 亿欧元价格兼并 DIGI 斯洛伐克，将其纳入全资子公司。

2013 年 10 月 16 日，德国电信从产品组合中出售了价值 56 亿美元的 T-Mobile 美国国债。

2013年11月,德国电信以5亿欧元价格收购了拥有广泛光纤网络的、中欧和东欧领先的电信基础设施运营商GTS。

2013年11月,德国电信将其在Scout24 Holding GmbH公司70%的股份出售给了赫尔曼&弗里德有限责任公司。

2013年12月,与Twitter建立战略合作伙伴关系,并将于2014年应用在安卓智能手机上,同时与微软以及世界领先的德国能源公司依斯塔国际也进一步加深了战略合作。

2013年,德国电信成为德国最大的移动热点运营商,拥有17000个公共热点,能为30000以上的热点提供无线网络覆盖服务。在固网向IP网络的迁移方面,截至2013年底,德国电信已经完成了国内200万条线路向IP网络的迁移。此外,美国和欧洲的LTE网络的建设也取得重大进展。

塞萨尔·阿利艾尔塔（César Alierta Izuel）
西班牙电信董事长兼首席执行官

塞萨尔·阿利艾尔塔，69岁，是西班牙电信的董事长兼首席执行官。

1945年5月5日出生于西班牙萨拉戈萨（Zaragoza）市，获得萨拉戈萨大学学士学位，并获得哥伦比亚大学（纽约）MBA硕士学位。

2000年7月，Alierta先生成为Telefonica S.A.的执行主席，同时担任Telecom Italia S.p.A.、中国联通（香港）有限公司以及国际统一航空集团（IAG）的董事会成员。他还是哥伦比亚商学院校监委会成员以及UnED（国立西班牙远程教育大学）的社会理事会主席。

Alierta先生于1970~1985年在马德里Banco Urquijo担任资本市场部总经理，创办了Beta Capital并担任董事长。1985~1996年创建Beta Capital，并担任董事长。1996年6月至2000年7月，担任Tabacalera公司首席执行官，Tabacalera S.A.在与法国烟草公司Seita合并后成立Altadis S.A.。2000年至今担任Telefonica董事长兼首席执行官。

2005年9月，西班牙—美国商会在纽约授予Alierta西班牙全球企业家奖，该奖项用于奖励他领导Telefónica进入道琼斯全球泰坦50指数。2009年，马德里—意大利商会为奖励Alierta带领Telefonica成为西班牙公司的"领头羊"，授予其Tiepolo奖项。2010年6月，塞萨尔·阿利艾尔塔获得纽约美洲协会金奖，以表彰他对拉丁美洲的成长和发展做出的重要贡献。

西班牙电信
公司 LOGO
　　Telefonica 为西班牙电话公司（Telefonica of Spain）的西班牙文缩写。

五 西班牙电信公司可持续发展报告（Telefonica）

（一）公司简介

西班牙电信（Telefonica）是西班牙的一家大型跨国电信公司，创立于1924年，最初名称为Compania Telefonica Nacional de Espana，成立之初，世界电话电报公司（ITT）是它最初的股东之一。1984年，西班牙电信变更了公司的标志，并将公司名称变更为Telefonica de Espana, S.A.。随后在1998年4月，西班牙电信又将公司名称变更为Telefonica。西班牙电信成立之初是纯粹的私营企业。1945年，西班牙政府持有公司79.6%的股份，直至1997年初，根据欧盟指令，西班牙政府出售所持有的全部股份，自此西班牙电信才完全成为私有化公司。1960年，西班牙电信凭借其拥有的10万名股东和3.2万名员工，成为西班牙排名第一的企业。1987年，西班牙电信开始在美国证券交易所上市。

在1997年电信市场自由化之前，Telefónica是西班牙唯一的电信运营商，至今仍占据主要的市场份额（2004年超过75%）。就市值和客户数量而言，其是世界上最大的电信公司之一。它的主营业务是移动电话、固定电话和宽带网络、数字解决方案的创新组合。目前，西班牙电信逐渐转型为"数字电信"，能更好地满足其客户的需求和获取新的收入增长。

Telefónica通过购买当地的电信公司及合作的方式实现其全球化的扩张，其中包括了欧洲的捷克共和国、英国、爱尔兰、德国和马恩岛；拉丁美洲的阿根廷、巴西、智利、佩鲁和波多黎各；还有非洲的摩洛哥。

西班牙电信公司业务遍及欧洲、非洲、美洲的24个国家，超过3.157亿的客户群，海外业务已超过集团业务总额的62%。在西班牙，西班牙电信公司拥有4521.6万个用户，其中1591万固定电话用户、2210万移动电话用户、505万互联网用户、45万收费电视用户。在欧洲，西班牙电信公司以O2品牌在英国、德国、爱尔兰、捷克、斯洛伐克等国开展固定电话、移动电话和宽带业务，用户4000多万。在拉美，西班牙电信公司在15年中总投资已超过700亿欧元，是拉美地区最大的电信运营商，其中在巴西、阿根廷、智利、秘鲁拥有领导地位，在哥伦比亚、厄瓜多尔、萨尔瓦多、危地马拉、墨西哥、尼加拉瓜、巴拿马、波多黎各、乌拉圭、委内瑞拉等国的市场份额也很大。目前西班牙电信公司在拉美共有2400万固定电话用户、440万宽带用户、9000多万移动电话用户。此外，西班牙电信公司在摩洛哥也提供通信服务，并拥有中国网通5%的股份。

西班牙电信于1994年1月4日在马德里证券交易所上市，有超过150万直接股东。其资本在西班牙证券交易所（马德里、巴塞罗那、毕尔巴鄂和瓦伦西亚）、伦敦、纽约、利马和布宜诺斯艾利斯进行交易。截至2013年底，西班牙电信公司的收入为570.61亿欧元，净利润为49.69亿欧元，比2012年增长12.85%。总资产为1188.62亿欧元，股权权益为274.82亿欧元。2013年12月31日，西班牙电信的收盘价为12.37欧元，每股盈余为1.01欧元，市盈率为12.25。

(二) 公司战略

西班牙电信是最大的固定和移动通信服务提供商之一，它的总体战略是成为数字世界的领导者，总体目标是提供数字产品和服务以改善人们的生活。2013年，西班牙电信在转型过程中有了巨大进步，在2014年会继续加大企业投资，提高服务质量，加快收入增长。

1. 明确短期四大战略型支柱

LTE的启动、各种联网终端的普及、不断涌现的新型数字业务、视频使用量的持续增长将使得未来5年的移动数据使用量激增。为此公司明确了短期内的四大战略型支柱：

（1）拓宽新型数字业务的商用领域，刺激收入增长。

（2）加快部署最新技术，保持网络和系统的先进。

（3）进一步精简，节约成本，持续加强财务管理，优先投资具有增值效益的增长型项目，以便提升企业运行效率。

（4）重塑在价值链中的位置，强化在数字生态圈中的领导地位。

2. 进行机构重组

西班牙电信公司日前公布了机构重组计划，撤掉了2011年9月成立的数字部门。重组是为了打造"全新的、全面以客户为中心的运营模式"。重组后，原有的数字部门、欧洲部门、拉美部门将合并为全球企业中心部门。数字部门的职能将更紧密地同其他部门结合，这意味着西班牙电信将数字业务全面融入了其他业务领域。

从西班牙电信2013年的业绩来看，全年收入达570亿欧元，比2012年减少8.5%，但净利润46亿欧元，比2012年增长17%，原因是其在拉美地区业务的发展和西班牙经济的利好势头。另一个重要原因是西班牙电信出售非核心资产和大力削减成本。西班牙电信2013年开展了一系列出售非核心资产的动作，3月以3亿美元将英国的宽带和固话业务部门出售给英国天空广播，5月以5亿美元出售中美洲地区40%的非核心资产，11月以近25亿欧元出售捷克业务，又计划以8.5亿欧元将旗下的O2爱尔兰出售给和黄。此外，西班牙电信通过共享网络节约成本，7月与沃达丰和Orange签署了一项共享西班牙境内建筑物内垂直光纤网络基础设施的协议；8月与沃达丰在捷克达成网络共享协议；和KPN就共享德国网络计划将重开谈判。截至2012年底，西班牙电信的净负债额为454亿欧元，基本达到了此前设定的低于470亿欧元的预期。西班牙电信希望未来几年继续削减约15亿欧元的成本。

（1）投资压力亟待缓解，网络升级改造及并购扩张资金需求大。为保持网络和系统的先进，西班牙电信需要加快部署最新的技术。西班牙电信推出了激进的采用NFV（网络功能虚拟化）技术的UNICA计划，对其移动网络和固网进行彻底的重新设计。该计划将于2014年6月启动，希望在2016年让西班牙电信拥有的30%新建网络都实现架构上的虚拟化，并进一步提升SDN能力。为此，西班牙电信与华为、阿朗、NEC、爱立信、惠普等分别在西班牙、墨西哥和美国开展了概念验证试验。此外，西班牙电信开始商用LTE网络，提升移动网络能力，为数据消费奠定良好的网络基础。西班牙电信爱尔兰子公司O2一边投资7000万欧元升级3G网络，一边为4G网络做准备。西班牙本土及巴西子公司开始商用LTE，德国子公司LTE提速，智利子公司开始部署LTE网络，捷克子公司则以28亿克朗获得LTE牌照。此外，西班牙电信在巴西、中美洲、智利开始了新一轮光网络建设。

西班牙电信一边削减非核心资产，一边在欧洲及拉美重点收入增长区域继续并购和扩张。例如，西班牙电信试图以 86 亿欧元收购 KPN 德国子公司 E-Plus；将意大利电信最大股东 Telco 控股公司中的持股比例从 46.18%增加至 66%，通过意大利当局的反垄断审查之后，可进一步增持至 70%，由此实现对意大利电信的控股比例从 10.34%增加至 14.78%和其后的 15.8%。西班牙电信还与其竞争对手墨西哥运营商 Grupo Iusacell 洽谈合并其美洲业务，以组成一个更强大的竞争者，挑战美洲电信公司。

以上这些都意味着大笔的资金投入。在资金短缺的情况下，除了向金融机构借贷西班牙电信只能求助于第三方融资。例如，出售中国联通股份获取资金；与爱立信签订 10 亿美元融资协议用于购买爱立信设备；从加拿大出口担保组织 EDC 取得 2 亿欧元的抵押贷款，用于支持该公司采购的黑莓手机在全球范围内的销售和运营。

(2) 调整组织架构，押宝数据业务增长。一边是削减成本的目标，另一边是升级扩张的压力，西班牙电信左右掣肘、难以为继。尤其在 OTT 对电信运营商的传统通信业务收入冲击越来越大的情况下，西班牙电信亟须扩大数字业务收入来源，因为自身业务收入的增长才是解决问题的长久之计。西班牙电信 Digital 部门成立两年多来，一直致力于支付、M2M、云计算、安全、电子医疗、视频&媒体、广告及应用等领域的业务创新，年收入增长近 20%，可以说增长预期良好。但按原定目标到 2015 年收入达 50 亿欧元，这一收入在西班牙电信的总收入中大约占 9%，占比仍过低，对于整体收入的拉动作用有限。由此可见，此时 Digital 的裁撤并绝不是对表现不佳业务的裁撤，而是为了寻求更好的发展。

拓宽新型数字业务的商用领域已被明确为西班牙电信短期内的四大战略型支柱，而承担这一重任的首席商务数字官由前战略及联盟负责人 Eduardo Navarro 担任，他是西班牙电信顶层管理人员的一员，比 Digital 部门的负责人 Matthew Key 级别高，能调动的资源也更多。由此可见，数字业务的战略地位得到了进一步提升和加强。

Digital 部门总部设在英国伦敦，远离西班牙本土决策中心，机构相对独立，主要源于过去电信运营商认为自身不具备新型数字业务创新和研发的条件，因此采用一种相对独立的体外运作方式来进行。这对于数字业务创新和研发的不被干扰有很大好处，但这种相对独立性对于将取得的产品和成果落实到欧洲和拉美的运营单位则是不利的，需要经过多个层级的中层管理层的决策，对于新应用及服务的引入是一种阻碍。因此，Digital 部门与欧洲公司、拉美公司的横向整合就是为了打破这种阻碍，使新应用及服务的引入更加顺畅。合并后的全球企业中心将分成消费者、企业和新数字业务三大块。其中视频服务纳入消费者业务，M2M、云和安全纳入企业业务，其余的广告、健康、智能家居和支付将纳入新数字业务。这似乎意味着所谓的新数字业务更纯粹了，将与视频服务、M2M、云和安全这类偏传统电信运营商服务的业务相区隔。

（三）公司治理

1. 董事会

董事会是公司的最高权力代表，是对内掌管公司事物、对外代表公司的经营决策机构。按照西班牙的企业规章制度，管理公司。西班牙电信规定董事会将由至少 5 个和不超过 20 个董事会成员组成，并且由股东大会任命。董事会成员任期为五年，可以多次连任。目前，董事会有 18 个董事会成员，加上一个秘书和一个副秘书。董事会成员的组成如表 2-5-1 所示。

表 2-5-1　西班牙电信董事会成员组成一览表

名字	职务	入职时间	现任时间
Mr. César Alierta Izuel	董事长	1997-01-29	2012-05-14
Mr. Isidro Fainé Casas	副董事长	1994-01-26	2011-05-18
Mr. José María Abril Pérez	副董事长	2007-07-25	2013-05-31
Mr. Julio Linares López	副董事长	2005-12-21	2011-05-18
Mr. José María Álvarez-Pallete López	首席运营官	2006-07-26	2012-05-14
Mr. Fernando de Almansa Moreno-Barreda	总经理	2003-02-26	2013-05-31
Ms. Eva Castillo Sanz	总经理	2008-01-23	2013-05-31
Mr. Carlos Colomer Casellas	总经理	2001-03-28	2011-05-18
Mr. Peter Erskine	总经理	2006-01-25	2011-05-18
D. Santiago Fernández Valbuena	总经理	2012-09-17	2013-05-31
Mr. Alfonso Ferrari Herrero	总经理	2001-03-28	2011-05-18
Mr. Luiz Fernando Furlán	总经理	2008-01-23	2013-05-31
Mr. Gonzalo Hinojosa Fernández de Angulo	总经理	2002-04-12	2012-05-14
Mr. Pablo Isla Alvarez de Tejera	总经理	2002-04-12	2012-05-14
Mr. Antonio Massanell Lavilla	总经理	1995-04-21	2011-05-18
Mr. Ignacio Moreno Martínez	总经理	2011-12-14	2012-05-14
Mr. Javier de Paz Mancho	总经理	2007-12-19	2013-05-31
Mr. Chang Xiaobing	总经理	2011-05-18	2011-05-18
Mr. Ramiro Sánchez de Lerín García-Ovies	秘书	2005-09-28	2005-09-28
Ms. María Luz Medrano Aranguren	副秘书	2007-12-19	2007-12-19

董事会的职责包括：

（1）制定公司的一般政策和战略。战略计划、管理项目和年度预算；集团公司的结构定义；公司治理政策；企业社会责任政策；董事和高级管理人员的薪酬政策企业分红政策；一般风险政策。

（2）决定公司的重大事项。定期评估董事长的绩效；定期评估董事会和委员会的日常行为；定期公开财务信息；战略投资；避税政策。

2. 执行委员会

执行委员会协助董事会完成其相关工作，每次会议均由两个机构共同决定相关事宜。

3. 董事会专门委员会

董事会下设专门委员会，共同帮助管理公司。

（1）审计和控制委员会。审计和控制委员会的职责是：向董事会报告股东会议上提出的相关事项；监督内部审计，主要包括确保内部审计的独立性和效率；提出选择、任命和免职的内部审计负责人；提出预算；评估内部审计工作计划和年度活动报告；定期接受企业活动信息；监测高级执行官提出报告的结论和建议；监督提交财务信息准备过程，确保财务信息的完整性和准备的过程，以及会计准则的正确应用，符合公司的监管要求；监督公司内部控制系统和风险管理系统的有效性，并与审计师讨论内部控制系统检测的不足之处。同时，它负责提议董事会风险控制和管理政策，包括以下七方面：风险的类型（业务、技术、金融、法律和声誉）；设置公司认为可接受的风险水平；实施相关措施来减轻风险的影响；使用控制和信息系统控制和管理上述风险；建立和监督相关机制，鼓励员工匿名报告潜在的重大违规行为并保密，尤其是任何财务或会计违规行为；建立并维护审计程序、审计立法和法规；书面确认任何直接和间接相关实体以及任何形式的附加信息服务的审计独立性。

审计和控制委员会每个季度至少召开一次会议，确保企业顺利的运行。

(2) 提名、薪酬和公司治理委员会。提名、薪酬和公司治理委员会的职责是：报告、任命、重选、解雇董事和高级管理人员的标准；评估任职资格、知识学历和经验要求的候选人标准；报告任命的董事会、执行委员会及其他委员会的成员；依照公司规定，与董事会主席定期评估委员会；定期报告评估董事长的绩效；检查或组织主席的接班人；如果适用，建议董事会。向董事会提出公司章程的框架、赔偿的范围和金额；董事长、执行董事和高级管理人员的权利和报酬，包括合同的基本条款、合同目的的实现；准备并建议董事会年度报告中关于董事薪酬政策；监督遵守公司内部规则的行为和公司治理的效果。

除了会议规定的年度计划，提名、薪酬和公司治理委员会应当符合公司的董事会或董事长请求签发报告或建议的批准范围内的权力和职责。

(3) 服务质量和客户服务委员会。服务质量和客户服务委员会的职责是：检查、分析和定期监测主要公司享受西班牙电信集团提供的服务质量指标；评估这些公司的客户服务水平。

(4) 监管委员会。监管委员会的职责是：通过研究、分析和讨论，监测影响西班牙电信集团的主要问题；为管理团队和董事会在重大事项上提供一个信息通道，方便采取决定或者建立一个特定的策略。

(5) 机构事务委员会。机构事务委员会的职责是研究和分析西班牙电信集团有关机构的问题。

(6) 创新委员会。创新委员会主要负责关于创新建议和协助所有事项，检查、定期分析和监控公司的创新项目，提供指导和确保整个集团的发展。

(7) 战略委员会。战略委员会的主要职责是协助董事会，跟进西班牙电信集团的全球战略政策。

4. 股权结构

西班牙电信的所有者权益总额为 274.82 亿欧元，股数为 4551024586 股。由于公司未保留任何已注册的股份，因此不能精确地计算出公司股权结构。根据相关信息，目前没有任何个人和机构能够直接或间接地对公司实施控制、共同控制或对公司施加重大影响。但是一些股东的股权应被视为重要股权，如图 2-5-2 所示。

表 2-5-2　2013 年西班牙电信股权结构

	总计		直接持有		间接持有	
	占股百分比（%）	股数	占股百分比（%）	股数	占股百分比（%）	股数
BBVA	6.893	313707133	6.893	313681635	0.000	25498
La Caixa	5.427	246977147	0	0	5.427	246977147
Blackrock, Inc.	3.895	177257649	0	0	3.895	177257649

(四) 市场概览

1. 西班牙电信市场发展历程

自 20 世纪 90 年代开始，西班牙电信开始国际化之路，目前西班牙电信业务已经遍及欧洲、非洲、美洲的 24 个国家。具体发展历程如下：

(1) 进入拉美市场。1994 年，通过子公司 Telefonica Internacional 在波多黎各、委内瑞拉、哥伦比亚、秘鲁、智利、乌拉圭和阿根廷提供电话业。1996年7月，通过购买CRT 35%的股票进入巴西市场，然后在1998年以巴西电话公司民营化为契机正式进入巴西参与公司经营。1998年7月，Telefonica Internacional 在 INTEL 私有化中成功中标，后者拥有萨尔瓦多第二张经营电信业务的牌照。1999年3月，获得危地马拉的移动电话牌照；2000年3月，与 Motorola 达成协议，接管其4家墨西哥运营商的控制权，这4家运营商分别是 Bajacel、Movitel、Norcel 和 Cedetel。2000年，把在阿根廷、巴西、秘鲁的3家公司集体捆绑上市，为集团重组全球业务线铺平了道路。2004年3月，斥资58.5亿美元收购 BellSouth 在拉美的全部移动资产。2006年4月，以大约3700万美元获得 Colombia Telecom 的经营权。

（2）进入欧美市场。1999年2月，其全资子公司 Telefonica Intercontinental 购买了奥地利电信运营商 European Telecom International GmbH，这是西班牙电信首次进入发达国家市场经营电信业务市场。1999年6月，通过与罗马一家市政服务公司成立合资公司的方式进入意大利，在罗马和拉齐奥地区提供语音、数据和互联网业务，2000年1月获准在意大利全国范围内经营业务；1999年7月，获得摩洛哥第二张移动牌照。2000年，Terra 并购了美国公司 Lycos 并组建新的 Terra Lycos。2000年4月，通过 Terra Lycos 将业务扩展到42个国家。2000年11月，德国子公司 Group 3G 推出商用业务。2000年9月，通过 Endemol 进入俄罗斯市场。2000年，Telefonica Moviles 竞得西班牙、德国、意大利、瑞士和奥地利的 UMTS 牌照，扩大了在欧洲地区的影响力。2000年，Telefonica DataCorp 在欧洲和拉美之间铺设了大容量的通信网络，从而将传统的数据传输业务发展成为一站购齐服务。2005年4月，收购捷克电信51.1%的股份，后者为该国最大的全业务运营商。2005年11月花费177亿英镑收购O2，后者在英国、爱尔兰、德国拥有移动业务运营。2006年获得斯洛伐克的移动牌照。2008年，通过拥有意大利电信10.47%的表决权，开始与意大利电信合作。

（3）形成中国市场战略联盟。2005年，购入中国网通5%的股份。2009年，加强了与中国联通的合作，至2011年，持有的中国联通的股份增至9.57%；2012年，出售中国联通4.56%的股份，至2012年末，西班牙电信持有的中国联通的股份为5.01%。

2. 西班牙电信市场数据比较

西班牙电信的业务主要分布在欧洲和拉丁美洲。2013年，欧洲业务的收入占总收入的47%，拉丁美洲的收入占总收入的51.2%。其中欧洲业务相比2012年减少了1.1%，而拉丁美洲的收入增加了2.3%。欧洲市场中，西班牙的收入占据最大的比例，达到22.7%，如图2-5-1所示。拉丁美洲市场中，巴西占据最大的比例，达到21.4%，如图2-5-2所示。每个国家的业务收入如表2-5-3所示，移动电话的收入比固话的收入多。各个国家的收入及支付情况如表2-5-4所示。

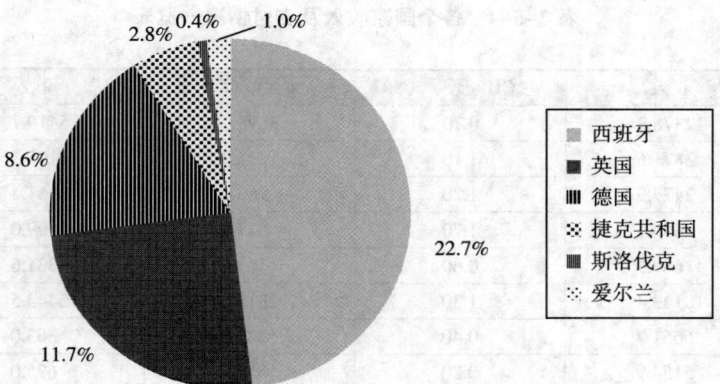

图 2-5-1　2013 年西班牙电信欧洲各个国家收入占比情况

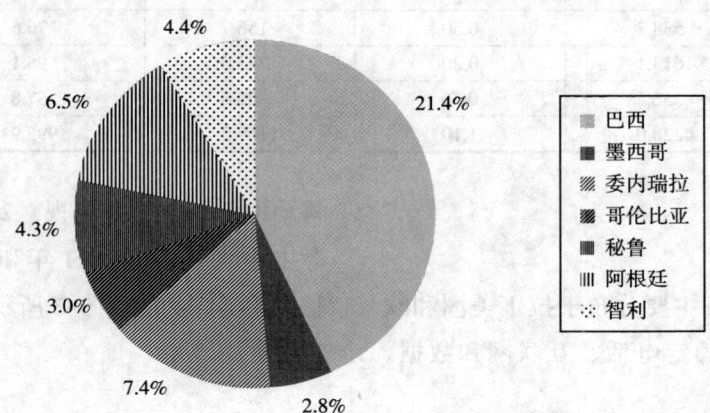

图 2-5-2　2013 年西班牙电信拉丁美洲各个国家收入占比情况

表 2-5-3　2013 年西班牙电信各地区收入情况

单位：百万欧元

	固定电话	移动电话	其他	共计
拉丁美洲：				29193
巴西	4125	8092		12217
阿根廷	1332	2470	(121)	3681
智利	1049	1534	(100)	2483
秘鲁	1239	1393	(178)	2454
哥伦比亚	652	1053		1705
墨西哥		1580		1580
委内瑞拉及中美		4228		4228
其余				845
欧洲：				26840
西班牙	8861	5121	(1023)	12959
英国	188	6504		6692
德国	1235	3673	6	4914
捷克共和国	780	1038		1818
爱尔兰	20	532	4	556
其余				(99)
其余区域：				1028
共计：				57061

表 2-5-4 各个国家收入及支付情况一览表

单位：百万欧元

国家	收入	占 GDP 比重（%）	供应商	税收	投资
巴西	12378.3	0.70	3098.9	5419.7	2127
阿根廷	3871.6	1.10	971.4	1195	574
智利	2477.9	1.20	785.1	351.4	488.0
秘鲁	2499.1	1.70	627.9	599.0	479.0
哥伦比亚	1689.7	0.60	462.6	331.6	457.0
西班牙	13143.4	1.30	2818.0	3443.5	1529.0
英国	6651.7	0.40	3322.8	363.0	1385.0
德国	5154.9	0.20	553.7	625.0	666.0
捷克和斯洛伐克	1787.3	1.20	1922.6	357.1	218.0
厄瓜多尔	489.9	0.90	130.2	105.2	94.0
爱尔兰	538.2	0.30	156.7	76.6	56
墨西哥	1613.1	0.20	712.0	95.1	242.0
乌拉圭	256.2	0.70	69.0	57.8	46.0
委内瑞拉和中美	4228.0	1.10	1169.0	995.9	719.0

（五）业务概览

西班牙电信的业务主要分布于拉丁美洲和欧洲，其业务主要包括固定电话、互联网和数据、移动电话以及付费电视。2013 年，欧洲的接入服务占 69%，相比 2011 年和 2012 年，呈现逐渐增长的趋势，如图 2-5-3 所示。

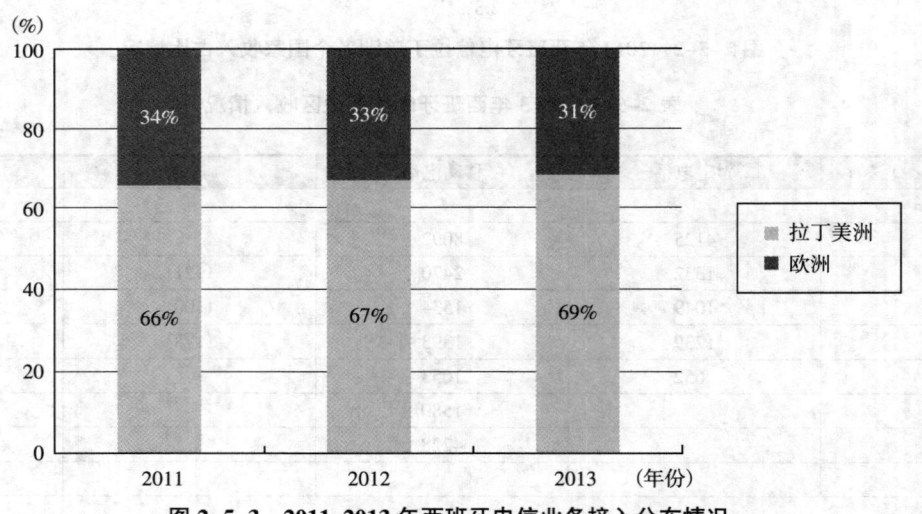

图 2-5-3　2011~2013 年西班牙电信业务接入分布情况

1. 固定电话业务

2013 年，西班牙电信的固话业务在拉丁美洲市场共实现 2450 千万次接入，相比 2012 年增加 1.5%，在欧洲市场共实现 1480 千万次接入，相比 2012 年下降 6.5%。各个国家的增减幅度比较小，呈现稳定的趋势，西班牙接入次数最多，如图 2-5-4 所示。

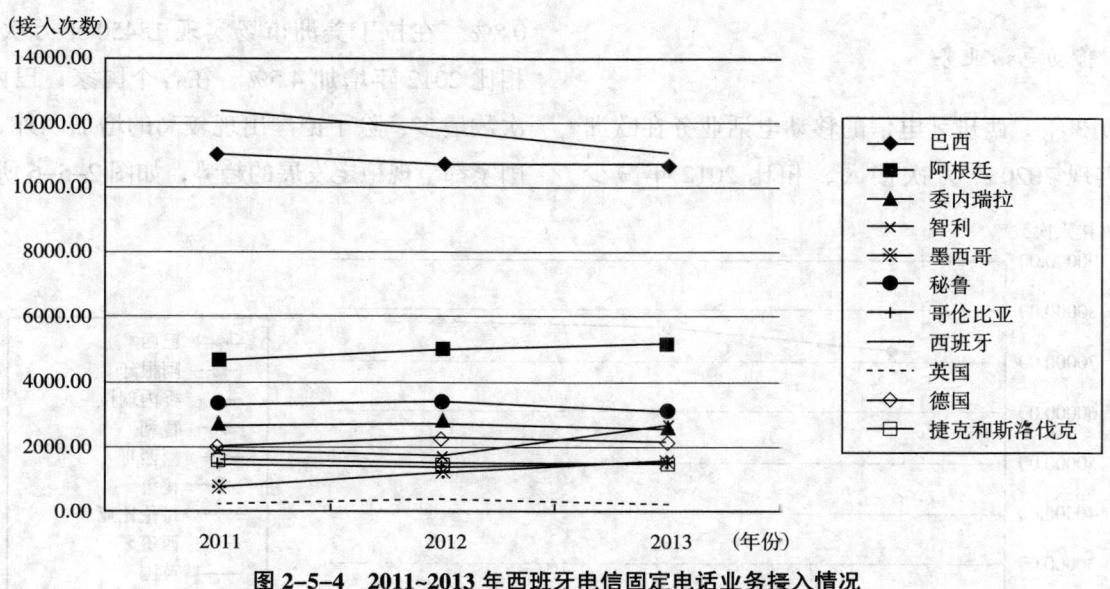

图 2-5-4　2011~2013 年西班牙电信固定电话业务接入情况

2. 互联网和数据业务

2013 年，西班牙电信的数据和互联网业务在欧洲市场共实现 940 千万次接入，相比 2013 年减少 6.1%。其中窄带业务实现 38.5 万次接入，宽带业务实现 900 千万次接入，相比 2013 年均有所下降。在拉丁美洲市场共实现 920 千万次接入，相比 2012 年增加 5.8%。其中，窄带业务实现 112.5 万次接入，宽带业务实现 900 千万次接入。而在各个国家，西班牙接入次数最多，除了英国有明显下降的趋势外，其他国家均持稳定的趋势。如图 2-5-5 所示。

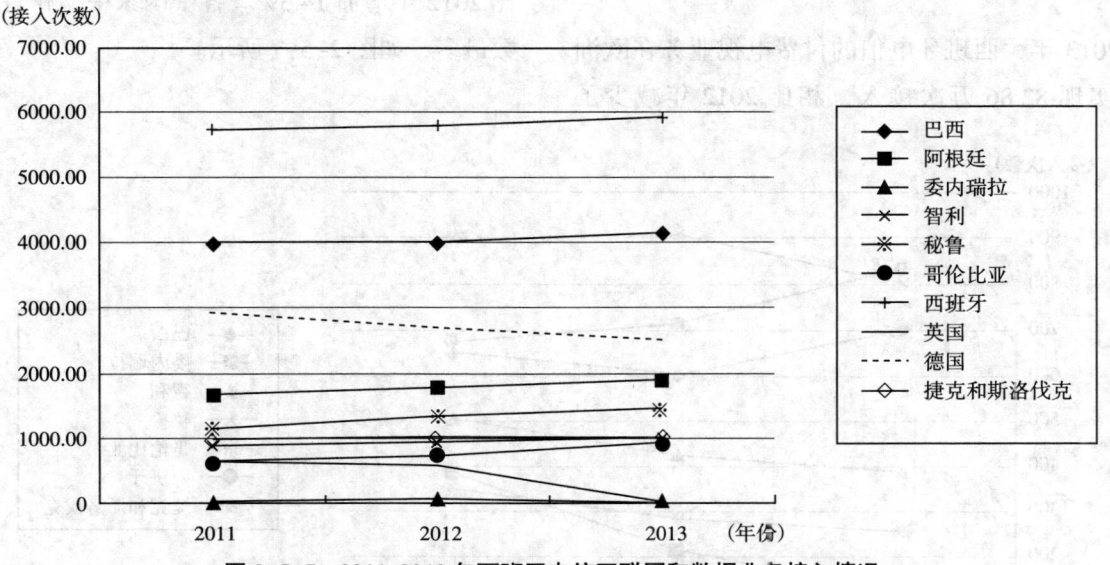

图 2-5-5　2011~2013 年西班牙电信互联网和数据业务接入情况

3. 移动电话业务

2013年，西班牙电信的移动电话业务在欧洲市场实现 7020 千万次接入，相比 2012 年减少 0.8%。在拉丁美洲市场实现 18450 千万次接入，相比 2012 年增加 4.5%。在各个国家，巴西接入次数最多，除了德国出现较高的增加以外，其他国家都呈现稳定发展的趋势，如图 2-5-6 所示。

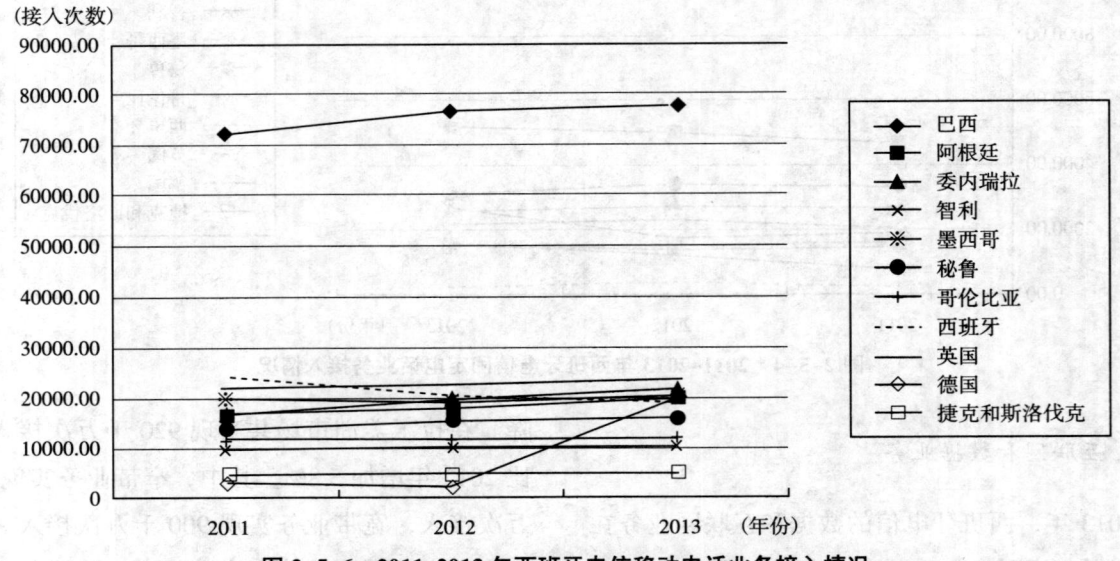

图 2-5-6　2011~2013 年西班牙电信移动电话业务接入情况

4. 付费电视业务

2013年，西班牙电信的付费电视业务在欧洲市场实现 82.86 万次接入，相比 2012 年减少了 8.9%。在拉丁美洲市场实现 270 千万次接入，相比 2012 年增加 14.3%。各个国家中，秘鲁接入次数最多，如图 2-5-7 所示。

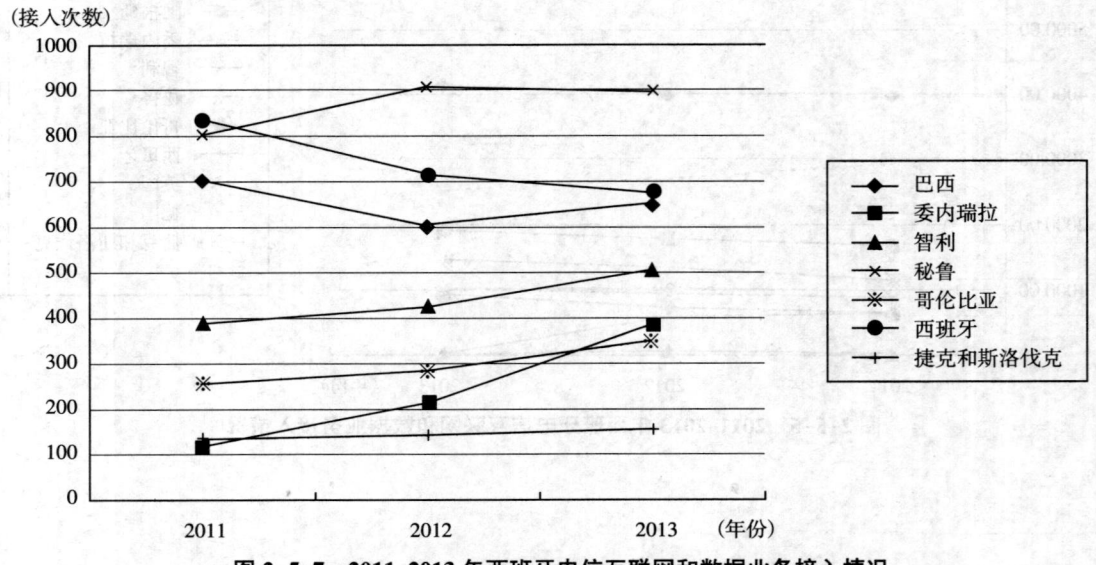

图 2-5-7　2011~2013 年西班牙电信互联网和数据业务接入情况

（六）经营和财务绩效

表 2-5-5　西班牙电信 2011~2013 年度经营与财务业绩比较一览表

单位：百万欧元

年份	2013	2012	2011
收入	57061	62356	62837
总资产	118862	129773	129623
EBITDA	18805	19359	19416
EBITDA率（%）	32.96	31.05	30.90
净利润	4969	4403	6187
净利润率（%）	8.71	7.06	9.85
总资产报酬率（ROA）（%）	4.18	3.39	4.77
净资产报酬率（ROE）（%）	18.12	15.92	22.59
资本性支出（CAPEX）	9395	9458	10224
CAPEX占收比（%）	16.46	15.17	16.27
经营活动净现金流	14344	15213	17483
每股经营活动净现金流（欧元/股）	3.15	3.34	3.83
自由现金流（FCF）	4949	5755	7259
自由现金流占收比（%）	8.67	9.23	11.55
销售现金比率（%）	25.14	24.40	27.82
资产现金回收率（%）	12.07	11.72	13.49
EVA	−2451	−3318	−2028
EVA率（%）	−2.56	−3.17	−1.95
每股盈利（EPS）（欧元/股）	1.01	0.87	1.20
每股股利（DPS）（欧元/股）	0.35	0.53	0.74
股利支付率（%）	34.65	60.92	61.97
主营业务收入增长率（%）	−8.49	−0.77	3.46
总资产增长率（%）	−8.41	0.12	−0.12
净利润增长率（%）	12.85	−28.83	−39.15
经营活动现金流增长率（%）	−5.71	−12.98	4.86
每股盈余增长率（%）	16.09	−26.27	−46.67
资产负债率（%）	76.88	78.69	78.87
流动比率（%）	100.42	81.23	63.92
利息保障倍数	3.17	2.92	3.33
总资产周转率	0.48	0.48	0.48
固定资产周转率	1.84	1.78	1.77
坏账发生率（%）	6.71	6.48	6.66
折旧与摊销	9627	10433	10146
股息	1588	2346	3394
内部融资额	13008	12490	12939
折旧摊销率（%）	16.87	16.73	16.15
亿现成本率（%）	18.70	52.95	55.04
营销、一般及管理费用率（%）	27.04	26.95	24.50

(七) 内控与风险管理

企业内部控制是由企业董事会、管理层及其员工共同实施的、旨在合理保证实现以下基本目标的一系列控制活动：企业战略；经营的效率和效果；财务报告及管理信息的真实、可靠和完整；资产的安全完整；遵循国家法律法规和有关监管要求。内部控制的目的是在合理的范围内保证企业基本目标的实现。企业风险管理是由企业董事会、管理层以及其他人员共同实施的，应用于战略制定及企业各个层次的活动，旨在识别可能影响企业的各种潜在事件，并按照企业的风险偏好管理风险，为企业目标的实现提供合理的保证。

1. 汇率风险

汇率风险主要来自：

（1）西班牙电信全球范围内进行投资，在投资某些企业时使用的可能是欧元以外的货币，主要在拉丁美洲、英国和捷克共和国。

（2）负债计价货币不是业务经营所在国家所用的货币，也可能不是发生负债的国家使用的货币。

汇率风险管理政策的基本目标是外币相对于欧元贬值时，由此产生的任何现金流潜在的损失用于抵消（某种程度上）欧元债务价值的减少。汇率套期保值的采用程度不同取决于投资的类型。截至2013年12月31日，在拉丁美洲净债务相当于大约43.26亿欧元。西班牙电信集团旨在保护自己免受拉丁美洲欧元货币贬值的影响。但是债务与投资相关联，汇率套期保值的影响是不可能不存在的。2013年12月31日，西班牙电信集团的债务为13.26亿欧元。

西班牙电信集团通过管理汇率风险最小化减少其负面影响，其当地出现风险的主要原因是：当地衍生品市场采购困难，当地货币不可能进行低成本融资对冲（如阿根廷和委内瑞拉）；通过内部融资贷款，汇率风险的会计处理是不同的；高成本的出现导致不合理的预期或高贬值的风险。

表2-5-6说明了外汇损益和股权对汇率变动的敏感性。

表 2-5-6　外汇损益和股权对汇率变动的敏感性一览表

货币	变化（%）	对合并利润表的影响	对合并所有者权益的影响
所有货币对欧元的汇率	10	42	(245)
美元	10	(1)	14
欧洲货币对欧元汇率	10	1	(460)
拉丁美洲货币对美元汇率	10	42	201
所有货币对欧元的汇率	(10)	(42)	245
美元	(10)	1	(14)
欧洲货币对欧元汇率	(10)	(1)	460
拉丁美洲货币对美元汇率	(10)	(42)	(201)

2. 利率风险

利率风险主要会影响到：

（1）由于利率变动而引起的浮动利率负债（或者可能被重复举债的短期负债）的融资费用变动。

（2）固定利率长期负债的价值。2013年短期债务的利率主要是基于欧元银行间拆放款。2013年12月31日，西班牙电信71%的净债务（或长期负债净额的68%）超过一年固定利率。提高利率减少了债务的市场价值，这种减少几乎完全抵消了其对冲的价值。

西班牙电信财务费用受到利率变动的影响。为了显示财务费用对短期利率变化的敏感性,公司假设在2010年12月31日,公司所拥有经营业务的所有国家的货币利率都提高100个基点,并且除了美元和英镑的所有货币利率都降低100个基点,以消除负利率。为了显示股东权益对利率变动的敏感性,公司假设在2010年12月31日,公司所有经营业务的所有国家的货币利率都提高100个基点,并且所有货币期限的利率都降低100个基点。同时,还假设只考虑拥有现金流套期的公司,这些公司由利率变化引起的市场价值变动都计入了所有者权益。而且这两种情况只考虑了与外部部门的交易,具体如表2-5-7所示。

表 2-5-7 外汇损益和股权对利率变动的敏感性一览表

百万欧元变化的基点	对合并利润表的影响	对合并所有者权益的影响
+100个基点	(118)	741
-100个基点	55	(632)

3. 股价风险

股票价格风险主要来自股票价值的变化,可能是购买、出售或以其他方式参与投资的价值的变化,或者相关衍生品投资或库存股及股票衍生品的价值变化。

2011年股东大会批准,在2012年推出全球员工分享计划。根据西班牙电信的股票期权计划和业绩分享计划(PIP),分配给员工的股份可以是母公司库存股、收购其集团公司的股份或者新发行的股票。公司根据相关的全体股东回报可能需要在未来授予员工股份,这就使公司存在每个阶段都需要交付大量股份的风险,因此公司未来可能会有大量的现金流出。为降低这一计划所带来的股价变动风险,公司购买了衍生工具来复制将要交付股份的风险组合。

4. 流动性风险

如果融资需求之间(包括经营状况和财务费用、投资、债务赎回和股息)和它的资金来源(包括收入、资产剥离、信贷额度金融机构和资本市场交易)出现不匹配,西班牙电信就会面临流动性风险。因此,西班牙电信集团要将债务期限和其支付现金流的能力相匹配,同时具有一定的灵活性。

在实践中,主要遵循两个主要原则:

(1)西班牙电信集团金融负债平均到期期限保持6年以上,如果低于这一期限,会在一个合理的时间内恢复或高于阈值。这一原则被认为管理债务和信贷市场的指导原则,但不严格要求。

(2)西班牙电信集团必须能够支付所有承诺在未来12个月内借款,并且不依靠举借新债或从资本市场筹资。

在2013年12月31日,净金融负债(453.81亿欧元)的平均期限是6.79年。2014年的金融债务总额将达到约92.14亿欧元,其中包括:衍生金融工具和某些目前的应付款;5.82亿欧元的早期还款,没有合同义务偿还。资金数量计算的总和:2013年12月31日金融资产和现金为116.82亿欧元(不包括衍生金融工具);2014年度现金生成能力预测;信贷计划的安排。

5. 国家风险

母公司由于政治、经济或社会的不稳定或者运营的国家,尤其是在拉丁美洲、美国会导致西班牙集团面临国家风险。西班牙集团提出两种降

低风险的措施:

(1) 实现资产负债(没有被母公司担保的负债)的匹配,拉丁美洲公司的任何潜在的资产减值会伴随着负债的减少。在 2013 年 12 月 31 日,西班牙电信集团的拉丁美洲公司不能保证的母公司净金融债务为 24.99 亿欧元,相当于 5.5%的合并净金融负债。

(2) 在拉丁美洲形成的资金回流不再发展新的业务机会。2013 年拉丁美洲公司有 16.4 亿欧元资金回流到西班牙,14.34 亿欧元来自股息,1.18 亿欧元来自集团内的贷款支付的利息和偿还本金,8800 万欧元是其他。

6. 信用风险

西班牙电信集团认为信用风险管理作为一个关键元素,是实现其可持续发展的业务和客户群增长目标所至关重要的。这种管理方法依赖于持续的监测风险和所需资源的优化回报之间的平衡。

西班牙电信集团交易的衍生品实体的信誉是好的,它的优先债务评级至少是"A"。特别是在破产的情况下,可以减少信用风险。自从雷曼兄弟破产后,评级机构的信用评级已被证明是有效的信用风险管理工具。五年期 CDS(信用违约互换)的信贷机构产生,这种方式下西班牙电信随时监控以便在任何给定的时间操作评估。通常只与交易对手进行的 CDS 低于阈值。对于其他子公司,特别是在拉丁美洲,假设稳定的主权评级提供了一个上限低于"a"。与此同时,现金和现金等价物引起的信用风险也是值得西班牙电信集团关注的。

(八) 人力资源发展

员工是西班牙的业务核心,代表企业最大的资产之一。西班牙电信的目标是构建有文化和组织能力的人,使 Telefónica 转型成为一个数字电信企业。

1. 企业人力资源政策

企业的愿景基于三个主要支柱:

(1) 发展员工的能力,招聘最好的专业人士和未来领导人,实施公司的多元化战略。

(2) 加快西班牙电信的转型,提高员工对于这一转型的必要性和紧迫性意识。

(3) 鼓励员工快速适应企业的业务,并确保正确管理公司的简化流程。

企业的人力资源政策为员工创建一个良好的工作环境。在全球气候和承诺指数中,西班牙电信达到了 77.7%,其中 77.9%的员工参与进去。员工是西班牙电信最大的骄傲。

2. 员工多样性及平等性

西班牙电信认为每个员工都是独一无二的,努力为员工创造一个平等的工作机会。它不在乎员工的国籍、文化、民族、历史或者性别,认为平等才能提高员工的积极性和工作效率,从而提高对客户的服务质量。

2013 年底,西班牙电信集团有 126730 名员工,平均年龄 39 岁;其中女性员工为 48553 名,(占 38.2%),男性员工为 78177 名,78217 名(占总数的 61.8%),如图 2-5-8 所示。与 2012 年相比,规模已增长了 4.9%。有超过 105 个民族,分布在 24 个国家,拉丁美洲是占据最高劳动力百分比的国家(如图 2-5-9 所示)。西班牙电信共有 1254 名高级管理人员,其中女性群体相对于 2012 年增加了 1.6%。通过这样一个举措,促进公司良好的实践和相互交流。此外,西班牙电信有一个女性领导力计划,旨在建立一个女性网络,寻求女性领导人才。正是这样一个具有多样性和平等性的员工团队,促进了企业的发展,为顾客提供了优质的服务。

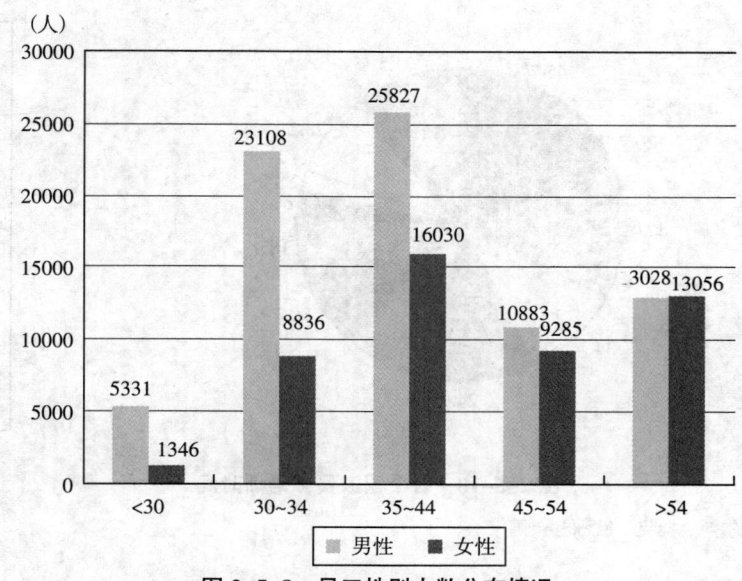

图 2-5-8 员工性别人数分布情况

图 2-5-9 西班牙电信员工各个国家分布情况

注：其他包括美国、爱尔兰、捷克、欧洲其余国家。

3. 员工培训

西班牙电信为所有的专业人士提供机会，并通过不同的方式培训员工，其中包括现场培训和网络培训平台。意大利西班牙电信校园体现了西班牙的文化和价值观。2013年接受培训的员工数量通过前面的方式增加了60%。学生数量超过47000名，将近380000次培训。2013年7月至12月，西班牙学校有13800名学生和23200次接入访问。2013年培训人数460320名，培训时间2983665小时，每个员工培训时间23.54小时，培训成本总计超过3055万欧元，如图2-5-10所示。

4. 员工健康和安全

西班牙电信的一个工作重点是为员工提供最好的工作条件，最重要的便是确保员工有一个安全的工作环境。企业建立相关机制，避免那些与专业相关的工作场所的事故、伤害和疾病活动，

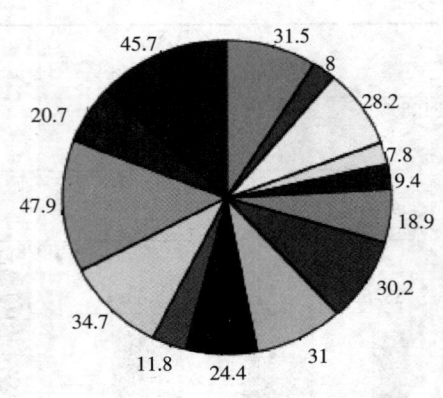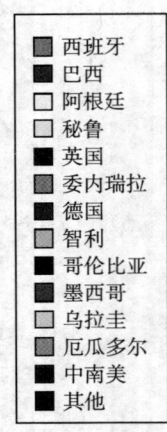

图 2-5-10　各个国家员工培训时间

注：其他包括美国、爱尔兰、捷克、欧洲其余国家。

遵守现行法规，实施安全的工作程序，提供管理职业风险的培训。保证工人健康和职业风险管理系统安全是西班牙电信的核心流程和服务，旨在降低事故发生率，如表 2-5-8、表 2-5-9 所示。

表 2-5-8　2012~2013 年西班牙电信员工安全情况

地区	事故率	严重事故	平均时间
2012 年			
拉丁美洲	11.5	468.94	40.78
欧洲	5.01	130.72	26.08
2013 年			
拉丁美洲	12.92	575.81	44.56
欧洲	5.01	152.08	30.35

表 2-5-9　2012~2013 年西班牙电信员工 GRI 指标情况

	2012 年	2013 年
IR（受伤率）	0.83	0.93
ODR（疾病率）	0.34	0.39
LDR（失踪率）	29.68	38.10
AR（缺勤率）	5658.76	5599.35

5. 薪酬和奖励

西班牙电信员工的薪酬包括：工资（基本工资、可变工资、销售激励和长远利益股本项目）和福利（养老计划、假期、生活和健康保险、公司车）。企业设置一个变量，根据每个国家每个地区，每年按比例计算员工工资，在全球力争实现公平的薪酬计算。同时，企业提供激励计划，主要有全球员工分享计划（GESP）、长期分享激励计划（PIP）、限制性股票计划（RSP），让员工不仅为企业提供人力资源，还可以享受良好的福利待遇。

（九）企业社会责任

西班牙电信在极力满足客户要求、发展企业业务的同时，也在积极履行企业社会责任，只有这样才能为企业创造更大的价值。

1. 增加社会责任投资

社会责任投资（SRI）是一个集聚环境、社会、公司治理、养老的基金，2013年共投资7513万欧元，是代表总额的2.34%。如图2-5-11所示，45.67%属于自然环境，包括可再生能源、水和森林；41.76%用于房租、保障性住房、学生公寓，10.01%用于公司治理，2.56%为风险投资基金。

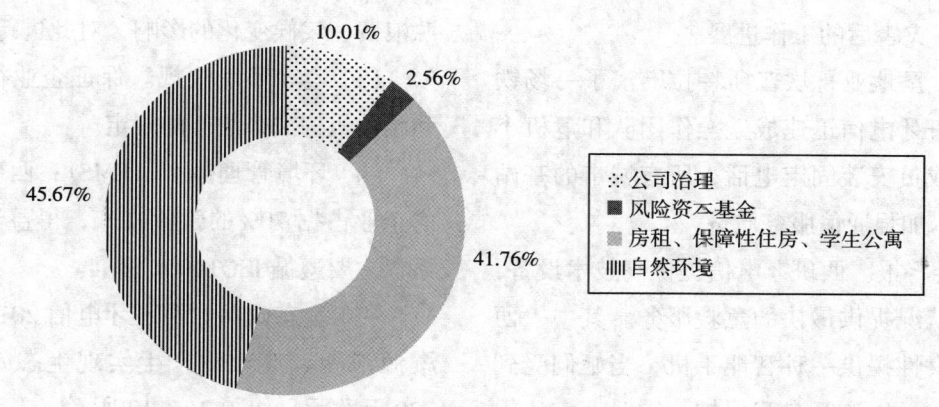

图2-5-11　SRI投资分布情况

2. 保护隐私权

西班牙电信致力于尊重人权，不断学习和努力避免任何形式的侵犯人权。其中，最重要的是保护相关利益者的隐私权，主要通过以下四个方面：

（1）保护个人信息，包括客户、股东、员工和供应商。

（2）为我们的利益相关者提供关于我们如何使用和存储信息个人数据的信息。

（3）告知用户如何正确访问数据。

（4）存储所有与适当的个人信息安全措施。

不管在任何时候出现安全问题，企业必须迅速行动，并对此负责。

3. 提供医疗健康服务

西班牙电信利用自己的技术条件改善医疗水平，为人们的健康提供更好的服务。

欧洲：帕金森病和神经退化是影响患者运动技能的两种疾病，也是西班牙电信重点关注、研发参与的两个项目，主要涉及远程监控症状、实时管理。2013年，西班牙电信也参加了研发另一个欧洲研究项目，创造了第一个帮助需要的人的移动服务，专门为老年人设计的使用近场通信（NFC）技术和快速反应（QR），使他们与周围环境及时取得联系。

拉丁美洲：西班牙2013年收购Axismed，Axismed是针对慢性病人的最大的巴西医疗公司，结合其团队的慢性病知识和本企业的经验技术，开发创新服务技术。

4. 提供社会安全服务

西班牙电信利用先进技术，为处于紧急状况的人们提供安全服务和产品。

(1) 自然灾害。西班牙电信创建实时沟通平台，为受到自然灾害的人们提供及时的通信。

墨西哥：2013年9月，飓风影响了371个城镇，造成了大量死亡和基础设施的破坏。西班牙电信加强网络服务，并建立免费电话客户服务中心等，加快了灾害后的工作进展。

西班牙：圣地亚哥坎普斯特拉上演了一场铁路悲剧，西班牙电信迅速成立操作团队和危机小组，为家庭成员安装固定电话，所有城市的基站被重新编程，加强通信服务质量。

(2) 社会警报。西班牙电信提供高技术设备，为任何紧急状况提供最快的急救服务。其中，西班牙电信为女性提供一种智能手机，当她们受到暴力侵害时，可以进行自我保护。同时，它还提供许多紧急号码，帮助人们在紧急状况下及时获得解救。

5. 参与社会志愿服务

西班牙电信积极参与社会慈善事业，为社会做出贡献。2013年企业共有26614名志愿者，参加了长达195906个小时的慈善项目。其最成功的慈善项目包括：

(1) 假期团结项目。这是拉丁美洲的一个志愿项目，志愿者进行两周的服务，主要帮助减少企业使用童工。

(2) 大胆想象项目。这个项目主要针对15~25岁的年轻人士，锻炼他们社会交际和管理项目的能力。

6. 加强高效环境管理

西班牙电信致力于环境管理，让企业适应当地的环境治理制度。为了更好地实现这个目的，企业有五个原则：

(1) 测试环境绩效。企业使用全球管理指标（KPIs）来帮助企业做决策、确定潜在的环境风险以及测试环境对企业经营的影响。

(2) 全球环境风险管理。针对企业负债、资源浪费、气候变化的影响，对此进行风险管理。

(3) 遵守环境法规。保证企业行为符合政府和相关机构法律法规的规定。

(4) 环境管理体系（EMS）：西班牙电信60%的企业占据70%的营业收入，得益于环境管理体系，主要遵循ISO14001标准。

(5) 生态效益。西班牙电信2013年通过减少资源浪费、废弃物产生实现生态效益，共减少320万欧元，如图2-5-12所示。

7. 减少环境污染

西班牙电信基于ISO14064标准和ITU-TL1420协议，测量能源消耗和温室气体排放量。通过这样的测量，帮助改善企业的工作流程，使企业能源消耗更加透明，从而帮助企业降低能源成本，提高企业的价格竞争力，为客户提供更好的服务。表2-5-10为西班牙电信的能源消耗数据。

西班牙电信减少碳排放量的主要措施有：

(1) 通过提高能源效率减少电消耗。西班牙电信实施了16个全球能源项目，节省了9.1千兆瓦时的电资源，共减少成本470万欧元。

(2) 通过提供更有效、更清洁的能源，减少经营、办公处、车队的化石燃料使用。2013年在网络方面，西班牙电信减少了15%的燃料使用。

(3) 鼓励可再生能源的使用。通过使用可再生能源，企业减少了280000吨的CO_2排放量。

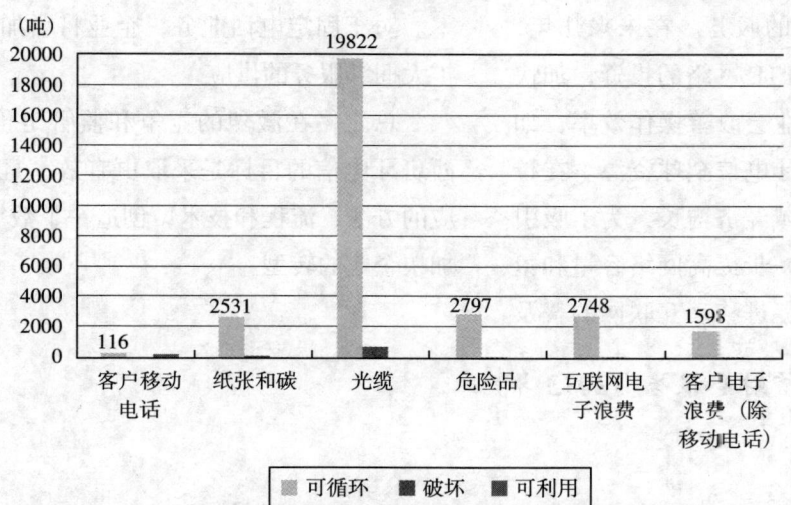

图 2-5-12　2013 年西班牙电信资源浪费情况

表 2-5-10　2013 年西班牙电信能源消耗情况

单位：兆瓦小时

	燃料	电	可再生能源
车队	189.7		931.3
互联网	170.5	4519.0	
办公	54.6	724.2	61.4

（十）前景展望

西班牙电信是一个综合性多元化电信集团，它的核心业务是提供固定和移动电话、宽带、互联网、数据付费电视和增值服务等。它在25个国家经营其业务，主要是在欧洲和拉丁美洲，通过强大的定位区域管理全球业务单位，增多了企业的机遇以及与意大利、中国联通、电信的战略联盟。

作为一个跨国经营的电信公司，西班牙电信在不同地方受不同的法律法规限制提供服务。西班牙电信会继续根据监管条件的要求，修改自身业务发展情况，如关税、改变频谱使用和分配的权利、服务质量问题、新的宽带基础设施部署等。随着市场竞争越来越激烈，关税结构、消费市场份额、客户数量都会影响公司的收入和盈利能力。西班牙电信认为，这些市场的竞争会滋生更多的机会，如提高固定和移动宽带服务进一步发展服务连通性、信息技术服务和相关的企业出现。西班牙电信试图引领行业进入一个新的数字世界。

2011年9月西班牙电信开始积极参与打造"数字世界"，寻找新的机会实现新的战略联盟。西班牙电信建立了西班牙电信数字部、西班牙电信全球资源部、西班牙电信欧洲部和西班牙电信拉丁美洲部，这四个业务部门共同协助公司利用全球客户的优势，推动创新，加强产品和服务组合，最终转型成为一个可持续性的数字电信全球企业。

西班牙电信欧洲和拉丁美洲业务部的目标是通过全球经营，实现业务可持续增长。2013年，随着商业区和住宅区的增加，与客户直接接触的机会增多了，加快了企业数字通信业务的发展。西班牙电信创建首席营销官的职位，汇集所有的商业领域、政策产品、服务、渠道、手机和价格、有关广告和品牌，加大宣传力度。

在欧洲，客户保持的核心战略和管理重点依

然是为客户提供高满意度的服务。在未来几年，企业会继续增加对光线和 LTE 网络的投资，加快数字服务的发展。同时企业会改善操作效率，如网络共享协议，支持西班牙电信全球资源。在拉丁美洲，移动业务驱动区域经济增长，为了吸引高价值客户，企业继续进一步提高网络容量和覆盖范围，尤其是在合同段促进移动互联网的普及率。对于固定电话业务，企业将增加宽带速度和扩大捆绑服务的供应。

总之，在激烈的竞争和监管定价的压力下，西班牙电信的目标是采取更有效率且具有协同效应的方法、流程和技术，创造一个数字通信世界，加快企业的转型。

附件一：西班牙电信财务报告（2013年）

1. 合并资产负债表

单位：百万欧元

	NOTES	2013年	2012年
资产			
A）非流动资产		89597	104117
无形资产	(Note 6)	18548	22078
商誉	(Note 7)	23434	27963
固定资产	(Note 8)	31040	35021
以权益法计量的投资	(Note 9)	2424	2468
非流动金融资产	(Note 13)	7775	9339
递延所得税资产	(Note 17)	6376	7308
B）流动资产		29265	25596
存货		985	1188
应收及其他应收款项	(Note 11)	9640	10711
流动金融资产	(Note 13)	2117	1872
所得税应收款	(Note 17)	1664	1828
现金及现金等价物	(Note 13)	9977	9847
持有待售非流动资产	(Note 2)	4882	150
资产总计（A+B）		118862	129773
所有者权益和负债			
A）所有者权益		27482	27661
归属于母公司所有者权益	(Note 12)	21185	20461
少数股东权益	(Note 12)	6297	7200
B）非流动负债		62236	70601
债务非流动付息负债	(Note 13)	51172	56608
长期应付款及其他应付款	(Note 14)	1701	2141
递延所得税负债	(Note 17)	3063	4788
非流动准备金	(Note 15)	6300	7064
C）流动负债		29144	31511
流动付息债务	(Note 13)	9527	10245
短期应付及其他应付款项	(Note 14)	15221	17089

续表

	NOTES	2013 年	2012 年
流动应付税费	(Note 17)	2203	2522
准备金	(Note 15)	1271	1651
与持有待售非流动资产有关的负债	(Note 2)	922	4
所有者权益和负债总计（A+B+C)		118862	129773

2. 合并损益表

单位：百万欧元

	NOTES	2013 年	2012 年	2011 年
营业收入	(Note 18)	57061	62356	62837
其他收入	(Note 18)	1693	2323	2107
网络支撑		(17041)	(18074)	(18256)
员工费用		(7208)	(8569)	(11080)
其他费用	(Note 18)	(15428)	(16805)	(15398)
折旧摊销前营业利润（OIBDA)		19077	21231	20210
折旧和摊销	(Note 18)	(9627)	(10433)	(10146)
营业利润		9450	10798	10064
权益法下的投资损失份额	(Note 9)	(304)	(1275)	(635)
财务收入		933	963	827
汇兑收益		3323	2382	2795
财务成本		(3629)	(4025)	(3609)
汇兑损失		(3493)	(2979)	(2954)
财务费用净额	(Note 16)	(2866)	(3659)	(2941)
税前利润		6280	5864	6488
公司所得税	(Note 17)	(1311)	(1461)	(301)
本年利润		4969	4403	6187
非控股损益	(Note 12)	(376)	(475)	(784)
归属于母公司股东的利益		4593	3928	5403
归属于母公司股东的基本每股收益及稀释每股收益（欧元）	(Note 18)	1.01	0.87	1.18

3. 合并现金流量表

单位：百万欧元

	2013 年	2012 年	2011 年
经营活动现金流量			
来自客户的现金	69149	75962	77222
支付给供应商及员工的资金	(50584)	(55858)	(55769)
收到的股利	49	85	82
利息及其他财务费用净支出	(2464)	(2952)	(2093)
税费支出	(1906)	(2024)	(1959)

续表

		2013 年	2012 年	2011 年
经营活动现金净流量净额		14344	15213	17483
投资活动现金流量				
财产、厂房、设备和无形资产处理损益		561	939	811
财产、厂房、设备和无形资产投资支出		(9674)	(9481)	(9085)
公司处理、现金及现金等价物处理净收益		260	1823	4
公司投资、现金及现金等价物获取净投资		(395)	(37)	(2945)
金融投资（不包括现金等价物）收益		50	30	23
金融投资（不包括现金等价物）支出		(386)	(834)	(669)
现金盈余(不包括现金等价物) 利息（支出）		(314)	(318)	(646)
获得的政府补助		1	1	13
投资活动现金净流量净额	(Note 20)	(9900)	(7877)	(12497)
筹资活动现金流量				
支付的股利	(Note 12)	(2182)	(3273)	(7567)
与股东的交易支出		65	656	(399)
其他股东的投资支出	(Note 12)	2466	—	—
发行债券收到的现金	(Note 13)	5634	8090	4582
偿还借款、期票收到的现金		3231	6002	4387
发行债券支付的现金	(Note 13)	(5667)	(4317)	(3235)
偿还借款、期票支付的现金		(6232)	(8401)	(2650)
筹资活动现金净流量净额	(Note 20)	(2685)	(1243)	(4912)
汇率变动的影响		(1468)	(382)	(169)
合并财务报表编制方法变动影响		(161)	1	10
报告期现金及现金等价物净增加（减少）		130	5712	(85)
1 月 1 日现金及现金等价物		9847	4135	4220
12 月 31 日现金及现金等价物	(Note 13)	9977	9847	4135
根据资产负债表对现金及现金等价物的调节				
1 月 1 日余额		9847	4135	4220
库存现金及银行存款		7973	3411	3226
其他现金等价物		1874	724	994
12 月 31 日余额	(Note 13)	9977	9847	4135
库存现金及银行存款		7834	7973	3411
其他现金等价物		2143	1874	724

附件二：西班牙电信大事记

1924 年 4 月 19 日，西班牙电信的前身 CTNE（Conpania Telefonica Nacional de Espana，西班牙国家电话公司）在马德里成立。ITT 是 CTNE 最初成立时的股东之一。

1945 年，西班牙政府取得 CNTE 79.6%的股份。

1960 年，CNTE 成为西班牙最大的公司，拥有 10 万名股东，32000 名员工。

1967 年，首创卫星通信。

1971 年，在欧洲率先开始运营欧洲数据传输特殊网络。

1978 年，电话安装数达到 1000 万。

1987 年，在纽约证交所上市交易。

1989 年，参与西班牙卫星（Hispasat）的建造。

1989年，进入智利市场，参股智利CTC公司。

1990年，发起了Moviline，这是一种模拟移动服务，三年内地理覆盖率达到98%。

1990年，进入智利和阿根廷市场，参股阿根廷TASA公司。

1994年，进入秘鲁市场，入股TdP。

1994年，推出数字移动电话Movistar。

1995年，商业互联网诞生，西班牙电信推出了Infovia。

1995年，西班牙政府第一次出售其持有的本公司股权。

1998年，竞标胜出，承建巴西的Telesp。

1999年，西班牙电信再次实现由公众持有全部股份。

1999年，推出固定宽带接入服务ADSL。

2000年，Veronica投标承建西班牙电信在阿根廷和秘鲁的分公司，以及巴西的Telesp和Tele Sudeste。

2002年，提出了专注于优质增长的新战略。

2003年，西班牙电信和葡萄牙电信在巴西成立合资企业——Vivo。

2003年，西班牙电信推出Imagenio。

2004年，收购南方贝尔公司在拉丁美洲的资产。

2005年，入股中国网通，持有5%股份。

2005年，收购捷克电信。

2006年，收购英国O2公司在英国、德国和爱尔兰的资产。

2006年，控股哥伦比亚电信，持有51%股份。

2006年，获得斯洛伐克移动电信服务牌照。

2007年，与意大利电信结成产业联盟，间接持有10.49%的有表决权股份。

2008年，收购巴西Telemig公司53.9%的有表决权股份以及4.27%的优先股。

2008年，在中国网通合并入中国联通之后，持有中国联通5.38%的股份。

2009年，与中国联通结成战略联盟，达成了双方投资协议，西班牙电信对中国联通的持股比例增至8.37%，中国联通持有西班牙电信0.88%的股份。

2009年，持有智利Telefonica CTC公司的股份增至97.89%。

2010年，收购德国Hansenet公司。

2010年，西班牙电信通过收购葡萄牙电信持有Brasilcel 50%的股份，获得对巴西Vivo公司的控股权。

2011年，获得哥斯达黎加电信服务牌照。

2011年，增强了2009年与中国联通建立的战略联盟，增加了股权互换，西班牙电信持有的中国联通的股权达到了9.57%。中国联通持有西班牙电信的股权达到了1.37%。

2012年，出售中国联通4.56%的股权。

2012年，出售Atento公司。

2012年，西班牙电信德国电信公司上市。

2013年，出售西班牙在中美洲40%的股权。

2013年，出售西班牙爱尔兰公司。

2013年，收购德国的E-Plus公司。

2013年，中国电信的资本从46.18%增加到66%。

杰勒德·柯慈雷（Gerard Kleisterlee）
沃达丰集团董事长

　　杰勒德·柯慈雷，67岁，于2011年7月26日的年度股东大会中被任命为沃达丰集团的董事长。在此之前，他担任公司董事会的非执行董事。2011年3月31日，杰勒德·柯慈雷从皇家飞利浦电子股份有限公司（Koninklijke Philips Electronics N.V.）退休，结束了他在飞利浦公司30年的职业生涯。在飞利浦公司，他担任公司的总裁/首席执行官、管理董事会董事长兼集团管理委员会主席。2009年4月，他加入戴姆勒监事会，成为了其中一员。2010年11月，他出任荷兰皇家壳牌公司监事会的非执行董事和审计委员会的成员。2010年12月，他成为戴尔公司董事会的成员。

维托里奥·科劳（Vittorio Colao）
沃达丰集团首席执行官

　　维托里奥·科劳，52岁，于2008年7月被任命为沃达丰集团首席执行官。2006年10月，作为沃达丰欧洲区首席执行官兼集团副总裁，维托里奥·科劳加入董事会。早期，他曾在米兰的麦肯锡咨询公司从事媒体、通信等方面的工作，此外他还负责招聘工作。1996年他加入了Omnitel Pronto（意大利），随后，Omnitel Pronto（意大利）被沃达丰集团收购，变成Vodafone（意大利）。1999年，他被任命为Vodafone（意大利）的首席执行官。2001年，他被任命为沃达丰集团南欧区首席执行官。2002年，维托里奥·科劳成为董事会成员，并于2003年被沃达丰集团任命为负责南欧、中东和非洲地区的首席执行官。2004年维托里奥·科劳离开沃达丰，加入意大利出版业巨头RCS Media Group公司，成为该公司的首席执行官，直至他回到沃达丰集团，担任沃达丰欧洲区首席执行官。此外，维托里奥·科劳是意大利博科尼大学国际咨询委员会的成员。

英国 Vodafone
公司 LOGO

  沃达丰的名称结合了 Voice（语音）、Data（数据）、Fone（电话）三个方面的含义，这三个方面涵盖了沃达丰整体的业务经营范围，比较直观地反映了沃达丰集团大型移动通信运营商的市场定位。

六 英国沃达丰电信公司可持续发展报告（Vodafone）

（一）公司简介

沃达丰始创于 1984 年，是跨国性的移动电话运营商。沃达丰集团股份有限公司 1999 年 6 月 29 日与 AirTouch 通讯公司合并后，曾经改名为 Vodafone AirTouch。但后来经过股东同意，于 2000 年 7 月 28 日恢复本来名称，即沃达丰集团股份有限公司，其总部设在英国纽布利及德国杜塞尔多夫。沃达丰使用沃达丰集团作为名称，分别于伦敦证券交易所（代号 VOD.L）及纽约证券交易所（代号 VOD）上市。

1985 年 1 月沃达丰建立了第一个模拟信号网络，第一次通话是从伦敦 Katherine's Dock 大街到 Newbury。这是英国首次成功的模拟网络通话。自此以后，沃达丰经历了漫长的道路，从一个纽布利的小型移动运营商成为一个全球商业性的和一个最有价值的电信品牌。目前，沃达丰在 27 个国家和地区分布有移动业务，超过 48 个国家和地区建有其移动网络。沃达丰现在全世界拥有 4.34 亿手机用户。除移动市场外，客户更看重的是其固定宽带服务，沃达丰为 17 个市场提供固定宽带服务，满足了 900 万名客户的需求。

英国沃达丰是世界上最大的流动通信网络公司之一，拥有世界上最完备的企业信息管理系统和客户服务系统，在增加客户、提供服务、创造价值上拥有较强的优势。沃达丰的全球策略是涵盖语音、数据、互联网接入服务，并且提供客户满意的服务。与竞争对手相比，沃达丰拥有最好的网络，给用户提供最好的体验和解决方案。沃达丰的经营宗旨为不断投资于更优化的网络建设，不断改善用户体验，不断保持大量的现金产生来回馈股东和再投资于企业，并最终实现良性循环。

沃达丰 2013 年度的营业收入为 383.46 亿英镑，净利润为 594.2 亿英镑，与 2012 年相比，实现了飞跃性的增长。其总资产为 1218.4 亿英镑，股权权益为 717.81 亿英镑。2014 年 3 月 31 日，沃达丰的收盘价为 22.18 英镑，每股盈余为 223.84 便士，市盈率为 52.68。

（二）公司战略

随着无处不在的数据需求快速增长，沃达丰致力于将本公司发展成为一个领先的统一通信公司，并进一步加强自身网络和服务差异化，超越竞争对手。目前，沃达丰所处行业有五大趋势：

第一，数据和其他新收入领域变得越来越重要。

第二，企业和消费者对统一通信需求增加。

第三，新兴市场的需求。

第四，不断增加的竞争对手。

第五，欧洲经济环境的改善。根据预期的行业趋势，公司以自身良好的网络体验以及简单和具有成本效益的业务模型为基础，将战略目标聚焦于四个关键的增长区域：欧洲消费市场、统一通信市场、新兴市场、企业，具体如图 2-6-1 所示。

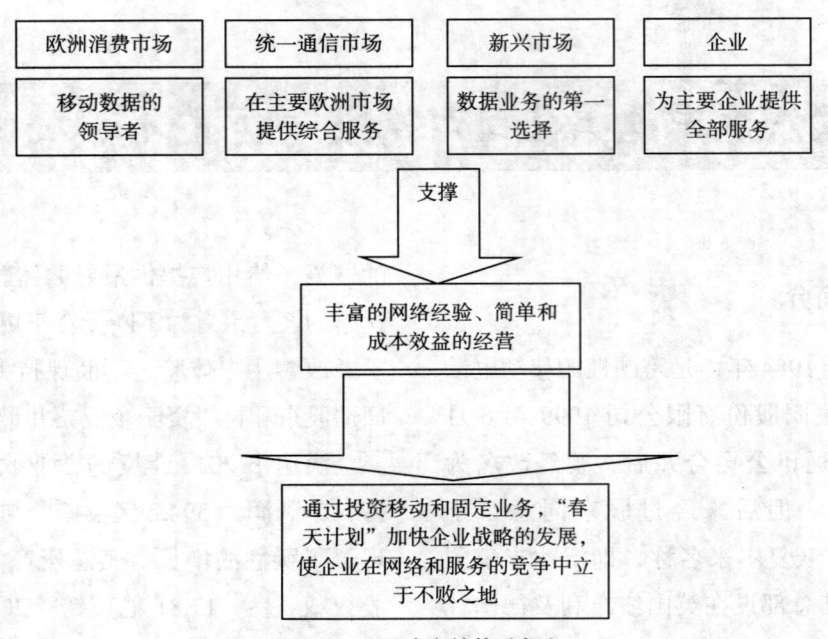

图 2-6-1 沃达丰的战略框架

1. 欧洲消费市场

对欧洲消费者来说，虽然语音和消息传递依然很重要，但是他们对数据的需求正迅速增加。沃达丰将在移动网络和固定网络方面，通过一系列价格计划和额外服务为用户提供最好的数据体验。

（1）"红色计划"。随着越来越多的人开始使用智能手机和平板电脑，以及住宅用户对固定产品和移动产品的需求和市场价格竞争的增加，沃达丰实施了"红色计划"，提供无限制的电话和短信津贴，使客户能够毫无顾忌地使用智能手机。目前，沃达丰在20个市场拥有1200万个用户，37%的新合同客户也加入了"红色计划"。在欧洲移动服务市场的捆绑产品方面，这个计划使其收入从51%增加到58%，同时也减小了顶级服务的业务风险。并且沃达丰提出了"红色家庭计划"，拥有80万用户，并将其与"红色计划"的固定宽带服务相结合。

（2）漫游服务。随着旅游越来越盛行，在国外使用手机的"漫游"问题成为人们最关心的问题，因此，沃达丰开发了一个漫游计划，使客户不需要担心账单问题。目前在15个市场，有1400万的客户使用这个计划。

（3）客户体验。沃达丰将自己的8000家实体店变得更加现代化，以此吸引客户，为客户提供更好的体验。通过这种方式，沃达丰增加了超过5%的交易额。并且沃达丰已经升级1100家门店，"春天项目"将在2016年3月使剩下的商店更加现代化。同时，沃达丰升级了其客户服务能力，扩展了在线服务业务。

（4）4G服务。目前大部分人们在使用2G和3G服务，但是随着4G时代的到来，客户对4G服务的需求逐渐增加。因为4G提供了更快的速度和更好的用户体验。沃达丰已经有470万用户在使用4G，平均数据量是3G使用者的两倍。沃达丰通过添加一些增值业务，如音乐和运动包4G计划，希望可以推动数据使用量和收入的增加。其中，英国4G计划的ARPU相比3G高出18%，数据量达到2.3倍。

(5）智能手机。智能手机的日益普及支撑了数据采集。2012年在欧洲市场销售78%的手机，使得欧洲智能手机普及率达到45%，具体如图2-6-2所示。2013年沃达丰共销售了220万部沃达丰品牌智能手机，这有助于刺激数据采集。

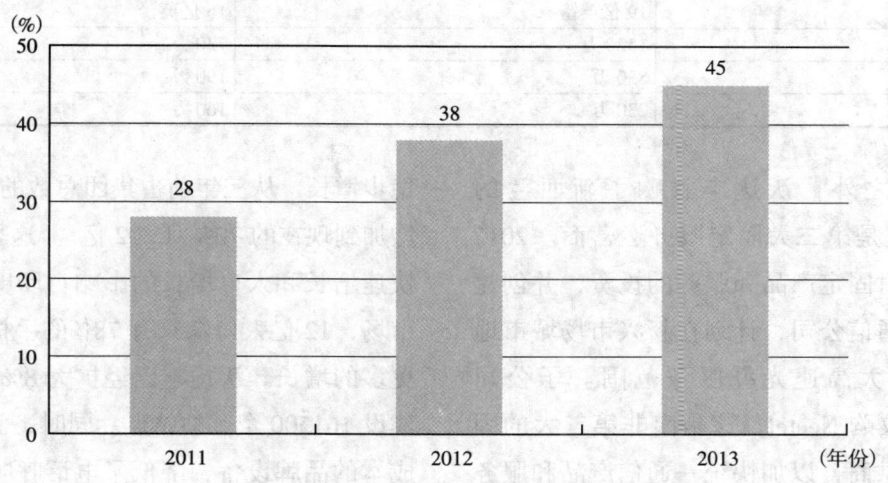

图2-6-2 欧洲市场智能手机普及率

（6）移动支付。为了推动创新服务的发展，沃达丰开展了移动支付业务，允许客户在安全的网络下使用智能手机来支付商品和服务。2013年沃达丰在德国和西班牙推出了沃达丰钱包。

2. 统一通信市场

沃达丰最基础的业务是移动服务，这也是本公司大部分收入的来源。然而，随着越来越多的企业和个人消费者对统一通信和固定融合移动服务需求的增加，沃达丰正在改变自己的战略去最大限度地满足这个需求。

"统一通信"是指随着客户对数据和内容需求的迅速增长，在未来几年里，那些成功的通信提供商将在家里、工作场所或者两者之间的任何位置提供无缝的高速连接，这将需要集成多种技术，如3G、4G、无线、有线和纤维，以形成一个最好的、连续的网状网络。

将固定业务和移动业务结合起来是企业市场的特点，特别是对于中小企业来说。沃达丰的一些领导者产品，如沃达丰网，提供集成的固定和移动服务，提高企业的业务效率。2013年，公司将此变成一个应用程序为大型国家企业服务。2012年沃达丰收购Cable & Wireless Worldwide，这使沃达丰在英国统一通信服务方面做出一个大的改变。

对于消费者来说，可以看到住宅用户的固定业务和移动业务产品的捆绑销售越来越多。在这方面，西班牙和葡萄牙是最先进的，沃达丰努力使其在欧洲主要市场普遍运用。而在欧洲市场固定服务的份额低于10%，手机市场份额超过25%。由此可以看出，移动客户流失一般比采取固定和移动相结合的服务高出三倍。但是统一通信也是一种威胁，特别是对于住宅市场，因为历史上没有访问下一代固定线路的基础设施，如光纤、电缆等。

沃达丰的目标是确保在所有的欧洲主要市场建立固话基础设施，主要通过在每个市场建立自己的基础设施，同时收购优质企业，沃达丰取得的进展如表2-6-1所示。

表 2-6-1 沃达丰收购企业一览表

项目	Kabel Deutshland	Ono
名称	德国最大的有线电视运营商	西班牙最大的有线电视运营商
购买价格	107 亿英镑	72 亿英镑
每年收入	19 亿英镑	16 亿英镑
区内用户数	1520 万	720 万
全部用户数	830 万	190 万
固定宽带用户数	230 万	160 万

除在欧洲之外，沃达丰收购了新西兰的 TelstraClear，这是第二大固定服务运营商。2012 年沃达丰加强对固定产品和服务的投资，并创建一个领先的总通信公司，计划在新兴市场城市地区选择性地扩大高速光纤服务范围。子公司 Vodacom 提出收购 Neotel，这是南非第二大的固定电信服务提供商，以加快统一通信产品和服务的增长。

3. 新兴市场

沃达丰 1/3 的收入来自于欧洲之外的其他国家，其中最主要的是新兴市场的需求不断增加。新兴市场主要分布于印度、南非、土耳其、埃及、加纳、肯尼亚、卡塔尔、坦桑尼亚和其他南部非洲国家。新兴市场的需求增加主要是因为缺乏固定宽带的基础设施。

（1）提高手机普及率。新兴市场的用户数量稳步增长，从三年前占集团总数的 57%（1.85 亿）增加到现在的 70%（3.02 亿）。这是由于受到经济快速增长和人口增长的影响。印度是最大的新兴市场，12 亿人口却只有 78% 的手机普及率，需要更多的增长。沃达丰已经扩大 8% 的网络覆盖率，建设 161500 个基站站点。同时，沃达丰增加了低成本的品牌设备，降低了电话呼叫成本，使更多低收入的人能够使用移动服务。

（2）增加数据访问量。虽然使用移动数据浏览互联网或观看视频在欧洲越来越普遍，但新兴市场仍处于初期阶段。随着客户数量的增加以及手机支付范围的扩大，其数量访问量也会增加。在印度，数据用户数量 2012 年增加到 5200 万人，在土耳其共有 650 万智能手机用户。在南非、坦桑尼亚、莱索托、莫桑比克和刚果民主共和国，数据用户数量增加了 86%（770 万），占客户总数的 30%，具体如图 2-6-3 所示。

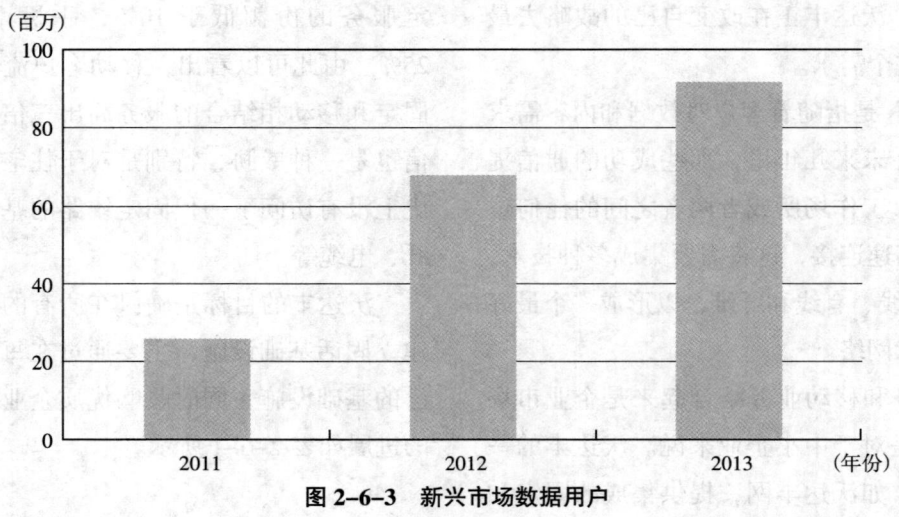

图 2-6-3 新兴市场数据用户

(3) 扩大分布范围。沃达丰的足迹遍布品牌店、专营商店和小型独立零售店。其现代化门店超过 250 家，沃达丰的目标是在 2016 年达到 2300 家，吸引更多的客户。在埃及，95%的新合同客户是通过品牌店成为新成员的。在印度，沃达丰有 170 万个销售点。

(4) 增加移动金融服务。沃达丰转账服务或 M-Pesa 可以帮助人们实现个人之间的转账业务、支付账单，也可以实现短期贷款。目前沃达丰有超过 1700 万 M-Pesa 用户，相比 2012 年增加了 18%。2013 年沃达丰在印度、埃及、莱索托和莫桑比克也推出了这样的业务。在未来，沃达丰会继续创新这样的服务，改善人们的生活水平。

4. 企业市场

沃达丰要为全世界的企业提供移动服务，成为通信市场的领导者，主要通过以下五个方面实现：

(1) 移动和统一通信。沃达丰的主要收入来自于移动业务，同时也在逐渐增加统一的通信服务。公司最近收购了全球无线电缆（CWW）和 TelsraClear，结合现有的固定资产，加速企业的固定和聚合服务增长。企业 23%的收入来自于固定服务，增加了 12%。

(2) 沃达丰全球企业（VGE）。VGE 为世界上最大的一些跨国公司提供通信服务。目前沃达丰为 100 多个国家的 1700 家公司提供服务。VGE 为客户提供一个账户、服务团队、单一的多国合同、单一定价结构、一个投资组合的产品和服务。

(3) 航空服务。沃达丰的航空服务部门与其他运营商合作，特别是国际语音和数据服务。沃达丰是第二大国际航空公司的语音服务提供者，每年传送 500 亿分钟国际语音。同时，沃达丰是世界上最大的投资者之一，海底电缆到达 100 多个国家。沃达丰与 1000 家通信服务全球供应商合作，提供一个广泛的载体组合的语音和数据产品。

(4) 机器对机器（M2M）。M2M 技术连接互联网，"事物"转变为智能设备，实时信息交换，让机器有效地说话。M2M 主要用于汽车领域、智能计量和消费电子产品。2013 年 M2M 连接数量从 1200 万增加到 1620 万，预计到 2018 年将以平均每年 24%的速度增长。

(5) 云计算和托管。结合移动、固定、云计算和托管服务，沃达丰帮助企业将它们的数据和应用程序移动到云存储。沃达丰目前为 1200 个政府部门和企业客户提供云计算和托管服务。在英国、爱尔兰和南非的 14 个数据中心建立网络数据中心设施，能够为全球范围内的跨国企业服务。

（三）公司治理

一个公司能否有效地运行与其良好的公司治理结构有关。沃达丰一直致力于高标准的公司治理，创造一个具有透明度、诚实、公平公正的企业环境，降低企业的风险水平，为员工和客户提供更好的服务。公司制定了自己的经营原则，以确保公司能够合法经营，尊重各个国家的文化差异，并在与各个国家合作的过程中实现融合。公司采用的道德规范与《萨班斯—奥克斯利法案》第 406 条一致，并适用于高级财务负责人和主要执行官。

2009 年 10 月 29 日沃达丰将美国存托股票从纽约证券交易所转移到纳斯达克股票市场，公司不仅要服从美国证券法和美国证监会，而且还受到纳斯达克的约束。作为海外证券发行者，公司可以免除纳斯达克的部分公司治理规则。

1. 治理框架

(1) 集团董事长。杰勒德·柯慈雷为沃达丰集团的董事长，主要对董事会的运作、管理以及日常议程负责。

(2) 董事会。董事会的职责是进行正确的领导,确保管理层实现公司利益目标的一致性,同时监测业务性能,确保能够及时有效地评估和管理业务风险,为相关利益者创造更大的价值。公司的董事会由13名董事组成,分别来自6个不同的国家。他们具有不同工作领域的国际领导经验,为公司的有效治理做出了很大的贡献。

(3) 提名和治理委员会。提名和治理委员会的职责是在充分考虑继任计划和领导集团需求后,确定并向董事会提出被任命为董事的候选人;定期审查董事会的结构、规模、组织多样性、董事之间能力、知识和经验的平衡以及非执行董事的独立性;监督董事会及其委员会、个人董事的评估绩效;审查每一个非执行董事的任期;负责监督所有和公司治理相关的问题。

(4) 审计和风险管理委员会。审计和风险管理委员会的职责是检查公司的财务业绩公告和相关财务报表,以及监测是否遵守相关法律规定和要求;向董事会报告会计政策的恰当性以及相关信息的披露;对于年度报告是否公平、可理解,以及为股东评估公司的绩效、商业模式、战略提供必要的信息,向董事会提出建议;监督与外部审计的关系;审查内部审计部门活动的范围、资源以及有效性;监督工作是否与《萨班斯—奥克斯利法案》第404部分和第302部分一致;对于在实现公司战略目标时重大风险的性质和范围向董事会提出意见和建议;深入审查财务报告的特定部分以及风险和内部控制。

(5) 薪酬委员会。薪酬委员会的职责是确定董事长、执行董事、高级管理团队的薪酬政策;确定个人总薪酬方案,包括终止工作在内的任何补偿;遵守认可的良好治理原则;准备关于董事报酬的年度报告。

(6) 执行委员会。执行委员会的职责是每年同主要运营公司的首席执行官进行战略评估,把关键性的战略问题提交给董事会,然后以最终的战略为基础做出未来三年的预算和运营计划。

(7) 政策和法规委员会。政策和法规委员会由三名执行委员会成员组成,协助执行委员会完成政策法规问题。委员会特别批准可以修改政策,然后根据沃达丰目前的情况判断其是否有效,并每年两次向审计和风险管理委员会准确地进行报告,例如当年的政策会涉及竞争法律、保护客户信息、反洗钱、欺诈等行为。

(8) 披露委员会。披露委员会是由董事长和财务总监任命的,它是由集团总法律顾问、公司秘书、区域首席财务官、财务总监、集团投资总监、集团战略和业务发展总监、集团对外事务总监组成的。它的职责是确保公司信息披露的准确性和及时性,负责监督和批准给股东公开披露财务信息和其他信息的程序。

2. 股权结构

截至2014年3月31日,沃达丰共有513672股在外流通,股权结构如表2-6-2所示。

表2-6-2 沃达丰股权结构——截至2014年3月31日

普通股持股股数	股东人数	占股票总发行量的百分比(%)
1~1000	444094	0.31
1001~5000	52522	0.39
5001~50000	14687	0.60
50001~100000	513	0.12
100000~1500000	721	0.58
大于1500000	1135	98.00
总计	513672	100.00

(四)市场概览

沃达丰的业务主要分布于欧洲和非洲、中东、亚太地区两个市场,欧洲市场收入最多,如图2-5-4所示。2013年,欧洲市场的市场份额从25%增加到40%,非洲、中东、亚太地区的移动市场份额从20%增加到50%。沃达丰的经营业务主要分布在西班牙、英国、德国、意大利和印度五个国家,其中德国的收入最高,达到83亿英镑,如图2-6-5所示。

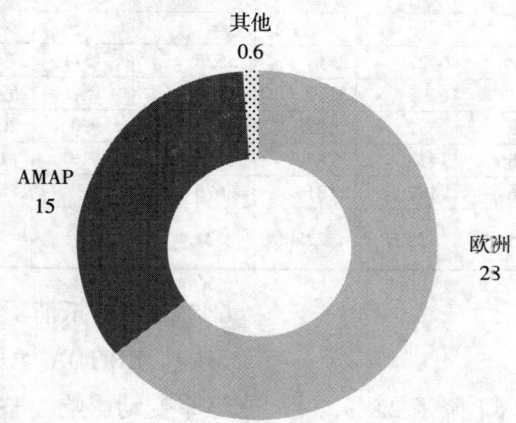

图 2-6-4 沃达丰收入分布情况(十亿英镑)

注:AMAP指非洲、中东、亚太地区。

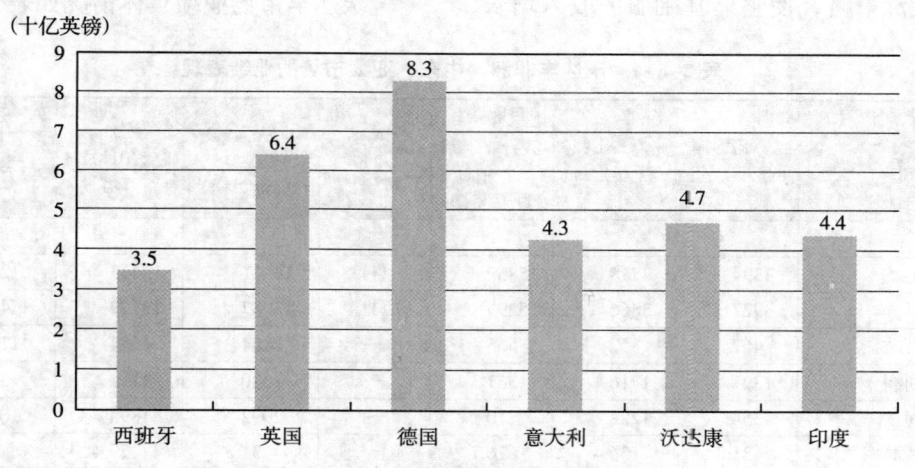

图 2-6-5 沃达丰主要国家收入分布情况

1. 欧洲市场

欧洲市场收入下降了2.1%,其中包括2.5%的汇率变动和4.7%的并购和其他活动产生的影响。对于部分地区,德国的收入下降了6.2%,意大利下降了17.1%,英国和西班牙分别减少了4.4%和13.4%。由于宏观经济条件和不断竞争的市场环境影响,整体营业收入下降了9.1%,有挑战性地抵消了部分移动捆绑收入的持续增长。EBITDA下降了10.2%,其中包括2.5%的汇率变动和5.6%的并购和其他活动产生的影响。由于整体EBITDA减少了18.3%,降低了运营成本的效率。对于部分地区，德国的 EBITDA 下降了 18.2%，意大利下降了 24.9%，英国和西班牙分别减少了 9.8% 和 23.9%，如表 2-6-3 所示。

表 2-6-3 沃达丰欧洲市场的业绩表现

	德国（百万英镑）	意大利（百万英镑）	英国（百万英镑）	西班牙（百万英镑）	欧洲其他国家（百万英镑）	减少（百万英镑）	欧洲（百万英镑）	重列(2013)（百万英镑）	变化百分比（%）	
									百万英镑	
2014年3月31日										
收入	8272	4312	6427	3518	5525	(57)	27997	28602	(2.1)	(9.3)
服务收入	7739	3863	6095	3230	5104	(54)	25977	26501	(2.0)	(9.1)
其他收入	533	449	332	288	421	(3)	2020	2101	(3.9)	(10.8)
息税折旧摊销前利润	2698	1536	1418	787	1736	—	8175	9099	(10.2)	(18.3)
调整后的经营利润	918	726	187	181	676		2688	4175	(35.6)	(39.2)
息税折旧摊销前利润率（%）	32.6	35.6	22.1	22.4	31.4		29.2	31.8		

2. 非洲、中东、亚太市场

非洲、中东、亚太市场收入下降了 2.9%，主要是由于 12.0% 的汇率变动影响，尤其是印度卢比、南非兰特和土耳其里拉。由于增加客户使用率和成功的定价策略，使整体基础服务收入增长 6.1%，部分抵消了在某些国家的宏观经济环境的影响。EBITDA 增长了 3.3%，其中包括 13.9% 的汇率变动影响。整体 EBITDA 增长 16.2%，主要由于在印度、土耳其、澳大利亚、卡塔尔和加纳、埃及以及 Vodacom 的贡献，如表 2-6-4 所示。

沃达丰市场业绩具体情况如表 2-6-5 所示。

表 2-6-4 沃达丰非洲、中东、亚太市场的业绩表现

	印度（百万英镑）	沃达康（百万英镑）	非洲、中东、亚太其他地区（百万英镑）	减少（百万英镑）	非洲、中东、亚太地区（百万英镑）	重列(2013)（百万英镑）	变化百分比（%）	
							百万英镑	有效的
2014年3月31日								
收入	4394	4718	5860	(1)	14971	15413	(2.9)	8.4
服务收入	3927	3866	5295	(1)	13087	13729	(4.7)	6.1
其他收入	467	852	565	—	1884	1684	11.9	27.4
息税折旧摊销前利润	1397	1716	1567		4680	4532	3.3	16.2
调整后的经营利润	354	1228	510		2092	1893	10.5	28.6
息税折旧摊销前利润率（%）	31.8	36.4	26.7		31.3	29.4		

表 2-6-5 市场业绩指标一览表

指标\地区	服务收入				EBITDA				调整后的经营利润			
	组织变化（%）	其他活动	国外交易	报告变化（%）	组织变化（%）	其他活动	国外交易	报告变化（%）	组织变化（%）	其他活动	国外交易	报告变化（%）
德国	(6.2)	9.0	3.6	6.4	(18.2)	10.2	3.3	(4.7)	(36.0)	(1.1)	2.6	(34.5)
意大利	(17.1)	2.2	3.1	(11.8)	(24.9)	2.2	2.8	(19.9)	(41.6)	1.1	2.4	(38.1)
英国	(4.4)	31.9	—	27.5	(9.8)	26.9	0.1	17.2	(49.3)	11.0	—	(38.3)
西班牙	(13.4)	(0.7)	3.1	(11.0)	(23.9)	(1.8)	2.8	(22.9)	(56.4)	(2.5)	1.9	(57.0)
欧洲其他国家	(7.1)	(17.5)	1.8	(22.8)	(14.0)	(6.2)	2.1	(18.1)	(30.2)	4.8	2.4	(23.0)

续表

指标 地区	服务收入				EBITDA				调整后的经营利润			
	组织变化（%）	其他活动	国外交易	报告变化（%）	组织变化（%）	其他活动	国外交易	报告变化（%）	组织变化（%）	其他活动	国外交易	报告变化（%）
印度	13.0	—	(11.7)	1.3	26.4	—	(13.7)	12.7	83.3	—	(23.1)	60.2
沃达康	4.1	(2.8)	(13.7)	(12.4)	6.6	0.2	(16.1)	(9.3)	8.9	0.3	(17.0)	(7.8)
非洲、中东、亚太地区的其余地区	2.8	4.0	(9.4)	(2.6)	19.3	3.2	(10.7)	11.8	66.5	(2.6)	(13.9)	50.0

（五）业务概览

沃达丰的业务主要分为移动电话业务和固话业务，具体如图2-6-6所示，移动业务占81%，占最主要的地位。并且移动业务和固定宽带业务的收入呈逐年增加的趋势，2013年度移动业务达到了9630亿美元，固定宽带业务达到了2170亿美元，而固定宽带业务有下降的趋势，如图2-6-7所示。

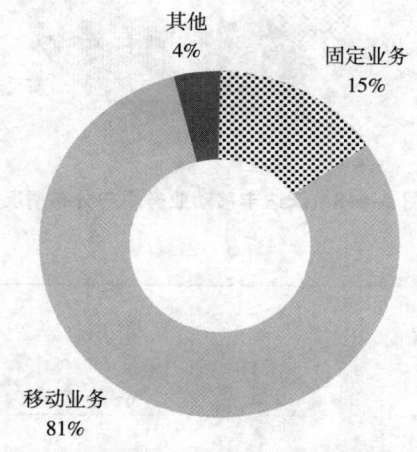

图 2-6-6　沃达丰业务分布情况

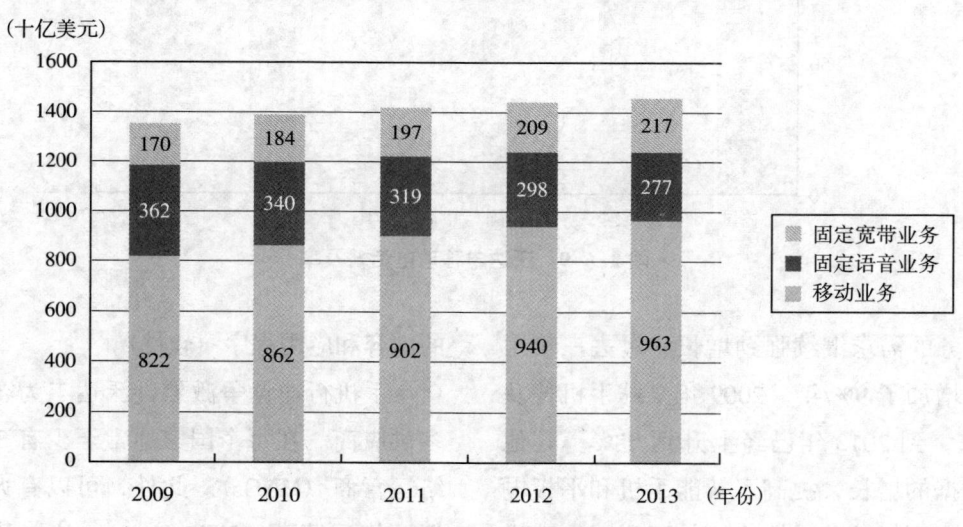

图 2-6-7　2009~2013年沃达丰业务情况

1. 移动电话业务

沃达丰的移动电话业务有 70 亿用户，每年收入 9600 亿美元。绝大部分收入来自传统的通话和短信服务。然而，过去几年对数据服务需求增加，如智能手机浏览互联网的比例从 2009 年的 13%增加到现在的 28%。其中大约 74%的手机用户来自新兴市场，如印度和非洲，剩下的用户来自成熟市场，如欧洲。尤其是在农村地区，主要是因为较低的收入和更少网络覆盖。沃达丰移动业务用户分布情况如图 2-6-8 所示，移动电话普及率如图 2-6-9 所示。

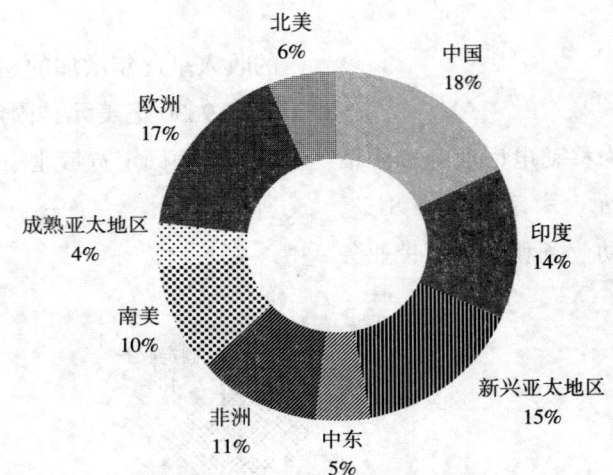

图 2-6-8　沃达丰移动业务用户分布情况

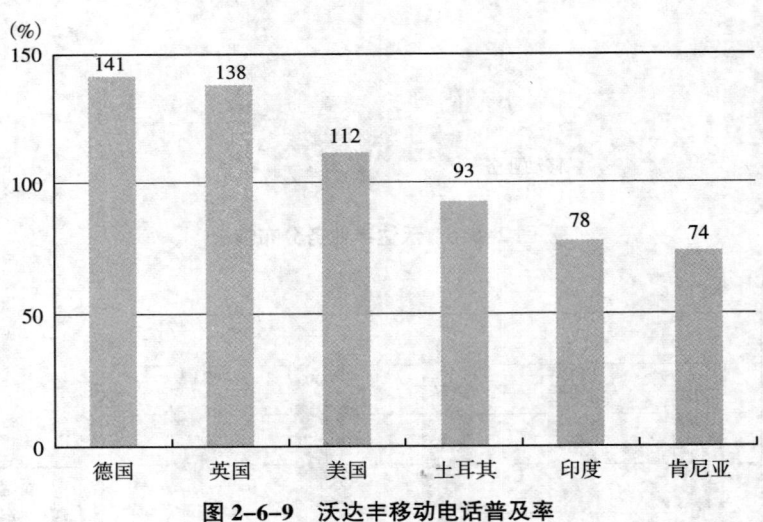

图 2-6-9　沃达丰移动电话普及率

移动服务的需求继续强劲增长。过去三年用户数量平均增加了 9%/年。2009 年全球手机普及率仅为 69%，到 2013 年已经上升到 98%。其他关键领域数据的增长，提高了智能手机和平板电脑的普及率，更好的移动网络增加互联网可选择的内容和应用程序（软件）。

手机行业竞争激烈，沃达丰为客户提供了很多供应商。在每个国家通常至少有 3~4 个移动网络运营商（MNOs）。此外，可以有大量的移动虚拟网络运营商（MVNO）——从移动运营商出售他们的客户资源,还可以与互联网公司和软件提供商竞争提供替代的通信服务,如语音互联网协议(VoIP)或即时消息服务。

在激烈竞争的环境以及监管压力下,移动服务的价格逐渐降低减少。然而更多的手机用户使用数据服务,全球移动收入仍处于增长的趋势,2013年增长了2%。

2. 固定业务

全球固定通信市场的估值约为5000亿美元。

在过去的3年,语音业务收入下降。作为传统的固定线路电话的需求仍然稳定在10亿用户。相比之下,固定宽带收入或互联网使用电脑增长,共有6.5亿全球客户——过去3年增加了大约30%。这种增长主要来自于宽带DSL(铜)、有线电视、光纤三种服务,并且越来越多的客户偏爱使用光纤宽带服务。沃达丰主要国家固定服务收入构成如图2-6-10所示。

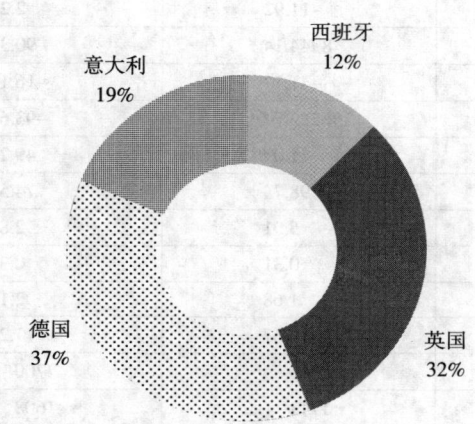

图2-6-10 沃达丰主要国家固定服务收入构成

(六)经营和财务绩效

表2-6-6 沃达丰2011~2013年度经营与财务业绩比较一览表

单位:百万英镑

年份	2013	2012	2011
收入	38346	44445	46417
总资产	121840	142698	139576
EBITDA	14145	13275	14475
EBITDA率(%)	36.89	29.87	31.18
净利润	59420	673	7003
净利润率(%)	154.96	1.51	15.09
总资产报酬率(ROA)(%)	48.77	0.47	5.02
净资产报酬率(ROE)(%)	82.78	0.93	8.96
资本性支出(CAPEX)	5857	6195	6423
CAPEX占收比(%)	15.27	13.94	13.84
经营活动净现金流	6227	10694	12755

续表

年份	2013	2012	2011
每股经营活动净现金流（英镑/股）	0.24	0.22	0.25
自由现金流（FCF）	370	5608	6105
自由现金流占收比（%）	0.96	12.62	13.15
销售现金比率（%）	16.24	24.06	27.48
资产现金回收率（%）	5.11	7.49	9.14
EVA	50221	−10139	−3505
EVA率（%）	48.46	−8.34	−2.93
每股盈利（EPS）（便士/股）	223.84	0.87	13.74
每股股利（DPS）（便士/股）	3.53	3.27	3.05
股利支付率（%）	8.38	375.86	22
主营业务收入增长率（%）	−13.72	−4.25	1.16
总资产增长率（%）	−11.92	2.24	−7.70
净利润增长率（%）	8944.14	−90.39	−11.02
经营活动现金流增长率（%）	−41.77	−16.16	6.34
每股盈余增长率（%）	256282.74	−93.67	−9.61
资产负债率（%）	41.09	49.20	43.97
流动比率（%）	98.73	74.58	83.35
利息保障倍数	5.01	2.82	5.94
总资产周转率	0.31	0.31	0.33
固定资产周转率	1.68	2.19	2.49
坏账发生率（%）	10.67	11.20	9.94
折旧与摊销	7560	7700	7859
股息	1711	1608	1536
内部融资额	65269	6765	13326
折旧摊销率（%）	19.72	17.32	16.93
付现成本率（%）	53.15	51.31	51.03
营销、一般及管理费用率（%）	18.98	19.03	17.89

（七）内控与风险管理

1. 风险管理框架

沃达丰成立审计和风险委员会，其职责是深入审查财务报表，并实施内部控制和风险管理。

在内部控制方面，通过评估集团内的环境和参照审计总监的报告查看内部控制的有效性，其主要包括显著性欺诈行为、任何可识别欺诈行为以及涉及管理层和员工的行为。同时对于这些行为的监管，会以《萨班斯—奥克斯利法案》第44条规定为参照。在会议上，内部审计部门会对其范围、程度、有效性进行监测、回顾和检讨，对于不满意的审计结果或者违反准则的行为将进行进一步调查和管理。

在风险管理方面，风险委员会对风险评估过程和重要风险的管理方式重点关注。集团审计总监将会对集团风险的评估过程和重大风险的变化进行报告。沃达丰的风险管理框架如图2-6-11所示。

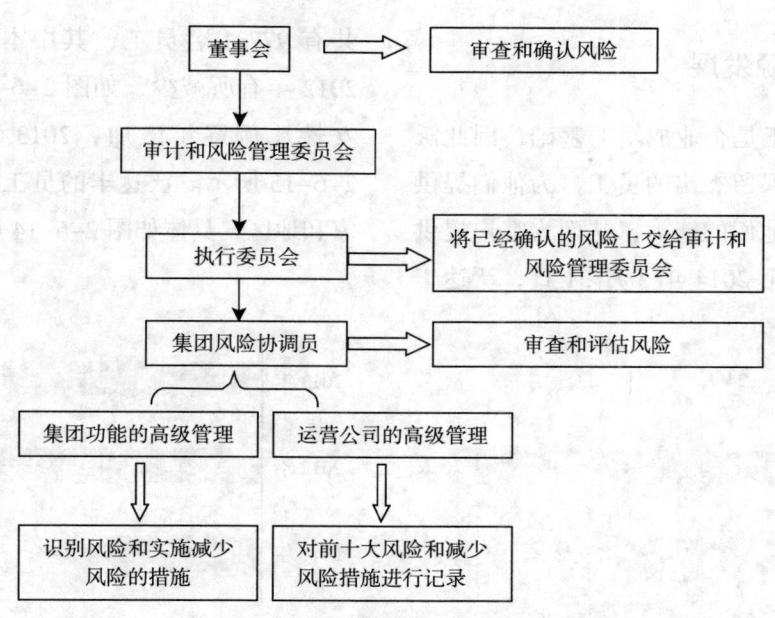

图 2-6-11 沃达丰风险管理框架

2. 主要风险及规避措施

沃达丰面临的风险主要有网络和 IT 系统破坏风险、客户隐私受损风险、竞争风险及管制风险等,其具体内容和规避措施如表 2-6-7 所示。

表 2-6-7 沃达丰的主要风险及减轻措施一览表

主要风险	具体内容	减轻措施
网络和 IT 系统破坏风险	对网络和 IT 系统的恶意破坏导致服务中断,造成客户和收入的损失	经常备份、定期测试业务连续性以及网络、建立灾难恢复计划
客户隐私受损风险	客户隐私权受到侵害会影响到企业的名声,甚至导致法律行为	通过软件和硬件结合,利用先进技术确保安全
竞争风险	潜在的客户竞争失败可能会导致未来收入和利润的下降	提高网络质量、提高客户服务水平、增加产品性能
管制风险	政府管制包括许可范围、建设范围、网络经营范围,这些会直接影响到企业的网络和服务	密切关注市场发展,识别风险,提出相关的商业定价计划和产品策略,并对国家干预与国际水平的立法、财政和监管建议提出合理性建议,保护自己的利益
综合和 OTT 服务风险	一些竞争者会提供一些综合服务,直接影响企业的收入增长	收购这样的企业或服务,同时加速发展自己的业务,减少被这些服务的替代机会
经济风险	经济萧条会影响企业的发展,直接导致客户寻求低价格或放弃使用手机	随时监控经济形势,减少市场风险和金融危机的影响
健康风险	手机设备的辐射会影响人们的健康	建立全球健康和安全政策,随时了解健康科学技术
收购企业风险	收购企业的价格是由企业未来形成的现金流决定的	增加收购企业的经验,确保收益和成本的协同效应
主要供应商风险	重要的网络、IT 基础设施以及支撑服务都依赖于供应商,受到供应商的限制	识别和管理供应商风险,吸取供应商失败的教训
税收风险	企业进出口交易的税收会受到当地政府以及法律的影响	与税务机关、政府部门咨询相关问题,并聘请专业的法律顾问获取税收的相关意见
资产估值风险	企业资产的损害会受到因素的影响,包括贴现率、未来现金流的估计、可预期经营变化	每年对资产进行合理假设,确定未来的支出

(八) 人力资源发展

沃达丰认为员工是企业成功的基础,因此沃达丰致力于吸引和保留杰出的员工,为他们提供更好的机会来提高他们的能力,从而为客户提供最优质的服务。截至 2014 年 3 月 31 日,沃达丰共有 97721 名员工,其中本地高级管理人员比 2012 年有所减少,如图 2-6-12 所示,而高管中女性比例逐年增加,2013 年达到 22%,如图 2-6-13 所示。沃达丰的员工遍布世界 30 多个国家和地区,具体如图 2-6-14 所示。

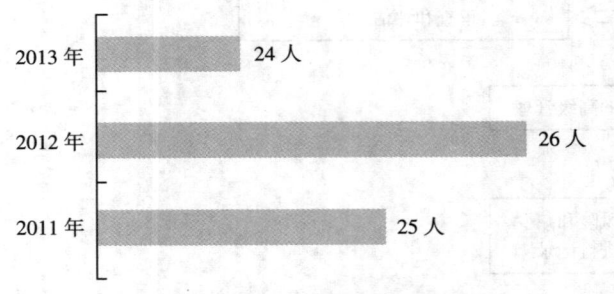

图 2-6-12 2011~2013 年本地高级管理人数

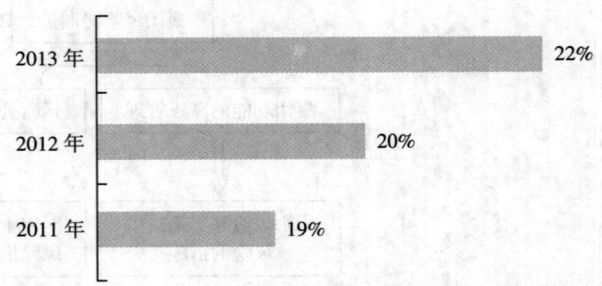

图 2-6-13 2011~2013 年高级管理人中女性比例

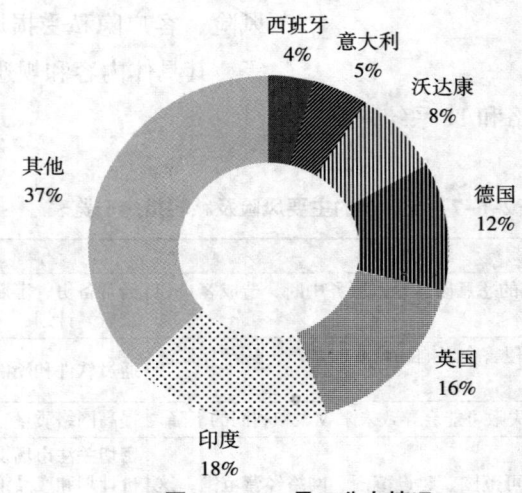

图 2-6-14 员工分布情况

以下是沃达丰的人力资源战略:

1. 提高员工敬业度

每年沃达丰的员工都会参加全球员工调查,这可以让企业了解其敬业程度,同时可以帮助企业改善自己的不足。沃达丰的敬业指标包括测试员工对企业的忠诚度、继续留在沃达丰的渴望程度以及向企业推荐人才的意愿程度。这个指标在 2013 年为 77 分,和 2012 年的 78 分相比保持相对稳定的状态。员工周转率也同样保持 15% 的稳定趋势。

2. 植入沃达丰方式

沃达丰方式使员工高效、简单地完成工作,保证企业拥有更多的客户,在竞争中脱颖而出。企业为年长员工提供工作场所,让他们为客户提供更优质的服务。

3. 建立多元性和包容性的文化

沃达丰认为建立多元性和包容性的文化对于企业的成功至关重要，可以帮助企业更好地理解和满足客户的需求。企业全球多元性和包容性的文化策略是创造一个集聚个性的工作环境，不管种族、国籍、性别、年龄和信仰等的差异，平等对待每个员工。在全球员工调查报告中，89%的员工认为沃达丰以公平的方式对待他们。

4. 创建高效率的机构组织

在埃及、意大利和欧洲，沃达丰建立了共享服务中心，在员工面对新工作时，对他们进行培训，提高他们的能力。2013年，沃达丰完成了全世界光缆和无线项目，为客户和企业建立了单一的产品管理团队。

5. 提高员工学习能力

沃达丰希望发展员工的职业生涯和发展技能与人才，通过正式的定期培训、工作经验和培训经理，进行年度分析确定优先级并确保学习计划支持我们的商业策略。每一个员工都需经过经理每年评审一次，设立明确的目标和未来一年的发展计划。2012年，大约180000名员工学习在线课程，有10000人在零售和销售学院学习。"激励"计划包括定期人才评价识别高潜力的未来领导者和加快高素质的管理者的进步。毕业生"发现"项目招募了来自20个国家的596人。同时在另外一个国际"哥伦布"作业计划中，有35个毕业生参与16个市场。

6. 设立奖励措施

沃达丰基于员工的工作能力、潜力以及对于公司的贡献对他们进行奖励。公司在每个国家设立了公平的报酬，并建立了优厚的退休保障。在激励方面，全球短期激励计划为全球员工提供了很大比例的奖励，长期激励计划向高级管理人员提供奖励。沃达丰根据员工的业绩对他们实施奖励措施或者不奖励。

7. 做正确的事情

沃达丰有一个"行为准则"，提出了对员工的期望，确保他们保护自己以及公司的声誉和资产。企业在全球积极推动"做什么是正确的"活动，提高员工对包括健康和安全、反贿赂、隐私、安全和法律等方面的认知，确保企业进行公平的竞争，提供优质的服务。

8. 创建安全的工作环境

确保安全是每个企业不可分割的一部分，沃达丰防止任何可能的事件影响员工的健康和安全。沃达丰继续努力工作，确保员工和承包商了解如何识别和管理风险，为自己和周围人群的安全承担个人责任。沃达丰有一个风险系统，根据每个市场的特定需求进行风险管理。通过提高认识和管理，沃达丰强烈关注五大安全风险，2014年沃达丰的受伤率持续下降。据调查显示，89%的员工认为"绝对规则"可以帮助员工建立更加安全的工作环境。

（九）企业社会责任

通信技术的到来改变了人们的生活，改变了世界，目前已经成为人们生活中必不可少的一种工具。沃达丰依靠自己的核心技术，不断发展自己的业务和品牌，希望可以为4.34亿名客户提供可持续的创新性服务，而这些客户70%来自于新兴市场。沃达丰在不断为企业和股东创造价值的同时，也在全心全意履行社会责任。沃达丰承诺要具有商业道德，保护客户的一切利益，同时为社会和国家做出应有的贡献。沃达丰的企业社会责任主要体现在以下几个方面：

1. 低碳环保

针对全球气候变暖的问题，通过使用通信技术可以减少企业和消费者日常生活的碳排放。沃达丰通过 M2M 解决方案的智能工作在获得更大的社会效益和经济效益的同时解决能源问题，减少碳的排放。有专家团队和内部技术平台支持，能够为客户提供集中的数据收集和分析，根据合作的企业客户需求调整产品和服务，为他们提供"一站式商店"M2M 产品和服务。沃达丰是使用 M2M 解决方案的领先供应商，帮助企业客户通过减少能源和燃料的使用来降低成本和碳排放量，提高他们的效率。沃达丰还提供了其他产品和服务，如视频会议、云托管协作技术，这些可以通过减少旅行和办公空间来实现低碳的目的。

2013 年，沃达丰与碳基金测量沃达丰 Wield 客户提供的产品和服务的节碳量，针对不同的解决方案做出了分析，这些方案有智能计量、智能物流、车队管理、电话会议和云托管服务，估计出沃达丰的节碳量达到 229 万吨二氧化碳。沃达丰的目标是通过节碳减少二氧化碳排放量，从而节约能源燃料、增加效率。到 2020 年底，将有大约 26 亿移动 M2M 连接。作为一个 M2M 的市场领导者，沃达丰提供解决方案以减少碳排放，如图 2-6-15 所示。

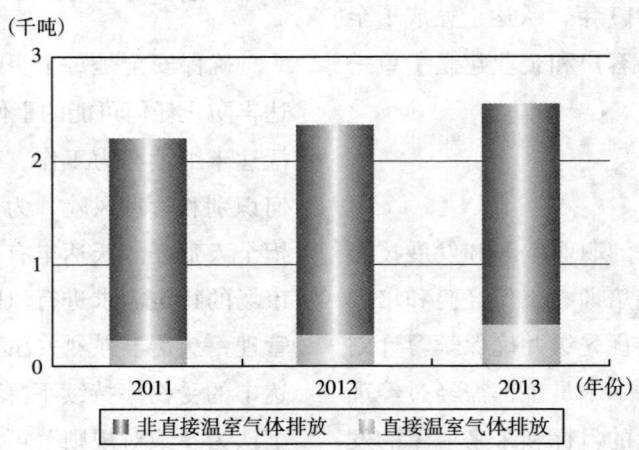

图 2-6-15　2013 年二氧化碳释放量

降低运营成本是 M2M 的最大卖点，但是许多企业投资这项重要的技术是因为它可以减少碳排放。目前 M2M 技术的应用广泛，从提高车队运营和提高公用事业效率到电动汽车运用和监测库存情况。目前沃达丰大约有 1380 万 M2M 连接智能计量、运输和物流的供应。2013 年，沃达丰加强了与软件和硬件公司的合作，如 NetComm 公司，为客户提供端到端的服务，使 M2M 技术更简单地实现。

智能计量使用 M2M 技术来收集和分析关于能源消耗数据。这个数据使消费者和企业了解他们如何使用能源和帮助他们识别节约成本和碳排放的方法，在家庭和企业中更好地进行能源管理。新西兰的 ASB 银行通过 M2M 技术收集实时数据，检测它的分支机构网络针对能源效率的计划。这些措施使银行每年减少超过 1000 吨二氧化碳排放量，相当于从伦敦飞往纽约的 1700 多倍。使用沃达丰 M2M 技术，英国使用 Spillsure 解决方案对国内石油进行实时远程监控，每半个小时测量石油的使用量。通过使用这样的设备，使燃料的价格降低了 15%~20%。沃达丰的能源消耗如图 2-6-16 所示。

在智能物流方面，沃达丰为客户提供智能物

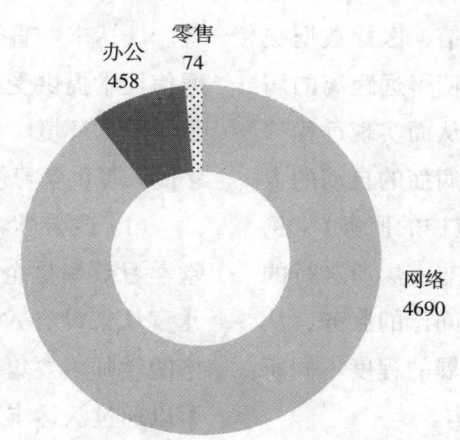

图 2-6-16　2013 年能源使用情况（千兆瓦时）

流产品和服务，达到节碳的目的。沃达丰在通信车辆管理系统的跟踪装置中使用 M2M 技术，随时报告车辆情况，可以采取预防性维护措施，节省燃料成本和碳排放。TomTom 的导航技术，通过沃达丰的连接网络，可以使公司跟踪车辆和监控司机驾驶习惯，使得平均每天碳排放量从 15 千克减到 11 千克。

同时，沃达丰在太阳能方面也做出了贡献。在新兴市场，电的使用是许多消费者最关心的问题。住在坦桑尼亚的 4600 万人中只有 14%可以连接到电网。沃达丰提出的两种太阳能充电解决方案，为客户提供了一种有效的照明和手机充电方式。第一种是菲尼克斯国际品牌的便携式太阳能手机充电系统，称作"ReadySet"，能够一天充八个手机。该系统提供的 LED 照明灯照明长达三个小时；第二种方案是在许多偏远地区提供了一个更清洁、更环保、更便宜的煤油灯。在坦桑尼亚，沃达丰为 120 万人提供了充电手机，为他们的生活带来了便利。

2. 保护客户隐私和安全

保护隐私和安全是沃达丰履行企业社会责任的一个重要部分，有助于企业顺利地开展业务。保护客户隐私和安全，提高客户对企业的信任度。

沃达丰设立了隐私和安全项目，主要用于收集、使用和管理客户的信息，从而确保个人通信的机密性，尊重他们的权限和偏好，保护好他们的信息。沃达丰主要通过以下几个方面来实施：

（1）让客户了解通信技术如何影响他们的隐私和安全。

（2）创建合理的文化，让每个人都知道如何保护和尊重客户的信息。沃达丰建立了隐私委员会，通过透明度（让客户知道企业做什么）、授权（授权给客户保护自己的个人信息）、保证（保证企业希望做的和做的是正确的）三个方面来取得客户的信任。

（3）保护隐私不仅是一项责任，对于企业来说更是一个能战胜竞争对手，获得更多客户信任的机会。

（4）进行风险管理，及时回应任何时候出现的风险。

3. 关注医疗健康

总部设在英国的沃达丰（Vodafone）公司由于其市场广阔，涵盖了欧、亚、非不同发展程度地区及经济体的国家，在移动健康技术的应用和服务上有自己的理解和考虑。沃达丰所实施的移动健康解决方案基本中心还是充分利用最新移动通信技术来提供一个易于灵活通信，医疗数据交换、传输、存储和检索的手段，使得远距离的病人和医生之间的沟通成为可能，从而实现远程诊断（而不是开展针对特定人群和病症的自动的人体生命特征数据采集、分析和监护的服务）。例如，和世界卫生组织合作，在北非市场所进行的为偏远地区、部落居民提供远程问诊的服务，从而弥合由于不同地域社会经济发展的程度不同所带来的对医疗资源拥有差异的鸿沟。

巨头沃达丰联手阿斯利康使用移动医疗（mHealth）服务来改善心血管疾病患者的健康状况。即通过创建一个新的移动的、基于互联网的服务，来支持患者度过他们的治疗期。沃达丰将为这些服务提供技术、基础设施和专业知识支持。除此之外，沃达丰还将从各种来源获取数据，以提高患者与医务人员（HCPs）之间的整体参与能力。作为患者护理过程的一部分，医务人员为患者提供使用这些移动医疗服务的选择，这使得患者能将监管自身健康状况作为日常生活的一部分。患者将能接触到一些为他们量身定制的教育资源，并从中受益。这能帮助他们监管日常用药、调整生活习惯，并了解自己的治疗进程。该项目将由阿斯利康全球药品研发部门下的 Intelligent Pharmaceutical Group 领头，在与其国内营销团队的密切合作下开展。

沃达丰提供远程医疗护理服务的解决方案。其 M2M 监控和跟踪解决方案维持医疗和实验室设备实时通知潜在的问题。在临床研究领域，沃达丰 M2M 健康解决方案提供了一个更有效的方法收集数据，加快测试和依从性，减少开发时间，提高信息的质量，为市场更好地服务。

4. 热心教育工作

教育对国家的未来至关重要，然而许多新兴市场的人们生活在农村地区，从来没有接受过教育。沃达丰一直热心于教育事业，探索如何使用通信技术提供受教育机会，为儿童和成人提供远程学习的环境。沃达丰专注于移动教育，想为更多的人提供学习机会。

（1）改善学习环境和提高学习效率。提高课堂学习效率是企业最大的市场。在印度，1/3 的儿童从来没有入学，1/4 的成年人是文盲，最合格的教师主要集中在城市地区。近 1/5 的印度人可以通过沃达丰手机访问互联网连接，因此能够以这种方式改善教育。沃达丰在印度与沃达丰基金会 Pratham 教育基金会实施一个学习计划，旨在于未来三年内让 50000 名印度贫困儿童接受教育。它提供服务使用软件和移动互联网创新培训，帮助老师和学生参与互动学习材料和多媒体内容。截至 2014 年 3 月，共有 948 所学校全面运作。

（2）提高阅读和语言能力。埃及有 1700 万名成年人没有阅读和语言能力，沃达丰旨在通过通信技术来改变这一现状。沃达丰与埃及基金会、埃及文化教育机构、成人教育机构和当地的非政府组织合作，一起创建"知识就是力量"项目，利用课堂和移动课程来改善他们的生活。沃达丰一个免费项目的应用程序使人们在任何时候、任何地点进行学习，并且加入图片和反馈功能使学习更容易、更方便。这个项目有 12000 年青年工作志愿者参与其中，有超过 187000 人参加学习，超过 94000 人毕业。

在南非，沃达丰与微软、思科、英特尔建立沃达丰移动教育计划。这项目是一个全国性的教师发展项目，旨在在每一个层面上提高各科教学的质量，特别强调数学和物理科学。为了更好地进行培训，为教育者提供必要的 ICT 基础设施和工具。该计划与 890 所学校、9 个教师中心合作。自成立以来，沃达丰移动教育计划已经培训了 10000 名教师，并在数学和科学方面利用通信技术（ICT）改进教学方法。同时，沃达丰还提供了电脑、笔记本电脑和电子阅读器，通过云计算建立在线图书馆。

沃达丰也推出电子阅读器计划，帮助提高阅读和写作技能。在加纳，超过1000人通过3G宽带订阅了电子学习课程，主要涵盖了管理、销售和客户服务的健康和社会问题等方面，并且提供英语和非洲两种语言。

（十）前景展望

在积极面对竞争对手、宏观经济政策的变化以及监管压力下，沃达丰将继续对一些关键市场进行投资。公司将根据投资计划建立强大的网络，注重改进未来的网络性能。

在市场方面，沃达丰将为欧洲市场提供更广泛的4G服务，为新兴市场提供更多的3G服务。预计至2016年3月，4G服务将在欧洲市场达到91%的覆盖率，3G服务将在印度地区达到95%的覆盖率。同时，在欧洲和部分新兴市场将会有更多的基站设施。

在产品和服务方面，沃达丰会将M2M扩大到75个国家，并推出托管和IP-VPN国际服务，同时提供8000家现代化商店，为客户提供差异化的服务，提高客户满意度。

在公司的不懈努力下，公司将会逐步实现目标，增加其收入、利润、现金流以及ARPU等指标，为公司和客户创造更大的价值。

附件一：英国沃达丰财务报告（2013年）

1. 合并资产负债表

	Note	2014年12月31日（百万英镑）	2013年3月31日（百万英镑）	2012年12月31日（百万英镑）
非流动资产				
商誉	10	23315	24390	27816
其他无形资产	10	23373	19749	18762
物业、厂房及设备	11	22851	17584	16008
对联营公司的投资	12	114	46447	47682
其他投资	13	3553	773	790
递延所得税资产	6	20607	2848	1894
退职福利	26	35	52	31
应收账款	15	3270	4832	3436
		97118	116675	116419
流动资产				
存货	14	441	353	375
税款减免		808	397	275
应收款项	15	8886	8018	10007
其他投资	13	4419	5350	1323
现金及现金等价物	20	10134	7531	7051
待出售的资产		34	—	—
		24722	21649	19031
总资产		121840	138324	135450

	Note	2014年12月31日 （百万英镑）	2013年3月31日 （百万英镑）	2012年12月31日 （百万英镑）
所有者权益				
股本	18	3792	3866	3866
资本公积		116973	154279	154123
库存股		(7187)	(9029)	(7841)
留存收益		(51428)	(88834)	(84217)
其他累计综合收益		8652	11195	11004
本公司股东应占权益		70802	71477	76935
非控制性权益		1733	1890	2090
非控制性权益看跌期权		(754)	(879)	(823)
非控制性权益合计		979	1011	1267
权益合计		71781	72488	78202
非流动负债				
长期借款	21	21454	27904	26882
应交税费		50	150	250
递延所得税负债	6	747	6671	6572
退职福利	26	584	580	292
准备金	17	846	655	448
应付账款	16	1339	1307	1181
		25020	37467	35625
流动负债				
短期借款	21	7747	11800	6232
应交税费		873	1922	1888
准备金	17	963	715	571
应付账款	16	15456	13932	12932
		25039	28369	21623
所有者权益与负债合计		121840	138324	135450

2. 合并损益表

	Note	2014年12月31日 （百万英镑）	2013年3月31日 （百万英镑）	2012年12月31日 （百万英镑）
营业收入	2	38346	38041	38821
营业成本		(27942)	(26567)	(27201)
毛利润		10404	11474	11620
销售费用		(3033)	(2860)	(2755)
管理费用		(4245)	(4159)	(4031)
联营公司所占股份份额		278	575	1129
减值损失	4	(6600)	(7700)	(4050)
其他收入和支出		(717)	468	3705
营业利润	3	(3913)	(2202)	5618
非经营损益		(149)	10	(162)
投资收益	5	346	305	456
财务费用	5	(1554)	(1596)	(1768)
税前利润		(5270)	(3483)	4144

续表

	Note	2014年12月31日 (百万英镑)	2013年3月31日 (百万英镑)	2012年12月31日 (百万英镑)
所得税费用	6	16582	(476)	(705)
本年持续经营净利润		11312	(3959)	3439
本年非持续经营净利润	7	48108	4616	3555
本年净利润		59420	657	6994
归属于				
本公司股东应占利润		59254	413	6948
非控制性权益股东应占利润		166	244	46
本年净利润		59420	657	6994
每股盈余				
持续经营				
基本每股盈余（便士）		42.10	(15.66)	12.28
稀释每股盈余（便士）		41.77	(15.66)	12.14
公司				
基本每股盈余（便士）	8	223.84	1.54	25.15
稀释每股盈余（便士）	8	222.07	1.54	24.87

3. 合并现金流量表

	Note	2014年12月31日 (百万英镑)	2013年3月31日 (百万英镑)	2012年12月31日 (百万英镑)
经营活动现金流量净额	19	6227	8824	10297
投资活动现金流量				
购买子公司所支付的现金	28	(4279)	(1432)	(149)
与购买子公司相关的其他投资活动支付的现金		—	—	310
购买合营公司所支付的现金		(11)	(6)	(5)
购买无形资产支付的现金		(2327)	(3758)	(1876)
购置物业、厂房及设备所支付的现金		(4396)	(3958)	(4071)
增加投资所支付的现金		(214)	(4249)	(417)
出售与有的子公司权益所收到的现金		—	27	784
出售与有的联营公司权益所收到的现金		34919	—	6799
处置物业、厂房及设备所收到的现金		79	105	91
减少投资所收到的现金		1483	1523	66
收到联营公司的股息		4897	5539	4916
收到投资收入的现金		10	2	3
收到利息收入的现金		582	461	336
投资活动的税项支出所付出的税金		—	—	(206)
投资活动的现金流量净额		30743	(5746)	6581
融资活动现金流量				
发行普通股以及补发库存股所收到的现金		38	69	91
短期借款流动净额		(2887)	1581	1517
取得长期借款收到的现金		1060	5422	1578
偿还借款所支付的现金		(9788)	(1720)	(3424)
回购库存股所支付的现金		(1033)	(1568)	(3583)

续表

	Note	2014年12月31日（百万英镑）	2013年3月31日（百万英镑）	2012年12月31日（百万英镑）
回购B和C股股本所支付现金		(14291)	—	—
分配股利所支付的现金		(5076)	(4806)	(6643)
分配子公司中非控制性股东股利所支付的现金		(264)	(379)	(304)
其他在子公司中与非控制性股东的交易事项		(111)	15	(2605)
其他联营公司的贷款活动		—	168	(792)
支付利息所付出的现金		(1897)	(1525)	(1504)
融资活动现金流量净额		(34249)	(2743)	(15669)
净现金流		2721	335	1209
年初现金及现金等价物	20	7506	7001	6138
汇率变更的影响		(115)	170	(346)
年末现金及现金等价物	20	10112	7506	7001

附件二：沃达丰大事记

1984年，沃达丰创立开始经营，成立当时使用名称Racal Telecom Limited（瑞卡尔电信有限公司），为英国Racal Electronics Plc.（瑞卡尔电子有限责任公司）的附属公司。

1985年1月，建立的第一个模拟信号网络，在这之后，模拟网络的演示活动继续进行着，网络的架设也在规定的时间内得以完成，使得Vodafone的网络迅速覆盖全国。

1987年，Vodafone已经被认为是世界上最大的移动通信公司。Gerald Whent先生将Vodafone的早期战略定为大力发展国际远距离移动科技，虽然Vodafone已经拥有了世界最大规模的移动网络，但是公司的发展仍然遵循着最初的商业计划。

1990年，商务数据传输业务开通。广播网络公司PAKNET推出了基于改进后的移动应用商务服务以满足商业发展快速、准确、可靠的传输数据需要。

1991年9月，脱离其母公司瑞卡尔电子，成为一家独立公司，并正式改名为沃达丰集团有限责任公司。

1992年，公司从CABLE&WIRELESS手中购得了其50%的股份。

1995年，Vodafone开始开发高速公路网络。近500位专家通过辛勤劳动终于将7条主要高速公路覆盖到了Vodafone移动网络中。Vodafone网络同时也成为世界上首个引入TACS对比技术的网络，以杜绝网络中的盗拨现象。1999年初，该公司出资560亿美元成功地并购了美国空中通信公司，Vodafone AirTouch正式成立。

1999年11月，公司的市值约为900亿英镑，而且成为FTSE100榜中排名第二，同时也是欧洲第三。公司还是世界最大的25个公司之一，在1999年9月底，英国Vodafone和美国AirTouch通信公司在全世界24个国家5个大洲共有超过3100000个客户。

1999年9月21日，贝尔实验室与Vodafone AirTouch达成协议共同开发新的无线网络商务。

2000年2月3日，德国曼内斯曼公司与英国沃达丰公司终于正式宣布合并。英国沃达丰总裁根特和德国曼内斯曼公司总裁埃瑟尔联合宣布，他们已经达成两个公司合并的协议，涉及金额近4000亿德国马克，相当于2000亿美元，完成了迄今为止涉及金额最大的公司合并。

2000年7月28日，Vodafone AirTouch恢复原来的名称，即沃达丰集团有限责任公司。

2001年，沃达丰集团投资3000亿美元将自己的实力范围扩张到了全球28个国家，其中包括以115亿美元的价格收购了Japan Telecom Holdings Inc.。

2004年，通过一系列的并购交易，获得了沃达丰日本公司97.7%的股权。

2006年4月27日，沃达丰集团出售了沃达丰日本公司的所有股权。

2007年5月，沃达丰集团以55亿英镑收购了印度的Essar公司。

2008年5月19日，沃达丰集团斥资3.66亿英镑增持其在Arcor公司的股权，至此，沃达丰拥有了Arcor公司100%的控股权。

2008年8月17日，沃达丰集团以4.86亿英镑收购了加纳电信（Ghana Telecommunications）70%的股份。

2009年4月20日，沃达丰集团斥资16亿英镑，使其在非洲跨国移动运营商Vodacom公司中的持股比例增加了15%。5月18日，Vodacom成为沃达丰集团的子公司。

2009年6月9日，沃达丰和Hutchison 3G联合创建了沃达丰—和记澳大利亚（Vodafone Hutchison Australia）公司。

2010年9月10日，沃达丰以43亿英镑的价格出售其持有的中国移动3.2%的股权。

2010年10月，沃达丰以31亿英镑的价格出售其所持有的日本软银股权。

2011年3月30/31日，印度Essar公司出售VIL 22%的期权，随后沃达丰认购了仍保留在埃萨集团手中的VIL 11%的期权。这两项期权的总价格为50亿美元（31亿英镑）。

2011年6月16日，沃达丰以77.5亿美元（68亿英镑）的价格向法国Vivendi公司出售其拥有的SFR 44%的权益，并从SFR公司获得了2亿欧元（1.76亿英镑）的期末红利。

2011年7月1日，沃达丰以42亿美元（26亿英镑）的价格从Essar公司获得了VIL 22%的股份。

2011年8月18日，印度Piramal保健公司（Piramal Healthcare Limited）以286亿卢比（3.68亿英镑）的价格从Essar公司购得VIL 5.5%的股份。

2011年11月9日，沃达丰以近9.2亿欧元（7.84亿英镑）的价格出售了其拥有的波兰Polkomtel公司24.4%的股份。

2012年2月8日，印度Piramal公司以近301亿卢比（3.99亿英镑）从Essar公司购得VIL公司5.5%的股份，使其在VIL占股份额增长至11%。

2012年6月，沃达丰以约16亿美元收购了英国电信企业大东环球（Cable & Wireless Worldwide Plc.）。

2012年9月，沃达丰正式启动"Vodafone Red"计划，向用户提供语音、短信以及数据业务。

2012年10月，沃达丰完成对新西兰运营商TelstraClear的收购，实现品牌和业务的融合。

2012年12月，沃达丰支付11亿英镑在荷兰地区购买了新的移动频谱。

2013年2月，沃达丰针对12月提出的15亿英镑的股份回购项目实际支付了16亿英镑。

2013年3月，沃达丰宣告了与西班牙Orange高达10亿欧元的合作项目，为600万客户提供光纤业务服务。

2013年4月，沃达丰扩大"红色计划"范围——为14个市场客户提供免费的电话和短信，在2014年3月达到20个市场，并且在印度推出了M-Pesa移动货币支付服务，共有8000家代理商，2.2亿左右的客户。

2013年6月，沃达丰宣布计划收购卡贝尔，高达91亿英镑,这是德国最大的电缆运营商,帮助沃达丰在德国创建一个领先的统一通信运营商提供固定和移动相结合的服务。

2013年8月,沃达丰在英国和荷兰推出4G网络。2013年在澳大利亚、捷克共和国、爱尔兰、马耳他和西班牙也相应推出了4G服务。

2013年9月,沃达丰出售威瑞森无线,共达1300亿美元。这是公司历史上的第二大交易,在2014年2月21日完成。作为交易的一部分,在意大利的控制权从77%增加到100%。

2013年11月,沃达丰宣布了"春天项目"未来两年在网络和服务的竞争战略细节。并且在海盐台风后,建立一个临时替换移动网络的基础设施,29天内,人们发送140万条短信,拨打超过443200个电话。

2013年12月,沃达丰基金会宣布与莱索托"Kick4Life"建立合伙关系,增加测试和治疗传染病毒的孩子数量。

2014年2月,沃达丰的新频谱在印度拍卖了19亿英镑,为客户提供增强的移动语音和数据服务。

2014年3月,沃达丰获得了历史上最多的股东回报,高达510亿英镑。同时,收购了西班牙最大的有线电视运营商Ono,达600亿英镑。

王晓初

中国电信董事长兼首席执行官

  王晓初，1958年生，于1989年毕业于北京邮电学院，2005年获香港理工大学工商管理专业博士学位。王晓初拥有超过30年的电信行业管理经验，曾任浙江省杭州市电信局局长，天津市邮电管理局局长，中国移动（香港）有限公司董事长兼首席执行官，中国移动通信集团公司副总经理，现兼任中国电信股份有限公司执行董事、董事长兼首席执行官及中国通信服务股份有限公司名誉董事长。十年前，王晓初执掌中国电信，做出了由传统基础网络运营商向综合信息服务提供商转变的战略转型抉择，开启了一个国企转变自身发展方式、再造综合实力的传奇。中国电信的转型轨迹，是一家世界500强企业的革新奋斗史，也是67万人团队的创业史，而王晓初无疑是这个战略转型的设计师和领军者。

中国电信
公司 LOGO

　　中国电信的标志以字母 C 为主体元素，两个 C 在明快的节奏中交织互动，经发展变化而形成的三维立体空间图案，寓意为四通八达的通信网络，象征"中国电信"四时畅通，无处不达，形象地表达了中国电信的特点：科技、现代、传递、速度、发展。同时两个 C 还共同组成了一个运动的"中"字，使图案装饰效果强烈，并具有中国特色和现代感。"世界触手可及"是中国电信 2005 年推出的品牌形象新口号，体现了中国电信全业务的优势，代表着中国电信可以随时随地调动语音数据、互联网业务、信息服务、视讯业务等各种通信手段，为用户提供先进的通信服务，让天涯变咫尺、沟通无境界。

七 中国电信集团公司可持续发展报告（China Telecom）

（一）公司简介

中国电信集团公司（简称"中国电信"）是中国三大主导电信运营商之一，也是全球最大的固定电话、CDMA 移动网络及宽带互联网运营商，提供固定通信业务、移动通信业务等基础电信业务，以及互联网接入服务、信息服务业务等增值电信业务。中国电信集团公司于 2000 年挂牌，其后经历分拆重组，于 2002 年 5 月正式成立新的中国电信集团。目前，中国电信控股"中国电信股份有限公司"、"中国通信服务股份有限公司"和"号百控股股份有限公司"三家上市公司。其中，中国电信股份有限公司（HK.00728、NYSE.CHA）于 2002 年在中国香港和纽约上市，中国通信服务股份有限公司（HK.00552）于 2006 年在中国香港上市，号百控股股份有限公司（原上海国脉实业股份有限公司）于 1993 年在上海证券交易所挂牌上市（SH.600640），于 2012 年实施重大资产重组，更名为"号百控股股份有限公司"。

经过十多年的发展，中国电信已经由传统的固网运营商向综合信息服务提供商转型。中国电信在国内的 31 个省（自治区、直辖市）以及欧美、亚太等区域的主要国家均设有分支机构，拥有全球规模最大、技术领先的宽带互联网络和 CDMA 2000 移动通信网络，能够为客户提供包括宽带互联网接入、移动通信、信息化应用及固定电话等产品在内的综合化信息解决方案。截至 2013 年底，中国电信拥有移动电话用户 1.86 亿户，固定电话用户 1.62 亿户，有线宽带用户 1.13 亿户。近年来，中国电信紧紧把握移动互联网蓬勃发展和行业信息化需求日趋旺盛的市场机遇，定位于"智能管道的主导者、综合平台的提供者、内容和应用的参与者"，持续深化战略转型，积极创新发展模式，实施差异化经营策略，不断优化业务结构，实现有效益的规模发展，并着力持续提升创新、服务、集约、运营四大能力，打造可持续发展的核心优势，努力实现企业价值和客户价值的共同增长。凭借优异的市场业绩及高效的公司治理，中国电信连续多年入选《财富》杂志"世界 500 强企业"，被《金融亚洲》评为 2013 年度"亚洲最佳管理公司第一名"，被《Euromoney》评为 2013 年度"亚洲全方位最佳管理公司"，被《机构投资者》评为 2013 年度"亚洲最受尊崇企业第一名"等。

2013 年，中国电信继续保持健康快速的发展势头。全年经营收入达到人民币 3216 亿元，同比增长 13.6%，扣除移动终端销售收入后，经营收入为人民币 2841 亿元，同比增长 10%，超过行业平均水平，收入市场份额进一步提升。净利润为人民币 175 亿元，同比增长 17.4%，每股基本盈余 0.22 元。2012 年 12 月 31 日，中国电信的收盘价为 3.92 元，市盈率为 17.82，总资产达到 5432.39 亿元，股东权益为 2786.64 亿元。

（二）公司战略

面对大数据、移动互联网、OTT、云计算、光纤到户等带来的巨大机遇与挑战，为了快速适应外部形势变化、进一步深化企业战略转型并加快企业发展，2013年，中国电信管理团队提出了"一去两化新三者"的战略发展思路。"一去"是指"去电信化"，"两化"是指市场化和差异化，"新三者"是做智能管道主导者、综合平台提供者、内容应用参与者。

1."一去"

"去电信化"并非要抛弃传统的电信业务，而是指要摆脱传统电信经营观念的束缚，打造思变、进取、创新的团队。随着互联网的发展，特别是移动互联网时代的到来，用户消费行为和行业发展都发生了深刻变化，给传统电信业带来了极大挑战。相比于危机意识和创新能力更强的互联网思维，传统的电信业思维优越感强，过多地依靠设备制造商和合作伙伴，在当下激烈的竞争环境下显得笨重而缓慢。因此，新时期的中国电信要摒弃传统通信运营商的固有成见和路径依赖，调整思维模式、主动适应变革，顺应网络技术发展、产业格局变化、用户需求多元化的趋势，推进网络平台、业务产品、商业模式以及机制体制等多领域、多层面的创新，更加关注客户感知，主动迎接市场挑战。

近年来，中国电信发展综合信息服务，推动营业厅"变脸"、"变心"和体验式营销，推出189邮箱，用互联网思维建团队、做业务等，都是"去电信化"的具体表现。但是"去电信化"的广度和深度还有待加强，王晓初董事长在"一去两化"的专题报告上指出，未来中国电信要从商业模式、技术路线、人才体系、组织形式和平台架构等方面转变观念，打造中国电信的综合平台，把在互联网领域创新的事情做成。中国电信能否有别于全球每况愈下的电信公司，保持持续增长，实现中国电信梦，关键是能否在做好基础电信业务的前提下，勇于进入信息化新领域并不断创新。

2."两化"

"两化"是指市场化和差异化，旨在激发活力和提升竞争力。

（1）市场化。市场化就是运用市场化的机制和手段，充分调动基层管理者和员工的积极性、主动性和创造性，进一步解放和发展生产力，增强企业发展的活力。市场化的核心是通过供求关系和市场这只"无形的手"，调控整个市场的价格和资源配置。中国电信推进市场化，一是要在开放的市场中，以市场需求为导向，以竞争为手段，实现资源充分合理配置和效率最大化。

二是要在企业内部模拟市场交易方式，组织生产经营活动，实现企业内部市场化，以充分挖掘潜力、增强活力，在提高企业市场运作效率的同时，提高企业整体经济效益。

具体而言，中国电信在确定企业目标时，从"听领导的"变成"听用户的"，即销售一线的员工"听用户的"，发现需求、引导需求、创造需求；"企业听员工的"，让客户需求在企业内部高效传导，职能部门以支撑、服务为主。在组织管理方面要因势而变，划小经营核算单元，打造阿米巴经营模式。在竞争机制上实行优胜劣汰，把目标分成几个区间，不同区间的激励政策一目了然，提高员工的积极性，实现资源配置的动态、高效、透明。在激励机制上强调"激励相容"，通过深化经营承包责任制、关心关爱基层员工等，与员工共创价值，共享增值。

（2）差异化。差异化就是不断拓展信息化应用，满足各种信息化需求，避免陷入价格战。在产品布局上，中国电信推出"3G智能手机+固移融合+信息化应用"的模式；在政企信息化上，中国电信以"智慧城市"为统领，规模复制重点应用，满足工作需求；在公众信息化上，中国电信的聚焦号百、支付、云等应用能够满足公众的日常生活和娱乐需求。最后通过信息化应用的"关联",拓展市场,维系存量。如通过校园信息化应用,实现学校、老师、家长、学生之间的关联;通过医药卫生方面的信息化应用,实现医生、病人、药品之间的关联。借助差异化形成的竞争优势,中国电信避免了低成本市场竞争,以满足用户需求为最高目标来实现规模化发展。

3. "新三者"

"新三者"是王晓初董事长于2011年初在中国电信工作会上提到的中国电信未来发展的定位,即成为智能管道的主导者、综合平台的提供者、内容和应用的参与者。为了更好地满足客户对通信及信息服务的需求,中国电信在新一轮的转型中,一方面建设"智能管道",使企业不断拥有全球领先的通信能力;另一方面,发挥自身潜力,与商业伙伴广泛开展合作,创新拓展互联网应用、ICT服务等新兴业务,建设信息服务综合平台,努力为个人、家庭、企业、政府和社会事业的各类客户提供更多适用、先进、高性价比的综合信息服务,如图2-7-1所示。

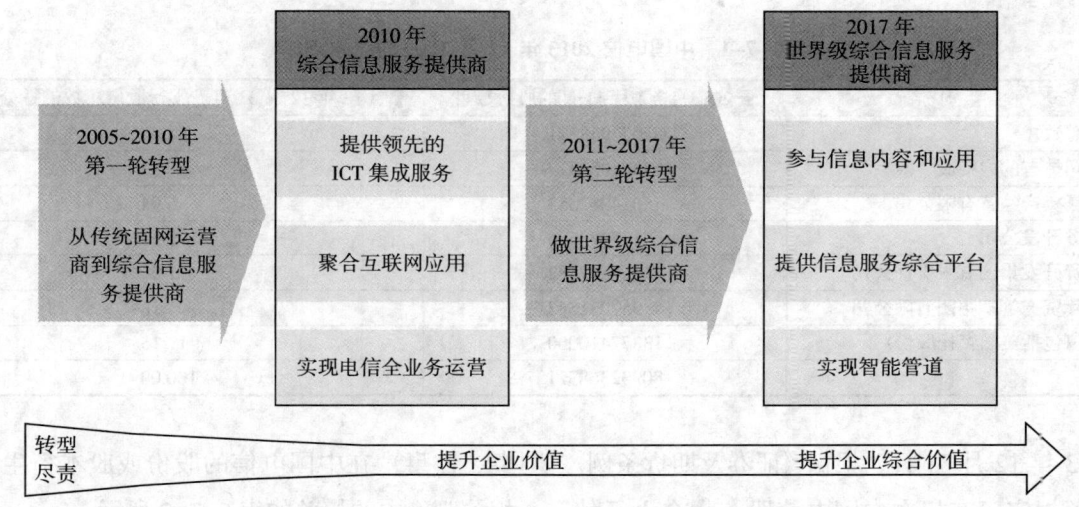

图 2-7-1　中国电信转型及"新三者"战略

(1) 智能管道的主导者。中国电信将使所提供的通信管道具备高带宽、固移网络融合、用户可自主参与网络的配置与管理、以用户和业务区分的分级按需保障等特点。同时,采用深度包检测(DPI)等技术,强化移动网络的客户、业务识别能力,实施移动流量的精确管控。在智能管道建设方案的选择上,中国电信更加注重实际情况和运营效果,并提出了"用户可识别、业务可区分、流量可调控、网络可管理"四个目标。

(2) 综合平台的提供者。中国电信的综合平台将是面向全业务、服务全客户、承载全功能、集成多能力的高度融合的业务承载和能力开放平台。通过提升平台的基础运营能力并对外开放,中国电信能够聚合更多的开发者,提供更多高价值的流量,打造集终端、网络、平台、应用于一体的生态产业链。

(3) 内容和应用的参与者。中国电信将坚持做强做优原则,立足自身资源,有选择地发展自营汇聚型内容、应用支付和定位等能力型产品,并致力于创新体制和机制,通过市场化的运营和发展模式，培育未来收入的增长点。

（三）公司治理

中国电信致力于最高标准的公司治理，一贯秉承优良、稳健、有效的企业治理作风，不断完善公司治理手段、规范公司运作，健全内控制度，实施完善的治理和披露措施，确保企业运营符合本公司及其股东的长期利益。2013年，公司股东大会、董事会、监事会操作规范、运作有效；公司组织架构不断优化，体制创新取得突破，有效支撑企业向"新三者"战略目标转型；内部控制进一步优化；全面风险管理融入经营实践。中国电信在公司治理方面的持续努力得到资本市场的广泛认可，并获得多项嘉许，其中包括：连续三年被《Finance Asia》评选为"亚洲最佳管理公司"第1名，被《Institutional Investor》评选为"亚洲最受尊崇企业"第1名，连续五年被《Euromoney》评选为"亚洲全方位最佳管理公司"等。

1. 公司股权结构

截至2013年12月31日，中国电信股本总额为人民币80932368321元，每股面值1元。中国电信的股本构成如表2-7-1所示。

表2-7-1　中国电信2013年12月31日的股本构成

股票类别	于2013年12月31日的股份数目	于2013年12月31日已发行股份总数的百分比（%）
内资股（总数）	67054958321	82.85
由以下公司持有的内资股	57377053317	70.89
广东省广晟资产经营有限公司	5614082653	6.94
浙江省财务开发公司	2137473626	2.64
福建省投资开发集团有限责任公司	969317182	1.20
江苏省国际资产管理集团有限公司	957031543	1.18
H股总数（包括美国存托股份）	13877410000	17.15
合计	80932368321	100.00

2013年12月31日，根据《证券及期货条例》第336条规定，有权在中国电信股东大会上行使或控制行使5%或以上投票权的人士（不包括董事、监事）在中国电信的股份或股本衍生工具的相关股份中的权益如表2-7-2所示。

表2-7-2　中国电信主要股东

股东名称	直接持股数量	占已发行普通股比例（%）	股份性质	股东类型
中国电信集团公司	57377053317	70.89	内资股	持股5%以上股东
广东省广晟资产经营有限公司	5614082653	6.94	内资股	持股5%以上股东
J.P. Morgan Chase & Co.	1536081879	1.90	H股	机构投资者
Commonwealth Bank of Australia	2080867924	2.57	H股	机构投资者
Blackrock, Inc.	1301821443	1.61	H股	机构投资者
合计	67909907216	83.91		

2. 公司治理架构

中国电信的公司治理整体架构采取双层结构制：股东会下设董事会和监事会，董事会下设审核委员会、薪酬委员会和提名委员会。董事会根据公司章程授权负责企业重大经营决策，并监督高级管理人员的日常经营管理；监事会主要负责监督董事会以及高级管理人员的职务行为，两者各自独立地向股东会负责。

（1）股东大会。2013年，中国电信召开了2012年度股东周年大会。于2013年5月29日召开的股东周年大会审议通过了2012年度财务报告、国际独立核数师报告、利润分配、股息派发方案，有关授权董事会制订2013年度预算、核数师聘任及酬金、授权董事会发行债券及选举董事等多项重要议案。自2002年上市以来，本公司在股东大会上就每项独立的事项分别提出独立的股东议案，股东通函中也详细列明有关议案的内容，所有股东大会上的决定均采用投票表决方式进行，表决结果登载于公司及中国香港联合交易所网站。

（2）董事会。截至2013年12月31日，中国电信董事会由13名董事组成，包括7名执行董事、1名非执行董事、5名独立非执行董事。董事会下属的审核、薪酬、提名三个专业委员会均全部由独立非执行董事组成，提供足够的审核和制衡，确保委员会能够有效地做出独立判断，以维护股东和公司的整体利益。中国电信的独立非执行董事人数超过1/3，其中担任公司审核委员会主席的谢孝衍先生是一位国际知名财务专家，具备丰富的会计和财务管理专长。第四届董事会任期自2011年5月开始，任期3年，至2014年本公司召开股东周年大会之日止，届时将选举第五届董事会。

中国电信已于2013年8月采纳董事会成员多元化政策，并深信董事会成员多元化对提升公司表现裨益良多。中国电信在设定董事会成员组合时，会从多个方面考虑董事会成员多元化，包括但不限于性别、年龄、教育背景或专业经验、技能、知识及服务任期等方面。董事会所有委任均以用人唯才为原则，并在考虑人选时以客观条件充分顾及董事会成员多元化的裨益，最终将按人选的长处及可为董事会做出的贡献作决定。董事会成员的具体构成如图2-7-2所示。

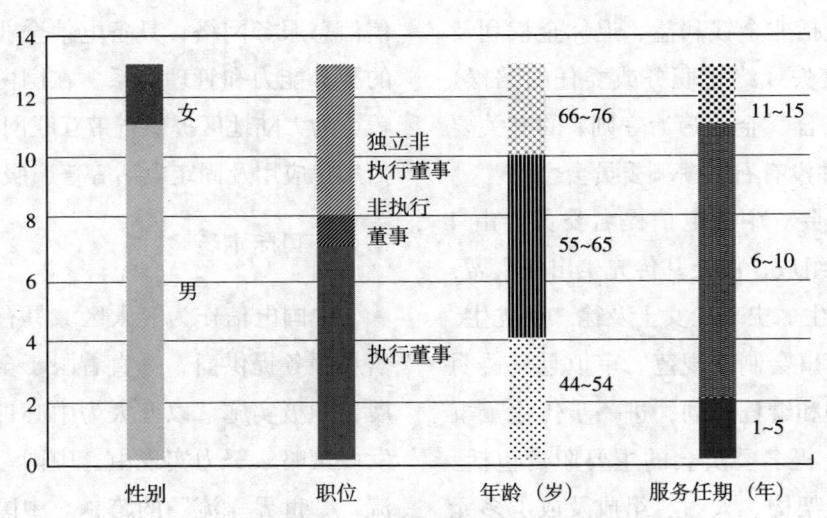

图 2-7-2 中国电信董事会成员构成

（3）审核委员会。中国电信审核委员会由4名独立非执行董事组成，由谢孝衍先生出任主席，成员包括吴基传先生、秦晓博士及徐二明先生。审核委员会章程清晰界定了审核委员会的地位、任职资格、运作程序、职责义务、工作经费及薪酬等。2013年，审核委员会依据上市地法律法规要求和审核委员会章程,在董事会清晰明确授权范围内充分履责。年内审核委员会共召开四次会议,审议事项涵盖了公司年度、中期及季度财务报告、外部审计师资质、独立性和工作评价及聘用、内控有效性、内部审计工作及关联交易等众多重要领域。审核委员会按季度听取内部审计和关联交易工作汇报,指导内审部门工作,审查内控评估与核证报告,跟进外部审计师管理建议书的落实情况,审查美国年报,并与审计师每年进行两次独立沟通。

(4) 薪酬委员会。中国电信薪酬委员会由4名独立非执行董事组成,由徐二明先生出任主席,成员包括吴基传先生、秦晓博士及谢孝衍先生。薪酬委员会协助公司董事会制定公司董事及高级管理人员的全体薪酬政策及架构,监督公司薪酬制度是否符合有关法律要求,向董事会提交公司薪酬制度评估报告,就公司董事及高级管理人员的全体薪酬政策及架构与设立正规而具透明度的程序制定薪酬政策等向董事会提出建议等,获董事会转授责任,厘定个别执行董事及高级管理人员的薪酬待遇,包括非金钱利益、退休金权利及赔偿金额(包括丧失或终止职务或委任的赔偿)等,其职责设置符合《企业管治守则》的有关要求。公司2013年并没有召开薪酬委员会会议。

(5) 提名委员会。中国电信提名委员会由4名独立非执行董事组成,由吴基传先生出任主席,成员包括谢孝衍先生、史美伦女士及徐二明先生。提名委员会协助董事会制定规范、审慎且具透明度的董事委任程序和继任计划,进一步优化董事会人员组成结构。提名委员会的主要职责包括:定期检查董事会的架构、人数、组成及成员多元化;物色具备合适资格的董事候选人并就此向董事会提供意见;在适当时候检讨董事会成员多元化政策,以确保该政策行之有效;评核独立非执行董事的独立性;就董事委任或重新委任以及董事继任计划的有关事宜向董事会提出建议等。公司于2013年召开了1次提名委员会会议,对董事会架构和运作回顾以及非执行董事的聘任进行了审议。

(6) 监事会。中国电信监事会由6名监事组成,其中包括外部独立监事1名、职工代表监事2名。2013年8月19日,毛社军因年龄原因辞去公司职工代表监事职务。同时,汤淇由公司职工民主选举为公司监事会职工代表监事。监事会主要职责在于依法对公司财务以及公司董事、经理及其他高级管理人员的职责履行情况进行监督,防止其滥用职权。监事会作为公司常设的监督性机构,向全体股东负责并报告工作。监事会通常每年至少召开1~2次例会。

(四)市场概览

1. 国内市场

中国电信在国内31个省(自治区、直辖市)均设有分支机构,拥有覆盖城乡、通达世界的通信信息服务网络,具备电信全业务、多产品融合的服务能力和管理体系。在国内实现网络全面覆盖,为大陆地区提供宽带互联网接入、移动通信、信息化应用及固定电话等普遍服务。

2. 国际市场

中国电信作为亚太区域具有领先优势的综合信息服务提供商,一直着眼于全球运营能力的拓展,积极实施"以亚太为中心带动全球业务"的发展策略,努力实现由"中国一流"向"区域一流"、"世界一流"的跨越。中国电信国际有限公司(以下简称"国际公司")作为中国电信海外运营的统筹机构,总部设在中国香港,目前在海外共设有27个分支机构,业务覆盖五大洲共24个国家和地区,海外建有网络服务提供节点32个,拥有2200G的国际传输出口带宽，与11个接壤国家有陆缆直连，参与了10余条国际海缆建设，基本形成了服务网点与网络能力的全球布局。

国际公司主要面向国际运营商客户、跨国企业客户以及以海外华人为主的公众客户，提供满足客户个性化需求的高性价比的综合通信解决方案，包括国际专线服务、虚拟专用网络服务、互联网接入及转接服务、固定及移动话音业务、数据中心服务、增值服务及IT外包服务等。国际公司将充分依托中国电信的资源优势，辐射亚太、连接全球，致力于成为世界级的综合信息服务提供商。

（五）业务概览

中国电信集团是全业务综合信息服务提供商，也是全球最大的固定电话、CDMA移动网络及宽带互联网运营商，在中国提供固定通信业务、移动通信业务等基础电信业务以及互联网接入服务业务、信息服务业务等增值电信业务，2013年底拥有约1.56亿固定电话用户、约1亿有线宽带用户及约1.86亿移动用户。

1. 主要业务产品及重点品牌

中国电信的主要产品和业务包括以下七大类：

（1）固网语音业务。固网语音业务包括本地固定电话业务和长途固话业务，其中长途固话业务又包括国内长途固话业务和国际及港澳台地区长途固话业务。

（2）移动语音业务。中国电信从2008年第四季度开始提供CDMA移动语音业务，该业务包括本地通话、国内长途通话、国际长途通话、省内漫游、省际漫游和国际漫游。

（3）互联网接入业务。中国电信的互联网接入业务由固网互联网接入服务（包括拨号上网和宽带业务）和无线宽带组成。

（4）增值服务。增值服务主要包括固话类、互联网类及移动类增值业务。固话类增值业务或传统增值业务包括七彩铃音、超级无绳、来电显示、短信业务以及电话支付业务。

（5）综合信息应用服务。该服务包括号百类信息服务、IT服务及应用业务。

（6）基础数据和网元出租业务。基础数据业务包括DDN、帧中继（FR）和异步传输模式（ATM）业务，主要是为政府部门、大型企业和机构等用户提供总体通信解决方案的组成部分。中国电信也与多家国际电信运营商合作，为跨国企业建立全球通信网络。

（7）其他业务。其他业务主要包括客户终端设备的销售、修理和维护。

在品牌建设方面，中国电信在企业品牌统领下，构建了以"天翼"为核心的品牌架构体系，旗下拥有"天翼领航"、"天翼e家"、"天翼飞Young"等著名客户品牌以及"号码百事通"、"翼支付"等多个知名产品品牌。

图2-7-3 中国电信品牌体系

2. 主要业务表现

2013年,中国电信充分利用3G和移动互联网高速增长带来的发展机遇,继续深化战略转型,创新发展模式,打造竞争优势,用户规模持续扩大,移动业务高速增长,宽带业务平稳增长,公司经营收入实现快速增长,收入结构进一步优化,市场竞争实力不断加强。中国电信各项业务的经营数据如表2-7-3、表2-7-4所示。

表2-7-3 中国电信各项业务经营收入及变动

单位:百万元

	2013年	2012年(重列)	变化率(%)
固网语音	38633	43369	(10.9)
移动语音	58217	49166	18.4
互联网	99394	87662	13.4
增值服务	36230	31137	16.4
综合信息应用服务	25233	23181	8.9
通信网络资源服务及网络设施出租	17586	15737	11.7
其他	46291	32924	40.6
经营收入合计	321584	283176	13.6

表2-7-4 中国电信2011~2013年主要经营数据

	2011年	2012年	2013年	2013年较2012年的变化率(%)
移动用户数(百万户)	126.47	160.62	185.58	15.5
其中:3G用户数(百万户)	36.29	69.05	103.11	49.3
有线宽带用户数(百万户)	76.81	90.12	100.10	11.1
固定电话用户数(百万户)	169.59	163.00	155.80	-4.4
移动语音通话总分钟数(百万分钟)	407765	509229	603616	18.5
移动短信条数(百万条)	49941	55789	64235	15.1
3G手机上网总流量(KTB)	23.60	72.30	175.10	142.2
移动彩铃用户数(百万户)	75.38	92.19	102.02	10.7
固定电话本地语音通话总次数(百万次)	206371	172175	148690	-13.6

(1)经营收入快速增长,业务结构持续优化。2013年,中国电信实现经营收入人民币3215.84亿元,增长率13.6%;扣除移动终端销售收入后的经营收入为人民币2841.49亿元,年增长率为10.0%。中国电信收入结构得到进一步优化,移动业务收入占比达到47.0%,移动和有线宽带业务收入占比近70%。

(2)移动业务收入高速增长,用户规模扩大,用户价值提升。2013年,中国电信继续坚持终端引领、应用拉动、融合产品和集约单产品并举,加强与社会渠道合作,提升渠道销售能力,持续扩大移动用户规模。中国电信充分利用各类与客户接触的机会,进行流量辅导,提高应用在移动用户中的渗透率,开展促销活动,提升用户流量和用户价值。2013年移动用户ARPU为54.8元,同比增长1.7%;3G手机上网总流量达到175.1KTB,同比增长142.2%,3G手机上网月户均流量达到190MB。

（3）固网业务保持正增长，有线宽带继续平稳发展。2013年中国电信深入推进固移融合业务发展模式，稳定固网收入基础。固网业务收入达到人民币1703.98亿元，收入增幅继续正增长，达到3.1%。为巩固宽带市场竞争优势，中国电信采取"高端树品质、主流大提速、低端争份额"的发展策略，推进"点亮光小区"活动和"宽带卓越"计划，宽带用户结构进一步优化，用户和收入平稳增长。2013年有线宽带接入收入实现708.21亿元，收入增长6.1%；有线宽带用户达到1亿户，净增998万户，其中光纤宽带用户规模接近2700万户，4兆比特/秒及以上带宽用户占比达80%，较2013年初提升7个百分点。在固网语音业务方面，其实现收入386.33亿元，占经营收入的比例为12.0%，较2012年下降3.3个百分点，经营风险得到有效释放。

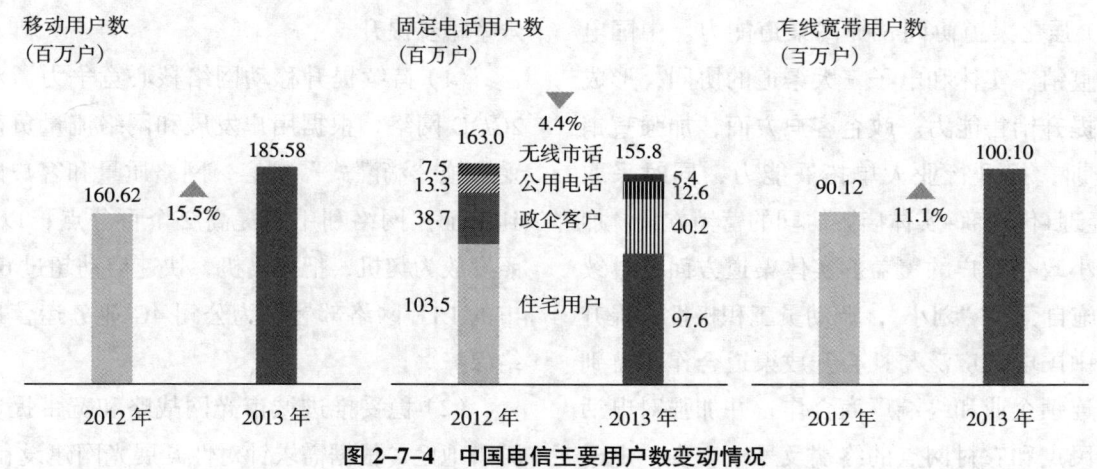

图2-7-4 中国电信主要用户数变动情况

3. 业务经营战略

2013年，中国电信围绕"以创新和服务双领先 推动规模和效益双提升"的经营思路，坚持规模经营和流量经营两大策略，深入实施"集约营销、终端引领、应用推广、渠道扩张、服务领先"的经营举措。

（1）加强集约营销力度，提升营销效率。2013年，中国电信进一步梳理套餐体系，针对客户需求推出了"飞Young"纯流量套餐和积木套餐，并优化套餐结构，统一营销资源政策，向高价值的客户和业务倾斜；大力开展预付费用户发展、存量用户存费赠费等活动，积极推进非成本业务营销模式。公司进一步加强营销活动的统筹集约，全年组织四次统一营销活动，客户发展和终端销量显著提升。

（2）强化终端引领，优化终端结构。中国电信继续推进"终端引领"发展策略，持续繁荣CDMA产业链。全年新上市CDMA终端总量334款，新上市3G智能机总量270款，智能机销量占比达到80.4%，较2012年提升19个百分点。公司通过芯片升级、屏幕扩大等措施提升千元智能机性价比，巩固千元机市场经营优势；组织了苹果5S/5C、三星S4、NOTE3等全球明星机的同步上市，提升高端市场的销售份额；与上游芯片厂家合作推出299档低端智能机，弥补CDMA网络制式低端智能机的市场空白。

（3）加快应用推广，打造差异化竞争优势。中国电信高度重视政企行业应用、民生应用和移动互联网应用的开发与推广。行业应用方面，重点推广翼校通、单位翼机通、外勤助手、综合办公、旺铺助手和校园翼机通，行业应用拉动移动净增用户超过1300万；民生应用方面，大力推广水电煤缴费、刷机加油、交通罚款缴纳和公交翼机通；移动互联网应用方面，中国电信加快基地等新兴业务公司化和股权化改造步伐，打造具有市场竞争力的专业化公司；中国电信积极与移动互联网公司合作，与网易公司联合推出易信产品，打造移动互联网入口。

（4）强化渠道协同，提高渠道能力。中国电信强化直销、实体和电子三大渠道的协同，形成合力，提升销售能力。政企客户方面，加强直销经理培训，提升行业大单拓展能力，同时采取"渠道经理+代理商+实体店"协同的营销方式，加强对中小政企客户的覆盖。实体渠道方面，继续深入实施自营厅"划小"，调动员工积极性，提升销量；中国电信广泛与社会开放渠道合作，特别加强与连锁企业和终端厂商合作，并加强对电话亭等便民点和农村网点的终端及号卡直供。电子渠道方面，实现运营开发一体化，建立专属营销政策、以B2B模式为主的分销体系，提高电子渠道独立运营能力，加快向电商转型，加强和社会电商合作。

（5）聚焦客户感知，全力提升客户满意度。中国电信围绕客户感知，以提升满意度为引领，实施服务领先策略。以服务标准为抓手，推动10个试点省份建成实体渠道、宽带装维等即时客户满意度测评系统，强化服务生产过程管控能力，提升客户感知。聚焦重点业务，规范3G服务，优化流量查询、提醒服务、信控管理与业务退订，强化应用辅导，实现城区EVDO网络优化；分级分群提供差异化宽带服务，提升装维效能，专项推进宽带提速工程；3G和宽带业务满意度测评居行业第一。丰富服务渠道，手机"天翼客服"正式发布上线，易信、微信客服上线运营，为用户提供方便、快捷的服务。

4. 网络及运营支撑

2013年，中国电信继续遵循有效益投资原则，持续优化投资结构，加快网络升级演进，稳步推进能力扩容，支撑业务规模发展，资源利用效率稳步提升。

（1）持续提升移动网络核心竞争力。对现有2G/3G网络，根据用户发展和网络流量负荷，稳妥实施"滴灌式"扩容，网络质量和客户感知得到保证，网络利用率提高2个百分点；以4G牌照发放为契机，把握良机，快速启动超过60个城市的LTE网络部署，为公司4G业务运营提供网络保障。

（2）稳妥推进城市光网战略和宽带提速。在城市地区，根据需求针对性开展光网建设和改造，巩固宽带网络优势，城市地区20兆比特/秒及以上的线路覆盖比例超过90%，光纤网络端口利用率达到40%，提升7.6个百分点；在农村地区因地制宜，采用有线、无线等多种方式，满足新增用户宽带接入需求，4兆比特/秒及以上线路覆盖比例达到91%以上。

（3）加快平台云化开放和综合信息服务拓展力度。公司在全力推进自有平台整合、提升平台效率的基础上，加快构建开放的综合平台和云资源数据中心，提高云资源运营和业务开放合作能力；借助地方政府全面推进"智慧城市"建设的契机，面向政企客户积极开展ICT业务，并不断拓展ICT业务的深度和广度。

（六）经营和财务绩效

表 2-7-5　中国电信 2011~2013 年度经营与财务业绩比较一览表

单位：百万元人民币

	2013 年	2012 年（重列）	2011 年
收入	321584	283176	245041
总资产	543239	545291	419115
EBITDA	97682	71537	94266
EBITDA 率	30.38%	25.30%	38.45%
净利润	17666	15064	16341
净利润率	5.49%	5.32%	6.67%
总资产报酬率（ROA）	3.25%	2.76%	3.90%
净资产报酬率（ROE）	6.34%	5.66%	6.36%
资本性支出（CAPEX）	79992	53748	49551
CAPEX 占收比	24.87%	18.98%	20.22%
经营活动净现金流	88351	70722	73006
每股经营活动净现金流	1.09	0.87	0.90
自由现金流（FCF）	8359	16974	23455
自由现金流占收比	2.60%	5.99%	9.57%
销售现金比率	27.47%	24.97%	29.79%
资产现金回收率	16.26%	12.97%	17.42%
EVA	-13726	-18057	-11411
EVA 率	-3.89%	-5.27%	-3.88%
每股盈利（EPS）	0.22	0.18	0.20
每股股利（DPS）	0.075	0.069	0.085
股利支付率	34.06%	38.43%	42.50%
主营业务收入增长率	13.56%	15.51%	11.45%
总资产增长率	-0.38%	30.09%	2.89%
净利润增长率	17.27%	-9.38%	2.85%
经营活动现金流增长率	24.93%	-3.21%	-3.39%
每股盈余增长率	22.22%	-10.00%	5.26%
资产负债率	48.70%	51.20%	38.71%
流动比率	26.38%	33.77%	46.82%
利息保障倍数	5.19	10.20	9.12
总资产周转率	0.59	0.52	0.58
固定资产周转率	0.86	0.76	0.91
坏账发生率	9.89%	9.73%	12.09%
折旧与摊销	69083	49666	51224
股息	6098	5522	5763
内部融资额	80651	59208	73148
折旧摊销率	21.48%	17.54%	20.90%
付现成本率	69.98%	74.97%	69.25%
营销、一般及管理费用率	21.91%	22.28%	19.89%

(七) 内控与风险管理

1. 内部控制系统

中国电信董事会高度重视内部控制系统的建设和完善，采取有效措施监督相关控制的贯彻执行，并通过提高运营效率和效益、完善公司治理、风险评估、风险管理和内部控制，保障股东的投资及公司的资产安全，协助企业达成长远发展目标。公司管理层是内部控制系统建设、完善和实施的主要责任人。公司的内部控制系统主要包括清晰的组织架构和管理职责、有效的授权审批和问责制度、明确的目标、政策和程序、全面的风险评估和管理、健全的财务会计系统、持续的运营表现分析和监察等，并涵盖了公司的所有业务和交易。公司制定的高级管理人员及员工职业操守守则，确保了各级员工道德价值及胜任能力；公司制定的内部申告机制，鼓励对本公司员工特别是董事及高级管理人员的违规情况予以匿名举报。

自2003年开始，中国电信以美国证券机构相关监管要求和COSO内部控制框架（1992年）为基础，制定了内部控制手册、实施细则及配套的规章制度。十多年以来，中国电信坚持根据内、外部经营环境的变化和业务发展的需要，对内部控制手册和实施细则进行了持续的修订和完善，特别是全业务运营以来，针对移动业务的特点，进一步强化了对重点业务环节的控制。在持续完善内部控制相关政策的同时，公司不断加强IT内控建设，提高了内部控制的效率和效果、信息系统的安全性，并确保了数据信息的完整、及时和可靠。

2013年，中国电信进一步强化内部控制制度建设，加大执行力度，加强重点领域的风险控制。股份公司聚焦支撑新兴业务发展，围绕如何快速响应市场需求，解决企业业务创新、运营创新和合作创新中出现的新问题，进行了年度内控手册修订工作。建立健全有关流量、互联应用和ICT服务三大新兴业务的内部控制，规范有关天翼宽带Wi-Fi管理、电子渠道管理、翼支付管理、IDC业务管理等业务流程。加强重点业务和关键风险领域的内部控制，强化业务合作、代理商管理和物资采购等关键环节的风险管控。同时进一步提炼关键控制点，优化内控流程，提高公司运营效率。组织实施集团内控支撑系统统建项目，成为集团MSS项目的首个集约系统，实现省公司内控支撑系统的平台统一、系统硬件的物理集中及工作流程的统一集约，进一步强化内控制度建设的常态化机制。支撑新业务单位建立和完善内控实施细则，组织审阅新业务单位内控实施细则，全面梳理新开展业务风险点，对新设立公司开展年度内控评估，并对发现问题及时督促整改，有效规避经营风险。

2. 年度内控评估

中国电信一直不断健全完善内部控制系统。为满足美国、中国香港等公司上市地相关监管要求，加强公司内部控制管理，防范企业经营风险，内部审计部门负责组织内控的监督评估工作。中国电信采用COSO内部控制框架（1992年）作为内部控制评估的标准，以PCAOB发布的管理层内控测试指引和5号审计准则为指导，内控评估由内控责任人实施的自我评估和内部审计机构实施的独立评估共同组成。通过评估流程的以下主要步骤：

分析确定需要评估的领域，评估内控设计的有效性，评估内控执行的有效性，分析内控缺陷造成的影响，判断内控缺陷的性质并得出内控系统有效性结论。同时，针对评估发现的缺陷加以整改。公司通过制定《内控评估暂行办法》、《内部控制自我评估操作指南》和《内部控制独立评估操作手册》等文件规定，保证了评估程序的规范性。

2013年，中国电信内部审计部门牵头组织了全公司范围内的内部控制评估工作，并已向审核委员会及董事会报告有关情况。内控自我评估采用"自上而下"的方式，加强了对本公司层面控制点和与重大会计报表科目对应控制点的评估力度；内控自我评估坚持风险导向原则，在全面评估的基础上，重点评估通过风险分析而确定的关键控制领域和控制点。2013年，中国电信继续推进由业务部门牵头组织的专题自评工作，选取了两个当前对公司经营有一定影响的风险热点问题，开展自我评估。同时继续深化内控座谈会，解决跨部门、跨流程的内控难点问题。上述措施有效地推进了各部门和单位的深度参与，确保自评工作覆盖面达到100%，及时发现和整改内控缺陷，有效控制和排除风险隐患，并从完善制度、深化治理出发，不断提升内控自评的质量和效果。

3. 全面风险管理

中国电信将全面风险管理视为企业日常运营的一项重要工作，兼顾美国和中国香港资本市场的监管要求，以风险管理理论为基础，结合实际，形成有特色的风险管理五步法，包括风险梳理、风险评估、关键风险分析、风险应对和风险管理评估；公司还设计了风险管理模板，建立完善了全公司统一的风险目录和案例库，并不断提高风险管理信息化水平，固化了风险管理流程，统一了风险管理语言，提高了风险管理效率。经过多年建设，中国电信的全面风险管理工作体系基本建立，全面风险监督防范机制逐步完善。2013年，公司结合中国香港联交所《企业管治守则》C2条款的要求，把全面风险管理融入企业日常经营，继续强化风险的分层、分类和集中管理，集中资源重点防范了两个可能的重大风险，即外部环境风险和经营风险，取得了良好的效果。2013年，中国电信未发生重大风险事件。经过严格的风险梳理和评估分析，中国电信对2014年面临的可能的重大风险进行了初步评估，如外部环境风险、经营风险等，并提出了详细的应对方案。公司将通过严格而适度的风险管理程序，确保将上述可能的重大风险对公司可能造成的影响控制在预期范围之内。

（八）人力资源发展

2013年，中国电信按照"一去两化新三者"总体要求，在人力资源工作上坚持"支撑发展、服务员工"的原则，围绕"抓好队伍建设打基础，抓好机制建设促发展"的总体思路，以人力资源规划为抓手，进一步完善领导人员、专业技术人才、创新型人才队伍建设，加大人力资源管理机制创新力度，切实保障员工权益，有效支撑了业务发展。

1. 人力资源发展整体规划

（1）建立基于价值的人力资源规划体系。按照价值链的理念，中国电信建立人力资源价值模型，提出人力资源管理价值提升的关键指标，搭建了人力资源管理的战略体系、运作体系和支撑体系，明确了2013~2016年人力资源管理的关键指标值、主要任务及关键举措，切实提高了人力资源管理工作的前瞻性和系统性。

（2）完善领导人员管理，加强领导人员队伍建设。中国电信组织开展领导人员综合考评工作，不断完善考评手段，加强考评结果在领导人员选拔任用、培训等方面的应用。加大对年轻优秀领导人员的选拔力度，完善选拔任用流程，全年共33人通过组织选任、公开竞聘方式担任上一级领导职务，领导人员队伍年龄结构进一步优化。大力推进交流轮岗工作，以多岗位锻炼实践提升领导能力,2013年共有20名领导人员交流任职。

(3) 创新型人才队伍建设不断加强。中国电信大力推进创新型人才队伍建设,依托创新孵化基地,通过市场化的创新管理和运行机制,为创业团队创造孵化环境,建立孵化服务体系,打通了创业团队公司化通道。近两年来,先后分四批选拔了68个创新项目进入创新孵化基地孵化,在"专业孵化+创业导师+天使投资"的孵化模式推动下,目前已经有18个创新项目进行了公司化运作,入孵的创业团队达到276人。

(4) 大力推进人力资源管理创新,支持业务发展。中国电信深入推进人力资源管理转型试点工作,使人员结构进一步优化、人员总量得到有效控制,创新了差异化的薪酬分配机制,提升了人力资源管理效率。围绕新兴业务发展,制定了新兴业务人才聚集和培养方案,积极探索移动互联网业务的人力资源管理方式。

2. 员工与公司关系

中国电信通过管理层和工会两大渠道与员工沟通,建立和谐共生的员工—公司关系。在管理层层面,通过建立员工思想状况反馈体系,系统了解和全面掌握员工思想状况,推动建立员工诉求处理的闭环管理。2013年公司管理层、工会负责人深入基层企业60多次,慰问困难员工、优秀员工200余人。引入了第三方开展员工思想状况调查,在8个省公司发放7000多份问卷,调查员工压力状况、来源、影响和解压渠道等。实时了解掌握员工反映的问题,并向公司提出意见和建议,充分反映员工诉求。

中国电信还拥有完善的工会制度,实现为员工服务的宗旨:

首先,工会组织建立员工荣誉体系,按照统一规范、分层分类、基层导向、激励发展原则,研究制定了《中国电信员工荣誉体系》,建立起多层次、广覆盖、重引导、可持续的荣誉体系,发挥深层激励作用,与岗位薪酬体系共同形成差异化的激励机制。

其次,搭建员工岗位创新平台。按照低门槛、广覆盖、快复制、长激励的原则,积极搭建员工岗位创新平台和能力提升平台,进一步推进员工岗位创新活动。

再次,营造员工岗位创新氛围。组织召开了2013年先进典型宣传表彰大会,大力弘扬先进典型的优秀品质和宝贵精神。2013年涌现全国五一劳动奖状2个,劳动奖章5人;全国工人先锋号12个;中央企业先进集体14个,劳动模范25人等。

最后,推进先进典型宣传工作日常化,集中宣传基层优秀员工80余人,团队10余个。积极营造崇尚先进、学习先进、争当先进、关爱先进的良好氛围,激励广大员工从优秀不断走向卓越。

3. 强化人才资本

中国电信聚焦战略发展重点,持续加强人才队伍建设,积极促进经营管理人才、专业人才和技能人才的能力提升。

(1) 领导力建设。2013年中国电信共组织举办4期总部部门和省级公司领导人员培训班,2期地市分公司总经理培训班,1期新任职领导人员培训班,共计培训领导人员502人次。积极选派领导人员参加各类高层次人才培训,发挥中国电信学院的作用,开展了新任职领导人员培训工作,重点加强领导力方面的培训。发挥网上大学优势,采取学习专区形式为领导人员提供新技术新业务学习内容。积极探索后备领导人员培养新模式,开展"创业家训练营"试点工作,并在此基础上形成后备队伍建设新思路。

(2) 专业人才培养。中国电信充分发挥各级专业人才的作用,围绕公司重点专业工作,制定各专业人才年度工作计划。加强人才培养，2013年举办市场营销、IP、IT、无线与移动、核心网、光传输与接入、平台7类11期专业B级人才培训班，共计培训高层次专业人才699人次，培养覆盖率超过95%。加强人才考核，对IP、IT/ICT、市场营销等专业的385名A、B级人才进行了考核，110人被评为优秀等级。

（3）员工能力建设。中国电信积极开展一线人员的技能培训和岗位技能认证工作。2013年，围绕"一去两化新三者"战略落地，聚焦业务发展重点，组织实施市场、产品、销售服务、企业信息化、维护与服务支撑、网发建设、综合管理等专业培训187期，累计培训1.3万人次，同比增加6.2%。组织渠道经理、企业信息化、客户服务等9类岗位技能认证，共8.2万人次参加认证。结合集团"划小"工作，重点开展了渠道经理、农村支局长、自营厅TOP店长系列培训；围绕重点业务，开展行业信息化应用顾问式营销培训、重点信息化应用支撑能力提升培训等。深入基层，开展送培训到基层工作以及手机操作系统及重点机型专项培训等活动，全面提升一线人员业务技能。

（4）人才梯队搭建。中国电信面向未来，做好人才梯队建设。进一步加大新兴业务领域人才储备，2013年，招聘应届毕业生约6400人，其中，通信类、计算机类、市场营销类和信息运营类等专业人数占比71.6%，同比提升11个百分点。持续开展优秀毕业生培养工作，2013年选拔优培生1000余人，近三年累计培养约3400人。

4. 薪酬与绩效管理

公司员工薪酬基本由基薪和绩效薪金组成，兼顾短期和中长期的激励。2013年，中国电信继续推进《全业务经营岗位和薪酬体系》的实施，指导各单位在试点的基础上逐步推开，坚持薪酬分配向价值和贡献倾斜、向基层一线员工倾斜。同时，接应支撑公司划小核算单元工作的开展，创新总量分配机制，激发员工活力。通过市场化机制、店长负责制、竞标承包等多种手段，充分授权，促进关键资源下沉、经营管理自主、责权一致，实现企业发展和个人利益的统一。将员工的薪酬水平和考核结果直接挂钩，鼓励多劳多得，使员工在为企业工作的同时，充分体现个人价值，薪酬水平也获得同步提高。

5. 员工权益的保障

中国电信严格按照《中华人民共和国劳动法》、《中华人民共和国劳动合同法》等法律、法规的要求，规范用工，坚持男女职工同工同酬，履行女员工特殊保护规定，没有任何歧视性的政策和规定，更不存在雇用童工和强制劳动的现象。2013年各基层单位积极开展职工之家建设；集团公司和集团工会制定《关于进一步推进劳务派遣和外包单位建会入会工作的通知》，促进劳务派遣和外包单位建立工会，维护和保障员工的合法权益。

6. 员工数据

截至2013年底，本公司共有306545名员工。在不同部门工作的员工人数及比例如表2-7-6所示。

表2-7-6 中国电信2013年底员工分布

部门	员工数（名）	百分比（%）
管理、财务及行政	49113	16.0
销售及营销	157915	51.5
运营及维护	97264	31.7
科研研发	2253	0.8
总计	306545	100

（九）企业社会责任

中国电信秉承"全面创新、求真务实、以人为本、共创价值"的理念，积极履行对利益相关方的责任，深入推进企业转型，不断提升企业的综合价值。2013年，中国电信在《财富》（中文版）企业社会责任排行榜从第39名跃升至第14名，首次入选企业社会责任25强。

1. 企业社会责任管理框架

中国电信逐渐把社会责任管理融入企业的战略管理、工作部署、工作实施以及绩效评估与考核的过程中，形成闭环的社会责任管理框架，如图2-7-5所示。

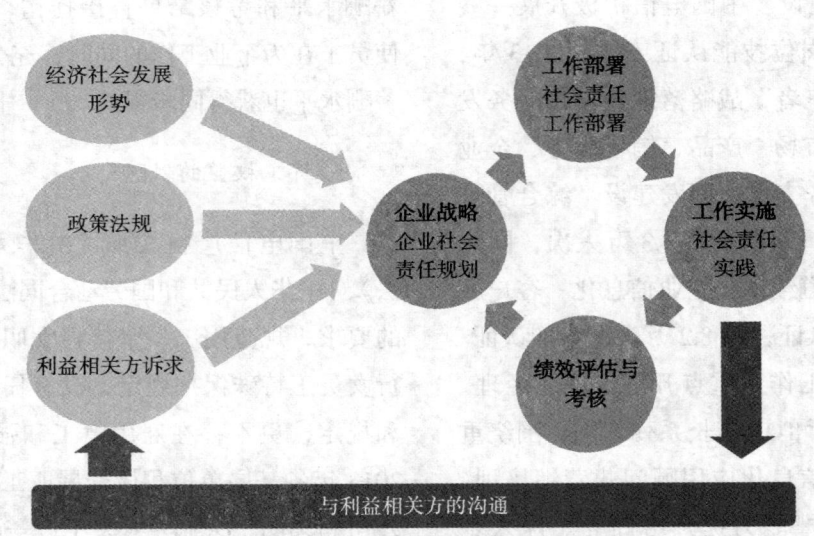

图2-7-5　中国电信社会责任管理框架

中国电信按照"转型尽责，和谐发展"的思路，搭建了企业社会责任模型，努力通过转型实现持续健康发展、和谐发展，如图2-7-6所示。

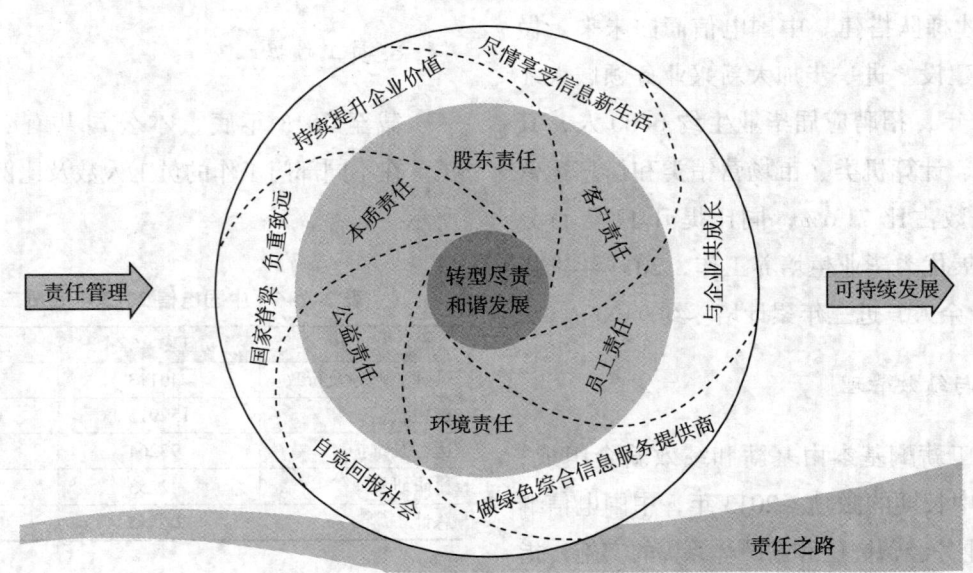

图2-7-6　中国电信企业社会责任模型

中国电信以可持续发展为方向，不断提升责任管理的水平，在转型中履行并协调好对利益相关方的责任，走负责任的发展之路。中国电信对利益相关方的责任主要体现在六个方面，如图2-7-7所示。

本质责任	国家主体通信运营商在基础网络、普遍服务、应急通信、信息健康、科技创新、产业发展等方面具有与生俱来的责任，中国电信坚定发挥脊梁作用，为国家和社会的发展不断作出贡献
股东责任	股东是企业的投资者，中国电信坚持稳健经营，努力以优良的经营业绩，持续提升企业的价值，兑现对股东的承诺
客户责任	客户是企业生存发展的根基，中国电信保障客户权益，追求企业价值与客户价值共同成长，深入理解客户需求，不懈创新，不断为客户提供适用优质的产品和服务，让客户尽情享受信息新生活
员工责任	员工是企业最宝贵的资源，中国电信依法维护员工权益，促进员工发展，鼓励员工参与管理，关爱员工生活，努力让员工与企业共成长
环境责任	绿色发展是全人类的共同使命，中国电信通过绿色管理、绿色采购、绿色运营、绿色办公、绿色产品和绿色活动，努力做绿色综合信息服务提供商，助力经济社会绿色发展
公益责任	公益是企业义务，中国电信自觉回报社会，自觉参与社会公益事业

图 2-7-7 中国电信对利益相关方的责任

2. 诚信经营、守法合规

中国电信坚持依法经营、诚信经营，遵守相关法律法规、行业监管规则及商业信用规则，持续开展普法教育，在内控建设、审计监督、防治腐败和全面风险管理等方面构建横向到边、纵向到底的守法合规体系。建立长效沟通机制，规范披露企业信息，自觉接受政府监管和社会监督。2013年持续加强制度建设和监督检查，对于发现的问题，及时整改。

3. 履行电信运营商的本质责任

中国电信把建设完善基础网络、发展电信普遍服务、保障应急通信、维护信息健康、推进自主创新和促进产业发展作为企业与生俱来的责任。中国电信在3G网络已经广泛覆盖城乡的基础上，2013年持续开展农村、路网移动网络的优化行动。截至2013年底，3G网络覆盖3.54万个乡镇，帮助更多农村居民享受3G网络带来的信息服务。作为国家宽带网络建设的主力军，中国电信自2011年以来连续3年加快宽带基础设施建设，在城市地区大力推进光纤到户（FTTH）建设，农村地区因地制宜采取各种技术建设宽带网络，加快推进行政村通宽带工作。截至2013年底，中国电信FTTH覆盖的家庭数约8400万户，FTTH用户接近2700万户，有线宽带用户超过1亿户，南方21省通宽带的行政村超过29万个，中国电信有线宽带用户中使用4兆比特/秒及以上带宽产品的用户比例达到80%。此外，中国电信忠实履行保障通信安全畅通的任务。2013年积极抗击雅安地震、台风、洪涝等重大自然灾害，在最短时间内恢复灾区通信，全年出动抢险人员11.86万人次、救灾车辆2.75万台次、应急通信设备1300台次，发送公益短信42亿条。圆满完成全运会、亚青会、中国—亚欧博览会、南极科考等重大活动的通信保障任务。

4. 履行对客户的责任

中国电信秉承"追求企业价值与客户价值共同成长"的经营理念,以及"用户至上、用心服务"的服务理念,依法保障客户权益,深入理解客户需求,努力为个人、家庭、企业、政府和社会事业等各类客户提供适用、好用、高性价比的产品,以客户感知为出发点,不断完善服务手段,提升服务品质,让客户尽情享受信息新生活。

2013年中国电信结合群众路线教育实践活动,以及落实工业和信息化部等部委关于行业纠风的要求,中国电信整治服务热点问题,强化服务管理,健全长效机制。此外,各级企业主动与当地中小学教育单位接洽,在中小学教育信息化基础设施建设、教育管理信息化和数字教育资源服务、教育信息化专业队伍建设与培训、教育信息化试点、信息技术研发与推广应用等领域,提供"一揽子"解决方案的服务。

5. 履行对员工的责任

中国电信视员工为企业最宝贵的资源,坚持以人为本,爱护每一位员工;重视各类专业技术人才,坚持企业发展和员工共同成长;按照国家相关法律法规维护员工权益,注重建立稳定和谐的劳动关系;支持工会履行职能,引导员工参与企业民主管理,维护员工当家做主的权利。2013年中国电信通过加强安全生产宣传和教育,落实安全生产责任制和安全管理制度;结合业务发展需要大力开展员工培训,专业培训人次比2012年增加6.2%;持续做好对困难员工的帮扶,建立慰问员工常态化机制,建立针对不同地区、不同员工、不同情况的困难帮扶机制,帮助员工解决实际困难和问题。

6. 履行对环境的责任

中国电信树立"低碳电信、绿色发展"理念,在采购、建设、运营等领域持续推进节能减排工作,努力做绿色综合信息服务提供商。2013年加快推广应用能耗监测系统,结合划小核算单元工作,将能耗细化分解,实施定额管理,提升节能减排精确化的管理水平。稳步推进机房升温工作,将全网55%的移动基站机房的空调设置温度提升到28℃或30℃,年节电超过1亿度。持续加大基础配套设施节能技改,全年建设智能通风约4000套,开关电源休眠技术约6000套,智能换热约1500套,各类机房节能技术应用总体覆盖率达到41%,同比2012年提升了9个百分点,年节电约1.5亿度。全面推广更加节能、可靠的240V直流供电系统,全年应用400余套,使全网耗电量得到了有效控制。公司在努力推进自身绿色运营的同时,继续研发推广环保信息化产品,助力节能减排与绿色发展。

7. 参与公益事业

中国电信自觉参与社会公益事业,通过多种形式的公益活动,支持科技、教育、文化、体育、卫生事业的发展,关心社会弱势群体,扶危助困;倡导和鼓励员工发扬志愿精神,参与多种形式的志愿服务活动。2013年持续协助母公司开展"扶贫援藏"工作,在西藏边坝县和四川省凉山彝族自治州的盐源县和木里县,协助开展基础设施、信息化、教育培训、农业、卫生、科技等方面的援助项目。与教育部联合开展"翼校通关爱留守儿童活动",参与范围包括8个中西部省份的4000所学校,覆盖留守儿童200万,与主流媒体共同倡导社会各界关爱留守儿童。

（十）前景展望

当前，中国全面深化改革开放，国家经济加快步伐调整结构，促进信息消费和实施"宽带中国"战略，全方位加快社会信息化进程，带来更加广阔的市场空间。国内移动互联网呈现爆发式增长势头，技术和产业链加速演进，智能终端和数据流量使用习惯快速升级，4G牌照的发放为移动互联网开启全新的发展空间，信息产业迎来全面转型升级的宝贵契机。同时，全球经济仍处于深度调整期，融合发展带来的产业形态变革相继涌现，"用户流、数据流、资金流"成为产业发展新的价值制高点，行业价值转移加快，竞争范畴和程度进一步加剧，有线宽带竞争政策调整等监管政策陆续出台，公司面临新的挑战。

随着4G牌照的发放，中国电信迎来了全业务经营的最好时期。中国电信将紧抓机遇，加快发展并积极稳妥应对国家税制改革等监管政策变化，致力于打造一个新型的中国电信。

（1）按照自身的自由特征，充分运用有线宽带和无线宽带双技术杠杆，通过IPV6演进和光宽带持续强化有线宽带网络，积极申请LTE FDD经营许可，配合国家政策和根据业务发展需要，稳妥推进4G网络建设，通过混合组网搭建无缝高速移动网络，高效统筹4G和3G发展，打造全场景网络优势。

（2）全面深化改革，努力创造增量企业价值，让员工共享发展收益，充分释放员工活力，加快公司向互联网化运营模式演进。

（3）变革创新，坚定落实"新三者"战略，提质增效，推动规模与效益双提升，不断增强企业竞争实力。

（4）主动开放合作，以资源和优势互补促进产业链实现共赢，加快新业务发展布局，持续扩大价值创造领域，继续领跑移动互联网时代，不断为股东创造新的价值。

附件一：中国电信财务报告（2013年）

1. 合并资产负债表

单位：百万元

	附注	2013年12月31日	2012年12月31日
资产			
非流动资产			
物业、厂房及设备净额	4	372222	371738
在建工程	5	43806	32080
预付土地租赁费		24990	25742
商誉	6	29877	29877
无形资产	7	7662	8962
对附属公司的投资	8	6015	6078
对联营公司的投资	9	564	564
投资	10	1025	612
递延税项资产	11	2647	2716
其他资产	19	3800	4078
非流动资产合计		492608	482447

续表

	附注	2013年12月31日	2012年12月31日
流动资产			
存货	12	3203	3183
应收所得税		306	1494
应收账款净额	13	19326	17789
预付款及其他流动资产	14	5951	5135
原限期为三个月以上的定期存款		30	580
现金及现金等价物	15	8211	20862
流动资产合计		37027	49043
资产合计		529635	531490
负债及权益			
流动负债			
短期贷款	16	27578	6476
一年内到期的长期贷款	16	20072	10212
应付账款	17	78199	64043
预提费用及其他应付款	18	65473	102657
应付所得税		201	291
一年内到期的融资租赁应付款		1	—
一年内摊销的递延收入	19	1201	1651
流动负债合计		192725	185330
净流动负债		(155698)	(136287)
资产合计扣除流动负债		336910	346160
非流动负债			
长期贷款及应付款	16	62617	82690
融资租赁应付款		—	3
递延收入	19	1229	1791
递延税项负债	11	505	627
非流动负债合计		64351	85111
负债合计		257076	270441
权益			
股本	20	80932	80932
储备	21	191627	180117
权益合计		272559	261049
负债及权益合计		529635	531490

2. 合并损益表

单位：百万元

	附注	2013年	2012年（重列）
经营收入	22	321584	283176
经营费用			
折旧及摊销		(69083)	(49666)

续表

	附注	2013年	2012年（重列）
网络运营及支撑成本	23	(53102)	(65979)
销售、一般及管理费用		(70448)	(63099)
人工成本	24	(46723)	(42857)
其他经营费用	25	(54760)	(40367)
经营费用合计	26	(294116)	(261968)
经营收益		27468	21208
财务成本净额	27	(5153)	(1562)
投资收益		670	93
应占联营公司的收益		103	78
税前利润		23088	19817
所得税	28	(5422)	(4753)
本年利润		17666	15064
本年其他综合收益			
后续可能重分类至损益的项目：			
可供出售股权证券公允价值的变动		414	(228)
可供出售股权证券公允价值的变动的递延税项		(104)	57
换算中国大陆境外附属公司财务报表的汇兑差额		(79)	(2)
应占联营公司的其他综合收益		5	—
税后的本年其他综合收益		236	(173)
本年综合收益合计		17902	14891
股东应占利润			
本公司股东应占利润		17545	14949
非控制性权益股东应占利润		121	115
本年利润		17666	15064
股东应占综合收益			
本公司股东应占综合收益		17781	14776
非控制性权益股东应占综合收益		121	115
本年综合收益合计		17902	14891
每股基本净利润	33	0.22	0.18
股数（百万股）	33	80932	80932

3. 合并现金流量表

单位：百万元

	附注	2013年	2012年（重列）
经营活动产生的现金净额	(a)	88351	70722
投资活动所用的现金流量			
资本支出		(70921)	(50071)
预付土地租赁费所支付的现金		(111)	(133)
处置物业、厂房及设备所收到的现金		1538	2696
转让预付土地租赁费所收到的现金		360	255

续表

	附注	2013年	2012年（重列）
处置附属公司导致的现金流入/（流出）	1	512	(116)
原限期在三个月以上的定期存款投资额		(2750)	(2730)
原限期在三个月以上的定期存款到期额		3193	1804
支付移动网络收购（定义见附注16）中占应付中国电信集团款项		(14269)	—
支付移动网络收购的首期对价		(25500)	—
投资活动所用的现金净额		(107948)	(48295)
融资活动产生/（所用）的现金流量			
融资租赁所支付的本金		(2)	—
取得银行及其他贷款所收到的现金		54983	9702
偿还银行及其他贷款所支付的现金		(44053)	(24133)
支付股息		(5433)	(5625)
支付第五次收购对价所支付的现金	1	—	(29)
支付第六次收购对价所支付的现金	1	—	(48)
收到的非控制性权益的现金净额		142	331
融资活动产生/（所用）的现金净额		5637	(19802)
现金及现金等价物（减少）/增加净额		(13960)	2625
于1月1日的现金及现金等价物		30099	27475
汇率变更的影响		(69)	(1)
于12月31日的现金及现金等价物		16070	30099

附件二：中国电信大事记

1995年，进行企业法人登记，从此逐步实行政企分开。

1998年，邮政、电信分营，开始专注于电信运营。

1999年，中国电信的寻呼、卫星和移动业务被剥离出去。后来寻呼和卫星并到三大运营商，即电信、移动、联通。

2000年，中国电信集团公司正式挂牌。

2001年，中国电信被再次重组，进行了南北分拆，产生了北网通、南电信。

2002年5月，新的中国电信集团公司重新正式挂牌成立。

2002年11月，集团公司下属的两大控股公司之一中国电信股份有限公司在中国香港及纽约上市。

2003年12月，中国电信股份有限公司以人民币460亿元的对价从中国电信集团公司收购安徽、福建、江西、广西、重庆、四川6省电信有限公司，公司服务区扩大为10省。

2004年5月，中国电信股份有限公司以人民币278亿元的对价从中国电信集团公司收购湖北、湖南、海南、云南、贵州、甘肃等10省电信有限公司，公司服务区扩大为20省。

2004年12月，原中国电信集团公司董事长兼首席执行官周德强先生退休，王晓初先生出任董事长兼首席执行官。

2005年10月，中国电信股份有限公司首次发行面值为人民币100亿元，期限为6个月的短期融资券，发行年利率为2.54%。

2006年，集团公司下属的另一大控股公司中国通信服务股份有限公司在中国香港上市。

2007年6月，中国电信股份有限公司以人民币14亿元的对价从中国电信集团公司收购中国香港、美洲和系统集成等公司。

2008年6月，中国电信与中国联通达成收购框架协议，以人民币438亿元收购CDMA业务。

2008年10月，中国电信开始CDMA业务收购交割及运营，成为全业务综合信息服务运营商。

2008年12月，中国电信正式推出189号段服务，为用户提供全新的移动服务体验。

2009年1月7日，工业和信息化部为中国移动、中国电信和中国联通发放3张第三代移动通信（3G）牌照，此举标志着我国正式进入3G时代。其中中国电信获CDMA2000牌照。

2009年4月，中国电信在全国首批120个城市推出3G服务。

2009年6月，非话音业务收入占整体收入的比重逾50%，反映公司持续深化转型的良好效果。

2009年7月，中国电信被国家评为"2009年全国国有企业典型"，并名列第一。率先在全国342个地级市及2000多个县铺设EVDO网络，是规模商用最早、覆盖面最广的3G网络。

2010年4月，中国电信积极探索与研究下一代互联网技术，全球首家获得"IPv6论坛"颁发的"IPv6 Enabled ISP证书"。

2010年10月，中国电信作为探月工程地面应用通信合作方，为"嫦娥二号"任务的圆满完成做出重要贡献。

2010年12月，移动用户规模超过9000万，较年初增长超过60%，初步实现规模化发展。

2011年2月，中国电信扎实推进"宽带中国·光网城市"工程，积极打造优势宽带网络资源。

2011年3月，移动用户规模成功跨越亿户关口，成为全球最大的CDMA移动网络运营商。

2011年8月，中国电信发布天翼云计算战略、品牌及解决方案，成为国内对外发布云计算战略及解决方案的第一家通信运营商。

2012年6月，中国电信圆满完成"神舟九号"升空的通信保障任务。

2012年12月，中国电信股份有限公司与中国电信集团公司达成协议，以人民币872亿元收购若干CDMA网络资产及相关负债，交易于2012年底完成。

2013年1月16日，"翼聊"在2012年中国互联网产业年会上荣获"2012中国互联网十大技术创新奖"称号。

2013年1月28日，在新浪网主办的2012年网络盛典上，中国电信"带上天翼去旅行"荣获"微博营销行业榜样"年度大奖。

2013年2月，中国电信在《Euromoney》举办的"2013年亚洲最佳管理公司"评选中，被资本市场评选为"中国最佳管理公司"第1名。

2013年3月20日，2013年度《财富》（中文版）企业社会责任排行榜揭晓，中国电信股份有限公司从2012年的第39名跃升至第14名，首次入选中国企业25强。

2013年4月，四川雅安芦山县发生7.0级地震，中国电信及时抢通当地通信、提供寻亲热线并为政府救灾提供视频会议保障等，有力支援救灾工作。

2013年5月17日，具有中国电信自主知识产权和多项专利算法的移动互联网定位平台上线，标志着中国电信拥有了自主研发、可集约运营的互联网定位服务提供能力。

2013年5月，中国电信在亚洲著名企业管治专业杂志《Corporate Governance Asia》举办的"2013年度亚洲卓越企业表扬大奖"中荣获四项企业管治大奖："最佳首席执行官"王晓初先生，"最佳财务总监"吴安迪女士，"最佳企业社会责任奖"，"最佳投资者关系奖"。

2013年7月18日，中国电信首个天翼4G试验网在南京开通。

2013年8月19日,中国电信与网易联合组建的翼信科技有限公司正式成立并发布易信产品,打造新型移动互联网业务入口,标志着电信运营商和互联网公司进入移动即时通信产品联合开发运营和资本合作的新阶段。

2013年10月16日,成立中国电信(法国)有限公司。

2013年11月,中国电信3G移动用户突破1亿户,用户占比超过50%。

2013年12月4日,中国电信获得"LTE/第四代数字蜂窝移动通信业务(TD-LTE)"经营许可,标志中国电信的移动业务正式进入第四代运营时代。

2013年12月11日,中国电信(墨西哥)有限公司(China Telecom de México, S.A. De C.V, "墨西哥公司")成立。

2013年12月,中国电信有线宽带用户突破1亿户。

卡洛斯·斯利姆·埃卢（Carlos Slim Domit）
墨西哥美洲电信董事长

卡洛斯·斯利姆·埃卢，1940年出生于墨西哥城。20世纪90年代，埃卢以1760万美元买进了墨西哥电话公司，这为他跻身亿万富豪奠定了基础，也为他赢取了"拉美的沃伦·巴菲特"的美誉，让他仅用了16年时间就爬升到《福布斯》2006年富豪榜第三的位置。2010年，埃卢位居《福布斯》富豪榜榜首，至2013年埃卢已经以730亿美元身价连续四年摘得世界首富桂冠。卡洛斯·斯利姆·埃卢对于拉丁美洲地区的电信产业有着巨大的影响，他还是墨西哥证券交易所的副主席和墨西哥经纪公司协会主席。

丹尼尔斯·黑吉·阿布姆拉德（Daniel Hajj Aboumrad）
墨西哥美洲电信首席执行官

丹尼尔斯·黑吉·阿布姆拉德，出生于1966年，以MBA学位从阿纳瓦克国立大学毕业。1987~1998年任职于Carso集团高层，2000年被任命为墨西哥美洲电信的首席执行官，被《哈佛商业评论》评选为全球100名最佳CEO第71名。丹尼尔斯·黑吉·阿布姆拉德已在墨西哥美洲电信任职14年，期间带领墨西哥美洲电信不断实施并购扩展版图，将业务扩展到南美地区，成功将墨西哥美洲电信打造成为全球第四大移动运营商。

墨西哥美洲电信
公司 LOGO

  墨西哥美洲电信的 LOGO 由公司英文名全称"America Movil"和一个球形图案组成。球体代表了地球，构成球体一圈圈的线圈则代表了通信信号，意味着墨西哥美洲电信为全球提供通信服务的愿景。

八 墨西哥美洲电信公司可持续发展报告（America Movil）

（一）公司简介

墨西哥美洲电信公司 America Movil（NYSE：AMX，BMV：AMX，NASDAQ：AMOV），是拉丁美洲领先的电信服务提供商，也是全球最大的无线运营商之一。公司于 2000 年在墨西哥市成立，主要为拉丁美洲和加勒比地区提供话音、互联网、传真、数据、IP 电话等多种服务。墨西哥美洲电信经过十多年的迅速发展，现已成为拉丁美洲用户群体最多的无线通信公司。在 2014 年《财富》500 强排行榜中，墨西哥美洲电信排第 156 名，较 2013 年上升两位。

墨西哥美洲电信公司于 2007 年成为拉美最大的企业，除了墨西哥本国以外，还为巴西、阿根廷、美国等十余个国家提供电信服务。从无线通信服务的用户数来看，墨西哥美洲电信是拉美地区最大的运营商，拥有墨西哥 80%以上的市场份额，同时也是巴西第三大电信运营商。墨西哥美洲电信经营的业务主要包括无线通信服务、固网语音服务、宽带服务和付费电视服务等，旗下品牌包括 Telcel、Telmex、Claro、Embratel、Trac Fone 和 Simple Mobile。其中，Telcel 是墨西哥地区的运营品牌，TracFone 是美国领先的预付费无线服务品牌，Simple Mobile 也主要在美国使用，Claro 在巴西、智利、多米尼加共和国、萨尔瓦多等拉美地区广泛使用。墨西哥美洲电信致力于成为全球顶尖的电信运营商，多年来通过不断兼并来扩大规模，并通过为客户提供新服务、优化网络建设等方式不断地向目标靠近。

截至 2013 年 12 月 31 日，墨西哥美洲电信的总资产为 10256 亿比索，股东权益为 2103 亿比索。2013 年，全年实现收入 7861 亿比索，净利润 750 亿比索，每股盈余为 1.02 比索/股，总投资报酬率为 7.31%，与 2012 年同期相比下降约 2 个百分点。2013 年末，墨西哥美洲电信收盘价为 23.32 比索/股，市盈率为 22.86。

（二）公司战略

1. 相机并购，拓展国际市场

墨西哥美洲电信作为年轻企业，短短十余年就成为墨西哥的垄断巨头，头顶拉美领先的运营商、全球最大的无线运营商之一等光环。按市值计算，墨西哥美洲电信甚至超过巴西石油公司等巨头。墨西哥美洲电信取得如此辉煌的成绩，不仅得益于在墨西哥本国的垄断优势创造的巨额利润，同时还归功于其大刀阔斧地开拓国外市场，而这其中就主要采用并购战略。如 2003 年，墨西哥美洲电信收购了巴西无线公司（BSE）95%的股份；2007 年，收购了无线增值业务提供商 Oceanic Digital Jamaica；2011 年收购了通用卫星控股有限公司旗下的一星有限公司 20%的股份，收购了加勒比电信运营商；2012 年，收购皇家 KPN 集团 27.7%的股份，收购澳大利亚电信 21%的股份，收购美国 Simple Mobile 等。

2. 提供综合电信服务，扩大用户群

墨西哥美洲电信致力于成为一家综合电信服

务提供商,因此公司正在以全新的姿态为用户提供各种产品和服务。目前,墨西哥美洲电信的用户可以通过无线设备或固话设备享受语音及数据业务,墨西哥美洲电信还为全球18个国家的客户提供娱乐、互联网、付费电视等服务。墨西哥美洲电信希望通过综合电信服务,能够满足不同细分市场的客户需求,进而扩大用户群。

3. 投资于网络优化和新技术开发,巩固领导者地位

为了支撑墨西哥美洲电信的扩张战略及巩固其在拉丁美洲的领导者地位,墨西哥美洲电信每年都大量投资于网络优化和新技术开发。这不仅需要继续管理并扩大在拉丁美洲和加勒比地区已有的无线网络,还需要在这些地区的光纤和电缆的运营及发展上做出努力,并确保与其无线平台的高效整合。如2011年,董事长卡洛斯·斯利姆·埃卢曾表示,公司将在未来几年每年对拉丁美洲投资100亿美元,以提高其电信基础设施和移动技术。目前,墨西哥美洲电信在拉丁美洲投资500亿美元的五年期项目已经执行过半,并取得了良好效果。

(三)公司治理

1. 董事会

董事会具有全面管理公司的权利,在公司发展中起着举足轻重的作用。根据墨西哥美洲电信的公司章程规定,董事会要由5~21名董事构成,同时允许选举同等数量的候补董事。公司董事不必是公司的股东,但大多数的候补董事必须是墨西哥公民,并由墨西哥股东选举产生。任何单个或共同持有10%以上的AA股和A股股东有权任命一名董事及候补董事,因此,大多数AA股和A股股东能够共同选举出大多数的董事及候补董事,而持L股股东则能选举出两名董事及两名候补董事。当正式董事缺席时,候补董事可出席董事会会议。董事及候补董事的当选或连任在每届股东大会及L股股东特别会议上进行,并且要服务到任期结束。董事会成员的任期为一年,董事任期届满之后,如果没有新的董事当选,则可以继续任职30天。此外,根据墨西哥证券市场法律,要确保公司董事的独立性,因此公司董事中至少25%必须是独立董事。同时,为了确保董事会会议的合法举行,出席董事会的大多数董事必须是墨西哥公民。

在2014年4月28日的年度股东大会上,所有董事会的现有成员、执行委员会成员、审计与企业实务委员会成员,以及在波多黎各和美国的委员会都进行了改选,公司秘书和专业秘书也被重新任命。在本次股东大会上,有14名董事由AA股和A股股东投票选出,2名董事由L股股东选出,并且一位候补董事连任。

2. 执行委员会

墨西哥美洲电信的章程规定,执行委员会可以行使董事会的普遍权力,但有一些例外。此外,董事会需根据章程规定,在决定某些事项前咨询执行委员会、董事会和董事长,或者首席执行官要求执行委员会在10日内必须提供建议。如果执行委员会无法在10日内提供建议,或者董事会必须在执行委员会提出建议前做出决定,则董事会有权不听取执行委员会建议就采取行动。执行委员会目前由四名成员组成,其中三名成员由墨西哥控股股东任命,一名成员由AT&T任命。

3. 审计与企业实务委员会

墨西哥美洲电信的审计与企业实务委员会由董事会的独立成员组成,目前审计与企业实务委员会包括两位成员。审计与企业实务委员会的任

务主要是协助董事会监督公司业务,建立适当的和可靠的监控程序和监控,以确保发布的财务信息是有用的,并准确反映公司的财务状况。此外根据公司章程,审计与企业实务委员会的职责在墨西哥证券法律法规下执行,并须针对企业和审计实践向董事会提交年度报告。

4. 波多黎各和美国地区委员会

波多黎各和美国地区委员会由除 Messrs. Jeffery Scott McElfresh 和 Michael J. Viola 之外的所有董事会成员构成。该委员会的设立是为了以公司董事会的名义处理波多黎各子公司事务及 Te_pri 品牌事务,美国子公司事务及 TracFone(包括其附属公司)、Telmex 公司(包括其附属公司)等品牌事务,还包括任何未来可能并购企业的事务和与 AT&T 在美国相同市场中的业务。为了实现委员会的功能,要依靠公司及其附属公司完善的内部结构。

5. 股权结构

墨西哥美洲电信的股份由 L 股、AA 股和 A 股构成,其中,AA 股和 A 股是拥有全部投票权的股票,而 L 股东的投票权则有使用限制。截至 2013 年 12 月 31 日,墨西哥美洲电信共有 695.89 亿股,其中,L 股股数为 454.88 亿股,AA 股股数为 234.24 亿股,A 股股数为 6.77 亿股,三种股份在总股数中的占比如图 2-8-1 所示。

在 AA 股和 A 股中,持股比例在 5% 以上的股东如表 2-8-1 所示。

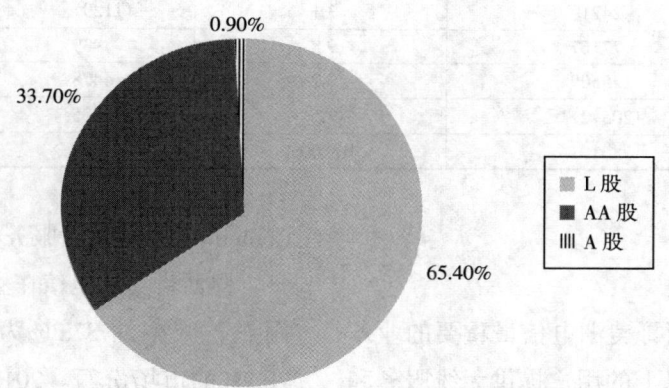

图 2-8-1 墨西哥美洲电信股权结构图

表 2-8-1 AA 股和 A 股中持股比例超过 5% 的股东

股东	持有股数(百万)	所占百分比(%)
AA 股:		
Family Trust	10894	46.5
AT&T Inc.	5739	24.5
Carlos Slim Helú	1879	8.0
Inmobiliaria Carso	1392	5.9
L 股:		
Family Trust	5998	13.0
BlackRock, Inc.	3093	6.7
Carlos Slim Helú	3072	6.7

(四) 市场概览

墨西哥美洲电信在 18 个国家和地区提供电信服务，主要业务市场包括：墨西哥市场、巴西市场、哥伦比亚市场、安第斯地区市场、美国市场、中美洲市场、加勒比地区市场、南锥地区市场（南美洲的巴西、巴拉圭、乌拉圭、阿根廷和智利）。在用户数上，墨西哥美洲电信是拉丁美洲最大的无线服务提供商，在墨西哥拥有最大的市场份额，还是巴西第三大电信服务提供商。此外，墨西哥美洲电信还拥有墨西哥、巴西、哥伦比亚等 11 个国家的主要固网运营业务。墨西哥美洲电信在 18 个国家的营业收入和盈利状况如表 2-8-2 所示。

表 2-8-2 2013 年墨西哥美洲电信在 18 个国家的营业收入和盈利状况

	2013 年 12 月 31 日			
	营业收入		营业利润	
	百万墨西哥比索	收入占比	百万墨西哥比索	利润占比
墨西哥无线	193178	24.6%	78761	51.1%
墨西哥固网	105869	13.5	20038	13.0
巴西	199887	25.4	11101	7.2
哥伦比亚	74210	9.4	21351	13.8
南锥地区	61521	7.8	6174	4.0
安第斯地区	45113	5.7	11910	7.7
中美洲	24219	3.1	(1129)	(0.7)
美国	77167	9.8	939	0.6
加勒比地区	25509	3.2	4478	2.9
抵消	(20572)	(2.5)	635	0.4
合计	786101	100.00%	154258	100.0%

1. 墨西哥市场

墨西哥市场是墨西哥美洲电信最重要的业务市场，为墨西哥 70%以上的用户提供无线服务和固网服务。在无线服务方面，墨西哥美洲电信通过 Telcel 子公司及其附属公司提供无线服务和产品，Telcel 也已成为墨西哥无线通信服务的领先供应商。此外，墨西哥美洲电信还通过 Anuncios EN Directorios 提供黄页服务，通过 Editorial Contenido 提供出版服务等。截至 2013 年 12 月 31 日，墨西哥美洲电信在墨西哥拥有约 7350 万手机用户，其中约 87.2%为预付费用户，占墨西哥 70.2%的市场份额。2013 年，墨西哥市场无线部分的营业收入为 1931.78 亿比索，占合并营业收入的 24.6%，墨西哥市场的无线用户数也占无线用户总数的 27.2%，比 2012 年同期上升 0.3 个百分点。墨西哥无线业务的相关经营数据如表 2-8-3 所示。

表 2-8-3 墨西哥市场无线业务市场的相关经营数据

	12 月 31 日		
	2011 年	2012 年	2013 年
ARPU（年末）	166	176	167
用户数（千）			
预付费	58218	61756	64112

续表

	12月31日		
	2011年	2012年	2013年
后付费	7460	8610	9393
合计	65678	70366	73505
市场份额	68.2%	69.6%	70.2%
MOUs（年末）	223	265	273
无线用户流失率（年末）	3.7%	3.7%	3.8%

在固网业务方面，墨西哥美洲电信主要通过Telmex子公司及其附属公司为墨西哥市场提供相关服务，Telmex已成为墨西哥固定电话服务和宽带服务的领先提供商。截至2013年12月31日，墨西哥美洲电信在墨西哥拥有约1350万的固网语音用户和890万的宽带用户。2013年实现1058.69亿比索的营业收入，占合并营业收入的13.5%，用户数占固网服务总用户数的32.3%，比2012年同期下降3个百分点。墨西哥固网业务的相关经营数据如表2-8-4所示。

表2-8-4 墨西哥市场固网业务市场的相关经营数据

	12月31日		
	2011年	2012年	2013年
RGUs（千）			
固网语音	14814	14224	13543
宽带	7952	8497	8908
合计	22766	22721	22451
通信量（年末）（百万）			
长途通话分钟数	27320	33156	34868
网间互联分钟数	37789	38368	41216
合计分钟	65109	71524	76084
流失率（年末）			
固网语音	1.2%	1.1%	1.4%
宽带	1.4%	1.4%	1.2%

2. 巴西市场

在巴西，墨西哥美洲电信通过子公司Americel、Claro Brasil、Embratel、Star One、Net Serviços为市场提供无线服务、固定通话服务、宽带服务、付费电视等服务。其中，巴西市场的无线品牌为Claro，固网服务的品牌为Claro、Embratel和NET。截至2013年12月31日，墨西哥美洲电信在巴西拥有约6870万无线用户，其中约79.2%为预付费用户，占巴西24.8%的市场份额，占墨西哥美洲电信全部无线用户数的25.5%；此外还拥有约1120万固话用户、670万宽带用户和1480万付费电视用户，占墨西哥美洲电信全部固定电信用户数的47.1%。2013年，墨西哥美洲电信在巴西市场实现1998.87亿比索的收入，占合并营业收入的25.4%。墨西哥美洲电信在巴西市场的经营数据如表2-8-5所示。

3. 哥伦比亚市场

在哥伦比亚，墨西哥美洲电信通过子公司

表 2-8-5 巴西市场相关经营数据

	12月31日		
	2011年	2012年	2013年
无线运营			
ARPU（年末）	Ps.135	Ps.107	Ps.89
用户数（千）			
预付费	47710	52170	54386
后付费	12669	13069	14318
合计	60379	65239	68704
市场份额	25.4%	24.1%	24.8%
MOUs（年末）	100	115	128
无线用户流失率（年末）	3.7%	3.7%	3.3%
固网运营			
RGUs（千）			
固网语音	9158	10280	11188
宽带	4661	5752	6689
付费电视	9770	12554	14806
合计	23589	28586	32683
通信量（年末）（百万）			
长途通话分钟数	19140	23692	27843
网间互联分钟数	8719	8848	10678
合计分钟	27859	32540	38521
流失率（年末）			
固网语音	2.5%	1.6%	1.8%
宽带	1.4%	1.3%	1.5%
付费电视	1.5%	1.7%	1.8%

Comcel、Telmex Colombia 和 Páginas Telmex 提供无线服务、固网语音服务、宽带服务、付费电视等服务。其中，无线业务服务和固网服务品牌都是 Claro。在用户数上，墨西哥美洲电信是哥伦比亚最大的无线通信和付费电视服务供应商。截至 2013 年 12 月 31 日，墨西哥美洲电信在哥伦比亚拥有约 290 万无线用户，其中约 80.3% 为预付费用户，占哥伦比亚 60.9% 的市场份额，占墨西哥美洲电信全部无线用户数的 10.7%；拥有约 120 万固定电话用户、140 万宽带用户和 210 万付费电视用户，占墨西哥美洲电信全部固定电信用户数的 6.8%。2013 年，墨西哥美洲电信在哥伦比亚地区实现 742.10 亿比索的收入，占合并收入的 9.4%。墨西哥美洲电信在哥伦比亚市场的经营数据如表 2-8-6 所示。

表 2-8-6 哥伦比亚市场相关经营数据

	12月31日		
	2011年	2012年	2013年
无线运营			
ARPU（年末）	Ps.121	Ps.147	Ps.146
用户数（千）			
预付费	24064	25019	23263

续表

	12月31日		
	2011年	2012年	2013年
后付费	4755	5352	5714
合计	28819	30371	28977
市场份额	65.5%	61.8%	60.9%
MOUs（年末）	203	230	220
无线用户流失率（年末）	4.3%	4.1%	4.4%
固网运营			
RCUs（千）			
固网语音	774	986	1206
宽带	875	1190	1449
付费电视	1899	2019	2093
合计	3548	4195	4748
通信量（年末）（百万）			
长途通话分钟数	50	71	91
网间互联分钟数	574	717	902
合计分钟	624	788	993
流失率（年末）			
固网语音	1.9%	1.9%	1.7%
宽带	1.9%	1.8%	1.8%
付费电视	2.1%	2.0%	1.8%

4. 南锥地区市场

墨西哥美洲电信通过子公司 AMX Argentina、Telmex Argentina、Claro Chile 和 AM Wireless Uruguay 等为南锥地区市场提供无线服务、固网语音服务、宽带服务、付费电视等服务。墨西哥美洲电信是阿根廷最大的无线电信服务供应商，智利、巴拉圭和乌拉圭的第三大无线电信服务供应商。截至2013年12月31日，墨西哥美洲电信在南锥地区的无线用户约282万，其中约66.2%为预付费用户，占南锥地区市场份额的27.3%，占墨西哥美洲电信全部无线用户数的10.4%；拥有约50万固定电话用户、40万宽带用户和80万付费电视用户，占墨西哥美洲电信全部固定电信用户数的2.5%。2013年，墨西哥美洲电信在哥伦比亚地区实现收入615.21亿比索，占合并收入的7.8%。墨西哥美洲电信在南锥地区市场的经营数据如表2-8-7所示。

表 2-8-7 南锥地区市场相关经营数据

	12月31日		
	2011年	2012年	2013年
无线运营			
ARPU（年末）	Ps.137	Ps.142	Ps.131
用户数（千）			
预付费	17865	18545	18636
后付费	8416	8887	9530
合计	26281	27432	28166
市场分额	28.9%	28.4%	27.3%

续表

	12月31日		
	2011年	2012年	2013年
MOUs（年末）	158	160	158
无线用户流失率（年末）	3.2%	3.1%	2.6%
固网运营			
RGUs（千）			
固网语音	427	478	499
宽带	312	381	410
付费电视	597	649	805
合计	1336	1508	1714
通信量（年末）（百万）			
长途电话分钟数	2499	2546	2554
网间互联分钟数	1227	1185	1061
合计分钟	3726	3731	3615
流失率（年末）			
固网语音	1.9%	1.6%	1.6%
宽带	2.7%	2.3%	2.4%
付费电视	4.2%	4.4%	3.3%

5. 安第斯地区市场

墨西哥美洲电信通过子公司 Conecel、Ecuador Telecom 和 Claro 为安第斯地区市场提供无线服务、固网语音服务、宽带服务、付费电视等服务。Conecel 是厄瓜多尔第一大、秘鲁第二大无线通信服务供应商。截至 2013 年 12 月 31 日，墨西哥美洲电信在安第斯地区的无线用户约 239 万，其中约 75.9%为预付费用户，占安第斯地区市场的 50.1%，占墨西哥美洲电信全部无线用户数的 8.9%；拥有约 70 万固定电话用户、30 万宽带用户和 30 万付费电视用户，占墨西哥美洲电信全部固定电信用户数的 1.9%。2013 年，墨西哥美洲电信在哥伦比亚地区实现收入 451.13 亿比索，占合并收入的 5.7%。墨西哥美洲电信在安第斯地区市场的经营数据如表 2-8-8 所示。

表 2-8-8　安第斯地区市场相关经营数据

	12月31日		
	2011年	2012年	2013年
无线运营			
ARPU（年末）	Ps.110	Ps.121	Ps.124
用户数（千）			
预付费	18765	19919	18118
后付费	3546	4719	5768
合计	22311	24638	23886
市场份额	52.1%	52.1%	50.1%
MOUs（年末）	134	133	139
无线用户流失率（年末）	2.5%	2.8%	3.9%

续表

	12月31日		
	2011年	2012年	2013年
固网运营			
RGUs（千）			
固网语音	349	584	686
宽带	188	264	345
付费电视	326	272	312
合计	863	1120	1343
通信量（年末）（百万）			
长途电话分钟数	370	344	455
网间互联分钟数	1169	1214	1596
合计分钟	1539	1558	2051
流失率（年末）			
固网语音	2.2%	1.6%	3.5%
宽带	2.8%	2.6%	2.9%
付费电视	4.3%	5.4%	4.1%

6. 中美洲市场

墨西哥美洲电信在中美洲拥有的子公司主要有CTE、CTE Telecom Personal、Telgua、Enitel和Sercom Honduras等。墨西哥美洲电信还是尼加拉瓜最大的无线通信服务提供商，萨尔瓦多、危地马拉和洪都拉斯第二大无线通信服务提供商以及巴拿马第四大无线通信服务提供商。截至2013年12月31日，墨西哥美洲电信在中美洲拥有无线用户约172万，其中约90.3%为预付费用户，占中美洲市场的30.2%，占墨西哥美洲电信全部无线用户数的6.4%；拥有约280万固定电话用户、60万宽带用户和90万付费电视用户，占墨西哥美洲电信全部固定电信用户数的6.1%。2013年，墨西哥美洲电信在哥伦比亚地区实现收入1720万比索，占合并收入的3.1%。墨西哥美洲电信在中美洲市场的经营数据如表2-8-9所示。

表2-8-9　中美洲市场相关经营数据

	12月31日		
	2011年	2012年	2013年
无线运营			
ARPU（年末）	Ps.73	Ps.78	Ps.74
用户数（千）			
预付费	11903	13861	15555
后付费	1029	1410	1667
合计	12932	15271	17222
市场份额	27.9%	30.3%	32.9%
MOUs（年末）	139	153	148
无线用户流失率（年末）	2.7%	3.2%	3.7%
固网运营			
RGUs（千）			
固网语音	2440	2594	2767

续表

	12月31日		
	2011年	2012年	2013年
宽带	474	566	631
付费电视	707	736	863
合计	3621	3896	4261
通信量（年末）（百万）			
长途电话分钟数	2150	2594	2705
网间互联分钟数	792	693	672
合计分钟	2942	3287	3377
流失率（年末）			
固网语音	0.8%	0.7%	0.7%
宽带	1.7%	1.3%	1.3%
付费电视	2.4%	3.4%	2.8%

7. 美国市场

墨西哥美洲电信的美国市场业务集中在预付费无线通信服务上，由墨西哥美洲电信的子公司TracFone负责，旗下品牌包括TracFone、Net10、Straight Talk、SafeLink、Simple Mobile、Telcel America 和 Page Plus 等。在用户数上，墨西哥美洲电信是美国最大的预付费无线通信服务提供商。截至2013年12月31日，墨西哥美洲电信在美国的无线用户约237万，并且全部为预付费用户，占美国预付费市场的33.4%，占墨西哥美洲电信全部无线用户数的8.8%。2013年，墨西哥美洲电信在美国的收入为771.67亿比索，占合并收入的9.8%，比2012年占比同期提高1.2个百分点。墨西哥美洲电信在美国市场的经营数据如表2-8-10所示。

表 2-8-10 美国市场相关经营数据

	12月31日		
	2011年	2012年	2013年
ARPU（年末）	Ps.190	Ps.225	Ps.248
用户数（千）			
预付费	19762	22392	23659
市场份额	29.0%	31.6%	33.4%
MOUs（年末）	378	457	525
无线用户流失率（年末）	4.2%	3.9%	3.9%

8. 加勒比地区市场

墨西哥美洲电信在加勒比地区的子公司有Codetel和Telpri，是多米尼加共和国和波多黎各最大的电信服务提供商。截至2013年12月31日，墨西哥美洲电信在加勒比地区的无线用户约580万，其中约74%为预付费用户，占加勒比地区市场的44%，占墨西哥美洲电信全部无线用户数的2.1%；拥有约140万固定电话用户、70万宽带用户和20万付费电视用户，占墨西哥美洲电信全部固定电信用户数的2.2%。2013年，墨西哥美洲电信在加勒比地区实现收入255.09亿比索，占合并收入的3.2%。墨西哥美洲电信在加勒比地区市场的经营数据如表2-8-11所示。

表 2-8-11 加勒比地区市场相关经营数据

	12月31日		
	2011年	2012年	2013年
无线运营			
ARPU（年末）	Ps.179	Ps.201	Ps.184
用户数（千）			
预付费	4200	4382	4269
后付费	1392	1466	1495
合计	5592	5848	5764
市场份额	47.6%	45.4%	44.9%
MCUs（年末）	328	327	303
无线用户流失率（年末）	5.2%	4.0%	4.4%
固网运营			
RGUs（千）			
固网语音	1426	1365	1359
宽带	590	628	668
付费电视	143	172	217
合计	2159	2165	2244
通信量（年末）（百万）			
长途电话分钟数	5357	4953	4962
网间互联分钟数	3307	2836	2696
合计分钟	8664	7789	7658
流失率（年末）			
固网语音	1.5%	1.7%	1.4%
宽带	2.8%	2.5%	2.3%
付费电视	2.7%	2.5%	2.4%

（五）业务概览

为了更好地适应本地化发展，墨西哥美洲电信在不同国家都推出相应的子品牌，以示区分。同时在不同的国家因地制宜，调整业务布局，在无线业务、宽带业务和付费电视业务间进行组合。墨西哥美洲电信的市场品牌和业务概览如表2-8-12所示。

表 2-8-12 墨西哥美洲电信的市场品牌和业务概览

国家	主要品牌	主营业务
墨西哥	Telcel	无线业务
	Telmex	固网业务
阿根廷	Claro	无线业务、固网业务
巴西	Claro	无线业务、固网业务
	Embratel	固网业务、付费电视
	Net	固网业务、付费电视
智利	Claro	无线业务、固网业务、付费电视
哥伦比亚	Claro	无线业务、固网业务、付费电视
哥斯达黎加	Claro	无线业务、付费电视
多米尼加共和国	Claro	无线业务、固网业务、付费电视

续表

国家	主要品牌	主营业务
厄瓜多尔	Claro	无线业务、固网业务、付费电视
萨尔瓦多	Claro	无线业务、固网业务、付费电视
危地马拉	Claro	无线业务、固网业务、付费电视
洪都拉斯	Claro	无线业务、固网业务、付费电视
尼加拉瓜	Claro	无线业务、固网业务、付费电视
巴拿马	Claro	无线业务、付费电视
巴拉圭	Claro	无线业务、付费电视
秘鲁	Claro	无线业务、固网业务、付费电视
波多黎各	Claro	无线业务、固网业务、付费电视
乌拉圭	Claro	无线业务、固网业务
美国	TracFone	无线业务
美国	SimpleMobile	无线业务

1. 无线业务

为了满足不同细分市场的需求，墨西哥美洲电信提供了多种业务，主要可以分为无线业务、固网业务两大类。在无线业务中，墨西哥美洲电信不仅提供后付费和预付费无线语音和数据服务，还通过与世界各地的蜂窝服务提供商签订国际漫游协议，为用户提供 CDMA、GSM、3G 和 LTE 等国际漫游服务。在墨西哥美洲电信提供无线服务的 18 个国家中，各个国家的无线用户数量如表 2-8-13 所示，用户数占比如图 2-8-2 所示。

表 2-8-13　2011~2013 年墨西哥美洲电信各个市场无线业务用户数

单位：千户

	12月31日		
	2011年	2012年	2013年
无线用户			
墨西哥	65678	70366	73505
巴西	60379	65239	68704
哥伦比亚	28819	30371	28977
南锥地区	26281	27432	28166
安第斯地区	22311	24638	23886
中美洲	12932	15271	17222
美国	19762	22392	23659
加勒比地区	5592	5848	5764
无线用户合计	241755	261557	269883

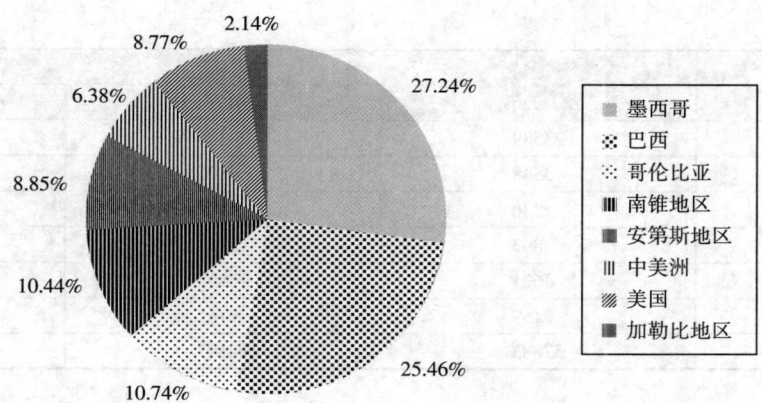

图 2-8-2 2013 年墨西哥美洲电信各个市场无线业务用户数占比

在墨西哥美洲电信的无线业务中，具体包括以下四种业务：

（1）语音产品和服务。语言服务主要分为本地语音和漫游服务，墨西哥美洲电信拥有强大的网络，努力为用户提供优良的语音通信。在漫游服务中，多种可选网络也是墨西哥美洲电信的一大特色。按付费方式分类，语音服务还分为预付费和后付费两种。虽然预付费用户的通信使用水平普遍较低，且没有信用记录以购买后付费计划，但墨西哥美洲电信仍认为预付费市场是一个庞大且不断增长的市场，因为相较于后付费计划，预付费计划平均每分钟通话费较高，客户的采购成本和结算费用降低，并且没有支付风险。

（2）数据服务。墨西哥美洲电信通过 GSM / EDGE、3G 和 4G LTE 网络，为用户的功能手机、智能手机、平板电脑和笔记本电脑提供移动互联网连接服务，其中包括数据传输、电子邮件、即时通信、流媒体、互动应用等互联网服务。此外，墨西哥美洲电信还能通过漫游服务协议提供数据服务。

（3）手机及配件。墨西哥美洲电信提供多种产品作为无线服务的补充，包括智能手机、宽带卡、平板电脑和充电器、耳机和电池等配件。

（4）其他产品和服务。除了以上服务外，墨西哥美洲电信还提供其他无线服务，如 PC 和无线安全服务、机器对机器服务、近场通信服务、移动支付解决方案、移动应用、VPN 服务、视频通话和手机银行等服务。在互联网门户中，墨西哥美洲电信为用户提供视频、音乐、电台、在线游戏和应用程等广泛的服务和内容。

2. 固网业务

在墨西哥美洲电信服务的 18 个国家和地区中，除美国之外，墨西哥美洲电信在为其提供无线服务的同时提供固定语音服务、宽带服务和付费电视服务等固网业务，但在各个国家的提供范围又有所不同。各个国家的无线用户数量如表 2-8-14 所示，用户数占比如图 2-8-3 所示。

表 2-8-14 2011~2013 年墨西哥美洲电信各个市场固网业务用户数

单位：千户

	12 月 31 日		
	2011 年	2012 年	2013 年
RGUs			
墨西哥	22766	22721	22451

续表

	12月31日		
	2011年	2012年	2013年
巴西	23589	28586	32683
哥伦比亚	3548	4195	4749
南锥地区	1336	1508	1714
安第斯地区	863	1120	1343
中美洲	3621	3896	4261
加勒比地区	2159	2165	2244
RGUs合计	57883	64191	69445

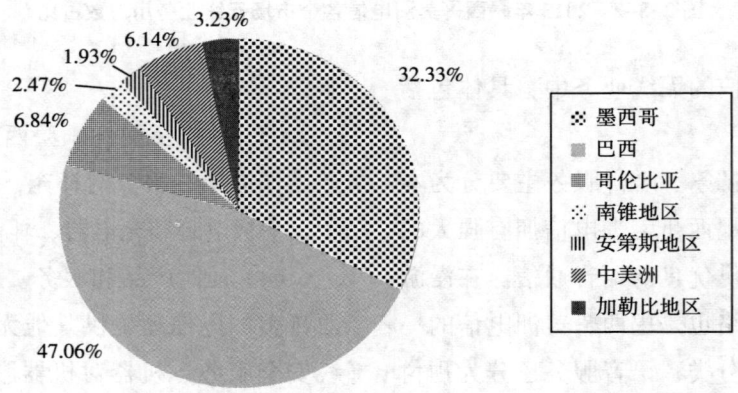

图2-8-3 2013年墨西哥美洲电信各个市场固网业务用户数占比

（1）固网语音服务。墨西哥美洲电信提供了多种固网语音服务和产品，包括本地业务、国内长途电话服务、国际长途电话服务、公共电话服务，以满足不同细分市场的需求。其中的收费内容主要包括安装费、月线租赁费、通信费等。与其他电信运营商一样，固网语音服务已经逐渐成为墨西哥美洲电信的边缘产品，不具有足够的发展前景。

（2）宽带服务。墨西哥美洲电信的宽带服务可以分为：为家庭提供的普遍服务和为企业提供的高速服务两种。如在巴西，墨西哥美洲电信的子公司Embratel作为巴西领先的数据通信服务供应商，为巴西的大多数500强企业提供宽带服务，向企业和其他电信服务提供商出租高速传输数据线，提供卫星数据传输、分组交换数据传输、帧中继和信息处理系统等服务。

（3）付费电视服务。付费电视服务是墨西哥美洲电信近年来新推出的固网服务业务，并且逐渐成长为固网服务的主导产品，目前付费电视服务的年收入已经超过宽带服务。付费电视服务包括高清电视、数字录像机、交互式视频点播服务等。

（六）经营和财务绩效

表 2-8-15 墨西哥美洲电信 2011~2013 年度经营与财务业绩比较一览表

单位：千比索

年份	2013	2012	2011
收入	786101021	775069645	665301504
总资产	1025592433	987684683	945616861
EBITDA	231006423	260355524	243333469
EBITDA 率（%）	29.39	33.59	36.57
净利润	74974488	91649339	88124166
净利润率（%）	9.54	11.82	13.25
总资产报酬率（ROA）（%）	7.31	9.28	9.32
净资产报酬率（ROE）（%）	35.65	35.96	29.81
资本性支出（CAPEX）	121800000	130900000	134116763
CAPEX 占收比（%）	15.49	16.89	20.16
经营活动净现金流	187789292	206604355	193240759
每股经营活动净现金流（比索/股）	2.66	2.72	2.52
自由现金流（FCF）	65989292	75704355	59123996
自由现金流占收比（%）	8.39	9.77	8.89
销售现金比率（%）	23.89	26.66	29.05
资产现金回收率（%）	18.31	20.92	20.44
EVA	34301630	29733694	36620786
EVA 率（%）	4.67	4.20	5.46
每股盈利（EPS）（比索/股）	1.02	1.19	1.05
每股股利（DPS）（比索/股）	0.22	0.20	0.30
股利支付率（%）	21.57	16.81	20.65
主营业务收入增长率（%）	1.42	12.33	9.45
总资产增长率（%）	3.84	4.23	7.86
净利润增长率（%）	-18.19	4.00	-10.90
经营活动现金流增长率（%）	-9.11	6.92	-4.14
每股盈余增长率（%）	-14.29	13.33	-54.55
资产负债率（%）	79.49	74.20	68.74
流动比率（%）	86.40	85.12	91.44
利息保障倍数	5.37	8.19	7.18
总资产周转率	0.77	0.78	0.70
固定资产周转率	1.57	1.55	1.43
坏账发生率（%）	13.70	15.73	15.75
折旧与摊销	101534833	103584737	93997035
股息	15700000	15400000	17042980
内部融资额	160809321	179834076	165078221
折旧摊销率（%）	12.92	13.36	14.13
付现成本率（%）	67.46	65.84	62.61
营销、一般及管理费用率（%）	21.27	21.37	18.41

(七) 内控与风险管理

墨西哥美洲电信董事会下设审计与企业实务委员会，负责内部控制和风险管理的相关事务，其中，与内控相关的责任有：向董事会报告公司内部控制及其充分性和适当性；推荐编制财务报表和内部控制的相关程序；监控内部控制和特殊会计事项；开发内部控制和其他审计事项的保密程序等。

1. 内部控制

墨西哥美洲电信的内部控制主要包括以下两个方面：

（1）信息披露控制程序。墨西哥美洲电信的管理层。包括首席执行官和首席财务官，每年都必须参与评价信息披露控制程序的设计和运行的有效性。由于固有限制的存在，信息披露控制程序不能绝对有效，包括可能存在人为错误的可能性、控制措施和程序的暂时失效等。因此，即使有效的信息披露控制程序也只能为实现控制目标提供合理保证。根据首席执行官和首席财务官的评估，墨西哥美洲电信的信息披露控制和程序是有效的，能够为根据《证券交易法》编制的报告提供合理保证。

（2）管理层对财务报告的内部控制。墨西哥美洲电信根据《证券交易法》的要求，由管理层负责建立和维护针对财务报告充分且适当的内部控制，该内部控制包括董事会、首席执行官、首席财务官和其他工作人员的参与。墨西哥美洲电信对财务报告的内部控制，是一个旨在为财务报告的可靠性提供合理保证的过程。与财务报告相关的内部控制要求包括：①涉及资产的记录，需要合理、准确、公允地反映相关交易和资产处置的维修政策和程序。②按照国际财务报告准则编制财务报表，为交易记录提供合理保证，必要时公司的收入和支出需要管理层和董事会的授权。③预防或及时发现可能对财务报表产生重大影响的因素，例如未经授权的收购、资产的使用或处置等。由于其固有的局限性，内部控制可能无法防止或发现财务报告的所有错误陈述。根据2013年对内部控制的评价，墨西哥美洲电信的管理层认为其对财务报告的内部控制是有效的。

2. 风险管理

在墨西哥美洲电信，与金融工具相关的风险主要包括：流动性风险、市场风险（外币汇率风险和利率风险）、信用风险和交易对手风险。董事会批准管理层提交的风险管理措施，以减轻风险。

（1）流动性风险。流动性风险主要指公司可能无法满足与金融工具相关的到期义务时的风险。

（2）市场风险。由于墨西哥美洲电信的债务除功能货币以外，主要以美元等其他外币计量，因此外币汇率暴露于随利率变动而波动的市场风险中。为了减少外币汇率有关波动的风险，墨西哥美洲电信使用衍生金融工具，如交叉货币掉期和远期合约，以调整外汇汇率产生风险。此外，墨西哥美洲电信偶尔会采用利率掉期来调整可变利率风险或降低融资成本，并根据对风险水平、利率变化走势、衍生工具使用成本的判断，采取不同的做法。墨西哥美洲电信可在任何时候终止或修改衍生金融工具的使用方法。

（3）信用风险。信用风险是指能在交易对手未能完全履行合同义务的情况下所确认的损失。现金及短期存款、应收账款、相关债务和衍生金融工具等都可能代表信用风险集中的金融工具。墨西哥美洲电信的政策是为了限制信用风险暴露于任何一家金融机构，因此墨西哥美洲电信要求与不同区域的多个不同的金融机构签约金融工具。墨西哥美洲电信持续评估客户的信贷条件，监控应收账款每月的回收周期，以避免经营业绩的恶化。此外，墨西哥美洲电信现金盈余的一部分会投资于短期存款或高信贷评级的金融机构。

为了对风险进行管理，墨西哥美洲电信还对市场风险进行敏感性分析，以增加100个利率基点和10%的汇率波动带来的潜在损失来衡量风险高低：①利率敏感度，当墨西哥美洲电信商定的利率在2013年12月31日增加100个基点后，增加的净利息费用将是4506326比索。②风险集中度。墨西哥美洲电信依赖于几个关键的供应商和销售商。如果任何一家供应商停止提供设备和服务，或以合理的成本要求他们提供及时的产品和服务，对公司的业务及经营业绩可能产生不利影响。③资本结构管理。墨西哥美洲电信对资本进行管理，以确保其附属公司的持续经营，同时通过优化债务资本保持资金的使用成本最低，从而最大限度地回报股东。墨西哥美洲电信根据经济状况对资本结构进行调整，并按照法律的要求创建了法定准备金。

（八）人力资源发展

1. 员工人数

截至2013年底，墨西哥美洲电信共有员工17万余人。其中按业务分类，固网业务的员工人数最多，无线业务创收最多，员工人数反而只有固网业务的一半。从地区分布来看，墨西哥美洲电信在墨西哥国内拥有员工最多，几乎占总员工人数的一半，其次是南美洲地区，由于在美国只有预付费的无线业务，因此墨西哥美洲电信在美国的员工只有800余人。近三年墨西哥美洲电信的员工人数及构成如表2-8-16所示。

表2-8-16　2011~2013年墨西哥美洲电信的员工人数及构成

单位：人

	12月31日		
	2011年	2012年	2013年
员工人数	160647	169143	173174
按业务类型分类			
无线业务	51114	54794	59146
固网业务	107580	103925	104118
其他	1953	10424	9910
按地区分类			
墨西哥	74167	82262	82245
南美洲	67441	66776	71137
中美洲	8486	9241	9233
加勒比地区	9820	10074	9755
美国	733	790	804

2. 职业生涯规划

墨西哥美洲电信认为员工是企业最宝贵的财富，因此每一位员工都值得被重视和尊重。墨西哥美洲电信根据工作的需要和员工的能力，为员工设计职业生涯，使其在各个组织层级中最大限度地提高个人表现，并收获团队合作的好处。当员工具备相应的领导职能时，企业在合适的时机会为其分配一定的权力，使其能够指导团队。员工间的相互合作与良性竞争，会转化为提高个人或部门层面性能，乃至提高整体公司的水平。

3. 员工福利计划

墨西哥美洲电信的员工福利计划主要在墨西哥、巴西、波多黎各和厄瓜多尔等地通过医疗计划和退休金年金计划实现，而对于其他地区的子公司则没有明确界定的福利计划和强制性的福利款项。此外，部分子公司还为员工提供利润分享计划。墨西哥美洲电信为员工福利计划计提的负债累计额如表 2-8-17 所示，年度发生的成本如表 2-8-18 所示。

表 2-8-17　2012~2013 年墨西哥美洲电信员工福利计划净负债额

	12月31日	
	2012 年	2013 年
负债		
墨西哥	Ps.42568937	Ps.49270144
波多黎各	18830835	13448765
巴西	4966351	3796998
厄瓜多尔	73216	91967
合计	Ps.66439339	Ps.66607874

表 2-8-18　2011~2013 年墨西哥美洲电信员工福利计划成本

	12月31日		
	2011 年	2012 年	2013 年
墨西哥	Ps.7903215	Ps.8656797	Ps.7602818
波多黎各	(1209680)	1097942	(713271)
巴西	(94072)	384331	384642
厄瓜多尔	12095	2602	18650
合计	Ps.6611558	Ps.10141672	Ps.7292839

（九）企业社会责任

1. 环境保护

墨西哥美洲电信致力于保护环境工作，要求所有员工和相关人员必须遵守所有联邦、州和地方的环境保护法律法规。此外，与墨西哥美洲电信相关的所有人必须意识到保护自然环境的重要性，并认识到即便一个人的贡献看似如何微小，都能够对环境保护产生积极的影响。墨西哥美洲电信在企业推行各种措施，如节约能源、节约纸张、使用定时器功能的发动机、避免机械的噪声过大等，都反映了墨西哥美洲电信对保护环境的态度和承诺。

2. 政见自由

在墨西哥美洲电信内部，没有任何意识形态或政治派别要求，但是尊重员工参与非营利组织和公民组织的权利，这些组织致力于推动公民合法并负责任地行使政治权利。在墨西哥美洲电信，所有员工都有权不受逼迫来行使自己的政治权利，有权直接或间接地偏向任何特定政党或候选人。然而，为了确保墨西哥美洲电信在任何时候都遵守法律法规，员工任何政治活动都必须以个人的名义单独进行，并且要在非工作时间、没有受到企业任何的明示或暗示、没有涉及使用任何墨西哥美洲电信资源或资产时进行。

3. 制定道德准则

作为拉丁美洲最大的电信运营商，墨西哥美洲电信致力于为拉美地区提供更好的电信服务，同时实施更好的公司治理为股东换取回报，并积极履行企业社会责任，努力成为一名优秀的企业社会公民。为此，墨西哥美洲电信制定了公司治理政策和道德准则，并将其公布在官网上提请公众监督。这些公司治理政策和道德准则构成了墨西哥美洲电信对企业行为的最高标准，也是墨西哥美洲电信在每一个开展业务的国家所做出的承诺。通过自身的努力，墨西哥美洲电信也在积极影响着供应商、客户等利益相关者。

（十）前景展望

2013年，电信业继续经历显著变化。这些变化包括电信业监管政策的变化、不断发展的行业标准、对数字技术容量和质量的持续改善、新产品开发周期的缩短以及用户需求和喜好的变动。在墨西哥美洲电信开展业务的其他国家，经济环境、法律监管和用户需求的波动为开展业务带来了很大风险。如在墨西哥，政府目前正在开发一项用于电讯及广播服务的新的法律框架，可能会对墨西哥美洲电信进入新的市场（如广播和付费电视等领域）造成限制。但是随着拉美地区经济的逐步复苏，预计未来拉美市场的发展前景良好，但同时也要面临更激烈的竞争。

面对未来充满不确定性的机遇和挑战，墨西哥美洲电信"内外兼修"，以增强实力应对竞争。一方面，墨西哥美洲电信对内继续提升产品和服务质量，加大对优化网络和开发新技术的投资，分析并预见用户多样化和不断变化的需求，并提升对用户需求的响应速度。尤其重点提升墨西哥美洲电信高品质的互联网和宽带服务，以增加这部分数据对整体收入增长的贡献。另一方面，墨西哥美洲电信对外继续保持高度警觉，以快速识别市场变化的危险和竞争对手的出击，同时也在物色合适的收购对象和合作伙伴，从而不断实现企业目标。

附件一：墨西哥美洲电信财务报告（2013年）

1. 合并资产负债表

单位：千比索

		12月31日		
	2012年1月1日	2012年	2013年	2013年（百万美元）
资产				
流动资产				
现金及现金等价物	Ps.59123996	Ps.45487200	Ps.48163550	3683
应收账款				
用户、经销商、可收回税款和其他净值	124973353	120205954	127872657	9779
关联方资产	3413899	689053	1346392	103
衍生金融资产	9793836	2779749	10469316	801
存货净值	34141317	28697820	36718953	2808
其他资产净值	10846749	11271463	12127200	927
流动资产合计	242293150	209131239	236698068	18101

续表

	12月31日			
	2012年1月1日	2012年	2013年	2013年（百万美元）
非流动资产				
物业、厂房和设备净值	466086773	500434272	501106951	38321
使用许可证净值	38530899	44052430	37053832	2834
商标净值	3006854	1143315	1166306	89
商誉	73038433	99705859	92486284	7073
关联企业投资	54218023	73116285	88887024	6797
递延所得税资产	47372186	44372129	50853686	3889
其他资产净值	15056421	15729154	17340282	1326
资产合计	Ps.939602739	Ps.987684683	Ps.1025592433	US$78430
负债和所有者权益				
流动负债				
短期借款和即将到期的非流动负债	Ps.26643315	Ps.13621806	Ps.25841478	US$1976
应付账款	140423417	141604957	154137312	11787
应计负债	30769767	34005553	36958922	2826
应付税费	28622319	24944134	22082241	1689
衍生金融负债	2889281	5025047	5366323	410
关联方负债	2790307	2523027	2552337	195
递延收入	26248679	23956939	27016340	2066
流动负债合计	258387085	245681463	273954953	20949
长期负债	353975487	404048282	464478366	35520
递延所得税负债	7310446	8389943	1628409	125
递延收入	3175796	1100195	1105294	85
资产处置费用	6387229	7177215	7516460	575
应付职工薪酬	73905997	66439339	66607874	5094
负债合计	703142040	732836437	815291356	62348
所有者权益				
股本	96419636	96414841	96392339	7371
留存收益				
以前年度留存收益	79370886	119968225	122693933	9383
本年度留存收益	83045198	90988570	74624979	5707
留存收益合计	162416084	210956795	197318912	15090
其他综合收入累计	(28866810)	(61794165)	(91310640)	(6983)
主要股东权益	229968910	245577471	202400611	15478
少数股东权益	6491789	9270775	7900466	604
所有者权益合计	236460699	254848246	210301077	16082
负债和所有者权益合计	Ps.939602739	Ps.987684683	Ps.1025592433	78430

2. 合并损益表

单位：千比索（每股数据除外）

	12月31日			
	2011年	2012年	2013年	2013年（百万美元）
营业收入				
移动语音业务	Ps.281952808	Ps.287133858	Ps.265039903	20268
固话语音业务	139219344	123778159	111785611	8549
移动数据语音业务	102190374	136394772	159589580	12204
固网数据业务	72007127	83628831	85039329	6503
付费电视	16958846	56520982	60829310	4652
设备、配件、电脑销售和其他服务	77637813	87613043	103817288	7939
	689966312	775069645	786101021	60115
营业成本和费用				
销售和服务成本	289594015	341123833	358291177	27400
销售、一般及其他费用	145592831	165631457	167184570	12785
其他费用	3176328	3579638	4832685	370
折旧和摊销	93997035	103584737	101534833	7765
	532360209	613919665	631843265	48320
营业利润	157606103	161149980	154257756	11795
利息收入	6853900	5776600	6245323	478
利息费用	(20791606)	(24914596)	(30349694)	(2321)
汇兑损益净值	(22394716)	7395154	(19610465)	(1500)
其他融资损益净值	4747266	(12535708)	(5211983)	(399)
从关联企业获得的投资收益	1923997	761361	36282	3
税前利润	127944944	137632791	105367219	8056
所得税	39745867	45983452	30392731	2322
净利润	Ps.88199077	Ps.91649339	Ps.74974488	5734
净利润归属于：				
主要股东权益	Ps.83045198	Ps.90988570	Ps.74624979	5707
少数股东权益	5153879	660769	349509	27
	Ps.88199077	Ps.91649339	Ps.74974688	5734
持续经营业务下的主要股东权益的基本每股收益和稀释每股收益	Ps.1.06	Ps.1.19	Ps.102	0.0776
其他综合收益				
持续经营年份其他综合收益重分类净值				
外国实体转换影响	Ps.10461607	Ps.(33421104)	Ps.(26888282)	(2056)
衍生工具、净递延所得税的影响	(317598)	(239164)	(740740)	(57)
持续经营年份非重分类损益				
递延收益计划递延所得税净值重新评估	(16627898)	2439641	(2438039)	(186)
其他综合收益净值合计	(6483889)	(31220627)	(30067061)	(2299)
本年度综合收益合计	Ps.81715188	Ps.60428712	Ps.44907427	3435
本年度综合收益归属于：				
主要投东权益	Ps.77446363	Ps.60212233	Ps.45108504	3450
少数投东权益	4268825	216479	(201077)	(15)
	Ps.81715188	Ps.60428712	Ps.44907427	3435

3. 合并现金流量表

单位：千比索（每股数据除外）

	12月31日			
	2011年	2012年	2013年	2013年（百万美元）
经营活动				
税前利润	Ps.127944944	Ps.137632791	Ps.105367219	US$8056
不涉及现金流动的项目				
折旧	82642200	92268275	94893801	7257
无形资产摊销	11354835	11316462	6641032	508
从关联企业获得的投资收益	(1923997)	(761361)	(36282)	(3)
固定资产出售损益	32463	112445	546939	42
员工权益成本净值	6611558	10141672	7292839	557
汇兑损益净值	30971438	(18908099)	10120083	774
利息费用收入	(6853900)	(5776600)	(6245323)	(478)
利息费用	20791606	24914596	30349694	2321
员工利润分享	4043350	4377755	4648304	355
衍生金融工具损益、资本比利总费用和其他净值	(14745549)	2988396	(8027124)	(614)
营运资金调整				
客户、经销商和其他应收账款	(6705574)	8624782	(12386088)	(947)
预付费用	(1307557)	(379179)	(1596241)	(122)
关联方交易	(530500)	45575	(628029)	(48)
存货	(6721377)	4104304	(9564979)	(731)
其他资产	(3064825)	(3096301)	(3081649)	(236)
员工利润	(12769401)	(10649297)	(13524328)	(1034)
应收账款与应计负债	20976860	(2764066)	37754976	2890
员工利润分享	(3346952)	(3354552)	(4013320)	(307)
金融工具和其他	6130808	(924497)	(1194640)	(91)
递延收入	994315	1809425	2541976	194
已收利息	2272270	2229170	2944399	225
已付所得税	(63556256)	(47347341)	(55013967)	(4207)
经营活动现金流量净额	193240759	206604355	187789292	14361
投资活动				
购买固定资产、厂房和设备	(120193188)	(121955947)	(118416286)	(9056)
购买牌照和使用权	(993692)	(7830248)	(3334464)	(255)
关联方股利收益	—	571187	212394	16
固定资产出售收入	38312	58006	44045	3
企业合并现金净值	—	5378807		
并购收到的现金净值	(995621)	(2289018)	(1730588)	(132)
关联企业部分股权出售收入	—	—	4299360	329
关联企业投资	(1275438)	(71560918)	(15366062)	(1175)
投资活动现金流量净额	(123419627)	(197628131)	(134291601)	(10270)
筹资活动				
获得的贷款	87230827	140094584	126301382	9659

续表

	12月31日			
	2011年	2012年	2013年	2013年（百万美元）
偿还贷款	(41222218)	(97354311)	(60710863)	(4643)
偿还利息	(18067293)	(21329791)	(22654119)	(1732)
回购股份	(53726784)	(17836724)	(70745785)	(5410)
支付股利	(17042980)	(15384647)	(15722576)	(1202)
衍生金融工具出售	3158678	5003187	(546770)	(42)
收购非控股权益	(67464370)	(11052674)	(2567609)	(196)
筹资活动现金流量净额	(107134140)	(17860376)	(46646340)	(3566)
现金及现金等价物净增减	(37313008)	(8884152)	6851351	525
汇率变动对现金及现金等价物的影响	498539	(4752644)	(4175001)	(320)
年初现金及现金等价物	95938465	59123996	45487200	3478
年末现金及现金等价物	Ps.59123996	Ps.45487200	Ps.48163550	US$3683
相关非现金交易				
购买固定资产、厂房和设备年末应付账款	Ps.36319549	Ps.30461133	Ps.15146947	US$1161

附件二：墨西哥美洲电信大事记

2002年第一季度，墨西哥美洲电信发行了20亿比索的商业票据和27.5亿比索的中期票据。

2003年5月8日，墨西哥美洲电信获得了在巴西东北部运营的巴西无线公司（BSE）95%的股份。

2004年6月，墨西哥美洲电信收购了拥有9.8万用户的洪都拉斯无线运营商——Megatel。

2005年，墨西哥美洲电信被《商业周刊》评为第一信息技术公司。

2005年11月15日，墨西哥美洲电信公司签署了沃达丰集团的国际协议，共同提供各种国际服务。

2006年，墨西哥美洲电信再次被《商业周刊》评为第一信息技术公司。

2006年7月，墨西哥美洲电信的智利子公司开始提供GSM无线服务，并启用了新品牌——Claro。

2007年2月25日，公司成为拉丁美洲最大的企业，按市值计算，超过巴西石油公司等巨头。

2007年3月，公司造就了卡洛斯·斯利姆·埃卢——墨西哥首富。

2007年8月，墨西哥美洲电信收购了无线和增值业务提供商——Oceanic Digital Jamaica。

2007~2008年，墨西哥美洲电信公司总共进行了76亿美元的投资，其中的绝大多数资金用于发展3G网络，这项投入带动了美洲电信公司在金融危机背景下收入逆势上扬：第一季度，该公司移动数据业务的销量增长了47%，并直接带动了整体收入的增长，通话和语音业务的收入也增长了18.5%。

2008年3月，其在阿根廷、巴拉圭、乌拉圭也统一使用了Claro品牌。至此，中美洲和加勒比地区的12家子公司全部统一使用这一品牌。

2009年，墨西哥美洲电信的3G服务覆盖了拉丁美洲地区70%的人口。

2009年12月，墨西哥美洲电信的无线用户数突破了2亿家。

2010年1月1日起，墨西哥美洲电信的财务报表在合并报表和子公司报表两个层面都遵守《国际财务报告准则》。

2010年3月，墨西哥美洲电信公司利用良好的市场条件,在美国市场上发行了5年期、10年期、15年期共计40亿美元的证券。

2011年1月,墨西哥美洲电信获得了在哥斯达黎加的运营牌照。

2011年4月,墨西哥美洲电信公司宣布,计划向阿根廷电信业投资15亿美元,重点将放在移动网络、宽带和第四代技术方面,并表示未来4年将向智利投资20亿美元。

2011年7月,墨西哥美洲电信的子公司Embratel公司收购了通用卫星控股有限公司旗下一星有限公司20%的股份。

2011年11月,墨西哥美洲电信收购了加勒比电讯运营商。

2011年11月,墨西哥美洲电信收购墨西哥电信流通在外的股份,直接和间接增持其93%的股份。

2012年1月6日,墨西哥美洲电信与一体化伊比利亚和美洲媒体及娱乐公司(Claxson Interactive Group, Inc.)签订了协议,并以5000万美元获得了DLA公司100%的股份。

2012年1月26日,巴西监管机构批准,由Embrapar公司控制NET控件。

2012年5月29日,收购荷兰皇家KPN电信集团27.7%的股份。

2012年6月15日,收购澳大利亚电信(Telekom Austria)21%的股份。

2012年6月19日,墨西哥美洲电信以1.18亿美元收购了美国Simple Mobile 100%的股份,Simple Mobile在美国拥有超过250万的用户。

2012年8月,启动Telmex公司的股份注销登记流程。

2012年9月25日,收购奥地利电信大约16%的股份,累计持有奥地利电信22.76%的股份。

2012年12月7日,墨西哥美洲电信的子公司Teléfonos de México, S.A.B. de C.V. 获得墨西哥银行和证券委员会授权将其股份在墨西哥证券交易所上市。

2013年2月25日,墨西哥美洲电信实施第二批"全球比索计划",即配售75亿比索债券。该债券票面利率6.45%,于2022年到期。至此,2022年全球比索计划发行在外的债券额达到225亿比索,成为墨西哥本地货币市场流动性最强的非政府债券。

2013年3月21日,墨西哥美洲电信获得了国际奥委会授予的2014年第22届索契冬季奥运会,以及2016年巴西里约热内卢奥运会在巴西除外的整个拉丁美洲所有媒体平台的独家转播出权。

2013年4月30日,墨西哥美洲电信宣布收购Corporación Interamericana de Entretenimiento旗下的媒体和广告业务单元CMI。

2013年5月20日,TracFone与美国的移动虚拟网络运营商Start Wireless Group订立收购协议,后者为美国约140万用户提供语音、短信和数据预付费计划服务等。

2013年6月26日,在哥伦比亚举行的频谱拍卖上,Claro以1200亿哥伦比亚比索获得了在2.5MHz的频段使用30 MHz频谱的使用权。

2013年7月8日,墨西哥美洲电信宣布收购Shazam Entertainment公司10.8%的股权,并签订了在美洲的业务发展战略联盟协议。后者是全球领先的媒体参与公司,在200个国家拥有3.5亿用户,并以每周200万新用户的速度在增长。

2013年7月15日,墨西哥美洲电信发行了7.5亿欧元和3亿英镑的债券。前者期限10年,票面利率3.259%,后者期限20年,票面利率4.948%。

2013年8月9日,墨西哥美洲电信宣布以2.40欧元的价格自愿要约收购KPN公司的所有已发行股份,使墨西哥美洲电信在KPN的持股比例达到51%以上。

2013年8月29日，KPN独立基金行使其购买B类优先股的股票期权，使其占股比例达50%。

2013年10月16日，墨西哥美洲电信收到来自荷兰当局（AFM）的批准，以宣布的报价继续进行收购，但是由于KPN基金会仍持有50%的股份，使收购无法满足预期计划。

斯特凡·理查德（Stéphane Richard）
Orange 董事长兼首席执行官

斯特凡·理查德，53 岁，自 2011 年 3 月 1 日起担任 Orange 集团董事长兼首席执行官，为期 4 年。

斯特凡·理查德毕业于巴黎高等商学院和巴黎国家行政学院，曾担任法国财政部长拉加德（Christine Lagarde）的首席助理，法国经济、工业和社会保障部总参谋长。1992~2003 年，担任法国跨国公司 Générale des Eaux 的执行 CFO，Immobilière Phénix 公司的首席执行官，CGIS 公司（即现在的 Nexity 公司）的董事长。2003~2007 年，斯特凡·理查德担任威立雅环境集团（Veolia Environnement）的副总裁、威立雅交通集团（Veolia Transport）总裁，同时担任 Orange 董事。

斯特凡·理查德于 2009 年 9 月加入 Orange，2009 年 10 月 5 日被集团任命为执行 CEO，负责法国国内的集团运营。2010 年 1 月 1 日成为集团 CEO 候选人，2010 年 6 月 9 日，在年度股东大会上，斯特凡·理查德加入董事会，成为集团董事。在 2011 年 2 月 23 日召开的集团会议上，董事会正式接受 Orange 前任董事长兼首席执行官迪迪埃·隆巴德（Didier Lombard）的辞职申请，并根据公司治理与社会责任委员会的提名，任命斯特凡·理查德为 Orange 董事长兼首席执行官。

orange™

法国 Orange
公司 LOGO

　　2013年7月1日，随着法国电信正式更名为Orange，公司原有的France Telecom橙红相间的"&"标识逐步淡出公共事业，被鲜艳的橙色Orange品牌标识所取代。2006年以来，法国电信集团逐步实施品牌简化计划，以便其在法国和国际上的内外股东更容易识别。在此期间，Orange作为法国电信旗下移动手机、网络和电视业务的唯一标识，以其简洁明快的造型和朗朗上口的发音，品牌形象深入人心，品牌的商标价值也不断提升。Orange的品牌宣传语是"The Future's Bright, the Future's Orange"。其中语带双关的"Orange"既突出了Orange这一品牌对集团未来的重要性，又带有对光明前途的期许。Orange许一个"橙"色未来的承诺也表达了运营商转型的坚定决心。在Orange这一品牌下，法国电信不仅能发挥其既有优势，同时也能获得更强的社会凝聚力、更优质的技术表现以及更为高速的发展。

九 法国电信公司可持续发展报告（France Telecom）

（一）公司简介

Orange（原法国电信）成立于1988年，总部位于巴黎，是全球领先的电信运营商之一，其业务涵盖移动通信服务、互联网、电视、企业和跨国公司通信服务等领域。在此之前，Orange曾经是法国邮政和通信局的一个分支机构，旗下有许多事业部，例如瓦努阿图（Wanadoo，法国第一大、欧洲第二大的网络服务供应商）、Orange SA（法国第一大手机服务公司）及负责数位通信网络商业服务的易宽特公司（Equant）。Orange于1997年在泛欧证券交易所和纽约证券交易所上市。2006年6月，Orange正式宣布实施统一品牌策略，停止使用"易宽特"和"瓦努阿图"这两个品牌，将集团在全球的移动、宽带、融合服务和企业用户业务品牌统一为Orange，借品牌重塑实现公司形象的整合和单一化。2013年7月1日，法国电信正式更名为Orange（因此，以下报告将"法国电信"称为"Orange"）。作为欧洲移动和宽带网络服务的主要运营商之一，Orange旗下品牌Orange Business Services是为跨国公司提供通信服务的世界领先的运营商，品牌业务遍布全世界220个国家和地区，为众多跨国公司提供服务，在企业和跨国公司的通信服务领域处于世界领先地位。

Orange十分注重技术创新，在全世界三大洲建立了17个研发分支机构，其中包括8个海外研发分支，分布在伦敦、旧金山、波士顿、东京、华沙、北京、首尔、新德里和西班牙，拥有4200多名研发人员，至今已创造了8000多项专利。凭借其先进技术，被公认为世界三大电信研发中心之一。

2013年，在75%有业务运营的欧洲市场，Orange都占据着领先地位，这一比例在非洲和中东市场更是高达83%。截至2013年12月31日，Orange全球用户数新增560万，用户规模达到2.36亿，同比增长2.4%。其中，移动用户1.79亿（包括MVNO），同比增长3.5%，宽带用户1550万，比上年同期增长3.8%。2013年，Orange总收入达409.8亿欧元（约合3442.3亿元人民币），同比下降5.8%；实现了72亿欧元经营性现金流，EBITDA达126亿欧元，净利润达19亿欧元；每股盈余为0.71欧元/股，净资产报酬率为8.09%。2013年12月31日，Orange收盘价为11.82欧元，市盈率达16.42。此外，2013年，法国电信Orange Business Services还在世界通信奖颁奖典礼上大放异彩，一举斩获"最佳全球运营商"、"最佳云服务"、"最佳企业服务"、"最佳小企业服务"等多个奖项。

（二）公司战略

自2010年7月1日起，Orange就推出了"征服2015"（Conquest 2015）战略，并制定了集团四个优先发展方向和目标：员工、客户、网络和国际发展。2013年，欧洲不利的经济环境、成熟的市场、持续的竞争和严格的管制给大部分电信运营商的经营活动施加了巨大的压力。经济危机爆发以后，欧洲传统电信市场的弹性被大幅侵蚀，但在非洲、中东和亚洲（以下简称"AMEA地区"）的情况相对较好。ICT领域的巨大变革也促使市场管制进一步加强。一方面是采取传统的价格管制,漫游和执照更新,此外还涉及客户权利、数据保护等问题。通信的使用促使客户对移动性、数据流量、客户隐私等问题的关注进一步增强,而技术革新对于云服务、光纤和4G等技术也提出了更高的要求。传统通信运营商之间的价格战持续激烈,OTT(互联网向用户提供各种应用服务)对于传统短信和语音服务的替代性也进一步增强。尽管面临着极具挑战性的商业、管制、竞争和技术环境,Orange继续在国内和国际市场深化推进其"征服2015"战略,致力于将公司打造成为顾客、员工、股东以及整个社会心目中的首选电信运营商。

1. 优先要素

Orange"征服2015"战略计划主要是围绕四个优先要素展开:员工、客户、网络和国际发展,并为每个要素确定了发展方向和目标。

(1)员工方面。主要是增加工作环境的福利,任用并授权训练有素的职业经理人进行管理决策,引入一套主动、负责的人力资源政策,同时为所有的员工提供职业和技能支持。Orange将"成为关注员工福利与整个社会福祉的雇主"作为发展目标。在"征服2015"战略指导下,92%以上的员工对Orange给予了高度评价,公司在比利时、西班牙、罗马尼亚、波兰等多个国家被提名为最佳雇主。同时,Orange大学的管理发展活动两年内为两万余名员工提供了培训和支持。

(2)网络方面。增加带宽和网络覆盖率以满足客户需求,持续提高网络和数据传输服务质量,实施定价以最大化收益和网络连接,同时准备集成新的服务。实施"征服2015"计划以来,非洲中东部有17个国家实现了3G网络覆盖,光纤领域的投入持续增加,8个国家启动了4G网络部署,截至2014年1月,法国地区的4G客户量达到了100万。

(3)客户方面。主要是精简产品和服务,增加对客户的了解;创新以维护客户关系,提升客户体验,从而增强客户对品牌的忠诚度;提供创新的产品和服务,同时寻求和数据库的合作关系。2013年,Orange手机客户端转账和支付服务在非洲中东地区13个国家的用户超过了900万人,法国地区云端客户达到10万人。

(4)国际发展方面。预计到2015年实现3亿的客户量,在新兴市场的收入翻一番,同时网络覆盖率和产品创新成为Orange的优势,并争取成为各国市场的领先电信运营商。Orange重视在非洲、中东和亚洲新兴市场的发展,向创新型具有附加值的服务倾斜;全面分析欧洲地区由兼并和收购带来的价值,发掘新的增长点并支持融合的实现。拓宽商业合作,例如和中国联通的合作伙伴关系,建立新的合同形式,例如和德国电信合资成立的采购机构Buyin。

2. 2014~2015年战略重点

"征服2015"战略具有双重目的:

第一,加强对所有层面员工的激励,以增强其使命感和工作的目的性。

第二,提高公司在复杂和快速变化的经济和技术环境中应对挑战的能力。

为实现这两个目标,Orange 2014~2015年将会专注以下战略重点:

(1)发掘在互联网领域的成长机遇。加大在超高速宽带网络(4G和光纤宽带)领域的投入,这对Orange来说,意味着参与数字革命,并脱颖而出,例如已被Orange监管机构ARCEP命名的一号移动网络,同时响应新的用法,如更快的下载速度、游戏等。

(2)将创新作为一切经济活动的核心。为应对创新的挑战,Orange致力于提高5000名研究人员、工程师、开发人员、技术设计人员和营销人员服务客户的技能和素质。Orange 在遍布四大洲的 12 个国家建立了研究院、技术中心和 Orange 硅谷，以增强创新和研发能力，并建立了包含数码市场巨头、初创企业以及大学在内的强大的、开放的创新生态圈。此外，不断加强在 NFC（近场通信）、电子支付、云计算、安全和隐私、M2M 以及物联网（智慧城市、电子医疗、智能住宅）等新的领域的创新。

（3）加强客户关系。一方面通过分销渠道和经营分部提升客户体验和对于公司的了解，同时通过调整营销以适应大数据趋势和开发使人们生活更为便捷的智能服务来改善同客户的关系。

（4）加强成本管控，提高效率。主要是通过增强各领域的运营效率和成本管控维持稳健的财务状况。一方面，Chrysalid 计划的实施旨在帮助公司适应过渡期；另一方面，在网络领域创新举措，此外还注重建立与合作伙伴共享基础设施的机制，例如在罗马尼亚共享网络，和 Towercos 公司共享在非洲等多个国家的服务合同。

3. 2014 年战略计划

Orange "征服 2015" 战略计划服务于其成为网络时代领先的通信运营商的愿景。为进一步赢得市场信心、恢复战略灵活性并加大在网络、用户认可度、新的增长领域的投资，领先技术创新，2014 年，Orange 将主要专注于以下四个战略方向：

第一，通过在法国、欧洲、AMEA 等地区的主动营销以及提供最好的产品线和最优质的服务提高客户满意度。

第二，继续优化成本结构，2014 年计划削减 2.5 亿欧元的间接成本。

第三，不断调整公司的经济模式，通过类似欧洲 Sirius 以及非洲和中东地区 ANO 跨国网络共享计划以提高经营效率，减少财务成本。

第四，增加客户关系的数字化以应对满足客户预期和提升顾客满意度的双重挑战。

2014 年，Orange 将围绕以下三个主要业务领域追求经济增长：

第一，加快建设高性能的固定和移动宽带网络。Orange 已经在包括西班牙、波兰、法国、英国在内的 8 个国家部署了 4G 网络，并将在 3G、4G 组合市场上维持 4G 网络相对较高的价格优势。同时旨在加速光纤网络的连接，预计到 2015 年在不侵蚀其他网络接入模式的情况下，实现法国光纤网络客户达到 100 万人。

第二，开发捆绑套餐，目标市场主要集中在西班牙、比利时、罗马尼亚和斯洛伐克地区。

第三，持续加强商务和大众市场的云服务、以音乐视频游戏为主的娱乐服务、手机端的支付业务以及基于智能手机的电子医疗和福利服务等领域的创新。为刺激创新能力，Orange 计划 2014 年将其在法国电信硅谷启动的 Orange Fab 拓展到波兰、以色列和东南亚地区。

（三）公司治理

1. 治理机制

Orange 高度重视企业责任和领导人以及董事的完整性、董事会成员的独立性、信息的透明度以及对股东权利的尊重。董事会确保公司的高效管理，而执行委员会则对公司的经营管理负责，由首席执行官进行监督。这两个机构代表了法国电信公司治理的主要支柱。在法国电信的公司治理过程中，主要遵循以下两项基本原则：

第一，参考公司治理守则。法国电信参考 2013 年发布的修订版 Afep-Medef 公司治理准则中关于上市公司的规定。

第二，遵循男女均衡代表的原则，法国电信董事会的 15 名成员中共有 4 名女性，超过了相关法律 20% 的规定。

2. 治理结构

Orange 下设股东大会、董事会和经营团队，由股东大会领导董事会，董事会领导经营班子。同时，作为一个国有控股企业，存在广泛的国家监督，包括审计法院、国会财经监督委员会、政府特派员等。2013 年，Orange 董事会共召开 11 次例会，每次例会时长约为 3 小时，董事出席率均达到 94%。董事会例会主要讨论公司经营过程中的常规事项，包括经营绩效、季度报表、年报、预算、风险，同时分析各区域的战略发展机遇等。

（1）董事会。董事会包含 15 名成员，分别是董事会主席、三名代表公共部门的董事、三名由全体员工投票选举的董事、一名代表员工股东的董事以及 7 名独立董事，任期均为 4 年。董事会主持关于集团战略、经济、就业、财务、技术政策的所有决策，同时监督管理层对这些政策的实施，并以公司的名义授权 CEO 兼董事局主席，根据企业宗旨、法律和董事会内部准则行使权力。

（2）执行委员会。董事会下设执行委员会，由委员会主席、CEO 以及 10 名高级管理人员组成，包括总裁代表 Gervais Pellissier 和三名副总裁 Delphine Ernotte Cunci、Pierre Louette、Bruno Mettling 等。执行委员会每周召开一次例会，负责执行公司战略，监督公司在经营、社会以及技术层面目标的实现情况以及财务资源的配置情况。

（3）董事会专门委员会。董事会在三个专门委员会的支持下开展工作，分别是审计委员会、治理和企业社会与环境责任委员会、创新和科技委员会。他们的任务是为董事会的讨论提供有用信息，并协助其作出决策。三个委员会之间交流频繁，其经营方式和职责范畴由董事会章程决定。根据 AFEP-MEDEF 上市公司治理准则，独立董事起着重要作用，每个委员会至少保证一名代表公共部门和一名代表员工的董事。

审计委员会由三名成员组成，由董事会根据治理与企业责任委员会的推荐任命，任期不固定。审计委员会主席从独立董事中选拔产生。审计委员会负责将公司的财务风险管理和内部控制系统落实到位，同时监督其效率和效益，并审查管理报告以及账目，确保提供给股东的信息的相关性和质量。审计委员会成员除了必须具备会计和财务专业知识外，至少还应保证其中一人是公司的 CFO、会计主任财务总监级别的财务专家。

治理和企业社会与环境责任委员会至少包含三名成员，由董事会根据其主席的推荐产生。负责为董事会就公司管理层的任命和薪酬提出建议，CEO 使其知晓公司执行委员会的任命，并按照要求就决定其薪酬的条件提出建议。此外，根据公司股东的讨论审查企业社会责任政策的主要指导方针，并确保员工遵循公司的道德准则以及对公司合规计划的部署知情。

创新和科技委员会至少有三名成员，由董事会根据主席的建议任命。负责审查公司的创新和技术政策，包括多年期项目、政策的逻辑性和弹性以及与技术伙伴的战略。同时基于符合其责任领域的目标审查公司的创新和研究目标，其在产品、服务、使用以及性能方面的附加值等。

3. 股权结构

法国电信股东大会规定，除代表员工股东的董事外，每名由股东大会任命的董事所持有的股票数量最低为 1000 股。代表法国政府的董事和由员工投票选举的董事无须持有任何本公司的股份。

截至 2013 年 12 月 31 日，法国电信总股本为 2648885383 股，其中流通股 1789191038 股，占比 67.55%，占据绝对比重，法国政府、国家投资银行和公共部门累计持股 1427441128 股，占比 53.89%，为第一大股东。法国电信的股权结构情况及其地理分布如表 2-9-1、表 2-9-2 所示。

表 2-9-1 Orange 股权结构表

项目 持有人	2013年12月31日		2012年12月31日		2011年12月31日	
	持股数量	占股本百分比(%)	持股数量	占股本百分比(%)	持股数量	占股本百分比(%)
法国国家投资银行	357526131	13.50	357526131	13.50	357562131	13.50
法国政府	356194433	13.45	356194433	13.45	356194433	13.45
公共部门持股合计	713720564	26.94	713720564	26.94	713720564	26.94
Orange 员工	122606645	4.63	122529706	4.63	127437554	4.81
库藏股	23367136	0.88	21481241	0.81	15456045	0.58
流通股	1789191038	67.55	1791153872	67.62	1792271220	67.66
合计	2648885383	100	2648885383	100	2648885383	100

表 2-9-2 Orange 股权地理分布

法国地区（%）	25
英国地区（%）	15
其他欧洲国家（%）	25
欧洲地区合计（%）	65
北美地区（%）	27
其他地区（%）	8
总计（%）	100

（四）市场概览

1. 市场发展概况

2013 年，Orange 营业收入为 409.8 亿欧元，同比下降 5.8%，主要受到政府规制的影响。排除管制因素的制约，整体收入降幅仅为 2.6%，法国地区由于平均用户收入 ARPU 下降带来了 4.8% 的收入降幅，企业市场由于经济环境严峻收入下降 5.3%。而西班牙地区和非洲中东地区收入则分别增长了 4.4% 和 4.7%。Orange 主营业务收入市场分布情况如图 2-9-1 所示。

客户方面，2013 年底，Orange 用户累计达到 2.36 亿，同比增长 2.4%，客户增量为 560 万人。其中，移动用户增长 1.78 亿（不包括移动虚拟网络运营商），增幅为 3.5%，宽带用户增长 155 万，增幅为 3.8%。2013 年 Orange 移动和宽带业务用户地理分布状况如图 2-9-2、图 2-9-3 所示。

业务发展方面，在法国，占到移动客户群 3/4 以上的手机合同用户增长了 2090 万，增幅为 5.9%。在其他地区，手机合同也增长迅猛，客户量累计增加了 3450 万，增幅为 6.1%，占到了移动客户群的 54%。其中，西班牙、英国、波兰和罗马尼亚地区的增长最为明显。非洲和中东地区移动电话业务持续增长。截至 2013 年 12 月 31 日，该地区客户总量达到 8800 万，增幅为 7.9%，其中，手机用户约为 640 万。在非洲，Orange Money 应用已拥有 890 万客户，增幅为 59%。此外，高性能的 4G 移动宽带同样增长迅速。在法国，4G 覆盖率超过 50%，在西班牙，4G 网络用户总数为 53 万，覆盖率为 30%，在波兰和英国，2014 年 Everything Everywhere 的客户数已经超过了 200 万。

2013 年，由于实施成本控制计划，法国电信削减了 9.29 亿欧元的开支（主要集中在法国地区），弥补了 40% 由于收入下降带来的影响。与此同时，法国电信持续加大在高性能移动和固定宽带（包括4G、光纤通信和VDSL）领域的投资，投资总额较2012年翻了两番，达到56.31亿欧元，占总收入的13.7%。

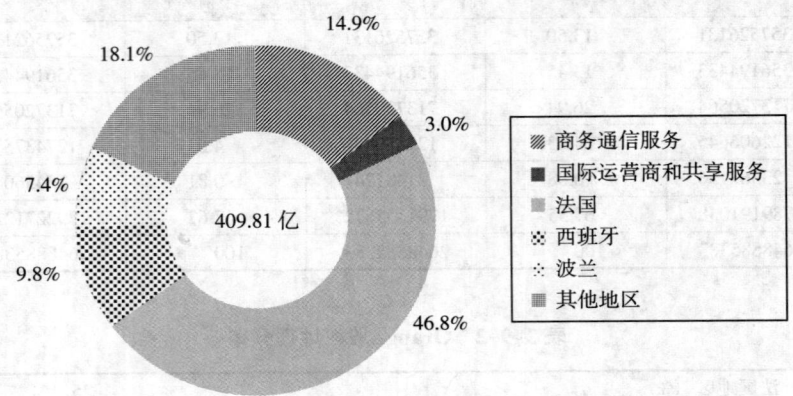

图2-9-1 Orange主营业务收入市场分布

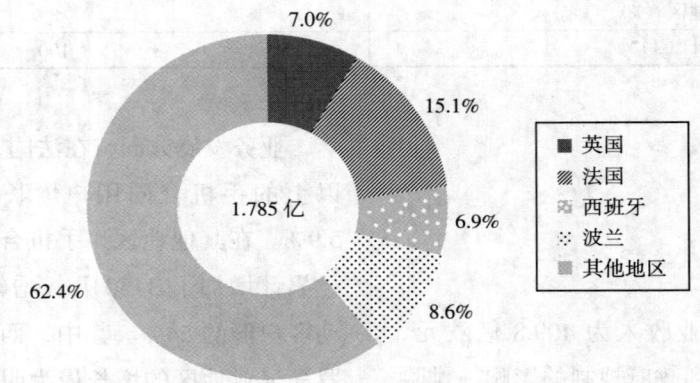

图2-9-2 Orange移动用户地理分布

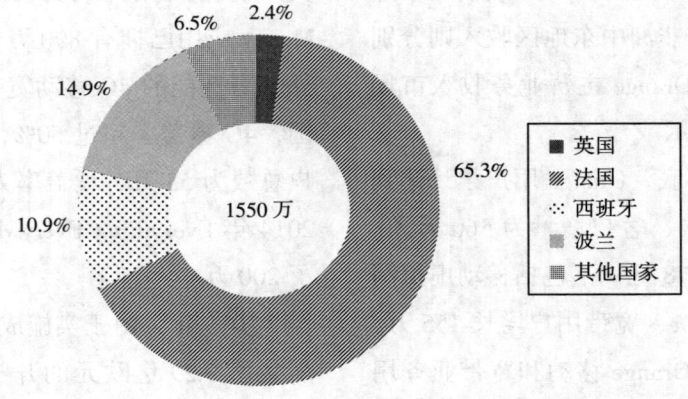

图2-9-3 Orange宽带用户地理分布

2. 法国地区发展情况

2013年，法国经济增长缓慢，客户消费实现了0.4%的增幅，如表2-9-3所示。Orange在法国地区电信市场的零售收入总额为361亿欧元，与2012年同期相比下降8.6%，固定业务和移动服务均呈现下降趋势。固定业务收入降幅为12.5%，移动业务收入下降13.8%，如图2-9-4所示。

固话业务方面，2013年，Orange在法国市场的固定线路电话用户数达到391万，较年初下降了1.7%。宽带电话用户为231万，同比增长4%，占到了固定线路用户总数的2/3。VoIP业务以每年5%的速度持续增长，以55%的比例占据主流。法国地区当年宽带和高性能宽带网络用户达到246万，增长4.2%。固定电话线路4050万条，移动用户总数为7550万人，如图2-9-5所示。

表2-9-3　法国市场关键宏观经济指标

项目	2013年	2012年	2011年
人口（百万）	65.5	65.3	64.9
家庭（百万）	—	28.5	28.2
GDP增长率（%）	+0.2	+0.0	+2.0
人均GDP（按购买力平价计算）	35680	35295	34860
家庭消费变化率（%）	+0.4	-0.3	0.5

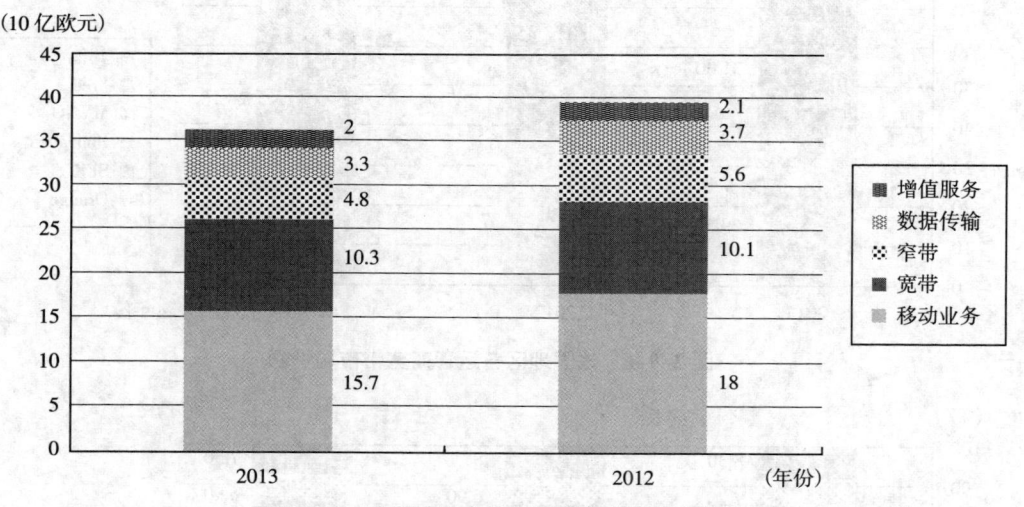

图2-9-4　法国地区电信服务零售市场收入情况

总体来说，Orange在法国地区的宽带市场和集成产品表现远远领先其竞争对手Free、SFR、Bouygues和Numericable。2013年，Orange的市场份额为40.8%。在高性能宽带领域，Orange积极部署光纤到户（FTTH）网络，2013年已经实现了260万家庭用户，占据了约58%的市场份额。在国内移动市场，Orange仍然居于领导地位，以35.5%的市场占有率超越了SFR、Bouygues、Free和MVO等竞争对手。Orange移动和宽带业务在国内的市场份额如图2-9-6、图2-9-7所示。

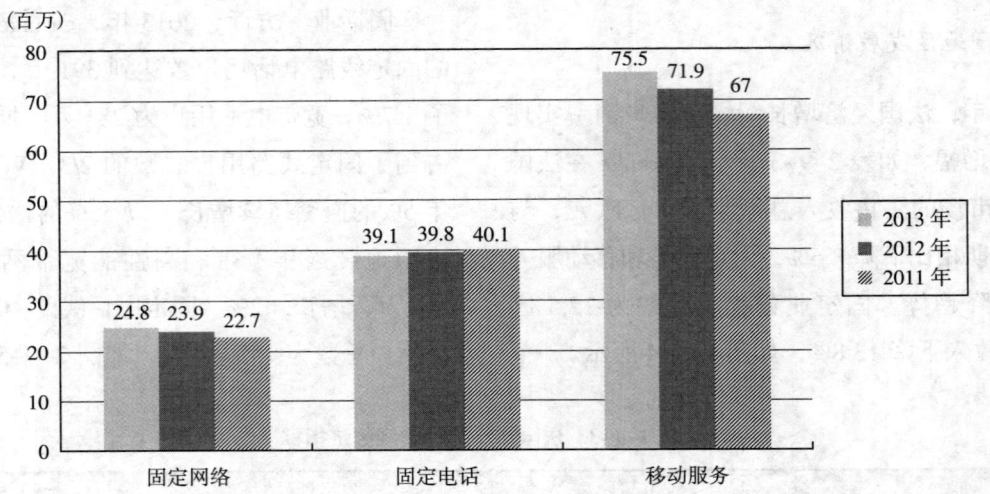

图 2-9-5 法国地区不同业务用户数概况

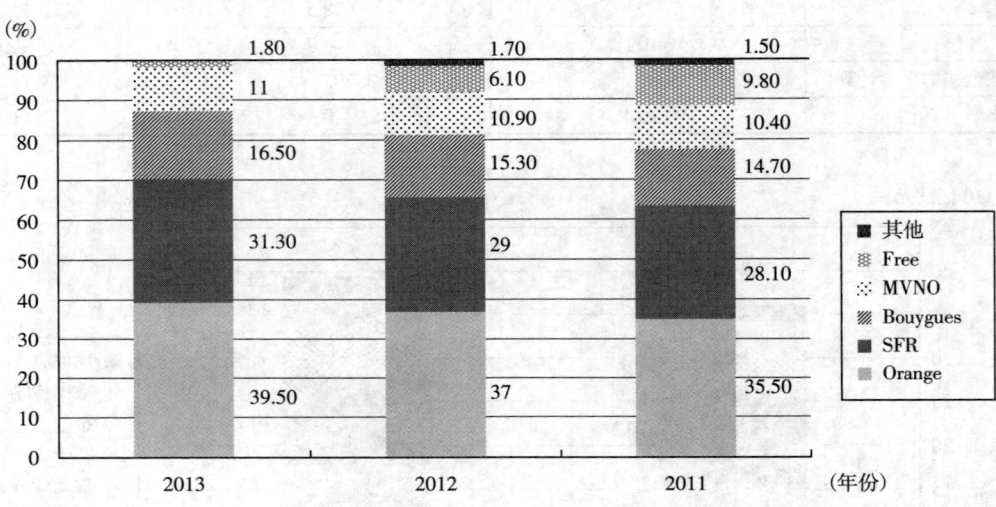

图 2-9-6 法国地区各运营商宽带市场份额

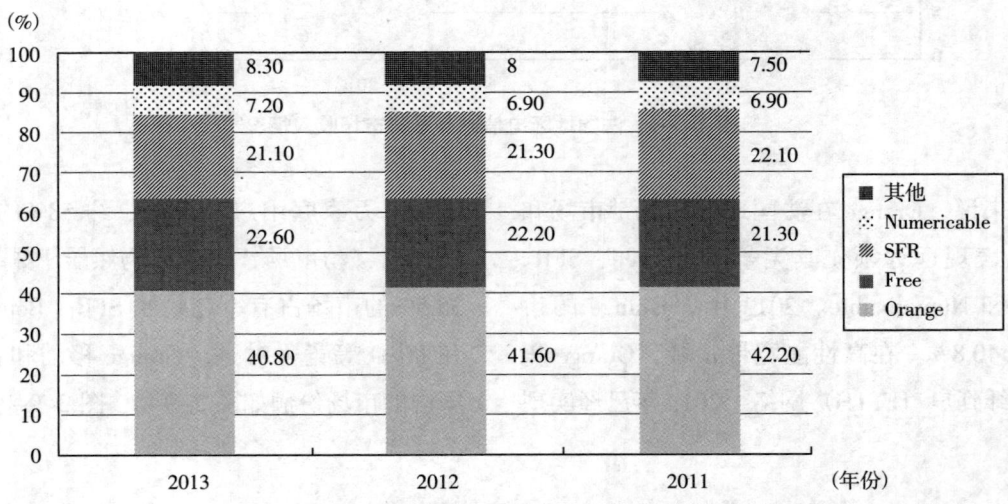

图 2-9-7 法国地区各运营商移动业务市场份额

3. 西班牙地区发展情况

2013年，西班牙地区持续遭受经济危机的影响，GDP下降了1.3%，较2012年的1.6%下降速度有所放缓。失业率以26.7%的比例创历史新高，消费者支出下降约2.1%，西班牙国内经济状况如表2-9-4所示。

表 2-9-4 西班牙市场关键宏观经济指标

项目	2013年	2012年	2011年
人口（百万）	46.1	46.2	46.1
家庭（百万）	—	17.4	17.3
GDP增长率（%）	−1.3	−1.6	+0.5
人均GDP（按购买力平价计算）	30128	30058	30060
家庭消费变化率（%）	−2.1	−2.8	−2.2

2013年，西班牙固定电话线路减少了1.5%，收入下降13.4%。网络用户为121万，增长5.7%，但由于ARPU下降了7.5%，互联网收入下降了2.3%。移动业务方面，2013年西班牙移动客户数下降了1.4%，为5520万。由于语音和短信收入的下降，导致其总收入下降了11%。竞争加剧以及短信业务的减少使得ARPU下降了9.9%，智能手机及其应用渗透带来的数据流量增加未能抵消这一影响。2013年，Orange在西班牙电信服务零售市场的收入和用户数如图2-9-8、图2-9-9所示。

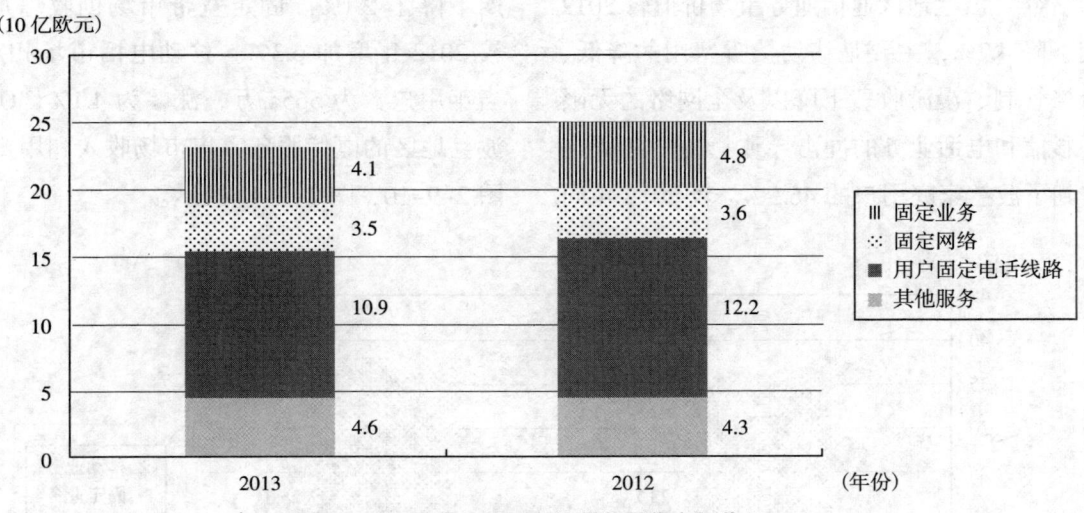

图 2-9-8 西班牙地区电信服务零售市场收入

4. 波兰地区发展情况

2013年，波兰地区经济进入增长阶段，需求的缓和使通货膨胀率降至0.7%，失业率为13.4%，波兰市场宏观经济状况如表2-9-5所示。

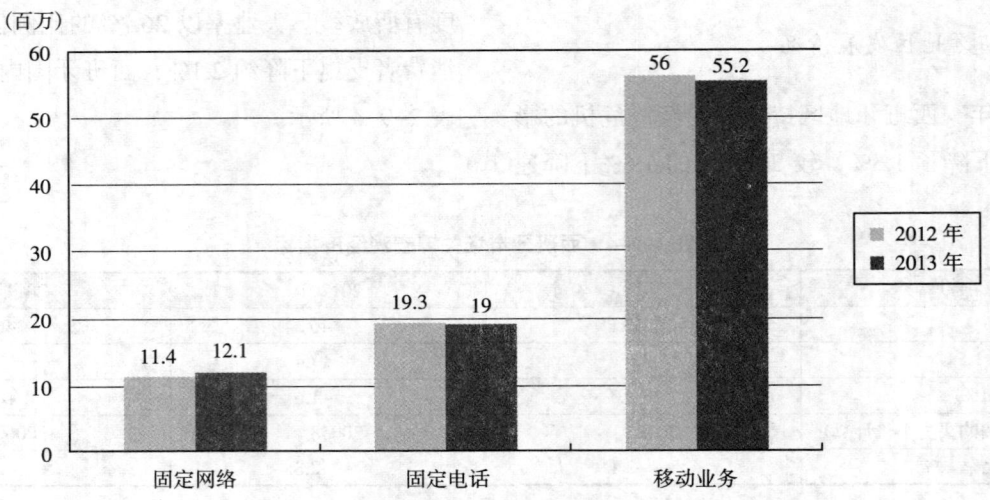

图 2-9-9　西班牙地区各业务用户数情况

表 2-9-5　波兰市场关键宏观经济指标

项目	2013 年	2012 年	2011 年
人口（百万）	38.5	38.5	38.5
家庭（百万）	—	13.7	13.6
GDP 增长率(%)	+1.3	+1.9	+4.5
人均 GDP（按购买力平价计算）	21118	20562	19843
家庭消费变化率（%）	+0.8	+1.1	+2.7

2013 年，波兰地区通信业务市场价值较 2012 年同期下降 4.7%，主要是移动接听费用的降低、短信价格管制、漫游收费下降以及全网络的无限短信、彩信和电话业务的冲击导致。2013 年固定线路占到了波兰家庭用户的 46.5%，较 2012 年同期下降了 2.1%。固定宽带市场创收增加 5.1%，较 2012 年增加 6.3%。移动电话市场相对稳定，当年用户数为 5654 万，涨幅为 4.1%，Orange 在波兰地区的电信服务零售市场收入和用户情况如图 2-9-10、图 2-9-11 所示。

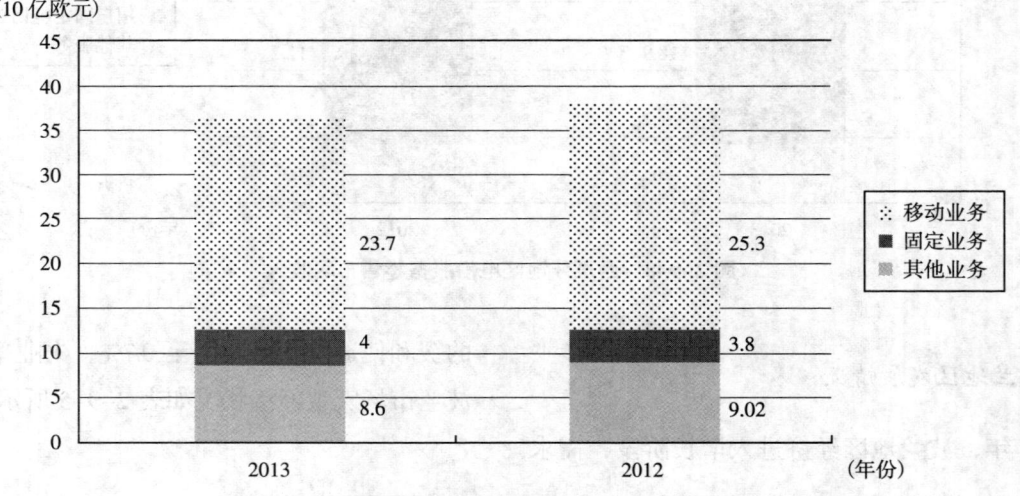

图 2-9-10　波兰地区电信服务零售市场收入情况

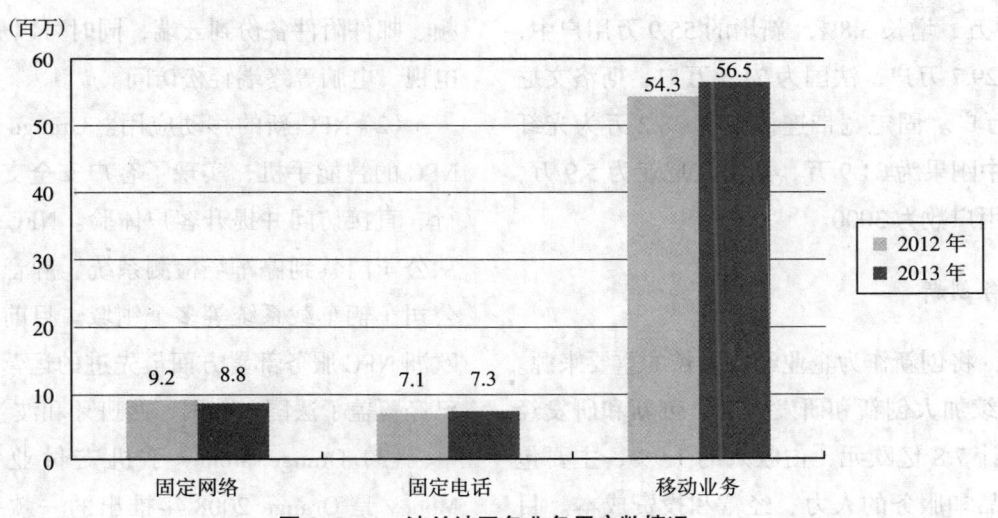

图 2-9-11 波兰地区各业务用户数情况

（五）业务概览

Orange 专注的业务涵盖手机、互联网、电视、固定网络、4G、云计算、光纤通信、NFC 和 Livebox 等多个领域。结合其在法国、波兰、西班牙三大主要市场的收入和用户结构来看，Orange 主要经营移动业务、固定网络、互联网、数据传输、增值服务以及其他服务。其中，移动业务客户数占客户总量的比重较大，移动语音仍然是 Orange 的主要收入来源，但增长趋势已经开始放缓。预计未来 5 年内，随着固定移动融合业务的不断发展，数据及新业务收入、互联网接入收入所占比重将持续增长，而移动语音业务和固定语音业务的收入比重都将下降。

1. 移动业务

2013 年，Orange 移动用户数量增长了 7.9%，至 8800 万，这一增长主要得益于非洲和中东市场移动业务的迅猛增长。在非洲，Orange Money 移动支付业务已经覆盖了非洲和中东 13 个国家的 890 万人口，增幅达 59%。2013 年，通过这项业务完成的交易超过 20 亿欧元。在法国，合同用户数占移动用户总数的 3/4，达到 2090 万，增幅为 5.9%。其他地区的移动合同用户增长也很迅速，其中西班牙增长 6.1%，至 3450 万，英国、波兰、罗马尼亚等市场的移动合同用户比例也达到 54%。

2013 年，Orange 的 4G 业务也增长迅速，Orange 目前已经在 10 个国家部署了 4G 网络，其中在英国和法国分别拥有 200 万和 100 万用户。截至 2013 年底，Orange 的 4G 网络已经覆盖了法国 50% 的人口。在西班牙，4G 也覆盖了 30% 的人口，拥有 53 万用户。

2. 固定宽带业务

Orange 的目标旨在通过统一建筑实现其固定线路和移动网络的集成。固定网络方面，2013 年底，Orange 的宽带 ADSL 接入应用已覆盖了法国和波兰全部的本地环路，并拓展到了 AMEA 地区。FTTx 超高带宽接入方面，Orange 自 2007 年开始部署 FTTH 网络。2013 年 10 月，Orange 的光纤网络覆盖了 350 个城镇，占到了法国地区的 1/3。目前，光纤通信已经进入了 230 万户家庭，用户总量超过 25 万，预计 2015 年法国光纤网络覆盖将超过 100 万人口。目前，西班牙和斯洛伐克地区的光纤网络也在积极建设当中。

截至 2013 年底，Orange 固定宽带业务用户数达到1550万，增长3.8%。新增的55.9万用户中，西班牙为29.7万户，法国为21.5万户，斯洛文尼亚为2.9万户。固定宽带连接中有38.2万为光纤连接，其中刚果为31.9万，斯洛文尼亚为5.9万，摩尔多瓦用户数为3000。

3. 业务创新

Orange将创新作为企业经济增长的重要来源。2013年继续加大创新和研发力度，创新和研发经费投入合计7.8亿欧元，占收入的1.9%，主要包括创新产品和服务的人力、经营和投资成本。目前，Orange的创新产品如高清语音、多频电视、移动应用、4G、光纤等已经深入人们生活的方方面面。2013年，Orange的业务创新主要体现在以下四个领域：

（1）The Orange Cloud应用。The Orange Cloud是一款针对智能手机、iPad和安卓平板电脑的可下载应用，为其移动和网络用户提供50~100GB的个人存储空间，使客户能够将照片、视频、邮件附件备份到云端，同时可以从智能手机、电视、电脑等终端轻松访问。

（2）NFC新的移动应用。Orange推出了内置NFC的智能手机，实现了客户安全支付、便捷旅行、直接访问并提升客户体验。NFC应用覆盖了从公司门禁到停车场检测系统、静音模式切换到公司车辆车载系统等多个领域。目前，Orange是欧洲NFC服务部署方面最先进的运营商，其产品已经覆盖了法国、英国、西班牙和波兰四大市场。

（3）Orange Money手机支付业务。Orange Money是Orange 2008年推出的一款手机支付业务，帮助手机注册用户实现现金转账、支付和金融服务等交易。目前，在该业务覆盖的国家，超过20%的客户都拥有Orange Money账户。

（4）"智能城市"计划。Orange通过智能城市计划（Smart Cities）为客户提供个性化访问、NFC统一接入控制、实时能源消耗管理等应用，实现优化能源和交通、提高市民生活质量等目标。

（六）经营和财务绩效

表2-9-6　Orange 2011~2013年度经营与财务业绩比较一览表

单位：百万欧元

	2013年	2012年	2011年
收入	40981	43515	45277
总资产	85833	89980	96083
EBITDA	11476	12495	15129
EBITDA率（%）	28	28.71	33.45
净利润	2133	1104	3828
净利润率（%）	5.2	2.54	8.45
总资产报酬率（ROA）（%）	2.48	1.23	1.98
净资产报酬率（ROE）（%）	8.09	4.18	12.94
资本性支出（CAPEX）	6044	5818	5770
CAPEX占收比（%）	14.75	13.37	12.74
经营活动净现金流	7259	10016	12879
每股经营活动净现金流（欧元/股）	2.74	3.79	4.75
自由现金流（FCF）	1215	4198	7109
自由现金流占收比（%）	2.96	9.65	15.70

续表

	2013年	2012年	2011年
销售现金比率（%）	17.71	23.02	28.44
资产现金回收率（%）	8.46	11.13	13.40
EVA	-3660	-4005	-1756
EVA率（%）	-5.15	-6.25	-2.47
每股盈利（EPS）（欧元/股）	0.71	0.31	1.47
每股股利（DPS）（欧元/股）	0.63	1.38	1.40
股利支付率（%）	88.73	445.16	97.24
主营业务收入增长率（%）	-5.82	-3.89	-0.50
总资产增长率（%）	-4.61	-6.35	1.92
净利润增长率（%）	93.21	-71.16	-21.51
经营活动现金流增长率（%）	-27.53	-22.23	2.31
每股盈余增长率（%）	129	-78.91	-20.11
资产负债率（%）	69.20	70.68	67.20
流动比率（%）	60.97	64.72	70.82
利息保障倍数	2.88	3.56	3.86
总资产周转率	0.48	0.48	0.47
固定资产周转率	1.37	1.84	1.92
坏账发生率（%）	12.61	16.43	20.39
折旧与摊销	6052	6329	6735
股息	1673	4211	4390
内部融资额	4522	3222	6173
折旧摊销率（%）	14.77	14.54	14.88
付现成本率（%）	29.07	49.82	47.87
营销、一般及管理费用率（%）	—	—	—

（七）内控与风险管理

Orange 的内部控制与风险管理体系旨在确保公司经营目标的实现、现行规章制度的贯彻执行和财务信息的真实可靠。它的执行遵照美国的《萨班斯—奥克斯利法案》以及法国的财务安全准则和政府法案。与质量保险、道德以及合规性和安全性相关的政策和程序也有助于风险管理政策的实施。

1. 内部控制框架

Orange 的内部控制系统基于综合治理委员会工作、负责集团控制环境的支持功能和经营操作功能。公司的内部控制系统由内部控制部门管理，该部门是公司监察、风险控制和管理部门的一部分。此外，按照 2008 年颁布的第八项欧盟指令和 2010 年 7 月的 AMF 建议，审计委员会也负责监督公司内部控制与风险管理系统的有效性。会计与管理控制分部在评估内部财务控制系统中发挥着重要作用。法国电信的内部控制系统依赖于一整套价值和行动以及专业行为准则。

法国电信的内部控制部门开发了专门的方法、使用工具和年度工作计划。其管理内部控制系统的运转，确保所有公司经理的有效性，并负责公司内部环境控制以及经营实体的内部控制。内部控制部门的职责主要包括以下两个方面：

第一，协调当地的内部控制部门和负责公司内部控制环境的人，为其提供确保其系统质量的建议和支持，并控制好该系统。

第二，确保先后递交给风险委员会和董事会审计委员会的行动方案顺利实施并监督。按照规定向股东和金融市场监管机构提交相关报告。当地内部控制部门的职责是协助其实体的经营管理，帮助其构建并维护一个高效的、符合其自身和公司要求的内部控制系统。在此背景下，当地的内部控制部门在其实体内部应用公司内部控制部门发布的指令，并确保系统的平稳有效运行。同时负责应用方法，为工作人员提供培训和支持，并监督其行动方案的进展。

2. 风险分类

风险主要是指可能给公司业务、财务状况、收益等带来不利影响或是使投资人遭受损失的不利因素。Orange 的风险主要包括以下四个方面：

（1）经营风险。包括与部门、经济环境和战略相关的风险。Orange 的收益主要来自成熟市场和商业活动，然而这些地区电信部门的强烈竞争会侵蚀其市场份额和获利能力。部分市场出现了饱和，价格战旷日持久。特别是在法国移动市场，随着 2012 年 Free Mobile 进军电信市场以来，竞争更加激烈。Orange 自 2012 年以来价格回落，使其营业收入下降。与此同时，价格战也对 Orange 的市场份额和新业务的获利能力产生了一定的影响，包括 4G 和光纤到户（FTTH）等新业务。在欧洲主力市场，Orange 也很难与迅速兴起的捆绑套餐服务相抗衡。

鉴于竞争僵局和潜在的部门合并，Orange 的盈利能力将部分地依靠降低固定成本来实现。一旦其战略转型和成本削减计划失败，或者网络、技术和进展不能满足客户需求，Orange 就会面临失去市场份额、利润率降低等风险，进而影响公司的财务成果和状况。此外，Orange 仍然面临着经济停滞和恶化的风险。对此，政府已经出台了相关的削减负债和平衡预算的经济和财政政策，因而会压缩家庭消费和商业活动空间，反过来影响 Orange 的收入和利润。与此同时，Orange 积极拓展业务市场和成长领域，加大在中东和非洲地区的投入。这些地区政治局势不稳定，经济、法律和社会环境多变，此举可能导致高昂的成本，一旦投资得不到预期的回报或市场拓展失败，将会削弱公司的财务状况。另外，在内部控制和遵循相关法律和规章制度等方面也存在一定风险。公司开发新业务的战略主要依赖于独特品牌下的内容聚合、移动支付、非接触式服务（NFC）、M2M 以及云计算业务，但是其受当地经济环境和规制阻碍的可能性很大。如果不能实现相应的经济利益，仍然会对公司收益和财务状况造成极其不好的影响。此外，网络和增值服务引入了类似 VoIP 和即时短信、搜索引擎等数据库和服务提供商，使其能够和电信运营商的客户建立直接联系，可能侵蚀运营商一定的市场份额。

与此同时，Orange 面临的经营风险还包括：技术故障、通信网络饱和或运营商的技术基础设施不足以解决自然灾害、火灾、战争、恐怖主义或人为损害造成的损坏或故障，进而减少公司收入，有损公司或行业声誉。暴露于电磁场带来的健康隐患也是 Orange 将应对的挑战之一。

（2）人力资源相关风险。2009 年，Orange 出现了严重的劳动力危机。为应对这一危机，自 2010 年起，公司在"征服 2015"战略下实施了雄心勃勃的人力资源计划。然而，经济环境对于该计划的实施将会对公司形象、经营和业绩产生重大影响。2008~2009 年，Orange 面临的主要人力危机是社会心理风险和工作焦虑，出现了部分员工自杀事件，其负面影响一直持续到 2010 年。2010 年，Orange 启动了新的社会合同定义公司的职业实践和管理文化以缓解以上危机。2011 年，Orange 人民宪章计划在公司范围内全面启动，并签署了员工技能规划管理计划协议、高层业余方案，同时在强化职业生涯和就业灵活性以及提高员工满意度方面给予了更高的重视。然而该计划有悖于公司削减成本的方针，倘若不能达到预期效果，则会给公司形象、经营和成果带来负面影响。

（3）法律风险。Orange市场高度规范化，经营的灵活性有限。公司的经营活动受到法律、规制和政府政策变动的影响。Orange持续被卷入管理机构、竞品公司等机构的诉讼中。例如2012年1月在Orange波兰分公司和丹麦DPTG的纠纷中，Orange波兰分公司支付给对方的赔偿金达到了5.5亿欧元，对公司的财务状况造成了一定的影响。此外，Orange必须为其遗失、发布、向第三方披露或非法修改用户数据承担法律责任，其互联网接入和托管服务也有可能引发法律方面的风险。

（4）财务风险。主要包括流动性风险、利率风险、信用评级风险、金融交易信用风险或交易对手风险、外汇风险、资产减值风险以及股票风险。Orange从资本市场（特别是债券市场）募集资金，也从银行借入小额贷款。因此其经营状况很大程度上受经济环境的影响，同时利率和汇率波动也会有一定的影响。如果Orange的债务评级被下调，被评级机构监控或是调整，其借贷成本将会增加，并且会限制其获取所需要的资金。与Orange有合同关系的银行及相关机构的破产或财务状况恶化也会对公司造成重大的不利影响。减值损失会降低Orange支付股息的能力，进而影响其商誉，处置子公司的价值也会受到股票和债务市场的影响。公共部门出售其持有的Orange的股票也会对股价造成一定影响，进而引发相关的财务风险。

（八）人力资源发展

1. 社会就业

2013年，Orange签署了合约"Generation Contract"，旨在进一步加强其设置高速网络和预测人口变化的能力。2013~2015年，Orange计划在法国地区招收4400名固定员工。由于各国通信市场的竞争和规制压力、技术发展以及用户使用模式的变化，Orange在各经营市场的人数都出现了减少趋势，累计达到了5000人，占到了员工总数的3%。其中法国市场人数减少了2.8%，法国以外减少了3.3%。

在国外的子公司中，波兰的员工数减少了1989人，占到了总人数的9.2%。2012~2013年，Orange还实施了自愿离职和外部招聘相结合的计划。西班牙子公司的员工人数相对较稳定，2013年底员工总人数为3957人，其中，当年招聘人数为126人，离职人数为173人，员工总数较2012年变化不大（3962人）。Equant子公司在新兴国家积极推行业务定位战略，特别是在埃及的全球业务以及在埃及、俄国、毛里求斯的促销和营销战略，其员工数减少了274人，占总人数的2.5%。而在AMEA地区，人数变化也较小，总人数累计减少146人，占总人数的1%，主要是受自愿离职计划以及经济形势严峻和政治压力的影响。欧洲员工总数减少了108人，同比下降1.3%。2013年1月和10月，Orange France和Orange Distribution的2759名员工被并入Orange SA。在法国，Cityvox和Entrail France的合并对公司员工人数带来了重大影响。法国外部，波兰子公司Spzoo网络的合并带来了397人的员工增量，Etrali国际和卢森堡子公司解除合并则使员工人数减少了234人。

固定合同员工人数的减少主要是由于法国地

区的裁员，而欧洲和 AMEA 地区人口的增长正好与其相抵消。2013 年 Orange 员工情况、业务及合同分类如表 2-9-7、表 2-9-8、表 2-9-9、表 2-9-10 所示。

表 2-9-7 2011~2013 年 Orange 员工人数

Orange SA	2013 年	2012 年	2011 年
法国子公司	95359	95647	95642
法国地区合计	6713	9392	9608
国际子公司	102072	105039	66699
集团合计	165488	170531	171949

表 2-9-8 Orange 员工地理分布情况

员工地理分布	2013 年	2012 年	2011 年
法国	62.1	62.0	61.6
西班牙	2.4	2.3	1.9
波兰	12.4	13.0	13.7
AMEA 地区	9.5	9.3	8.8
欧洲	5.4	5.2	5.8
OBS	7.0	7.1	7.1
其他地区	1.2	1.1	1.1
集团总计	100	100.0	100.0

表 2-9-9 基于业务类型分类的员工占比

业务线	2013 年	2012 年	2011 年
销售与客户服务	48.7	49.1	48.8
创新与预测	2.4	2.4	2.4
管理与支撑	12.8	13.0	12.9
内容与多媒体产品	0.6	0.6	0.6
IT 与信息系统	9.1	8.8	8.4
技术与网络	24.5	24.7	24.3
其他	1.9	1.4	2.6

表 2-9-10 员工合同类型

员工合同类型	2013 年	2012 年	2011 年
固定合同	161932	166944	166866
临时合同	3556	3587	3730
集团总计	165488	170531	170596

2. 招聘与离职

（1）招聘。2013 年，法国地区外部招聘增加了 1248 人，这是按照公司新的三年期计划开展的。该计划拟在 2013~2015 年招聘 4400 人。这是继 2011~2013 年 10000 人的招聘计划后增强技术和人口变化预测能力的要求。根据该计划，Orange 2013 年新增了 3000 名员工，同比 2012 年增加了 900 人。外部招聘主要集中在网络（维护和网络工程）、直接销售和客户服务、商业服务、创新以及 IT 系统和多媒体的发展等方面。在其他市场，外部招聘累计减少了 1366 人。其中，西班牙 2013 年的招聘人数仅为 126 人，较 2012 年的 578 人减少了 452 人。外部招聘人数下降的趋势在其他国家市场也屡见不鲜：波兰 2013 年招聘人数为 991 人，相比 2012 年下降了 170 人；AMEA 地区 2013 年招聘总人数为 1303 人，相比 2012 年减少了 40 人；欧洲 2013 年招聘总人数 877 人，较 2012 年减少了 321 人；Equant 子公司 2013 年的招聘总数为 963 人，较 2012 年减少了 320 人。这些变化体现了各经营分部改善流动员工管理，使其适应不断变化的商业环境并在经营活动中更加专注于客户满意度。2013 年 Orange 外部招聘情况如表 2-9-11 所示。

在推出新产品和服务以及实施促销计划时，Orange 也会雇用一部分临时员工，这些临时的外部员工大约占到了员工总数的 0.57%，主要集中在商业领域，特别是促销和客户服务领域。雇用外部员工主要是采取服务合同的形式。法国地区外部员工主要集中在技术工作、技术分析、工程、建筑和信息系统、设计、发展和集成领域。在客户关系管理和服务方面的呼叫中心和电话热线也有一部分。2013 年，外包服务的正式员工数为 24055 人，占到了整个集团总人数的 20%，同比 2012 年下降了 7.2%。2013 年 Orange 临时员工和外包情况如表 2-9-12、表 2-9-13 所示。

表 2-9-11 外部招聘固定员工人数

类别	2013 年	2012 年	2011 年
Orange SA	707	1485	2901
法国子公司	541	627	778
法国地区合计	1248	2112	3679
国际子公司	4725	6091	6445
集团总计	5973	8203	10124

表 2-9-12 Orange 临时员工人数

类别	2013 年	2012 年	2011 年
外部员工安置费用（百万欧元）	30.85	24.44	34.49
平均每月临时员工人数	687.0	546.0	785.0

表 2-9-13 Orange 外包员工情况

类别	2013 年	2012 年	2011 年
承包商（百万欧元）	1724.4	1813.0	1802.8
全职员工（平均每月）	24055	25880	26313

（2）离职。2013 年公司的离职人员总数为 11429 人，较 2012 年的 8539 人，离职率增加了 33.8%。法国地区的离职率翻了一番，从 2012 年的 1920 人增加到了 2013 年的 4007 人。主要是由于关于人口的法律和规章制度的变化，适龄退休员工总数由 2012 年的 882 人增加到了 2996 人，而辞职、裁员带来的员工人数减少则相对保持稳定。

法国以外，离职率出现了小幅增长，由2012年的6619人增加到了7422人，增幅为12.1%。波兰地区2013年的离职总数为2947人，其中1704人都是由公司的主动离职计划产生的，这一主动离职计划主要是在2012年初签署的社会协议下，根据和工会的承诺开展的。

AMEA地区的最终离职率为16.7%，累计为210人。主要是由于约旦、埃及和刚果地区实施自愿离职计划，分别带来了98人、100人和101人的员工减量。欧洲地区离职率增幅较小，新增离职人数为98人，增幅为10.1%，主要是由于部分国家经济危机带来的资源整合和经济环境波动的影响。2013年，Orange固定员工离职和裁员情况如表2-9-14、表2-9-15所示。

表2-9-14 固定员工辞职情况

类别	2013年	2012年	2011年
Orange SA	216	277	356
法国子公司	221	198	215
法国地区合计	437	475	571
国际子公司	3129	3413	4014
集团总计	3566	3888	4585

表2-9-15 Orange裁员情况

类别	2013年	2012年	2011年
Orange SA	44	45	48
法国子公司	38	28	45
法国地区合计	82	73	93
国际子公司	2913	2286	1960
集团总计	2995	2359	2053

3. 员工培训

Orange继续推广其主动政策（Proactive Policy）支持青年员工的始业计划。法国分公司将至少包含4500名在职学习的员工，并每年招收2500名实习生。公司同时注重将这些年轻人纳入公司的优先级业务线，在员工完成2011~2013年的培训后，将至少吸纳1200人成为公司的正式员工。2013年12月31日，Orange超过5100份在职学习合同正式生效，包含实习生和专职合同，占到了公司员工总数的5%，实现了预期目标。按照立法和相关规章的要求，规模超过250人的企业在职员工培训的比例应达到平均员工数的4%，而Orange远远超过了这一要求。2013年，Orange吸纳了254名在职学习的正式员工，2011~2013年吸纳的在职学习员工总数达到1441人，远超出与贸易联盟签订的协议。Orange每年还将继续通过大型实习项目吸纳更多的年轻人加入公司的团队。

Orange为应对欧洲市场持续的经济危机和激烈竞争，积极调整商业模式和组织架构，通过员工培训增强其技能。2013年，Orange平均每名员工参加培训的时长超过了30小时。在AMEA地区，每名员工的培训时长为26.5小时，较2012年增加了18.9%；OBS分部为21小时，SCE和Equant分部的培训时长也有所减少；欧洲地区的培训时长为29小时，西班牙地区培训时长减少了21%，但仍以45小时居所有市场之首。针对三年内没有接受任何培训、身患残疾或年老的员工，Orange 还制定了专门的培训计划。2013 年，法国、欧洲和 AMEA 地区的 Orange 大学继续实施其管理培训计划，主要就"共同议题"展开。Orange 的培训课程旨在提升员工技能，涵盖客户关系、信息网络、系统、营销和交流等多个方面。2013 年 OBS 继续推进其云学院和针对数千名培训员工的培训。2013 年 Orange 员工接受培训的情况如表 2-9-16、表 2-9-17 所示。

表 2-9-16 2013 年 Orange 员工培训时长

类别（百万小时）	2013 年	2012 年	2011 年
集团总计	4.96	5.18	—
Orange SA	3.19	3.35	3.40

表 2-9-17 平均每名员工培训时长

类别（小时）	2013 年	2012 年	2011 年
集团范围	30.5	30.7	—
Orange SA	33.9	35.6	35.2

4. 薪酬情况

Orange 的薪酬政策是根据其"征服 2015"战略以及法国社会契约的规定，并结合公司的经济和社会效益做出的。Orange 旨在成为行业标杆雇主以吸引和留住核心人才。

Orange 奉行以经营结果为导向的薪酬文化，在员工中实施基于个人贡献和业绩的动态的薪资政策。这不仅意味着员工的固定工资会随着个人专业技能的提升和工作职责的变化而变化，而且员工的奖金也会直接跟个人以及团队效益挂钩。经理和监管人员每半年获得一次个人奖金，金额根据完成项目目标和个人任务的情况而定；根据 Orange 的企业激励协议和利益分享协议，所有员工都会根据考核评级或个人成绩获得额外奖励。

5. 激励机制

Orange 的激励机制大致分为两种，一种是奖金计划，另一种是员工利益共享协议。

从 1992 年起，Orange 就开始实施奖金计划，激励协议由经营公司基于其业绩独立签订。2013 年，共有 30 个经营公司签署了激励计划，这些激励计划大多是基于某项财务指标优先执行，如客户服务质量等。一旦公司实现了其经营目标，将会得到其工资 4% 的激励奖金。

根据 Orange 签订的 2012~2014 年度协议，激励奖金的 70% 取决于公司运营业绩指标（OPI），另外的 30% 则是基于客户服务质量指标（IQSC）。其中 OPI 主要包括销售增长、运营成本控制和优化投资，包含所有市场的固网、移动和互联网业务。而 IQSC 则衡量的是横跨全部价值链以及在个人、企业及大客户市场的客户满意度。2012 年，Orange 分配奖金数额达到 2.04 亿欧元，占工资的 4.97%，平均每个员工达到 2200 欧元，2013 年分配的奖金为 2.12 亿欧元。

2013 年，Orange 与贸易联盟签订了新的员工利益共享协议，取代了 1997 年以来实施的版本。该协议适用于 Orange 及其拥有多数股权的法国子公司的员工，公司董事长和 CEO 不能享受该计划。协议规定，每个公司的特殊利润分享储备金为其营业收入的4%。2012年,Orange的利润分享金额为1.44亿欧元,2013年为1.73亿欧元。此外,鼓励员工持股也是Orange激励计划的一部分。

(九)企业社会责任

Orange始终将道德作为企业管理的一个重要组成部分,公司道德准则就客户、股东、员工、供应商和竞品公司的行为都做出了相关规定。公司的社会承诺主要基于以下四项基本原则:尊重、诚信、质量和团队精神。此外还成立了专门的公司道德委员会,以监督和确保各项原则的有效落实。近15年以来,Orange一直坚定地贯彻"负责任的成长"方针,通过公司核心价值引导利益相关者在经济活动中遵循长期可持续发展的原则。2000年,Orange成为了首批签署联合国全球契约的企业之一。其社会责任战略旨在实现平衡发展,即为股东、客户、员工等利益相关者创造价值。通过优化内部机构和经营程序以减少对环境的影响,节约开支,提升公司的整体绩效。Orange下设专门的CSR部门负责企业社会责任工作。2010~2013年,Orange的CSR政策主要体现在四个基本承诺,伴随着八项战略重点(Strategic Priorities),每一个优先级又可以细分为带有绩效指标的精确目标,如表2-9-18所示。

表2-9-18 Orange CSR政策框架

四项承诺	八项重点工作
认可支持员工	通过建立新的社会合同,支持员工发展,响应社会热点话题(特别是关于机会平等),将员工作为公司发展的核心
确保客户知情、质量和安全	在所有活动中保持质量领先;确保产品和服务安全使用且负责任,特别是在儿童保护、尊重隐私和数据安全方面
数字世界利益共享	为更多的客户提供服务,减少所有形式的数字鸿沟,以增强数码共融;通过服务促进所有经营市场的经济和社会发展
创新解决方案,共建绿色未来	推出生态设计产品和服务,使用其减少客户对环境的影响;广泛收集和回收旧手机;控制能源消耗,预计到2020年减少20%的二氧化碳排放量

2014~2016年,Orange的企业社会责任目标紧紧围绕着八个战略重点,从四个执行层面展开,建立了从公司内部员工到外部客户、社会和环境的社会责任体系,旨在与电信行业和利益相关者分担社会责任。

1. 企业方面

要求负责任地管理和购买。Orange内部建立了清晰的架构和公司治理准则,实施反对腐败、尊重人权的方针。Orange的社会责任贯穿其供应链全程,在采购过程中要求供应商履行其社会责任,并加强道德、社会和环境风险管理。Orange 2013年的采购政策主要围绕两大主题:

第一,做负责任的采购者,将社会责任纳入内部采购和物流流程,努力促进当地经济和就业。

第二,鼓励供应商和分包商承诺实现其企业社会责任标准,并在供应链全程付诸实践。

2. 员工方面

经济和社会效益同步,促进工作场合多元化。Orange将员工作为公司的核心,鼓励其为客户提供最优质的服务,在帮助公司成为客户首选运营商的同时,实现经济和社会质量的可持续增长。Orange致力于让机会平等贯穿其招聘和员工职业生涯全程,并坚信多元化将提升绩效、创新和公司的吸引力,这一促进多元化和机会平等的承诺也反映了Orange负责任的运营商的定位。

3. 顾客支持方面

促进心的交流，确保客户安全负责任地使用新技术。处理和恢复海量数据（大数据）是具有高成长性的经济模式和服务重点，特别是在广告和使客户关系更加个性化方面。与此同时，技术的复杂性和一定程度上透明度的缺失引发了公众关于违反企业和政府隐私权的担忧。而Orange则承诺保护用户个人数据，从设计阶段就开始全程监控数据和隐私风险，并于2013年11月发布了其数据保护宪章。Orange实施针对儿童的网络保护政策，通过支持和培训家长以及教育工作者、开发家长控制工具等措施负责任地保护附近儿童的网络使用。

4. 社会方面

促进当地发展，积极响应公众关于无线电波影响健康的担忧。通过信息和通信技术促进发展中国家的经济发展，刺激就业，增强商业活力和竞争力，并促进当地教育、医疗、管理服务的可持续发展。Orange创新解决方案积极响应当地需求，支持促进数字生态系统的发展，实现经济发展和社会进步。Orange致力于实现无线网络的合理发展、利益相关者的知情以及保护公众和员工不受电磁波的潜在影响，通过透明的沟通、加大科研投入、符合手机和电话相关规定，倡导手机合理使用并成立电磁波委员会发挥指导作用以消除公众的担忧。

5. 环境方面

主要是应对气候变化，优化设备生命周期和报废期。Orange实施积极的保护环境战略，促进绿色科技的发展。自1996年签署欧洲通信网络运营商环境协议（ETNO）以来，Orange的环境政策主要围绕从集团到消费者个人三个层面展开：在公司层面，减少直接的环境影响，包括减少能源使用、碳排放并优化废物管理；通过生态设计并鼓励负责任地使用，在消费者层面减少公司产品和服务的影响；开发创新产品和服务，减少个人对环境的影响。Orange将继续推广部署环境管理体系（EMSs）ISO14001标准，预计到2016年实现集团层面60%的覆盖率。在应对气候变化方面，计划2006~2020年温室气体排放量减少20%，能源消耗减少15%。同时，Orange通过重复利用、优化报废流程等方式延长产品和设备的使用周期以及废旧电子设备回收处理等方式实施环境保护。

（十）前景展望

1. 提供卓越的数字化客户体验

为增加客户及其对Orange的品牌忠诚度，Orange通过所有沟通渠道加强同客户的关系，通过360度的客户关系战略满足终端用户的预期，同时预测其未来的需求。语音、聊天软件、社交网络以及智能手机使客户与公司之间的互动日益多元，客户的移动性和超链接性增强。

2. 高效地管理多渠道互动

未来，客户关系仍然会是Orange战略的核心。Orange将通过以下几个方面确保客户满意度和忠诚度，为客户提供高质量的服务：

第一，提供跨渠道的客户体验，客户可以任意选择其所需要的媒体。

第二，提供迅速、相关的人工服务。

第三，实现客户自助访问信息。

第四，通过所有通信渠道倾听和回应客户。Orange提供包括语音门户、多媒体呼叫中心、直销和拨打对方付费电话在内的诸多产品组合以提供卓越的客户体验、增强客户满意度和忠诚度、促进业务发展和优化成本。

3. 建设数字化办公场所

Orange致力于通过数字工作空间新的工作方式帮助客户实现业务转型，通过连接企业应用程序、协作工具、安全、连接和管理的革命性平台，实现所有设备最小的IT故障和经济利益的最大化。

4. 成为商务通信的全球提供商

建立最强的企业形象、良好的声誉、全球统一的产品组合和无与伦比的服务承诺。Orange在全球166个国家拥有自己的专家，确保用户随时随地畅享服务，保证业务的连续性，提供专业化的服务。

5. 统一通信服务（UCaaS）

统一通信服务具有双重属性。一方面，统一通信是所有员工间通信使用的诸如电话、电子邮件、语音邮件、即时消息和会议工具；另一方面，作为服务强调的是购买这些性能的方法，在客户享受服务的同时，运营商为客户提供服务。这一多赢战略使所有人获益，包括IT管理者、企业管理者、员工和终端用户。

附件一：Orange财务报告（2013年）

1. 合并资产负债表

单位：百万欧元

	2013年12月31日	2012年12月31日	2011年12月31日
资产			
商誉	24988	25773	27340
其他无形资产	11744	11818	11343
物业、厂房及设备	23157	23662	23634
所拥有联营公司的权益	6525	7431	7944
可供出售资产	103	139	89
非流动贷款和应收款项	1837	1003	994
非流动金融资产公允价值	95	159	114
非流动套期保值衍生资产	36	204	428
其他非流动资产	15	70	94
递延税项资产	3251	3594	3551
非流动资产合计	71751	73853	75531
存货	637	586	631
应收账款	4360	4635	4905
流动贷款和其他应收款	38	81	1165
交易性金融资产公允价值	213	141	948
额外现金等价物	101	3	66
流动套期保值衍生资产	769	670	1066
其他流动资产	924	1193	1218
流动税项资产	110	109	124
待摊费用	377	388	368
现金等价物	4330	7116	6733
现金	1586	1205	1311

续表

	2013年12月31日	2012年12月31日	2011年12月31日
流动资产合计	13445	16127	18535
待出售资产	637	—	2017
资产合计	85833	89980	96083
权益及负债			
股本	10596	10596	10596
资本公积	16790	16790	16790
留存收益	(3037)	(3080)	187
本公司股东应占权益	24349	24306	27573
非控制性权益	1985	2078	2019
权益合计	26334	26384	29592
非流动应付账款	349	337	380
非流动金融负债摊余成本（除应付账款外）	30295	31883	33933
非流动金融负债公允价值	369	482	259
非流动套期保值衍生负债	1133	542	277
非流动员工福利	2924	2989	1711
拆除非流动准备金	687	686	630
非流动重建准备金	155	98	125
其他非流动负债	477	560	700
递延税项负债	954	1102	1264
非流动负债合计	37343	38679	39279
流动应付账款	7540	7697	8151
流动金融负债摊余成本（除应付账款外）	7100	7331	5440
流动金融负债公允价值	165	111	2019
流动套期保值衍生负债	3	5	3
流动员工福利	2009	1948	1870
拆除流动准备金	23	23	19
流动重建准备金	157	55	277
其他流动负债	1288	1280	2012
应用税金及附加应付款	1200	1475	1434
应交税金	592	2794	2625
递延收入	1974	2198	2322
流动负债合计	22051	24917	26172
待出售资产的关联负债	105	—	1040
权益与负债合计	85833	89980	96083

2. 合并损益表

单位：百万欧元

	2013年12月31日	2012年12月31日	2011年12月31日
收入	40981	43515	45277
外部购买	(17965)	(19100)	(19638)
其他运营收入	687	900	658
其他运营支出	(508)	(721)	(691)

续表

	2013年12月31日	2012年12月31日	2011年12月31日
工资支出	(9019)	(10363)	(8815)
营业税金及附加	(1717)	(1857)	(1772)
资产处置损益	119	158	246
重组成本和类似的项目	(343)	(37)	(136)
折旧及摊销	(6052)	(6329)	(6735)
业务整合重评估	—	—	642
商誉减值	(512)	(1732)	(611)
固定资产减值	(124)	(109)	(380)
应占联营公司损益	(259)	(262)	(97)
营业利润	5288	4063	7948
财务负债总额	(1746)	(1769)	(2066)
净资产损益	59	101	125
汇兑损益	(18)	(28)	(21)
其他财务收入和支出	(45)	(32)	(71)
财务费用净额	(1750)	(1728)	(2033)
所得税	(1405)	(1231)	(2087)
税后净利润	2133	1104	3828
归属于：公司股东的净利润	1873	820	3895
非控制性股东的净利润	260	284	67
每股盈余（欧元）			
基本	0.71	0.31	1.47
稀释	0.71	0.31	1.46

3. 合并现金流量表

单位：百万欧元

	2013年12月31日	2012年12月31日	2011年12月31日
经营活动			
合并净利润	2133	1104	3828
营业税金及附加	1717	1857	1772
待处置损益	(119)	(158)	(246)
折旧与摊销	6052	6329	6735
准备金变动	82	743	(348)
业务整合重评估	—	—	(642)
商誉减值	512	1732	611
非流动资产减值	124	109	380
应占联营公司损益	259	262	97
经营净外汇及衍生工具	5	52	44
财务费用净值	1750	1728	2033
所得税	1405	1231	2087
股份补偿	8	(5)	21
营运资金变动需求			
存货增加（减少）	(81)	53	45
应收账款增加（减少）	118	331	596

续表

	2013年12月31日	2012年12月31日	2011年12月31日
应付账款增加（减少）	51	(244)	(41)
DPTG诉讼付款	(198)	(210)	(336)
其他资产及负债变动	(198)	(210)	(336)
其他净现金支出			
缴纳营业税金及附加	(1706)	(1833)	(1658)
已收股息	320	493	523
衍生工具的利息支出与利率影响，净值	(1886)	(1863)	(1601)
缴纳所得税	(1141)	(1145)	(1021)
2005财年相关税务诉讼	(2146)	—	—
经营活动现金流量净额	7259	10016	12879
投资活动			
购买（处置）物业、厂房和设备以及无形资产	(6117)	(6763)	(6711)
固定资产应付账款增加（减少）	22	(229)	39
出售物业、厂房、设备及无形资产的收益	98	148	74
投资证券所支付的净现金额	(69)	(49)	(217)
投资联营企业的净现金额	(2)	(45)	(392)
权益性证券的购买（以公允价值计量）	(18)	(24)	—
出售Orange Suisse的款项，净现金转移	76	24	452
证券和其他金融资产的增加或减少			
按公允价值计算的投资，不包含现金等价物	(39)	591	(67)
授予EE的贷款赎回	—	222	511
其他	5	29	3
投资活动现金流量净额	(6044)	(4710)	(6308)
筹资活动			
长期债券发行	3209	2769	4331
长期债券赎回与支出	(4001)	(3139)	(1717)
银行透支与短期借款增加（减少）	(151)	1001	(570)
存款及其他与债务相关的金融资产增加（减少）	(751)	(178)	2
汇率变动对衍生物的影响，净额	(135)	271	(233)
库存股收购	(24)	(94)	(275)
埃及地区控制权无变化的股权收购	—	(1489)	—
其他控制权无增加/减少的股权收购	(11)	—	(8)
资本溢价（折价）——本公司股东应占部分	—	—	1
资本溢价（折价）——非控制性权益应占部分	—	2	—
支付给非控制性权益股东的股利	(359)	(583)	(683)
支付给本公司股东的股利	(1314)	(3632)	(3703)
筹资活动现金流量净额	(3537)	(5072)	(2860)
现金及现金等价物变动净额	(2322)	234	3711
汇率变更以及其他非货币因素对现金及现金等价物的影响	(65)	26	(78)
期初现金及现金等价物	8321	8061	4428
其中：现金	1205	1311	1227
现金等价物	7116	6733	3201
非持续经营应占部分	—	17	

续表

	2013年12月31日	2012年12月31日	2011年12月31日
期末现金及现金等价物	5934	8321	8061
其中：现金	1586	1205	1311
现金等价物	4330	7116	6733
非持续经营应占部分	18	—	17

附件二：Orange 大事记

1988年，Orange（即原来的法国电信 France Telecom，2013年7月1日正式更名为 Orange）正式成立，总部位于巴黎。在此之前，它是法国邮政和通信局的一个分支机构。

1993年，Orange 提出"单站服务"即一点接触的经营概念，与德国电信一起为大用户提供 VSAT 优质服务。

1996年1月，Orange 与德国电信及斯普林特合资的国际公司 Global One 正式启动，在其高科技支持下，为用户提供全面、灵活、价格优惠的电信服务。

1997年10月20日，Orange 的股票首次在按月结算的巴黎交易所和纽约交易所上市。通过向外界提供25%的资本，Orange 吸引了390万位预订者，虽然所提供的股票只有220亿法郎，各个机构却争相购买，需求超过了4200亿法郎。其中，有2/3来自国外。

1998年2月，Orange 与中国联通公司合作的 GSM 网络在广州开通，3月在佛山开通。

2000年5月，Orange 向 Vodafone AirTouch 支付251亿英镑（377亿美元）的现金和股票，收购英国移动运营商 Orange，顺利进入英国移动市场，成为继 Vodafone 之后的欧洲第二大移动电话公司。

2000年11月，Orange 以大约35亿美元的资金从国际航空信息通信机构（SITA）手中购得美国 Equant 公司54%的股票，Equant 公司位于美国亚特兰大州，是一家向航空公司提供全世界各地机场最新信息的数据通信公司。

2002年，Orange 提出了"FTAmbition2005"复兴计划，设立了阶段性运营目标，该计划的成功执行使法国电信2005年实现了收入增长，避免了流失。

2004年2月，Orange 以38亿欧元的价格，收购其在 Wanadoo 公司尚未拥有的29.4%股权，至此，Wanadoo 成为法国电信的全资子公司。

2004年3月，Orange 宣布进行以客户为导向的组织结构重组，即把原来以技术为导向的业务部门重组为以客户为导向、提供融合服务的部门。重组后的 Orange 主要包括企业通信业务部、家庭通信业务部、个人通信事业部、法国销售与业务部、网络运行与信息部等部门。所有部门都从客户需求出发，提供融合业务，而不是原来各自独立的业务。

2004年6月17日，Orange 与中国电信双方出资2000万欧元在中国建立合资研发中心，这一研发中心将进行新技术、新设备的测试评估，新业务的研发和应用集成；在设备采购方面合作以降低资本开支与运营成本；同时进行高级管理人员和专家的交流。

2004年8月，Orange 子公司 Wanadoo 退出 Livebox 家庭网关，它将 ADSLModem、蓝牙、无线 Wi-Fi 功能集成到了一起，家庭用户可以通过 Livebox 实现宽带接入、无线互联、VoIP、视频电话、邮件收发等多种业务，享受业务融合带来的便利。

2005年6月，Orange退出了NExT战略（New Experience in Telecommunications，电信业务新体验）。NExT战略的推出可以看作是Orange实施战略转型、提供融合服务的标志。

2006年6月，Orange正式宣布实施统一品牌策略。将集团在全球的移动、宽带、融合服务和企业用户业务品牌统一为"Orange"。而"法国电信"作为公司名称保持不变。

2006年10月，Orange正式推出了面向家庭客户的固定与移动融合业务Unik服务。

2007年3月发展Livebox用户480万人，2007年中期年报数字显示为520万户。Livebox满足了家庭客户接入融合的需求，解决了名目繁多的接入终端的困扰。对于运营商而言，则通过终端的融合，抵御单一的网络业务流失风险，将网络延伸到用户家中。

2010年12月3日，Orange公司与摩洛哥第二大运营商地中海电信签署了收购协议。根据协议，Orange将收购地中海电信40%的股权，收购总额为6.4亿欧元。

2011年10月21日，Orange收购刚果第四大电信运营商刚中电信51%的股份。

2011年10月，Orange和德国电信成立联合采购公司"Buyin"，共享部分网络基础设施，联合采购手机、移动网络基础设施和固网设备。预计新公司运营三年后，每年可为两大运营商节省13亿欧元的成本。

2012年2月，Orange与奥斯康电信签署了一份备忘录，奥斯康将以每股33.57美元的价格售出大部分其所持MobiNil/埃及移动服务公司的股份。

2012年3月，Orange同Publicis和Iris Capital两家企业联手设立一个高达3亿欧元的风险投资项目，将为欧洲的初创和小型科技企业提供发展机会。

2012年11月，Orange已经开始向其企业用户推出4G LTE服务，并将从2013年2月起向普通消费者用户推出LTE服务。

2013年7月1日，Orange正式取代法国电信，作为公司名称。

2013年，Orange与阿尔卡特朗讯合作，在巴黎与里昂之间部署了全球首条单波道容量达400千兆比特每秒的光纤链路，其容量是现有最高带宽的4倍。长距离、大容量的新型光纤为今后多媒体、云计算、大数据等新技术应用提供了硬件保障。

常小兵
中国联通董事长兼首席执行官

常小兵，58岁，于2004年12月起任中国联通公司董事长兼首席执行官。1982年起，历任安徽省六安地区邮电局技术员，江苏省南京市电信局、江苏省邮电管理局网管中心工程师、江苏省邮电管理局电信处副处长和南京市电信局副局长。1996年6月起，历任中国邮电电信总局副局长、信息产业部电信管理局副局长。2000年2月，任信息产业部电信管理局局长。2000年4月，任中国电信集团公司副总经理、党组成员。2001年获得清华大学工商管理硕士学位；2004年11月起任中国联通公司董事长、党组书记。2008年电信重组后，任联通集团与网通集团合并后的中国联合网络通信集团董事长兼新联通筹备组组长。2011年5月起担任Telefonica S.A.（西班牙电信）董事。

中国联通

公司 LOGO

  中国联通的公司标识是由一种回环贯通的中国古代吉祥图形"盘长"纹样演变而来。迂回往复的线条象征着现代通信网络，寓意着信息社会中联通公司的通信事业井然有序、迅达畅通以及联通公司的事业无以穷尽，日久天长。

  中国联通的标识标志题型有两个明显的上下相连的"心"，它一览无余地展示着联通公司的宗旨：通信，通心，联通公司永远为用户着想，与用户心连心。

中国联通公司可持续发展报告（China Unicom）

（一）公司简介

中国联合网络通信集团有限公司（简称"中国联通"）于2009年1月6日在原中国网通和原中国联通的基础上合并组建而成，在国内31个省（自治区、直辖市）和境外多个国家和地区设有分支机构，是中国唯一一家在纽约、中国香港、上海三地同时上市的电信运营企业，连续多年入选"世界500强企业"。总部位于北京市西城区金融大街21号。中国联通主要经营固定通信业务，移动通信业务，国内、国际通信设施服务业务，卫星国际专线业务、数据通信业务、网络接入业务和各类电信增值业务，以及与通信信息业务相关的系统集成业务等。中国联通于2009年4月28日推出全新的全业务品牌"沃"，承载了联通始终如一坚持创新的服务理念，为个人客户、家庭客户、集团客户提供全面支持。

中国联通拥有覆盖全国、通达世界的现代通信网络，积极推进固定网络和移动网络的宽带化，为广大用户提供全方位、高品质的信息通信服务。2009年1月，中国联通获得了当今世界上技术最为成熟、应用最为广泛、产业链最为完善的WCDMA制式的3G牌照。在短短几个月的时间里，中国联通便建成了全球规模最大的WCDMA网络。目前，3G网络已经覆盖了全国所有城市。2013年，中国联通启动4G设备建网，采购了TD-LTE基站，并宣布2014年3月18日正式启动4G的商用。

面对全球电信业创新转型和我国深入推进信息化与工业化融合所带来的新机遇和新挑战，中国联通将继续推进企业的创新发展进程，以全业务经营和3G发展为引擎，坚持以用户为中心，加强技术、业务、服务和管理创新，不断提升综合实力和核心竞争力，全面满足广大用户的信息服务需求，致力于成为信息生活的创新服务领导者，在国民经济和社会信息化进程中发挥主力军作用。

2013年，中国联通实现营业收入303727203182元，净利润10292436279元，每股盈余达到0.16元/股，总投资报酬率达到1.94%。2013年12月31日，中国联通的总资产为531364453263元，股东权益为221626104164元，全系统从业人员约为22.2万人，收盘价为3.21元/股，市盈率为20.06。

（二）公司战略

中国联通在综合分析国内外电信行业发展趋势以及国内电信市场竞争环境的基础上，提出在未来几年，着力实施"3G领先和一体化创新战略"，具体框架和内容如图2-10-1所示。其中，实现"3G领先"和"一体化运营管理"是该战略的两大核心支柱，如图2-10-2所示。

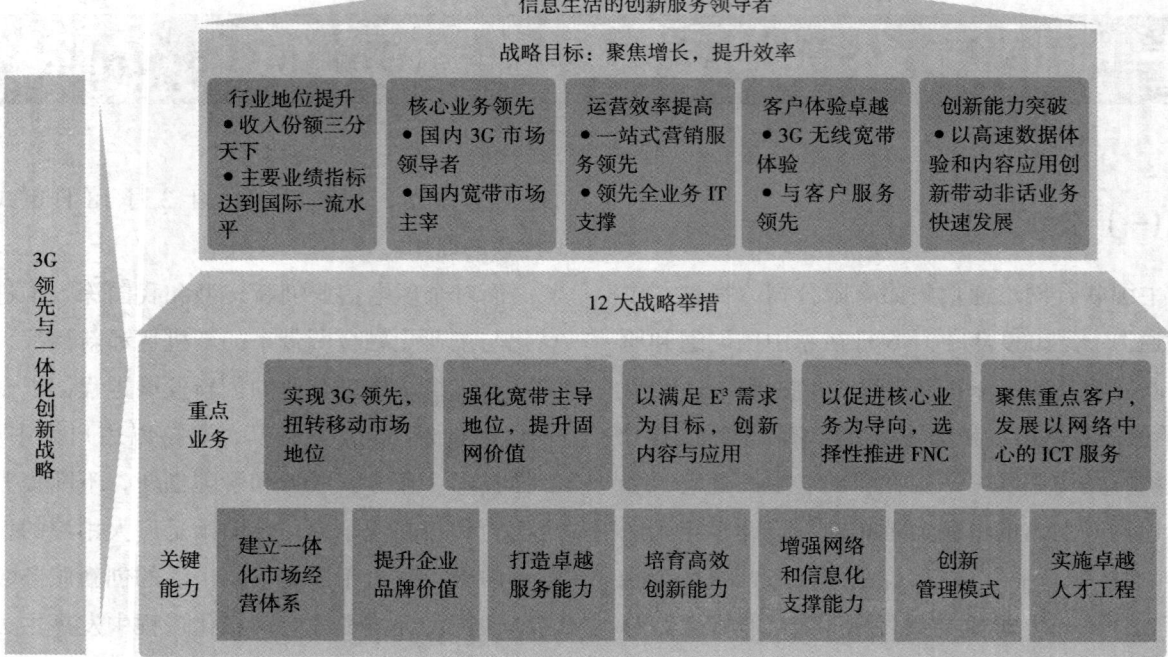

图 2-10-1　中国联通 2013 年总战略

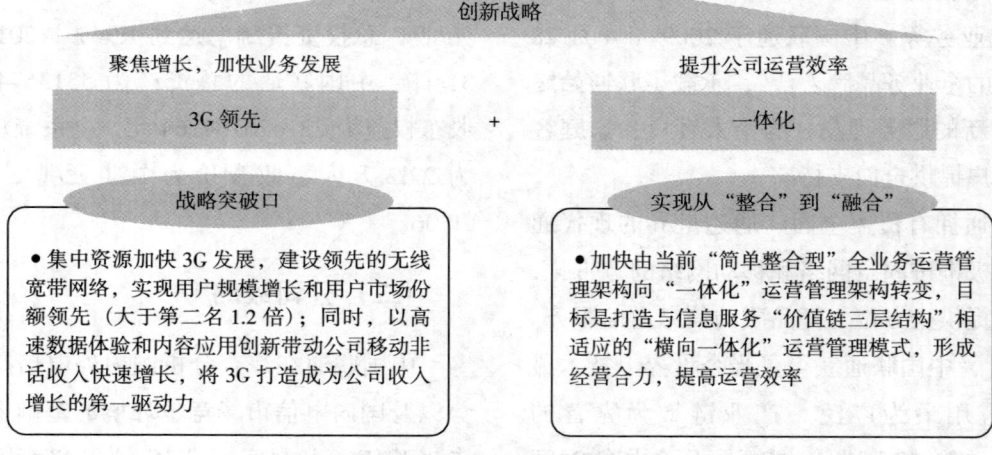

图 2-10-2　中国联通战略两大支柱

1. 实现"3G 领先"——聚焦增长，加快业务发展

实现"3G 领先"，是中国联通改变市场竞争格局，提升行业地位的唯一出路和必然选择；是公司加快经营模式转型，改善用户结构，实现增长方式转变的战略突破口。中国联通将集中资源加快 3G 发展，建设领先的无线宽带网络，以高速数据体验和内容应用创新带动公司移动非话业务收入快速增长，将 3G 打造成为公司收入增长的第一驱动力。实现 3G 领先的关键因素有两个：坚持 3G 与 2G 协调发展和坚持无线宽带与固定宽

带互补发展。坚持3G与2G协调发展，主要是实施3G和2G的差异化定位，区隔化运营发展策略，重点突破3G，稳健发展2G。在3G发展基础上，要坚持向市场传递真正的3G"高速无线数据体验"，快速实现规模增长；同时，做好2G中高端存量用户保有，低端市场以新增促保有，稳定2G业务发展。

2. 一体化运营管理——提升公司运营效率

"一体化运营管理"，是国际全业务运营商面向融合发展的大趋势，更是中国联通全面整合全业务资源，形成经营合力，实现快速增长，提升运营效率的基础保障，具体内容如图2-10-3所示。中国联通通过持续的管理体制和机制创新，全面整合公司的全业务资源。在企业内部运营管理层面，实现跨业务、跨平台、跨网络、跨职能的高效协同与配合，提升运营管理效率，强化客户导向经营，打造面向融合服务的经营合力；在客户层面，打造客户导向的"一站式"营销与服务能力；在员工和组织层面，打造"真正融合"的文化氛围和卓越运营团队。

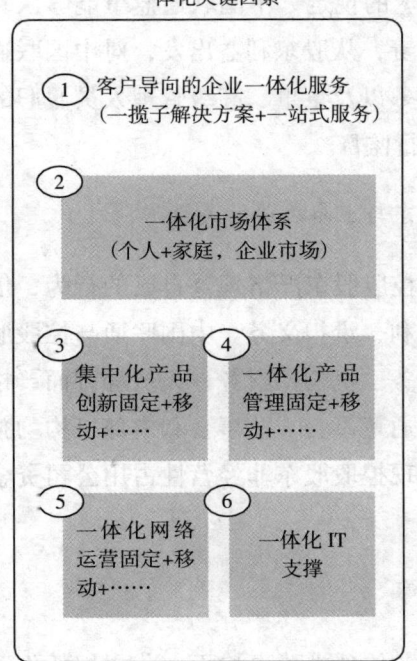

图2-10-3　一体化关键因素

（三）公司治理

报告期内，中国联通严格按照《公司法》、《证券法》、《上市公司治理准则》、中国证监会等监管部门的有关规定以及上海证券交易所《股票上市规则》等法律法规的要求开展公司治理工作，不断完善公司法人治理结构和公司内部各项管理制度，建立严格有效的内部控制和风险控制体系，加强信息披露工作，规范公司运作。

中国联通已经先后制定了规范公司运作的《公司章程》、《董事会议事规则》、《股东大会议事规则》、《监事会议事规则》、《投资者关系管理办法》、《董事会专门委员会工作细则》、《独立董事工作细则》、《公司信息披露事务管理实施办法》、《董事会秘书工作细则》、《公司内幕信息知情人登记制度》等。报告期内本公司严格按照《公司章程》及中国联通"三会议事规则"的规定程序召集、召开股东大会、董事会和监事会，同时中国联通还依据《董事会专门委员会工作细则》及《独立董事工作细则》的要求，召开独立董事会、审计委员会会议以及薪酬与考核委员会会议，审议公司重大事项等。涉及中国联通定期报告等重大信息时，中国联通均严格按照《公司内幕信息知情人登记制度》做好内幕信息知情人登记工作。截至2013年12月31日，中国联通治理情况与中国证监会发布的《上市公司治理准则》的要求基本符合。主要表现在以下几个方面。

1. 股东与股东大会

报告期内，中国联通召开了两次年度股东大会。中国联通股东大会的召集、召开、表决等相关程序均严格按照有关法律法规和中国联通《股东大会议事规则》的规定执行。中国联通确保全体股东，特别是中小股东享有平等地位，确保所有股东能够按其持有的股份享有并充分行使自己的权利。

2. 董事与董事会

中国联通一贯重视董事会建设，努力提高董事会的运作效率。董事会以中国联通及股东的最佳利益为原则，负责审议及批准中国联通重大事项，包括经营策略、重大投资等。董事会的主要职能还包括审批公司定期对外公布的业绩及运营情况等。报告期内中国联通召开了五次董事会，讨论及审议了包括2012年年度报告、2013年中期报告、2013年第一季度报告和第三季度报告、内控工作报告、社会责任报告、批准联通集团与联通运营公司签署的《2014~2016年综合服务协议》、批准联通运营公司与联通集团合资设立财务公司等重要事项。中国联通董事会的召集、召开、表决等相关程序均严格按照有关法律法规和中国联通《董事会议事规则》的规定。中国联通董事会职责清晰，各位董事均投入了足够的时间处理中国联通事务，且均按时出席董事会。作为中国联通的董事均了解其作为董事的权利、义务和责任，均能履行诚信和勤勉尽职的职责，认真审阅董事会和股东大会的各项议案，并提出有益的建议，其决策亦符合股东利益和公司长远发展。

3. 监事与监事会

报告期内，中国联通监事会共召开四次监事会会议。监事会的召集、召开程序符合公司《监事会议事规则》的规定。中国联通监事能够认真履行自己的职责，从股东利益出发，对中国联通重大事项、财务以及董事、高级管理人员履职的合法合规性进行监督。

4. 控股股东与上市公司的关系

中国联通控股股东严格规范自己的行为，依法行使股东权利，承担义务。中国联通与控股股东在资产、业务、机构、财务、人员等方面严格分开，中国联通董事会、监事会和内部机构均独立运作。未发现控股股东非经营性占用公司资金和资产的情况。

5. 独立董事

中国联通各位独立董事均不在公司担任除董事外的其他职务，并与中国联通及其主要股东不存在可能妨碍其进行独立客观判断的关系。独立董事均了解对中国联通及全体股东负有诚信与勤勉尽职义务。并按照相关法律法规、公司章程及本制度的要求，认真履行职责，维护公司整体利益，尤其关注中小股东的合法权益不受损害。中国联通一贯重视发挥独立董事的作用，独立董事也以他们独立的立场、专业的视角、丰富的经验为公司出谋划策，提高了董事会决策的科学性。报告期内，中国联通各位独立董事亲自参加历次独立董事会议，发表独立意见。报告期内，审议了联通集团与联通运营公司签署的《2014~2016年综合服务协议》及公司起草的《中国联合网络通信股份有限公司日常关联交易公告》。为此，独立董事对该关联交易发表了独立意见：认为该关联交易协议事项将有利于增强相关关联交易的可操作性和透明度，有利于协同关联交易各方的利益，并为中国联通持续经营提供有效保障，相关协议条款公平合理，符合全体股东利益，不存在侵害公司少数股东利益的情况。报告期内，还审议了联通运营公司与联通集团合资设立财务公司的议案，对此，独立董事对该关联交易事项发表了独立意见：认为本次设立财务公司将为中国联通提供资金管理的有效、统一平台，优化财务资源配置，降低融资成本，提升控制财务风险的能力；本次关联交易事项遵循了市场化原则和公允性原则，符合全体股东利益，不存在侵害公司少数股东利益的情况。

6. 审计委员会

中国联通审计委员会能有效执行其任务，使董事会能更好地监察中国联通的财务管理状况，监管中国联通与财务报告相关的内部控制体系，保障中国联通财务报表的完整性及真实性。

7. 良好互动的投资者关系

中国联通十分注重与投资者的沟通与互动，设有专人负责与普通投资者的沟通、联系等。包括接听电话、回复来信、回复上证E互动平台的投资者提问等；管理层和投资者关系管理人员经常参加证券机构组织的投资者见面会，认真回答投资者的提问以及认真接待中小投资者的上门咨询等。中国联通每年年报、半年报披露后立即召开业绩推介会，公司管理层与投资者见面，介绍公司经营情况、回答投资者关心的问题等。

8. 中国联通股权结构

中国联通股权结构如图2-10-4所示，中国联合网络通信集团持有其63.09%的股份，公众股东占36.9%，其他两位发起人占0.01%。同时，中国联合网络通信股份有限公司持有中国联通（BVI）有限公司82.1%的股份，中国联合网络通信集团持有17.9%的份额。在中国联合网络通信（香港）股份有限公司的股权结构中，中国联通集团占33.98%，中国联通占40.89%，其他公众股东占20.12%，西班牙电信持股占5.01%。

（四）市场概览

1. 中国联通国内市场情况

2009年1月7日，在联通集团获得国家颁发的WCDMA移动通信（3G）运营牌照后，联通运营公司经联通集团授权在中国境内开始3G网络建设，并于2009年10月正式在全国投入运营。2009年1月，中国联通完成了向联通集团和中国网络通信集团有限公司（原网通集团）收购其在上海市、江苏省、浙江省、安徽省、福建省、江西省、湖北省、湖南省、广东省、广西壮族自治区、海南省、重庆市、四川省、贵州省、云南省、西藏自治区、陕西省、甘肃省、青海省、宁夏回族自治区和新疆维吾尔自治区（南方21省）的固网业务（不含固网通信资产）及天津本地固话业务和资产、北方一级干线传输资产以及联通兴业3家电信服务子公司股权的交易，并通过向联通新时空租赁其拥有的南方21省固网通信资产经营固网业务。于2012年12月26日，中国联通通过联通运营公司向联通集团完成收购联通新时空的全部股权，南方21省的固网通信资产亦被计入中

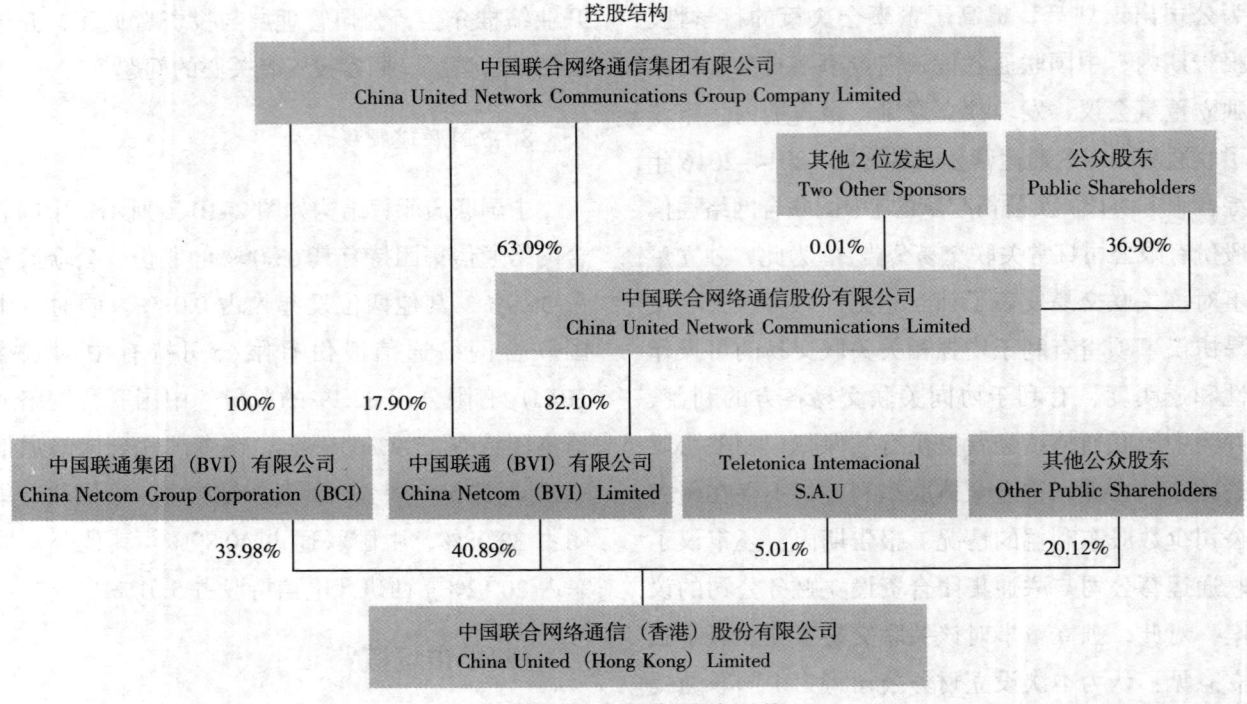

图 2-10-4 中国联通股权结构

国联通。前述交易使中国联通的固话业务经营范围进一步扩大,并向电信增值服务和电信工程设计等相关领域进一步拓展。中国联通还于 2011 年 12 月 1 日完成了向联通集团收购其子公司联通新时讯通信有限公司("联通新时讯")的交易。

经过上述一系列的重组与交易,中国联通目前的主营业务包括在中国 31 个省(自治区、直辖市)经营的 GSM 移动通信、WCDMA 移动通信业务和增值服务业务;固网语音和增值服务、固网宽带和其他与互联网相关的服务;商务和数据通信服务;全国范围的信息通信技术服务及相关的系统集成、技术开发、技术服务、设备生产、销售及设计施工业务;电子通信器材的销售;技术交流和信息咨询等相关业务。2013 年,中国联通在全国范围内的收入达到 3037.27 亿元,同比上年增加 18.5%,如表 2-10-1 所示。

此外,2013 年 12 月 4 日,联通集团获得由工信部发放的"LTE/第四代数字蜂窝移动通信业

表 2-10-1 主营业务分地区情况

地区	营业收入(百万元)	营业收入比上年增减(%)
全国范围内	303727	18.5

务(TD-LTE)"经营许可。工信部同时批准联通集团授权本公司拥有的下属公司中国联合网络通信有限公司在全国范围内经营 LTE/第四代数字蜂窝移动通信业务(TD-LTE)。

2. 中国联通国外市场情况

中国联通已与 104 个国家和地区的 245 家运营商开通了 3G 国际及港澳台地区漫游及短信业务,成为 3G 国际漫游最多的国内运营商。同时,联通已开通在 11 个国家和地区的可视电话漫游业务。中国联通已与 238 个国家和地区的 487 家运营商开通了 2G 国际及港澳台地区漫游及短信业务,与 98 个国家和地区的 195 家运营商开通了 3G 国际及港澳台地区漫游及短信业务,与 173 个

国家和地区的337家运营商开通了GPRS国际及港澳台地区漫游业务。中国联通目前已与11个国家和地区的22个运营商开通了可视电话漫游业务。另外，中国联通国际及港澳台地区彩信已通达122个国家和地区的309家运营商。

中国联通在GSM语音和短信国际漫游业务范围已达242个国家和地区的521家运营商；分别与179个国家和地区的400家运营商开通了GPRS数据国际漫游来访业务；与164个国家和地区的357家运营商开通了GPRS数据国际漫游出访业务；同时3G国际漫游业务也达到了104个国家和地区的245家运营商，如图2-10-5所示。

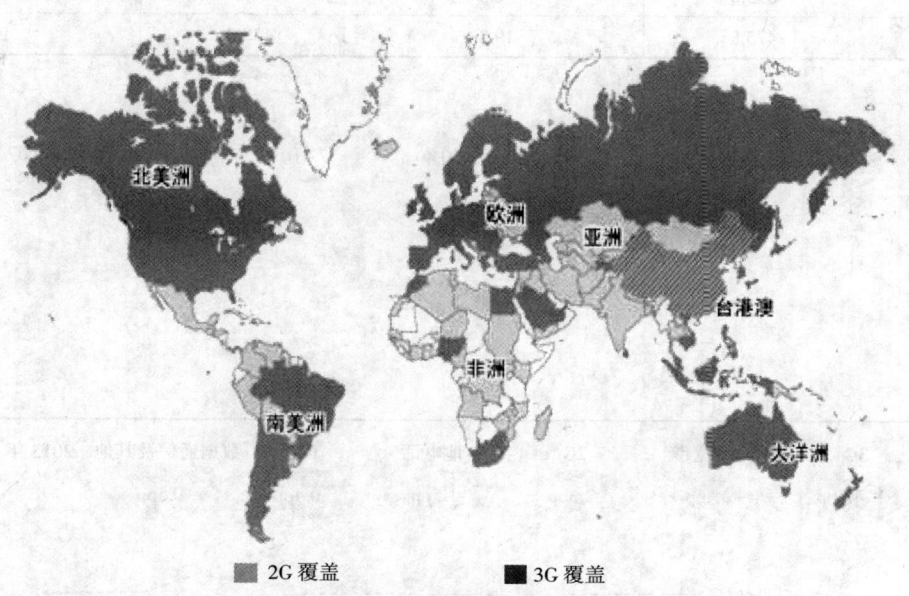

图2-10-5 中国联通漫游出访通达国家

由此可以看出，中国联通在国际漫游业务覆盖范围上逐年扩大，且呈现一个高速发展的态势，特别是数据漫游业务的增长幅度最为明显，这再次验证了中国联通与WCDMA结合后爆发的强大力量，也为中国联通扩大国际漫游业务奠定了坚实的基础。

（五）业务概览

近年来，中国联通的资产、人员、用户和收入规模明显扩大，企业综合实力得到明显提升。2013年，中国联通收入继续保持快速增长。实现营业收入3037.3亿元，同比增长18.5%。其中，服务收入约为2462.8亿元，同比增长13.6%，市场份额稳步提升。对比中国联通2012年和2013年收入规模和业务结构，如表2-10-2和图2-10-6所示，发现服务收入中移动业务占比达到63.3%，与2012年相比，移动收入占比约增加3.4%，非语音业务占比达到56.3%，业务结构更趋优化，可持续发展能力进一步增强；3G业务成为服务收入增长的主要驱动力，固网宽带业务也逐渐提升。

表 2-10-2 2012年与2013年主营业务收入数据对比

单位：亿元

	2013年		2012年	
	累计完成	所占主营业务收入百分比（%）	累计完成	所占主营业务收入百分比（%）
非营业务收入	2462.8	100.0	2167.9	100.0
其中：移动业务	1557.7	63.3	1298.1	59.9
其中：3G	927.2	37.6	617.1	28.5
固网业务	893.8	36.3	860.1	39.7
其中：宽带	475.8	19.3	430.0	19.8

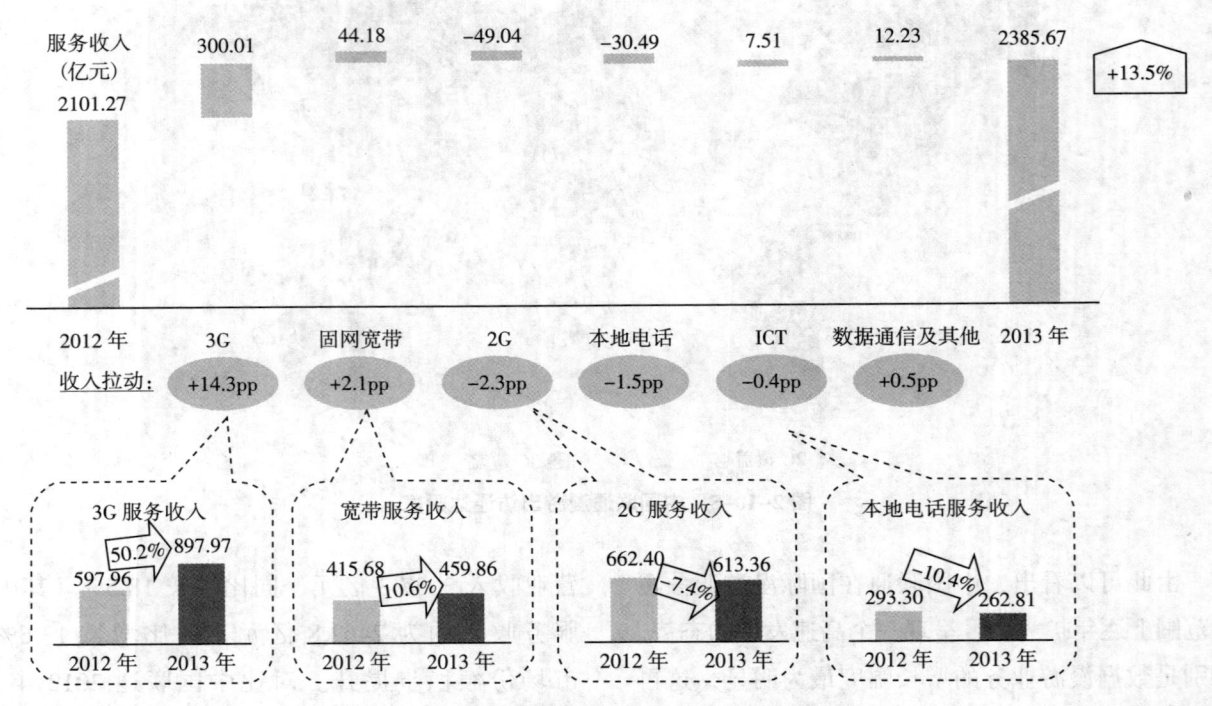

图 2-10-6 中国联通2013年服务收入增长驱动图

1. 移动业务继续快速发展

总体来说，2013年，中国联通继续积极推进移动业务一体化运营，驱动整体移动业务规模快速增长。全年实现移动服务收入1557.7亿元，同比增长20.0%。净增移动用户4167万户，总数突破2.8亿户。移动用户结构进一步优化，ARPU持续提升，达到48.2元。具体来说，中国联通在2013年继续坚持终端、渠道、应用拉动，深化流量经营，加快2G/3G融合发展，3G业务实现规模增长。通过深度定制差异化21/42M终端产品，新推出存费送业务合约计划，拉动中高端合约用户快速增长，同时，以2G/3G融合发展进一步扩大3G用户规模；依托全国统一的渠道集中管理系统，落实渠道经营责任制和销售人员激励政策，并充分利用互联网电子渠道开展线上线下一体化营销，有效提升了销售服务能力；进一步细分市场，开发推广"流量+第三方应用"定向、后向流量资费模型的差异化产品，推出大流量包产品，实现了流量规模和收入的双提升。

其中，3G业务发展规模实现新的突破，服务收入对移动收入的贡献达到59.5%，规模达到927.2亿元，同比增长50.2%，成为公司第一收入来源。3G用户净增4614.4万户，同比增长60.4%，全年各月移动用户和3G用户增长情况如图2-10-7所示，总数达到1.23亿户，在移动用户中的渗透率达到43.6%。其中，无线上网卡用户达到653.2万户；3G手机数据流量达到2089.7亿MB，同比增长122.3%；应用商店和手机音乐注册用户分别达到1.1亿户和2547万户。3G用户ARPU保持在75.1元的较高水平。

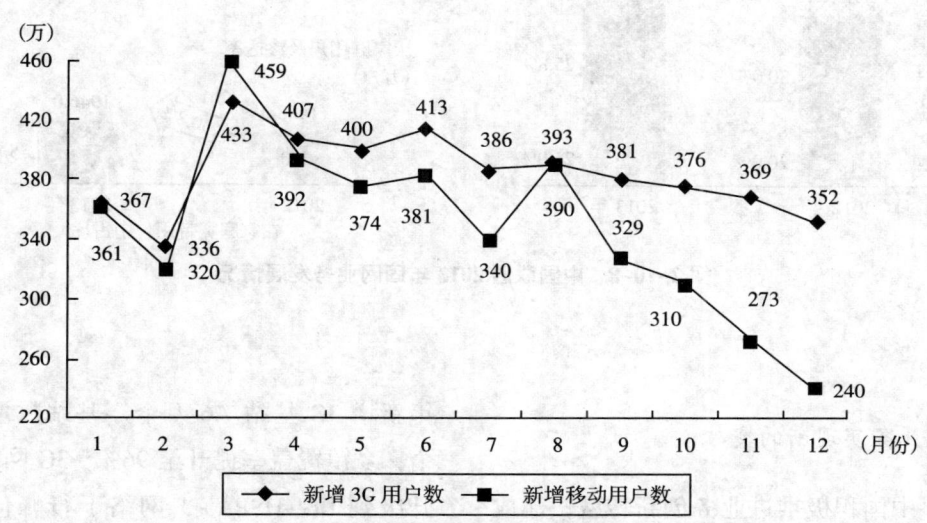

图2-10-8　中国联通2013年全年各月移动用户增长情况

在流量经营方面，中国联通不断深化流量经营，移动手机用户数据流量全年同比增长120.3%，达到2698亿MB；3G手机用户月户均数据流量持续增长，消费结构持续优化。

2. 固网业务保持稳健增长

总体来说，2013年，中国联通的固网业务保持稳健增长。全年固网服务收入同比增长3.9%，达到893.8亿元，其中非语音业务收入贡献达到74.3%，如图2-10-8所示。具体来看，中国联通借助国家宽带战略实施，加快光纤网络改造，持续开展提速营销行动，促进宽带收入稳定增长，固网收入结构持续改善。通过优化固网营销服务支撑体系，落实宽带"装拆移修"服务标准和服务承诺，为用户提供便捷的宽带服务，提升客户服务感知；通过加强固移融合业务营销，推广IPTV/互联网电视业务，有效带动宽带用户发展。

其中，在优质网络和良好服务的支撑下，宽带收入和用户规模保持快速增长。宽带服务收入全年同比增长10.6%，达到475.8亿元，对固网业务收入的贡献达到53.2%。宽带用户净增610.7万户，同比增长10.4%，达到6464.7万户；4M及以上速率宽带用户占比达到78.8%，同比提高18.3个百分点；宽带内容和应用业务用户达到2073.3万户，占宽带用户比例达到32.1%。本地电话用户流失431.4万户，用户总数达到8764.3万户。

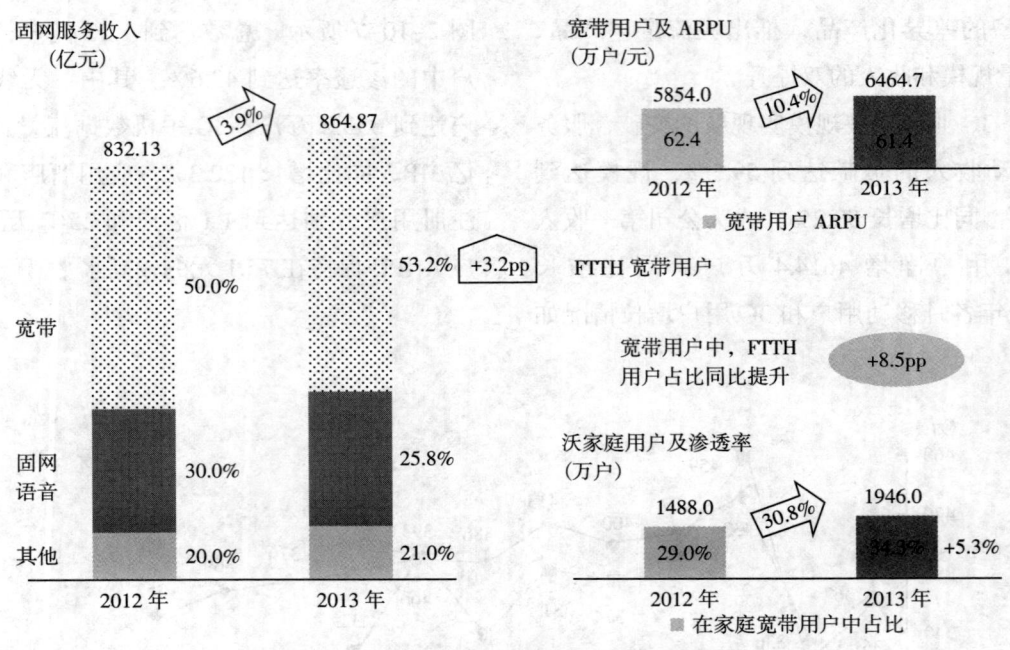

图 2-10-8 中国联通 2013 年固网业务发展情况

3. 创新型业务实现新的突破

2013 年，中国积极推进业务创新转型，建成集团一级支付平台，发布了沃云品牌及全系列云计算产品，在集团行业应用、视频、音乐、应用商店等领域取得新进展。聚焦汽车信息化、教育信息化、智慧城管等热点领域，重点行业应用用户达到 3927 万户。

4. 网络能力

2013 年，中国联通网络建设以 3G 为主，快速扩大 3G 广域覆盖，完善城区深度覆盖。同时，加快宽带网络升级提速，网络能力不断增强。全年新增 3G 基站 7.6 万个，基站数量达到 40.7 万个，乡镇覆盖率提升至 96%。3G 网络多载波区域升级到 DC-HSPA+，网络下行峰值速率提升至 42 兆比特每秒，继续保持 3G 网络速率领先优势。全年新增宽带接入端口 1261 万个，达到 11907 万个，其中 FTTH/B 端口占比达到 71%，如图 2-10-9 所示。此外，中国联通继续扩大国际网络覆盖范围，优化国际网络布局。截至 2013 年底，互联网国际出口带宽达到 960G，国际海缆总容量达到 2086G，国际陆缆总容量达到 2561G，境外网络节点达到 83 个，国际漫游覆盖达到 250 个国家和地区的 574 家运营商。

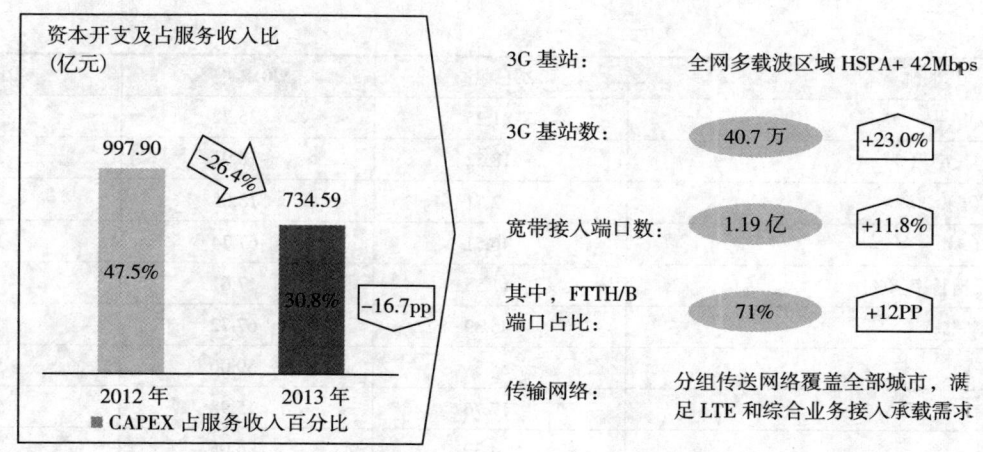

图 2-10-9　中国联通 2013 年资本开支及网络建设情况

（六）经营和财务绩效（见表 2-10-3）

表 2-10-3　中国联通 2011~2013 年度经营与财务业绩比较一览表

单位：百万元

	2013 年	2012 年	2011 年
收入	303727	256265	215519
总资产	531364	518357	458524
EBITDA	84200	72900	63213
EBITDA 率（%）	27.72	28.45	29.33
净利润	10292	7025	4188
净利润率（%）	3.39	2.74	1.94
总资产报酬率（ROA）（%）	1.94	1.36	0.91
净资产报酬率（ROE）（%）	4.64	3.31	2.01
资本性支出（CAPEX）	73460	99790	76660
CAPEX 占收比（%）	24.19	38.94	35.57
经营活动净现金流	83369	74738	69453
每股经营活动净现金流	3.93	3.53	3.28
自由现金流（FCF）	9910	-25050	-7207
自由现金流占收比（%）	3.26	-9.78	-3.34
销售现金比率（%）	27.45	29.16	32.23
资产现金回收率（%）	15.69	14.42	15.15
EVA	-18871	-16590	-17219
EVA 率（%）	-6.01	-6.34	-7.71
每股盈利（EPS）	0.16	0.1117	0.0666
每股股利（DPS）	0.05	0.0399	0.03

续表

	2013年	2012年	2011年
股利支付率（%）	31.25	35.72	50.29
主营业务收入增长率（%）	18.52	18.91	22.34
总资产增长率（%）	2.51	13.05	3.40
净利润增长率（%）	46.51	67.74	14.07
经营活动现金流增长率（%）	11.55	7.61	1.82
每股盈余增长率（%）	45.39	67.72	15.03
资产负债率（%）	58.3	59.06	54.50
流动比率（%）	17.76	15.98	18.21
利息保障倍数	4.39	4.05	3.43
总资产周转率	0.57	0.49	0.47
固定资产周转率	0.81	0.70	0.66
坏账发生率（%）	21.91	22.19	22.23
折旧与摊销	64224	57702	55216
股息	1132	846	710
内部融资额	73384	63881	58694
折旧摊销率（%）	22.55	22.52	25.62
付现成本率（%）	48.54	47.38	46.03
营销、一般及管理费用率（%）	20.86	21.67	21.78

（七）内控与风险管理

1. 内部控制

中国联通根据《公司法》、《证券法》、《上市公司内部控制指引》、《企业内部控制基本规范》及配套指引等境内外资本市场监管的相关要求，结合公司管理需要，构建了切合中国联通实际、具有中国联通特色的内控与风险管理体系。

（1）建立健全内控与风险管理组织体系。为有效推进内控与风险管理工作，中国联通采取集团总部统一领导，各分、子公司全员参与、分级负责的管理模式，建立了由董事会、内控与风险管理委员会、内控与风险管理办公室以及各相关专业职能管理部门构成的涵盖全业务、覆盖全集团范围的内控与风险管理组织体系。

经过多年努力，中国联通已经构建了适合公司实际情况、覆盖全集团的、相对完善的、具有中国联通特色的内部控制体系。该内控体系是根据财政部、审计署、证监会等五部委于2008年下发的《企业内部控制基本规范》的规定并参考美国COSO内部控制框架制定，以风险评估为基础，包括公司层面控制及流程层面控制。其中，公司层面控制通过制定、颁布及实施一系列规章制度而逐步建立适当的内部控制环境。流程层面控制主要围绕资本性支出、收入、成本费用、资金及资产、财务及信息披露、其他共性六个业务循环建立控制措施和程序，覆盖公司全业务，并将信息系统应用控制内嵌到各个控制措施中。

中国联通的内部控制体系，有力地保障和促进了中国联通各项业务持续健康发展，整体抗风险能力进一步增强，基础管理水平明显提升，公司自身价值不断提高，实现了国有资产保值增值。

（2）2013年度内控建设工作。为进一步完善内部控制和风险防范机制，公司内控与风险管理委员会办公室组织各专业组，重点梳理与公司财务报告相关的业务流程，查找公司管理中存在的薄弱环节，收集整理公司内控规范风险控制矩阵中未涵盖的风险点，持续开展了内控规范更新优化及落地实施工作。

1）组织开展重点领域流程梳理工作。为持续改进内部控制制度，公司内控与风险管理委员会办公室组织各省分公司开展资本性支出流程梳理工作，针对重点业务环节进行风险评估，深入挖掘工程建设管理过程中的风险因素，并有针对性地制定风险应对措施，对公司进一步完善内部控制规范提供了必要的依据。

2）组织开展内控自我测试工作。为进一步验证公司内控规范的健全性和执行有效性，公司内控与风险管理委员会办公室组织各省分公司开展内控自我测试工作，进一步拓展了内部控制管理的专业深度。通过全面验证公司内控规范，深入剖析制约公司经营发展的风险因素，提出管理建议。在关注相关内控制度的设计及执行情况的同时，宣贯风险控制要求，培育了内控与风险管理文化。

3）组织开展内控规范更新优化工作。公司内控与风险管理委员会办公室组织各专业组，根据流程梳理、内控自我测试结果、更新优化的征求意见、风险评估结果、内外部内控评审发现的问题，对内控规范标准版进行了集中更新优化，在2012年版内部控制规范的基础上，修改完善了与财务报告相关的内部控制规范，增加了相关末级流程控制措施。7月，经中国联通管理层审批通过后正式印发《中国联通内部控制规范》(2013年版)。

4）组织各省分公司开展内控规范本地化工作。为确保各省落实内控规范标准版各项内控措施的要求，中国联通于7月组织了集中讲解和培训，并制定了《内控规范本地化指导意见》，指导各省分公司按照符合属地原则对本省内部控制规范进行更新优化。各省分公司根据公司统一部署，全部完成内控规范本地化工作，将风险点及对应的控制措施落实到岗、责任到人。

5）组织子公司开展内控规范更新优化工作。按照内控工作整体部署，公司内控与风险管理委员会办公室组织各子公司开展了内控规范更新优化工作。各上市子公司在2012年内部控制规范基础上，围绕中国联通业务范围和业务模式调整、经营管理要求变化、新业务系统上线等影响因素，进一步完善了内控规范并组织实施。

6）组织内控规范推广实施。各级分、子公司按照内控与风险管理委员会办公室的统一部署，组织开展了2013年内控规范推广实施工作。中国联通聘请外部专家进行内部控制专业培训，推动各省分公司之间加强沟通交流，总结推广成熟的本地化实施经验；各级分、子公司通过视频、现场培训等多种方式，对内部控制规范进行系统培训，并分解落实各项风险点及对应的控制措施。举办面向全系统员工的内控与风险管理网络学习培训及知识竞赛活动，普及了内控与风险管理理念、知识，增强了员工的风险意识，推动了内控的有效执行。

根据公司财务报告内部控制重大缺陷的认定情况，内部控制评价报告基准日（2013年12月31日），不存在财务报告内部控制重大缺陷，董事会认为，中国联通已按照企业内部控制规范体系和相关规定的要求在所有重大方面保持了有效的财务报告内部控制。根据公司非财务报告内部控制重大缺陷认定情况，于内部控制评价报告基准日（2013年12月31日），中国联通未发现非财务报告内部控制重大缺陷。自内部控制评价报告基准日至内部控制评价报告发出日之间未发生影响内部控制有效性评价结论的因素。中国联通聘请的毕马威华振会计师事务所（特殊普通合伙）已对公司财务报告相关内部控制的有效性进行了审计，出具了标准无保留意见的内部控制审计报告。

2. 风险管理

未来中国联通可能面临的风险：

（1）行业竞争加剧的风险。中国联通在主要业务领域面临来自包括中国移动和中国电信在内的电信运营商的竞争，同时也面临来自其他竞争者的竞争。2014年，随着各运营商加快LTE网络建设、中国移动获准固定业务经营、民营企业获准进行移动通信转售业务试点，中国联通可能面临竞争加剧的风险。公司将深入"实施移动宽带领先与一体化创新"战略，依托优质的3G网络以及4G/3G协同优势，继续发挥在移动宽带终端、产业链、应用等方面的综合优势，优化产品体系，深化流量经营，创新服务体验，不断提升竞争实力。

（2）监管政策变化风险。2013年，中国政府已正式向三家运营商颁发"TD-LTE"经营许可，取消了对中国移动固定业务经营限制，并正在推进电信业向民营资本开放、"三网融合"、扩大携号转网试验、全面实施用户实名制等政策。这些监管政策在给中国联通带来新的发展机遇的同时，也带来了挑战。未来监管政策如有进一步调整，可能会给中国联通经营带来新的挑战和影响。

（3）技术升级风险。全球的电信运营商都面临所提供的技术与服务多样、复杂以及快速变化的挑战。中国联通需要不断跟进技术演进，升级网络，提升服务水平，以适应这些变化。中国联通积极参与世界主流国际标准组织工作，深入开展新技术与新业务的研究与试验，持续提高技术创新能力，合理规划建设网络，保持竞争实力。

（4）利率和汇率风险。中国联通持有以外币计价的资产及负债，人民币汇率变动可能会对本公司的利润产生一定的影响；同时，利率上升可能使中国联通带息债务的利息支出上升。中国联通持续关注汇率及利率市场变化，通过合理调整债务结构，加强资金管理，降低汇率及利率风险。

（八）人力资源发展

中国联通坚持以人为本，视员工为企业最宝贵的财富，持续推进体制改革，优化结构、规范管理、搞活分配、提升素质，为员工做实事、创价值，全面增强队伍活力，使员工职业发展与企业业绩保持同步成长。

2013年被称为大学生"最难就业年"，中国联通高度关注并加大校园招聘力度，全年共招聘应届毕业生4901人，同比增加1000余人。同时，开展企校合作提前录用和大学生村官招聘，与高校联合培养实用型人才，实施大学生到基层一线工作的倾斜政策，注重新员工跟踪培养，帮助新员工尽快融入公司文化、胜任本职工作，促进社会就业。

1. 促进员工职业发展，满足员工核心利益诉求

（1）保障员工劳动权利，创造稳定安心的工作环境。中国联通与所有员工都签订了劳动合同。为员工建立包括养老、医疗、工伤、生育、失业保障在内的社会保险，并及时足额交纳费用。关注员工职业健康和安全，实现员工年度健康体检全覆盖。实行员工带薪休假制度，支持员工统筹安排工作，放松身心、劳逸结合。

（2）提高薪酬竞争力，促进员工生活质量持续上升。中国联通建立以岗位价值和个人贡献为导向的薪酬体系，坚持"先专业序列后管理序列、先一线单位后管理机关、先较低职级再较高职级"

的分配导向,建立更加和谐的薪酬分配机制。完善企业发展与员工需求相适应的长期激励机制,公司一线员工薪酬水平持续提高。

(3) 加强职业发展双通道建设,拓宽员工职业成长空间。中国联通进一步完善员工职业发展体系,建立覆盖全部运营管理工作的统一的关键职责库,建设以岗位为核心、以价值为导向的员工职业发展体系,从制度建设与政策实施上进一步推动全公司员工的纵向晋升比例。

(4) 创新管理人才选拔机制,增强人力资源配置活力。中国联通以"德才兼备、以德为先、注重实绩、群众公认"为原则,综合运用组织选拔、竞争性选拔、人才引进等方式,优化精简各级管理团队。积极引进2名海外高层次"千人计划"特聘专家,实施管理人员选拔任用工作"全程纪实制度",创新选人用人"一报告两评议"和民主评议"复评"制度,公司各级管理人员整体水平和选人用人公信度全面提高。

2. 培养员工职业技能,提高员工持续发展能力

中国联通历来将员工职业技能发展作为企业最有价值的战略性投资,建设独具特色的员工培训和职业技能提升体系,积极为员工创造学习机会,保证每名员工可以源源不断地获取工作中所需要的知识和技能。

(1) 开展多层次、多方位的员工培训和技能提升。为提升各级经营管理团队的素质能力水平,集团总部举办中国联通—西班牙电信联合高管培训(第四期)、移动互联网、运维管理转型、服务领先、人力资源管理、推进规模效益发展等重点领导力培训班19期25个班次,培训各级经营管理者1700余人次,选送23人参加中组部、国资委等举办的干部教育培训班。

进一步规范一线员工岗位技能认证和持证上岗,全年组织客服、营业、营销、线务、通信动力机务等专业职业技能理论知识和实际操作技能考核鉴定工作8批次,参加考试员工总计3.3万余人,取得国家职业资格证书2.51万人。

以赛带训,全年举办行业应用营销、业务支撑系统应用支撑、市场经营分析与监控、基站故障抢修与维护、财务五个专业技能大赛,申报国家级技术能手3人、中央企业技术能手9人。既促进了员工努力提升专业技能水平和职业素质,又开创出一条高技能人才选拔培养的新路径。实施一线重要岗位人员知识结构优化工程,与北京邮电大学等四所高校开展战略合作,鼓励员工继续深造。目前有9300名员工参加提升学历的在职学习,本科及以上学历占比增加2.41%,中专及以下学历占比下降1.2%。

(2) 提高内部培训能力。中国联通以完善内部培训课程体系开发和培训师队伍建设为核心,实现员工个体知识向企业智慧的转化。2013年,提出了由六大领导力要素构成的领导力模型,建立了领导力课程体系。推出移动学习方式"沃课堂",提供230余门5~10分钟的微课程。加强内部培训师队伍建设,开展集团级讲师和特聘讲师评聘工作,首批培养35名行动学习认证催化师,使人力资源不断增值。

(3) 启动网络学院升级改造项目。中国联通不断完善网络学院功能、开发在线课程,并通过组织网上培训班、开设培训专区等形式,推进全员在线学习。全年新增在线课程533门,累计达1900余门,在线学习218万余人次,举办在线培训班200余次,在线考试28万余人次。

3. 规范用工管理,使各类用工平等就业

中国联通以履行《劳动合同法》(修正案)为契机,加强非合同制用工的规范管理,出台《用工优化与规范管理指导意见》、《核心岗位非合同制

人员招录办法》、《关于加强劳务派遣公司规范管理有关问题的通知》、《关于做好经营性业务外包工作的意见》等制度。开展核心岗位的非合同制用工优化，劳务派遣用工比例达到法律规定要求，基本实现同岗同酬。2013年公司劳动生产率达到84.98万元/人·年，较2012年增长16.7%。

4. 完善安全生产管理机制，保障员工职业安全

中国联通加强安全生产管理，全年未发生生产安全责任事故和重大以上治安刑事案件，安全生产形势稳定。一是建立责任与权力、责任与工作职责相统一的安全生产工作体系和责任追究制度。二是开展覆盖公司生产经营、办公生活全部环节的安全生产隐患排查治理，投入经费6000余万元，发现并整改了一批隐患和问题。三是保障员工人身安全和健康，按标准配发各类劳动防护用品。四是开展"安全生产月"宣传教育活动，投入专项资金1500余万元，设备更新维护整改资金2300余万元；组织观看警示教育片1800余场次，观看人数120000余人；举办各类培训班400余期，培训人员50000余人；超过30万员工参加"打非治违"知识竞赛。广东联通被评为"全国安全生产月"活动先进单位，是通信行业中唯一一个获奖企业。表2-10-4为2013年中国联通检查、督查生产环境情况。

表2-10-4 2013年中国联通检查、督查生产环境情况

生产环境	检查数量	生产环境	检查数量
通信枢纽楼	457栋	在建项目	9880个
办公楼	986栋	营业厅及客服座席	2345个
重要局所及站点	28900个	铁塔	31880个
重要线路设施	42万皮长公里	油机房电池室	2238处

5. 开展人文关怀，构建和谐劳动关系

（1）推进员工参与民主管理。中国联通积极推进员工参与公司管理，坚持以职工为本、主动依法科学维权。创新"地市—省—集团"三级职工代表大会制度，全面推行"总经理在线计划"，切实保障职工参与和监督公司管理的权利。2013年，集团总部召开3次职代会讨论涉及职工切身利益的事项，1/3的省分公司和2/3的地市级公司开展了总经理在线活动。2013年，中国联通在办公网上开发了总经理在线应用程序，提供500名员工同时在线和分时登录问答两种模式。参与总经理在线活动的员工表示："通过内部办公网，我们可以高效、无障碍地跟领导表达诉求，方便多了。"

（2）关爱员工心理健康。中国联通深入实施EAP项目，为员工定制发送心理健康信息。全年发送"心视界"手机报20期，《心晴》电子杂志4期，制作办公楼宇宣传片4期、海报/小贴士3期。通过员工自愿报名和专业培训，建立起64人"EAP专员"和55人"心理辅导员"队伍，担负起关注员工情绪波动，进行心理疏导的职责。中国联通还为雅安公司员工引入震后心理干预，开通7×24小时EAP心理咨询热线。

（3）改善员工生产生活环境。中国联通全年投入4587万元推进"五小"建设，建成小食堂4776个、小学习室220个、小浴室2921个、小卫生间2224个、小活动室3411个、小菜园1714

个。"五小"提升了一线职工快乐工作和幸福生活的感受,使他们共享公司发展成果。同时,"五小"建设充分考虑场地使用效率,职工之家既是员工健身房和阅览室,又是心理减压室,同时还是总经理接待室。在轻松愉悦的环境里,员工与领导和谐相处,畅所欲言,"家"的感觉油然而生。

(4) 建立健全困难员工帮扶救助长效机制。为避免员工因病致贫、因难致贫,中国联通 31 省分公司均建立了员工帮扶救助机制。其中,上海、辽宁、江苏等地的分公司为员工办理了重大疾病及意外伤害团体险,公司与员工共同支付保险费用,员工在遭受重大疾病和意外伤害时可以获得赔偿。此项举措深受广大员工欢迎,对企业的满意度和归属感得到提升。

(5) 开展有声有色的群众性文体活动。中国联通发挥摄协、俱乐部、兴趣小组等职工文化阵地作用,以行业大赛、群众性比赛、协会活动等为载体,积极开展丰富多样的文体活动,激发了广大职工的活力。全年公司举办各类体育活动 48 次,员工参与率达 86%。包括职工气排球比赛、组队参加第四届"理士杯"全国通信职工桥牌赛、在京人员乒乓球赛,企业文化摄影大赛等。开展

员工"沃阅读"活动,全年累计访问 1002.5 万次,累计阅读量 898.9 万次。

(九) 企业社会责任

2013 年,中国联通深入开展社会责任管理专项提升活动,以国际国内社会责任标准为指导,以国内领先、国际先进企业为标杆,进行认真梳理和细致对标,找出自身在以下方面存在的改进空间:社会责任工作统筹规划不足、社会责任治理机构有待完善、责任沟通需要进一步加深、社会责任研究有待加强、社会责任内容边界不够清晰。2013 年,中国联通针对以上不足,采取以下措施加以改进和提升。

1. 制定责任规划

为全面系统推进社会责任工作,编制《中国联通社会责任发展规划(2014~2016)》,明确公司社会责任工作目标和路径,如图 2-10-10、图 2-10-11 所示,做好未来工作的顶层设计,制定好统筹实施方案。确定了未来三年公司着力提升的六项社会责任管理重点,以及七大社会责任核心议题。

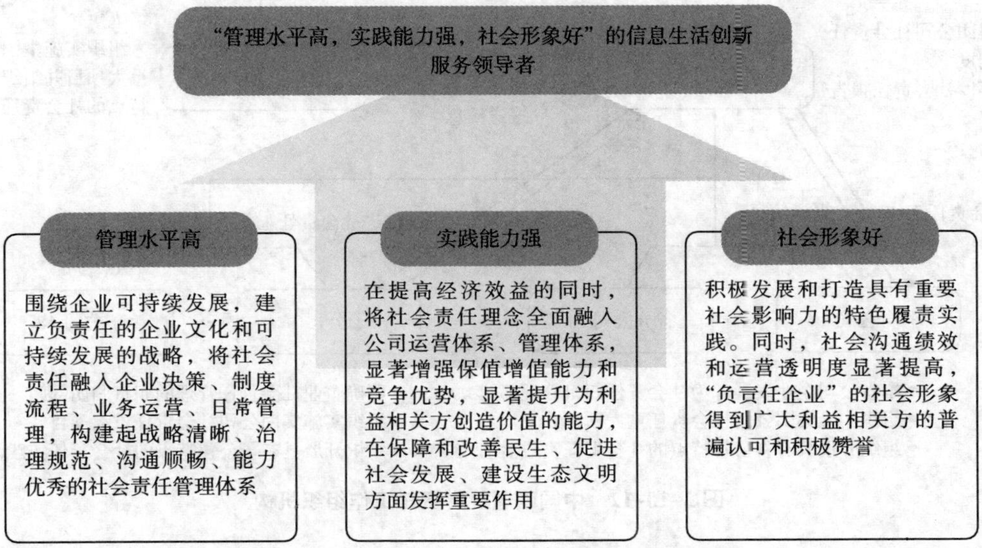

"管理水平高,实践能力强,社会形象好"的信息生活创新服务领导者

管理水平高	实践能力强	社会形象好
围绕企业可持续发展,建立负责任的企业文化和可持续发展的战略,将社会责任融入企业决策、制度流程、业务运营、日常管理,构建起战略清晰、治理规范、沟通顺畅、能力优秀的社会责任管理体系	在提高经济效益的同时,将社会责任理念全面融入公司运营体系、管理体系,显著增强保值增值能力和竞争优势,显著提升为利益相关方创造价值的能力,在保障和改善民生、促进社会发展、建设生态文明方面发挥重要作用	积极发展和打造具有重要社会影响力的特色履责实践。同时,社会沟通绩效和运营透明度显著提高,"负责任企业"的社会形象得到广大利益相关方的普遍认可和积极赞誉

图 2-10-10 中国联通企业社会责任发展目标

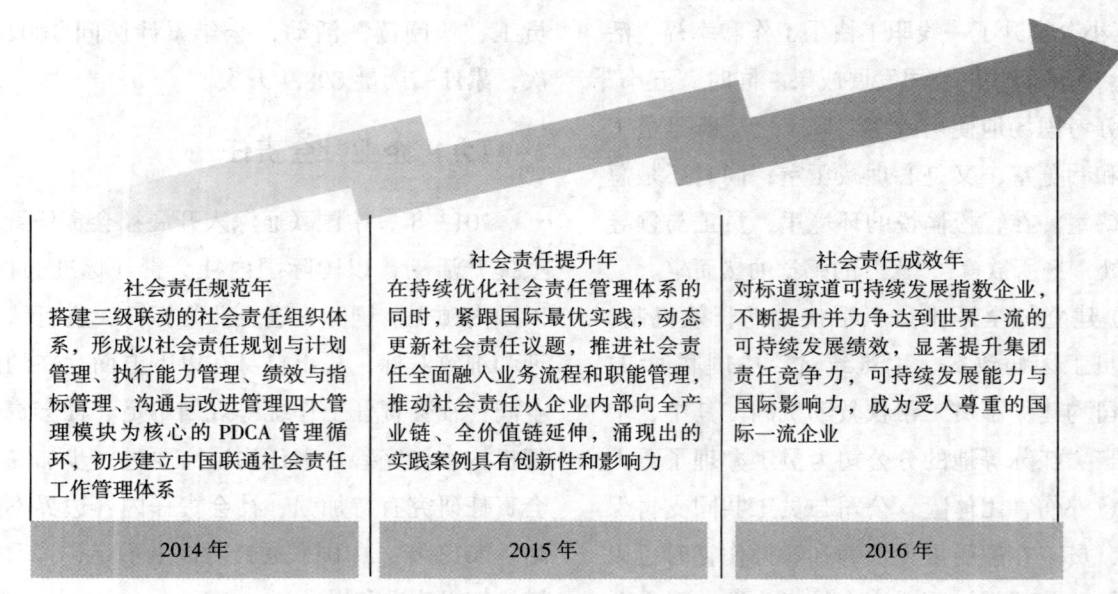

图 2-10-11 中国联通企业社会责任实现目标路径

2. 完善责任治理

在 2011 年初步搭建社会责任指导委员会的基础上，进一步在总部、各省分公司、子公司明确社会责任管理职责归属部门及专门工作联系人，明确各级社会责任管理部门职责，如图 2-10-12 所示。

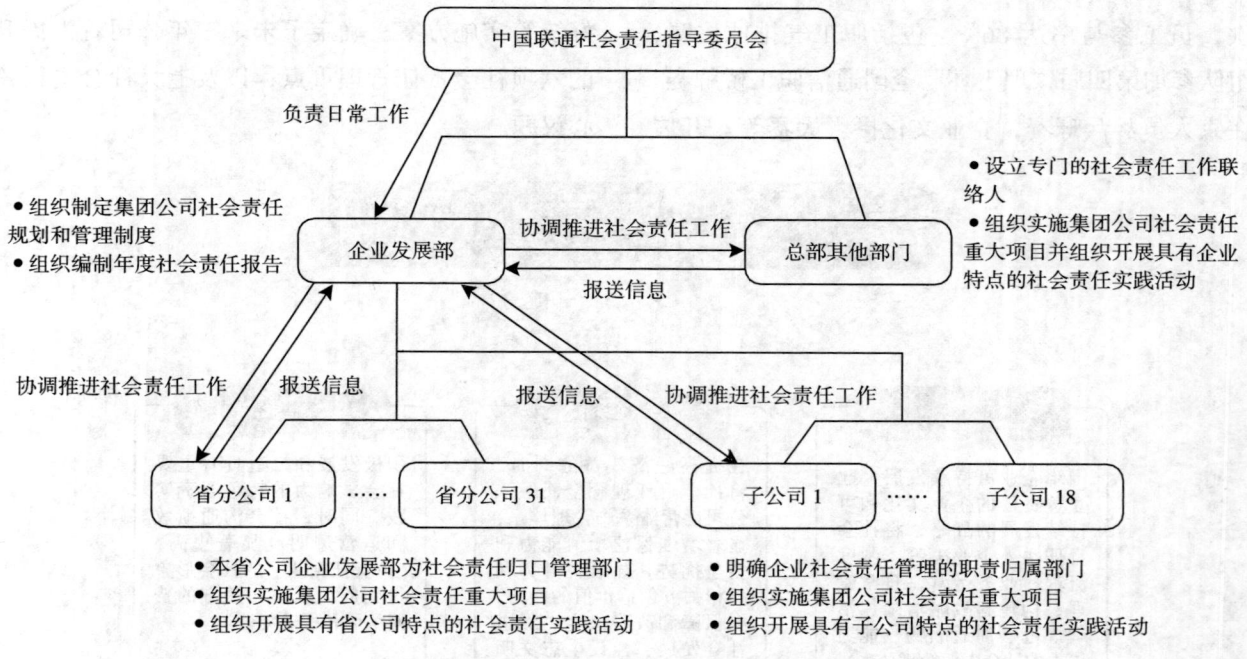

图 2-10-12 中国联通社会责任工作组织机构

3. 明确责任议题

中国联通建立了以"紧跟道指、定期更新、持续改进"为原则的责任议题选择程序。选择确定议题清单和发展目标后，对责任议题实行动态管理，通过紧跟国际动态和国内趋势、持续对标先进企业，不断更新责任议题，以科学选择的责任议题引领公司责任实践，确保社会责任实践出成效、上水平、树影响，如图2-10-13所示。

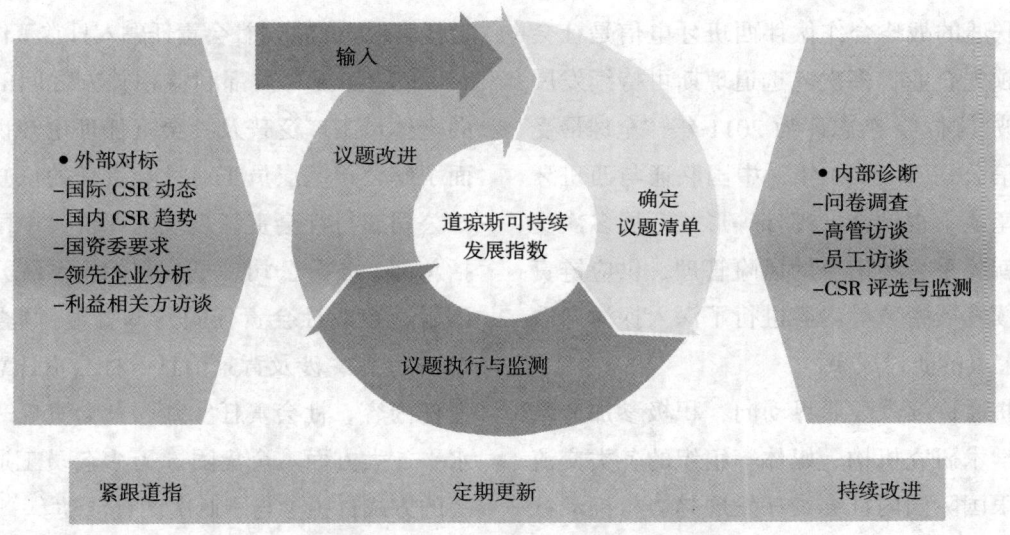

图 2-10-13　社会责任议题选择思路

4. 提升责任绩效

在2012年初步建立的社会责任评价指标基础上，进一步优化成为3级、5项、14方面、44个指标

- 经济发展包括：收入和利润2个方面5个指标
- 网络运营包括：网络建设、网络质量、科技创新、安全生产4个方面11个指标
- 核心相关者包括：员工、客户、投资者、媒体4个方面10个指标
- 防范腐败包括：制度建设、员工廉政2个方面4个指标
- 环境保护包括：节能减排、循环利用2个方面14个指标

图 2-10-14　中国联通社会责任评价指标体系框架

中国联通的社会责任评价指标包含3级5项，各项都建立详细的评价指标。具体来看：中国联通从收入和利润两个方面来衡量其在经济发展方面的表现；网络运营的好坏则从网络建设、网络质量、科技创新和安全生产4个方面11项指标来评价；核心相关者主要包括员工、客户、投资者和媒体4个方面10项指标；防范腐败的评价则从制度建设和员工廉政2个方面4项指标来评价；

环境保护主要包括节能减排和循环利用2个方面14个指标。总之，中国联通试图通过建立高效的评价体系来进一步提升企业社会责任事件的绩效，旨在期待更好地践行作为企业公民的义务和责任。

5. 开展责任研究

中国联通的战略合作伙伴西班牙电信是社会责任国际领先企业，多次入选道琼斯可持续发展指数，曾被《财富》杂志评为2011年"全球最受尊敬的电信公司"。2013年，中国联通与西班牙电信通过座谈、视频会、邮件等形式开展多次交流研讨，就关乎公司信誉的风险管理、供应链责任、可持续发展指数等内容进行了深入探讨，取得了丰富宝贵的研讨成果。

中国联通持续关注业界动向，积极参加非政府组织、学术研究机构、媒体等组织的各类交流活动，紧跟国际国内社会责任发展趋势，推动社会责任相关指南、标准在中国企业的实施，贡献社会责任发展。

6. 加强责任沟通

2013年，中国联通以坦诚开放的心态，加大与利益相关方的沟通联系，社会责任形象和影响力进一步提高。

（1）管理层社会责任沟通。公司董事长常小兵签署由中国企业联合会、中国工业经济联合会、中国上市公司协会共同发起的《中国企业界应对气候变化倡议书》，表明中国联通愿意为应对气候变化做出努力。公司总经理陆益民参加联合国开发计划署"中国企业海外可持续发展"高层圆桌论坛，提出希望借助"中国企业海外可持续发展"项目，为中国企业"走出去"在扩大国际合作上搭建新的桥梁，在获取信息上形成新的渠道，在经验分享上建立新的机制。

（2）扩大社会责任报告沟通作用。2013年起，中国联通开始对社会责任报告进行设计和印刷，并主动寄送到政府、全球契约、媒体、大客户、省分公司等利益相关方；同时，在官方微博上开辟社会责任专题，定期发布履责情况，扩大传播途径。此外，充分利用联通信息平台将报告发布于办公网，让全集团所有员工了解公司的社会责任表现，加深对社会责任融入日常工作的认识。

（3）加强与内部利益相关方之间的沟通。为向全体员工广泛普及社会责任理论知识，真实全面了解公司基层员工对社会责任的认知情况以及对公司履行社会责任表现的评价，中国联通在包括总部、省分公司、子公司的全系统开展了"中国联通企业社会责任问卷调查"。调查问卷包括73个问题，涉及背景信息、社会责任意识、社会责任内容、社会责任实践、社会责任表现及履行水平5大方面。全集团5万多名员工通过在线填写的方式自愿参与了此次调查活动。

（4）扩大外部利益相关方沟通。中国联通通过自媒体宣传，营造透明央企、责任央企形象。积极强化中国联通官博建设，树立企业形象，主动解疑释惑，疏通化解矛盾，增进用户沟通，推广先进典型，从制度建设、组织体系、内容丰富度、互动沟通等方面开展工作，发展粉丝近300万，博文阅读量近10亿次，有效传播了企业正能量。中国联通在网络媒体上积极聆听用户的声音，并充分利用社交媒体进行及时回应。在2013年11月网络口碑监测中发现，用户对联通客户服务正面评价超过80%，对3G正面评价超过68%，对宽带速度正面评价超过84%，对宽带安装速度正面评价超过94%。

（5）积极开展对外沟通合作。为使社会责任工作迈上新台阶，积极引入"外脑"，中国联通聘请社科院社会责任研究中心为公司社会责任工作出谋划策，在社会责任报告、社会责任规划以及制度建设方面提供权威专业的指导。

（十）前景展望

展望未来，信息通信技术继续在全球范围引领创新浪潮，中国联通仍处于快速发展的重要战略机遇期。从产业环境看，随着国家"宽带中国"战略、促进"信息消费"、推进4G运营等一系列政策的深入实施，以及大数据、云计算、物联网等新业务新技术的普及应用，产业面临更为广阔的发展空间。从企业自身看，发展基础更加稳固，中国联通建设运营的 WCDMA 3G 网络已确立良好领先优势，为面向4G的发展奠定了坚实基础。此外，中国联通在统一运营、流量经营、产业链合作、全业务电子商务等方面积累的丰富运营经验，将继续巩固和扩大公司在4G时代的差异化优势。总之，在未来，中国联通将积极顺应形势变化，抓住机遇，发挥优势，全面实施移动宽带领先，实现收入增长高于行业水平，利润增长高于收入增长，资本开支效益持续提升，企业内生活力持续增强，在快速发展中为股东持续创造更大价值。

1. 行业竞争格局日益复杂

中国联通在主要业务领域面临中国移动和中国电信等竞争者，同时也面临其他竞争者，如在固网宽带业务领域与有线电视公司的竞争，在语音、短信等传统电信业务与互联网企业的竞争。2014年，随着各运营商加快LTE网络建设、中国移动获准固定业务经营、民营企业获准进行移动通信转售业务试点等，中国联通面临的竞争环境将更为复杂，给公司经营带来新的挑战。

2. 全面推进公司发展新战略

2014年，中国联通将全面实施"移动宽带领先与一体化创新"战略。面对已经开启的4G时代，中国联通要在过去五年一直引领公司发展的"3G领先与一体化创新"战略的基础上，继续充分发挥网络、客户、品牌、产业链及宽带互联网优势，全面实施"移动宽带领先与一体化创新"战略，确保网络领先、业务领先、服务领先，全面强化新时期中国联通移动宽带业务"上网最快、覆盖最广、体验最好"的新优势。

附件一：中国联通财务报告（2013年）

1. 合并资产负债表

	附注	2013年12月31日合并	2012年12月31日合并	2013年12月31日公司	2012年12月31日公司
流动资产					
货币资金	五(1), 十五(1)	21589060597	18320075382	28492707	38308031
应收票据	五(2)	85806786	73892565	—	—
应收账款	五(3)	15312304551	14299836695	—	—
预付款项	五(5)	4005637554	4169984192	—	—
应收利息	五(40)	310566	53941	—	—
应收股利	十五(2)	—	—	651379217	551400293
其他应收款	五(4)	5643332565	5418707908	1452574	1523411
存货	五(6)	5535771415	5803260310	—	—

续表

	附注	2013年12月31日合并	2012年12月31日合并	2013年12月31日公司	2012年12月31日公司
其他流动资产	五(7)	160549881	154280444	—	—
流动资产合计		52332773915	48240091437	681324498	591231735
非流动资产					
可供出售金融资产	五(8)	6497100997	5567113651	—	—
长期股权投资	五(9),十五(3)	53141130	49964427	38538133791	38538133791
固定资产	五(10)	370674381416	367280968600	5255227	5587415
在建工程	五(11)	57176424958	59934754887	—	—
工程物资	五(12)	1796895217	1965004362	—	—
无形资产	五(13)	23822847423	21362042730	10255234	10503341
长期待摊费用	五(14)	11334651709	8898958739	—	—
递延所得税资产	五(45)	5180414136	5058391277	—	—
其他非流动资产	五(4)	2495822362			
非流动资产合计		479031679348	470117198673	38553644252	38554224547
资产总计		531364453263	518357290110	39234968750	39145456282
流动负债					
短期借款	五(16)	95765895863	69175125170	—	—
应付短期债券	五(17)	35000000000	38000000000	—	—
应付票据	五(18)	406317719	285077142	—	—
应付账款	五(19)	95745698314	103512018697	—	—
预收款项	五(20)	50352480435	43083175709	—	—
应付职工薪酬	五(21)	4927070472	3916948966	—	—
应交税费	五(22)	2634109942	1832111706	75493	12181648
应付利息	五(23)	568100158	845799827	—	—
应付股利	五(24)	2266014	8940742	—	—
其他应付款	五(25)	9081352828	8959530980	3173915	2859636
一年内到期的非流动负债	五(26)	209733286	32193020545	—	—
流动负债合计		294693022831	301811749484	3249408	15041284
非流动负债					
长期借款	五(27)	481296995	535851778	—	—
应付债券	五(28)	13001630309	2000000000	—	—
长期应付款	五(29)	254652354	331300694	—	—
其他非流动负债（递延收益）	五(30)	1268860999	1411941680	—	—
递延所得税负债	五(45)	38885611	32133209	—	—
非流动负债合计		15045326268	4311227361		
负债合计		309738349099	306122976845	3249408	15041284
股东权益					
股本	五(31)	21196596395	21196596395	21196596395	21196596395
资本公积	五(32)	26745949454	26775590138	17111103108	17111103108
盈余公积	五(33),十五(4)	919120486	824415632	919120486	824415632
未分配利润	五(34)	26027415661	23525010902	4899353	(1700137)
外币报表折算差额		(30142535)	(24329887)	—	—
归属母公司股东权益合计		74858939461	72297283180	39231719342	39130414998
少数股东权益	五(35)	146767164703	139937030085		
股东权益合计		221626104164	212234313265	39321719342	39130414998
负债和股东权总计		531364453263	518357290110	39234968750	39145456282

2. 合并损益表

项目	附注	2013年度合并	2012年度合并	2013年度公司	2012年度公司
一、营业收入	五（36）	303727203182	256264749435	—	—
减：营业成本	五（36）	(211657042435)	(179108178878)	—	—
营业税金及附加	五（37）	(8689393669)	(7338782346)	—	—
销售费用	五（38）	(42991498574)	(35037103692)	—	—
管理费用	五（39），十五（5）	(20373057592)	(20491250373)	(12343062)	(24870195)
财务费用（加：收入）	五（40）	(209207468)	(3416514137)	1333280	5828981
资产减值损失	五（42）	(4347533230)	(3294126554)	—	—
加：投资收益	五（41），十五（8）	197949012	417326751	958060322	798250738
二、营业利润		12917419228	7996120206	947050540	779209524
加：营业外收入	五（43）	1439382148	2053188618	—	—
减：营业外支出	五（44）	(680142833)	(505247938)	(2000)	(5769)
三、利润总额		13676658541	9544060886	947048540	779203755
减：所得税费用	五（45）	(3384222262)	(2518632373)	—	—
四、净利润		10292436279	7025428513	947048540	779203755
归属于母公司普通股股东净利润		3442853809	2368106789	947048540	779203755
少数股东损益	五（35）	6849582470	4657321724	—	—
五、每股收益（归属于母公司普通股股东）					
基本每股收益	五（47）	0.1624	0.1117	不适用	不适用
稀释每股收益	五（47）	0.1590	0.1099	不适用	不适用
六、其他综合收益	五（48）	670275520	(1148741561)	—	—
七、综合收益总额		10962711799	5876686952	947048540	779203755
归属于母公司普通股股东综合收益总额		3667874348	1978912008	947048540	779203755
归属于少数股东的综合收益总额		7294837451	3897774944	—	—

3. 合并现金流量表

项目	附注	2013年度合并	2012年度合并	2013年度公司	2012年度公司
一、经营活动产生的现金流量					
销售商品、提供劳务收到的现金		294067811299	243095682578	—	—
收到的税费返还		91271182	15896336	—	—
收到其他与经营活动有关的现金	五（49）	359145416	742007719	—	—
经营活动现金流入小计		294518027897	243853586633	—	—
购买商品、接受劳务支付的现金		(166120717704)	(129290641103)	(7073212)	(8676832)
支付给职工以及为职工支付的现金		(30643231169)	(28478883962)	(4057113)	(3110150)
支付的各项税费		(14384614657)	(11345656385)	(12321631)	—
经营活动现金流出小计		(211148583530)	(169115181450)	(23451956)	(11786982)
经营活动产生的现金流量净额		83369464367	74738405183	(23451956)	(11786982)
二、投资活动产生的现金流量					
收回投资收到的现金		250000	—	—	—

续表

项目	附注	2013年度合并	2012年度合并	2013年度公司	2012年度公司
取得投资收益收到的现金		350241246	489491911	859418917	731802147
处置固定资产、无形资产和其他长期资产收回的现金净额		1542675900	1085829708	—	690
收到其他与投资活动有关的现金	五(49)	8188030	288324452	—	—
投资活动现金流入小计		1901355176	1863646071	859418917	731802837
购建固定资产、无形资产和其他长期资产所支付的现金		(78807504351)	(90766178785)	(38089)	(5399)
取得子公司及其他营业单位支付的现金净额		—	(10314455759)		
支付其他与投资活动有关的现金	五(49)	(30309666)	(16363723)		
投资活动现金流出小计		(78837814017)	(101096088267)	(38089)	(5399)
投资活动产生的现金流量净额		(76936458841)	(99233352196)	859380828	731797438
三、筹资活动产生的现金流量					
子公司吸收少数股东投资收到的现金	五(46)	1101880306	774287	—	—
取得借款收到的现金		186995417495	154908384320	—	—
筹资活动现金流入小计		188097297801	154909158607	—	—
偿还债务支付的现金		(183484950613)	(120620855774)	—	—
分配股份、利润或偿付利息所支付的现金		(7756335346)	(6640335994)	(845744196)	(710085981)
筹资活动现金流出小计		(191241285959)	(127281191768)	(845744196)	(710085981)
筹资活动产生的现金流量净额		(3143988158)	27647966839	(845744196)	(710085981)
四、汇率变动对现金及现金等价物的影响		(42153789)	—	—	—
五、现金及现金等价物净增加(减少)额	五(50)	3246863579	3153019826	(9815324)	9924475
加：年初现金及现金等价物余额	五(50)	18287991369	15134971543	38308031	29383556
六、年末现金及现金等价物余额	五(50)	21534854948	1827991369	28492707	38308031

附件二：中国联通大事记

1994年7月19日，中国联合通信有限公司正式成立。

1999年2月，中国联通根据国务院决定进行公司重组。

1999年3月，国信寻呼有限责任公司和上海国脉通信股份有限公司划入中国联合通信有限公司。

2000年1月，中国联通提出"两新两高一综合"发展战略。

2000年6月21日，中国联通在纽约、中国香港证券交易所成功上市。

2001年1月，中国联通提出"实现跨越式发展，把中国联通建设成为国际一流综合电信企业"的奋斗目标。

2002年10月9日，中国联通A股在上海证券交易所成功上市，中国联通成为国内首家在中国香港、美国、中国内地三地上市的电信运营企业。

2002年12月，GSM用户数突破6000万，CDMA用户数突破700万。

2003年5月，中国联通为抗击SARS疫情，向全国卫生部门、防"非典"机构捐赠宝视通视频会议系统等物资，合计人民币4100万元。

2003年7月，王建宙董事长提出"移动为主、综合发展；两网协调、差异经营；效益领先、做大做强"24字经营方针。

2003年7月，《福布斯》公布全球企业500强的评选结果，中国联通居第390位。

2004年5月10日，公司在京召开新闻发布会，宣布截至5月5日，中国联通移动用户总数突破1亿，成为全球第三大GSM运营商和全球第二大CDMA运营商。

2004年10月30日，国务院决定：任命常小兵同志为中国联合通信有限公司董事长，尚冰为中国联合通信有限公司总经理。11月，召开集团公司、联通A股公司、联通红筹公司股东会、董事会，任命常小兵为公司董事长、尚冰为公司总经理。

2005年1月10日，中国联通移动通信网与中国电信、中国网通"小灵通"网间实现短信业务全网互联互通。

2005年1月13日，公司正式推出增值业务"uni"品牌。

2005年2月6日，公司青少年业务品牌"up新势力"正式推向市场。

2005年2月25日，商务部印发《商务部关于同意中国联通有限公司与联通新世界通信有限公司合并的批复》（商资批[2005]258号）文件。

2005年3月11日，公司成功中标中国澳门CDMA牌照，这是国内电信运营商首次在大陆以外地区获得移动运营牌照。

2005年3月21日，公司印发《关于调整总部计划财务管理机构设置的通知》（中国联通企字[2005]141号），公司总部撤销计划财务部，分别成立计划部和财务部。

2005年4月12日，公司正式宣布推出世界风"双模卡"业务。

2005年7月1日，联通华盛通信技术有限公司正式注册成立。

2005年10月18日，公司成功开通中国澳门CDMA网络，这是国内电信运营商首次在大陆以外地区开通移动通信网络。

2006年1~2月，根据"以市场为导向、客户为中心"的思路，公司按照"前台面向市场、后台支撑前台"和"前台按照客户群组织，后台强调专业化支撑"的总体原则，对总部部门设置进行了调整。调整后，公司总部设置24个部门，116个处室。

2006年3月21日，公司印发《中国联通品牌策略纲要（试行）》，公司分品牌经营工作正式启动。

2006年3月21日，中国联通上市公司发行一年期短期融资券10亿元；7月11日发行半年期、九个月期和一年期共三期60亿元短期融资券。

2006年3月28日，公司正式启用新标识。

2006年4月，公司在广泛开展风险分析的基础上，揭示了影响财务信息真实性的10大风险，提出了内控整改的26个重点问题，并进一步明确为82个内控重点整改目标。围绕重点问题的整改，公司先后组织开展了5次内控建设现场督导、自我测评、内控测评和评审，推动了重点风险问题的整改落实。

2006年4月29日，公司与中讯邮电咨询设计院拟进行重组获国资委批复同意（国资改革[2006]491号）。6月30日，两公司的重组方案获国资委批复同意（国资改革[2006]736号）。重组后，中讯邮电咨询设计院成为中国联合通信有限公司的全资子公司，对外名称不变，对内称"中国联通研究设计院"。

2006年5月11日，联通A股公司股改方案获A股股东大会通过。

2006年6月20日，中国联通股份公司与韩国SK电讯公司在北京签署了定向发行10亿美元可转换债及建立战略联盟框架协议。

2006年6月26日，公司印发《中国联通客户品牌服务标准》，明确了各服务渠道的定位和功能，制定了世界风、新势力、如意通和新时空四大客户品牌的服务标准。

2006年8月25日，公司与中国电信集团公司签署合作意向书，同意成为其实业上市公司中国通信服务股份公司的战略投资者。

2006年12月4~8日，公司以全新形象参加中国香港"2006世界电信展"。本次参展以世界风、新势力、如意通、新时空四大客户品牌及旗下丰富而各具特色的增值业务服务为重点，全力展示公司"让一切自由连通"的理念。

2008年7月27日，联通红筹公司、联通运营公司与电信H股公司签署《关于转让CDMA业务的协议》。联通运营公司将其拥有和经营的目标业务转让给电信H股公司、联通运营公司将其持有的联通华盛通信技术有限公司99.5%的股权转让给电信H股公司以及联通红筹公司及其附属公司向电信H股公司及其附属公司转让中国联通（澳门）有限公司100%的股权，CDMA业务出售交易的对价为438亿元。与CDMA业务出售交易同步，联通集团、联通新时空与电信集团于同日签署了《关于转让CDMA资产的协议》，约定联通集团、联通新时空分别向电信集团转让相关CDMA资产，CDMA资产出售交易的对价为662亿元。

2008年10月1日，CDMA网络正式移交中国电信运营。

2008年10月15日，中国网通红筹公司、中国联通红筹公司正式合并为中国联合网络通信有限公司，中国联通香港上市公司亦由"China Unicom Limited"（中国联通股份有限公司）更改为"China Unicom (Hong Kong) Limited"（中国联合网络通信（香港）股份有限公司）。

2009年1月6日，国务院国资委《关于中国网络通信集团公司与中国联合通信有限公司合并有关问题的批复》（国资改革〔2009〕1号），同意中国联合通信有限公司吸收合并中国网络通信集团公司。合并后，新的集团公司使用"中国联合网络通信集团有限公司"（简称"中国联通"）的名称，中国联通将继承中国联合通信有限公司、中国网络通信集团公司的全部资产、债权债务和业务，中国网络通信集团公司将依法注销。

2009年1月7日，中国联通获经营WCDMA第三代移动通信业务经营牌照。

2009年1月，中共中央决定，成立中国联合网络通信集团有限公司党组，常小兵同志任党组书记。中共中央决定，常小兵同志任中国联合网络通信集团有限公司董事长，陆益民同志任中国联合网络通信集团有限公司总经理。

2009年4月28日，中国联通在京举行发布会，推出全业务品牌"沃"（英文发音"WOW"）。作为中国联通的核心品牌，"沃"品牌将覆盖中国联通的所有产品、业务、服务、套餐，为个人客户、家庭客户、集团客户提供3G时代的全业务服务。该品牌的推出，是中国联通实现由多品牌战略逐步过渡到企业品牌下的全业务品牌战略的重要一步。4月，经工信部批准，中国联通换发了《基础电信业务经营许可证》和《增值电信业务经营许可证》并被授权从事相关业务。新颁发的电信业务许可证包括了原中国联合通信有限公司和原中国网络通信集团公司的全部电信业务经营许可事项。

2009年8月5日，中国联通（新加坡）运营有限公司注册成立。

2009年10月30日，中国联通与苹果公司联合在北京"世贸天阶"举行iPhone手机的上市首销仪式。

2009年12月，贵州、云南、宁夏、新疆、江西、甘肃、青海7省（区）50个城市正式开通3G业务，至此，中国联通已在335个大中城市开通3G网络。除西藏5个偏远地市以外，中国联通 3G 网络基本覆盖了全国地市级以上城市、主要交通干线和 4A 级以上旅游景点。中国联通 WCDMA 网络规模跃居全球之首。

2010 年 5 月 11 日，中国联通与联想集团"精彩在沃，乐自由我"战略合作暨"乐 Phone"上市启动仪式在京举行。

2010 年 6 月 21 日，中国联通、中国电信、中国移动与台湾"中华电信"签署厦（门）金（门）海缆备忘录。计划联合建设厦门和大金门岛之间的两条 24 芯海底光缆，设计传输能力最少可达 19.2Tbit/s，是两岸已开通的传输带宽的上百倍，可满足未来两岸之间宽带通信业务需求。该海缆的建成将改变目前大陆和台湾之间通信经多边合作海缆绕转通达的现状。

2010 年 7 月，中国联通大幅下调国际及港澳台出访漫游资费。其中，漫游时拨打中国大陆的资费：来自日本、韩国、南非方向的降幅达 43%，来自英国、德国、法国等的最高降幅达 33%；漫游地的接听资费：在美国、日本、韩国的降幅近 70%，在英国、法国、德国等欧美主要国家的降幅超过 50%；在国外的手机上网流量费最低降至 0.01 元/KB，与在国内手机上网的标准资费基本相当。中国联通已与 220 个国家或地区的 398 家运营商开通了话音漫游业务，并与其中的 143 个国家和地区的 269 家运营商开通了 GPRS/WCDMA 数据漫游业务。

2010 年 11 月，中国联通"沃商店"在上海发布并在全国投入使用。该平台是基于 3G (WCDMA) 成熟产业链，面向主流手机操作系统（Android、Symbian、Windows Mobile、Kjava 等）构建的全透明、跨平台、高度开放的手机应用开发和推广平台，采用与应用软件开发者三七分成的模式，对开发者实行无门槛准入、接入无数量和容量限制、开发者自主定价和结算透明的策略。截至 11 月 10 日，中国联通累计招募并签约开发商 146 家，上架应用软件 2377 款。"沃商店"设立了互联网门户、手机门户和手机客户端三大门户，用户以手机号码作为用户名，可使用联通一卡充、银行卡等方式进行充值。

2010 年 12 月，中国联通成为全球首家也是国内唯一一家可提供缅甸国际漫游服务的电信运营商。中国联通与缅甸邮政电信公司（MPT）签署国际漫游业务协议，开通 GSM 网络语音和短信国际漫游服务。截至年底，中国联通已与 170 个国家和地区的 333 个运营商开通 GPRS 国际漫游来访业务，并与 155 个国家和地区的 294 个运营商开通 GPRS 国际漫游出访业务。

2011 年 1 月，中国联通和西班牙电信同意加强双方的战略联盟，在包括采购、移动通信服务平台、跨国客户服务、网络容量批发承运、国际漫游、技术等领域深化双方自从签署战略联盟协议以来开展的业务合作。

2011 年 2 月，中国联通将发布其自有知识产权的沃 Phone 以及手机操作系统，系统将内置众多联通 3G 应用服务。联通沃 Phone 操作系统是完全基于 Linux 内核的原生操作系统，而不是 Android 操作系统。

2011 年 3 月，中国联通正式启动"沃行天下"行业应用巡展，来自于全国各行业的 200 多名客户出席了此次合作伙伴授牌仪式。中国联通在 2011 年将进一步加大集团客户行业应用推进，2 个月内在全国 12 个城市进行行业巡展，为各行业的信息化建设提供新的解决方案。

2011 年 5 月，中国联通在国内 56 个城市开放 HSPA+，传输速率将升至 21 兆比特每秒。同时，中国联通将推出首批 HSPA+制式的新型终端，为 3G 上网卡，该类 HSPA+制式的新型上网卡相当于目前联通 3G 上网卡速率的 3 倍。

2011 年 5 月，中国联通对 3G 合约计划进行了优化调整，战略终端、普通定制终端和自备机

"存费送费"合约计划入网资费门槛降为46元。据了解,凡是办理战略终端、普通定制终端、自备机"存费送费"合约计划的用户,最低入网套餐资费门槛均降至46元。以战略终端"预存话费送手机"合约计划46元套餐为例,用户可选择18个月和24个月合约期。选择签约在网18个月的用户,只需预存850元即可享受千元以下机型购机优惠。选择签约在网24个月的用户需预存款950元,即可享受千元以上机型购机优惠。

2011年6月,广东联通在国内首创的微博联盟——"红围脖开放联盟"正式开始运作,企业(商家)、个人或组织只要认同中国联通、新浪微博、"红围脖"业务及服务,自愿参与"红围脖"活动,认可"红围脖"理念,愿意推动"红围脖"进一步发展均可申请加入。联盟的成立,标志着一个以新浪微博为基础、红围脖为纽带的综合性传播平台诞生。

2011年6月,中国联通在九个重点城市开展IP RAN综合承载试商用项目,不仅要求承载HSPA+业务,同时叠加其他业务,实现综合业务承载。据了解,此次华为负责承建上海、沈阳、兰州、贵州、银川、南宁、台州七个城市,阿朗承建常州、南昌两个城市。

2011年7月,中国联通发布首批两款沃Phone终端,并与索尼爱立信、三星、酷派、摩托罗拉、LG、HTC和华为等公司发布了15款最新WCDMA智能终端。新品智能终端包括首批沃Phone、首款游戏手机、首款HSPA+手机、首款双W双待机、首款双核手机、首款裸眼3D手机以及首批云手机等。

2011年9月1日,中国联通于年内第三次下调移动电话国际漫游业务资费标准。此次下调包括英国、法国、德国、意大利、西班牙、澳大利亚、加拿大、白俄罗斯、阿尔巴尼亚、土耳其、蒙古、爱沙尼亚、阿尔及利亚等30个国家和地区语音、数据漫游资费。

2011年9月,"2011年中国国际信息通信展览会"在北京中国国际展览中心正式举行。中国联通在展会中全面展示了其"沃品牌"下的3G应用物联网、智能家居、智能交通、移动智能终端等领域的30多项移动互联网产品,成为本届展会最受关注的展商之一。

2011年10月,中国联通已与全球246个国家和地区的541家运营商开通GSM国际漫游,开通数量超过其他运营商。中国联通与189个国家和地区的434个运营商开通了GPRS国际漫游来访业务;与174个国家和地区的389个运营商开通了GPRS国际漫游出访业务。

2011年11月,中国联通正式推出iPhone4 8GB版,同时推出包括"预存话费送手机"和"购手机送话费"合约计划在内的促销政策,并在联通所有渠道销售。其中"预存话费送手机"合约计划分为1年期、2年期和3年期。此次促销政策将执行至2011年底。

2011年12月,广东联通宣布推出WO+开放体系旗下四大开放平台,分别为"WO+全媒体开放平台"、"WO+智能通信开放平台"、"WO+分享传播开放平台"、"WO+社交生活开放平台",并与首批50余家合作伙伴签约。

2011年12月,中国联通与小米手机合作,合约价格2499元。中国联通版小米手机分为预存话费换手机以及购手机送话费两种方式进行,其中承诺在网两年或三年预存话费2699元就可以获得小米手机。

2011年12月,联通运营公司的全资子公司联通宽带在线有限公司("宽带在线")与联通集团及联通集团的全资子公司联通新时讯通信有限公司("联通新时讯")签订了《关于联通宽带在线有限公司吸收合并联通新时讯通信有限公司》("收购联通新时讯协议")。根据此协议,宽带在线向联通集团收购其全资持有的联通新时讯的全部资产、负债、权益、业务和人员等，收购对价约人民币1.58亿元，该交易于同日完成。

2012年4月26日，中国联通在北京举行了"联通支付有限公司"挂牌仪式，推出多种"沃支付"产品。

2012年7月10日，中国联通与山西证券股份有限公司在太原签署战略合作协议。双方将充分发掘和利用双方在网络、应用平台、营销渠道与客户服务等资源互补的优势，在建设数据备份中心、移动证券交易安全产品开发与移动证券应用方面进一步合作。

2012年7月27日，中国联通与广东省政府签署推动智慧广东建设战略合作协议，在广东继续规划投资400亿元，打造WCDMA 3G优势精品网络及固网宽带高速网络，推动新一代移动通信的研发及产业化，加快物联网、云计算的研发和示范应用。

2012年8月28日，中国联通与贵州省政府在贵阳举行推动智慧贵州建设战略合作协议签约仪式。

2012年9月4日，中国联通在北京隆重召开智慧城市战略发布会，正式发布以"共建、汇聚、开放"为发展模式的智慧城市战略。

2012年9月25日，中国上市公司内部控制指数在北京发布，评选出2012年中国上市公司内部控制百强企业。中国联通在A股上市公司中居第19位，中国联通董事长常小兵获得"迪博·中国上市公司内部控制杰出领袖"称号。

2012年10月30日，中国联通与网易公司在北京签署了战略合作协议，正式宣布双方在基础通信服务领域、互联网及基于WCDMA制式的3G无线互联网增值业务领域全面开展深度合作。

2012年11月，联通运营公司与联通集团签订了股权转让协议。根据该协议，联通运营公司向联通集团收购联通新时空100%的股权，收购对价约121.66亿元。联通新时空的主营业务为向联通运营公司租赁其于中国南方21省的固定电信网络（"南方固定电信网络"）。2012年12月26日，该收购的所有前提条件均已达成，该收购交易完成。

2012年12月6日，中国联通与微软携手产业链上多家合作伙伴在北京宣告Windows产业联盟成立。联盟倡导"共创、共论、共赢"，坚持3W—Wo、Windows、Wcdma的发展理念，推动产业链深入合作，建立长效沟通平台及机制，为创新型终端产品开发提供全方位服务。

2013年1月6日，中国联通集团与河北省人民政府在石家庄签署"智慧河北"建设战略合作协议。

2013年3月28日，中国联通携手诺基亚和微软公司在杭州隆重举行"极速焕彩 沃领先机"沃·3G首款21M Windows Phone千元智能机——诺基亚520发布会。

2013年6月11日，"神舟十号"载人飞船发射成功。北京联通在中国联通集团公司统一领导下，遵照集团公司常小兵董事长"确保此次重要通信保障万无一失"的指示精神，圆满完成了本次发射有关专线、中央电视台视频转播通信保障任务。

2013年8月16日，主题为"中国云谷、智泽天下"的2013年首届中国国际云计算博览会在呼和浩特拉开帷幕，中国联通首次全面展出了领先的云资源，以及丰富的云产品。

2013年12月4日，中国工业和信息化部向中国联通颁发了基于TD-LTE制式的第四代移动通信（4G）营业执照。

2013年12月26日，中国联通集团公司在北京召开2013年工作会议。工信部副部长尚冰、国资委驻中国联通监事会主席孙来燕应邀出席会议并讲话。中国联通集团公司董事长常小兵主持会议，中国联通集团公司总经理陆益民做工作报告。

迈克尔·莱克（Sir Michael Rake）
英国电信集团董事长

迈克尔·莱克，66岁，英国籍，现任英国电信集团主席，英国易捷航空公司主席，巴克莱银行董事，麦格劳—希尔公司董事，英国财务汇报局董事。他也是私募股权投资基金主席，负责监管"规则监控委员会"。他也是2007~2010年第一位"英国就业和技能委员会"的主席。他是2009~2010年"英国国家安全论坛"成员，现任英国首相商业顾问团成员。2002年5月至2007年9月，担任毕马威国际会计师事务所主席，在任此职之前，他是毕马威欧洲的主席，同时是毕马威英国的资深合伙人。

他于1974年加入毕马威，一直在欧洲大陆工作，1986年调往中东负责当地业务，历时三年。1989年，他被调回伦敦，1991年成为毕马威英国董事会成员，并于1998年被选为毕马威英国资深合伙人。迈克尔·莱克还是惠灵顿大学的副校长和理事主席，英国皇家盲人学院副校长，"跨大西洋商业对话"组织的董事会成员，威尔示王子慈善机构的理事，他是"新欧洲业务"顾问理事会成员，是查塔姆研究所的资深顾问，是牛津大学公司名誉中心全球顾问董事会成员。他是剑桥大学潘博克学院的威廉皮特研究员。他还曾经在2004~2007年任"社区商业"机构主席，并于1998~2007年担任"威尔示王子国际商业领袖论坛"的董事会成员。

加文·帕特森（Gavin Patterson）
英国电信集团首席执行官

加文·帕特森，46岁，英国籍，毕业于剑桥大学的化学工程专业。2013年9月被任命为英国电信集团首席执行官。此前他在维京传媒作为消费者主管度过四年，后来在宝洁公司九年，成为欧洲的营销总监。2004年，他加入了英国电信集团，担任BT零售消费部门的总经理。2008年6月，他加入英国电信集团董事会。在他的领导下，BT零售部推出了无限超高速光纤宽带，推动了IT服务的增长，并建立了英国和爱尔兰最大的无线网络。同时，他鼓励投资数字电视服务的改革创新英国电信参与数字电视的发展服务。

此外，加文·帕特森是英国航空公司的非执行董事和英国博物馆的受托人。2010~2013年，他在剑桥大学商学院的顾问委员会任职。2011~2014年，他担任广告协会主席。

英国电信
公司 LOGO

2003年4月,英国电信酝酿已久的新标识揭开面纱,原为英国电信旗下的互联网服务部门"BT Openworld"的标识代替了曾经活跃于 BT 史上十几年的"风笛手",成为 BT 的新标识。此标识由六种颜色组成,极具空间感的六段半球形图案构成了一个酷似地球的造型,象征开放的地球,寓意"连通世界"(Connected World)。新标识反映了公司朝着更广泛的世界级通信服务提供商的方向努力。英国电信即将拓展到新的服务领域中,例如高速互联网接入和移动通信,而六色新标志和届时的六项主营业务相吻合。英国电信推行以用户为中心的全新企业价值观,以此带动公司形象的全面更新,代表英国电信将与多媒体时代保持同步,并充分展示了英国电信的国际化进程。

十一 英国电信集团可持续发展报告（BT Group）

（一）公司简介

英国电信集团（BT Group）是世界顶尖的电信运营商之一，总部设在伦敦，在伦敦和纽约两地上市。原为英国国营电信公用事业，由英国邮政总局管理，1981年10月1日脱离英国皇家邮政，成为独立的国营事业。在英国保守党撒切尔夫人执政下，1984年向市场出售50%公股，成为民营公司。作为全球传统固网运营商典型代表的英国电信，面对异质分流严峻、同业竞争加剧以及新技术和新业务的挑战，通过建立长期客户关系，实施业务转型、网络转型和组织转型等重点举措，完成了基于网络的综合信息通信服务提供商的重新定位，成为传统固网运营商转型的典范。

BT是欧洲领先的电信业务提供商之一，2001年出于降低负债与优化财务结构的战略考虑，BT将其移动通信部门剥离。其主要的业务包括本地、本国和国际电信业务、高质量的宽带与互联网产品和服务及IT解决方案。英国电信集团在全球170个国家设有营业点或办事处。在英国，BT为200C多万企业和住宅用户提供了2900多万线的交换线路，并向其他有许可证的运营商提供网络业务。

英国电信共有6个部门，其中5个为对外服务部门，即BT零售部（BT Retail）、BT全球服务部（BT Global Services）、BT客户部（BT Consumer）、BT批发部（BT Wholesale）和Openreach部，另外1个为内部支撑部门，即BT科技、服务和运营部门（BT Technology, Service & Operations unit，BT TSO），该部门由原来的BT研发＆设计部（BT Innovate & Design）和BT运营部（BT Operate）合并而成。

截至2014年3月31日，英国电信集团的总股数为8151227029股。2013年的营业收入为182.87亿英镑，同比2012年度增长了1.02%，净利润为20.18亿英镑，减少3.49%，总资产达到248.98亿英镑，股东权益为-5.92亿英镑。2013年每股盈利为25.7便士，3月31日的收盘价为385.3便士，市盈率为14.99。

（二）公司战略

英国电信集团2013年的总战略同过去四年的总战略一样，即让BT成为一个更加优秀的企业，拥有更美好的未来。长远来看，公司聚焦于实现可持续收入增长的目标。为了加深与顾客、企业、国家的关系，BT需要不断加强与市场和技术的联系。因此，公司的战略主要包括三个方面：顾客至上、成本优化、投资未来，这三个战略基于六个战略重点：提供更好的宽带服务、成为供应商的首选企业、成为英国中小企业的首选品牌、成为优秀的网络提供商、英国电信的全球业务部成为世界领导者、成为有责任感与可持续发展的行业领先者。

1. 顾客至上战略

顾客至上战略是第一战略，它的宗旨是"第一时间为顾客提供满意的服务"（Right First Time）。这个宗旨意味着要了解顾客的需求，承诺满足他们的需求，如果他们对接受的产品和服务不满意，要迅速改良产品和改善服务。

为了满足顾客不断变化的需求,英国电信集团在系统、员工、技术和网络方面做了更大的投资。在过去的这一年,BT集团主要做的工作有以下几个方面:招聘上百人进入公司的客服中心;为了提高顾客回馈的绩效,投资相关软件;招聘1400名工程师;给工程师配备新的诊断工具,帮助他们更快地定位错误;减少顾客预约的时间。

英国电信集团在不断提高顾客服务质量的前提下,对未来做了以下计划:继续对网络进行投资,使其能更好地应对坏天气并减少错误;提高在线网络容量,使顾客更容易追踪发生的事情;平衡网络资源,使很大一部分来自于英国呼叫中心的顾客能够得到更好的回复;提高处理顾客问题的能力;改进一些关键性的处理过程,能更快、更稳定地提供服务。

2. 成本优化战略

在实施成本优化战略后,过去的五年里,英国电信的营业成本和资本支出共减少了50亿英镑。同时,BT专注于优化端到端流程来降低成本,其端到端流程项目主要包括:将所有的电子数据记录存放到一个单一的数据库,改善顾客报价的过程;在整个欧洲降低失败成本、降低供应商的成本;改善以太网服务传送方式,减少此过程的供应时间和失败次数。

同时,BT通过优化成本结构来降低企业内部的成本消耗,更好地实施成本优化战略。

3. 投资未来战略

为了更好地战胜竞争对手,英国电信需要进行更大范围的投资,例如员工、技术、网络。投资于这些方面,可以使公司拥有可持续的收入增长,同时为股东提供更大的价值。BT的投资未来战略主要集中于以下五个方面:

(1)光纤。随着顾客对宽带服务速度的需求增加,光纤投资成为整个战略的核心,并且这将成为一个长期性的投资。

(2)电视和内容。顾客越来越重视电视的三合一服务、宽带服务和固话服务。在过去的一年,BT开设了BT体育频道和赢得了欧洲足球联赛,同时还增加了38个电视频道。

(3)移动之声。随着2013年2月4G的开通,BT在2014年3月与EE(Everything Everywhere)建立了虚拟运营商关系。并且,BT建立无线热线点,为顾客和企业提供更方便的固话业务和移动业务。

(4)英国企业市场。英国电信通过使用云服务、IP、固定和移动混合技术来提高企业客户的生产力。同时,BT投资于网络服务、服务和销售渠道来帮助企业最大限度地利用这些技术,最终使BT获得更大的市场份额。

(5)全球领先企业。通过与全球领先企业的合作,在全球范围内增加企业的市场占有率。

具体来说,英国电信的战略重点包括以下六个方面:

(1)提供更好的宽带服务。对于顾客来说,选择宽带服务供应商主要考虑的因素是价格、购买捆绑产品的能力、宽带速度。为了赢得更多的顾客和占领市场,BT为顾客提供了各种各样的服务。光纤宽带服务和BT体育频道成为战胜竞争者最主要的两项服务。为了更好地发展宽带业务,英国电信计划:选择性改变体育内容的范围;通过额外的第三方服务和频道分配处理来提高整个电视的服务能力,同时还可以增加新的服务,例如提供多房间电视;通过培训员工,提高其客户能力来改善服务质量;通过无线热点、4G和虚拟运营商的结合为顾客提供更快、更可靠的数据服务。

(2)成为英国中小企业的首选品牌。随着技术的不断改变，固话服务、移动服务和IT服务之间的差异性越来越小，因此企业有更大的灵活性选择它们的工作地点和拥有更大的生产能力。中小企业市场是非常具有竞争力的，要想成为中小企业的首选品牌，具体措施包括：扩大本地服务的范围、增加企业的销售渠道、加强品牌宣传力度。

（3）英国电信的全球业务部成为世界领导者。随着外包网络IT业务的快速发展，英国电信不断满足全世界范围的跨国需求，在亚太地区、拉丁美洲、中东地区和非洲等地取得了不错的业绩，成为市场的领导者，在五个国家高速宽带覆盖家庭比例情况如图2-11-1所示。英国电信在未来具体的工作如下：

1）在网络覆盖区和高增长地区雇用管理者进行更大的投资。

2）改进产品和提高服务质量，给予顾客更灵活的工作方式。

3）设立BT建议部，让公司的专业人士与顾客分享更多的知识和技能。

4）合理配置资源，为顾客提供更好的产品和服务。

5）降低成本消耗，更好地战胜竞争对手。

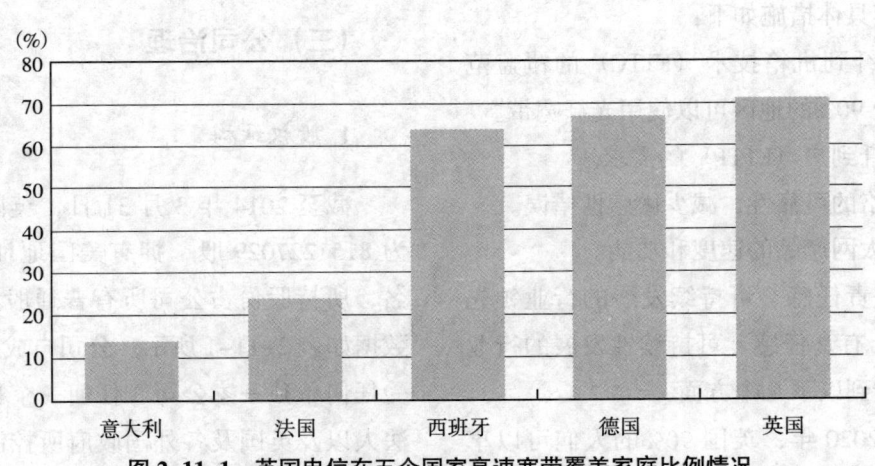

图 2-11-1　英国电信在五个国家高速宽带覆盖家庭比例情况

（4）成为供应商的首选企业。信息内容提供商（CP）需要简单、灵活的产品和服务以及创新、合适的解决方案。英国电信满足了他们的需求，目前英国已经有1400家信息内容提供商，世界的其他地方超过1000家信息内容提供商，成为欧洲最大的通信服务提供商。

英国电信接下来的计划是：

1）扩大以太网覆盖范围。

2）开设更多的托管通信服务部。

3）扩充IP交换机处理类型，包括4G和无线漫游服务。

4）通过提供更多的自我服务选择，给予信息内容提供商更多的控制权。

5）使用自动化服务，减少对信息内容提供商预订和错误报告的回馈时间。

6）降低成本，使公司提出更有竞争性的价格和创新服务。

（5）成为优秀的网络提供商。英国电信投资网络，提供可靠、最好的宽带服务。BT的网络几乎覆盖了整个英国，高速的宽带已经覆盖了欧洲最大的五个国家，成为优秀的网络提供商，光纤数如图2-11-2所示。

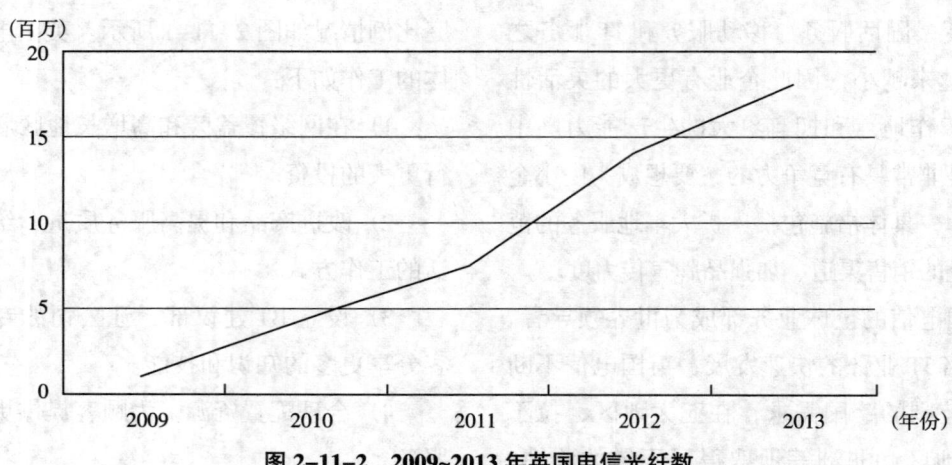

图 2-11-2　2009~2013 年英国电信光纤数

英国电信预计到 2024 年为英国创造 170 亿英镑的增加值,其具体措施如下:

1) 增加光纤到机箱技术 (FTTC) 的覆盖范围,使英国至少 90% 的地区可以使用光纤宽带。

2) 满足光纤到户 (FTTP) 的需求。

3) 增强网络的可靠性,减少敏感性错误。

4) 增加以太网产品的速度和功能。

(6) 成为有责任感、可持续发展的行业领先者。要成为一个有责任感、可持续性发展的行业领导者,必须做到以下几个方面:

1) 社会。2020 年,英国 90% 的人们可以享受光纤产品和相应的服务。

2) 环保。减少碳排放量。

3) 生活。通过 BT 的能力和技术,在 2020 年实现 10 亿英镑的增加值。

(三) 公司治理

1. 股权结构

截至 2014 年 3 月 31 日,英国电信的总股数为 8151227029 股,拥有美国地址的股东为 3715 名,所持股份占公司所有普通股的 0.03%,具体数据如表 2-11-1 所示。公司自成立之日起,没有受任何单独一家公司、任何一个自然人或是法律法人以及英国及各外国政府所控制,也没有任何的迹象表明公司的经营将导致公司所有权和控制权上的变化;公司的主要股东和其他股东拥有同样的权力。

表 2-11-1　2014 年 3 月 31 日英国电信股权结构

(普通股每股面值 5 便士)

持股数量范围	持股数量	持股数量百分比 (%)	持股金额	持股金额百分比 (%)
1~399	369.166	39.52	77	0.95
400~799	248750	26.63	138	1.69
800~1599	180148	19.29	201	2.47
1600~9999	130026	13.92	396	4.86
10000~99999	4833	0.52	90	1.10
100000~999999	642	0.07	244	2.99
1000000~4999999	300	0.03	685	8.40
5000000 及以上	198	0.02	6320	77.54
共计	934063	100	8151	100

2. 董事会

优秀的企业需要良好的治理结构，才能帮助其更好地管理公司，为股东和顾客提供最好的服务。英国电信的董事会下设部门：审计与风险管理委员会、提名与治理委员会、薪酬委员会、养老金委员会、可持续发展委员会、运营委员会，这七个部门各尽其责，共同配合董事会来治理企业。一般公司内的相关活动包括：对公司内的重大项目进行经营决策，让其良好地运行；提高审计委员会的地位，强化风险意识；扩大执行委员会的工作范围，便于更好地监督公司内部；确定公司治理的重点关注区域，公司治理的合规性、伦理、企业观念等；为政府制定关于公司治理的各种法案提供相关的评价和指导性的意见。

（1）董事会。董事会负责制定集团战略，监督公司生产运营，并对集团负有一定法律责任。具体来说，董事会的工作核心在于企业战略、企业发展、增加股东价值、监督与控制以及公司治理五个方面。企业战略规划、年度预算、资本支出与投资预算、重大资本支出及投资项目、具有重大战略意义的事项须经董事会批准方能执行。董事会须正确指引集团价值观、道德观、经营政策及企业运营的方向，同时也需监督企业的运营及财务业绩、风险管理及内部控制，主要公共政策问题，审查企业风险登记簿。

（2）审计与风险管理委员会。审计与风险管理委员会具有清晰的责权范围，其责权划分需在每个会计年度末复核并经董事会批准。该委员会的主要职责包括：任命、解雇外部审计师；保证外部审计师的独立性；监督内部审计，管理内部审计与外部审计的关系，管理内部审计计划、审计业绩和审计效率；负责内部控制及风险管理；审查公开财务数据及报告，出具审计报告，并协助董事会发布年度财报。

（3）提名与治理委员会。提名与治理委员会的职责在于确定董事会成员，管理公司治理架构及规则。委员会通过不断评估董事会的规模、组成以及成员更换情况，确保董事会成员职能、工作经验、独立性以及学习能力之间的平衡。提名与治理委员会要对公司所有董事制订继任规划，不定期审查非执行董事的职责完成情况，并向董事会提议结束某些董事的任期。该委员会负责英国电信的公司治理结构，并审核其治理是否符合英国甚至全球的规章制度，尤其是公司治理、公司道德、商业准则、国际贸易以及数据保存等方面的制度。

（4）薪酬委员会。薪酬委员会负责制定董事长、首席执行官、各董事以及某些高级管理人员的薪酬，包括现金薪酬、高管股份计划、服务合同和终止劳务等。执行董事以及高级管理人员的工资、奖金和股份奖励计划需经过该委员会的审核和通过。委员会负责制订新的员工持股计划，但所做的任何变更均需上报董事会，得到批准后方可执行。

（5）养老金委员会。养老金委员会主要负责BT退休金计划（BTPS），需要考虑对集团有重要影响的退休金政策及策略问题，制定BTPS投资策略，监督BTPS的绩效，审查并批准与BTPS相关的风险管理活动。

（6）可持续发展委员会。可持续发展委员会需在行政管理的协助下制订长远发展计划。该委员会负责监督企业社会责任、环境保护及社区活动的履行，确保企业战略能够在最大限度上贡献社会。整个委员会的职责都是为了实现企业的最高发展战略——成为有责任感的、可持续发展的商业领袖。

（7）运营委员会。运营委员会负责英国电信的整体运营，该委员会的职责是不断完善公司战略，调整董事会批准的预算开支，给予董事会关于资本开支和投资预算的建议，监督财务、业务和用户服务质量，检测集团风险和个人风险，在董事会允许的情况下合理分配资源。

(四) 市场概览

通信市场是英国最具有竞争力的一个市场，英国电信的用户主要针对企业用户和个人用户，分别为他们提供固话语音数据服务、移动电话服务、IT服务，英国电信业务状况如图2-11-3所示。

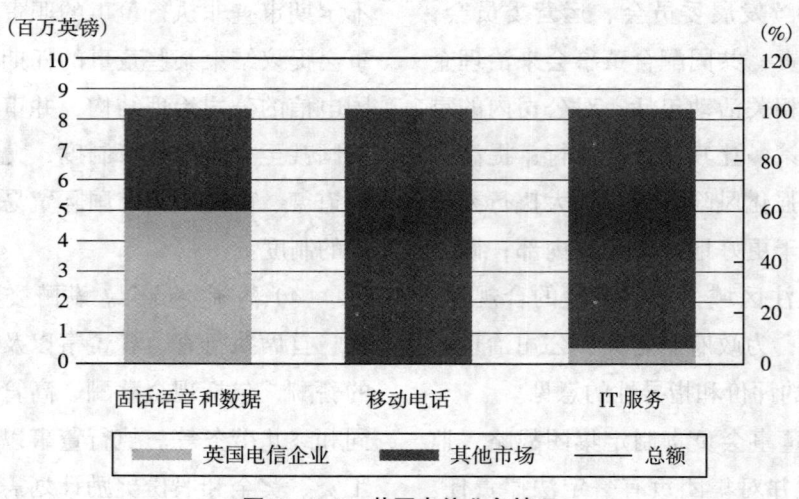

图2-11-3 英国电信业务情况

1. 企业用户

英国电信共有90万名用户，主要的业务是固话语音数据、网络服务和宽带服务。

英国电信的固话语音数据业务除网络语音电话业务（VoIP）之外，占45%的市场份额，相比上年下降2%。中小企业的固话语音数据一直处于下降的趋势，主要是因为被移动电话、电子邮件、网络语音电话所代替。但是企业的宽带业务市场还处于不错的发展趋势，个人用户对光纤服务的需求也在增加。总的来说，固话语音数据市场含有370亿英镑，英国电信占据了40%。

移动电话业务目前处于快速发展趋势。在740亿英镑的市场上，英国电信占领了1%，其主要的竞争对手是西班牙电信和英国沃达丰。

对于IT服务，BT主要的目标企业是职工规模为250~5000人的企业。在拥有90亿英镑的市场上，英国电信占据了6%的市场份额。

2. 个人用户

英国电信主要为个人用户提供固话语音数据服务、宽带服务和电视服务。它是最大的固话语音数据服务和宽带服务的个人用户提供者，几乎覆盖了英国2600万个家庭。

（1）固话语音数据服务。从2009年起，英国有84%的家庭使用固话，其余的只使用移动电话。英国电信占领了38%的固话语音数据市场份额，相比2012年的41%有所下降，具体如图2-11-4所示。

（2）宽带服务。2013年12月，英国的平均宽带下载速度从之前的12.0兆比特每秒提高到17.8兆比特每秒，提高了50%。英国电信占据数值模拟语音（DSL）和光纤宽带市场的份额达39%，相比2012年增加了1个百分点，具体如图2-11-5所示。

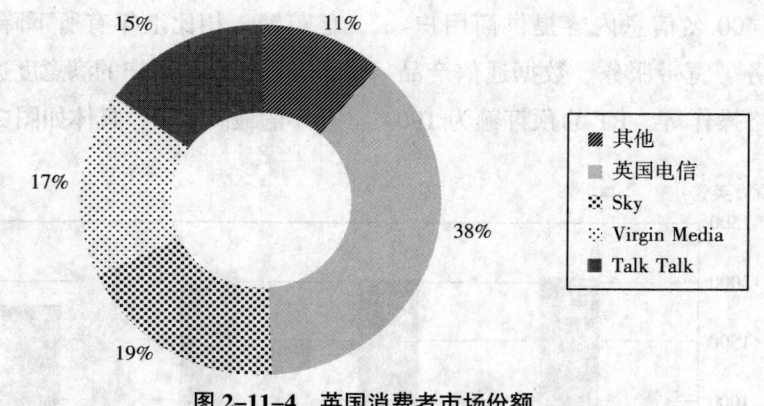

图 2-11-4　英国消费者市场份额

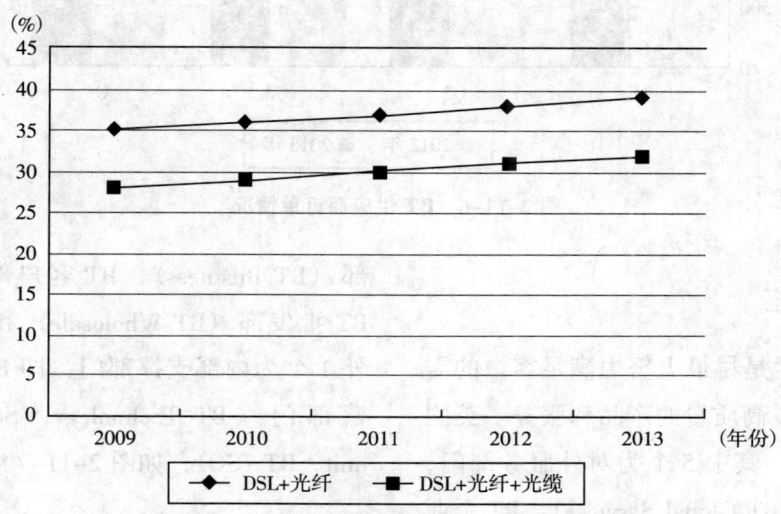

图 2-11-5　2009~2013 年英国电信零售宽带市场份额

(3) 电视服务。英国电信开设了 BT 体育频道，为其用户带来更加丰富多彩的内容。英国电信大约有 300 万用户观看 BT 体育频道，100 万用户观看 BT 电视频道。BT Sport 向英国电信宽带用户免费开放，用户可以通过三种方式观看 BT 体育台的节目：通过 BT TV（IPTV 业务，用户必须是英国电信的光纤宽带用户）；通过电脑浏览器或手机、平板电脑的 APP，只对英国电信宽带用户免费提供；天空电视台（Sky）的卫星电视用户，英国电信宽带用户不需额外支付费用，非英国电信宽带用户月租费为 12 英镑。BT Sport 有三个定位：

一是与非 BT 用户建立计费关系以带来新的收入。

二是吸引 BT 非宽带用户使用宽带甚至光纤宽带。

三是鼓励 BT 普通宽带用户升级为光纤宽带用户。后两者都可以提高 ARPU 及降低离网率。因此，BT 声称 BT Sport "并不急于追求短期内的盈亏平衡"。BT 公众客户的 ARPU 一直保持着大约每年 5% 的增速，从 2005 年历史低位的 250 英镑/年，神奇般地提高到 2013 年的 365 英镑/年，持续不断的价值填充是成功的不二法门。

3. 供应商用户

英国电信是欧洲最大的通信服务供应商。在

英国，BT 有超过 1400 名信息内容提供商用户。它主要提供语音服务、宽带服务、数据通信产品以及固话和移动网络操作等。BT 的预订额为 190 亿英镑，相比上年有所下降。以太网服务的收入上升了 32%，用户的满意度达到了 78%，成为最近几年的最高水平，具体如图 2-11-6 所示。

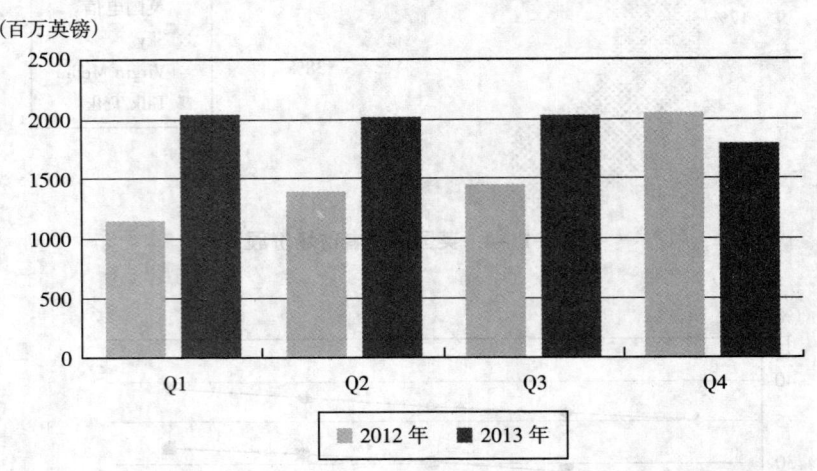

图 2-11-6 BT 供应商订单情况

（五）业务概览

英国电信的宗旨是尽最大努力满足客户的需求，为他们提供高效高质量的产品和服务。英国电信共有 6 个部门，其中 5 个为对外服务部门，即 BT 全球服务部（BT Global Services）、BT 企业部（BT Business）、BT 客户部（BT Consumer）、BT 批发部（BT Wholesale）和 Openreach 部，另外 1 个为内部支撑部门，即 BT 科技、服务和运营部门（BT Technology, Service & Operations unit, BT TSO），如图 2-11-7 所示。

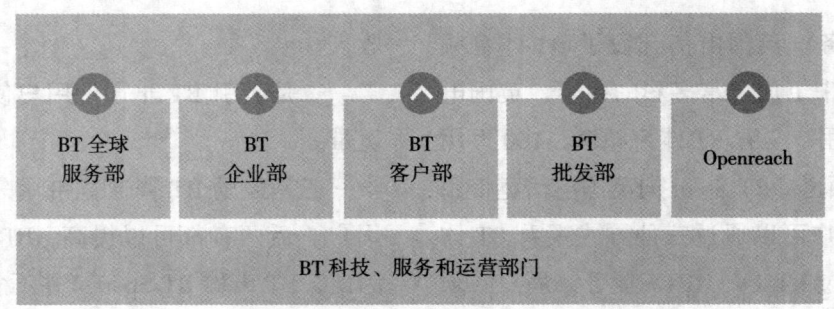

图 2-11-7 英国电信业务部门构成情况

2013 年英国电信外部收入构成如图 2-11-8 所示，BT 全球服务部占最大的比例，达到 39%。调整后的 EBITDA 如图 2-11-9 所示，Openreach 占最大的比例，达到 43%。

1. BT 全球服务部

英国电信是一家全球领先的 IT 服务公司，为超过 6500 个大型企业和公共部门的客户服务，分布于全世界 170 多个国家，主要服务对象是：全

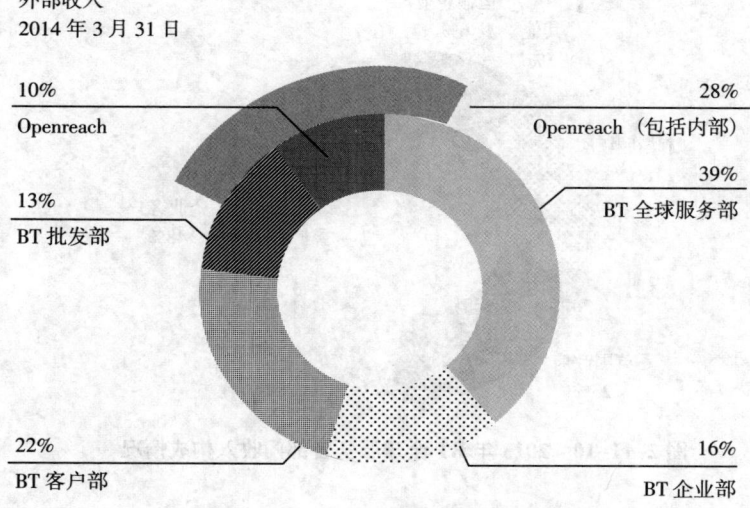

图 2-11-8　2013 年英国电信外部收入构成

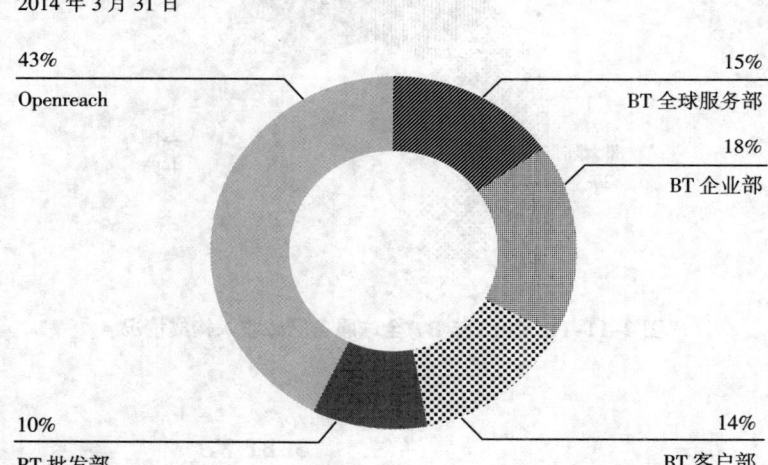

图 2-11-9　2013 年英国电信调整后的 EBITDA 构成情况

部英国富时 100 指数（FTSE100）的公司、84%的《财富》500 强企业、86%的 Interbrand 排名前 50 的最有价值的品牌公司、91%的前 100 名金融机构、在全球 24 个国家的中央和地方政府机构和其他公共部门，各部门收入构成如图 2-11-10 所示。

按地区来看，英国是最大的收入地区，主要客户是金融机构、政府和医疗保健。欧洲大陆是第二大地区，但是受到了经济发展缓慢的影响，业务拓展受到了限制。BT 专注于某些主要国家，如比利时、法国、德国、意大利、荷兰和西班牙。在意大利，根据电信监管机构，英国电信致力于 B2B 服务。在西班牙，英国电信主要进行数据传输服务。美国和加拿大是一个重要的地区，因为有大量的跨国公司。BT 希望不断改变销售模式，推出新产品，增加市场份额。亚洲的高增长地区如美国、土耳其、中东和非洲是 BT 的重要客户，BT 提高自身的产品和服务，建立网络和 IT 基础设施，使其在竞争中立于不败之地。各地区收入比例如图 2-11-11 所示。

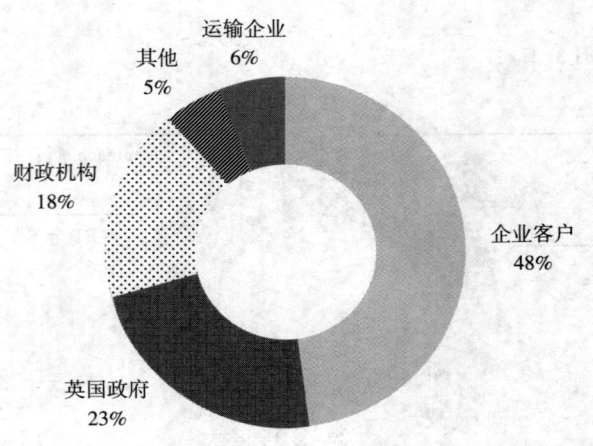

图 2-11-10 2013 年 BT 全球服务各部门收入构成情况

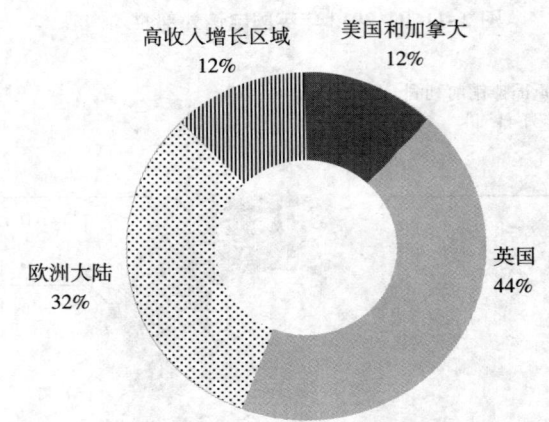

图 2-11-11 2013 年 BT 全球服务区域收入构成情况

2. BT 企业部

英国电信服务于约 900000 个英国中小企业,它在固话服务、网络和宽带服务方面占据领先地位。BT 企业部有 5 个对外的分部门:英国中小企业部、英国企业部、BT 爱尔兰部、IT 服务部和 BT 会议部。英国企业对通信和信息技术需求的差异取决于其企业的规模、网站的数量、所处行业和生命周期阶段。小企业需求简单,一般以消费者为导向。IT 企业部的主要客户包括零售商、慈善机构、服务机构、金融机构以及教育机构。BT 企业拥有超过一半的英国富时 350 指数(FTSE350)公司。

3. BT 客户部

随着 BT 电视台和 BT 体育频道的开设,英国电信成为拥有固话和宽带客户最多的提供商。BT 向家庭提供固话、宽带、电视服务、BT 体育、BT 无线服务,主要集中于宽带和电视服务来抵消传统固话服务的减少。

4. BT 批发部

英国电信是欧洲最大的通信批发商。英国批发部有超过 1400 个 CP 客户,包括固定和移动网络运营商、互联网服务提供商、广播台等其他服务供应商,向他们销售语音、宽带和数据通信产品和服务。BT 批发市场的未来趋势是：基于 IP 服务的改革，Sky 和 Talk Talk 的本地环路分类，继续增加的竞争，对以太网、宽带和媒体网络的需求增加。

5. Openreach 部

Openreach 有大约 540 个 CP 客户，为本地环路提供服务（有时称为本地访问网络或最后一英里），同时也会向 CP 网络提供回程产品。BT 事业部（BT's Unertakings）主要负责销售最主要的产品和服务。Openreach 部 99.7%的收入主要归功于 BT 事业部。Openreach 不直接销售给终端客户，主要竞争对手有维珍媒体、柯尔特组和沃达丰。

（六）经营和财务绩效（见表 2-11-2）

表 2-11-2　英国电信 2011~2013 年度经营与财务业绩比较一览表

单位：百万英镑

	2013 年	2012 年	2011 年
收入	18287	18017	18897
总资产	24898	24326	23948
EBITDA	5757	5968	5901
EBITDA 率（%）	31.48	33.12	31.23
净利润	2018	2091	2003
净利润率（%）	11.04	11.61	10.60
总资产报酬率（ROA）（%）	8.11	8.42	8.36
净资产报酬率（ROE）（%）	-340.88	-798.09	153.13
资本性支出（CAPEX）	2346	2438	2578
CAPEX 占收比（%）	12.83	13.53	13.64
经营活动净现金流	4796	5295	3760
每股经营活动净现金流（英镑/股）	0.59	0.65	0.46
自由现金流（FCF）	2450	2857	1182
自由现金流占收比（%）	13.40	15.86	6.25
销售现金比率（%）	26.23	29.39	19.90
资产现金回收率（%）	19.26	21.33	15.70
EVA	805	738	108
EVA 率（%）	4.39	4.05	1.90
每股盈利（EPS）（便士/股）	25.7	26.7	25.8
每股股利（DPS）（便士/股）	3.4	3.0	2.4
股利支付率（%）	13.23	11.24	9.30
主营业务收入增长率（%）	1.02	-4.66	-5.87
总资产增长率（%）	0.08	3.67	1.73
净利润增长率（%）	-3.49	4.39	33.18
经营活动现金流增长率（%）	-9.42	48.82	-17.65
每股盈余增长率（%）	-3.75	3.49	32.99
资产负债率（%）	102.38	101.06	94.54
流动比率（%）	74.23	61.20	48.96
利息保障倍数	13.03	5.01	6.05
总资产周转率	0.73	0.73	0.79

续表

	2013年	2012年	2011年
固定资产周转率	1.32	1.27	1.31
坏账发生率（%）	2.77	11.33	8.22
折旧与摊销	2695	2843	2972
股息	781	684	589
内部融资额	3932	4250	4975
折旧摊销率（%）	14.74	15.78	15.73
付现成本率（%）	68.06	69.86	70.77
营销、一般及管理费用率（%）	8.48	7.27	6.85

（七）内控与风险管理

企业要想有条不紊地运行下去，必须要有一个良好的内部控制系统，并对随时出现的风险进行很好的评估与防范。英国电信的董事会对企业的内部控制和风险管理负责，并且要考虑与英国电信相关的重大社会、环境和道德问题和政策。企业设立审计和风险管理委员会，监督集团内部的风险，对减少风险措施进行测试，以及对剩余风险的评估。

内部控制系统主要用于确定和评估企业的不足与缺陷，保证其正常运行，风险管理系统主要确定、评估和管理集团面对的重大风险，企业内部控制和风险管理的过程如图2-11-12所示。

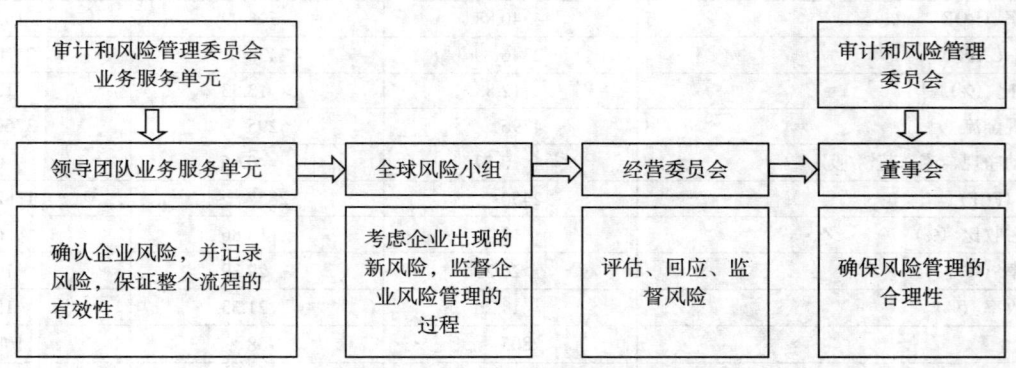

图2-11-12 英国电信风险管理框架

1. 内部控制和风险管理流程

（1）高级管理人员共同确定集团的主要风险，并对风险和措施进行登记和管理。这些高级管理人员主要来自于集团风险小组和经营委员会成员。

（2）企业的作业链及内部的各个服务单元可以单独进行风险评价、登记和管理，确保主要风险登记在册。

（3）负责集团经营的主要高级管理人员将这些风险上报，并对自己管理范围内的内部控制提出评价意见。

（4）集团内部的审计人员继续评估风险管理和控制的效果，向审计和风险管理委员会报告有待提高和改善的具体区域，同时在企业的作业链和内部各个服务单元内实施。

（5）审计和风险管理委员会代表董事会，对本年度企业内部控制的有效性进行考察，并结合内外部审计人员的报告，向集团提交最后的结论。

企业内部的风险管理过程主要针对企业内部活动进行监督、确认、评估和回馈，通过内部控制和风险管理过程减少风险。

2. 英国电信面对的主要风险及其措施

（1）安全性和恢复性。随着全世界越来越依靠信息技术的发展，用户对服务中断的忍耐力越来越低。因此，保证用户的个人信息安全以及服务的可持续性越来越重要。这就要求英国电信有高水平的操作恢复性和安全性，防止任何时刻的恶意电脑攻击、铜电缆设施的破坏与盗窃、坏天气破坏、超负荷、无电情况以及人为错误。一旦受到破坏，就会降低客户的满意度，进而损害企业的盈利状况。

风险防范措施。保护企业资产和重要数据、实时进行情报分析、监督异常情况、对于恶意数据阻塞迅速建立防火墙、对于出现的重大危机建立模拟过程。

（2）重要合约。企业具有许多复杂的和高价值的国内外合同，这些合同涉及企业的成本、合约价格等。一旦受到损害，就会影响对未来企业收入、利润以及现金流的预期。其风险的程度主要取决于合同覆盖的范围。

风险防范措施。企业建立风险治理和报告体系和业务单元，独立地监督和报告，追踪主要的风险，并根据以前的经验进行防范。

（3）福利保障。福利保障的建立是企业非常重要的一方面。但随着投资回报率的降低、通货膨胀的影响、人们寿命的延长以及制度的变化都会使基金成本增加，对企业的财务形成负担；基金赤字的增加会影响企业的支付能力以及股票价格、信用等级，从而增加企业的借款成本，限制未来基金的灵活性，影响企业的投资、分红和还债能力。

风险防范措施。企业人员和 BT 退休计划（BTPS）的人根据其投资和举债经验进行控制，降低福利保障方面的风险。

（4）在竞争市场中成长。市场环境处于不断变化中，公司会面临很多不利因素，如强竞争对手和新竞争对手的出现、价格的下降、某些市场收入的减少、新技术的替代、市场和产品的集合、客户流失、政策的介入以及供应商价格的降低等。英国通信市场影响收入和利润的重要部分是物价的下降，因此要想取得高的收入和利润，必须在市场竞争中处于不败之地。

风险防范措施。根据公司战略，将顾客至上、成本优化、投资未来三个战略贯彻到底，继续投资光纤和高增长区域。

（5）电信产业规制增强。英国通信管理局对电信产业的价格、市场进入和市场竞争进行了限定，并制定了很多规章制度，这样会直接降低竞争效率和收入、增加成本。

风险防范措施。BT 拥有一个专家团队，包括法律专家和外部顾问，主要监督电信产业规制的变化和潜在的不利影响，确保在政府的规制下取得更大的价值。

（6）商业信誉和道德。英国电信约束企业员工的行为，并一直遵循国内外的反腐败法律，确保企业的交易、进出口业务合乎法律，对于任何违反法律和道德的行为给予严重的制裁。

风险防范措施。专业反腐败计划、工作方式的规章制度、严格规定招待客人和慈善捐赠的行为、评估其制度的适用性和控制力。

（7）供应链风险。BT 一直致力于全球供应市场的多样性和创新程度，为企业和个人用户增加更多的价值。因此，确保供应链的完整至关重要，其中包括供应商、各部分的支付和承包等。某一个中间部分缺失，都会直接影响企业整体的收入。供应链风险可能还会导致法律风险和财务危机。

风险防范措施。采用双货源的供应，监督供应者商业、财务、安全风险的变化，制定综合风险管理计划。

（八）人力资源发展

人力资源的发展对于企业至关重要。截至2014年3月31日，英国电信共有87800名员工，他们来自61个国家，其中72200名员工来自英国。英国电信的员工数量在英国排第15名。英国电信的企业价值观是反映员工的真实问题，关注员工的发展。BT要每一个员工以顾客为中心，诚实、受尊重，并自信能为企业做出大的贡献，同时企业也会使每一个员工获得更大的回报。

1. 员工招聘

今年英国电信共招聘8100名员工，其中4800名来自于英国本土，包括1400名工程师和600名学徒，并计划在下一年度招聘900名毕业生。同时，在英国新开设了500个职位，在其他岗位开设了2200个职位。当新的岗位取消时，英国电信不会辞退员工，而是帮助员工学习新的技能，寻找新的岗位。

2. 员工交流与参与

英国电信的员工在BT不仅是工作，对于公司的成果、重大公司决定和其他事情也有参与的权利。企业会定期咨询员工或员工代表的意见。此外，英国电信还有两个组织：工人工会和BT欧洲咨询委员会，表明员工在公司占据的重要位置。

3. 志愿者活动

英国电信每年有16%的员工参与志愿者活动，支持了全球1300个慈善事业。在英国，700名BT员工帮助托儿所的儿童实现电话沟通，并设立了87个电话呼叫中心。这不仅是一项荣誉，还可以帮助员工提高自身的能力和熟悉他们所做的工作。

4. 薪酬奖励

英国电信和员工签订公平的劳动合同，合同内包括所有相关内容。他们的薪酬和奖金与他们的工作绩效和个人贡献有关，同时英国电信还会给予员工一定的股份作为对他们工作的激励措施。

5. 福利保障

英国电信对员工除了法律规定的退休金之外，还提供了企业的福利保障。最大的退休计划是英国电信退休金计划（BTPS），它有41000个成员，195500个领退休金者。此外，BTRSS退休计划也是员工的一项保障，已经有26000个成员。英国电信为员工提供了很多福利保障，使他们能在BT满意地工作。

6. 员工健康和安全

对于企业，员工的健康和安全是至关重要的。今年英国电信每100万个工作小时发生1.93个工伤事件，相比上年减少了0.36个。并且，英国电信雇用了950名管理者，更好地管理员工，保证他们的健康。

（九）企业社会责任

英国电信的目标是成为一个可持续性、有责任感的企业，因此一直关注企业的社会责任履行情况，确保企业的员工、网络和技术为企业、社会和环境创造更大的价值。英国电信的社会履行责任方式包括四个方面。

1. 连接社会的每个角落

英国电信利用自身的信息技术优势，为社会做出应有的贡献，具体如下：

（1）英国有 66% 的用户现在使用光纤产品和服务，英国预计 2020 年实现 90% 的覆盖率，为用户提供更加稳定和高速的光纤宽带服务。

（2）BT 与互联网安全问题（Internet Safety Matters）、联合国儿童基金会建立三年的合作关系，为老师、家长和孩子的在线安全问题提出实践性的建议。

（3）连接非洲项目：为客户提供相关信息和重要服务，例如为 95000 名客户提供医疗保健，期望未来为 570000 名客户提供这样的服务，并让周围区域的人也获利。

（4）为 1100 万名残疾人提供高科技产品，让他们更好地工作。

2. 减少碳排放量，保护环境

绿色环保社会是全世界人民共同的目标。英国电信也在不断地为此目标努力做贡献。公司建立了非财务的 KPI 指标体系来考核企业每年在提高可持续发展能力方面所做的工作。保护环境是企业获取更多价值的关键之一。英国电信保护环境的措施主要包括：

（1）实施节能计划，减少企业经营成本。英国电信开设了节能计划，预计每年节省 0.25 亿英镑的成本。自从这个节能计划实施以来，过去五年里共节省了 1.31 亿英镑的成本。英国电信本年度消耗能源和燃料达 2.96 亿英镑，相比上年增加了 0.26 亿英镑，这是由于能源价格的提高。尽管企业的营业额增加，但是企业已经减少了 3% 的能源消耗。

本年英国电信终端到终端的碳排放量减少了 1.3∶1，预计 2020 年达到 3∶1 的比例。实现这个目标，不仅能减少对环境的碳排放量，而且能减少企业的经营成本。英国电信减少了 3% 的全球能源消耗，为企业减少了 2500 万英镑，具体如图 2-11-13 所示。

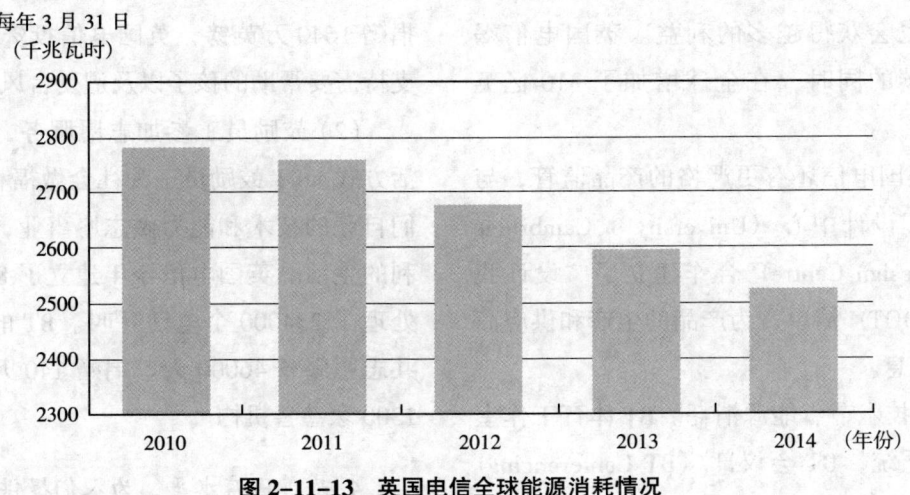

图 2-11-13 英国电信全球能源消耗情况

（2）随时测试碳排放量，并将 GDP 和衡量企业业绩效与之紧密联系。为了追踪碳的排放量，企业制定了等价于二氧化碳的措施：从 2008 年起，企业减少碳排放量的目标与对 GDP 的贡献紧密联系在一起，本年的碳排放量相比 1996 年减少了 79%，预计 2020 年达到减少 80% 的目标；英国电

信根据单位收入的 CO_2 排放量来衡量企业的绩效，本年每 100 万英镑的收入共有 27.6 吨的 CO_2 释放出来，相比 1996 年减少了 84%。英国电信同时报告了所有温室气体相关情况，全球温室气体的数据如图 2-11-14 所示。

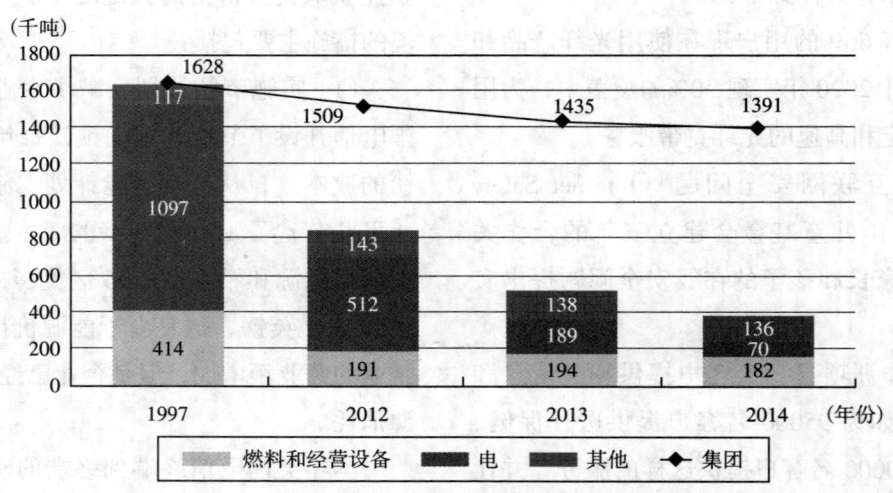

图 2-11-14　英国电信全球温室气体释放数据

（3）严格控制产品，减少客户对环境的影响。BT 对于产品有严格的控制标准，产品的更新、设备的选用都会节省更多的能源，同时企业还会为客户选择附加产品和解决方案，如英国电信入境呼叫（BT Inbound Calling）。企业对环境做的贡献越大，自身也会获得越多的利益。英国电信竭尽全力节约碳的同时，在全球增加了 310 亿英镑收入。

同时，英国电信还有更严格的产品监管，与剑桥大学工程设计中心（University of Cambridge Engineering Design Centre）合作建立了"设计我们的明天"（DOT）清单，为产品的生产和供应商提供更多的信息。

（4）利用技术节省能源消耗。BT 体育工作室有低碳冷热系统，BT 会议部（BT Conferencing）拥有声音、视频和会议网服务，为顾客减少了碳排量。BT 技术服务和经营部（BT TSO）是内部服务单元，主要用于革新、设计、测试和建立企业的全球网络和系统，减少集团的能源消耗。

3. 积极参与慈善事业，造福社会

（1）建立捐赠机构，为社会提供一个平台。个人和企业利用 BT 提供的捐赠平台为处于困境中的人伸出援助之手。有 5800 家慈善机构和个人捐赠 1640 万英镑，英国电信投资 4100 万英镑来支持需要帮助的孩子以及遭受台风等灾害的群体。

（2）鼓励员工参加志愿服务，改变人们的生活方式。BT 鼓励员工为社会做福利事业，利用他们自己的技术和能力做志愿事业，给他们提供便利的生活。英国电信今年建立了 87 个呼叫中心，处理了 234000 个电话呼叫。BT 的 13600 名员工共志愿服务 46000 天，捐赠 140 万英镑，支持了 1300 家慈善机构。

4. 改善医疗水平，为人们提供健康服务

在实现医改的目标以及医改本身这个过程中，信息化都是非常重要的组成部分和实现手段。作为全球知名企业，BT 涉足医疗领域已有 60 多年历史,在医联体、全民健康管理等信息化方面走在全球前列。BT与NHS的合作由来已久,BT共为NHS实施交付了3大项目,历时10年,总价值30亿英镑。例如Spine数据交换平台,也是个数据仓库,目前为超过5000万病人提供电子医疗记录。例如,LSP主要是区域信息集合的平台,为本地医疗体系服务,涵盖了众多医护工作者、初级诊所和医院等。除了在英国本土帮助英国政府搭建NHS系统外,BT在澳大利亚、新加坡等地也帮助当地医疗机构构建数字医院、医联体等。

(十) 前景展望

英国电信致力于成为一个可持续性、可盈利性的企业,自信会有更多的机会让企业越来越好,这又是企业的投资和成本转换活动支撑的,这将推动企业长期现金流的增加。并且企业将继续实施谨慎的财政政策进行投资,减少净负债,以此来支撑退休金和支付股利分红。

2014~2015年,在英国地方政府支出水平较低的部门,英国电信专注于产生经济价值的业务部门,预计增加收入1亿英镑。调整后息税前利润预计达到62亿~63亿英镑,2015~2016年实现更大的增长。随着资本支出的有效管理,预期自由现金流超过26亿英镑,并在2015~2016年实现较大的增长。现在预期的股利政策是在未来两年每股股利按10%~15%的增长,同时预期2015~2016年股票回购3亿英镑,这将在一定程度上抵消员工股票期权计划到期的稀释效应,如表2-11-3所示。

表2-11-3 英国电信的前景展望一览表

基本收入(不包括运输)	2014/2015年度 整体水平	2015/2016年度 增长情况
调整的息税折旧摊销前利润	62亿~63亿英镑	增长
标准化的自由现金流	超过26亿英镑	增长
每股股利	提高10%~15%	提高10%~15%
股票回购	3亿英镑	3亿英镑

附件一:英国电信财务报告(2013年)

1. 合并资产负债表

截至2013年3月31日	附注	2014年(百万英镑)	2013年(百万英镑)
非流动资产			
无形资产	12	3087	3258
土地、工厂及设备	13	13840	14153
衍生金融工具	26	539	1080
长期投资	22	34	64
联合企业及合资企业		18	28
应收款项及其他应收款	16	214	184
递延所得税资产	9	1460	1438
		19192	20205

截至 2013 年 3 月 31 日	附注	2014 年 （百万英镑）	2013 年 （百万英镑）
流动资产			
项目权利	15	108	—
存货		82	103
应收款项及其他应收款	16	2907	2930
应收税费		26	16
衍生金融工具	26	114	170
短期投资	22	1774	531
现金及现金等价物	23	695	924
		5706	4674
流动负债			
短期借款	24	1873	1736
衍生金融工具	26	139	74
应付款项及其他应付款	17	5261	5574
应交税费		315	100
减值准备	18	99	120
		7687	7604
总资产减流动负债		17211	17275
非流动负债			
长期借款	24	7941	8277
衍生金融工具	26	679	802
退休金义务	19	7022	5856
其他应付款	17	898	883
递延所得税负债	9	829	1209
减值准备	18	434	510
		17803	17537
所有者权益			
普通股		408	408
资本公积—股本溢价		62	62
自有股份	20	(829)	(832)
其他准备金	27	1447	1790
留存权益		(1680)	(1690)
总权益（赤字）		(592)	(262)
		17211	17275

2. 合并损益表

2013 年 3 月 31 日财年	附注	2012 年 （百万英镑）	2011 年 （百万英镑）	2010 年 （百万英镑）
营业收入	3	46417	45884	44472
营业成本		(31546)	(30814)	(29439)
毛利润		14871	15070	15033
销售费用		(3227)	(3067)	(2981)

续表

2013年3月31日财年	附注	2012年 (百万英镑)	2011年 (百万英镑)	2010年 (百万英镑)
管理费用		(5075)	(5300)	(5328)
联营公司股份份额	14	4963	5059	4742
减值损失	10	(4050)	(6150)	(2100)
其他收入和费用	26	3705	(16)	114
营业利润	4	11187	5596	9480
非经营损益	15	(162)	3022	(10)
投资收益	5	456	1309	716
财务费用	5	(1932)	(429)	(1512)
税前利润		9549	9498	8674
所得税费用	6	(2546)	(1628)	(56)
净利润		7003	7870	8618
归属于:				
母公司所有者权益		6957	7968	8645
少数股东权益		46	(98)	(27)
		7003	7870	8618
基本每股盈余	8	13.74p	15.20p	16.44p
稀释每股盈余	8	13.65p	15.11p	16.36p

3. 合并现金流量表

截至2013年3月31日	附注	2014年 (百万英镑)	2013年 (百万英镑)	2012年 (百万英镑)
经营活动现金流量				
税前利润		2312	2315	2120
处置联合企业以及业务等损失(利润)		4	(130)	—
联营公司持有股份收入		3	(9)	(10)
净财务费用		826	772	779
经营利润		3145	2948	2889
其他非现金费用		39	56	106
处置企业收到的现金		—	(7)	19
折旧和摊销		2695	2843	2972
存货减少		16	3	12
应收款项及其他应收款减少(增加)		(259)	454	28
应付款项及其他应付款减少		(159)	(459)	(65)
其他负债减少		(234)	(281)	(1891)
减值准备减少		(100)	(198)	(112)
经营活动现金流入		5143	5359	3958
支付所得税		(347)	(64)	(400)
经营活动现金流量净额		4796	5295	3558
投资活动现金流量				
收到的利息		6	9	8
联营公司的股利收入		1	3	4
处置联营公司收到的现金		2	270	7

续表

截至 2013 年 3 月 31 日	附注	2014 年（百万英镑）	2013 年（百万英镑）	2012 年（百万英镑）
处置现金及银行存款收到的现金		—	17	13
并购联营公司收到的现金		(3)	(5)	—
并购子公司收到的现金		(21)	(60)	(5)
处置流动金融资产收到的现金		7531	8856	8329
购买流动金融资产的支出		(8773)	(8875)	(8845)
购买非流动金融资产的支出		3	1	1
处置土地、厂房以及设备收到的现金		10	43	18
购买土地、厂房、设备以及软件的支出		(2356)	(2481)	(2578)
购买通信许可证的支出		—	(202)	—
投资活动现金流量净额		(3600)	(2424)	(3048)
筹资活动现金流量				
支付股利支出的现金		(778)	(683)	(590)
偿还利息支付的现金		(614)	(701)	(693)
偿还借款支付的现金		(321)	(1663)	(26)
融资租赁支付的现金		(18)	(15)	(2)
商业票据的净现金流入（支出）		(420)	153	522
银行借款现金净额		1195	798	—
和净负债相关的衍生金融工具带来的现金流		(209)	33	258
库存股发行的现金支出		75	109	21
回购普通股支出的现金		(302)	(302)	—
筹资活动现金流量净额		(1392)	(2271)	(510)
现金及现金等价物净增加（减少）		(196)	600	—
经营现金及现金等价物		919	323	325
汇率变动影响		(39)	(4)	(2)
现金及现金等价物	23	684	919	323

附件二：英国电信大事记

英国电信是历史最悠久的电信公司之一。它的起源可以追溯到 1846 年英国商业电报业务和电报公司的成立。由于这些公司后来不断地被合并、接管，幸存者最终由国家邮政局控制。这些公司后来合并成为一个私有化公司——英国电信公共有限公司，也就是现在德尔英国电信集团的前身。

英国国家邮政署

从 1878 年开始，英国早期电话服务是由私人机构公司提供的，如 The National Telephone Company（NTC），后来出现了竞争者——英国国家邮政总局（GPO）。1896 年，邮政总局接管 NTC 的全部干线电话服务。1912 年，英国国家邮政总局成为电话服务提供的垄断供应商，除了在少量地区没有提供服务之外，几乎控制了整个英国地区。

1932 年出版的一本书中首次提出了"将邮政署转变成一个国有企业"的想法，同时，The Bridgeman Committee 正式提出：邮政署任何形式或是地位上的转变都必须考虑到公众的利益。该委员会的报告被否决，直到 1961 年才开始重视这个问题，但仍像以前一样，此项提议被忽略。邮政署仍然作为中央政府的核心部门运营。

1965年3月，当时邮政总署的负责人Anthony Wedgewood-Benn写信给总理，提出"将邮政署转变成一个国有企业"的建议。专门针对此项议题的工作小组正式成立，并对此项改革的优势以及可能出现的问题进行调查和研究。最后，政府决定将邮政署分拆成五个部门：邮政、电信、储蓄、转账和国家数据处理服务，最后决定将邮政和电信作为一个公司的两个部门分别治理。

1969年出台《邮政署法案》，法案规定，邮政署不再是一个政府机构。1969年10月1日，邮政署正式成为公共企业，并且法案规定，邮政署拥有经营电信系统的权力，但是必须授权给他人进行经营，实际上，新的邮政署仍然保持其在电信领域的垄断地位。

英国电信公司（British Telecom）创建

1977年，卡特委员会提出建议，进一步分离邮政和电信两项服务，使之在不同的公司下接受管理，这项建议最终在1980年被采纳，将电信业务部门更名为"英国电信"，但从实质上看，其仍然是邮政署的一部分。

1981年，英国电信法正式改革，将邮政局分拆成两个部门：邮政和电信。这是英国电信市场引入竞争的第一步。

1982年，由于英国电信法案的出台及相关规定，英国电信逐渐进入竞争阶段，Cable & Wireless公司通过其全资子公司Mercury Communications正式获得公共电信网络的运营权。

英国电信公司私有化

1982年7月19日，政府正式宣布，将英国电信公司51%的股份出售给私人投资者，实现英国电信的私有化。此项私有化进程在1984年8月6日正式开始，英国电信从过去的企业成为公共有限公司。1984年11月，英国电信50%以上的股份出售给公众投资者。英国电信趁此机会逐渐开始向全球推广业务。

1991年12月，英国电信进一步完成私有化进程，英国政府出售其手中的一半股份给私人投资者，持股比例下降到21.8%。

1993年7月，英国政府开始第三轮出售股份的活动，为公司筹集50亿英镑以及引入75万新进投资者。

一个更加开放的电信市场

1991年3月5日出台的政府白皮书正式结束了英国电信公司的垄断地位，使得英国电信市场形成英国电信和水星电信（Mercury Communications）双寡头垄断的局面。1984年的法案废除了英国电信公司对电信系统运行的独有特权，这意味着英国电信永远失去了其垄断地位，和其他运营商一样需要获得政府的许可才能经营。该法案还严格控制英国电信在设备制造及供应方面的业务活动。英国电信能够为各种各样的客户提供多种多样的服务。

BT：一个新的名字和英国电信公司的身份

1991年4月2日，英国电信启用新的名字——BT、企业形象以及新的组织结构。英国电信的这种结构重点关注具体的市场细分，反映不同的客户需求：个人用户、中小企业用户或跨国公司。这次组织结构优化被命名为"Project Sovereign"，代表了英国电信对满足客户需求的承诺——客户就是上帝。和世界其他电信企业的战略合作，也给英国电信提供了向海外扩张的机会。

1994年6月，BT和美国第二大长途电信服务提供商MCI通信公司，共同推出了Concert Communications Services——总价值为10亿美元的合资公司。这次合作机会为BT公司和MCI公司提供了全球性的网络基础，能够提供更高级的终端到终端的业务。

1996年11月3日，英国电信（BT）和MCI

公司宣布已达成合并协议，合资成立 Concert 公共有限公司，在英国注册成立，总部设在伦敦和华盛顿。与此同时，英国电信获得 MCI 公司 20%的持股股份。

1997 年 10 月 1 日，英国电信公司最终以 70 亿美元将这部分持股权出售给美国世通公司。此次出售股权的行为给英国电信带来了 20 多亿美元的利润以及 4.65 亿美元作为其与 MCI 公司合并协议解除的赔偿。

1998 年 7 月，英国电信宣布将与全球性的企业 AT&T 合作投资，成立各自占比 50%的新公司——Concert，新公司将于 1999 年 11 月正式开始对外服务，为跨国公司以及企业和个人用户提供国际电话等业务。

2000 年 12 月，随着英国电信在 2000 年 4 月的许可证发生变化，英国电信开始向其他电信运营商提供本地环路开放服务（LUU），保证这些运营商可以和自己的客户直接进行沟通。2005 年 8 月底，105055 条线路正式分解完成。

2001 年 12 月，由于全球性电信市场形势下滑，英国电信和 AT&T 同时宣布解除合作，将原 Concert 公司的业务、客户以及网络进行分拆，各自独立经营，此举在 2002 年 4 月正式完成。

2001 年 5 月，作为英国电信企业重组和债务削减计划的一部分，英国电信宣布"三股换十股"的股票增发行为，此次增发行为是英国规模最大的股票增发行为，英国电信凭此获得 59 亿英镑的资金；另外，英国电信将其"国际通信录以及电子商务业务"（The International Directories and Associatede-Commerce Business）出售获得 21.4 亿英镑的资金，这两项交易在 2001 年 6 月正式完成。

2001 年 11 月，BT 无线——英国电信的移动业务部门，重新命名为 mm02 公司，从英国电信独立出去，正式作为独立核算的企业进行核算。2001 年 11 月 16 日是英国电信作为一个整体股票进行交易的最后一天，从 11 月 19 日起，mm02 公司 PLC 和新的 BT 集团股票将作为不同公司股票在股票市场上进行交易。

英国电信集团企业形象和价值观的重新塑造

2003 年 4 月，英国电信正式公布其最新的企业形象和企业价值。其最新的"连接世界"标识反映了企业追求技术革新的未来愿景，代表了英国电信的五项企业价值观念。诚信和互助是英国电信一直坚持的企业服务宗旨。

2003 年出台的"通信法"在 2003 年 6 月 25 日正式生效，由此诞生了新的行业监管机构——通信委员会（Office of Communications），取代了原来的电信委员会（Office of Telecommunications）。与此同时，也引入了新的行业监管机制。尽管原来的发牌许可制度（The Licensing Regime）被最新的监管制度所替代，但英国电信仍然具有向除了赫尔地区之外的全英国提供普遍服务的义务。

2004 年夏天，英国电信正式启动"Consult 21"项目，这个项目重点为英国电信的 21 世纪网络（21CN）提供行业咨询服务。21 世纪网络是最具开拓性和延展性的下一代网路变革，将会在 2010 年底改变整个通信业的基础设施建设。采用互联网协议框架，21 世纪网络将取代原来的通信网，为客户提供多媒体的电信服务，此项多媒体服务将实现任何两种终端设备之间的通信。

BT：一个全球性的公司

2005 年的几项非常重要的合并使得英国电信作为世界领先通信运营商的地位得到巩固。这些重要的合并包括：

（1）英国电信以 520 万英镑成功收购 Infonet 公司，并更名为"BT Infonet"，Infonet 公司是当时世界领先的为企业用户提供全球性语音服务和数据通信网络服务的电信运营商。

（2）英国电信收购了当时意大利电信市场排名第二的电信运营商——Albacom，对 Albacom 和 Infonet 的收购充分提高了英国电信向世界各地提供跨国业务的能力。

（3）英国电信从路透社手中收购了财务网络提供商 Radianz，计划利用此部门向财务市场提供增值服务。

"Openreach" 部门创建

2005 年 9 月，根据电信战略评估（Telecommunications Strategic Review）的相关规定，英国电信和通信委员会（Ofcom）签署了具有法律约束力的承诺，为英国电信以及整个电信行业建立良好的规制框架。Openreach 部门于 2006 年 1 月正式开始服务，并直接向英国电信集团的首席执行官报告，主要基于电信行业的整体利益监管英国电信的网络接入业务。

Openreach 部门负责管理英国的电信基础设施，将英国电信和其他电信运营商置于同等地位对待，是英国电信集团四个主要业务部门之一，另外三个部门分别是 BT Retail、BT Wholesale 和 BT Global Services。

目前，英国电信公共有限公司是英国电信集团的全资子公司，共有四个独立经营的业务部门。

英国电信正在从传统的电信公司向综合型电信服务提供商转型，公司宗旨是通过向用户提供方便快捷的解决方案使顾客最大限度地享受电信服务。

2012 年 2 月 1 日，英国电信宣布由切特·帕特尔担任英国电信伦敦地区的董事长。

2012 年 3 月 16 日，英国电信与北约咨询、指控和控制局（NC3A）签订了一项合同，负责提供支持北约全球运转的技术。

2012 年 6 月 26 日，英国电信接入网业务 Openreach 宣布将为 98 个新交换区提供光纤宽带业务。这也是英国电信 25 亿英镑光纤网络升级计划的一部分。

2013 年 2 月 20 日，英国电信获得 2.6GHz 频谱执照。

2013 年 4 月 11 日，英国电信在印度班加罗尔设立全球发展中心。

2013 年 6 月 19 日，原 BT 零售部 CEO 加文·帕特森将接替伊安·利文斯顿（Ian Livingston）担任英国电信集团首席执行官。

2013 年 8 月 9 日，英国电信公司宣布与联合利华的 IT 外包合同将续延 3 年，联合利华是世界上最大的消费品公司之一，此次合作是继英国电信 2002 年 11 月首次与这家企业签订合同后的第三次续约。

2013 年 10 月 7 日，英国电信日期宣布在法国巴黎启动 CityFibre Network 光纤网络服务。该网络包括三个环网，连接十个数据中心，覆盖巴黎主要的商业中心。英国电信表示他们的巴黎光纤网络将为当地用户带来经济有效的多业务介入服务，包括光、以太网、MPLS IP VPN 等，互联网速最高可以达到几十千兆比特每秒。

2013 年 12 月，被英国电信认为是其承建的英国水域最大的海底项目已经获批，英国电信成为了这个项目的赢家，负责安装该项目的海底电缆，为苏格兰高地和群岛带来光纤宽带。

2014 年 1 月，英国电信和阿尔卡特朗讯宣布，他们在 410 公里长的现有商用光纤线路上创下了 1.4Tbps 的数据传输率纪录。最新的实验结合了 7 个 200 千兆比特每秒信道，然后在 1830 Photonic Service 交换机上使用 400Gb/s Photonic Services Engine 技术将信道之间的谱空间从 50GHz 减少到 35GHz。

林玄镇（Hyun Chin Lim）
SK 电讯董事长

Hyun Chin Lim，SK 电讯董事会独立董事、董事长。2006 年 3 月，出任 SK 电讯独立董事，2011 年，被任命为 SK 电讯董事长。此外，他曾出任韩国中央公务员培训学院兼职教授，是韩国非政府组织研究协会代表，是亚洲太平洋研究所研究员和杜克大学的前任兼职教授，是现任韩国政治社会学会会长。1983 年至今，他是首尔国立大学社会科学学院的教授，并在 2006~2010 年担任该院院长。自 2013 年起，他出任韩国社会学协会主席。

Sung Min Ha
SK 电讯总裁兼首席执行官

Sung Min Ha，自 2011 年起出任 SK 电讯总裁兼首席执行官。曾先后出任 SK 电讯战略规划部主任、财务总监，SK 电讯管理支援部门负责人、财务总监，SK 电讯企业中心负责人、财务总监，前任 SK 电讯网络事业部总裁，以及 SK Hynix 的前任董事主席，自 2013 年起出任 SK SUPEX 战略委员会主席。

韩国 SK 电讯
公司 LOGO

　　SK 电讯是 SK 集团的子公司，其 LOGO 在右侧加上"telecom"和母公司以示区别。"SK"是英文"Sun Kyong"的缩写，为该企业韩国名字"鲜京"的音译。1998 年，为使企业名称更适合推广，便由"Sun Kyong"更名为"SK"。SK 的图案形似一只蝴蝶，用红黄两种颜色拼接出一对"幸福之翼"，蝴蝶的两翼代表着 SK 的两大支柱产业——石油和电讯，还代表着 SK 的核心价值：幸福和以客户为中心。

十二 韩国"SK电讯"公司可持续发展报告（SK Telecom）

（一）公司简介

SK电讯是韩国SK集团旗下最主要的子公司之一，总部设在韩国首尔中区，在韩国证券交易所（股票代码017670）和纽约证券交易所（股票简称SKM）上市。作为韩国最早推出彩铃业务的一家韩国电信运营商，其前身是成立于1984年的韩国移动通信（KMT）。1994年，SK集团开始参与KMT的经营，并成为最大的股东。1997年，KMT正式改名为SK Telecom（SK电讯）。如今，SK电讯已经成为韩国最大的移动通信运营商，以无线电信服务为主，提供移动语音服务、无线数据传输服务、社交网络服务，以及为住宅及商业用户提供宽带互联网和固网电话服务等有线服务。

由于韩国总人口相对较少，市场容量很小，而且经过多年的发展，韩国的手机普及率也已经基本达到极限，韩国国内的移动市场已经饱和，基本已无增量，完全是存量市场。同时，根据韩国电信部门的市场监管政策，SK电讯的用户占有率不能超过52%。因此，为获得新的商业机会，SK电讯加快了国际化拓展的步伐，主要选取具有高语音或数据业务增长潜力的市场进入，通过并购、选择该国处于前两位的运营商进行投资等方式，扩大SK电讯在世界范围内的影响力。目前，SK电讯的市场已经拓展到中国、美国、日本、新加坡、印度尼西亚、越南、阿拉伯联合酋长国等国家。SK电讯还很重视建设高品质的网络，并通过每次网络升级，带动业务发展，尤其是推动数据业务的创新。SK电讯在每一次网络升级进程中，都先于对手占据技术领先地位。如2003年6月，在世界上首次实现同步方式可视电话服务商用化，实现了真正的3G服务，为其在世界上树立3G服务的领导地位奠定了基础。此外，SK电讯高管也清醒地认识到仅仅依靠技术是难以赢得市场的，与其用技术术语去说服顾客，不如用一种顾客能够自觉感觉到和理解的概念，因而SK电讯在本土及海外市场积极采取差异化的品牌战略进行营销推广，并针对不同目标人群的消费心理，采用不同的市场策略。

截至2013年12月31日，韩国SK电讯总资产达到265765亿韩元，期末股东权益为141666亿韩元。2013年，实现总收入166021亿韩元，净利润14263亿韩元，基本每股盈余23211韩元，总投资报酬率为5.37%。2013年12月31日，收盘价为24.62美元，市盈率为1.27。

（二）公司战略

ICT产业正在经历着快速变化，为了适应这样的变化，也为了实现至2020年企业价值达到100兆韩元和进入全球100强的长期愿景，SK电讯已宣布出台2020年远景规划——致力于成为能够为人们带来全新可能的好伙伴（Partner for New Possibilities），并正阔步成长为一个领先的综合信息和通信技术运营商。这个目标为相关行业构建创造一个新的价值生态系统，并丰富社会的各个部分。其目的不仅是让顾客拥有更快乐和更丰富的生活，还致力于将SK电讯建立成世界顶级资讯及通信科技公司。为了达到这个目标，SK电讯将加强其电信业务的能力，发展以ICT融合技术为基础的新的业务领域，承担对所有利益相关者，包括员工、客户和合作伙伴等的社会责任，使他们能够共同成长，并促进国家发展。公司具体战略结构如图2-12-1所示。

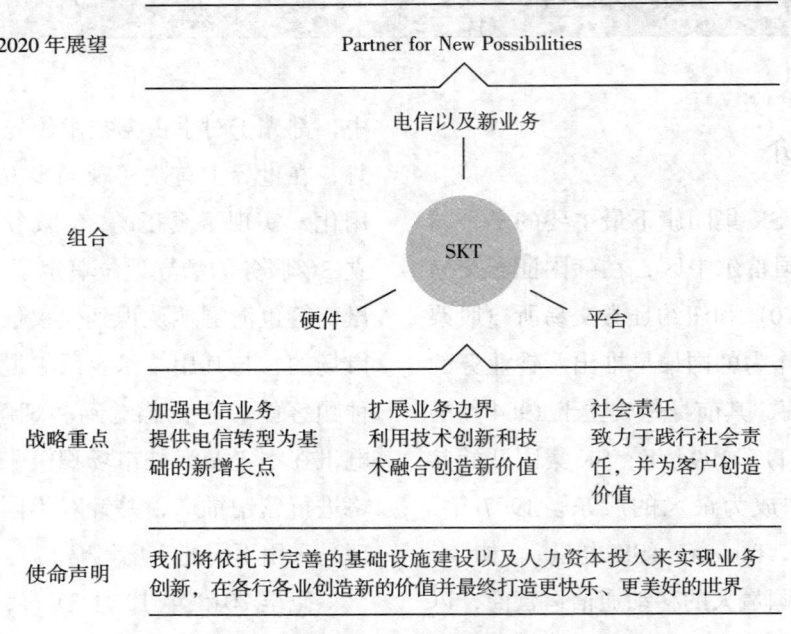

图2-12-1　SK电讯战略结构

1. 加强电信业务，提供电信转型为基础的新增长点

（1）市场方面，在更好地理解客户和完善客户服务渠道的基础上，利用信息和通信技术改变客户的生活方式，并为客户创造新价值。

（2）网络方面，发展成一个智能的、开放式的结构，并成为新的价值生态系统中枢。

（3）解决方案方面，不同的合作伙伴把自己的能力通过开放的协作结构结合起来，不断为其他人提供最好的解决方案。

2. 扩展业务边界，利用技术创新和技术融合创造新价值

（1）ICT融合方面，在关键电信能力转移发展价值创新领域，通过开放合作长期扩大各个领域的业务范围。

（2）以技术为基础的成长方面，在不同领域进行世界级的研究和开发，并通过开发创新的商业项目寻求不断增长的机会。

（3）协同组合方面，SK电信、SK行星、SK海力士等子品牌先是独善其身，各自发展优势，再将它们聚集在一起开发出创新性的产品和服务，引领ICT行业。

（4）市场开发方面，通过创建新的ICT业务，跨越行业和地域的界限，扩大增长领域进入全球市场。

3. 践行企业社会责任

（1）公司致力于生态系统的不断增长，通过开放、合作和创造一个增长环境以推动ICT行业的"双赢"。

(2) 创造新的就业机会，拓展海外市场，领导绿色 ICT，提升国内 ICT 产业的竞争力。

4. 4th To-be

4th To-be 是 SK 电讯实现 2020 年公司发展愿景的中期发展战略，它主要包括四个方面：业务结构由原来的以电信为中心向综合的 ICT 提供商转变；发展模式转变成以 MNO 为基础的成长模式和 ICT 融合的业务模式；业务运营方法由以竞争为中心向客户价值为第一同时创造新的平等的生态系统转变；在声誉方面将自身构建成可以为社会高度信任的企业。

（三）公司治理

1. 股权结构

截至 2013 年 12 月 31 日，SK 电讯发行的总股数为 80745711 股，具体股权结构如图 2-12-2 和表 2-12-1 所示，其中 SK 集团占股比例最大，为 25.22%，第二大股东为花旗银行，持股 16.94%，库存股为 9809375 股，占比 12.15%。SK 电讯发行的股份拥有的投票权如表 2-12-2 所示。

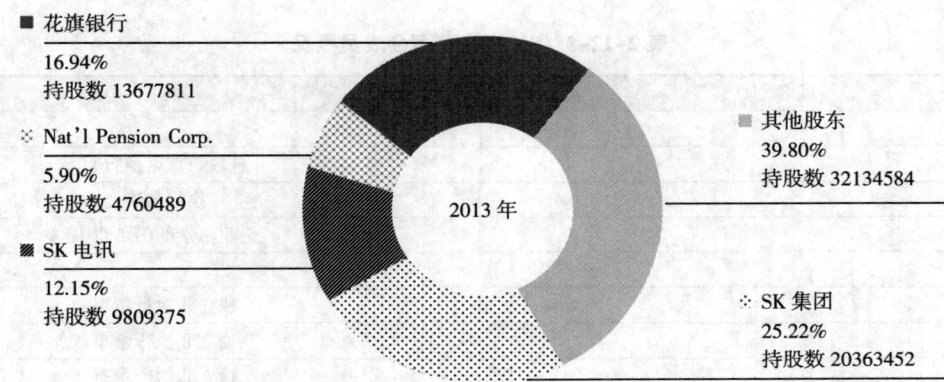

图 2-12-2　SK 电讯股权结构

表 2-12-1　SK 电讯股权结构

	股票类型	持股比例	持股数
花旗银行	普通股	16.94%	13677811
SK 集团	普通股	25.22%	20363452
SK 电讯	普通股	12.15%	9809375
Nat'l Pension Corp.	普通股	5.90%	4760489
其他	普通股	39.80%	32134584
合计	普通股	100.00%	80745711

表 2-12-2　SK 电讯股份投票权状况

1. 有投票权的股票	持股数 80745711	
A. 公司发行的股票总数	持股数 80745711	
B. 没有投票权的股数		
2. 有限投票权的股票	持股数 9809375	
A. 因商法而受限	持股数 9809375	注：库存股
B. 因证券交易法而受限		
C. 因反垄断和公平交易的法律而受限		

		续表
D. 因其他法律而受限		
3. 有新的投票权的股票		
4. 行使投票权的股票	持股数 70936336	

2. 董事会结构

SK电讯致力于依据透明负责的原则对公司进行管理，通过合理的董事会和前瞻性的管理决策最大化提升企业价值和股东回报。当前，SK电讯的董事会由8名董事成员组成，包含3名执行董事和5名为满足独立性需求而选举产生的非执行董事，如表2-12-3所示。为了实现透明的决策过程，通过制衡的制度建立独立的治理结构，SK电讯任命了一位非执行董事为董事会主席。SK电讯董事会下设审计委员会、外部董事提名委员会、薪酬审查委员会、资本支出审查委员会和企业公民委员会5个委员会，各委员会的成员如表2-12-4所示。

表2-12-3 SK电讯董事会成员概况

姓名	职位
常务董事	
Sung Min Ha	总裁兼首席执行官
Dae Sik Cho	执行董事
Dong Seob Jee	企业愿景部门负责人
非常务董事	
Hyun Chin Lim	独立非执行董事
Dae Shick Oh	独立非执行董事
Jay Young Chung	独立非执行董事
Jae Hoon Lee	独立非执行董事
Jea Hyeon Ahn	独立非执行董事

表2-12-4 SK电讯各委员会成员情况

	内部董事	外部董事
审计委员会	—	Jae Hyeon Ahn, Dae Shick Oh, Hyun Chin Lim
外部董事提名委员会	Sung Min Ha	Dae Shick Oh, Jae Hoon Lee
薪酬委员会	—	Jae Hoon Lee, Hyun Chin Lim, Jay Young Chung
资本支出审查委员会	Dong Seob Jee	Jae Hyeon Ahn, Dae Shick Oh, Jae Hoon Lee, Jay Young Chung
企业公民委员会	Dong Seob Jee	Jae Hyeon Ahn, Hyun Chin Lim, Jay Young Chung

（1）审计委员会的职责和权利包括调查企业财务和资产状况、根据商业法规监督董事会、根据商业法规禁止侵权行为、在董事和公司的诉讼中依据商业法律代表董事、召开临时股东大会、获取外部专家的建议、任命和委派核数师、审查和批准相关附属公司之间或在本季度向持有本公司总股东权益或股本5%以上的企业提供产品或服务，或交易金额超过50亿韩元金额的交易等。

（2）外部董事提名委员会的职责和权利主要是向股东大会提名非执行董事的候选人。在提名新董事时，委员会需要综合考察候选人在管理、经济、会计、法律或者相关技术方面的知识技能和经验，以及对公司发展和股东权利保护方面能做出的贡献。具体的提名流程如图2-12-3所示。

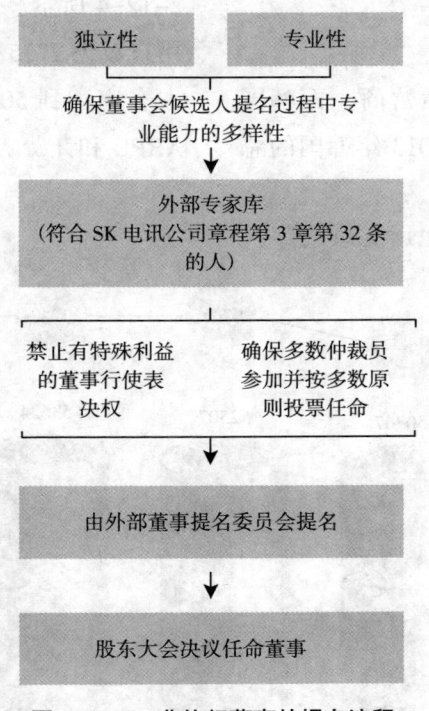

图 2-12-3　非执行董事的提名流程

（3）薪酬委员会的职责和权利主要是审查CEO的薪酬系统和水平。

（4）资本支出审查委员会的职责和权利包括审查下年度预算中的资本支出预算、当年度商业计划发生变化时审查其资本支出预算、改变主要的资本支出（超过10%的幅度）、季度性或半年性的审查资本支出执行绩效。

（5）企业公民委员会的职责和权利包括设置和审查企业社会责任的初始方向、利益方的沟通和困难的处理、向董事会报告企业的社会责任计划等。

SK电讯董事会每年度都会就董事关于公司业务和技术的专业知识和能力，以及在董事会活动中的积极参与程度对董事进行考评，评价结果会在董事会议上进行讨论。再者，一旦董事的任期已届满，并被独立董事提名委员会再次提名为董事，其先前的表现会经再审议。2013年，SK电讯召开了10次董事会会议，其中董事出席率为100%。董事的薪酬和养老金待遇是通过年度股东大会投票决定的，而薪酬的支付是依据薪酬政策，以公平和透明的方式进行支付的。此外，股东大会委派董事会根据有关法律法规和公司章程及董事会的相关决议去管理公司的各项决策，包括高层管理团队的报酬、董事的提名和建议、会计和业绩披露的审计等。

（四）市场概览

目前，韩国国内的移动市场已经饱和，同时，根据韩国电信部门的市场监管政策，SK电讯的用户占有率不能超过52%。因此，为了扩大市场和获得新的商业机会，SK电讯加快了国际化拓展的步伐，在全球范围拓展业务。当前，SK电讯的市场已经拓展到中国、美国、日本、新加坡、印度尼西亚、土耳其等国家。

1. 韩国

SK 电讯是韩国最大的电信运营商，而韩国市场也是 SK 电讯最大的市场。2013 年韩国的总人口数为 5114 万人，而无线用户总数达到 5468 万人，无线业务渗透率达到 106.9%，具体如图 2-12-4 所示。其中，SK 电讯在韩国市场的无线用户数为 2735 万人，较 2012 年增长 1.5%，市场占有率达到 50.0%，如图 2-12-5 所示。其平均 ARPU 和计费 ARPU 情况如图 2-12-6 所示。

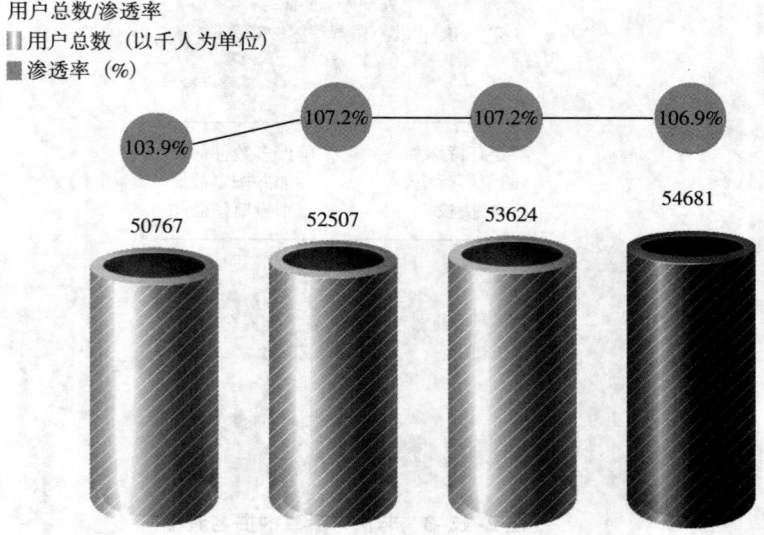

图 2-12-4 韩国无线业务用户数和渗透率

图 2-12-5 SK 电讯无线用户数和市场占有率

2. 美国

2010 年 11 月，SK 电讯花费约 6000 万美元收购了 LightSquared 公司 3.3%的股权。Light Squared 公司原本计划在美国建立一个全国性的无线宽带网络。然而现今，LightSquared 公司正根据美国破产法执行破产程序。

3. 中国

2008 年 2 月，SK 电讯通过在中国的全资子

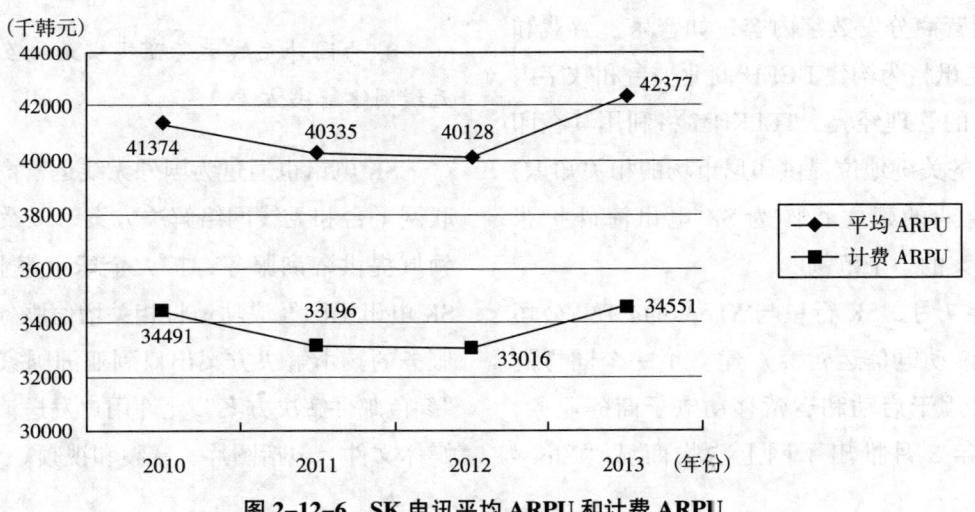

图 2-12-6　SK 电讯平均 ARPU 和计费 ARPU

公司——SK 电讯（中国）控股公司，花费 1560 万美元收购了中国的一个全球定位系统服务公司——深圳电子眼高科技有限责任公司（"深圳电子眼高科技"）65.5% 的股权。2009 年，深圳电子眼高科技和 SK 营销有限公司（于 2013 年 2 月并入 SK 行星）成立一家合资企业，在北京、上海和深圳提供远程信息处理服务。收购深圳电子眼高科技使 SK 电讯获得能够充分利用中国迅速增长的远程信息处理市场的机会。

2008 年 3 月，SK 电讯以 1070 万美元收购了中国一家主要唱片公司——TR 音乐有限公司 42.2% 的股权。同年 5 月，又以 780 万美元收购魔术科技网络有限公司 30.0% 的股权，这是一家在中国开发和发布网络游戏的中国香港公司。

2010 年 8 月，SK 电讯与中国铁路工程集团第二工程队在成都金马智能城市项目中，合资构建和运行了中国智能城市系统。此次合资中，SK 电讯出资 28 亿美元，持有 60% 的股权。

2013 年第一季度，SK 电讯又通过收购天龙——一家中国的医疗器械制造商 49.0% 的股权，开始进入中国医疗市场。

4. 马来西亚

2010 年 7 月，SK 电讯以 1.01 亿美元收购了 "P1" 网络——马来西亚 4G 的 WiMAX 电信公司和绿驰通讯科技有限公司旗下子公司 27.2% 的股权。为了增加对 P1 的投资资本，2011 年，SK 电讯追加了约 1630 万美元的额外投资，使 SK 电讯的持股比例增加至 28.2%。P1 是马来西亚第一个 WiMAX 服务提供商，目前已经确立了在马来西亚高速无线宽带服务市场的领导者地位。

2014 年 2 月，绿驰通讯公司与马来西亚最大的固网电信运营商——马来西亚电信公司签署了一份股份购买协议。据此，预计 2014 年第三季度，马来西亚电信公司将成为 P1 的第一大股东。而随着马来西亚数据通信使用量的不断增加，作为 P1 的第二大股东，SK 电讯未来的 LTE 相关业务存在巨大的商机。

5. 印度尼西亚

2010 年 5 月，SK 电讯同意与印度尼西亚最大的电信公司建立一家合资企业，以在印尼运行数字内容交换集线器（DCEH）。DCEH 是一种新型的内容分发系统，用来为消费者、在线音乐商店和电话运营商分发数字内容,如音乐、游戏和视频。SK电讯将为构建DCEH商业平台和数字内容提供专业的管理经验,TELKOM将利用其在印尼电信行业的关键地位提供印尼市场的相关知识,这家合资企业的建立将作为SK电讯海外扩张B2B解决方案的一个范例。

2013年7月,SK行星与XL Axiata Tbk公司(一家印尼移动电信运营商)建立了一个同样的合资公司,用于启动和运营移动电子商务业务,并于2014年3月推出了网上购物商城"Elevenia"。

6. 土耳其

2012年6月,SK行星和一个在土耳其从事不同业务的企业集团Dogus集团,在土耳其建立一家平等出资的合资企业——Dogus星球,在土耳其运行电子商务平台,经营移动电子商务业务。2013年3月,Dogus星球推出了土耳其的网上市场"n11.com"。

7. 区域和国际战略联盟

SK电讯还与亚洲和欧洲无线通信市场的领先企业签订了许多战略联盟协议。举例来说,SK电讯是大桥联盟的成员,该联盟还包括11个地区性领先的无线服务提供商,是最大的泛亚联盟。2007年6月,SK电讯还与欧洲领先的无线服务供应商FreeMove签署了一份谅解备忘录,联盟包括法国电信、意大利移动电信公司SpA、德国T-Mobile等,用于扩展基于WCDMA的漫游服务在欧洲的发展。此外,SK电讯还计划继续改善客户服务以及服务质量,通过与合作伙伴发展合作营销计划和其他联合项目,进一步促进地区和国际联盟。

8. 为国外无线运营商提供无线互联网平台和无线网络解决方案

SK电讯也通过为国外无线运营商提供无线互联网平台和无线网络解决方案,以及在移动通信领域提供咨询服务,扩大全球销售业务。此外,SK电讯也已经成功地将相关增值服务及其他无线服务的技术解决方案出口到亚洲国家和美国。如"颜色邮件解决方案"允许用户发送消息中包含多媒体文件,包括图片、音频和视频。

(五) 业务概览

1. 业务类型

SK电讯是韩国领先的无线通信服务供应商,且一直致力于继续开发和实施国家最先进的无线技术。其提供的核心服务主要包括蜂窝语音服务、无线数据服务、宽带互联网和固定电话服务、数字融合和新业务四项。具体来说,包括以下方面。

(1) 蜂窝语音服务。SK电讯通过骨干无线网络为用户提供无线语音传输服务,同时还通过与国外的各种无线通信服务供应商签订协议为用户提供全球无线漫游服务,即蜂窝语音服务还包括了无线语音和数据的全球漫游服务。蜂窝语音服务是SK电讯收入的主要来源,包括月租费、语音通话使用费、漫游费和增值服务费。

(2) 无线数据服务。SK电讯为用户提供无线数据传输服务,包括让用户能够访问多种在线数字内容和服务的无线上网服务,发送和接收短信、彩信以及使用他们的移动电话。其中无线上网服务包括无线娱乐服务以及无线金融和商业服务。数据显示,截至2013年12月31日,SK电讯94%的用户(约2570万人)拥有互联网功能的手机并获取了上网服务。

(3) 宽带互联网和固定电话服务。SK电讯通过其合并子公司——SK 宽带，为客户提供宽带互联网接入服务及其他互联网相关服务，包括视频点播和 IP 电视服务。通过 SK 宽带，SK 电讯还向居民和商业用户提供本地、国内长途和国际长途固定电话服务。2009 年 9 月又收购了 SK 宽带 7.2%的股权，目前 SK 电信持有 SK 宽带 50.6%的股权。

（4）数字融合和新业务。在电信行业与其他行业日益趋同的背景下，SK 电讯率先开创了新服务，包括网上购物商城"11 街"和网上公开市场的移动应用"T 商店"，以及利用全球定位系统（"GPS"）技术的"远程信息处理"服务。SK 电讯还从事 B2B 解决方案的业务，为企业客户提供个性化的业务解决方案和应用。2011 年 10 月，为了建立更适合平台业务，并有利于促进这类企业的业务战略迅速执行的管理体系和企业文化，SK 电讯剥离了原先的平台业务，包括"11 街"和"T 商店"，将其划分到一个新的全资子公司——SK 星球。2013 年 2 月，SK 营销有限责任公司被并入 SK 行星，以扩大 SK 星球的业务范围。此外，SK 电讯最近开始在医疗保健业务上寻求新的增长点，如 2011 年和 2013 年对一些医疗设备制造商进行了股权投资，2012 年与首尔国立大学医院建立了一家合资企业。

2. 用户数额

截至 2013 年 12 月 31 日，SK 电讯的无线业务用户数为 2735 万人，较 2012 年增长 1.5%，宽带互联网用户数为 457 万人，较 2012 年增长 4.0%，固定电话（包括 VoIP）的用户数为 480 万人，较 2012 年增长 0.9%，具体如表 2-12-5 所示。

表 2-12-5 SK 电讯 2013 年各业务用户数额概况

	截至 12 月 31 日		
	2013 年	2012 年	2011 年
无线业务			
用户数（1）	27352482	26961045	26552716
用户增长率	1.5%	1.8%	3.1%
新增用户	7755292	8643852	9466938
用户流失	7363858	8235523	8619271
平均每月用户流失率（2）	2.3%	2.6%	2.7%
宽带互联网			
用户数	4569105	4394123	4191892
用户增长率	4.0%	4.8%	4.7%
固定电话（包括 VOIP）			
用户数	4801047	4757152	4422808
用户增长率	0.9%	7.6%	8.4%

3. 收入构成

截至 2013 年 12 月 31 日，SK 电讯的主营业务收入为 166021 亿韩元，其中蜂窝语音服务收入总额为 133155 亿韩元，占比 80.2%，固定电话和固定宽带服务收入总额为 23244 亿韩元，占比 14.0%，其他收入（如商业服务、门户服务等）总额为 9622 亿韩元，占比 5.8%，具体如表 2-12-6 所示。

表 2-12-6　SK 电讯 2013 年业务收入概括

	截至 12 月 31 日			
	2013 年		2012 年	
	总量	占营业总收入比率	总量	占营业总收入比率
	(除百分比外，以十亿韩元为单位)			
蜂窝服务收入				
无线服务（1）	W11001.1	66.3%	W10591.5	65.6%
移动互联	845.0	5.1	860.3	5.3
智能手机销售（2）	645.9	3.9	1131.7	7.0
其他（3）	823.5	5.0	635.5	3.9
蜂窝服务总收入	13315.5	80.2	13218.9	81.9
固网电讯服务收入				
固定电话服务（4）	W474.4	2.9%	W485.9	3.0%
固网互连	78.7	0.5	98.5	0.6
宽带互联网服务（4）	1023.2	6.2	865.0	5.4
国际电话服务（5）	127.0	0.8	144.1	0.9
其他（6）	621.1	3.7	600.4	3.7
固网电讯服务总收入	2324.4	14.0	2193.9	13.6
其他收入				
商业服务（7）	W742.6	4.5%	W391.9	2.4%
门户服务（8）	92.2	0.6	167.8	1.0
其他（9）	127.4	0.8	168.9	1.0
其他收入总额	962.2	5.8	728.6	4.5
总收入	W16602.1	100.0%	W16141.4	100.0%
总收入增长率	2.9%		2.1%	

上述数据显示，2013 年 SK 电讯营运收入总额较 2012 年增长 2.9%。其中，蜂窝业务收入总额较 2012 年增长 0.7%，而且增长主要来源于无线服务收入和杂项语音蜂窝业务收入的增长，弥补了一部分智能手机销售收入的下降，具体的无线服务收入增长了 3.9%，杂项语音蜂窝服务增长 29.6%，手机销售下降 42.9%。固定电话和宽带互联网服务收入总额较 2012 年增长 5.9%，主要归功于宽带互联网服务收入的增长，该部分收入由 2012 年的 8650 亿韩元增至 10232 亿韩元，增长 18.3%。其他收入 2013 年的增长比例为 31.1%，主要增长点来源于商业服务和门户服务。

（六）经营和财务绩效（见表 2-12-7）

表 2-12-7　SK 电讯 2011~2013 年度经营与财务业绩比较一览表

单位：百万美元

	2013 年	2012 年	2011 年
收入	14942	14852	13801
总资产	23919	23036	21032
EBITDA	4553	3910	4284
EBITDA 率（%）	30.47	26.33	31.04
净利润	1284	1004	1366

续表

	2013 年	2012 年	2011 年
净利润率（%）	8.59	6.76	9.90
总资产报酬率（ROA）(%)	5.37	4.36	6.49
净资产报酬率（ROE）(%)	10.07	8.68	12.43
资本性支出（CAPEX）	2084	2574	2556
CAPEX 占收比（%）	13.95	11.17	18.52
经营活动净现金流	3203	3600	5444
每股经营活动净现金流	39.54	44.58	77.11
自由现金流（FCF）	1119	1026	2888
自由现金流占收比（%）	7.48	4.45	20.93
销售现金比率（%）	21.43	24.24	39.44
资产现金回收率（%）	13.39	15.63	25.88
EVA	−320	−375	−89
EVA 率（%）	−1.67	−2.07	−0.53
每股盈利（EPS）	20.89	16.42	19.34
每股股利（DPS）	8.46	16.03	8.11
股利支付率（%）	40.50	97.59	41.92
主营业务收入增长率（%）	2.85	7.61	1.09
总资产增长率（%）	3.83	9.53	4.98
净利润增长率（%）	15.85	−26.49	19.02
经营活动现金流增长率（%）	−11.03	−33.88	53.06
每股盈余增长率（%）	40.46	−15.09	21.29
资产负债率（%）	46.70	49.78	47.74
流动比率（%）	84.42	85.74	91.67
利息保障倍数	4.20	4.76	8.35
总资产周转率	0.62	0.64	0.66
固定资产周转率	1.63	1.70	1.77
坏账发生率（%）	2.31	3.15	3.54
折旧与摊销	2395	2189	2143
股息	600	590	573
内部融资额	3079	2604	2935
折旧摊销率（%）	16.03	14.74	15.53
付现成本率（%）	71.85	74.56	71.14
营销、一般及管理费用率	—	—	—

（七）内控与风险管理

1. SK 电讯面临的风险

SK 电讯面临着信用风险、流动性风险和市场风险。

（1）市场风险。市场风险是和市场价格变化相关的风险，如外汇汇率变化、利息率变化和股权价格等。SK 电讯面临的汇率风险主要是对已确认资产和负债的汇率波动，截至 2013 年 12 月 31 日，SK 电讯的外币货币性资产和负债如表 2-12-8 所示。对于汇率风险，SK 电讯主要采取远期外汇方法进行管理。同时，也通过订立交叉货币掉期，以对冲货币风险相关的外币借款和债券。SK 电讯面临的股票价格风险主要是指由于流动性和运营目的的上市的或未上市的权益性证券,截至2013年12月31日,SK电讯持有的交易性金融工具的公允价值总计8396亿韩元。SK电讯的利率风险来源于浮动利率的借款和应付款,截至2013年12月31日,其浮动利率负债累计达6345亿韩元,而SK电讯主要采取利率掉期去对冲浮动利率负债的利率风险。

表 2-12-8　SK电讯外币货币性资产和负债

单位:千

	资产		负债	
	外汇	转换为韩元（百万韩元）	外汇	转换为韩元（百万韩元）
美元	127972	135329	2300314	2424243
欧元	44623	64981	223	323
日元	97776	982	9605	99
澳元	18	15	64811	53971
瑞郎	—	—	298039	280145
新加坡元	—	—	298542	354868
其他	20053	11423	9027	1665
		W212730		W3115314

(2) 信用风险。信用风险主要是指客户或者交易对手无法完成其合同义务给SK电讯造成的财务损失。截至2013年12月31日,SK电讯面临的最大信用风险为51305亿韩元,为了控制信用风险,SK电讯会管理评估每个客户或交易对手的财务信息、交易记录和其他因素的信誉,根据这些信息为每个客户或交易对手设定相应的信用额度。

(3) 流动性风险。流动性风险是指SK电讯必须确保企业拥有足够的现金及其等价物以应对营运支出的需要。对此,SK电讯主要通过积极的经营活动维持信贷额度下足够灵活的流动性。

2. 风险管理体系

SK电讯通过预先探索潜在的风险,识别可能存在风险的地方,如子公司和分销网络等,并建立明确的处置标准和系统,建立了覆盖全公司的风险管理体系。通过这个强大的风险管理系统,SK电讯将进一步提升其业务的稳定性。伴随着企业业务规模的增长,SK电讯面临的风险也在逐渐扩大。此外,由于网络和设备的集中度和规模的扩大,风险对于业务的影响程度也在逐渐增大。在此背景下,2013年,SK电讯采取了提升关于处置已识别风险的基本指标、继续寻找可能出现的潜在风险、扩大风险识别和管理的范围并将销售网络和分支机构也包括在内、着重检查风险判断标准如服务故障的标准等措施,以加强其风险管理体系,具体如图2-12-7所示。

3. 内部控制

SK电讯建立了为财务报告提供充足保证的内部控制,首席执行官和首席财务官会参与其中,董事会对内部控制的有效性负责。此外,其内部控制系统是基于反对虚假财务报告委员会发起组织(COSO)颁布的内部控制—整合框架标准设立的,并对内部控制框架中的财务报告的有效性进行评估,其下还设立审计委员会,对企业的内部控制进行把关,并负责聘请外部注册会计师对公司财务报告进行审核等事宜。同时,还会对内部控制系统进行评估,以发现风险,并及时向董事会报告和解决。

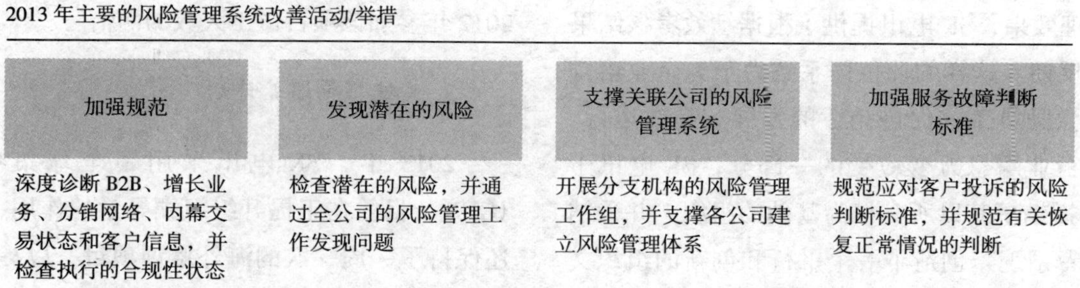

2013年主要的风险管理系统改善活动/举措

加强规范	发现潜在的风险	支撑关联公司的风险管理系统	加强服务故障判断标准
深度诊断B2B、增长业务、分销网络、内幕交易状态和客户信息，并检查执行的合规性状态	检查潜在的风险，并通过全公司的风险管理工作发现问题	开展分支机构的风险管理工作组，并支撑各公司建立风险管理体系	规范应对客户投诉的风险判断标准，并规范有关恢复正常情况的判断

图2-12-7 SK电讯2013年对于风险管理系统的提升

（八）人力资源发展

伴随着传统社会逐步迈向信息化，企业对于优秀的人才有着爆炸性的需求。同时，由于心态和人才价值观的变化，企业的竞争力与继续吸引并保持人才息息相关。关键人才的泄露会直接影响一个企业，会导致企业战略资源的流失和企业市场价值的降低。SK电讯也不例外，它通过积极实施人才吸引战略和人才发展体系，来提升企业的竞争力。

截至2012年12月31日，SK电讯的正式员工和临时员工总数为23789人，如表2-12-9所示。SK电讯公司人力资源管理的关键是创新人力资本和文化，并通过基于绩效的表彰和奖励来实现员工的愿景，通过挑战和创新提升员工的能力。近年来，SK电讯一直通过持续对人力资源发展进行投资来提升影响其自身发展的内部动力，其关注的重点和衡量标准如图2-12-8所示。SK电讯人力资源管理的具体举措包括如下几个方面。

表2-12-9 SK电讯员工人数概览表

	定期员工	临时员工	合计
2011年12月31日	15480	5475	20955
2012年12月31日	16447	5701	22148
2013年12月31日	21546	2243	23789

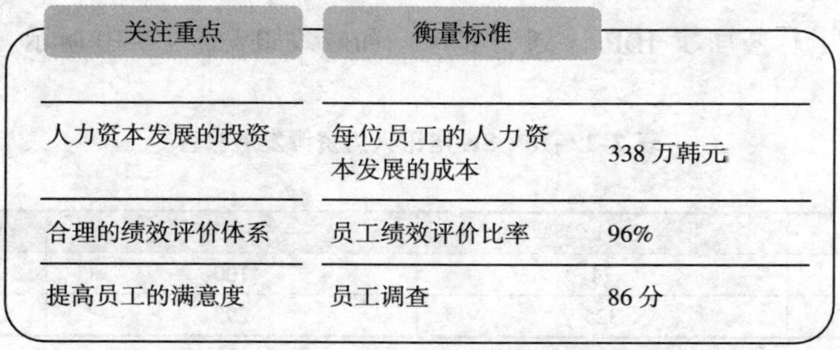

关注重点	衡量标准	
人力资本发展的投资	每位员工的人力资本发展的成本	338万韩元
合理的绩效评价体系	员工绩效评价比率	96%
提高员工的满意度	员工调查	86分

图2-12-8 SK电讯人力资源管理关注的重点

1. 绩效评估和企业文化

SK电讯会对所有员工进行绩效评估，绩效评价考虑的因素包括中长期表现、对组织的贡献以及挑战和创新，并以均衡的方式进行全年考核，以提高公平性。为了最大限度地提高员工的培养绩效管理效果，SK电讯提供了根据绩效考核结果的详细反馈。这样的评价体系致力于为企业培育人才并激励员工，促进企业的发展和高效运行。作为向行业瞬息万变应变的一部分，SK电讯于2006年撤销了其以所有权为基础的组织，并采纳了管理者系统，创造了一个平行和创新的组织文化。所有的员工都被称为"经理"，职位决定薪酬的级别。

2. 加强现场组织的作用

由于SK电讯2012年采纳的以增长为导向的人力资本系统取得了卓越的成效，2013年，SK电讯加强了组织领导者的作用，以提升执行力和进一步加强其现场组织的竞争力。为了提高组织中员工的能力，SK电讯开发了教育和培训体系，使组织单元能够自主做出结果。例如，和现有的中央团队提供和维护准则的方法不同，组织单元可以自行组织开发和实施能力发展计划，而中央团队专注于企业级方案、加强权力和现场组织的作用。在这方面，SK电讯通过区域和审查的方式来提升其竞争能力发展战略，它还促进了B2C、B2C、网络和研发项目现场组织成员的形成，SK电讯每年还对SKMS能力水平进行两次审查。此外，SK电讯还为员工提供个人发展计划（IDP）。2013年，有1222名员工参加了IDP计划，是2012年参加该项目员工人数的两倍。

3. 关键领导培养计划

2013年，SK电讯采用了全球集中项目（GIP），目的在于提升组织领导者的作用，此外，还保持了一周一次的海外培训项目，以提升领导者的全球洞察能力。关键领导人员在公司层面的高潜能系统（HiPo）通过以下两种方式运行：h-HiPo着眼于培养未来的管理层成员，而部门HiPo则致力于培养该部门的领导者。具体来说，h-HiPo是人力资源管理团队选择和对关键岗位接班人进行重新定位，并计划将他们培养为未来的商业领袖，而部门HiPo的成员是选自于各部门，并被计划培养为未来该部门的领导或专家。此外，SK电讯还运行了T-MBA，用于派遣关键人才去国内或国外知名院校进行MBA项目修读。

4. 依据特殊职业发展体系培养人才

SK电讯开发并维持了一个专业体系用于开发和培养人才，其主要的职业教育项目包括市场营销学院、B2B发展学院、技术学院以及领导执行力训练体系。为了维持这些职业发展体系，SK电讯每年花费1000万韩元用于补贴这些自身发展活动，包括外语教育等，SK电讯该项目近年来耗资和成效如表2-12-10所示。

表2-12-10 SK电讯人力资源发展教育

单位：小时，千韩元

人力资源发展教育	2011年	2012年	2013年
人均教育的时间	74	100	83.7
人均教育的成本	325	293	338

5. 支持员工的多元化差异

SK电讯支持员工的多元化差异，如在招募员工中会扩大女性员工和当地优秀人才的比例。在当前的招聘活动中，25%~30%的员工为女性员工，并计划于2014年提升至30%。此外，为了将女性员工培养成领导者，SK电讯运行了组织层面的指导体系。

6. 保护员工权利的劳动委员会

为了保护员工的人力权利并创造一个自由的环境，SK电讯通过发布管理咨询和辅导，积极听取员工的意见并解决所提出的问题，同时还为工会成员的社会交流提供多样化的场地。值得注意的是，SK电讯拥有员工管理委员会会议，工会和管理层一起发表并讨论重大事项，如每季的福利和奖励意见等，并一起对提出的问题制定解决方案。此外，SK电讯还经常与工会沟通，对悬而未决的问题达成协议。

7. 员工健康和安全项目

出于员工健康和安全性的考虑，SK电讯运行了培训项目以及身体和精神发展项目，为员工提供室内运动设施。医疗辅助项目包括24小时的医疗中心的护士服务、与健康相关的咨询服务以及处于高危地区的全球SOS咨询和转移病人服务。SK电讯还为员工提供全面医疗检查和针对特殊年龄团体的特殊医疗检查、流感疫苗接种等。当员工每年的医疗费用介于50万~3000万韩元时，SK电讯还为员工分担医疗费用。2010~2013年，SK电讯的员工满意度水平如图2-12-9所示。

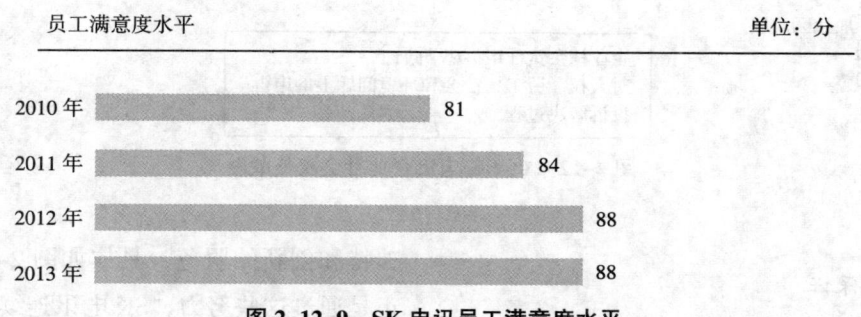

图2-12-9　SK电讯员工满意度水平

（九）企业社会责任

SK电讯的成长和发展需要来自客户的持续忠诚、员工的信任、股东和商业合作伙伴的支持和持续鼓励以及政府和社区的持续支持。因而SK电讯一直致力于完成其社会责任以获取这些利益相关者的支持和信任。

2007年5月，SK电讯董事会同意公司加入UNGC，公开宣称遵循全球准则履行企业的社会责任。2008年5月，SK电讯又成立了企业公民委员会，现由3名外部董事和1名执行董事组成，用于指导和监督企业社会责任战略的实施及考核实施效果。SK电讯企业社会责任架构如图2-12-10所示。SK电讯的企业社会责任战略包括政府、客户、合作伙伴、员工、社区、股东六个方面的内容，具体如图2-12-11所示。

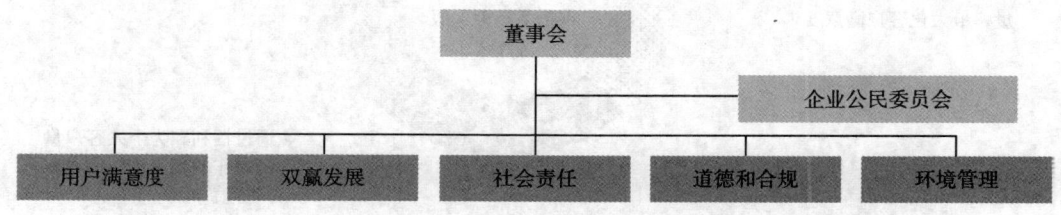

图2-12-10　SK电讯企业社会责任架构

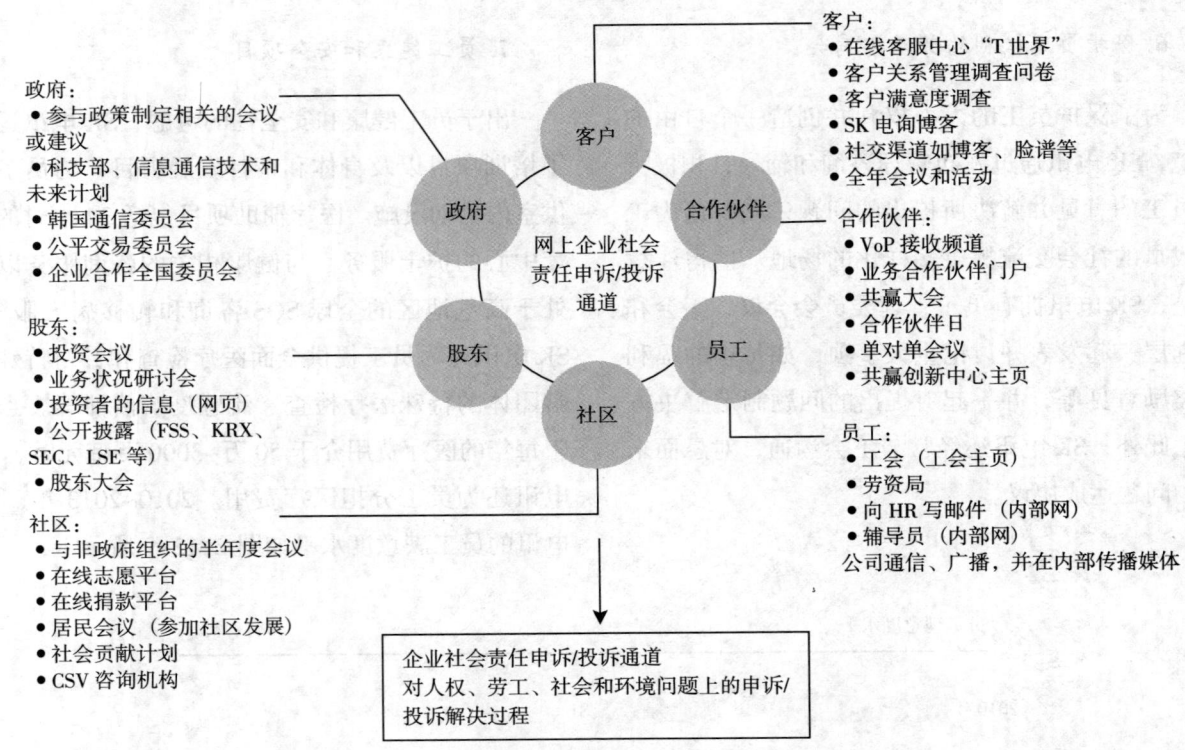

图 2-12-11　SK 电讯企业社会责任战略

1. 产品质量保证

SK 电讯将客户看成企业发展的重要因素，因而从以客户为中心的视角开展所有的商业活动。伴随着客户体验管理系统的采用，SK 电讯通过最优的质量和服务最大化用户满意度、扩大和加强用户的信息保护以及提升用户价值，为客户提供独特和创新的服务，具体如图 2-12-12 所示。也正是通过这些努力，SK 电讯连续多年在韩国的三大用户满意度调查的移动通信市场分类中排第 1 名，其中连续 16 年蝉联全国客户满意度指数（NCSI）和韩国用户满意度指数（KCSI）榜首，连续 14 年蝉联韩国标准服务质量指数（KS-SQI）榜首。

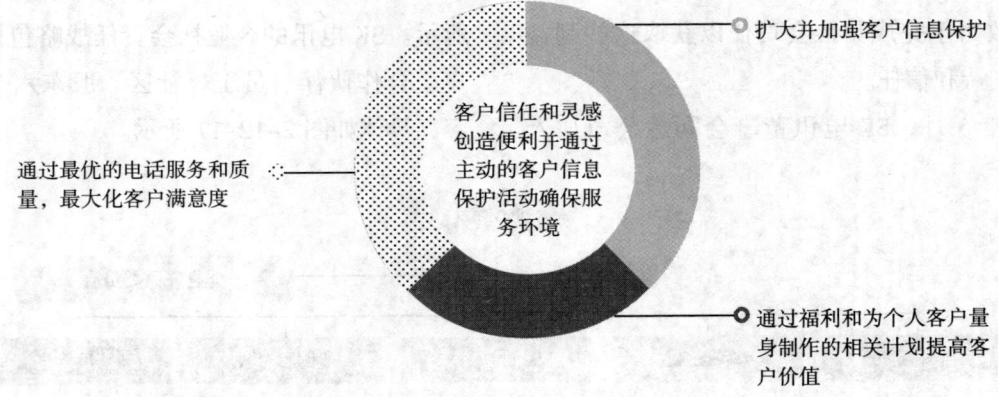

图 2-12-12　SK 电讯的用户社会责任管理

2. 基于ICT技术提升社区生活质量

SK电讯利用ICT技术承担多样化的社会责任，提升人们的生活质量，这方面SK电讯承担的社会责任项目主要是指提供机会和分享这两个平台，具体来说包括用以支撑韩国传统市场振兴的为公众服务的多样的移动服务、支撑青少年的ICT业务、为弱势群体架起数字鸿沟的桥梁等，具体如图2-12-13所示。在未来，SK电讯将继续履行社会责任，为社区提供和分享更优质的ICT技术和服务，帮助解决多样的社会问题，为社会创建新的机会和价值以及为社区成员带来更多的欢乐等。

图2-12-13　SK电讯基于ICT技术提升社区质量的社会责任

3. 环境保护

随着气候变化的威胁，信息通信公司有必要在低碳、能源消耗、环保、绿色增长等方面承担更多的社会责任。

（1）温室气体排放。2013年，SK电讯排放的温室气体总量为708000吨，虽较2012年增长5.1%，但仍然低于2012年制定的72200吨的目标，如图2-12-14所示。导致其排放增长的原因主要是LTE服务需求的增长，由于LTE需要而导致的LTE网络设施的扩张是不可避免的，然而对于这些直接的气体排放，SK电讯通过将原来过时的低效的设施进行替换，并使用能源消耗管理系统来最小化其排放。对于非直接气体排放，SK电讯调查研究扩大控制的范围，并促进参与排放交易计划。

（2）水资源消耗和循环使用。2013年，SK电讯的水资源消耗为683387立方米，较2012年增长5.2%，主要原因是网络设备冷却器的操作增加而导致冷却水的消耗增加。在未来，SK电讯将会通过控制冷却塔中的排水量来控制水资源消耗。在水资源循环使用方面，2013年SK电讯排放的污水总量为1626吨，较2012年减少5.8%，如图2-12-15所示。

（3）环境投资和成本。2013年，SK电讯对于绿色产品的购买总量为60.8亿韩元，是2012年的6.2倍，再加上对环境的投资和成本，总支出为64.6亿韩元，是2012年的3.6倍，如图2-12-16所示。

（十）前景展望

1. 基于LTE-A技术提升企业价值

2013年，SK电讯是全球第一家商业化的150

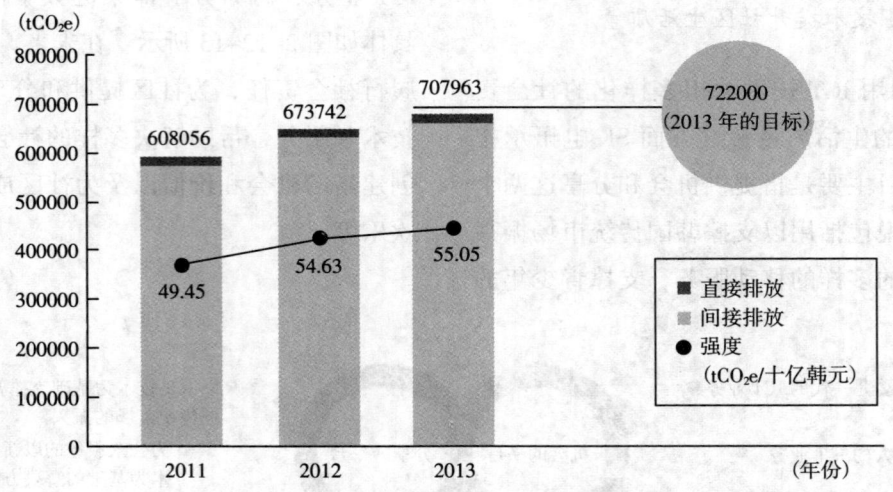

图 2-12-14　SK 电讯的温室气体排放控制

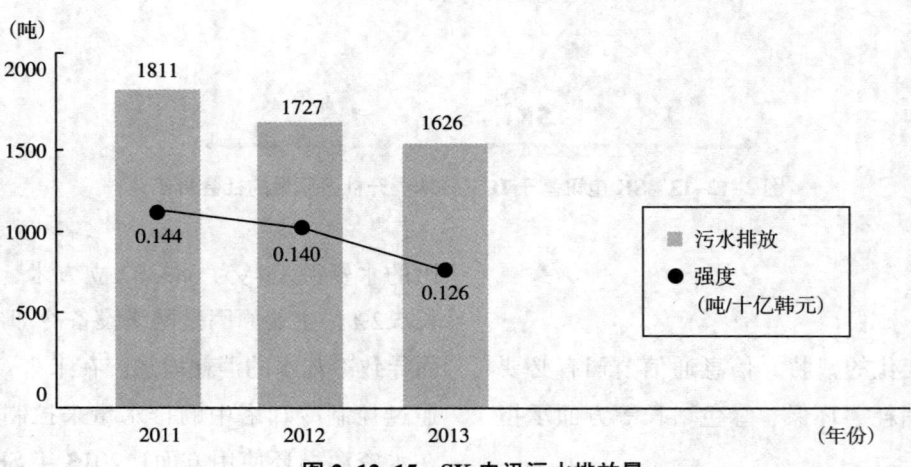

图 2-12-15　SK 电讯污水排放量

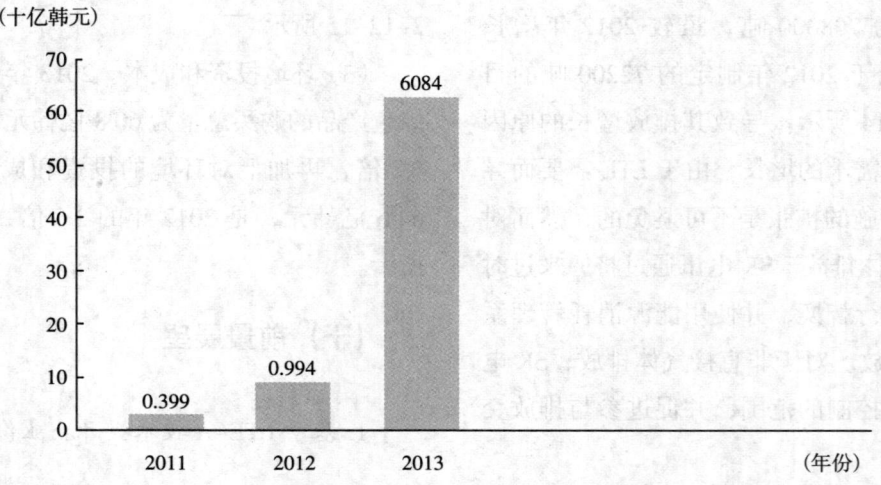

图 2-12-16　SK 电讯绿色产品购买成本

兆比特每秒的LTE-A技术运营商，这意味着它能为用户提供更高宽带的，最高可达225兆比特每秒速度的宽带服务。由于更快的LTE速度可以通过提供全高清观看、集团视频电话等，提升用户的移动生活服务质量，SK电讯在LTE-A技术方面的领先将是提升用户价值进而提升企业价值的基础。当前SK电讯仍在继续努力研发世界第一个三频段的LTE-A技术，努力实现300兆比特每秒的移动速度，未来这将是SK电讯出奇制胜的法宝。

2. 充分抓住大数据时代的机遇

大数据时代是个充满机遇的时代。通过分析大数据，同时保持符合相应的法律和制度要求，SK电讯目前正在开发一个不同的商业见解。"Geovision"是SK电讯已经开发出的基于地图的服务之一，通过融合地理信息、不同领域的统计分析和基于位置的技术，为用户提供差异化的服务，如商业地产分析、客户管理、以社区为基础的营销解决方案等。在未来，SK电讯仍将继续开发新的大数据技术和应用来改变企业的营销模式。

3. 充分发展物联网

物联网是近来备受关注的后智能手机时代的一种新的商业模式，是现在企业发展的主流。SK电讯已经开发并开通了一个以国际标准为基础的开放式物联网的平台，它在国内外生态系统的"双赢"伙伴关系的建立中处于领导地位。此外，SK电讯还通过培育小型、中小型企业和风险企业，率先推动物联网行业企业的共赢发展。目前，SK电讯正计划将其覆盖到新的融合的市场，如连接到汽车、资产管理、能源管理、人性化护理方案以及农业、渔业和畜牧业企业等。SK电讯的目标是通过创建连接，为将世界变为一个更智能的地方铺平道路，从而创造价值。

附件一：SK电讯财务报告（2013年）

1. 合并资产负债表

单位：百万韩元

	2013年12月31日	2012年12月31日（重述）
资产		
流动资产		
现金及现金等价物	1398639	920125
短期金融工具	311474	514417
短期投资证券	106068	60127
应收账款净额	2257316	1954920
短期贷款净额	79395	84908
其他应收款净额	643603	582098
预付费用	108909	102572
衍生金融资产	10	9656
存货净额	177120	242146
交易性资产	3667	775556
预付款及其他	37214	47896

续表

	2013年12月31日	2012年12月31日（重述）
流动资产合计	5123415	5294421
非流动资产		
长期金融工具	8142	144
长期投资证券	968527	953712
对联营企业和合营企业的投资	5325297	4632477
固定资产净额	10196607	9712719
投资财产净额	15811	27479
商誉	1733261	1744483
无形资产净额	2750782	2689658
长期贷款净额	57442	69299
长期预付费用	32008	31341
存入保证金	249600	236242
长期衍生金融资产	41712	52992
递延所得税资产	26322	124098
其他非流动资产	47589	26494
流动资产合计	21453100	20301138
资产合计	26576515	25595559
负债和所有者权益		
流动负债		
短期借款	260000	600245
一年内到期的非流动负债	1268427	892867
应付账款	214716	253884
其他应付款	1864024	1811038
预提税	728936	717170
预提费用	988193	890863
应交所得税	112316	60253
预收收入	441731	258691
衍生金融负债	21171	—
准备金	66775	287307
预收款项及其他	102931	108272
交易性负债	—	294305
流动负债合计	6069220	6174895
非流动负债		
债券净额（不包括现金债券）	4905579	4979220
长期借款（不包括现金部分）	104808	369237
其他长期应付款	838585	715508
长期预收收入	50894	160821
金融租赁负债	3867	22036
设定受益义务	74201	86521
长期衍生金融负债	103168	63599
长期准备金	28106	106561
递延所得税负债	168825	—
其他非流动资产	62705	62379
非流动资产合计	6340738	6565882

续表

	2013年12月31日	2012年12月31日（重述）
负债合计	12409958	12740777
所有者权益		
股本	44639	44639
资本股本盈余（赤字）和其他资本调整	317508	(288883)
留存收益	13102495	12124657
公积金	(12270)	(25636)
归属于母公司股东的所有者权益	13452372	11854777
非控制性权益	714185	1000005
权益合计	14166557	12854782
负债和权益合计	26576515	25595559

2. 合并损益表

单位：百万韩元

	2013年12月31日	2012年12月31日（重述）
持续经营业务		
营业收入		
收入	16602054	16141409
营业成本		
劳动力成本	1561358	1267928
佣金	5498695	5949542
折旧和摊销	2661623	2421128
网间互联	1043733	1057145
租赁线路	448833	468785
广告	394066	384353
租金	443639	422388
转售产品成本	1300375	1292304
其他营业成本	1238623	1147787
	14590945	14411360
营业利润	2011109	1730049
财务收入	113392	444558
财务成本	(571203)	(638285)
与子公司和联营企业投资相关的损失净额	706509	(24560)
其他非营业收入	74467	195910
其他非营业成本	(507173)	(188304)
税前利润	1827101	1519368
所得税	400797	288207
持续经营业务净利润	1426304	1231161
终止经营业务		
终止经营业务税后净损失	183245	(115498)
净利润	1609549	1115663
归属于		
母公司股东	1638964	1151705

续表

	2013年12月31日	2012年12月31日（重述）
非控制性权益	(29415)	(36042)
每股盈余		
基本每股盈余（韩元）	23211	16525
稀释每股盈余（韩元）	23211	16141
每股盈余——持续经营活动		
基本每股盈余（韩元）	20708	18015
稀释每股盈余（韩元）	20708	17583

3. 合并现金流量表

单位：百万韩元

	2013年12月31日	2012年12月31日（重述）
经营活动现金流		
经营活动产生的现金流		
净利润	1609549	1115663
损益调整	3275376	3289861
与经营活动相关的资产和负债变动	(969870)	204308
小计	3915055	4609832
利息所得	64078	88711
股息所得	10197	27732
利息支付	(300104)	(363685)
所得税支付	(130656)	(362926)
经营活动净现金流	3558570	3999664
投资活动现金流		
投资活动的现金流入		
短期金融工具减少净额	186425	464531
短期投资证券减少净额	—	65000
短期贷款收回	290856	282658
处置长期金融工具所得	16	23
处置长期投资证券所得	287777	511417
处置联营企业投资所得	43249	1518
处置财产和设备所得	12579	271122
处置投资财务所得	—	43093
处置无形资产所得	2256	21048
处置非流动交易性负债所得	190393	—
长期贷款收回	13104	11525
减少存款	8509	41785
处置其他非流动资产所得	683	1853
处置子公司所得	215939	89002
并购子公司现金增加	—	26651
小计	1251786	1831226
投资活动现金流出		
短期金融工具增加净额	(45032)	

续表

	2013年12月31日	2012年12月31日（重述）
短期贷款增加	(279926)	(245465)
长期贷款增加	(4050)	(3464)
长期金融工具增加	(7510)	(16)
购置长期投资证券	(22141)	(92929)
增加联营企业投资	(97366)	(3098833)
购置财产和设备	(2879126)	(3394349)
购置投资财产	—	(129)
购置无形资产	(243163)	(146249)
交易性资产增加		(51831)
增加存款	(83314)	(43534)
增加其他非流动资产	(1830)	(8619)
企业合并	(94805)	(43389)
处置子公司现金减少		(12003)
小计	(3758263)	(7140810)
投资活动净现金流	(2506477)	(5309584)
筹资活动现金流		
筹资活动现金流入		
发行债券	1328694	2098351
长期借款	105055	2059004
发行混合债券	398518	—
衍生工具交易现金流入	19970	87899
小计	1852237	4245254
筹资活动现金流出：		
短期借款还款	(340245)	(61401)
长期借款流动部分还款	(161575)	(102672)
债券还款	(771976)	(1145691)
长期借款还款	(467217)	(1660509)
衍生工具交易现金流出	—	(5415)
支付金融租赁负债	(20342)	(20794)
股息支付	(655946)	(655133)
合并资产交易现金减少	(8093)	(8372)
小计	(2425394)	(3659987)
筹资活动净现金流	(573157)	585267
现金及现金等价物净增（减）	478936	(724653)
年初现金及现金等价物	920125	1650794
汇率变动对现金及现金等价物的影响	(422)	(6016)
年末现金和现金等价物	1398639	920125

附件二：SK电讯大事记

1984年3月，韩国移动通信株式会社（KMT）正式成立。

1994年6月，SK集团作为最大股东参与经营KMT。

1996年1月，SK电讯在世界上首次将CDMA技术商业化。

1998年7月，SK Telink开始提供国际长途业务。

1998年12月，SK Teletech开始制造CDMA手机。

1999年11月，开始提供无线数据业务（业务品牌为"n-top"）。

2000年1月，收购韩国第三大移动通信公司新世纪电讯。

2000年10月，在全球率先实现CDMA2000 1X商用服务。

2000年12月，获得韩国IMT-2000经营执照。

2001年7月，开始提供多媒体业务。

2001年11月，推出无线和有线融合的互联网品牌NATE。

2002年1月，在全球首次提供CDMA2000 1X EV-DO业务。

2002年2月，开通宽带同步式IMT-2000商用服务。

2002年11月，推出第三代移动多媒体业务。

2003年6月，在世界上首次实现同步方式可视电话服务商用化，从而实现了真正的3G服务，奠定了SK电讯在3G服务领域领导地位的基础。

2006年5月，SK电讯在世界上首次实现了基于移动电话的HSDPA服务的商用化。

2006年6月，SK电讯认购中国联通发行的10亿美元的可转换债券。

2006年6月，SK电讯首推WiBro商用服务，实现WiBro、CDMA和WCDMA的三网合一。

2007年2月，SK电讯和大唐集团子公司大唐移动在北京共同设立了"TD-SCDMA联合业务开发中心"。

2007年4月，SK电讯在韩国首尔地区投资、大唐移动承建中国海外第一个TD-SCDMA试验网。

2007年8月，SK电讯换股，获联通6.6%的股权成为联通第二大股东。

2008年2月，SK电讯收购中国最大车载卫星运营商深圳伊爱高新技术开发公司65%的股份，首次进军中国车载通信业。

2009年5月，SK电讯以7亿美元收购SK网络宽带业务，将大幅度提高网络效率，并降低成本。

2009年6月，SK电讯入选《商业周刊》"世界信息技术100强"，列第28位。

2009年9月，中国联通以100亿港元回购SK电讯持有的其全部股份。

2009年12月，SK电讯推出自主研制的首款SKAF手机。

2010年5月，SK电讯移动电话用户突破2500万。

2010年5月，与中铁二局投资1040万美元组建合资公司，共同打造"智能城市"。

2010年12月，SK电讯宣布，总裁Ha Sung Min继Jung Man Won接任公司首席执行官，同时还决定任命平台业务总裁So Jin Woo为联系执行官。

2011年4月，SK电讯与中国移动签署新技术合作协议，共同开发新的移动和无线技术。

2011年6月，SK电讯启动4G LTE网络服务，以满足韩国智能手机及平板电脑用户对于高速无线网络接入的需求。

2011年12月，SK电讯开发全球首个LTE微型基站。

2012年1月，SK电讯与首尔国立大学医学院联手成立合资公司Health Connect，共同研发信息通信技术在医疗健康方面的应用。

2012年1月，SK电讯提出"升级生活方式"的倡议，专注于提供LTE服务以改善生活的各个方面。

2012年2月，SK电讯完成了对全球主要的半导体存储器制造商——SK海力士的收购。

2012年3月，SK电讯成为韩国固定和移动市场的领导者，并自2011年以来，在移动通信、固网和宽带互联网的收入上首次全面超越韩国电信。

2012年3月，SK电讯在公司28周年庆典上宣布了新的愿景——"Partner for New Possibilities"。

2012年4月，SK电讯在亚洲电信奖上获得了"最佳移动运营商奖"，为了表彰其在LTE服务和技术创新上的卓越领导力。

2012年6月，SK电讯在全球电信业务创新奖上获得了"无线网络创新奖"，为了表彰其研发的将4G手机和Wi-Fi网络相结合的混合网络技术。

2012年6月，SK电讯被韩国知识经济部选定为下一代LTE-Advanced技术的发展合作伙伴。

2012年6月，SK电讯宣布了LTE2.0的策略——专注于服务创新和网络演进。

2012年7月，SK电讯推出使用800 MHz和1.8 GHz频段的LTE网络，进而将LTE网络带宽加倍到40 M。

2012年8月，SK电讯推出高清语音服务，这是全球首个基于LTE的语音服务。

2012年9月，SK电讯收购医疗仪器风投企业西安天隆科技有限公司49%的股权，进军中国医疗市场。

2012年10月，SK电讯为超过200万用户提供T免费增值服务，包括每月免费提供价值20000韩元的优质内容。

2012年10月，SK电讯成为韩国第一个和世界第三个拥有超过700万LTE用户的移动运营商。

2013年1月，为长期用户开启"Good Device Change"计划。

2013年1月，与SK M&C和中国移动达成合作协议，共同发展基于位置的服务业务（Location-based Service）。

2013年3月，成为韩国第一家LTE用户数超过1000万的移动运营商。

2013年3月，与首尔市医院签署协议，以实现云BEMS。

2013年4月，在首尔国立大学应用了世界上第一个智能医院解决方案。

2013年5月，为中小型企业推出了量身定做的"云文件管理服务"。

2013年6月，率先推出全球首个LTE-A服务（速度是现存的LTE服务的两倍）。

2013年7月，推出韩国首个M2M的安全解决方案。

2013年10月，推出云办公解决方案。

2013年12月，获得Wi-Fi行业的"最佳Wi-Fi服务创新奖"。

第三部分 指标篇
——全球电信运营企业关键绩效指标

一　电信运营企业投资经营效果绩效指标概览

二　电信运营企业融资管理效率绩效指标概览

三　电信运营企业成本费用管理绩效指标概览

四　电信运营企业现金与质量管理绩效指标概览

五　电信运营企业可持续成长管理绩效指标概览

六　电信运营企业价值创造与分配绩效指标概览

一　电信运营企业投资经营效果绩效指标概览

1. 主营业务收入
2. 总资产
3. EBITDA
4. EBITDA 率
5. 员工人数
6. 人均 EBITDA
7. 净利润
8. 净利润率
9. 总资产报酬率（ROA）
10. 净资产报酬率（ROE）
11. 资本性支出（CAPEX）
12. CAPEX 占收比

1. 主营业务收入

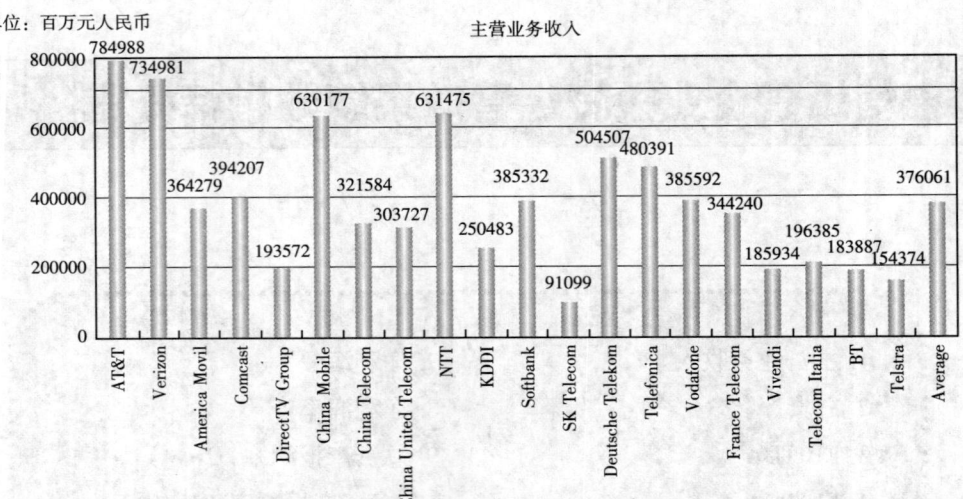

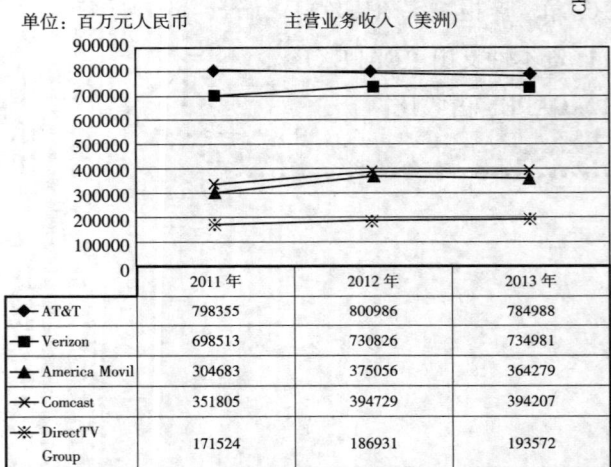

单位：百万元人民币	主营业务收入（美洲）		
	2011年	2012年	2013年
AT&T	798355	800986	784988
Verizon	698513	730826	734981
America Movil	304683	375056	364279
Comcast	351805	394729	394207
DirectTV Group	171524	186931	193572

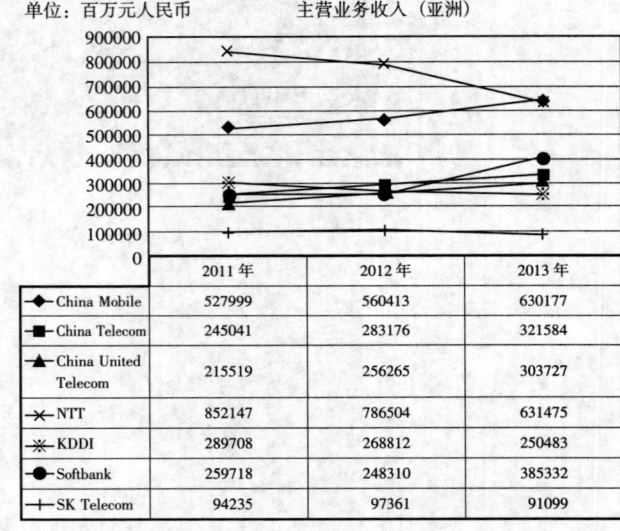

单位：百万元人民币	主营业务收入（亚洲）		
	2011年	2012年	2013年
China Mobile	527999	560413	630177
China Telecom	245041	283176	321584
China United Telecom	215519	256265	303727
NTT	852147	786504	631475
KDDI	289708	268812	250483
Softbank	259718	248310	385332
SK Telecom	94235	97361	91099

单位：百万元人民币	主营业务收入（欧洲）		
	2011年	2012年	2013年
Deutsche Telekom	478755	483826	504507
Telefonica	512907	518652	480391
Vodafone	466686	453126	385592
France Telecom	369574	362819	344240
Vivendi	235186	241160	185934
Telecom Italia	244524	245394	196385
BT	183520	183384	183887

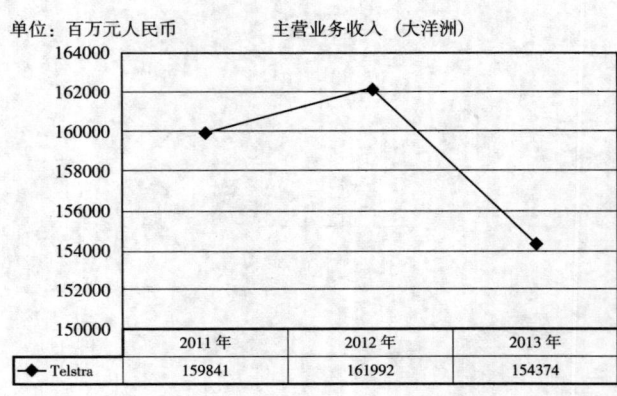

单位：百万元人民币	主营业务收入（大洋洲）		
	2011年	2012年	2013年
Telstra	159841	161992	154374

2. 总资产

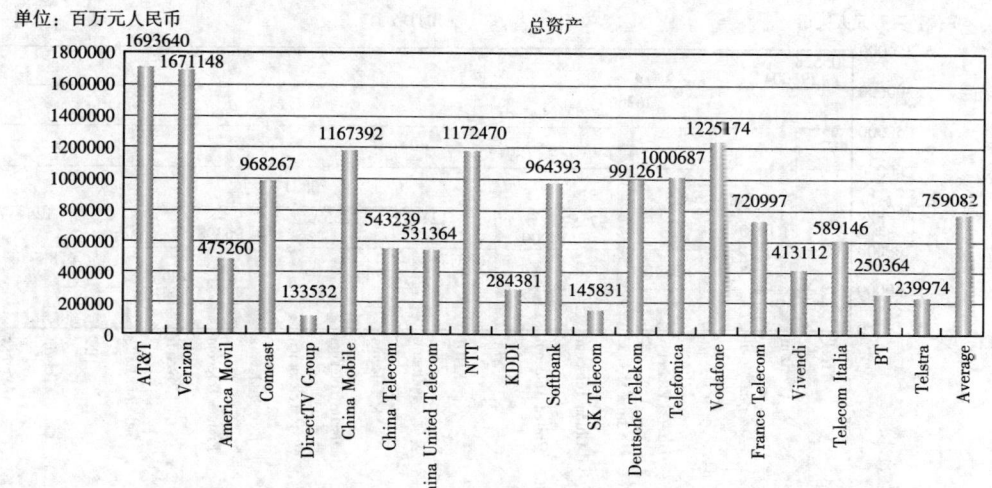

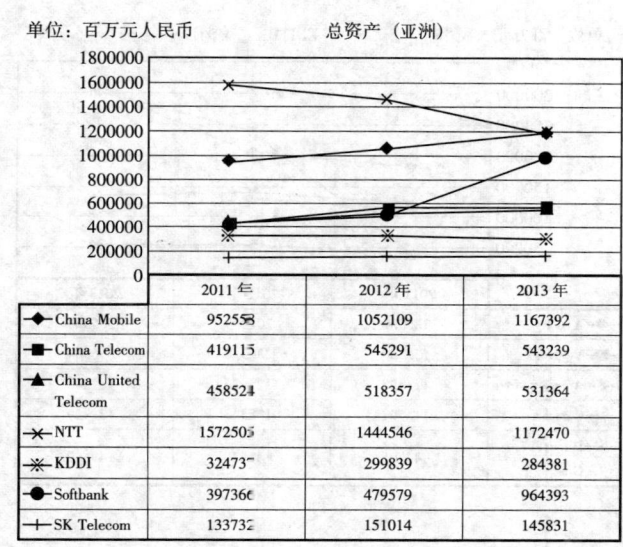

	2011年	2012年	2013年
AT&T	1703167	1711636	1693640
Verizon	1451904	1420836	1671148
America Movil	433058	477941	475260
Comcast	994253	1040736	968267
DirectTV Group	116065	129198	133532

	2011年	2012年	2013年
China Mobile	952558	1052109	1167392
China Telecom	419115	545291	543239
China United Telecom	458524	518357	531364
NTT	1572505	1444546	1172470
KDDI	324737	299839	284381
Softbank	397366	479579	964393
SK Telecom	133732	151014	145831

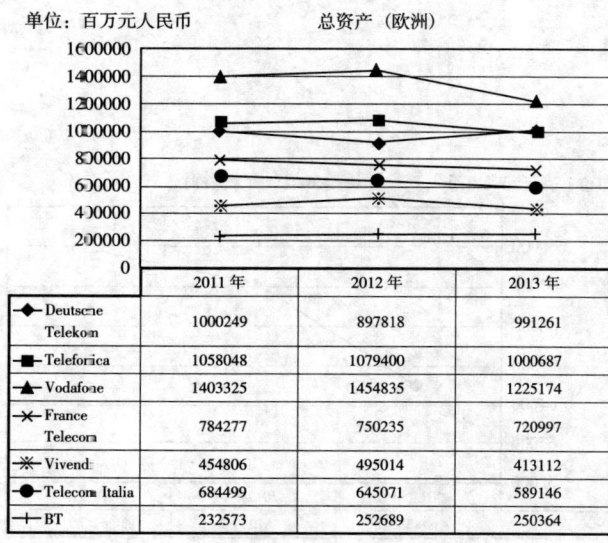

	2011年	2012年	2013年
Deutsche Telekom	1000249	897818	991261
Telefonica	1058048	1079400	1000687
Vodafone	1403325	1454835	1225174
France Telecom	784277	750235	720997
Vivendi	454806	495014	413112
Telecom Italia	684499	645071	589146
BT	232573	252689	250364

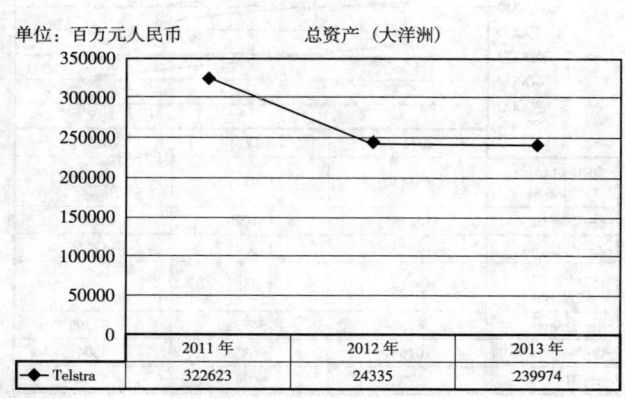

	2011年	2012年	2013年
Telstra	322623	24335	239974

3. EBITDA

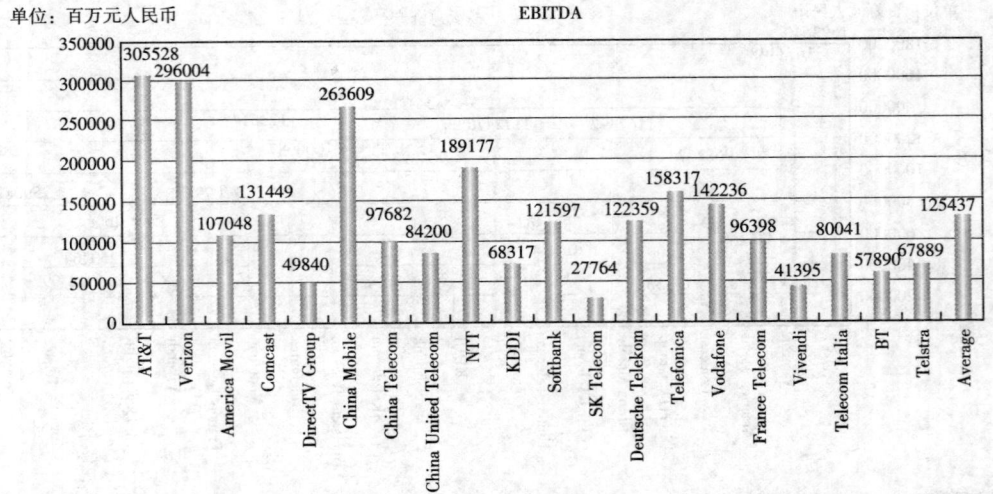

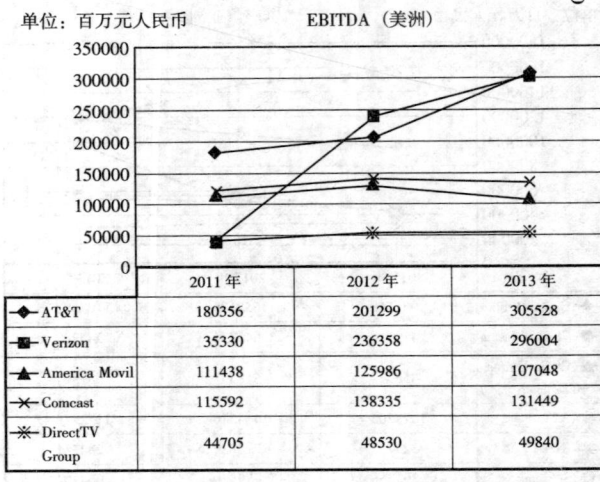

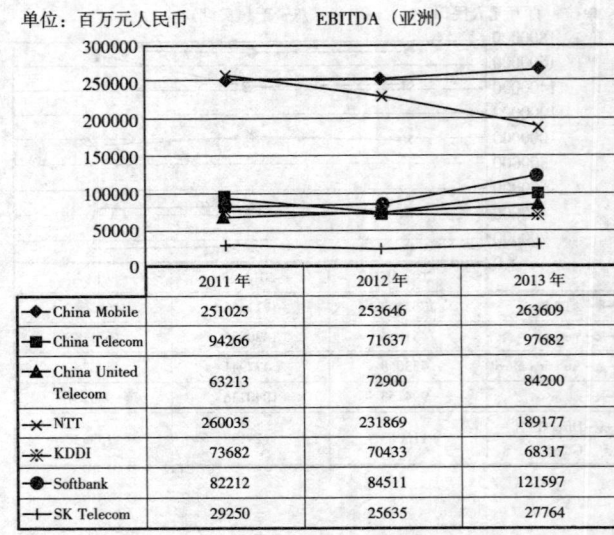

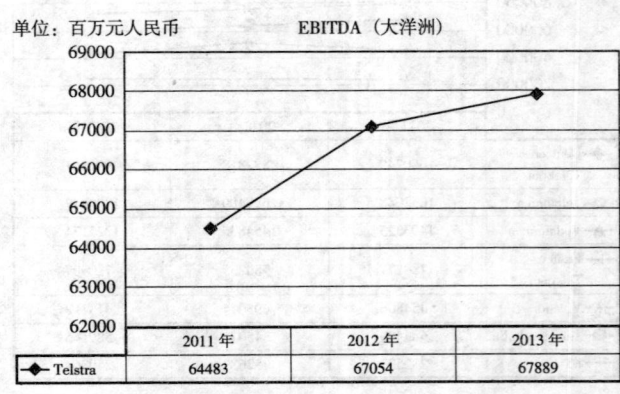

4. EBITDA 率

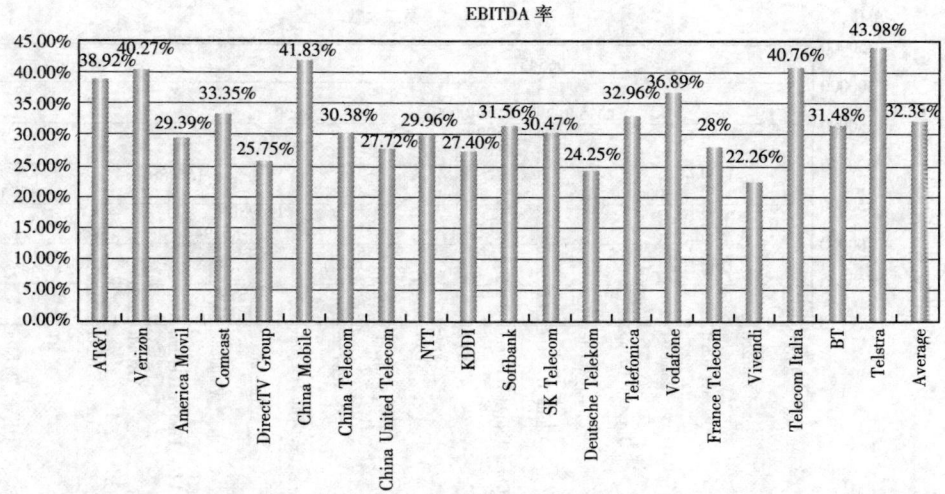

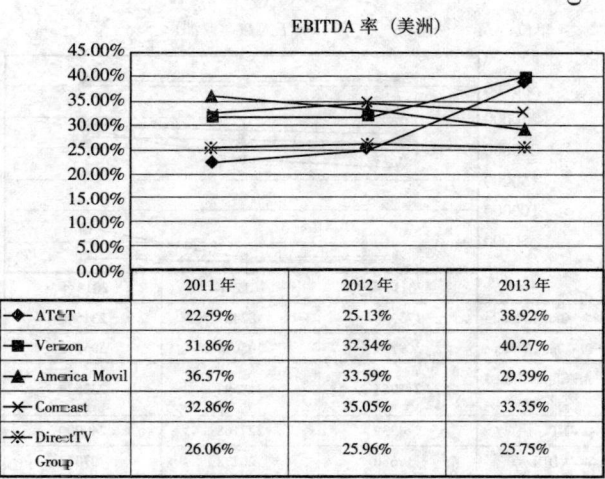

	2011 年	2012 年	2013 年
AT&T	22.59%	25.13%	38.92%
Verizon	31.86%	32.34%	40.27%
America Movil	36.57%	33.59%	29.39%
Comcast	32.86%	35.05%	33.35%
DirectTV Group	26.06%	25.96%	25.75%

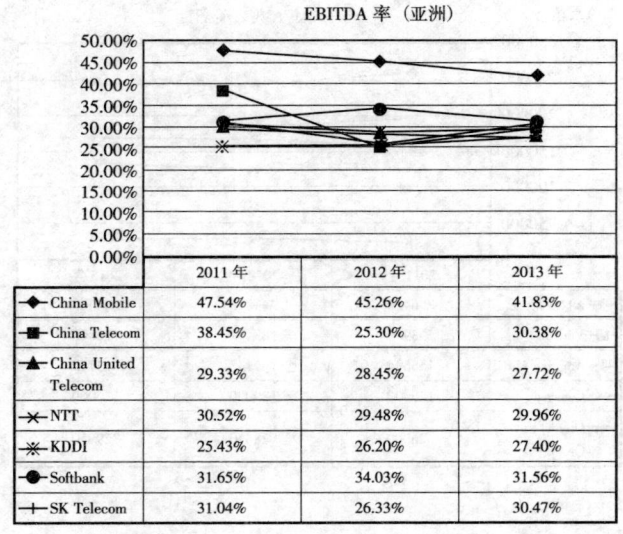

	2011 年	2012 年	2013 年
China Mobile	47.54%	45.26%	41.83%
China Telecom	38.45%	25.30%	30.38%
China United Telecom	29.33%	28.45%	27.72%
NTT	30.52%	29.48%	29.96%
KDDI	25.43%	26.20%	27.40%
Softbank	31.65%	34.03%	31.56%
SK Telecom	31.04%	26.33%	30.47%

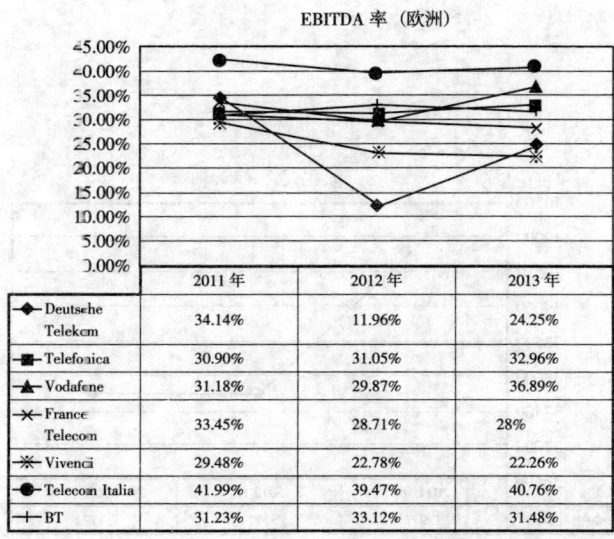

	2011 年	2012 年	2013 年
Deutsche Telekom	34.14%	11.96%	24.25%
Telefonica	30.90%	31.05%	32.96%
Vodafone	31.18%	29.87%	36.89%
France Telecom	33.45%	28.71%	28%
Vivendi	29.48%	22.78%	22.26%
Telecom Italia	41.99%	39.47%	40.76%
BT	31.23%	33.12%	31.48%

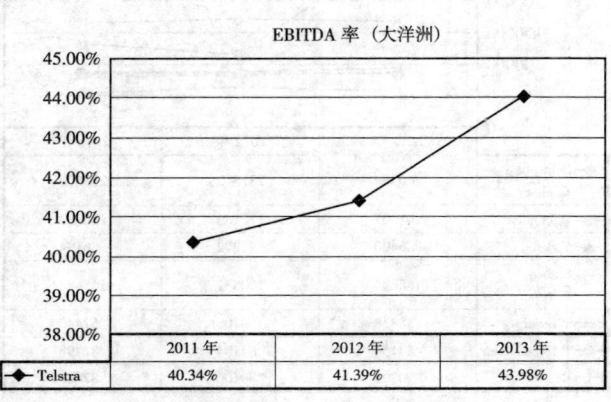

	2011 年	2012 年	2013 年
Telstra	40.34%	41.39%	43.98%

5. 员工人数

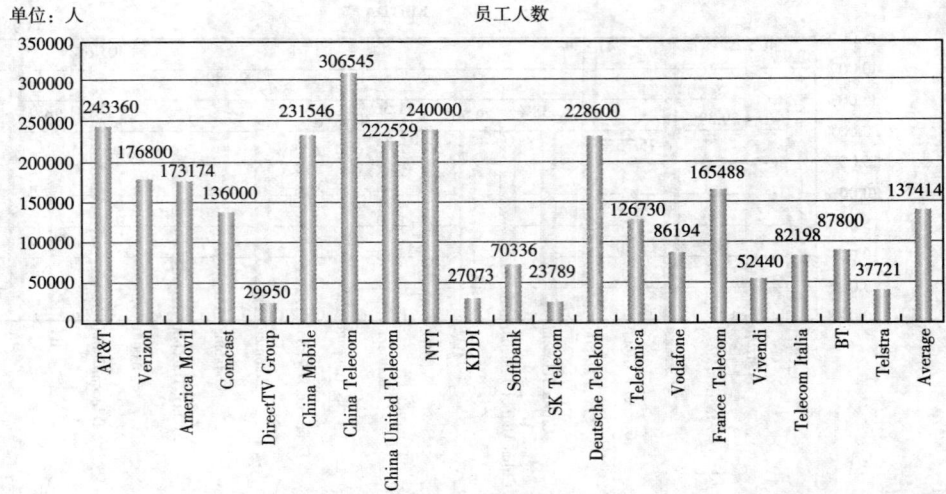

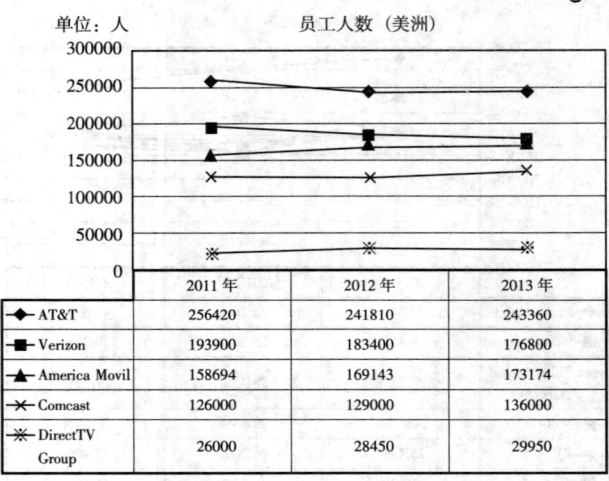

	2011年	2012年	2013年
AT&T	256420	241810	243360
Verizon	193900	183400	176800
America Movil	158694	169143	173174
Comcast	126000	129000	136000
DirectTV Group	26000	28450	29950

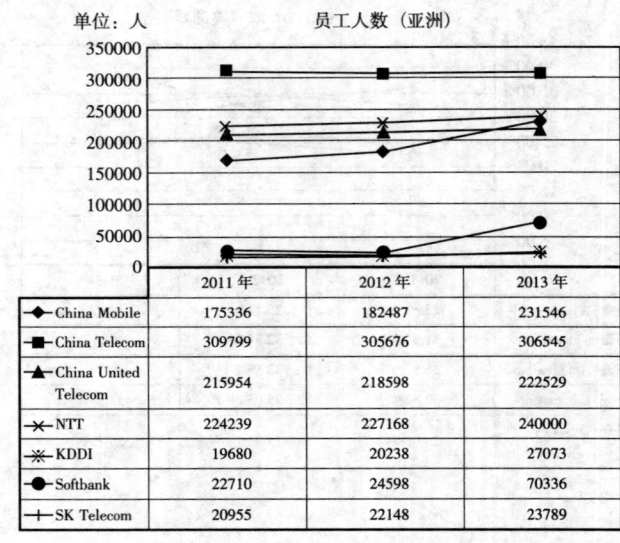

	2011年	2012年	2013年
China Mobile	175336	182487	231546
China Telecom	309799	305676	306545
China United Telecom	215954	218598	222529
NTT	224239	227168	240000
KDDI	19680	20238	27073
Softbank	22710	24598	70336
SK Telecom	20955	22148	23789

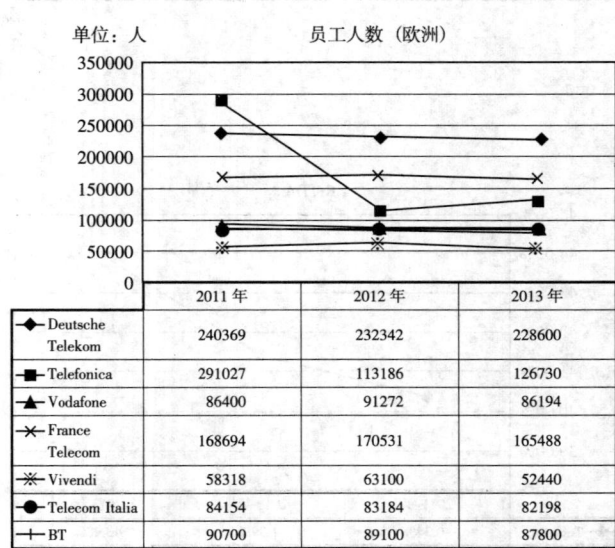

	2011年	2012年	2013年
Deutsche Telekom	240369	232342	228600
Telefonica	291027	113186	126730
Vodafone	86400	91272	86194
France Telecom	168694	170531	165488
Vivendi	58318	63100	52440
Telecom Italia	84154	83184	82198
BT	90700	89100	87800

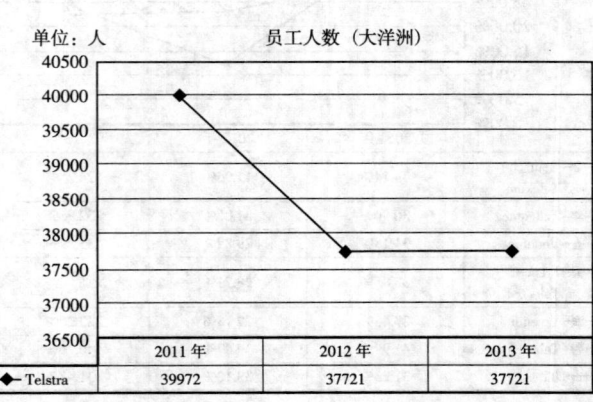

	2011年	2012年	2013年
Telstra	39972	37721	37721

6. 人均 EBITDA

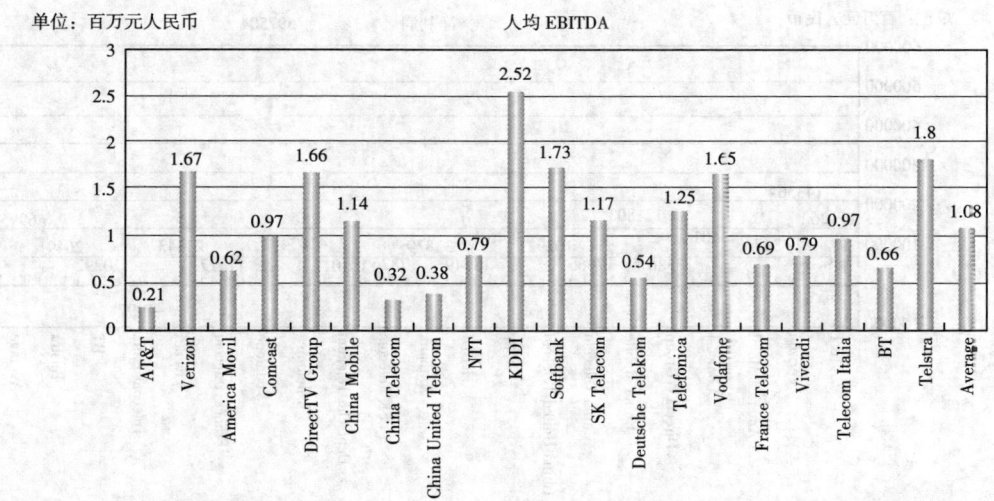

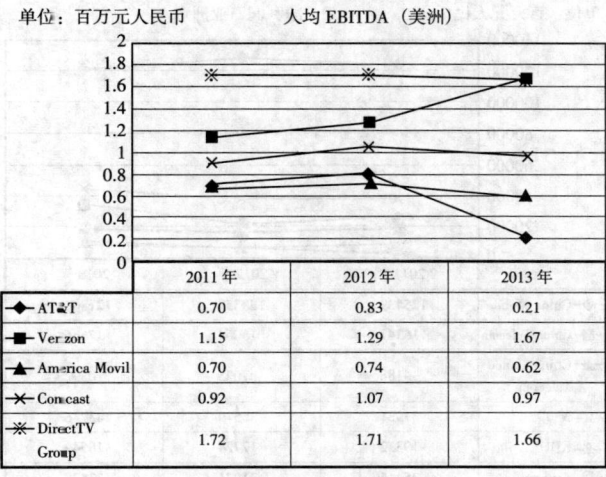

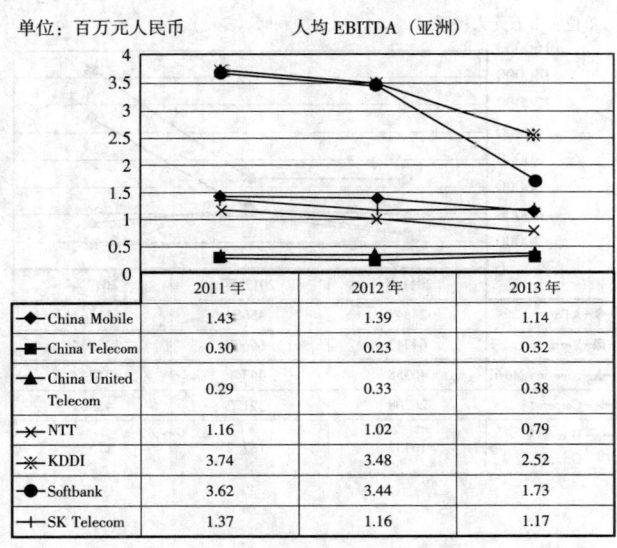

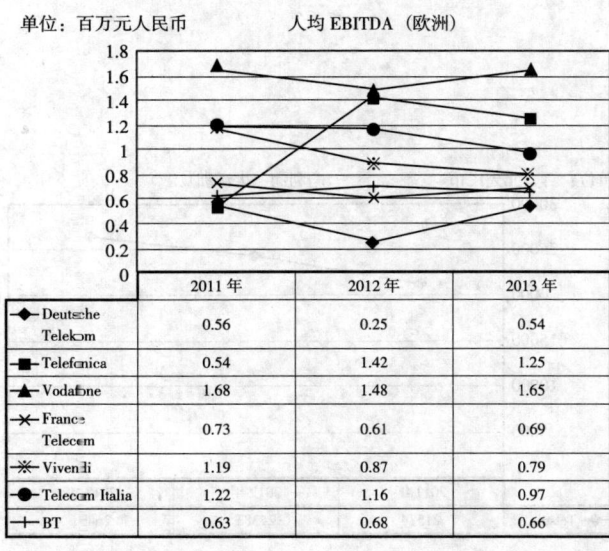

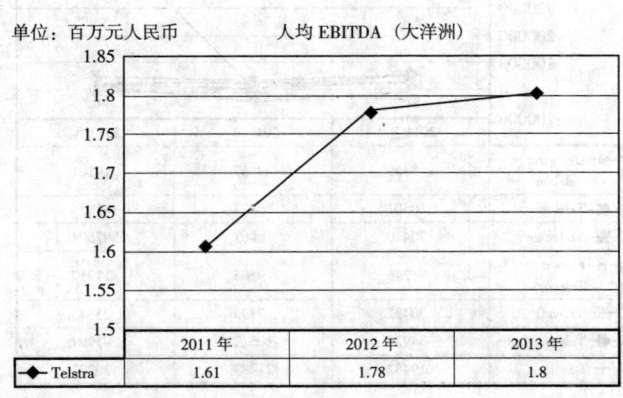

7. 净利润

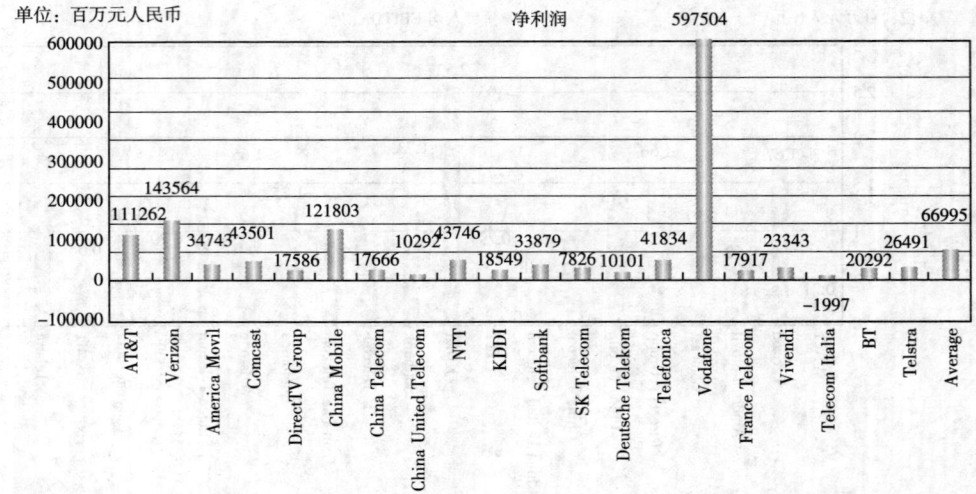

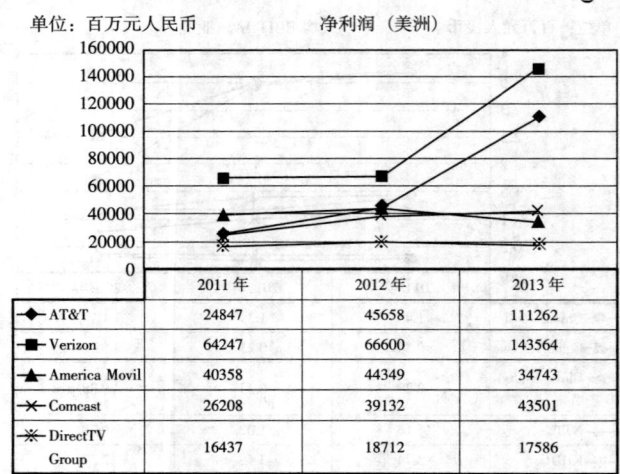

	2011年	2012年	2013年
AT&T	24847	45658	111262
Verizon	64247	66600	143564
America Movil	40358	44349	34743
Comcast	26208	39132	43501
DirectTV Group	16437	18712	17586

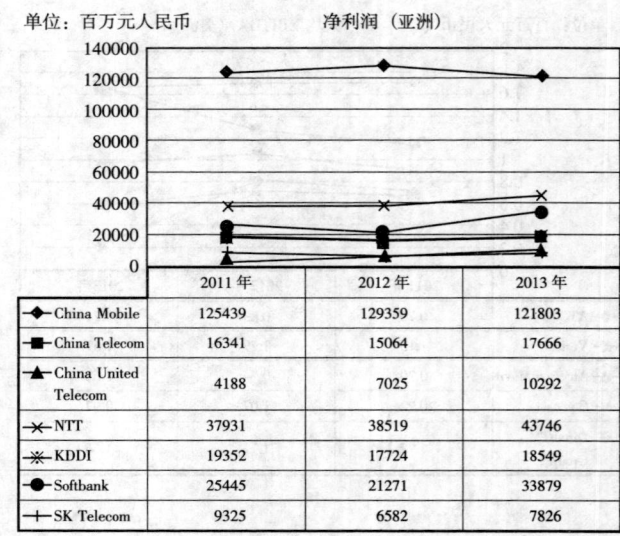

	2011年	2012年	2013年
China Mobile	125439	129359	121803
China Telecom	16341	15064	17666
China United Telecom	4188	7025	10292
NTT	37931	38519	43746
KDDI	19352	17724	18549
Softbank	25445	21271	33879
SK Telecom	9325	6582	7826

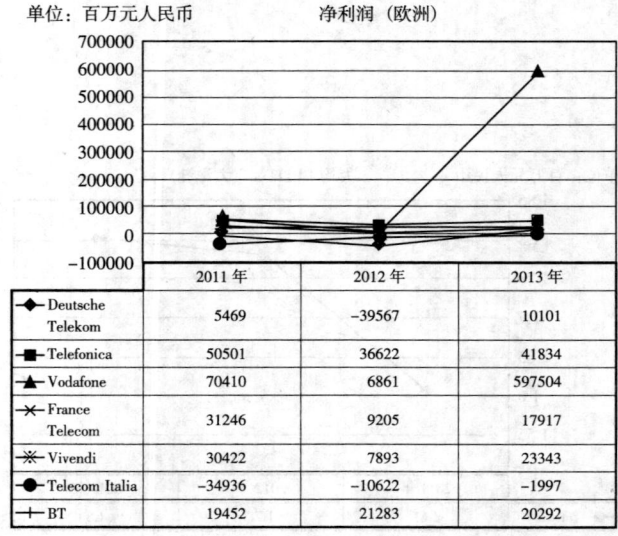

	2011年	2012年	2013年
Deutsche Telekom	5469	-39567	10101
Telefonica	50501	36622	41834
Vodafone	70410	6861	597504
France Telecom	31246	9205	17917
Vivendi	30422	7893	23343
Telecom Italia	-34936	-10622	-1997
BT	19452	21283	20292

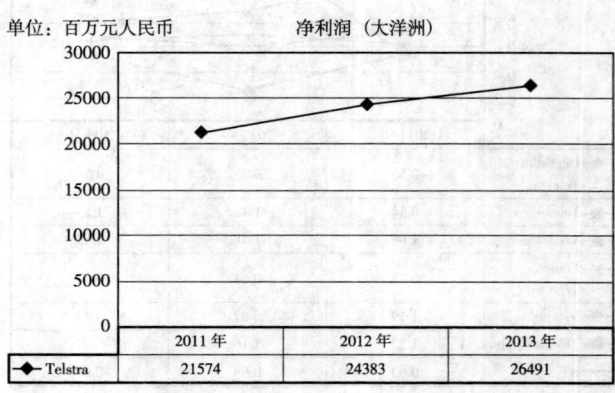

	2011年	2012年	2013年
Telstra	21574	24383	26491

8. 净利润率

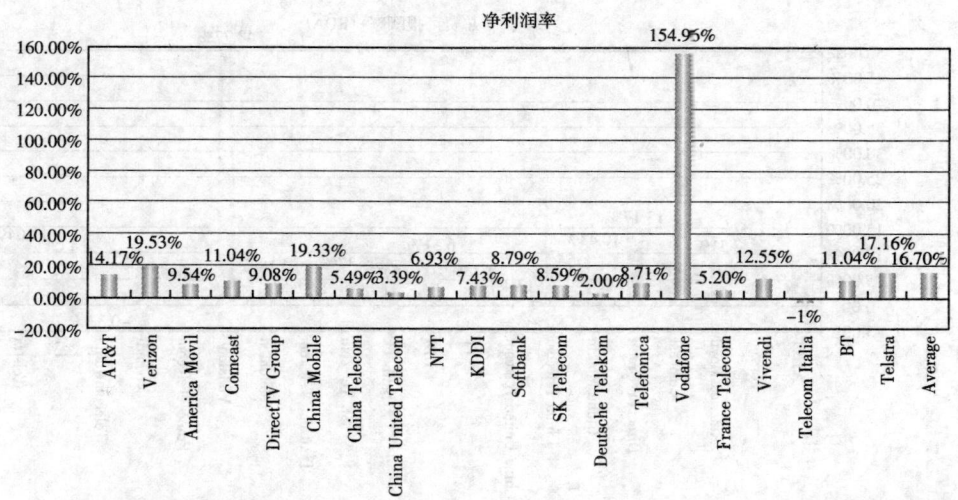

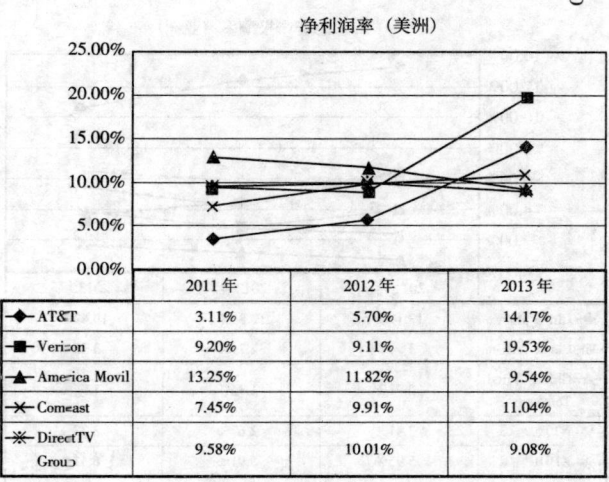

	2011年	2012年	2013年
AT&T	3.11%	5.70%	14.17%
Verizon	9.20%	9.11%	19.53%
America Movil	13.25%	11.82%	9.54%
Comcast	7.45%	9.91%	11.04%
DirectTV Group	9.58%	10.01%	9.08%

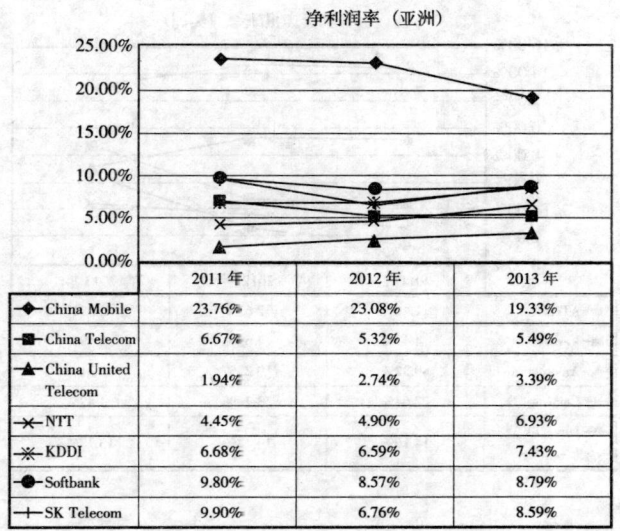

	2011年	2012年	2013年
China Mobile	23.76%	23.08%	19.33%
China Telecom	6.67%	5.32%	5.49%
China United Telecom	1.94%	2.74%	3.39%
NTT	4.45%	4.90%	6.93%
KDDI	6.68%	6.59%	7.43%
Softbank	9.80%	8.57%	8.79%
SK Telecom	9.90%	6.76%	8.59%

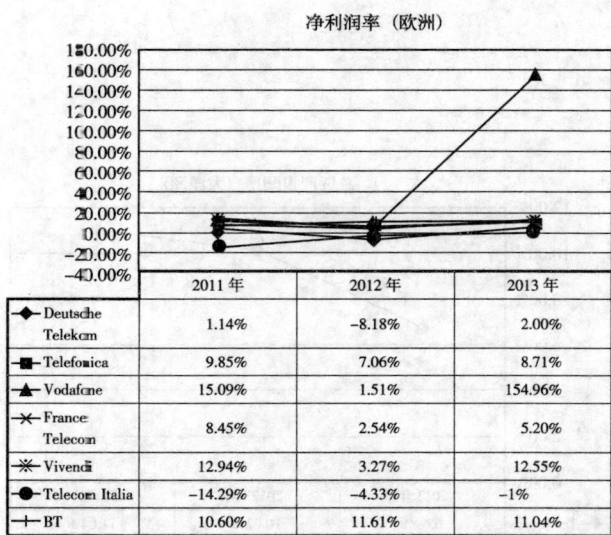

	2011年	2012年	2013年
Deutsche Telekom	1.14%	-8.18%	2.00%
Telefonica	9.85%	7.06%	8.71%
Vodafone	15.09%	1.51%	154.96%
France Telecom	8.45%	2.54%	5.20%
Vivendi	12.94%	3.27%	12.55%
Telecom Italia	-14.29%	-4.33%	-1%
BT	10.60%	11.61%	11.04%

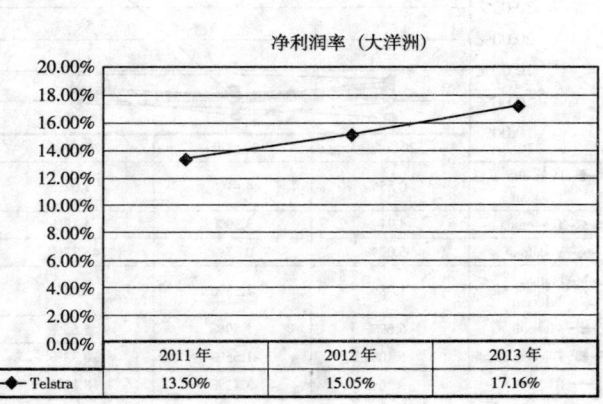

	2011年	2012年	2013年
Telstra	13.50%	15.05%	17.16%

9. 总资产报酬率（ROA）

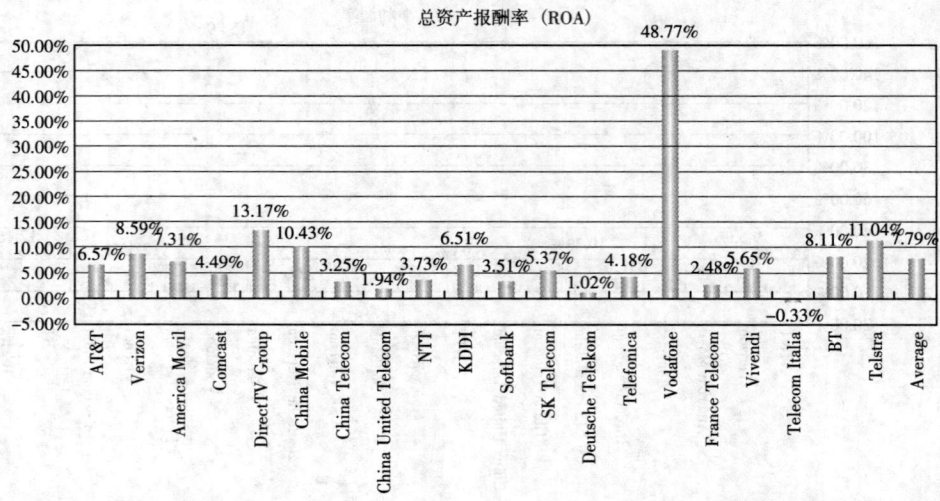

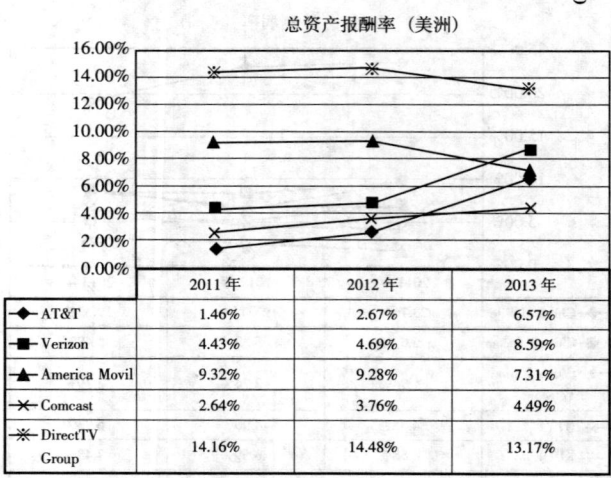

	2011年	2012年	2013年
AT&T	1.46%	2.67%	6.57%
Verizon	4.43%	4.69%	8.59%
America Movil	9.32%	9.28%	7.31%
Comcast	2.64%	3.76%	4.49%
DirectTV Group	14.16%	14.48%	13.17%

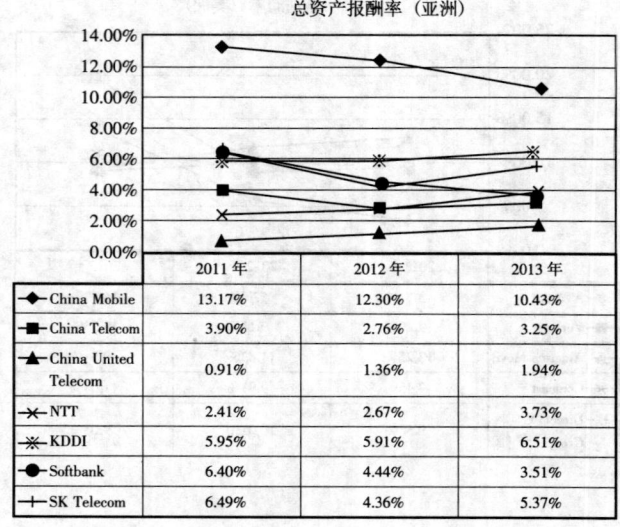

	2011年	2012年	2013年
China Mobile	13.17%	12.30%	10.43%
China Telecom	3.90%	2.76%	3.25%
China United Telecom	0.91%	1.36%	1.94%
NTT	2.41%	2.67%	3.73%
KDDI	5.95%	5.91%	6.51%
Softbank	6.40%	4.44%	3.51%
SK Telecom	6.49%	4.36%	5.37%

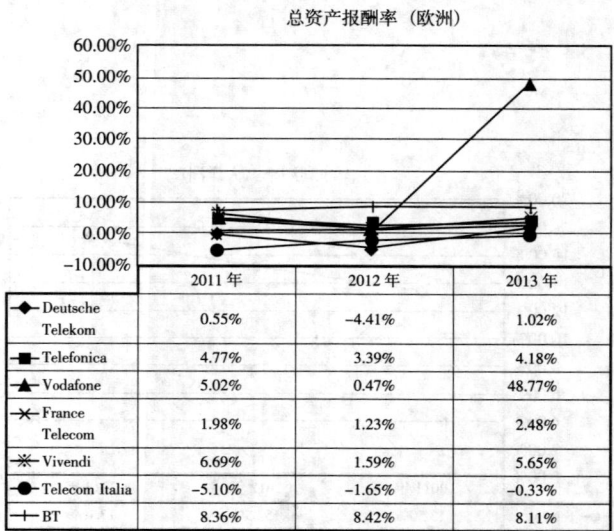

	2011年	2012年	2013年
Deutsche Telekom	0.55%	-4.41%	1.02%
Telefonica	4.77%	3.39%	4.18%
Vodafone	5.02%	0.47%	48.77%
France Telecom	1.98%	1.23%	2.48%
Vivendi	6.69%	1.59%	5.65%
Telecom Italia	-5.10%	-1.65%	-0.33%
BT	8.36%	8.42%	8.11%

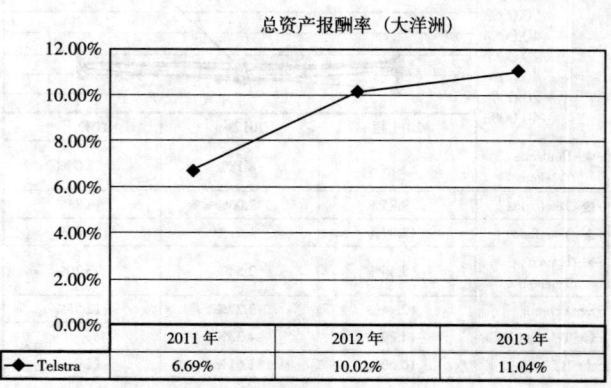

	2011年	2012年	2013年
Telstra	6.69%	10.02%	11.04%

10. 净资产报酬率（ROE）

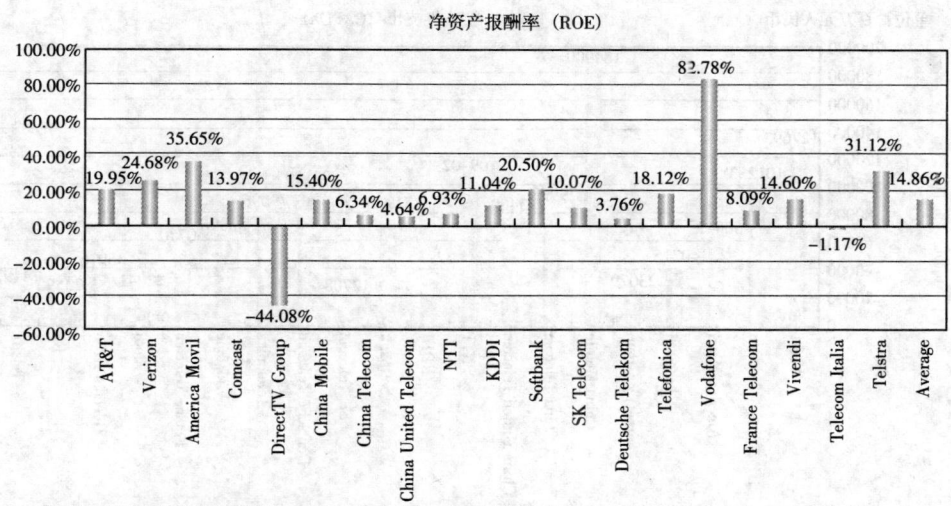

注：BT由于2013年净资产报酬率的数值为-340.88%，过小，将其剔除。

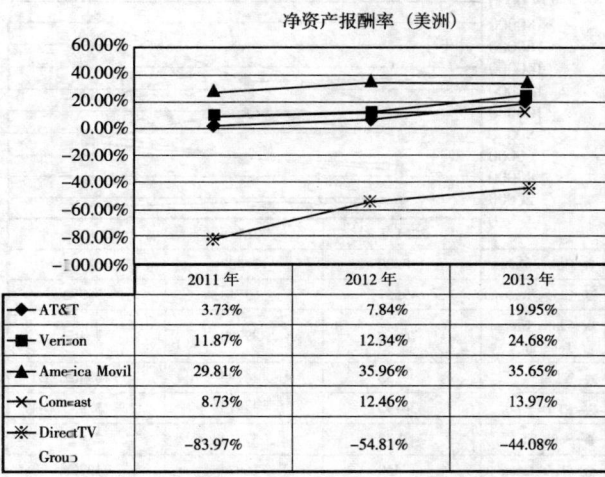

	2011年	2012年	2013年
AT&T	3.73%	7.84%	19.95%
Verizon	11.87%	12.34%	24.68%
America Movil	29.81%	35.96%	35.65%
Comcast	8.73%	12.46%	13.97%
DirectTV Group	-83.97%	-54.81%	-44.08%

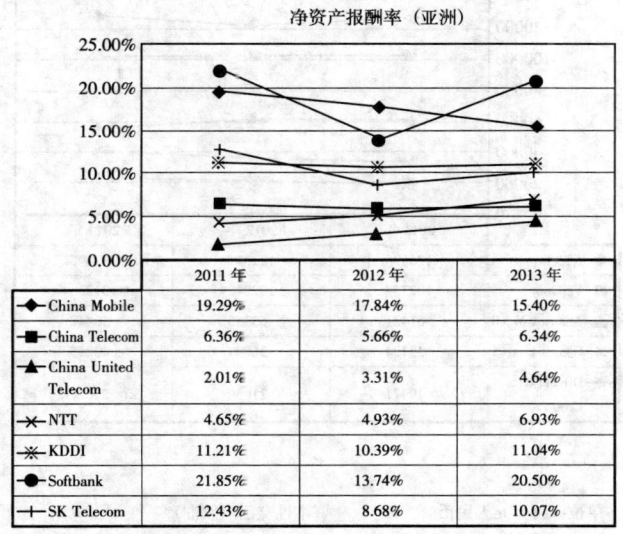

	2011年	2012年	2013年
China Mobile	19.29%	17.84%	15.40%
China Telecom	6.36%	5.66%	6.34%
China United Telecom	2.01%	3.31%	4.64%
NTT	4.65%	4.93%	6.93%
KDDI	11.21%	10.39%	11.04%
Softbank	21.85%	13.74%	20.50%
SK Telecom	12.43%	8.68%	10.07%

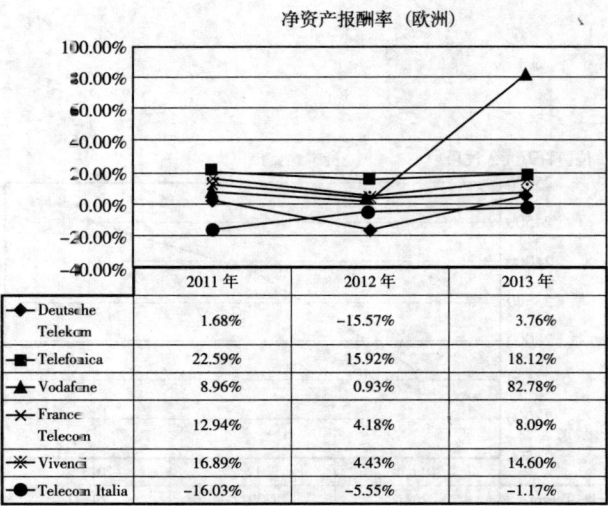

	2011年	2012年	2013年
Deutsche Telekom	1.68%	-15.57%	3.76%
Telefonica	22.59%	15.92%	18.12%
Vodafone	8.96%	0.93%	82.78%
France Telecom	12.94%	4.18%	8.09%
Vivendi	16.89%	4.43%	14.60%
Telecom Italia	-16.03%	-5.55%	-1.17%

注：BT由于2013年净资产报酬率的数值为-340.88%，过小，将其剔除。

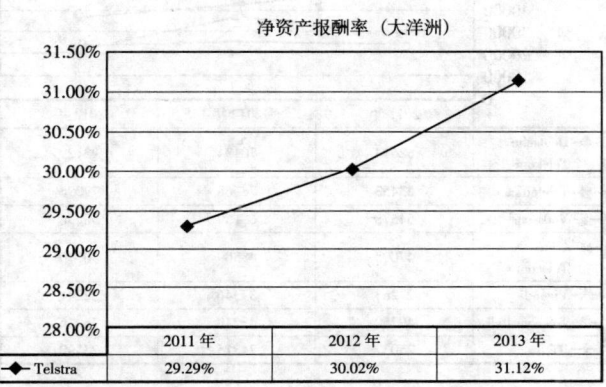

	2011年	2012年	2013年
Telstra	29.29%	30.02%	31.12%

11. 资本性支出（CAPEX）

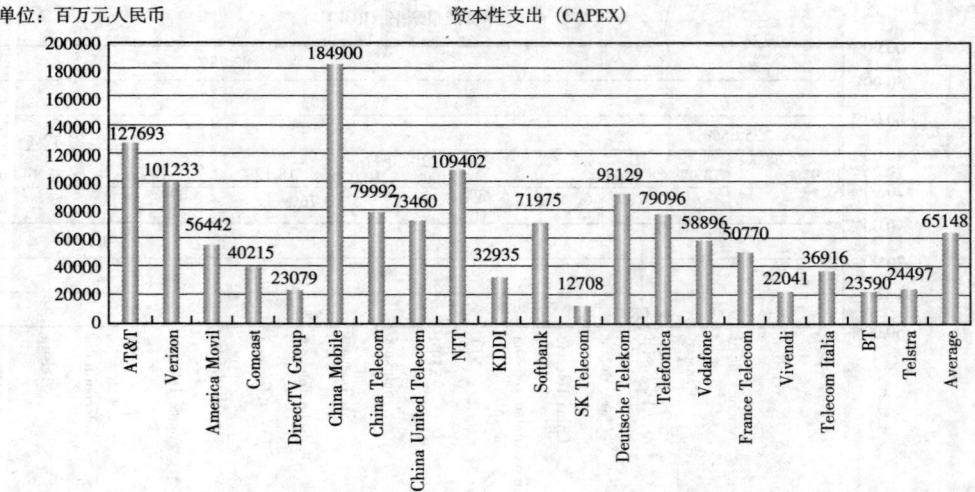

单位：百万元人民币　　资本性支出（美洲）

	2011年	2012年	2013年
AT&T	126693	122347	127693
Verizon	102337	102042	101233
America Movil	61421	63343	56442
Comcast	33434	36047	40215
DirectTV Group	19971	21050	23079

单位：百万元人民币　　资本性支出（亚洲）

	2011年	2012年	2013年
China Mobile	128500	127400	184900
China Telecom	49551	53748	79992
China United Telecom	76660	99790	73460
NTT	99185	144795	109402
KDDI	34193	34279	32935
Softbank	41878	57714	71975
SK Telecom	17450	16874	12708

单位：百万元人民币　　资本性支出（欧洲）

	2011年	2012年	2013年
Deutsche Telekom	68614	70134	93129
Telefonica	83453	78668	79096
Vodafone	64578	63159	58896
France Telecom	47098	48509	50770
Vivendi	27263	37346	22041
Telecom Italia	49750	43218	36916
BT	25037	24815	23590

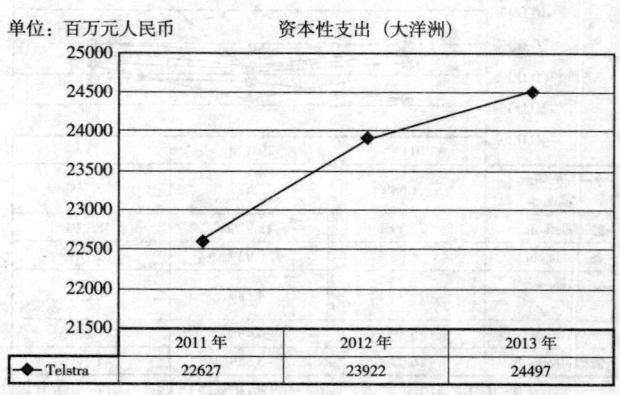

单位：百万元人民币　　资本性支出（大洋洲）

	2011年	2012年	2013年
Telstra	22627	23922	24497

12. CAPEX 占收比

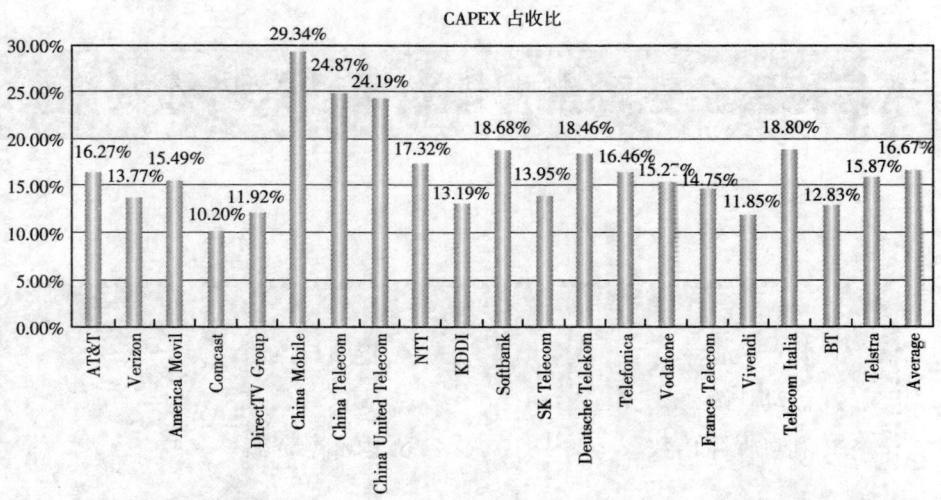

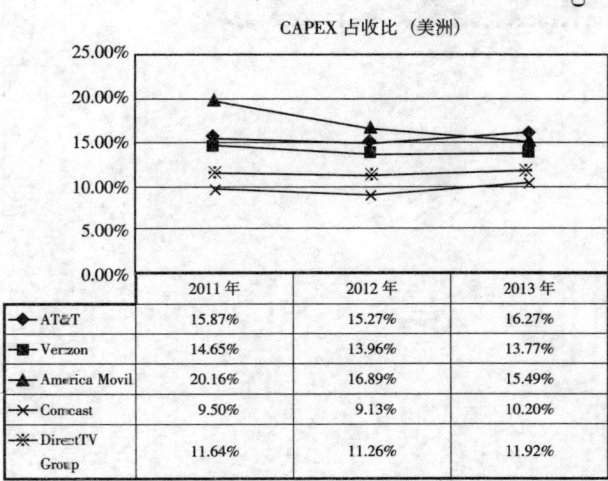

CAPEX 占收比（美洲）

	2011 年	2012 年	2013 年
AT&T	15.87%	15.27%	16.27%
Verizon	14.65%	13.96%	13.77%
America Movil	20.16%	16.89%	15.49%
Comcast	9.50%	9.13%	10.20%
DirectTV Group	11.64%	11.26%	11.92%

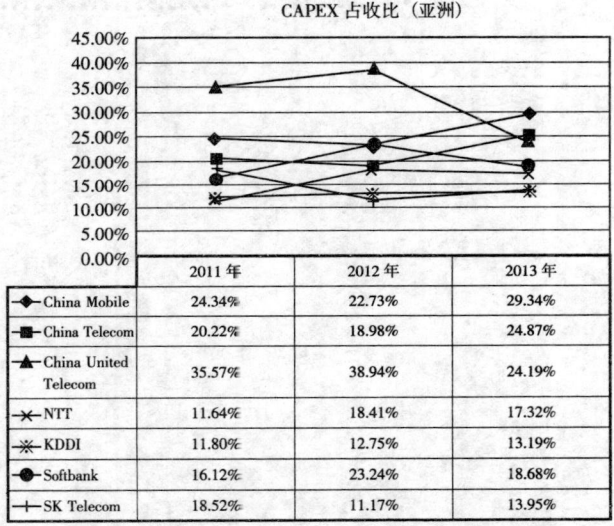

CAPEX 占收比（亚洲）

	2011 年	2012 年	2013 年
China Mobile	24.34%	22.73%	29.34%
China Telecom	20.22%	18.98%	24.87%
China United Telecom	35.57%	38.94%	24.19%
NTT	11.64%	18.41%	17.32%
KDDI	11.80%	12.75%	13.19%
Softbank	16.12%	23.24%	18.68%
SK Telecom	18.52%	11.17%	13.95%

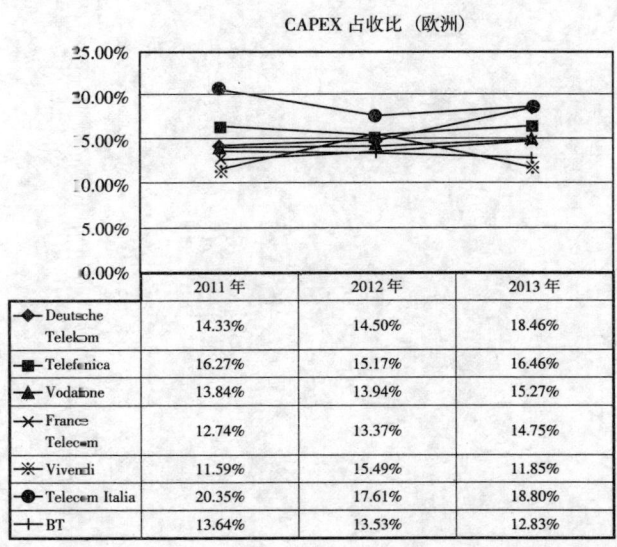

CAPEX 占收比（欧洲）

	2011 年	2012 年	2013 年
Deutsche Telekom	14.33%	14.50%	18.46%
Telefonica	16.27%	15.17%	16.46%
Vodafone	13.84%	13.94%	15.27%
France Telecom	12.74%	13.37%	14.75%
Vivendi	11.59%	15.49%	11.85%
Telecom Italia	20.35%	17.61%	18.80%
BT	13.64%	13.53%	12.83%

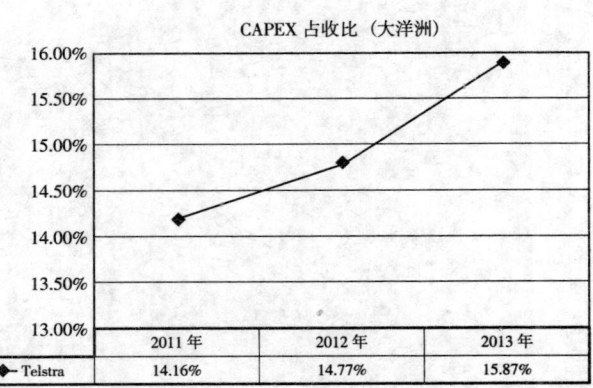

CAPEX 占收比（大洋洲）

	2011 年	2012 年	2013 年
Telstra	14.16%	14.77%	15.87%

二 电信运营企业融资管理效率绩效指标概览

1. 资产负债率
2. 流动比率
3. 利息保障倍数
4. 折旧与摊销
5. 股息
6. 内部融资额

1. 资产负债率

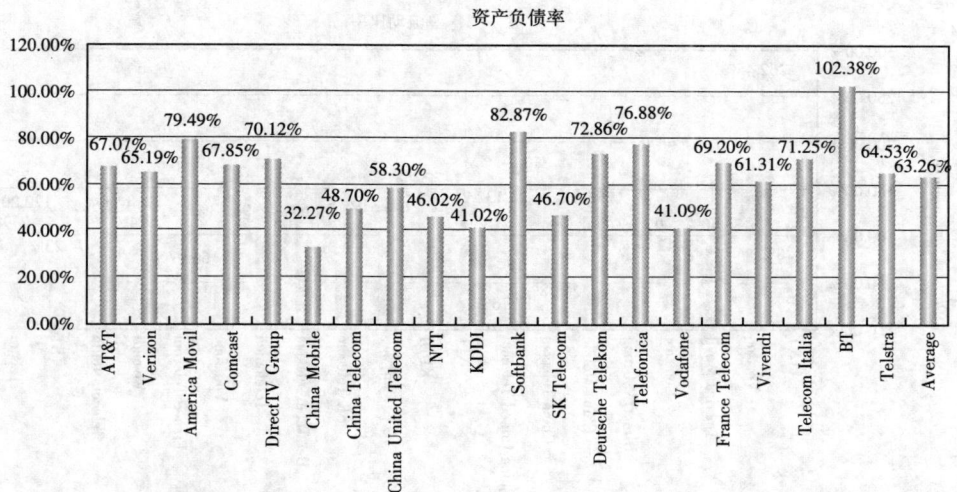

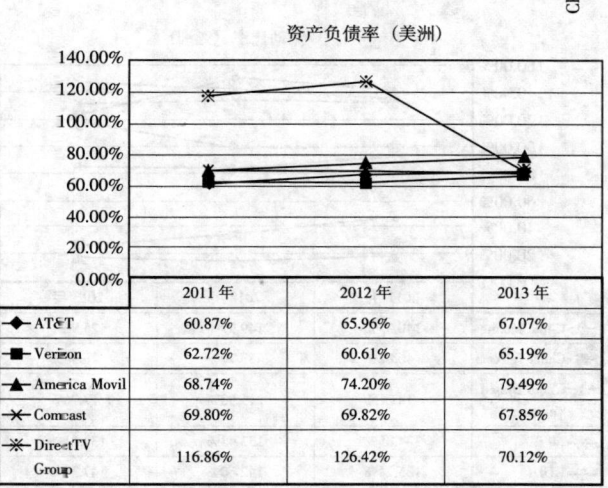

	2011年	2012年	2013年
AT&T	60.87%	65.96%	67.07%
Verizon	62.72%	60.61%	65.19%
America Movil	68.74%	74.20%	79.49%
Comcast	69.80%	69.82%	67.85%
DirectTV Group	116.86%	126.42%	70.12%

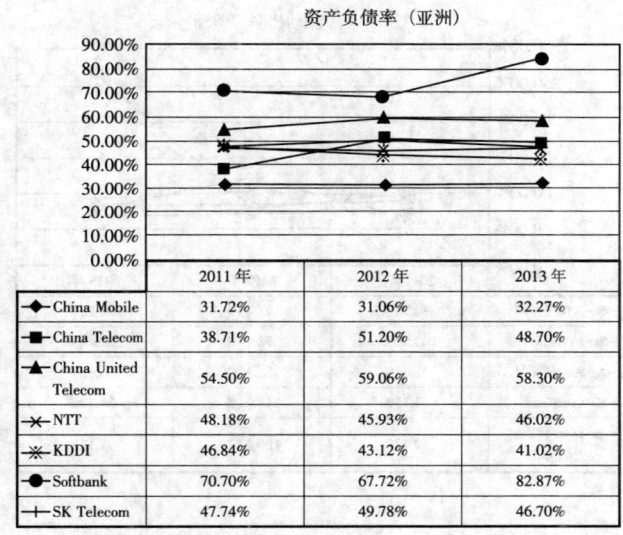

	2011年	2012年	2013年
China Mobile	31.72%	31.06%	32.27%
China Telecom	38.71%	51.20%	48.70%
China United Telecom	54.50%	59.06%	58.30%
NTT	48.18%	45.93%	46.02%
KDDI	46.84%	43.12%	41.02%
Softbank	70.70%	67.72%	82.87%
SK Telecom	47.74%	49.78%	46.70%

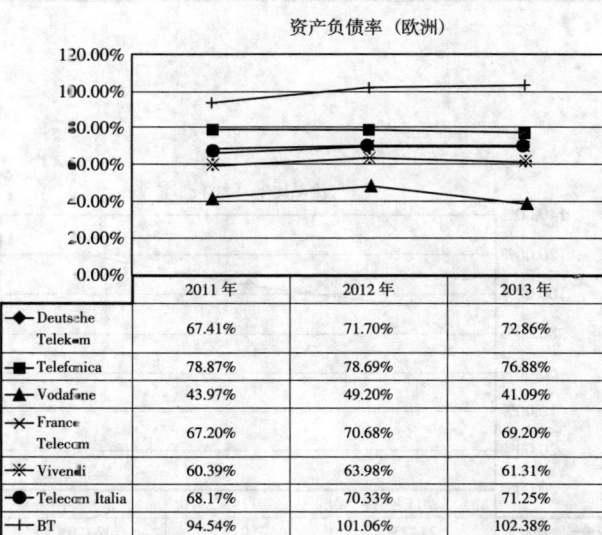

	2011年	2012年	2013年
Deutsche Telekom	67.41%	71.70%	72.86%
Telefonica	78.87%	78.69%	76.88%
Vodafone	43.97%	49.20%	41.09%
France Telecom	67.20%	70.68%	69.20%
Vivendi	60.39%	63.98%	61.31%
Telecom Italia	68.17%	70.33%	71.25%
BT	94.54%	101.06%	102.38%

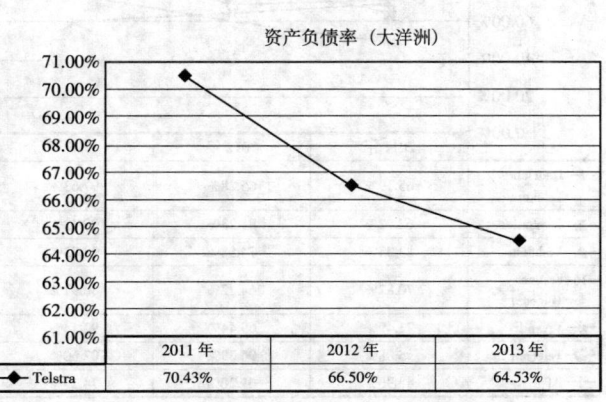

	2011年	2012年	2013年
Telstra	70.43%	66.50%	64.53%

2. 流动比率

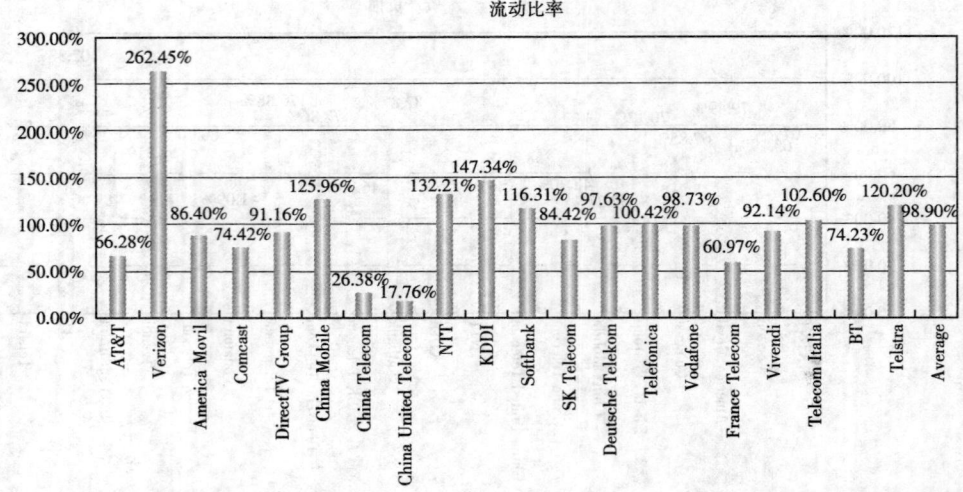

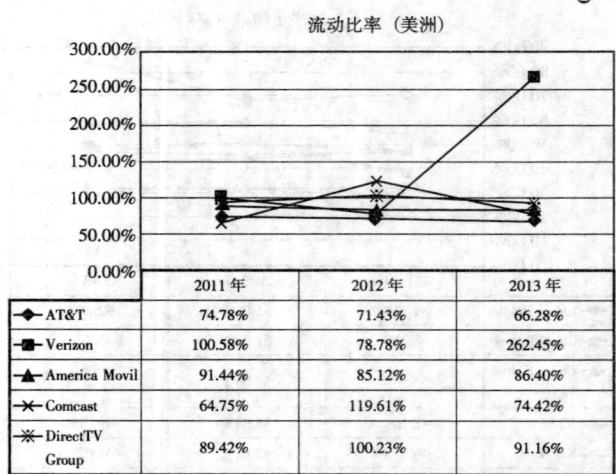

	2011年	2012年	2013年
AT&T	74.78%	71.43%	66.28%
Verizon	100.58%	78.78%	262.45%
America Movil	91.44%	85.12%	86.40%
Comcast	64.75%	119.61%	74.42%
DirectTV Group	89.42%	100.23%	91.16%

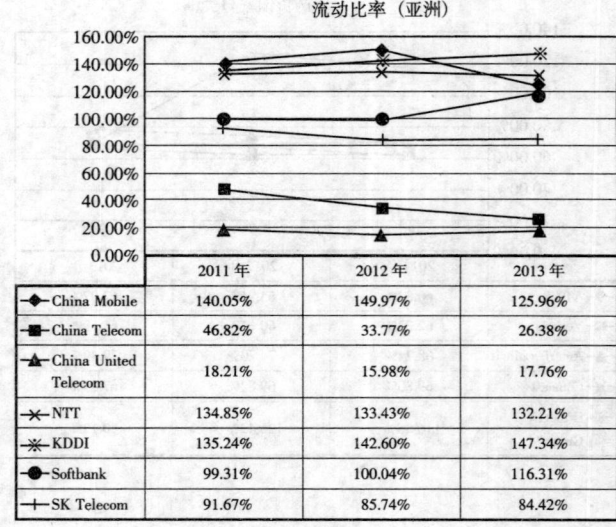

	2011年	2012年	2013年
China Mobile	140.05%	149.97%	125.96%
China Telecom	46.82%	33.77%	26.38%
China United Telecom	18.21%	15.98%	17.76%
NTT	134.85%	133.43%	132.21%
KDDI	135.24%	142.60%	147.34%
Softbank	99.31%	100.04%	116.31%
SK Telecom	91.67%	85.74%	84.42%

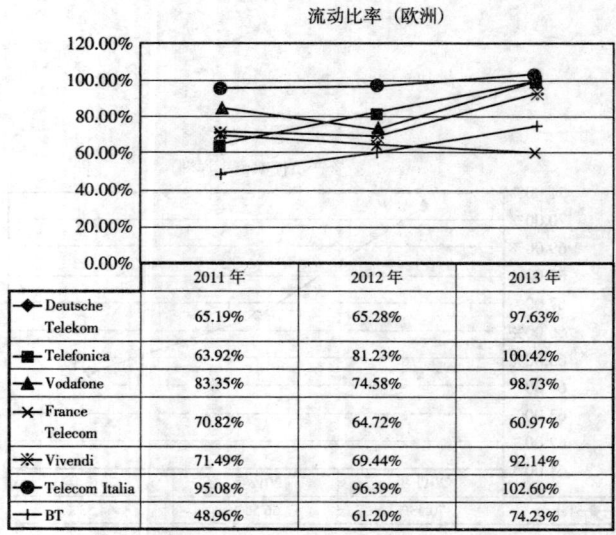

	2011年	2012年	2013年
Deutsche Telekom	65.19%	65.28%	97.63%
Telefonica	63.92%	81.23%	100.42%
Vodafone	83.35%	74.58%	98.73%
France Telecom	70.82%	64.72%	60.97%
Vivendi	71.49%	69.44%	92.14%
Telecom Italia	95.08%	96.39%	102.60%
BT	48.96%	61.20%	74.23%

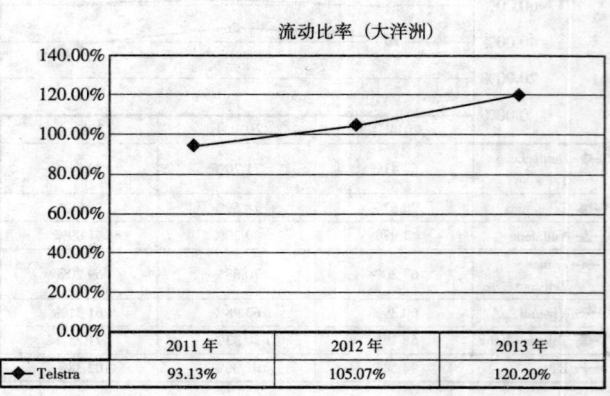

	2011年	2012年	2013年
Telstra	93.13%	105.07%	120.20%

3. 利息保障倍数

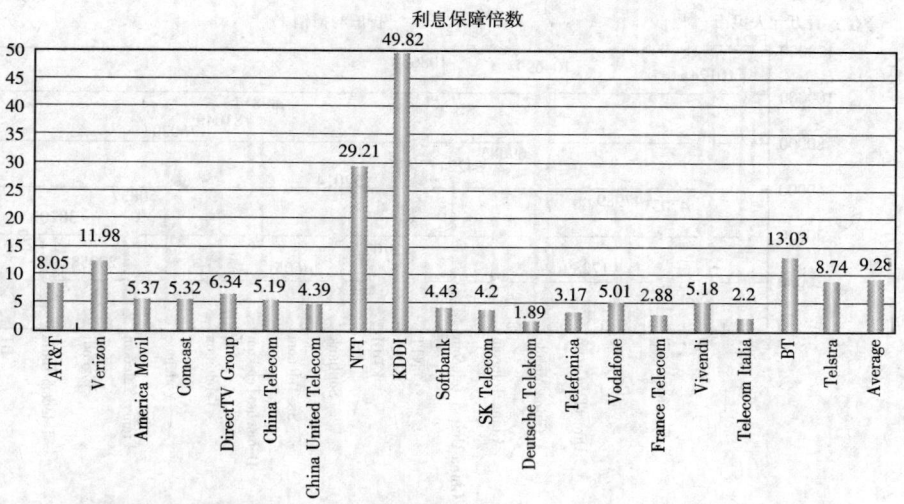

注：China Mobile 由于 2013 年利息保障倍数的数值为 480.99，过大，将其剔除。

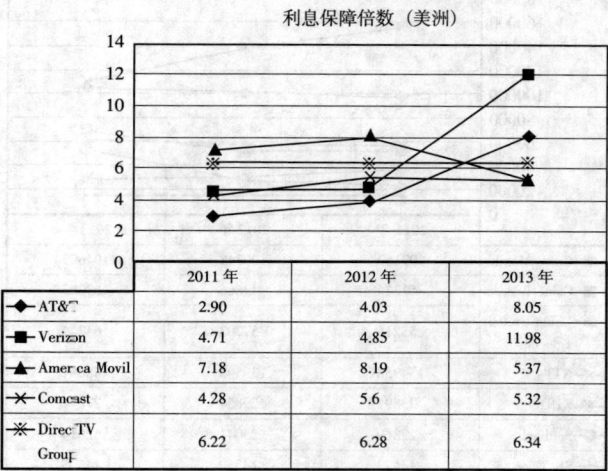

	2011 年	2012 年	2013 年
AT&T	2.90	4.03	8.05
Verizon	4.71	4.85	11.98
America Movil	7.18	8.19	5.37
Comcast	4.28	5.6	5.32
DirecTV Group	6.22	6.28	6.34

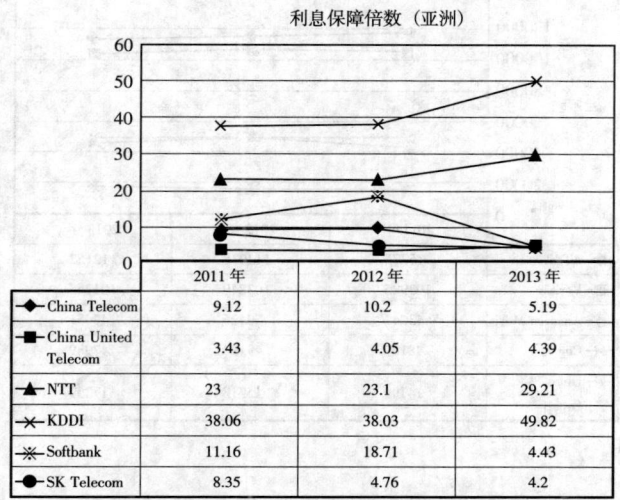

	2011 年	2012 年	2013 年
China Telecom	9.12	10.2	5.19
China United Telecom	3.43	4.05	4.39
NTT	23	23.1	29.21
KDDI	38.06	38.03	49.82
Softbank	11.16	18.71	4.43
SK Telecom	8.35	4.76	4.2

注：China Mobile 由于 2013 年利息保障倍数的数值为 480.99，过大，将其剔除。

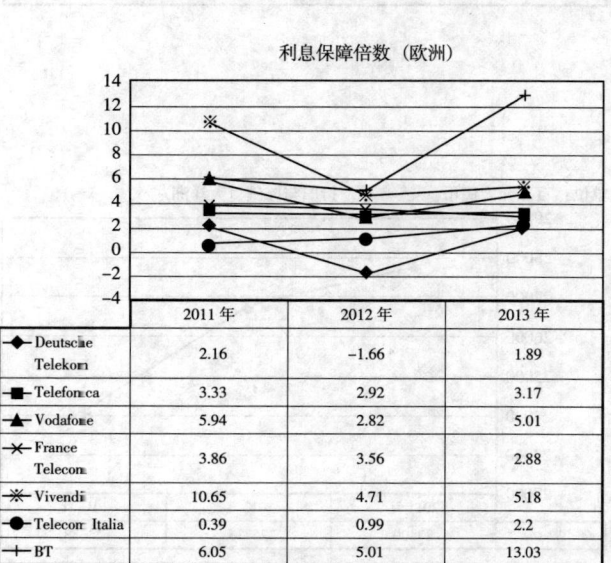

	2011 年	2012 年	2013 年
Deutsche Telekom	2.16	-1.66	1.89
Telefonica	3.33	2.92	3.17
Vodafone	5.94	2.82	5.01
France Telecom	3.86	3.56	2.88
Vivendi	10.65	4.71	5.18
Telecom Italia	0.39	0.99	2.2
BT	6.05	5.01	13.03

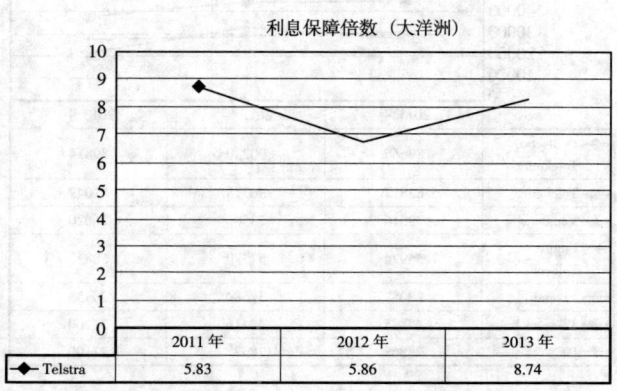

	2011 年	2012 年	2013 年
Telstra	5.83	5.86	8.74

4. 折旧与摊销

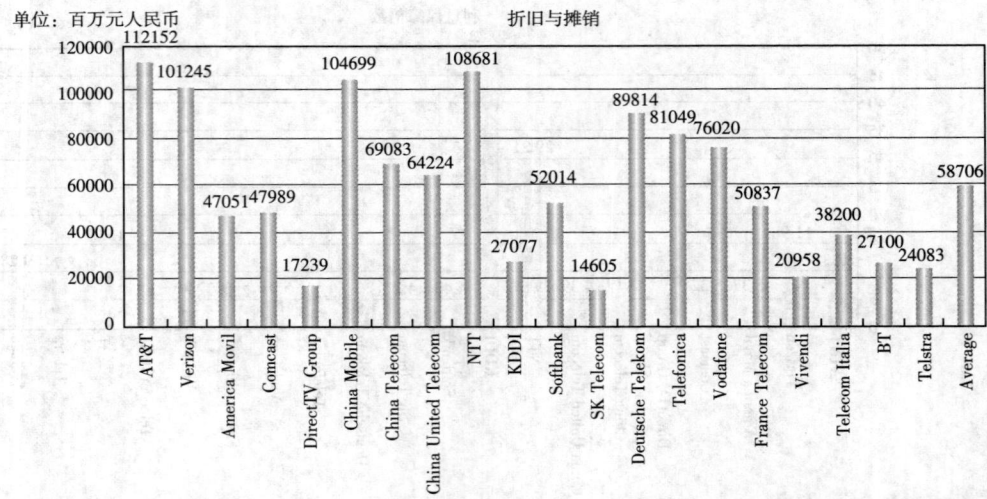

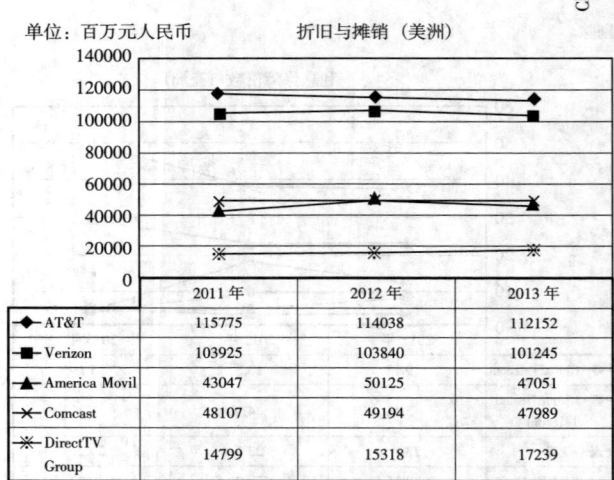

	2011年	2012年	2013年
AT&T	115775	114038	112152
Verizon	103925	103840	101245
America Movil	43047	50125	47051
Comcast	48107	49194	47989
DirectTV Group	14799	15318	17239

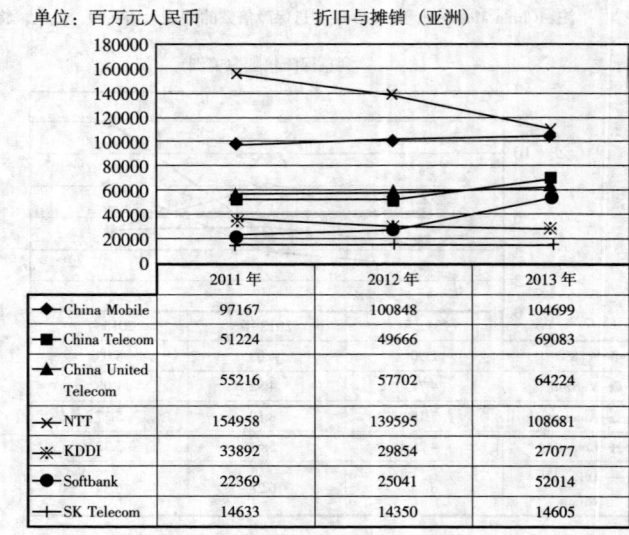

	2011年	2012年	2013年
China Mobile	97167	100848	104699
China Telecom	51224	49666	69083
China United Telecom	55216	57702	64224
NTT	154958	139595	108681
KDDI	33892	29854	27077
Softbank	22369	25041	52014
SK Telecom	14633	14350	14605

	2011年	2012年	2013年
Deutsche Telekom	89665	90229	89814
Telefonica	82817	86778	81049
Vodafone	79016	78503	76020
France Telecom	54974	52770	50837
Vivendi	28087	32680	20958
Telecom Italia	44845	44416	38200
BT	28863	28937	27100

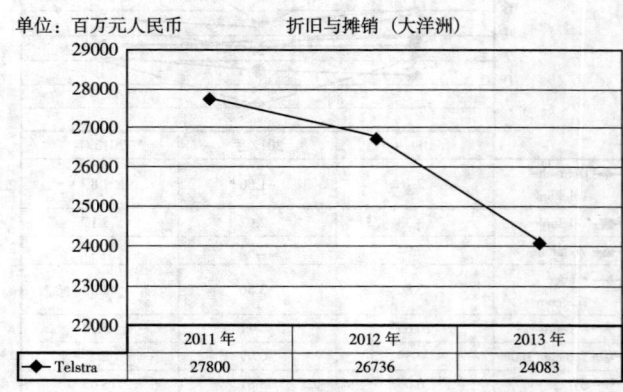

	2011年	2012年	2013年
Telstra	27800	26736	24083

5. 股息

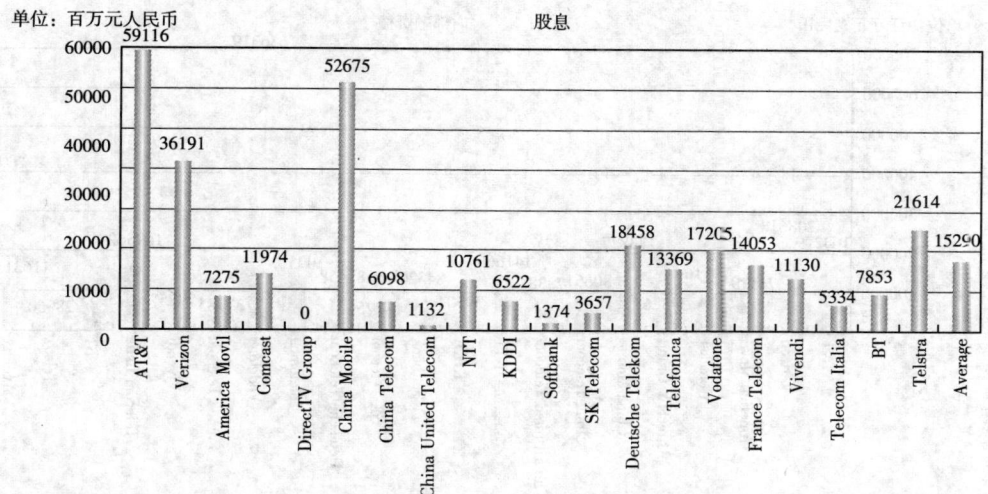

股息 (单位：百万元人民币)

AT&T	59116
Verizon	36191
America Movil	7275
Comcast	11974
DirectTV Group	0
China Mobile	52675
China Telecom	6098
China United Telecom	1132
NTT	10761
KDDI	6522
Softbank	1374
SK Telecom	3657
Deutsche Telekom	18458
Telefonica	13369
Vodafone	17205
France Telecom	14053
Vivendi	11130
Telecom Italia	5334
BT	7853
Telstra	21614
Average	15290

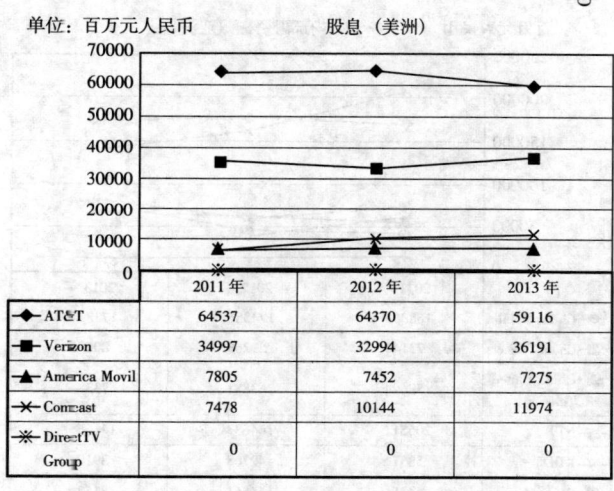

股息（美洲）（单位：百万元人民币）

	2011年	2012年	2013年
AT&T	64537	64370	59116
Verizon	34997	32994	36191
America Movil	7805	7452	7275
Comcast	7478	10144	11974
DirectTV Group	0	0	0

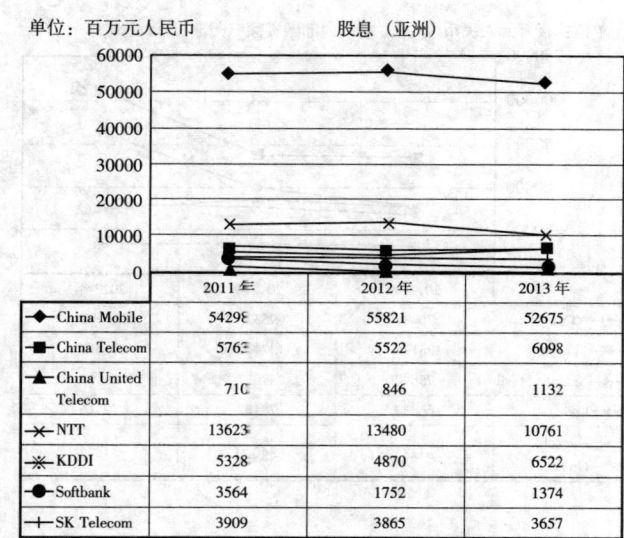

股息（亚洲）（单位：百万元人民币）

	2011年	2012年	2013年
China Mobile	54298	55821	52675
China Telecom	5763	5522	6098
China United Telecom	710	846	1132
NTT	13623	13480	10761
KDDI	5328	4870	6522
Softbank	3564	1752	1374
SK Telecom	3909	3865	3657

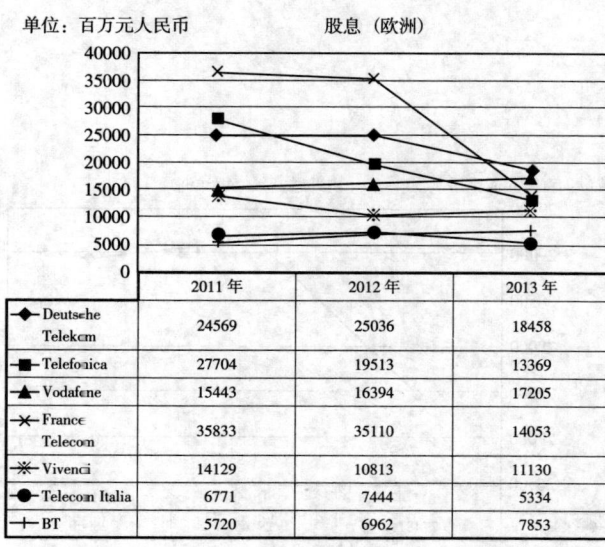

股息（欧洲）（单位：百万元人民币）

	2011年	2012年	2013年
Deutsche Telekom	24569	25036	18458
Telefonica	27704	19513	13369
Vodafone	15443	16394	17205
France Telecom	35833	35110	14053
Vivendi	14129	10813	11130
Telecom Italia	6771	7444	5334
BT	5720	6962	7853

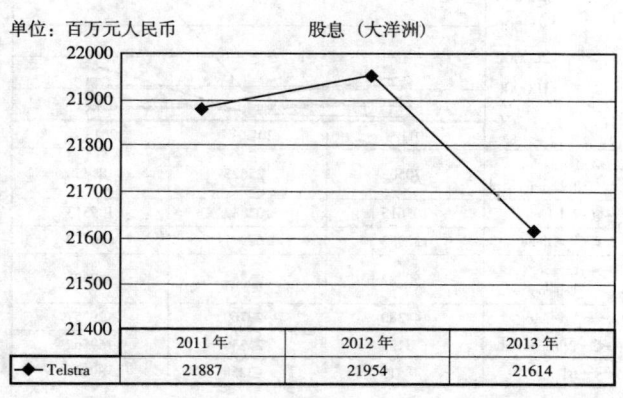

股息（大洋洲）（单位：百万元人民币）

	2011年	2012年	2013年
Telstra	21887	21954	21614

6. 内部融资额

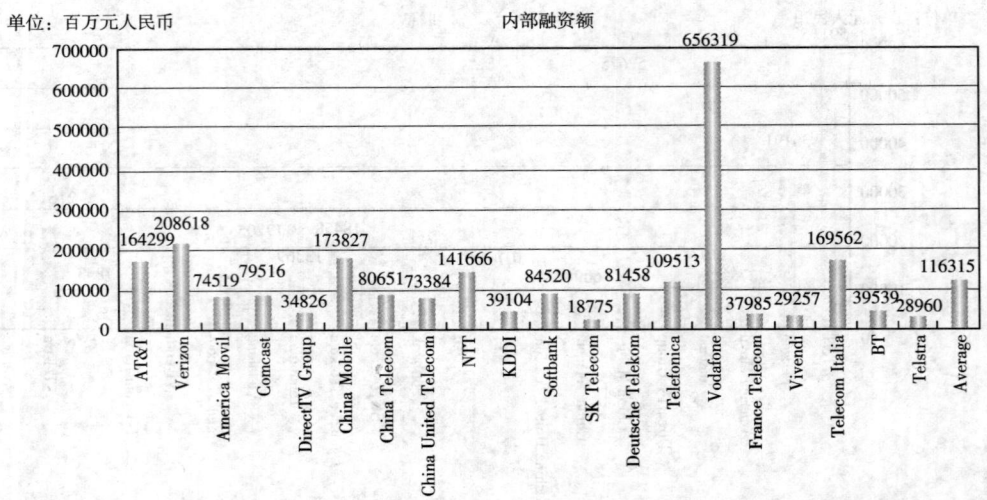

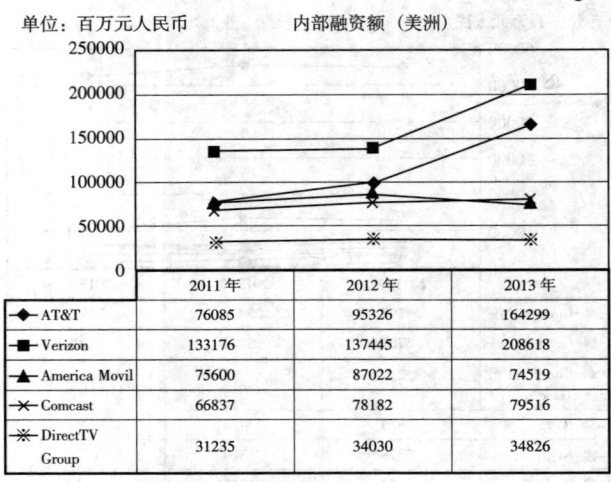

	2011年	2012年	2013年
AT&T	76085	95326	164299
Verizon	133176	137445	208618
America Movil	75600	87022	74519
Comcast	66837	78182	79516
DirectTV Group	31235	34030	34826

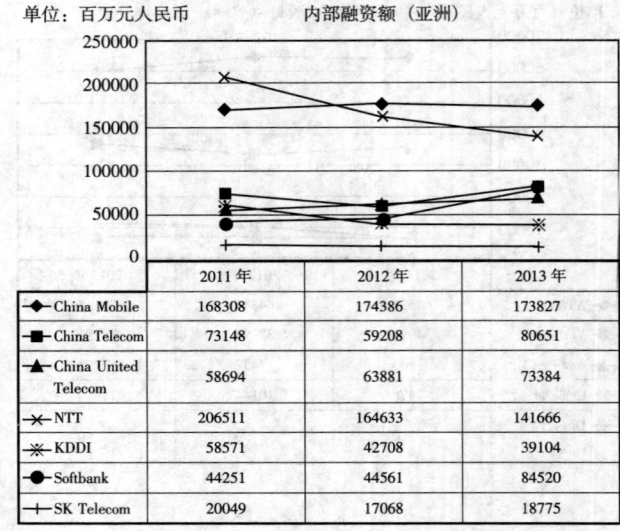

	2011年	2012年	2013年
China Mobile	168308	174386	173827
China Telecom	73148	59208	80651
China United Telecom	58694	63881	73384
NTT	206511	164633	141666
KDDI	58571	42708	39104
Softbank	44251	44561	84520
SK Telecom	20049	17068	18775

	2011年	2012年	2013年
Deutsche Telekom	70565	25627	81458
Telefonica	105615	103887	109513
Vodafone	133982	68971	656319
France Telecom	50387	26864	37985
Vivendi	44380	29760	29257
Telecom Italia	3139	26350	169562
BT	48315	43258	39539

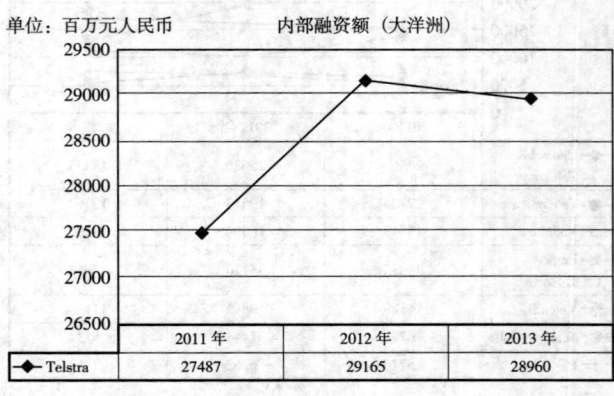

	2011年	2012年	2013年
Telstra	27487	29165	28960

电信运营企业成本费用管理绩效指标概览

1. 总资产周转率
2. 固定资产周转率
3. 坏账发生率
4. 折旧摊销率
5. 付现成本率
6. 营销、一般及管理费用率

1. 总资产周转率

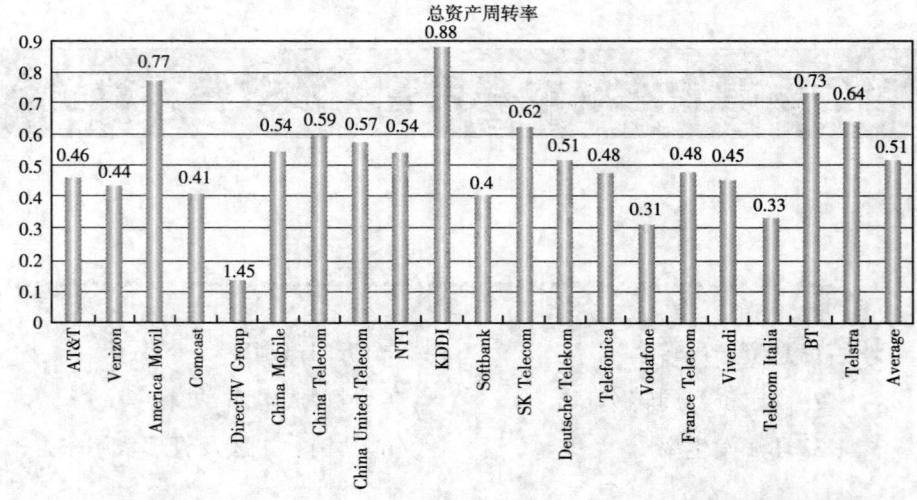

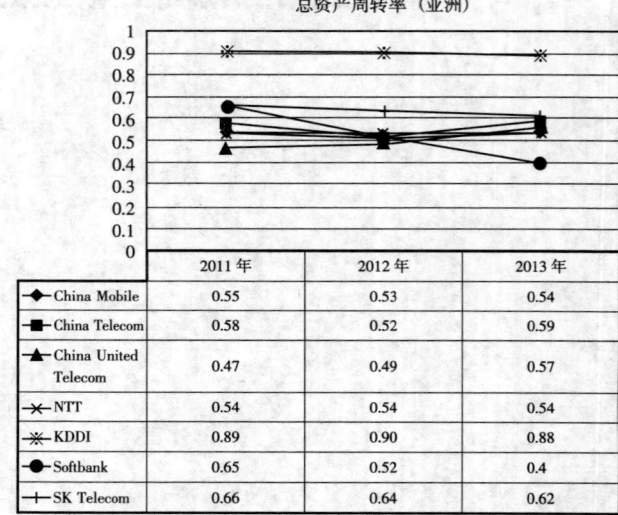

	2011年	2012年	2013年
China Mobile	0.55	0.53	0.54
China Telecom	0.58	0.52	0.59
China United Telecom	0.47	0.49	0.57
NTT	0.54	0.54	0.54
KDDI	0.89	0.90	0.88
Softbank	0.65	0.52	0.4
SK Telecom	0.66	0.64	0.62

总资产周转率（美洲）

	2011年	2012年	2013年
AT&T	0.47	0.47	0.46
Verizon	0.48	0.51	0.44
America Movil	0.70	0.78	0.77
Comcast	0.35	0.38	0.41
DirectTV Group	1.48	1.47	1.45

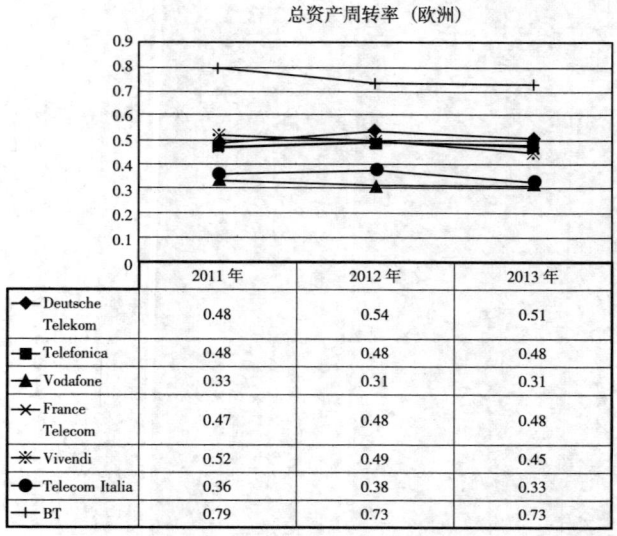

	2011年	2012年	2013年
Deutsche Telekom	0.48	0.54	0.51
Telefonica	0.48	0.48	0.48
Vodafone	0.33	0.31	0.31
France Telecom	0.47	0.48	0.48
Vivendi	0.52	0.49	0.45
Telecom Italia	0.36	0.38	0.33
BT	0.79	0.73	0.73

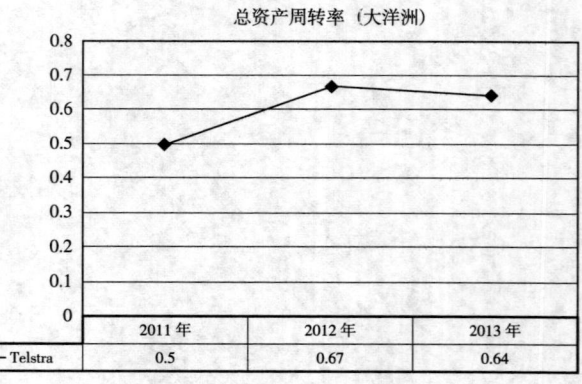

	2011年	2012年	2013年
Telstra	0.5	0.67	0.64

2. 固定资产周转率

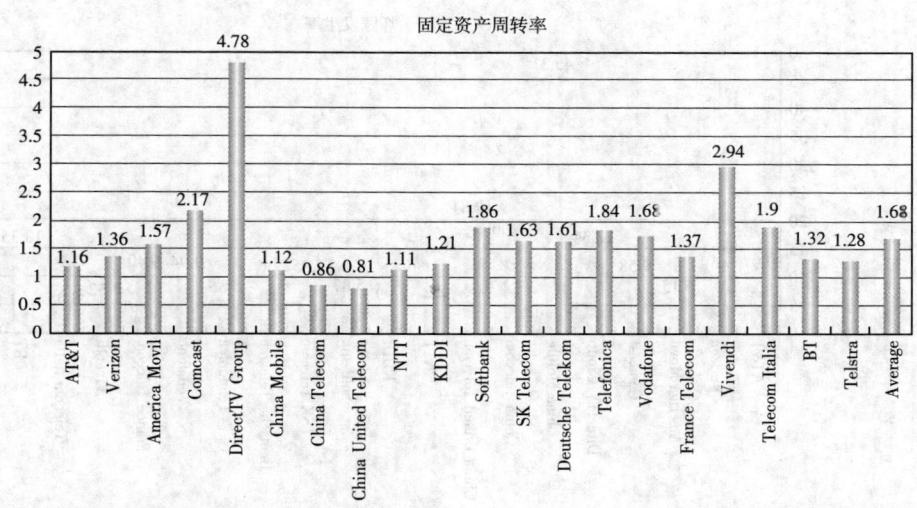

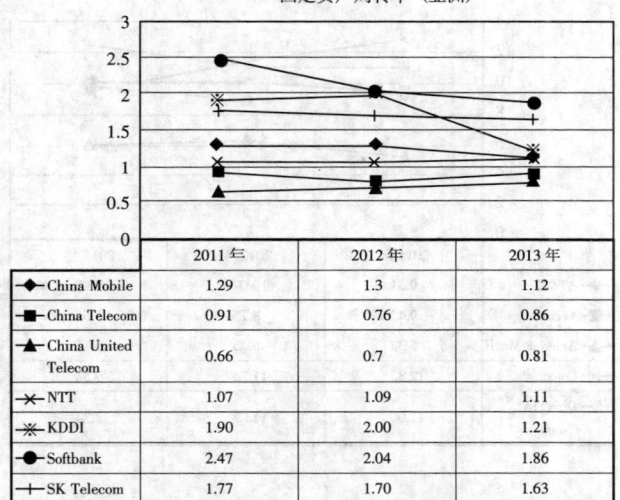

固定资产周转率（美洲）

	2011年	2012年	2013年
AT&T	1.24	1.16	1.16
Verizon	1.30	1.31	1.36
America Movil	1.43	1.55	1.57
Comcast	2.03	2.3	2.17
DirectTV Group	6.05	4.93	4.78

固定资产周转率（亚洲）

	2011年	2012年	2013年
China Mobile	1.29	1.3	1.12
China Telecom	0.91	0.76	0.86
China United Telecom	0.66	0.7	0.81
NTT	1.07	1.09	1.11
KDDI	1.90	2.00	1.21
Softbank	2.47	2.04	1.86
SK Telecom	1.77	1.70	1.63

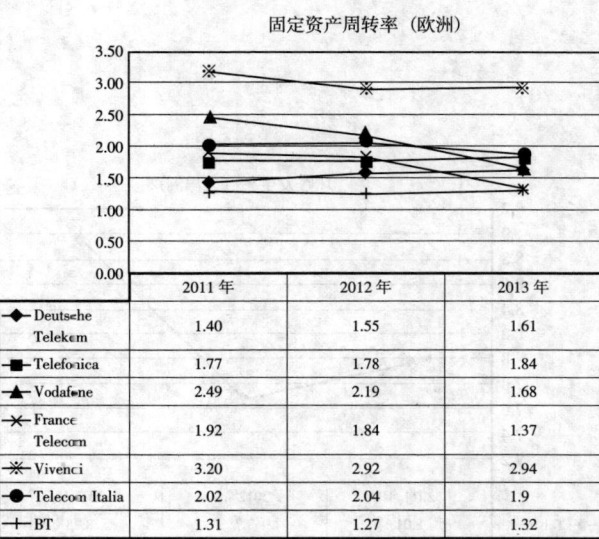

固定资产周转率（欧洲）

	2011年	2012年	2013年
Deutsche Telekom	1.40	1.55	1.61
Telefonica	1.77	1.78	1.84
Vodafone	2.49	2.19	1.68
France Telecom	1.92	1.84	1.37
Vivenci	3.20	2.92	2.94
Telecom Italia	2.02	2.04	1.9
BT	1.31	1.27	1.32

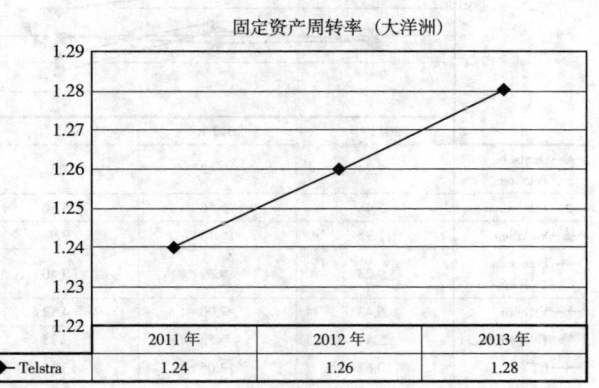

固定资产周转率（大洋洲）

	2011年	2012年	2013年
Telstra	1.24	1.26	1.28

3. 坏账发生率

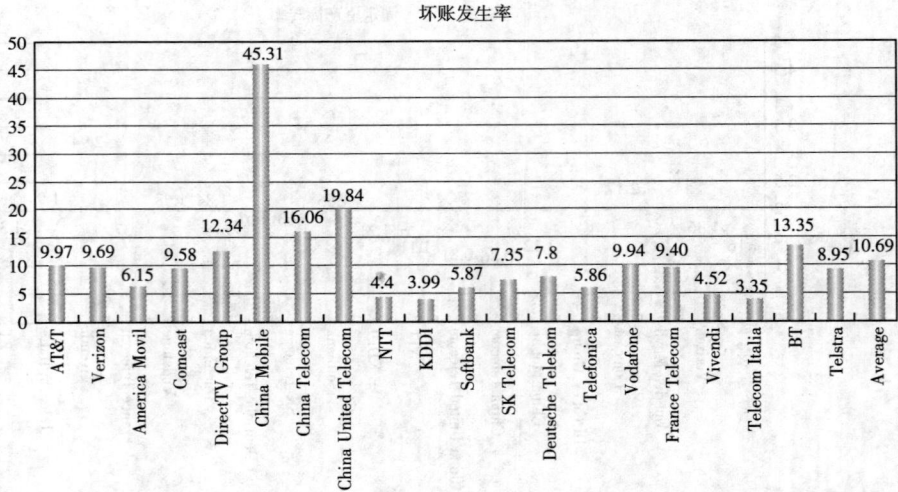

坏账发生率

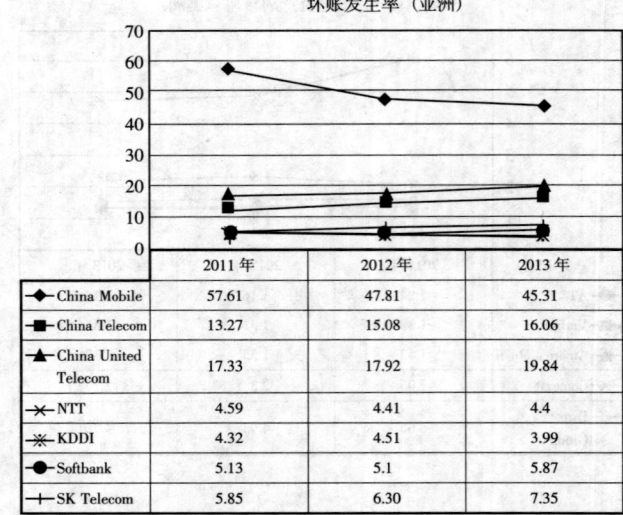

坏账发生率（亚洲）

	2011年	2012年	2013年
China Mobile	57.61	47.81	45.31
China Telecom	13.27	15.08	16.06
China United Telecom	17.33	17.92	19.84
NTT	4.59	4.41	4.4
KDDI	4.32	4.51	3.99
Softbank	5.13	5.1	5.87
SK Telecom	5.85	6.30	7.35

坏账发生率（美洲）

	2011年	2012年	2013年
AT&T	9.31	10.07	9.97
Verizon	9.42	8.76	9.69
America Movil	5.32	6.45	6.15
Comcast	12.83	11.33	9.58
DirectTV Group	11.00	11.03	12.34

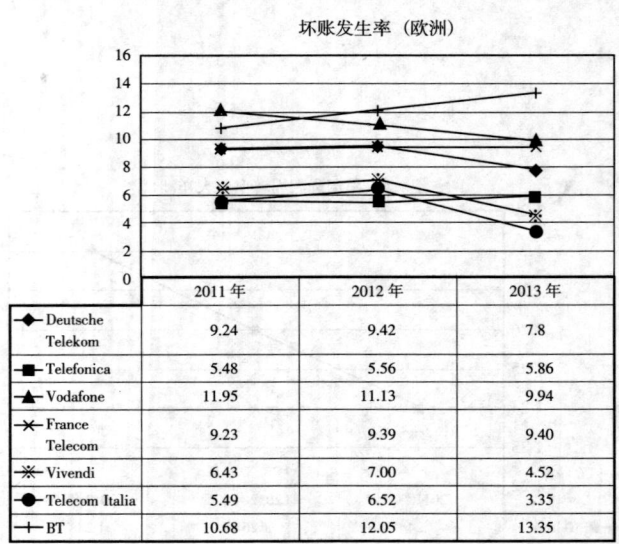

坏账发生率（欧洲）

	2011年	2012年	2013年
Deutsche Telekom	9.24	9.42	7.8
Telefonica	5.48	5.56	5.86
Vodafone	11.95	11.13	9.94
France Telecom	9.23	9.39	9.40
Vivendi	6.43	7.00	4.52
Telecom Italia	5.49	6.52	3.35
BT	10.68	12.05	13.35

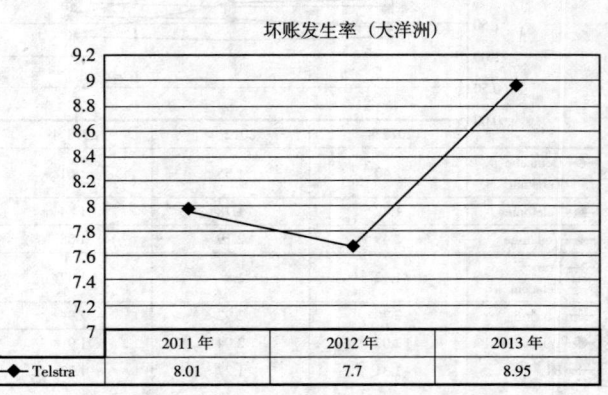

坏账发生率（大洋洲）

	2011年	2012年	2013年
Telstra	8.01	7.7	8.95

4. 折旧摊销率

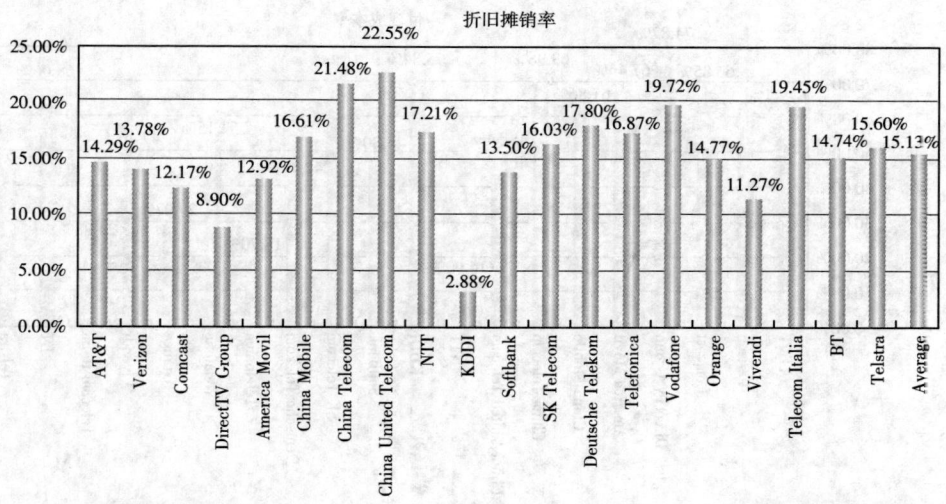

折旧摊销率

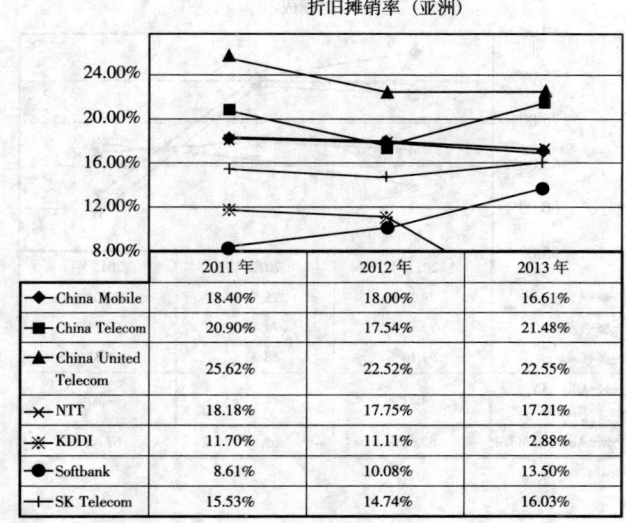

折旧摊销率（亚洲）

	2011年	2012年	2013年
China Mobile	18.40%	18.00%	16.61%
China Telecom	20.90%	17.54%	21.48%
China United Telecom	25.62%	22.52%	22.55%
NTT	18.18%	17.75%	17.21%
KDDI	11.70%	11.11%	2.88%
Softbank	8.61%	10.08%	13.50%
SK Telecom	15.53%	14.74%	16.03%

折旧摊销率（美洲）

	2011年	2012年	2013年
AT&T	14.50%	14.24%	14.29%
Verizon	14.88%	14.21%	13.78%
Comcast	13.67%	12.46%	12.17%
DirectTV Group	8.63%	8.19%	8.90%
America Movil	14.13%	13.36%	12.92%

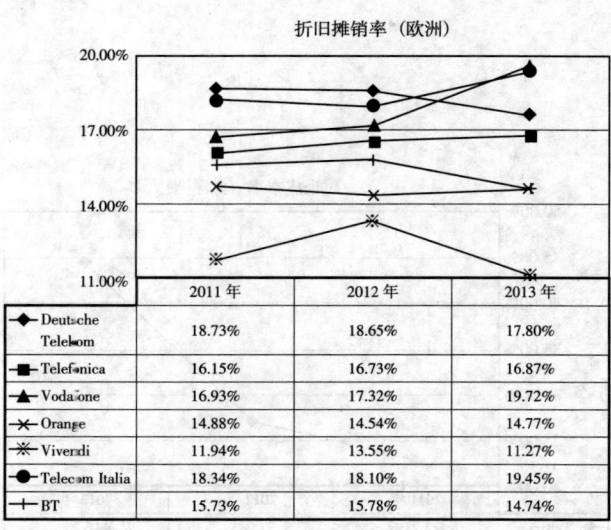

折旧摊销率（欧洲）

	2011年	2012年	2013年
Deutsche Telekom	18.73%	18.65%	17.80%
Telefonica	16.15%	16.73%	16.87%
Vodafone	16.93%	17.32%	19.72%
Orange	14.88%	14.54%	14.77%
Vivendi	11.94%	13.55%	11.27%
Telecom Italia	18.34%	18.10%	19.45%
BT	15.73%	15.78%	14.74%

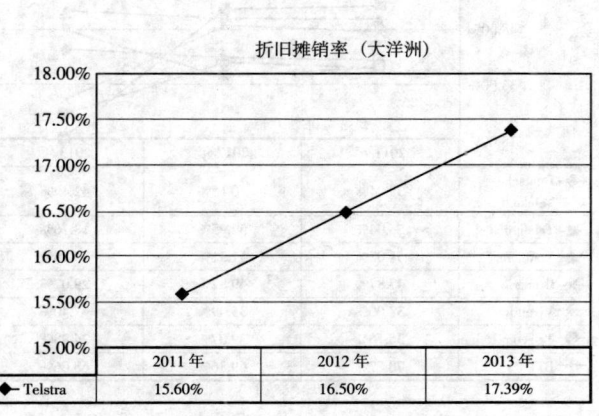

折旧摊销率（大洋洲）

	2011年	2012年	2013年
Telstra	15.60%	16.50%	17.39%

5. 付现成本率

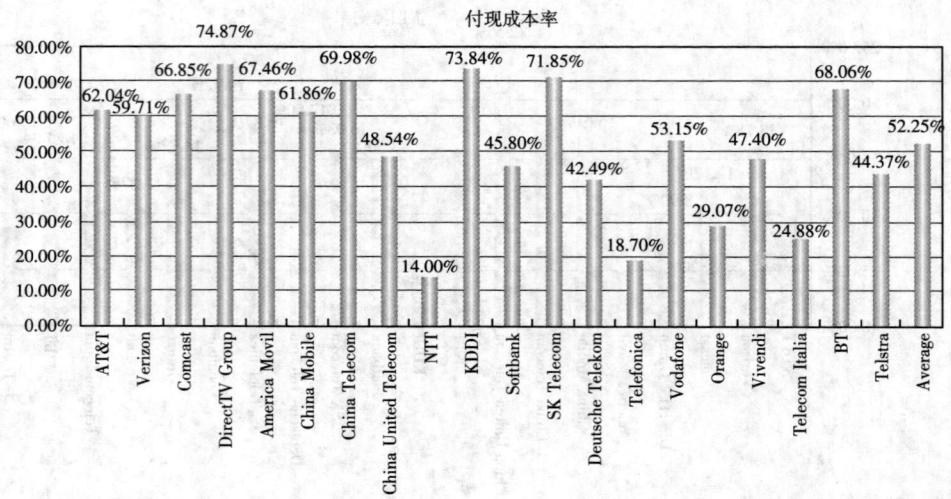

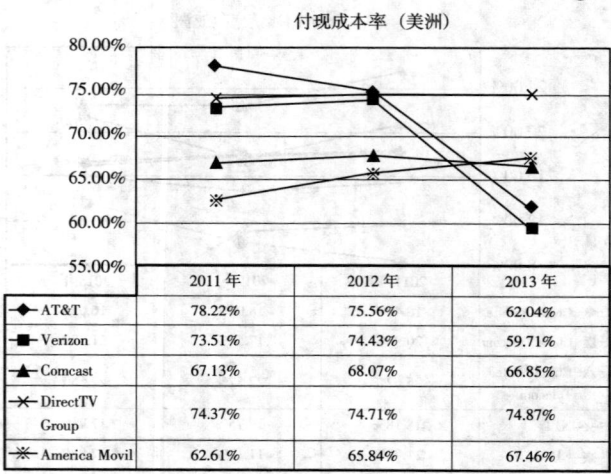

	2011年	2012年	2013年
AT&T	78.22%	75.56%	62.04%
Verizon	73.51%	74.43%	59.71%
Comcast	67.13%	68.07%	66.85%
DirectTV Group	74.37%	74.71%	74.87%
America Movil	62.61%	65.84%	67.46%

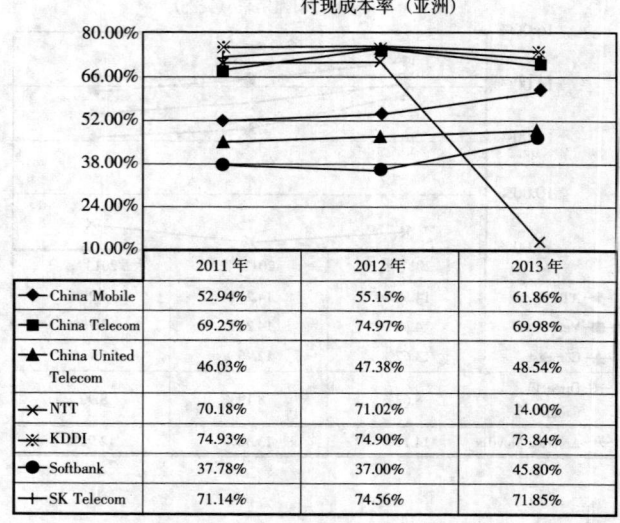

	2011年	2012年	2013年
China Mobile	52.94%	55.15%	61.86%
China Telecom	69.25%	74.97%	69.98%
China United Telecom	46.03%	47.38%	48.54%
NTT	70.18%	71.02%	14.00%
KDDI	74.93%	74.90%	73.84%
Softbank	37.78%	37.00%	45.80%
SK Telecom	71.14%	74.56%	71.85%

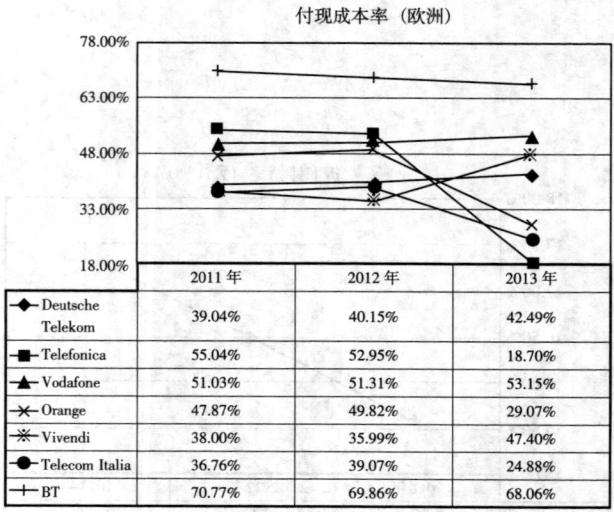

	2011年	2012年	2013年
Deutsche Telekom	39.04%	40.15%	42.49%
Telefonica	55.04%	52.95%	18.70%
Vodafone	51.03%	51.31%	53.15%
Orange	47.87%	49.82%	29.07%
Vivendi	38.00%	35.99%	47.40%
Telecom Italia	36.76%	39.07%	24.88%
BT	70.77%	69.86%	68.06%

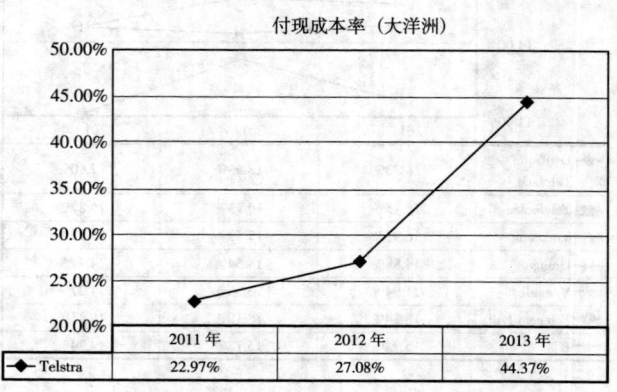

	2011年	2012年	2013年
Telstra	22.97%	27.08%	44.37%

6. 营销、一般及管理费用率

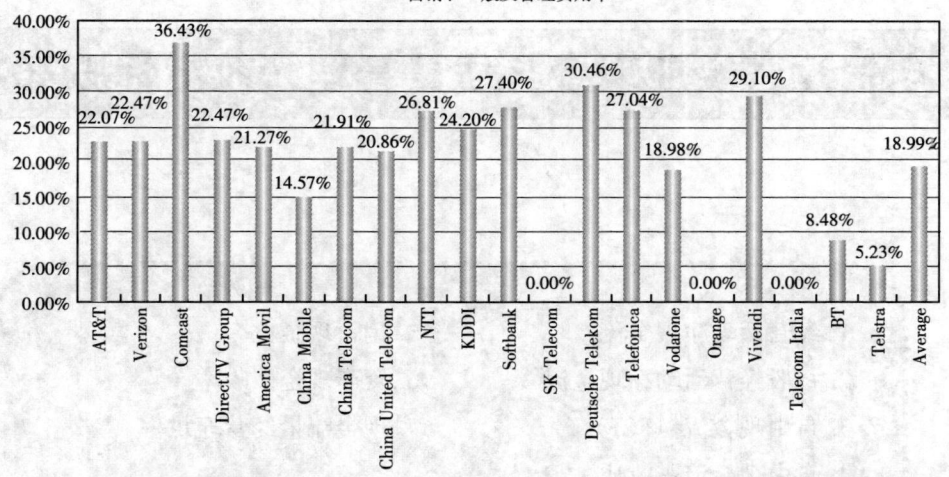

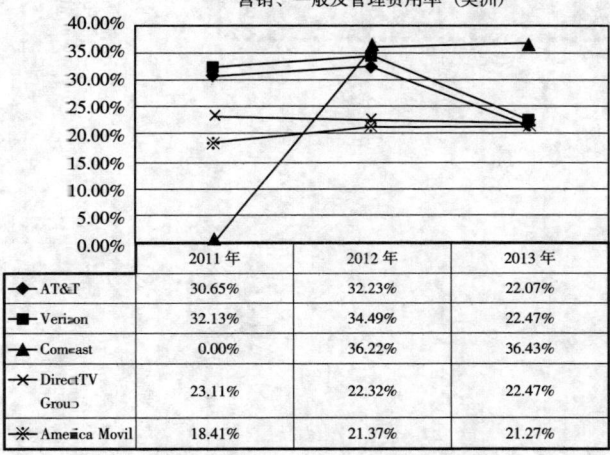

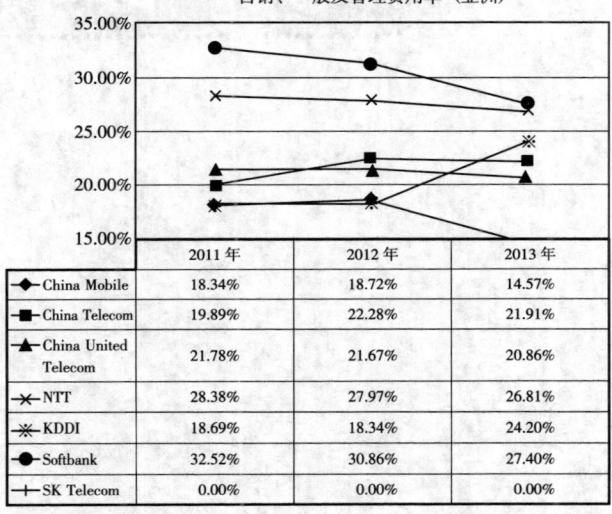

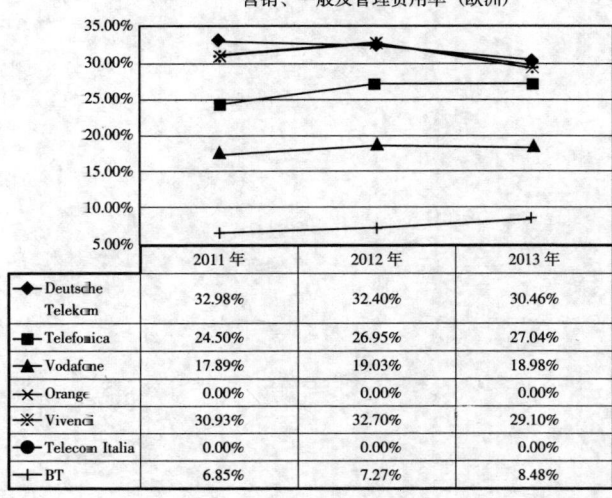

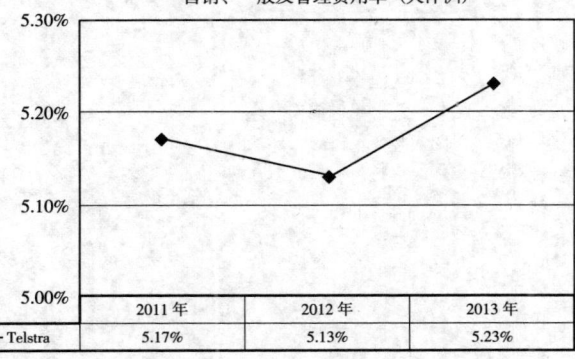

四 电信运营企业现金与质量管理绩效指标概览

1. 经营活动净现金流
2. 每股经营活动净现金流
3. 自由现金流（FCF）
4. 自由现金流占收比
5. 销售现金比率
6. 资产现金回收率
7. 现金流量经营充足率

1. 经营活动净现金流

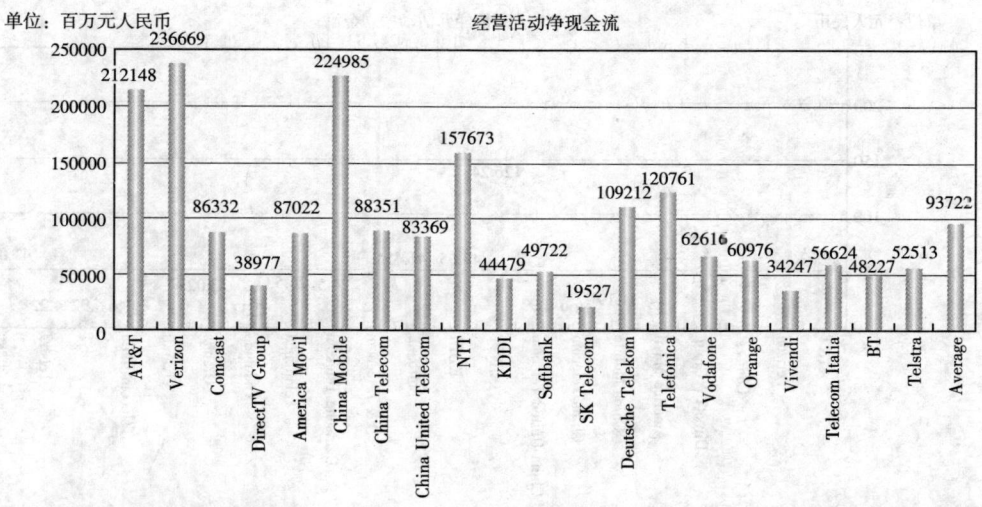

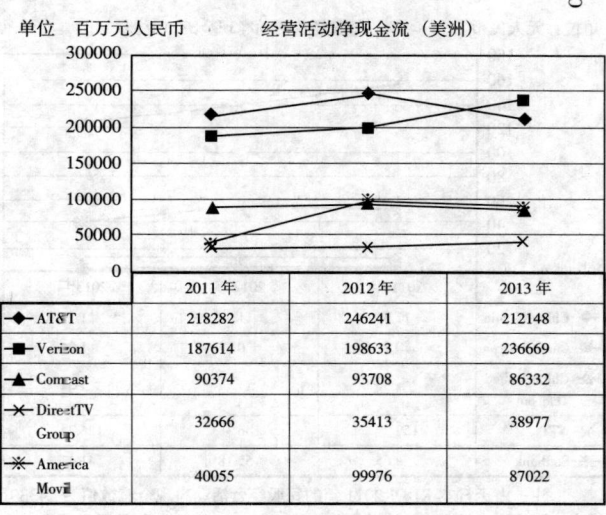

	2011年	2012年	2013年
AT&T	218282	246241	212148
Verizon	187614	198633	236669
Comcast	90374	93708	86332
DirectTV Group	32666	35413	38977
America Movil	40055	99976	87022

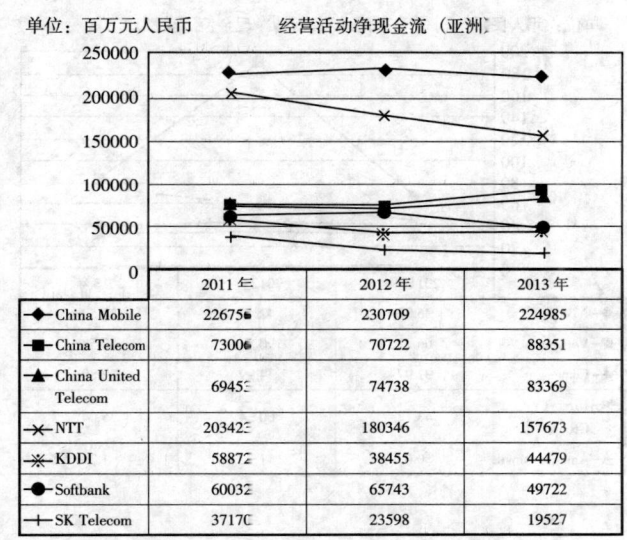

	2011年	2012年	2013年
China Mobile	226756	230709	224985
China Telecom	73006	70722	88351
China United Telecom	69453	74738	83369
NTT	203423	180346	157673
KDDI	58872	38455	44479
Softbank	60032	65743	49722
SK Telecom	37170	23598	19527

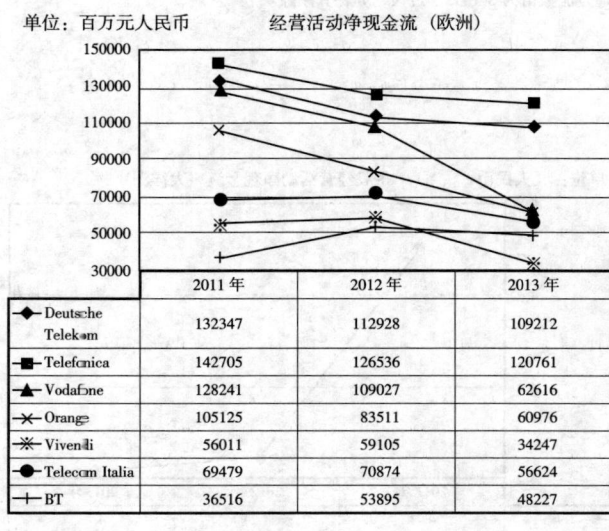

	2011年	2012年	2013年
Deutsche Telekom	132347	112928	109212
Telefonica	142705	126536	120761
Vodafone	128241	109027	62616
Orange	105125	83511	60976
Vivendi	56011	59105	34247
Telecom Italia	69479	70874	56624
BT	36516	53895	48227

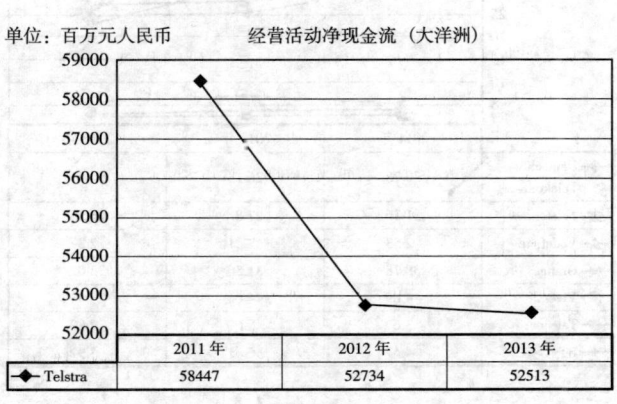

	2011年	2012年	2013年
Telstra	58447	52734	52513

2. 每股经营活动净现金流

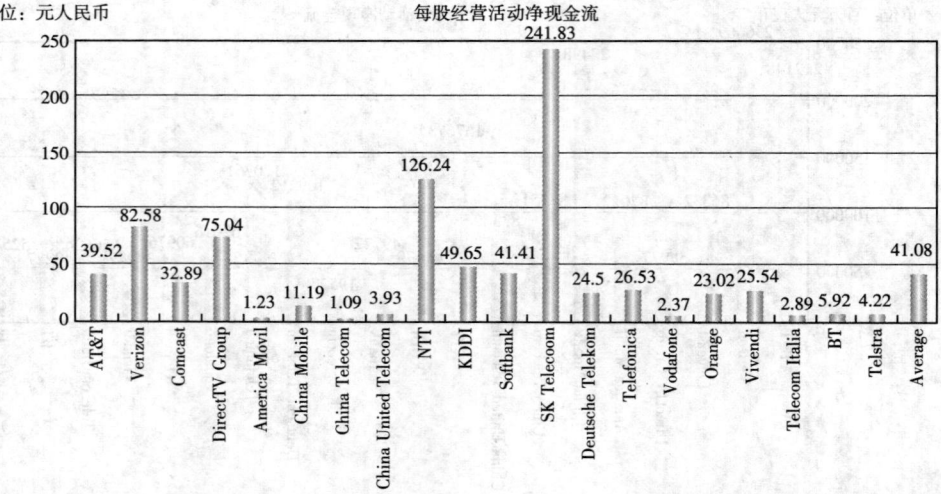

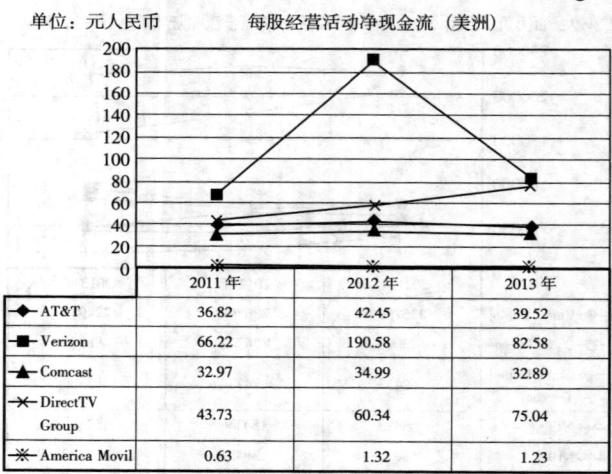

	2011年	2012年	2013年
AT&T	36.82	42.45	39.52
Verizon	66.22	190.58	82.58
Comcast	32.97	34.99	32.89
DirectTV Group	43.73	60.34	75.04
America Movil	0.63	1.32	1.23

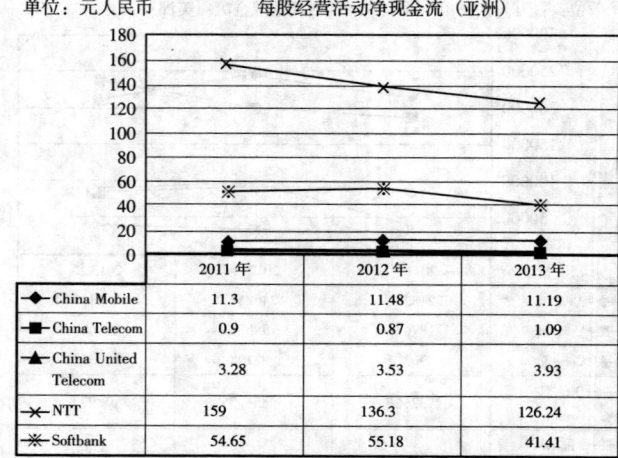

	2011年	2012年	2013年
China Mobile	11.3	11.48	11.19
China Telecom	0.9	0.87	1.09
China United Telecom	3.28	3.53	3.93
NTT	159	136.3	126.24
Softbank	54.65	55.18	41.41

注：由于日本 KDDI 2011 年的每股经营活动净现金流数值为 14339，过大，影响图表排列，故将其剔除；SK Telecom 2011 年的每股经营活动净现金流数值为 526.52，过大，亦将其剔除。

每股经营活动净现金流（欧洲）单位：元人民币

	2011年	2012年	2013年
Deutsche Telekom	30.78	26.13	24.5
Telefonica	31.26	27.8	26.53
Vodafone	2.53	2.21	2.37
Orange	38.78	31.56	23.02
Vivendi	44.89	44.64	25.54
Telecom Italia	3.6	3.67	2.89
BT	4.47	6.61	5.92

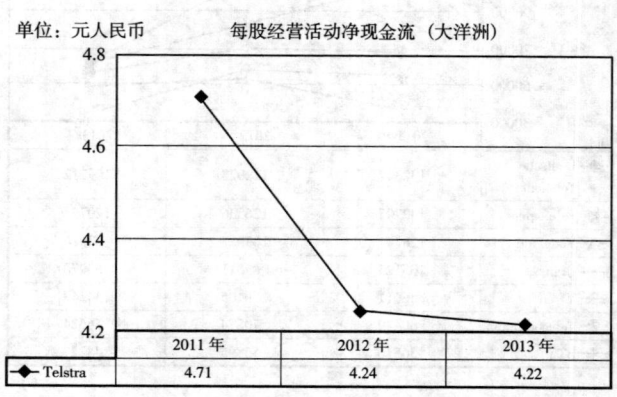

	2011年	2012年	2013年
Telstra	4.71	4.24	4.22

3. 自由现金流（FCF）

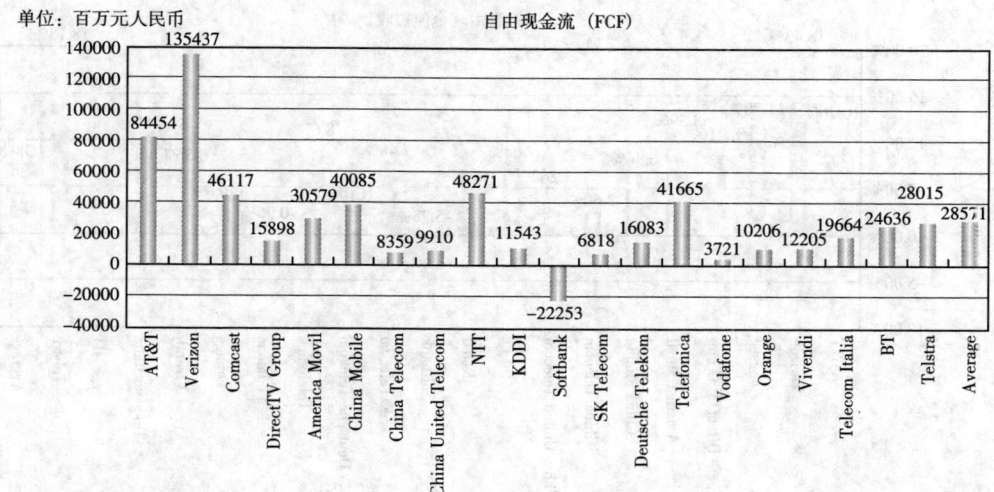

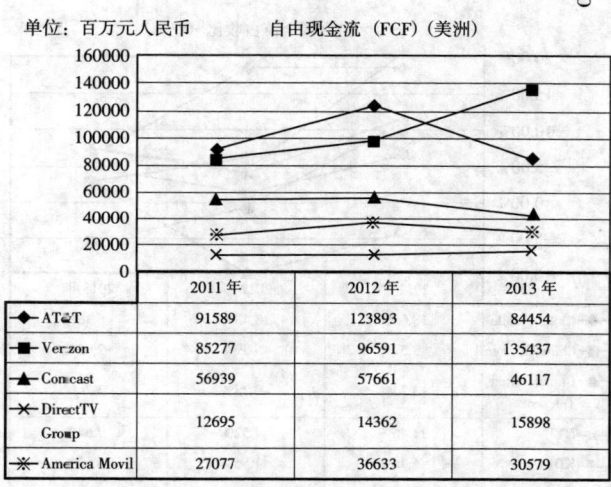

	2011年	2012年	2013年
AT&T	91589	123893	84454
Verizon	85277	96591	135437
Comcast	56939	57661	46117
DirectTV Group	12695	14362	15898
America Movil	27077	36633	30579

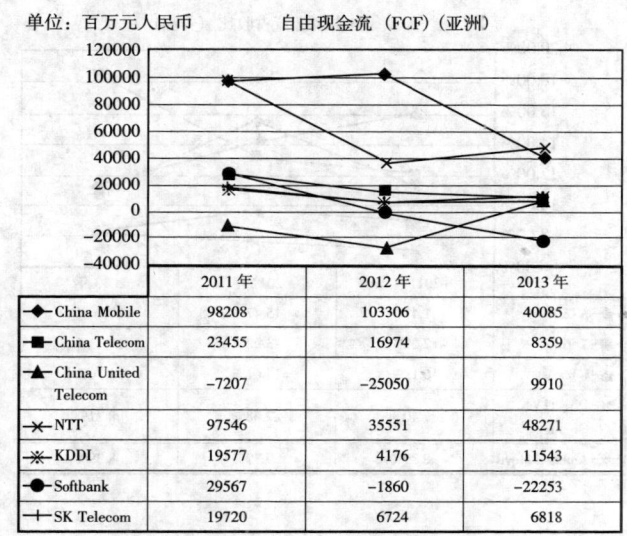

	2011年	2012年	2013年
China Mobile	98208	103306	40085
China Telecom	23455	16974	8359
China United Telecom	-7207	-25050	9910
NTT	97546	35551	48271
KDDI	19577	4176	11543
Softbank	29567	-1860	-22253
SK Telecom	19720	6724	6818

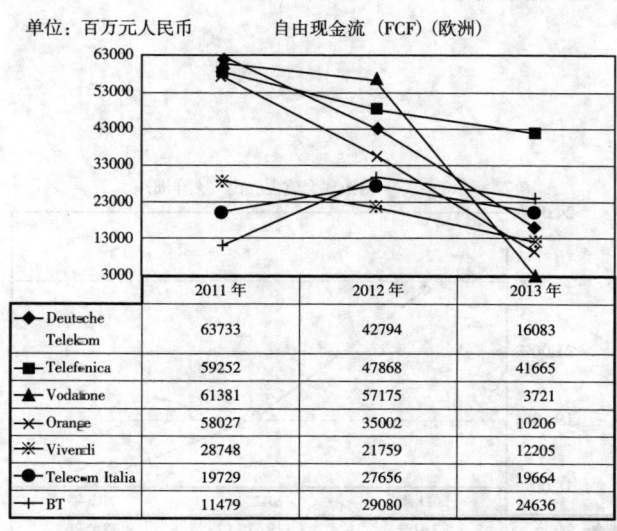

	2011年	2012年	2013年
Deutsche Telekom	63733	42794	16083
Telefonica	59252	47868	41665
Vodafone	61381	57175	3721
Orange	58027	35002	10206
Vivendi	28748	21759	12205
Telecom Italia	19729	27656	19664
BT	11479	29080	24636

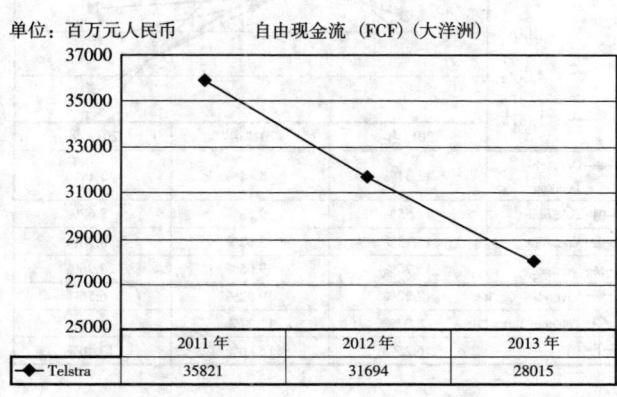

	2011年	2012年	2013年
Telstra	35821	31694	28015

4. 自由现金流占收比

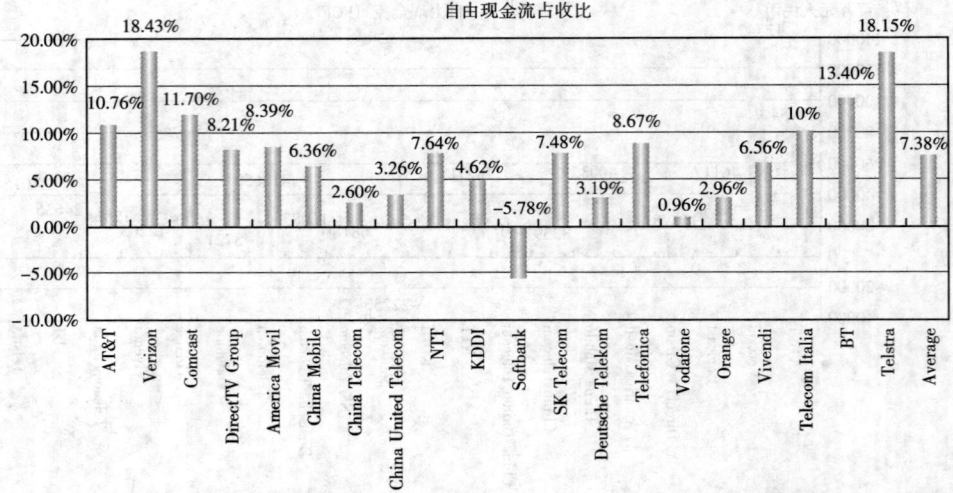

自由现金流占收比

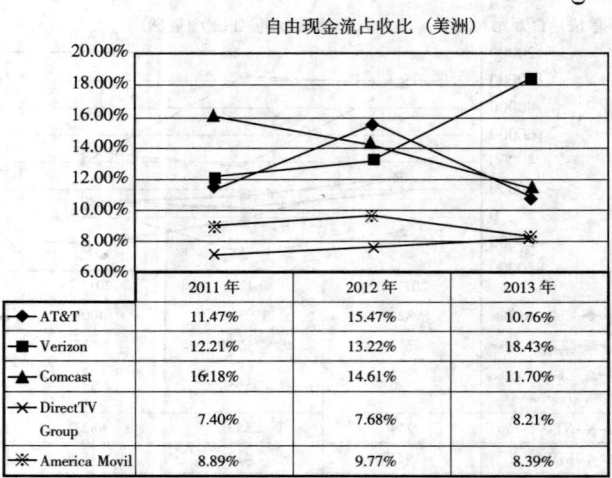

自由现金流占收比（美洲）

	2011年	2012年	2013年
AT&T	11.47%	15.47%	10.76%
Verizon	12.21%	13.22%	18.43%
Comcast	16.18%	14.61%	11.70%
DirectTV Group	7.40%	7.68%	8.21%
America Movil	8.89%	9.77%	8.39%

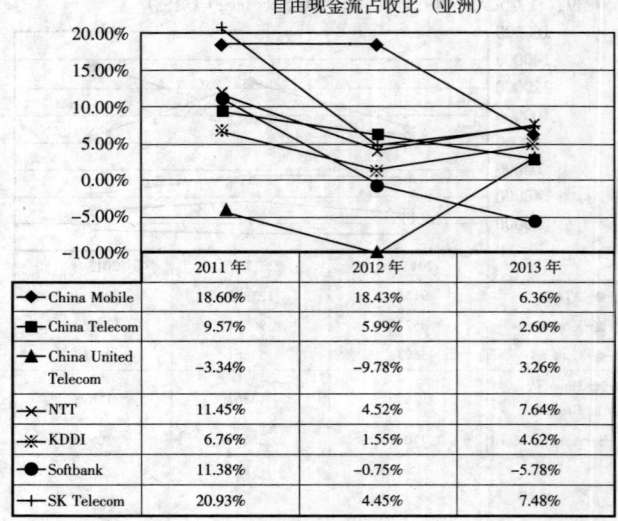

自由现金流占收比（亚洲）

	2011年	2012年	2013年
China Mobile	18.60%	18.43%	6.36%
China Telecom	9.57%	5.99%	2.60%
China United Telecom	-3.34%	-9.78%	3.26%
NTT	11.45%	4.52%	7.64%
KDDI	6.76%	1.55%	4.62%
Softbank	11.38%	-0.75%	-5.78%
SK Telecom	20.93%	4.45%	7.48%

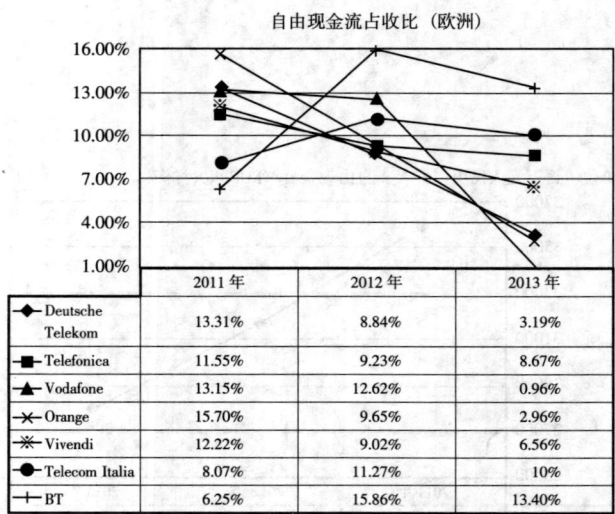

自由现金流占收比（欧洲）

	2011年	2012年	2013年
Deutsche Telekom	13.31%	8.84%	3.19%
Telefonica	11.55%	9.23%	8.67%
Vodafone	13.15%	12.62%	0.96%
Orange	15.70%	9.65%	2.96%
Vivendi	12.22%	9.02%	6.56%
Telecom Italia	8.07%	11.27%	10%
BT	6.25%	15.86%	13.40%

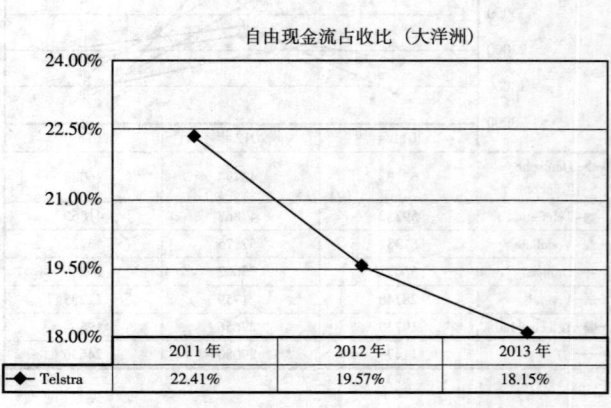

自由现金流占收比（大洋洲）

	2011年	2012年	2013年
Telstra	22.41%	19.57%	18.15%

5. 销售现金比率

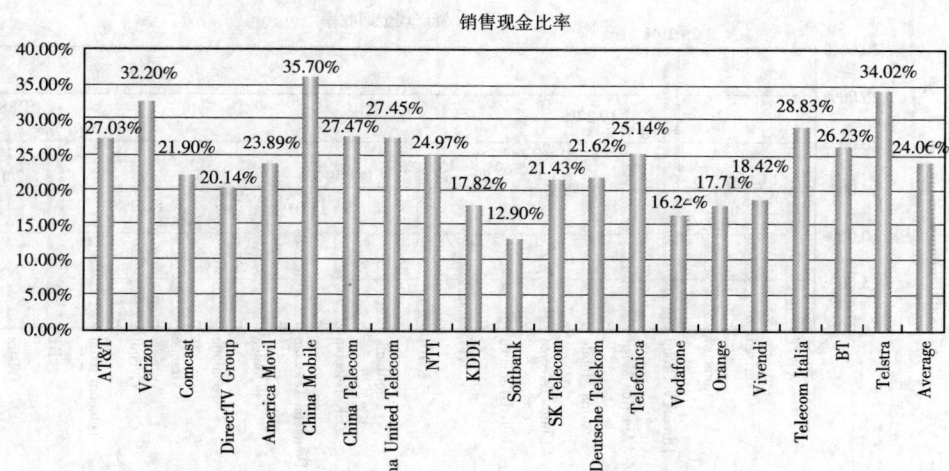

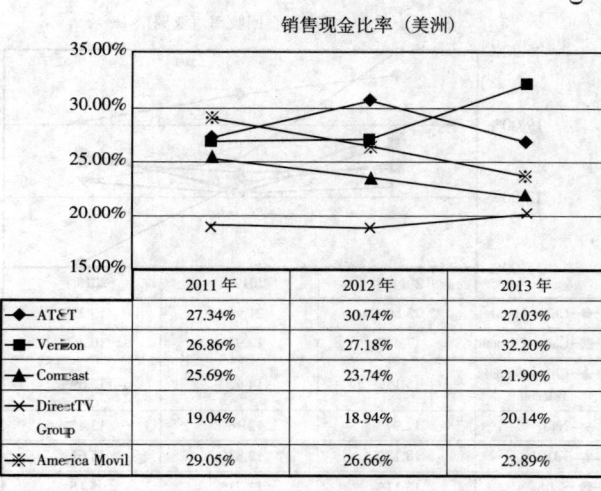

	2011 年	2012 年	2013 年
AT&T	27.34%	30.74%	27.03%
Verizon	26.86%	27.18%	32.20%
Comcast	25.69%	23.74%	21.90%
DirectTV Group	19.04%	18.94%	20.14%
America Movil	29.05%	26.66%	23.89%

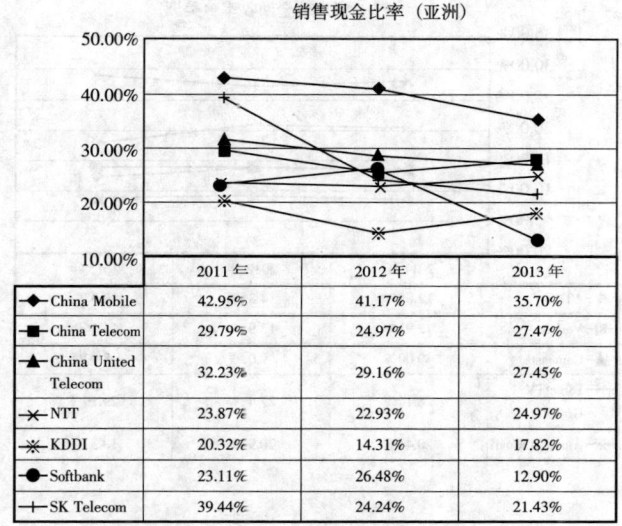

	2011 年	2012 年	2013 年
China Mobile	42.95%	41.17%	35.70%
China Telecom	29.79%	24.97%	27.47%
China United Telecom	32.23%	29.16%	27.45%
NTT	23.87%	22.93%	24.97%
KDDI	20.32%	14.31%	17.82%
Softbank	23.11%	26.48%	12.90%
SK Telecom	39.44%	24.24%	21.43%

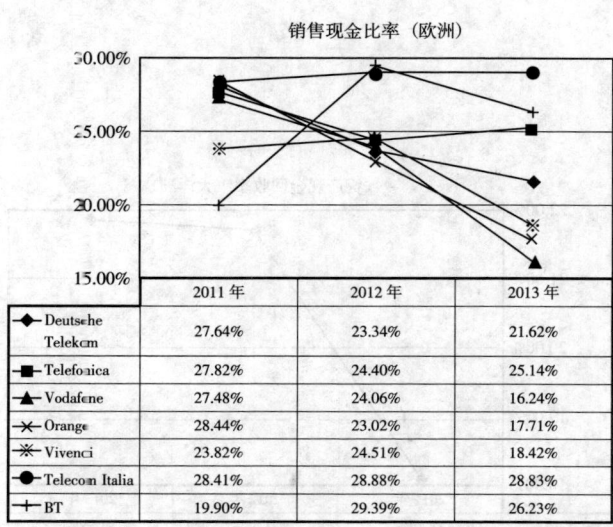

	2011 年	2012 年	2013 年
Deutsche Telekom	27.64%	23.34%	21.62%
Telefonica	27.82%	24.40%	25.14%
Vodafone	27.48%	24.06%	16.24%
Orange	28.44%	23.02%	17.71%
Vivendi	23.82%	24.51%	18.42%
Telecom Italia	28.41%	28.88%	28.83%
BT	19.90%	29.39%	26.23%

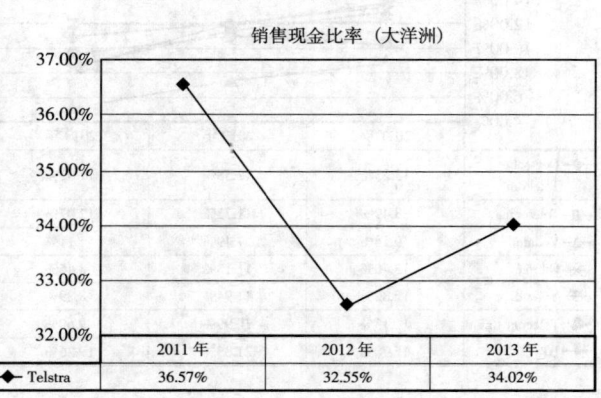

	2011 年	2012 年	2013 年
Telstra	36.57%	32.55%	34.02%

6. 资产现金回收率

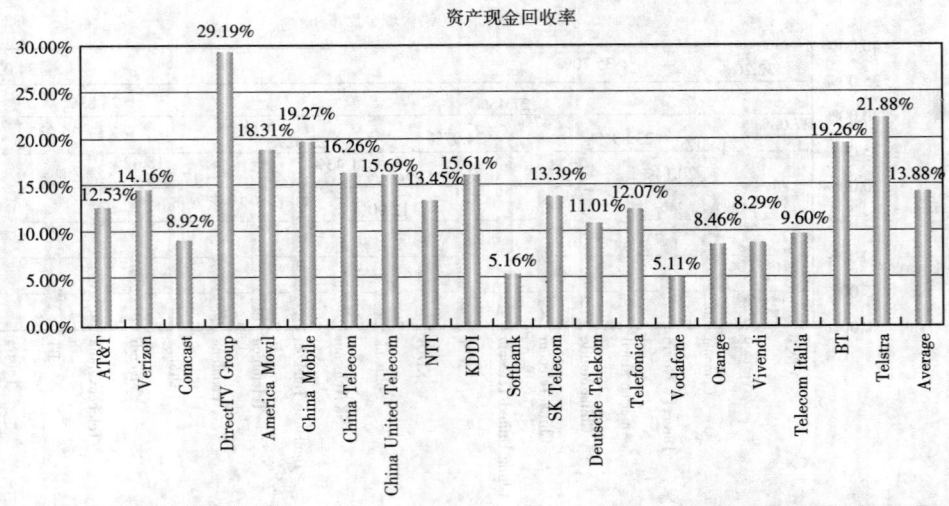

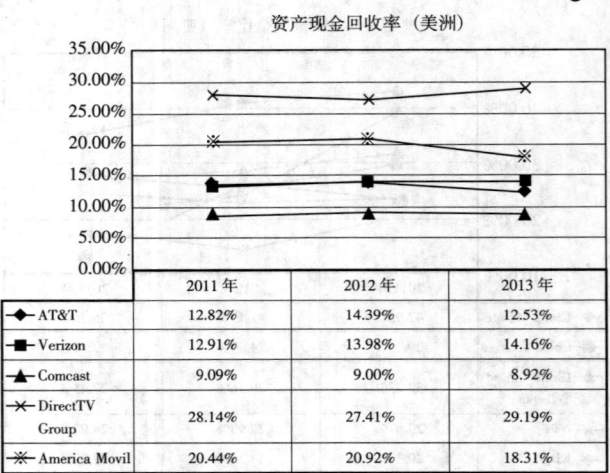

	2011年	2012年	2013年
AT&T	12.82%	14.39%	12.53%
Verizon	12.91%	13.98%	14.16%
Comcast	9.09%	9.00%	8.92%
DirectTV Group	28.14%	27.41%	29.19%
America Movil	20.44%	20.92%	18.31%

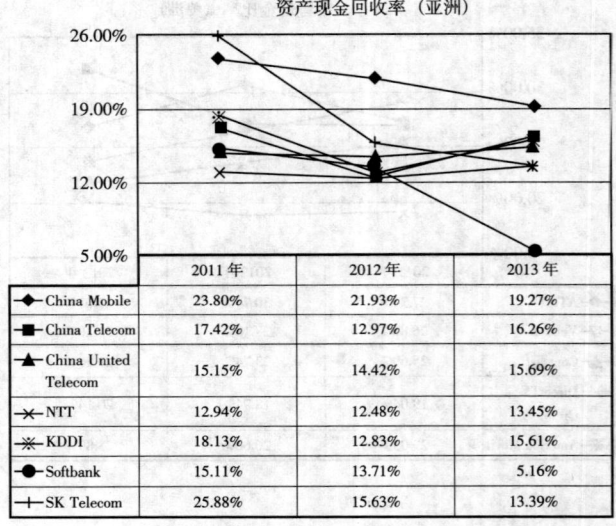

	2011年	2012年	2013年
China Mobile	23.80%	21.93%	19.27%
China Telecom	17.42%	12.97%	16.26%
China United Telecom	15.15%	14.42%	15.69%
NTT	12.94%	12.48%	13.45%
KDDI	18.13%	12.83%	15.61%
Softbank	15.11%	13.71%	5.16%
SK Telecom	25.88%	15.63%	13.39%

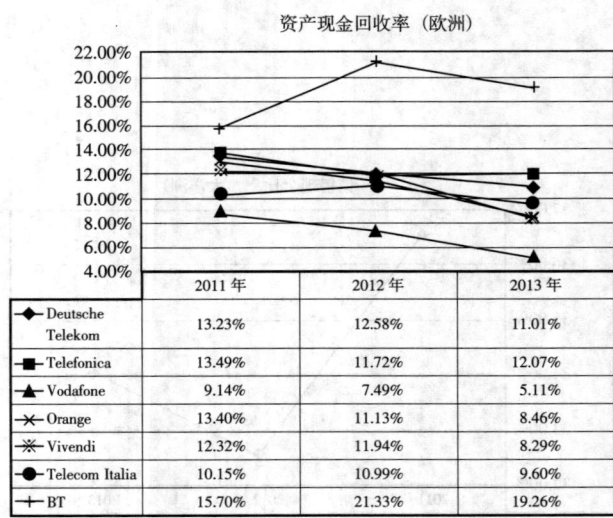

	2011年	2012年	2013年
Deutsche Telekom	13.23%	12.58%	11.01%
Telefonica	13.49%	11.72%	12.07%
Vodafone	9.14%	7.49%	5.11%
Orange	13.40%	11.13%	8.46%
Vivendi	12.32%	11.94%	8.29%
Telecom Italia	10.15%	10.99%	9.60%
BT	15.70%	21.33%	19.26%

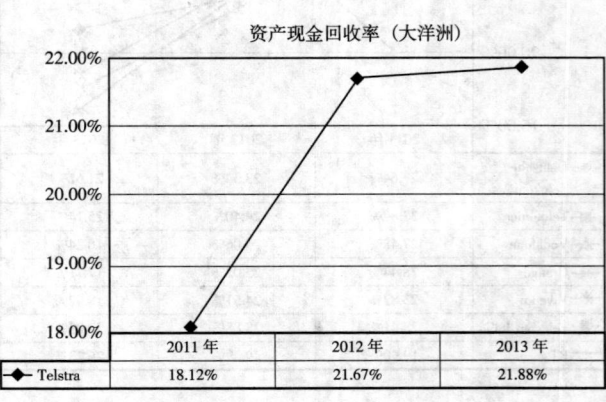

	2011年	2012年	2013年
Telstra	18.12%	21.67%	21.88%

7. 现金流量经营充足率

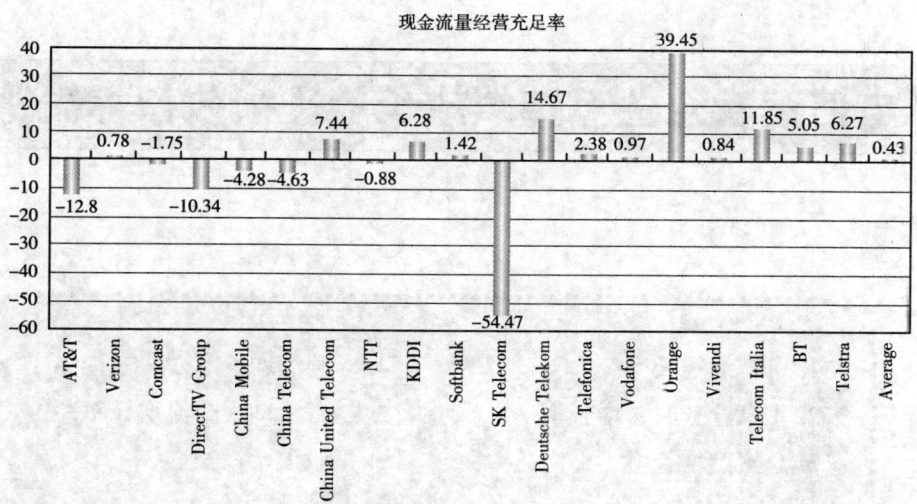

注：American Movil 2013 年的现金流量经营充足率为-265.74，过小，将其剔除。

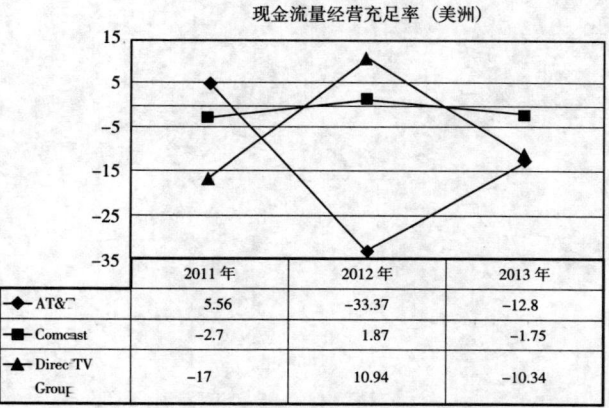

注：American Movil 2013 年的现金流量经营充足率的数值为-265.74，过小，将其剔除。

	2011 年	2012 年	2013 年
AT&T	5.56	-33.37	-12.8
Comcast	-2.7	1.87	-1.75
Direc TV Group	-17	10.94	-10.34

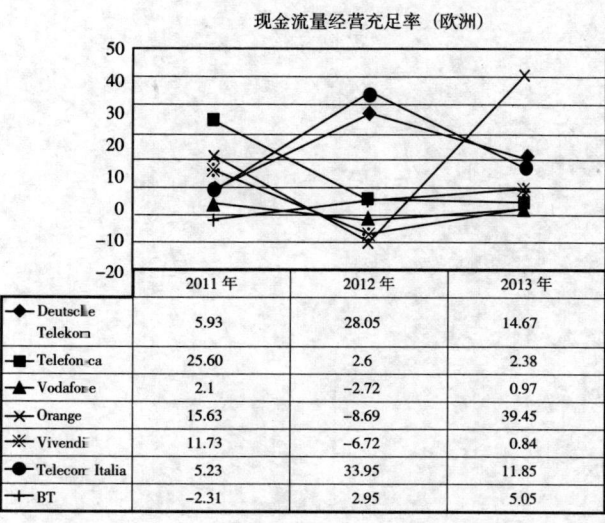

	2011 年	2012 年	2013 年
Deutsche Telekom	5.93	28.05	14.67
Telefonica	25.60	2.6	2.38
Vodafone	2.1	-2.72	0.97
Orange	15.63	-8.69	39.45
Vivendi	11.73	-6.72	0.84
Telecom Italia	5.23	33.95	11.85
BT	-2.31	2.95	5.05

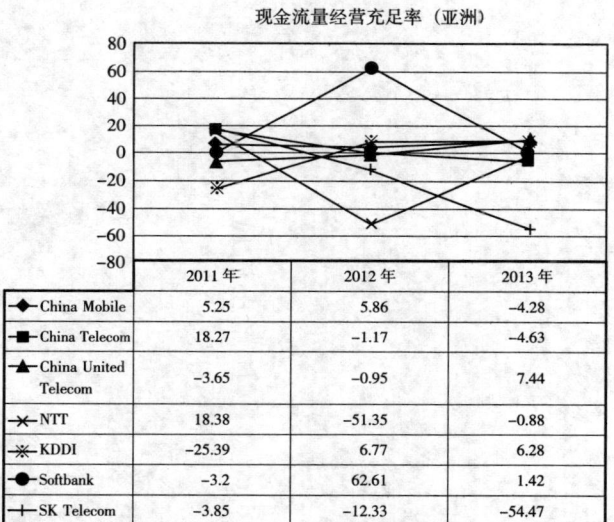

	2011 年	2012 年	2013 年
China Mobile	5.25	5.86	-4.28
China Telecom	18.27	-1.17	-4.63
China United Telecom	-3.65	-0.95	7.44
NTT	18.38	-51.35	-0.88
KDDI	-25.39	6.77	6.28
Softbank	-3.2	62.61	1.42
SK Telecom	-3.85	-12.33	-54.47

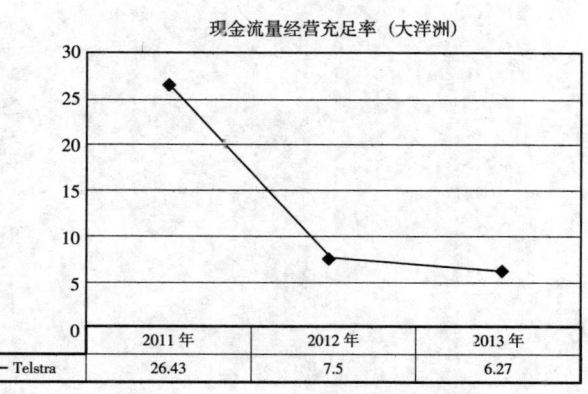

	2011 年	2012 年	2013 年
Telstra	26.43	7.5	6.27

五 电信运营企业可持续成长管理绩效指标概览

1. 可持续增长率
2. 主营业务收入增长率
3. 总资产增长率
4. 净利润增长率
5. 经营活动现金流增长率
6. 每股盈余增长率

1. 可持续增长率

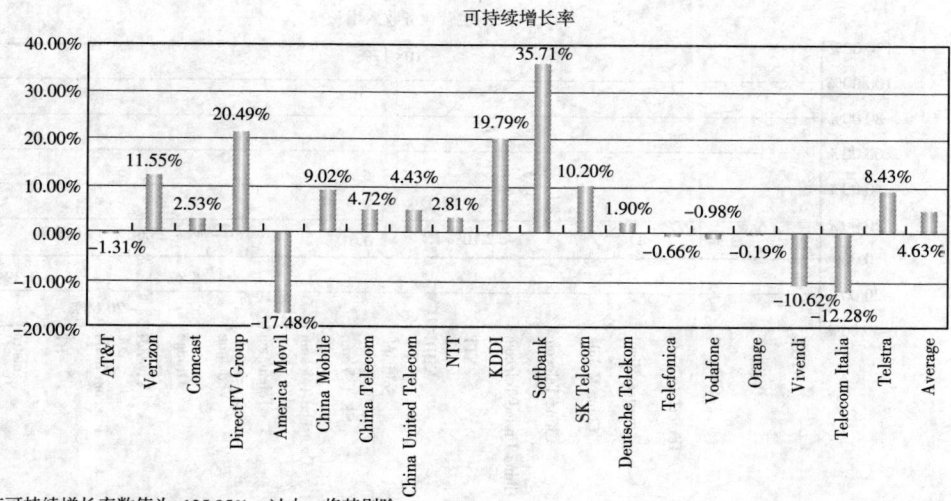

注：BT 2013 年可持续增长率数值为 –125.95%，过小，将其剔除。

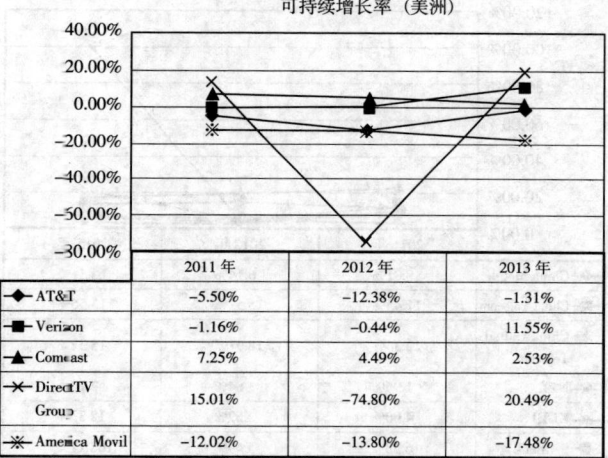

	2011 年	2012 年	2013 年
AT&T	–5.50%	–12.38%	–1.31%
Verizon	–1.16%	–0.44%	11.55%
Comcast	7.25%	4.49%	2.53%
DirectTV Group	15.01%	–74.80%	20.49%
America Movil	–12.02%	–13.80%	–17.48%

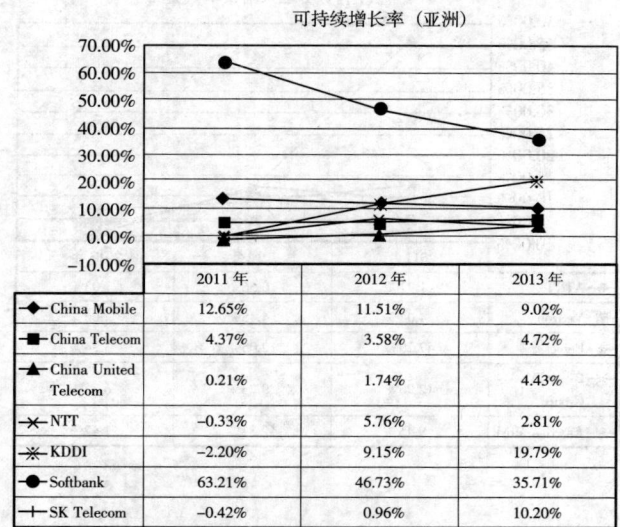

	2011 年	2012 年	2013 年
China Mobile	12.65%	11.51%	9.02%
China Telecom	4.37%	3.58%	4.72%
China United Telecom	0.21%	1.74%	4.43%
NTT	–0.33%	5.76%	2.81%
KDDI	–2.20%	9.15%	19.79%
Softbank	63.21%	46.73%	35.71%
SK Telecom	–0.42%	0.96%	10.20%

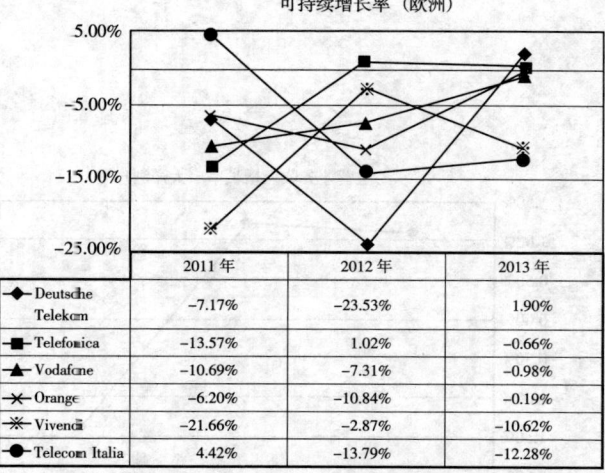

	2011 年	2012 年	2013 年
Deutsche Telekom	–7.17%	–23.53%	1.90%
Telefonica	–13.57%	1.02%	–0.66%
Vodafone	–10.69%	–7.31%	–0.98%
Orange	–6.20%	–10.84%	–0.19%
Vivendi	–21.66%	–2.87%	–10.62%
Telecom Italia	4.42%	–13.79%	–12.28%

注：BT 公司 2011 年、2012 年和 2013 年的可持续增长率分别为 –32.96%、–120.03% 和 –125.95%，过小，将其剔除。

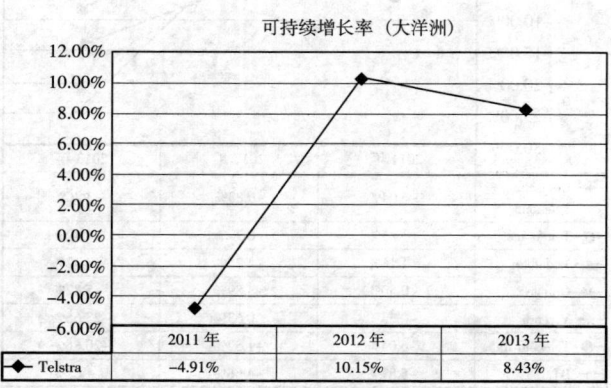

	2011 年	2012 年	2013 年
Telstra	–4.91%	10.15%	8.43%

2. 主营业务收入增长率

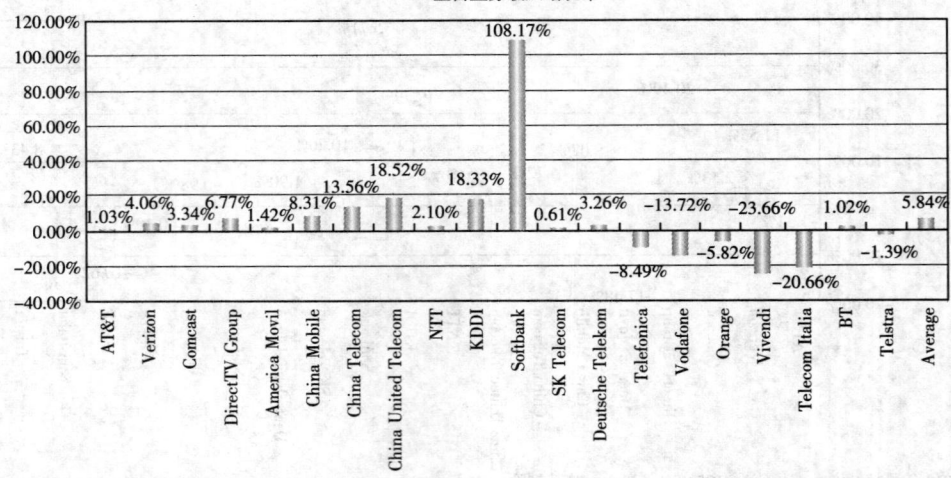

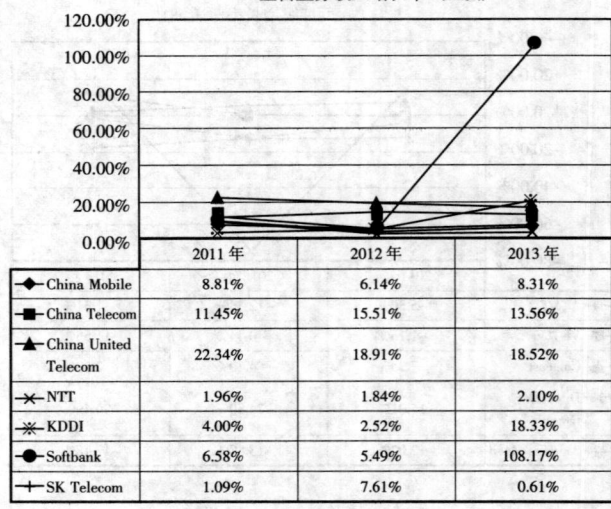

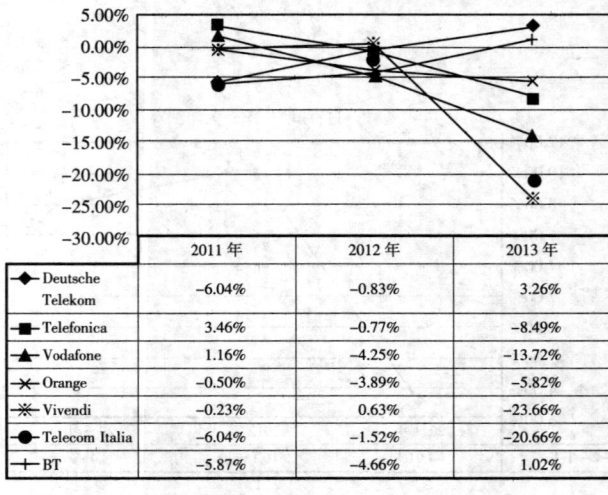

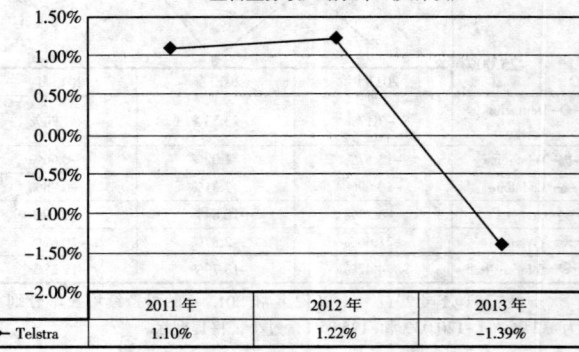

3. 总资产增长率

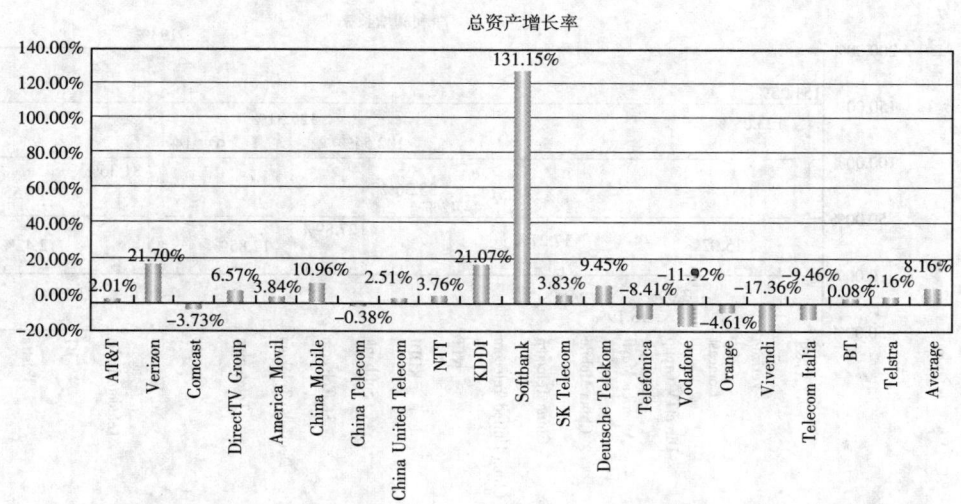

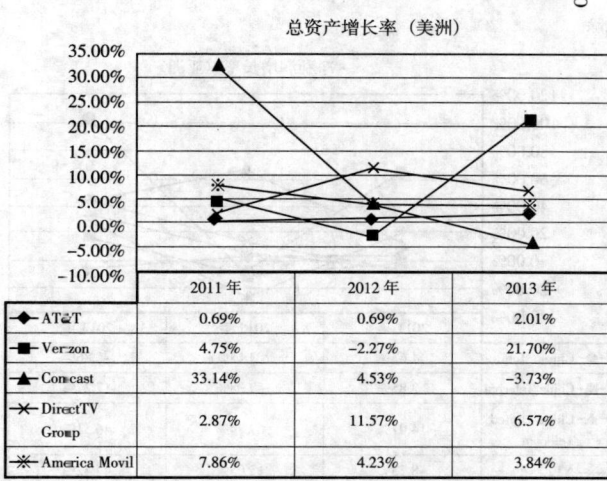

	2011年	2012年	2013年
AT&T	0.69%	0.69%	2.01%
Verizon	4.75%	-2.27%	21.70%
Comcast	33.14%	4.53%	-3.73%
DirectTV Group	2.87%	11.57%	6.57%
America Movil	7.86%	4.23%	3.84%

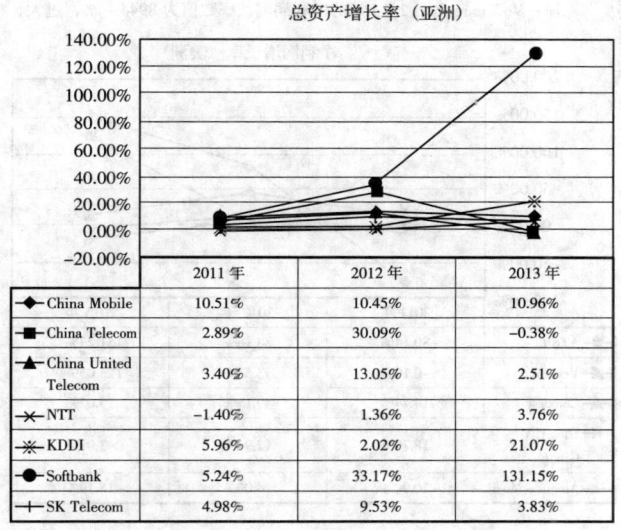

	2011年	2012年	2013年
China Mobile	10.51%	10.45%	10.96%
China Telecom	2.89%	30.09%	-0.38%
China United Telecom	3.40%	13.05%	2.51%
NTT	-1.40%	1.36%	3.76%
KDDI	5.96%	2.02%	21.07%
Softbank	5.24%	33.17%	131.15%
SK Telecom	4.98%	9.53%	3.83%

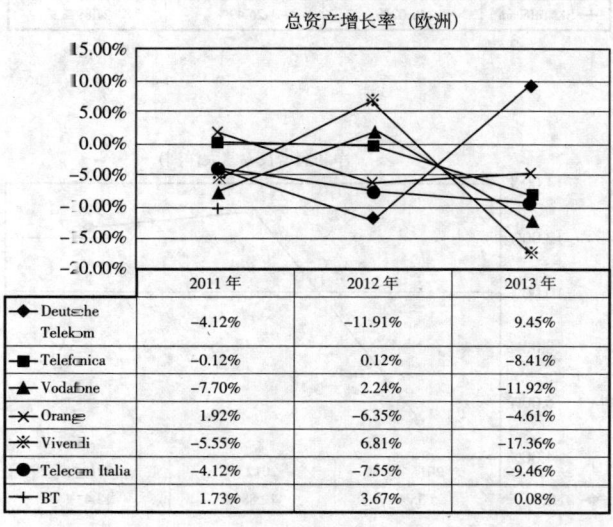

	2011年	2012年	2013年
Deutsche Telekom	-4.12%	-11.91%	9.45%
Telefonica	-0.12%	0.12%	-8.41%
Vodafone	-7.70%	2.24%	-11.92%
Orange	1.92%	-6.35%	-4.61%
Vivendi	-5.55%	6.81%	-17.36%
Telecom Italia	-4.12%	-7.55%	-9.46%
BT	1.73%	3.67%	0.08%

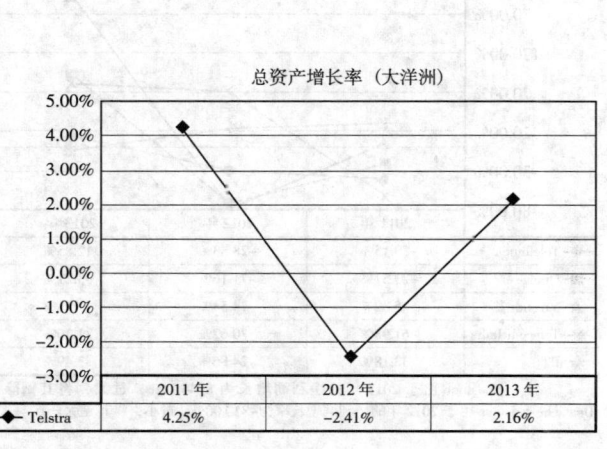

	2011年	2012年	2013年
Telstra	4.25%	-2.41%	2.16%

4. 净利润增长率

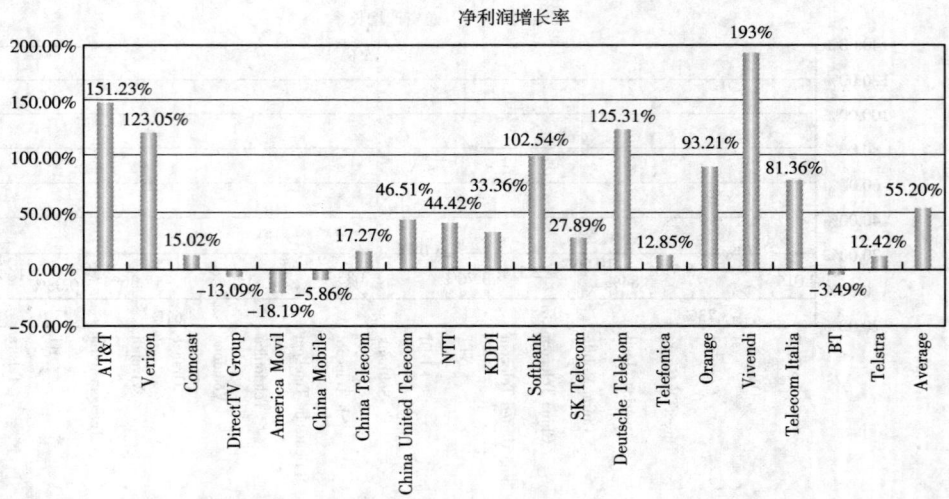

注：Vodafone 由于 2013 年的净利润增长率数值为 8944.14%，过大，将其剔除。

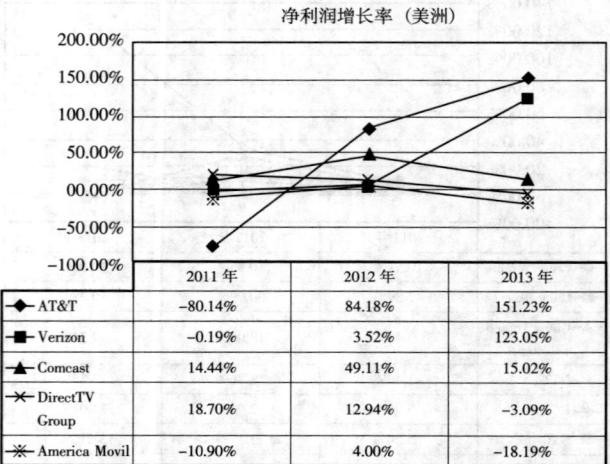

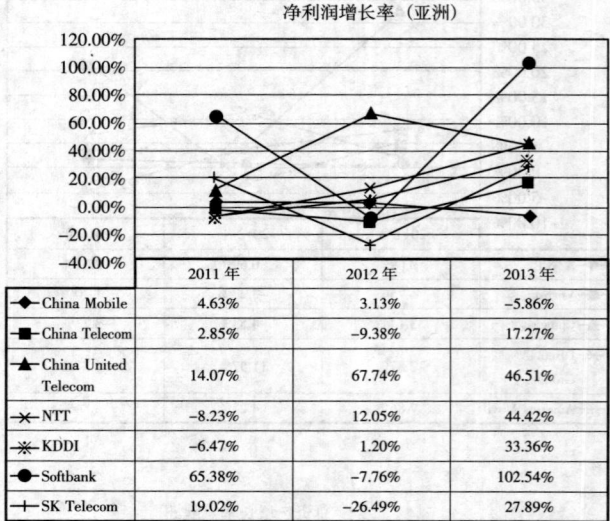

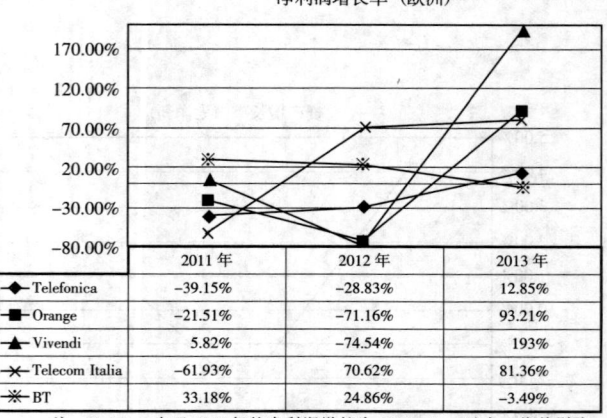

注：Vodafone 由于 2013 年的净利润增长为 8944.14%，过大，将其剔除；Deutsche Telekom 由于 2012 年的净利润增长率为 -810.00%，过小，将其剔除。

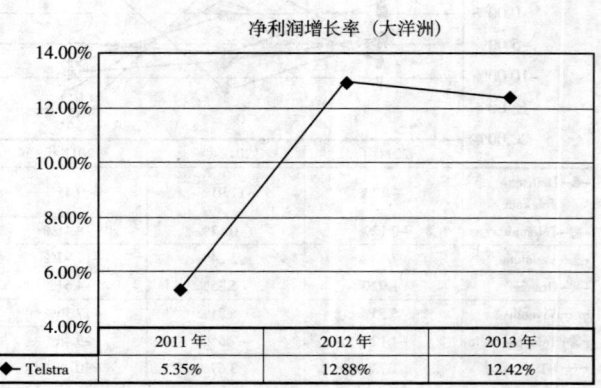

5. 经营活动现金流增长率

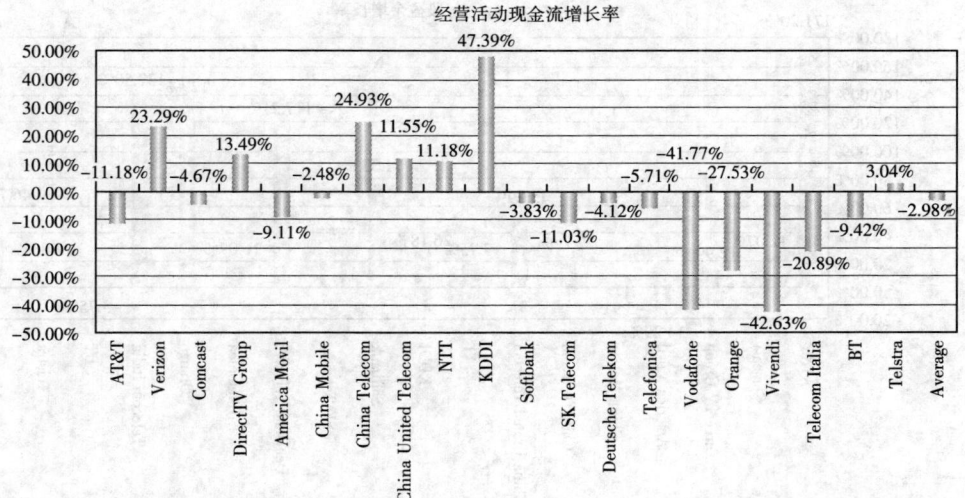

经营活动现金流增长率

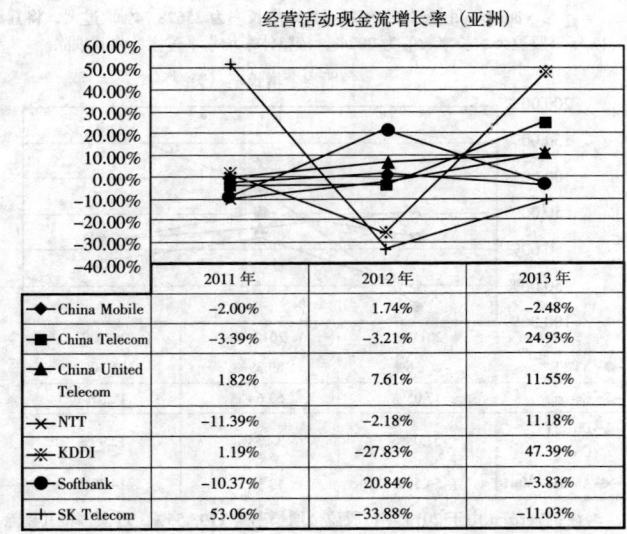

经营活动现金流增长率（亚洲）

	2011年	2012年	2013年
China Mobile	-2.00%	1.74%	-2.48%
China Telecom	-3.39%	-3.21%	24.93%
China United Telecom	1.82%	7.61%	11.55%
NTT	-11.39%	-2.18%	11.18%
KDDI	1.19%	-27.83%	47.39%
Softbank	-10.37%	20.84%	-3.83%
SK Telecom	53.06%	-33.88%	-11.03%

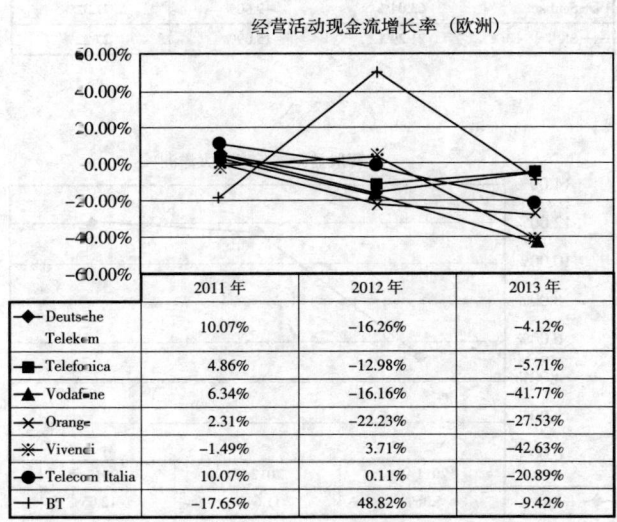

经营活动现金流增长率（美洲）

	2011年	2012年	2013年
AT&T	-0.99%	12.76%	-11.18%
Verizon	-10.74%	5.73%	23.29%
Comcast	28.32%	3.55%	-4.67%
DirectTV Group	-0.40%	8.66%	13.49%
America Movil	-4.14%	6.92%	-9.11%

经营活动现金流增长率（欧洲）

	2011年	2012年	2013年
Deutsche Telekom	10.07%	-16.26%	-4.12%
Telefonica	4.86%	-12.98%	-5.71%
Vodafone	6.34%	-16.16%	-41.77%
Orange	2.31%	-22.23%	-27.53%
Vivendi	-1.49%	3.71%	-42.63%
Telecom Italia	10.07%	0.11%	-20.89%
BT	-17.65%	48.82%	-9.42%

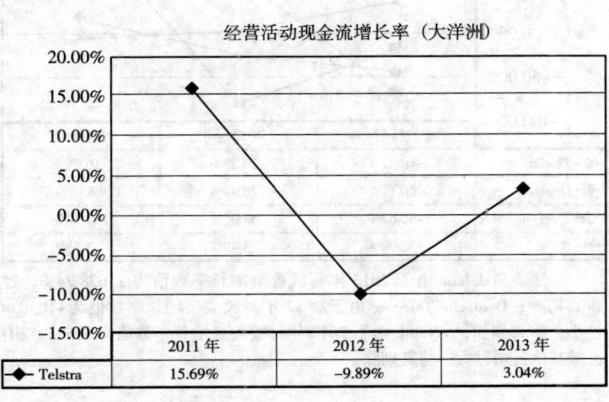

经营活动现金流增长率（大洋洲）

	2011年	2012年	2013年
Telstra	15.69%	-9.89%	3.04%

6. 每股盈余增长率

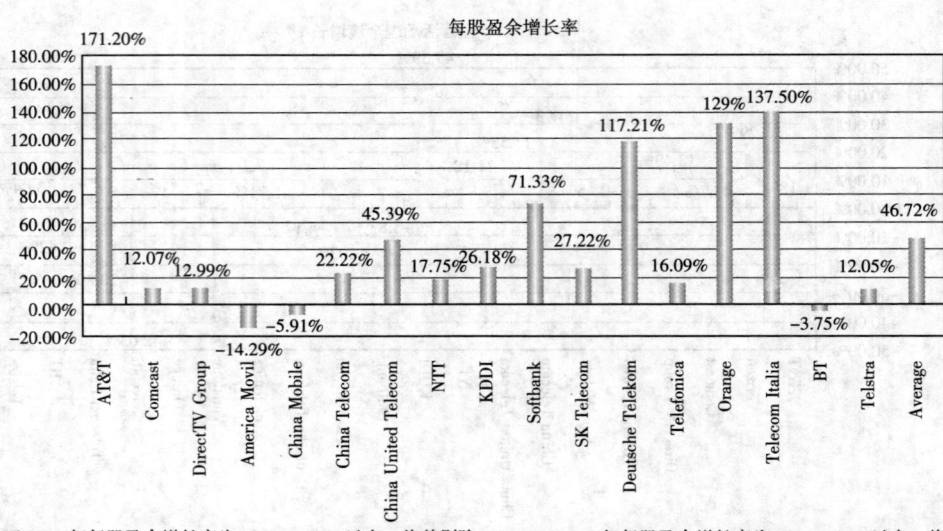

注：Vodafone 由于 2013 年每股盈余增长率为 25628.74%，过大，将其剔除；Verizon 2013 年每股盈余增长率为 1193.55%，过大，将其剔除；Vivendi 2013 年每股盈余增长率数值为 792%，较整体平均水平过大，将其剔除。

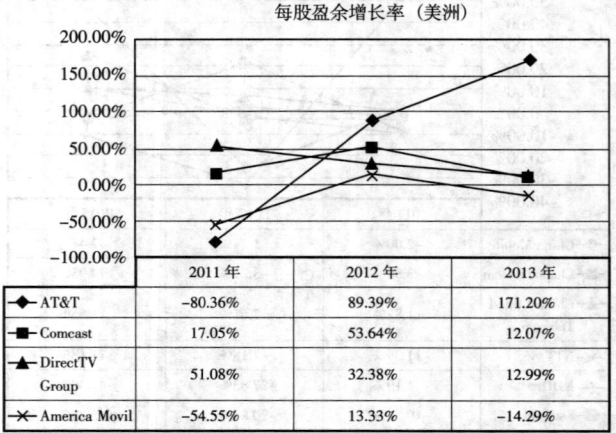

	2011年	2012年	2013年
AT&T	-80.36%	89.39%	171.20%
Comcast	17.05%	53.64%	12.07%
DirectTV Group	51.08%	32.38%	12.99%
America Movil	-54.55%	13.33%	-14.29%

注：Verizon 由于 2013 年每股盈余增长率为 1193.55%，过大，将其剔除。

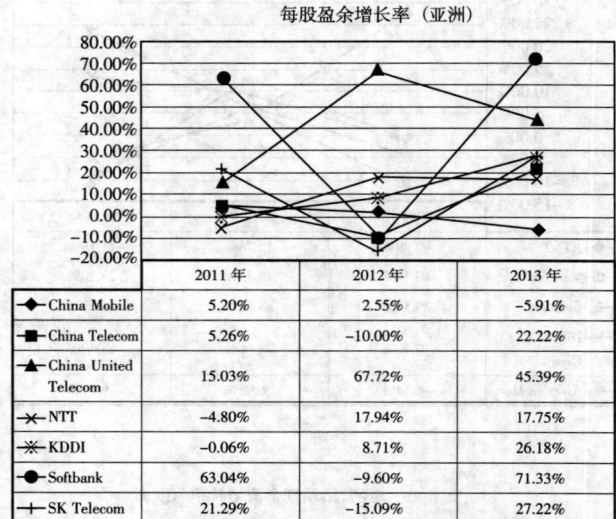

	2011年	2012年	2013年
China Mobile	5.20%	2.55%	-5.91%
China Telecom	5.26%	-10.00%	22.22%
China United Telecom	15.03%	67.72%	45.39%
NTT	-4.80%	17.94%	17.75%
KDDI	-0.06%	8.71%	26.18%
Softbank	63.04%	-9.60%	71.33%
SK Telecom	21.29%	-15.09%	27.22%

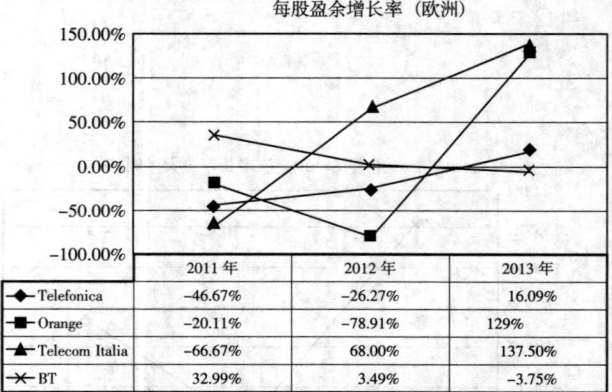

	2011年	2012年	2013年
Telefonica	-46.67%	-26.27%	16.09%
Orange	-20.11%	-78.91%	129%
Telecom Italia	-66.67%	68.00%	137.50%
BT	32.99%	3.49%	-3.75%

注：Vodafone 由于 2013 年每股盈余增长率数值为 25628.74%，过大，将其剔除；Deutsche Telecom 由于 2012 年每股盈余增长率数值为-1038.46%，过小，将其剔除；Vivendi 由于 2013 年每股盈余增长率数值为 792%，相对该区域其他公司过大，将其剔除。

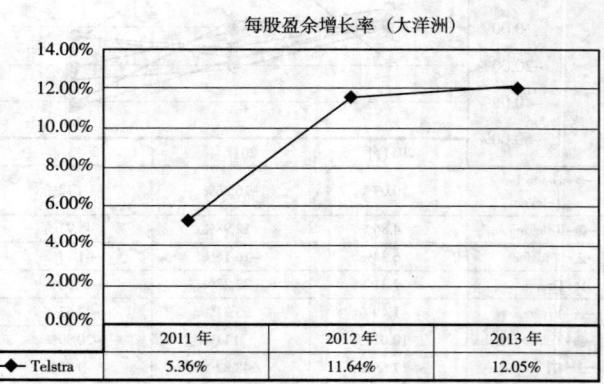

	2011年	2012年	2013年
Telstra	5.36%	11.64%	12.05%

六 电信运营企业价值创造与分配绩效指标概览

1. EVA
2. EVA 率
3. 每股盈利（EPS）
4. 每股股利（DPS）
5. 股利支付率

1. EVA

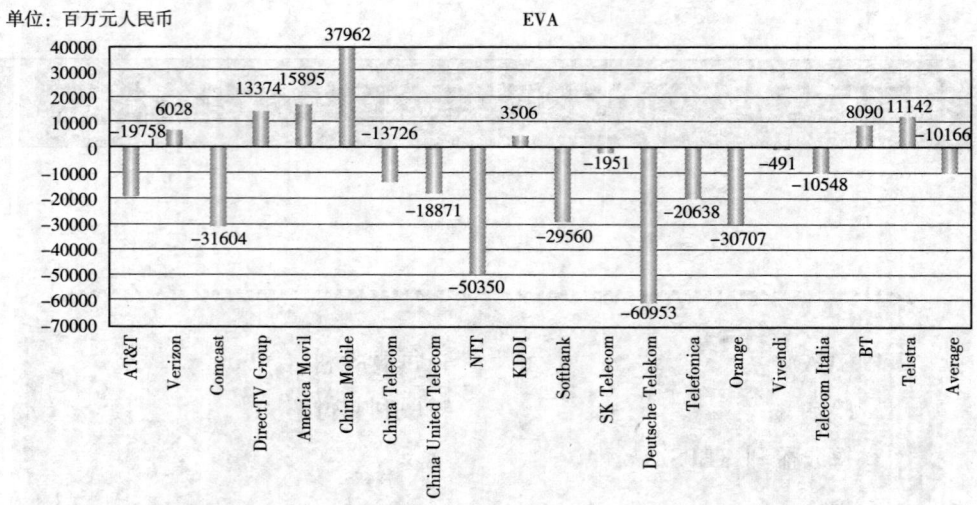

注：Vodafone 由于 2013 年 EVA 数值为 505006，过大，将其剔除。

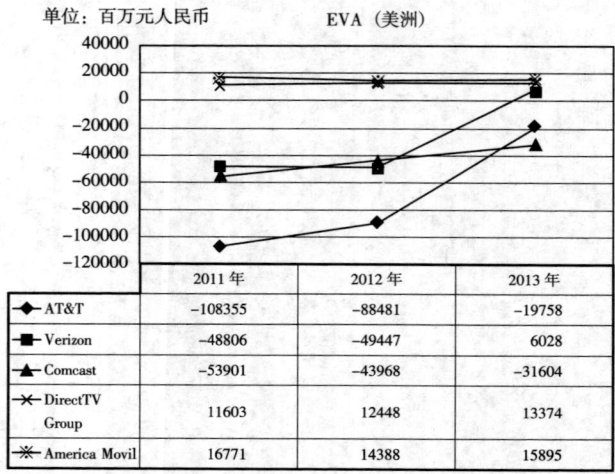

	2011 年	2012 年	2013 年
AT&T	-108355	-88481	-19758
Verizon	-48806	-49447	6028
Comcast	-53901	-43968	-31604
DirectTV Group	11603	12448	13374
America Movil	16771	14388	15895

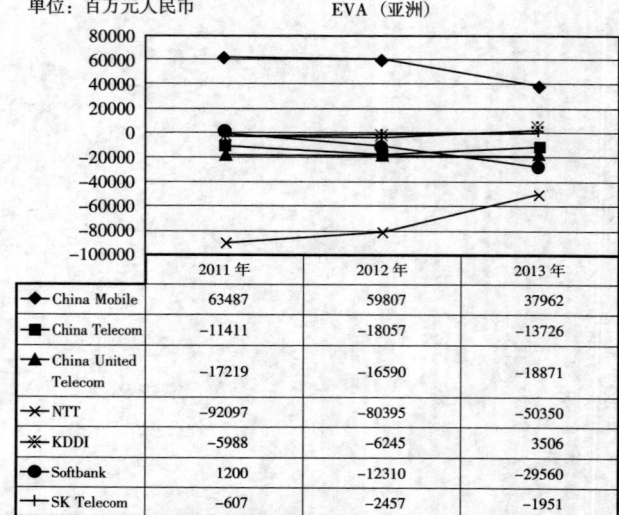

	2011 年	2012 年	2013 年
China Mobile	63487	59807	37962
China Telecom	-11411	-18057	-13726
China United Telecom	-17219	-16590	-18871
NTT	-92097	-80395	-50350
KDDI	-5988	-6245	3506
Softbank	1200	-12310	-29560
SK Telecom	-607	-2457	-1951

	2011 年	2012 年	2013 年
Deutsche Telekom	-66431	-102939	-60953
Telefonica	-16556	-27600	-20638
Orange	-14334	-33391	-30707
Vivendi	212	-23843	-491
Telecom Italia	-82050	-53165	-10548
BT	1049	7511	8090

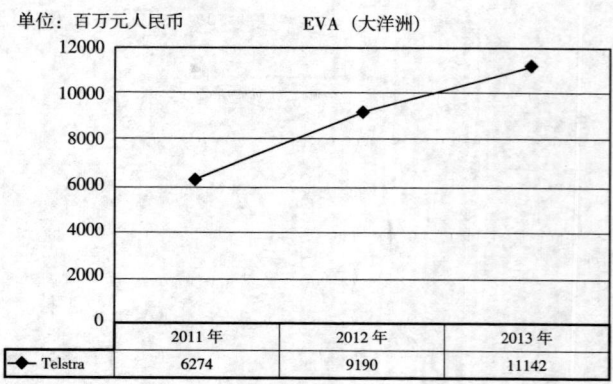

	2011 年	2012 年	2013 年
Telstra	6274	9190	11142

注：Vodafone 由于 2013 年 EVA 数值为 505006，过大，将其剔除。

2. EVA 率

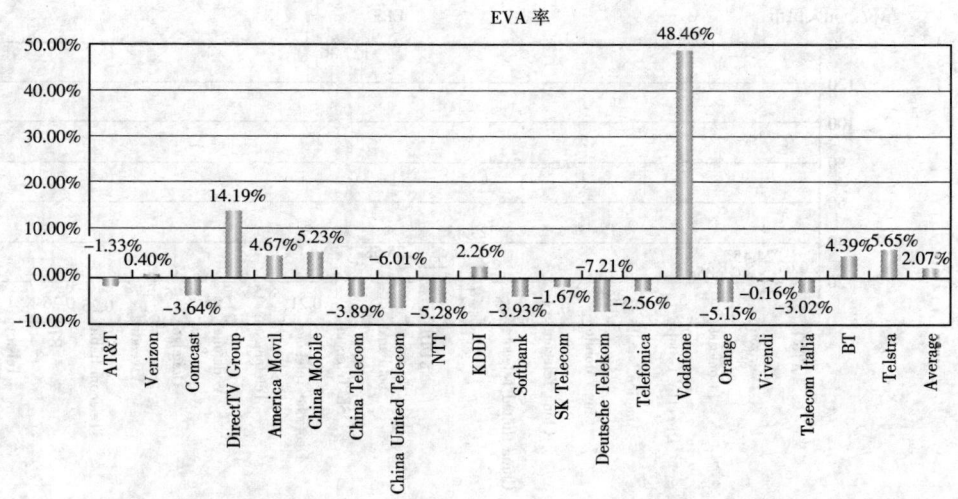

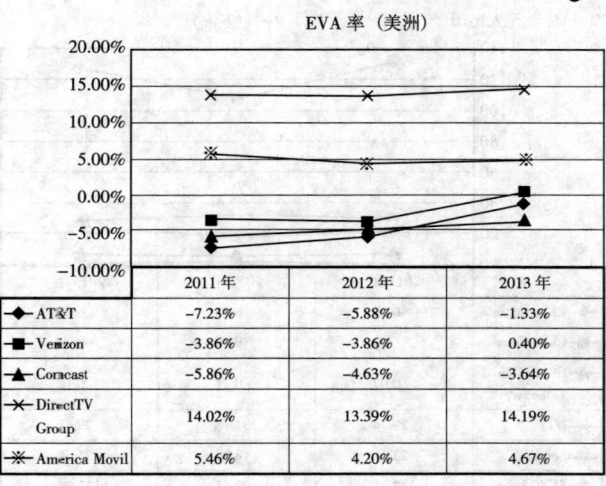

	2011年	2012年	2013年
AT&T	-7.23%	-5.88%	-1.33%
Verizon	-3.86%	-3.86%	0.40%
Comcast	-5.86%	-4.63%	-3.64%
DirectTV Group	14.02%	13.39%	14.19%
America Movil	5.46%	4.20%	4.67%

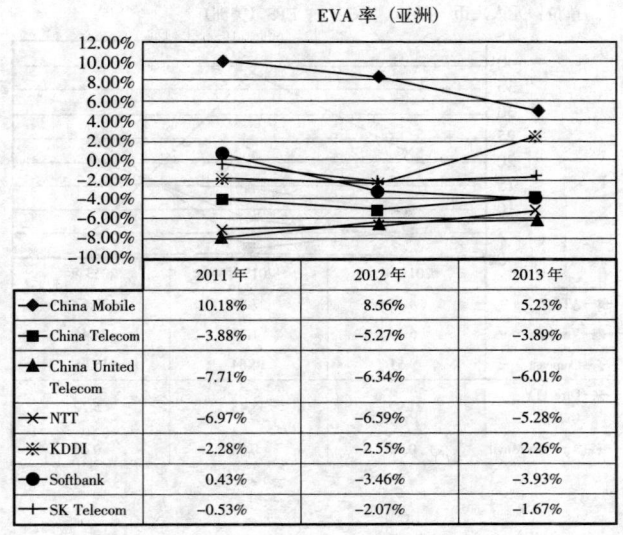

	2011年	2012年	2013年
China Mobile	10.18%	8.56%	5.23%
China Telecom	-3.88%	-5.27%	-3.89%
China United Telecom	-7.71%	-6.34%	-6.01%
NTT	-6.97%	-6.59%	-5.28%
KDDI	-2.28%	-2.55%	2.26%
Softbank	0.43%	-3.46%	-3.93%
SK Telecom	-0.53%	-2.07%	-1.67%

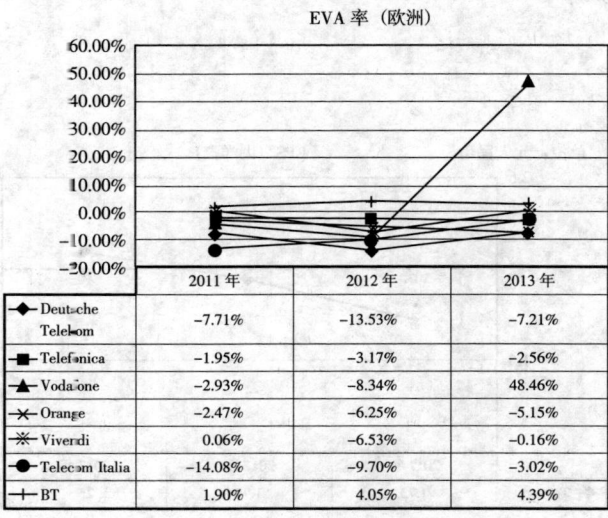

	2011年	2012年	2013年
Deutsche Telekom	-7.71%	-13.53%	-7.21%
Telefonica	-1.95%	-3.17%	-2.56%
Vodafone	-2.93%	-8.34%	48.46%
Orange	-2.47%	-6.25%	-5.15%
Vivendi	0.06%	-6.53%	-0.16%
Telecom Italia	-14.08%	-9.70%	-3.02%
BT	1.90%	4.05%	4.39%

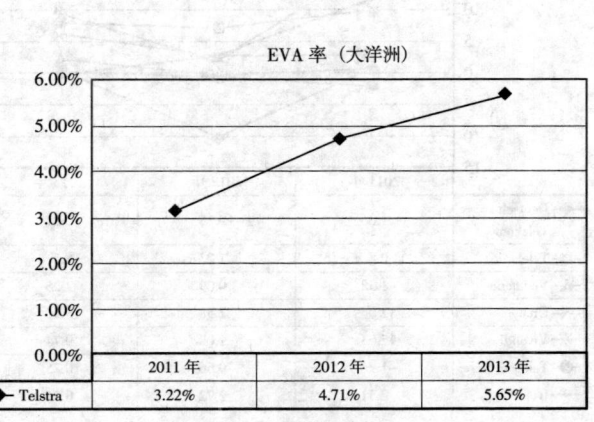

	2011年	2012年	2013年
Telstra	3.22%	4.71%	5.65%

3. 每股盈利（EPS）

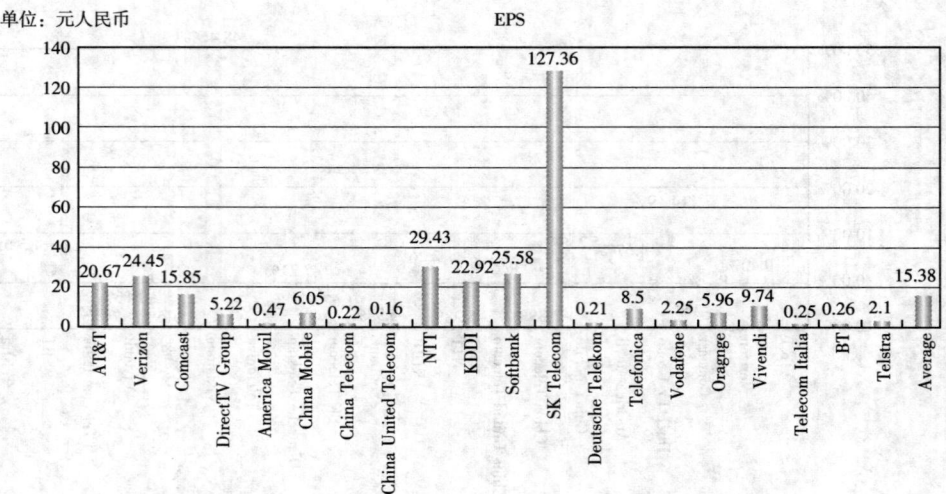

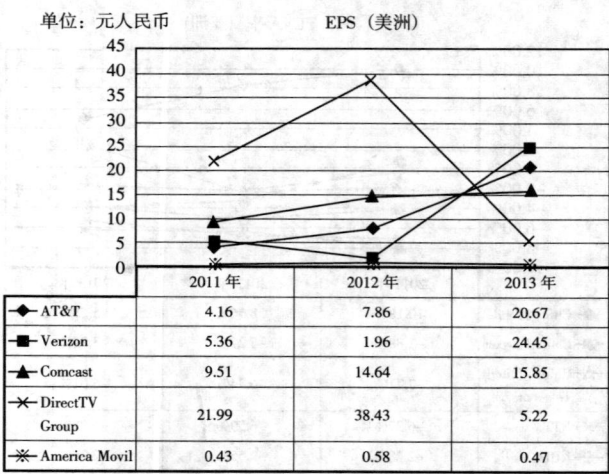

注：日本KDDI由于2011年每股盈利EPS数值为4713，过大，将其剔除。

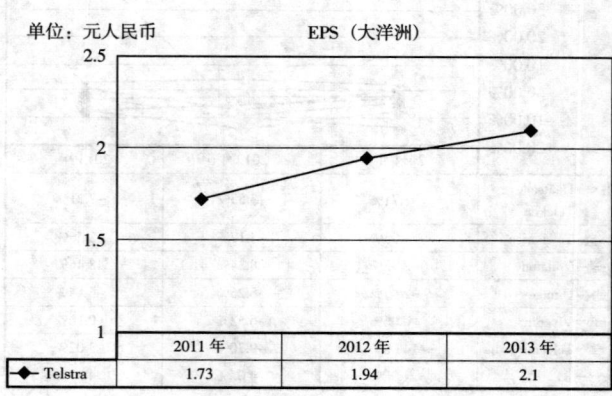

4. 每股股利（DPS）

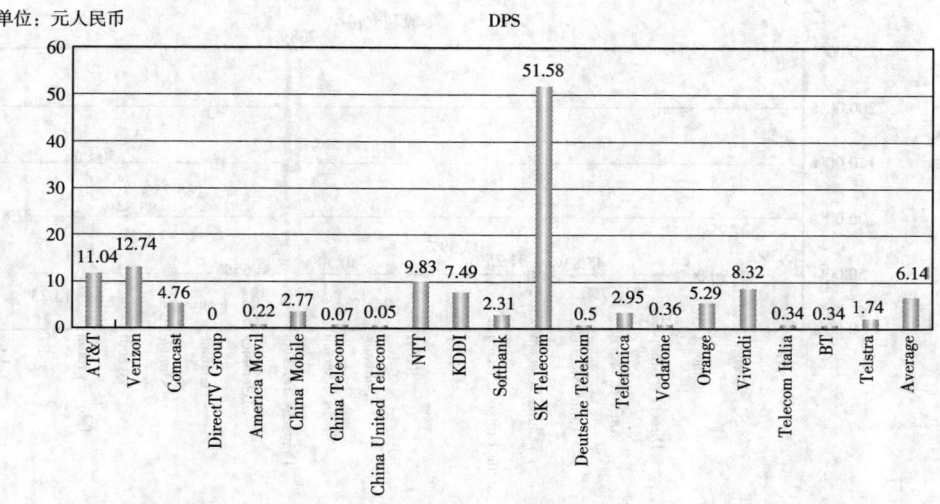

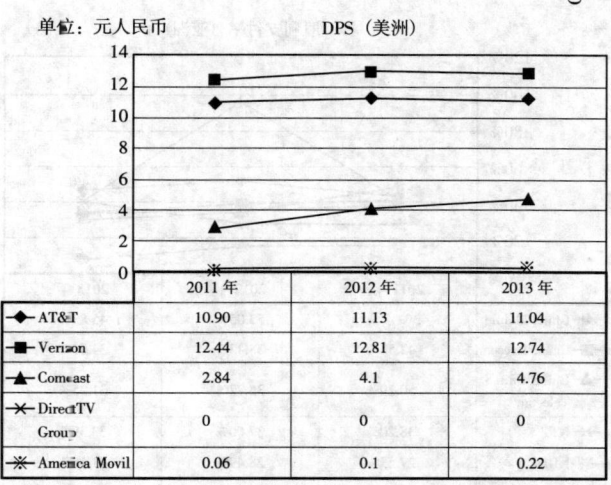

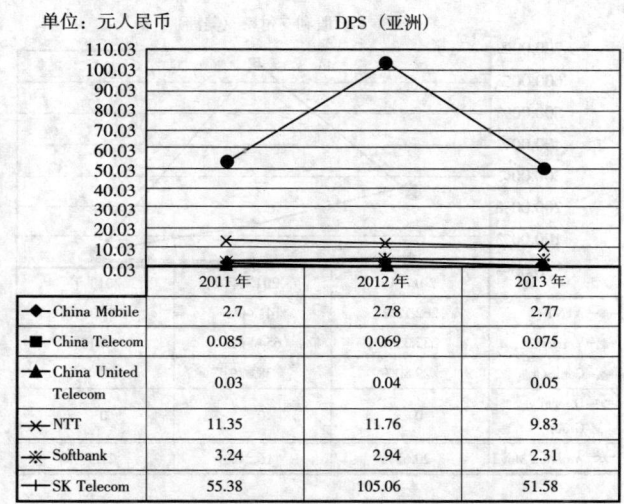

注：KDDI 由于 2011 年每股股利 DPS 为 1298 元，过大，将其剔除。

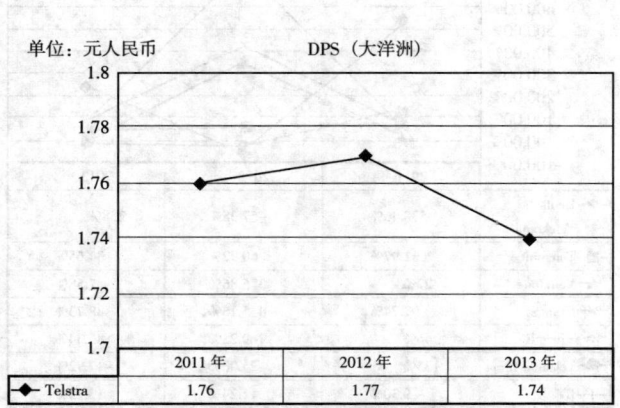

5. 股利支付率

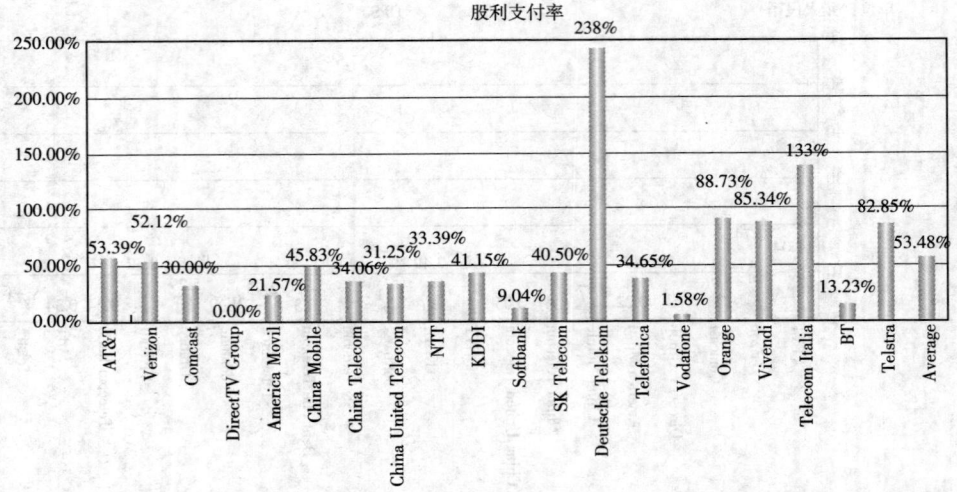

股利支付率

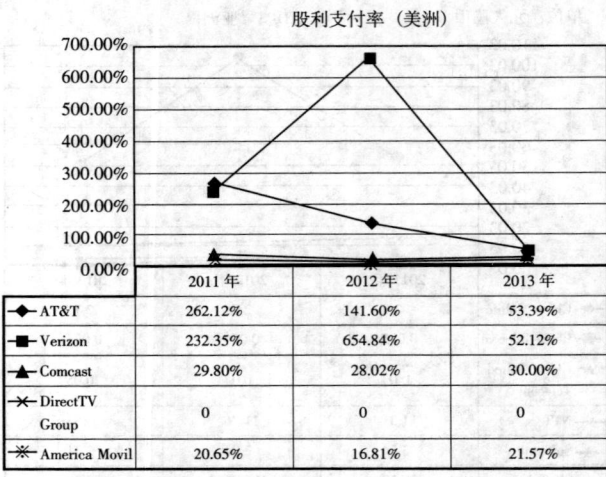

股利支付率（美洲）

	2011年	2012年	2013年
AT&T	262.12%	141.60%	53.39%
Verizon	232.35%	654.84%	52.12%
Comcast	29.80%	28.02%	30.00%
DirectTV Group	0	0	0
America Movil	20.65%	16.81%	21.57%

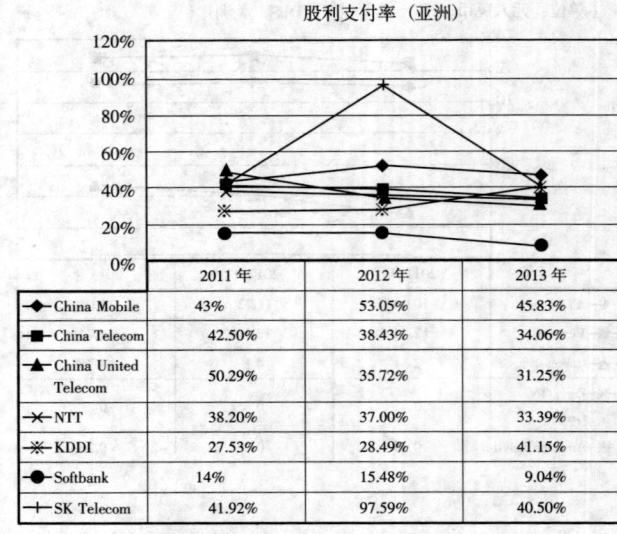

股利支付率（亚洲）

	2011年	2012年	2013年
China Mobile	43%	53.05%	45.83%
China Telecom	42.50%	38.43%	34.06%
China United Telecom	50.29%	35.72%	31.25%
NTT	38.20%	37.00%	33.39%
KDDI	27.53%	28.49%	41.15%
Softbank	14%	15.48%	9.04%
SK Telecom	41.92%	97.59%	40.50%

股利支付率（欧洲）

	2011年	2012年	2013年
Deutsche Telekom	538.46%	-57.38%	238%
Telefonice	61.97%	60.92%	34.65%
Vodafone	22%	375.86%	1.58%
Orange	97.24%	445.16%	88.73%
Vivendi	46%	769.23%	85.34%
Telecom Italia	133%	-25.00%	-17.92%
BT	9.30%	11.24%	13.23%

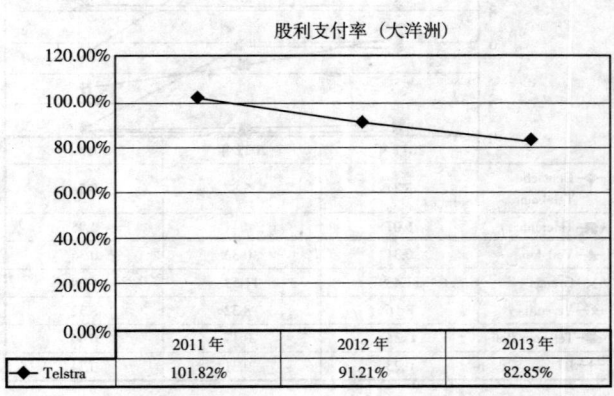

股利支付率（大洋洲）

	2011年	2012年	2013年
Telstra	101.82%	91.21%	82.85%

第四部分 附录篇
——统计公报、绩效指标和网络就绪度

附录一　2013年中国国民经济和社会发展统计公报
附录二　2013年中国电信业统计公报
附录三　2013年进入世界500强的电信运营商关键绩效指标一览表
附录四　全球电信运营企业及LOGO
附录五　2013~2014年全球网络就绪度指数排名

附录一
2013年中国国民经济和社会发展统计公报[1]

一 综合

2013年末内地总人口为136072万人，比上年末增加668万人，其中城镇常住人口为73111万人，占总人口比重为53.73%，比上年末提高1.16个百分点。全年出生人口1640万人，出生率为12.08‰；死亡人口972万人，死亡率为7.16‰；自然增长率为4.92‰。全国人户分离的人口[2]为2.89亿人，其中流动人口[3]为2.45亿人。

附表1-1 2013年末人口数及其构成

单位：万人

指标	年末数	比重（%）
全国总人口	136072	100.0
其中 城镇	73111	53.73
乡村	62961	46.27
其中：男性	69728	51.2
女性	66344	48.8
其中：0~15岁[4]（含不满16周岁）	23875	17.5
16~59岁（含不满60周岁）	91954	67.6
60周岁及以上	20243	14.9
其中：65周岁及以上	13161	9.7

国民经济平稳较快增长。初步核算，全年国内生产总值[5]568845亿元，比上年增长7.7%。其中，第一产业增加值56957亿元，增长4.0%；第二产业增加值249684亿元，增长7.8%；第三产业增加值262204亿元，增长8.3%。第一产业增加值占国内生产总值的比重为10.0%，第二产业增加值比重为43.9%，第三产业增加值比重为46.1%，第三产业增加值占比首次超过第二产业。

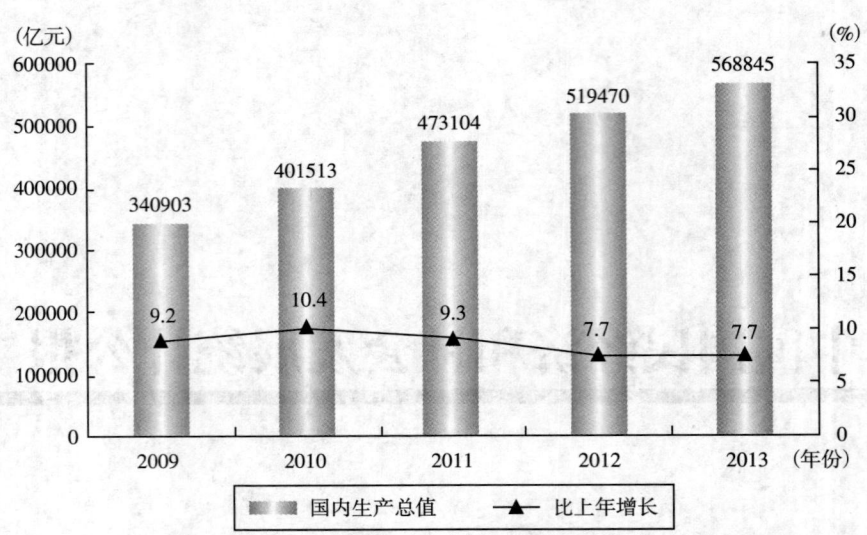

附图1-1　2009~2013年国内生产总值及其增长速度

就业持续增加。年末全国就业人员76977万人,其中城镇就业人员38240万人。全年城镇新增就业1310万人。年末城镇登记失业率为4.05%,略低于上年末的4.09%。全国农民工[6]总量为26894万人,比上年增长2.4%。其中,外出农民工16610万人,增长1.7%；本地农民工10284万人,增长3.6%。

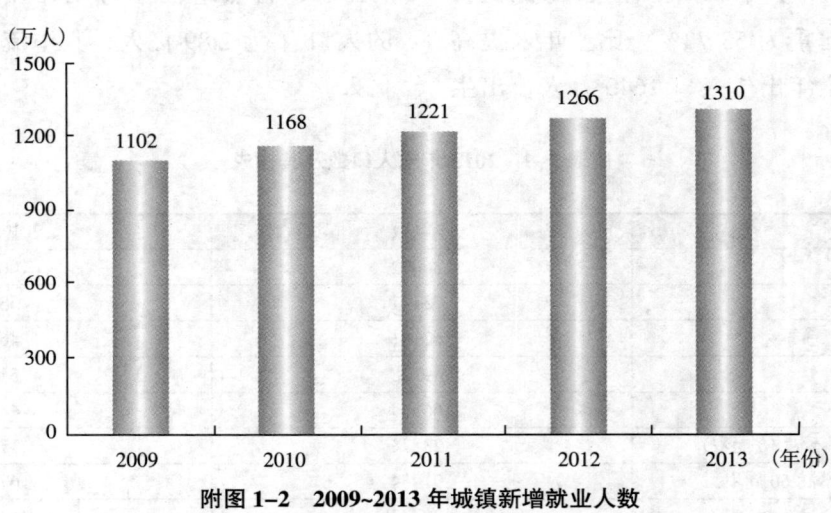

附图1-2　2009~2013年城镇新增就业人数

劳动生产率稳步提高。全年国内生产总值与全部就业人员的比率为66199元/人（以2010年不变价格计算）,比上年提高7.3%。

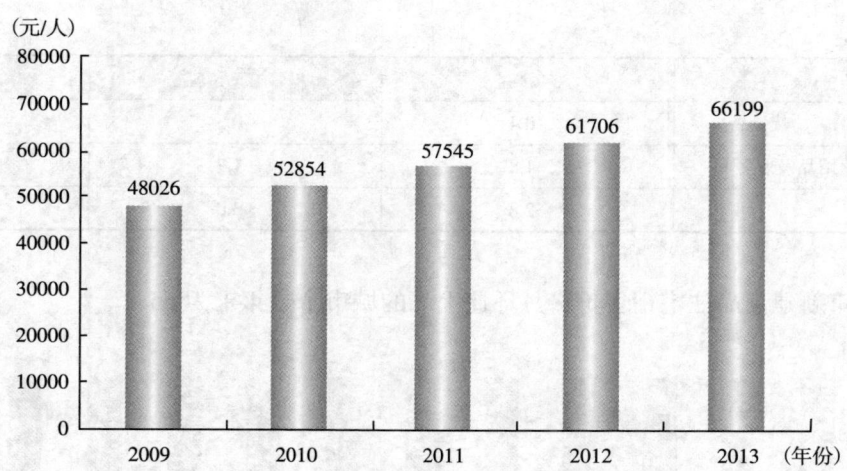

附图1-3 2009~2013年国内生产总值与全部就业人员比率（2010年不变价格）

居民消费价格基本稳定。全年居民消费价格比上年上涨2.6%，其中食品价格上涨4.7%。固定资产投资价格上涨0.3%。工业生产者出厂价格下降1.9%。工业生产者购进价格下降2.0%。农产品生产者价格[7]上涨3.2%。

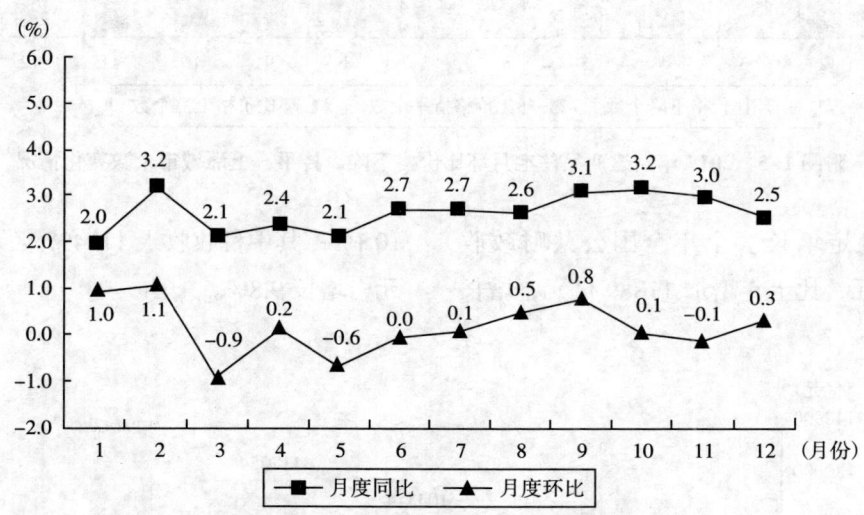

附图1-4 2013年居民消费价格月度涨跌幅度

附表1-2 2013年居民消费价格比上年涨跌幅度

单位：%

指标	全国	城市	农村
居民消费价格	2.6	2.6	2.8
其中：食品	4.7	4.6	4.9
烟酒及用品	0.3	0.1	0.8
衣着	2.3	2.2	2.5
家庭设备用品及维修服务	1.5	1.5	1.3
医疗保健和个人用品	1.3	1.2	1.8

续表

指标	全国	城市	农村
交通和通信	-0.4	-0.5	0.1
娱乐教育文化用品及服务	1.8	1.7	1.8
居住	2.8	3.0	2.3

70个大中城市新建商品住宅销售价格月环比上涨的城市个数年末为65个。

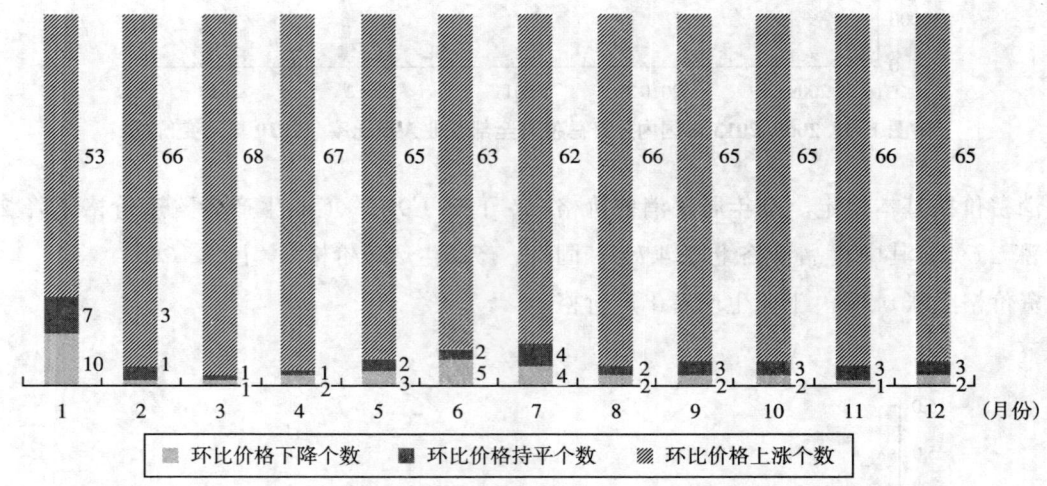

附图1-5 2013年新建商品住宅月环比价格下降、持平、上涨城市个数变化情况

财政收入稳定增长。全年全国公共财政收入[8] 129143亿元，比上年增加11889亿元，增长10.1%；其中税收收入110497亿元，增加9883亿元，增长9.8%。

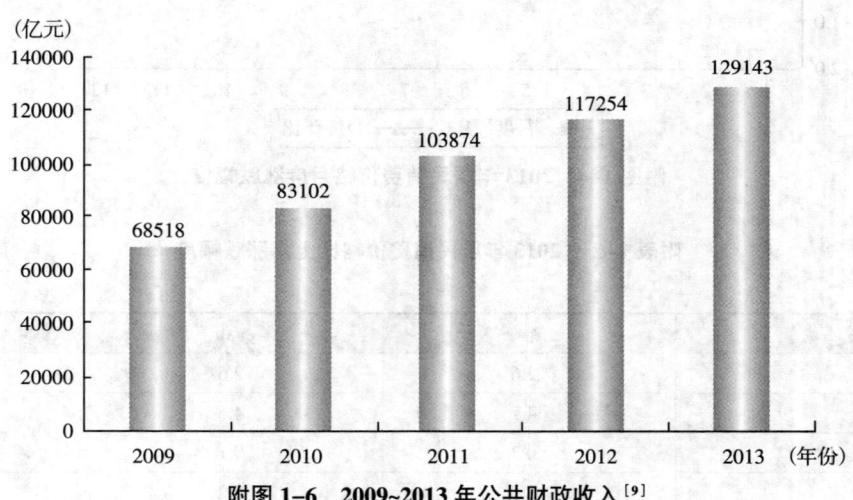

附图1-6 2009~2013年公共财政收入[9]

外汇储备继续增加。年末国家外汇储备38213亿美元,比上年末增加5097亿美元。年末人民币汇率为1美元兑6.0969元人民币,比上年末升值3.1%。

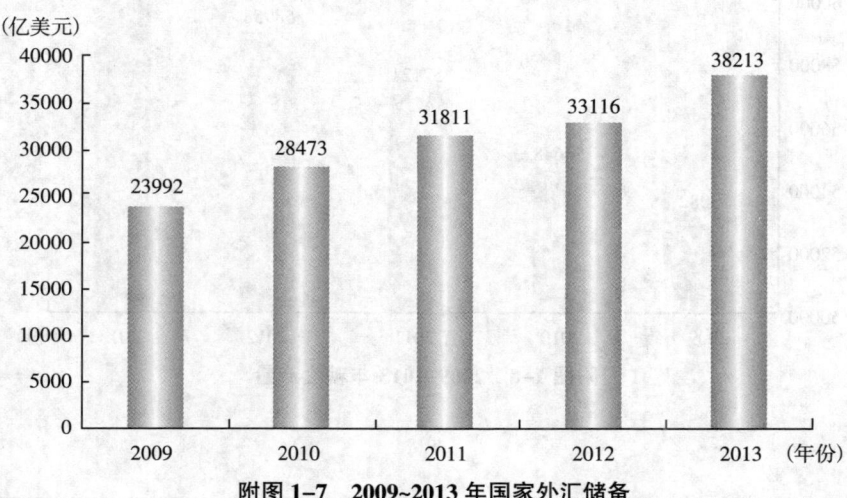

附图1-7　2009~2013年国家外汇储备

二　农业

全年粮食种植面积11195万公顷,比上年增加75万公顷;棉花种植面积435万公顷,减少34万公顷;油料种植面积1408万公顷,增加15万公顷;糖料种植面积199万公顷,减少4万公顷。

粮食再获丰收。全年粮食产量60194万吨,比上年增加1236万吨,增产2.1%。其中,夏粮产量13189万吨,增产1.5%;早稻产量3407万吨,增产2.4%;秋粮产量43597万吨,增产2.3%。其中,主要粮食品种中,稻谷产量20329万吨,减产0.5%;小麦产量12172万吨,增产0.6%;玉米产量21773万吨,增产5.9%。

全年棉花产量631万吨,比上年减产7.7%。油料产量3531万吨,增产2.8%。糖料产量13759万吨,增产2.0%。茶叶产量193万吨,增产7.9%。

全年肉类总产量8536万吨,比上年增长1.8%。其中,猪肉产量5493万吨,增长2.8%;牛肉产量673万吨,增长1.7%;羊肉产量408万吨,增长1.8%;禽肉产量1798万吨,下降1.3%。年末生猪存栏47411万头,下降0.4%;生猪出栏71557万头,增长2.5%。禽蛋产量2876万吨,增长0.5%。牛奶产量3531万吨,下降5.7%。

全年水产品产量6172万吨,比上年增长4.5%。其中,养殖水产品产量4547万吨,增长6.0%;捕捞水产品产量1625万吨,增长3.5%。

全年木材产量8367万立方米,比上年增长2.3%。

全年新增有效灌溉面积129万公顷,新增节水灌溉面积211万公顷。

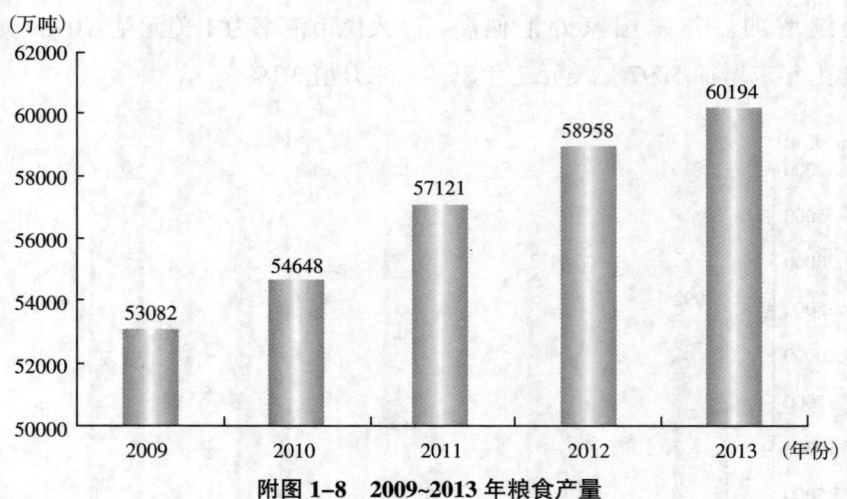

附图1-8 2009~2013年粮食产量

三、工业和建筑业

工业生产稳定增长。全年全部工业增加值210689亿元，比上年增长7.6%。规模以上工业增加值增长9.7%。在规模以上工业中，分经济类型看，国有及国有控股企业增长6.9%；集体企业增长4.3%，股份制企业增长11.0%，外商及港澳台商投资企业增长8.3%；私营企业增长12.4%。分门类看，采矿业[10]增长6.4%，制造业增长10.5%，电力、热力、燃气及水生产和供应业增长6.8%。

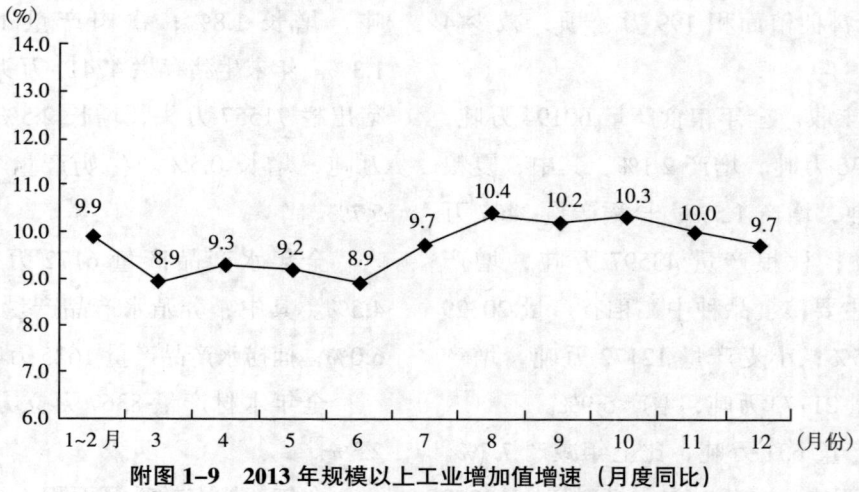

附图1-9 2013年规模以上工业增加值增速（月度同比）

全年规模以上工业中,农副食品加工业增加值比上年增长9.4%,纺织业增长8.7%,通用设备制造业增长9.2%,专用设备制造业增长8.5%,汽车制造业增长14.9%,计算机、通信和其他电子设备制造业增长11.3%,电气机械和器材制造业增长10.9%。六大高耗能行业[11]增加值比上年增长10.1%,其中,非金属矿物制品业增长11.5%,化学原料和化学制品制造业增长12.1%,有色金属冶炼和压延加工业增长14.6%,黑色金属冶炼和压延加工业增长9.9%,电力、热力生产和供应业增长6.2%,石油加工、炼焦和核燃料加工业增长6.1%。高技术制造业增加值比上年增长11.8%。

附表1-3 2013年主要工业产品产量及其增长速度

产品名称	单位	产量	比上年增长(%)
纱	万吨	3200.0	7.2
布	亿米	882.7	4.0
化学纤维	万吨	4121.9	7.4
成品糖	万吨	1589.7	12.8
卷烟	亿支	25604.0	1.8
彩色电视机	万台	12776.1	-0.4
其中:液晶电视机	万台	12290.3	4.5
家用电冰箱	万台	9261.0	9.9
房间空气调节器	万台	13057.2	5.3
一次能源生产总量	亿吨标准煤	34.0	2.4
原煤	亿吨	36.8	0.8
原油	亿吨	2.09	1.8
天然气[12]	亿立方米	1170.5	9.4
发电量	亿千瓦小时	53975.9	7.5
其中:火电	亿千瓦小时	42358.7	7.0
水电	亿千瓦小时	9116.4	5.6
核电	亿千瓦小时	1106.3	13.6
粗钢	万吨	77904.1	7.6
钢材[13]	万吨	106762.2	11.7
十种有色金属	万吨	4054.9	9.7
其中:精炼铜(电解铜)	万吨	649.0	12.7
原铝(电解铝)	万吨	2205.9	9.2
氧化铝	万吨	4437.2	17.7
水泥	亿吨	24.2	9.3
硫酸(折100%)	万吨	8122.6	3.1
纯碱	万吨	2434.9	1.6
烧碱(折100%)	万吨	2859.0	6.0
乙烯	万吨	1622.6	9.1
化肥(折100%)	万吨	7037.0	3.0
发电机组(发电设备)	万千瓦	12572.8	-3.3
汽车	万辆	2211.7	14.7
其中:基本型乘用车(轿车)	万辆	1210.4	12.4
大中型拖拉机	万台	58.7	11.4
集成电路	亿块	866.5	11.2

续表

产品名称	单位	产量	比上年增长（%）
程控交换机	万线	3115.7	10.1
移动通信手持机	万台	145561.0	23.2
微型计算机设备	万台	33661.0	5.8

年末全国发电装机容量124738万千瓦，比上年末增长9.3%。其中，火电装机容量86238万千瓦，增长5.7%；水电装机容量28002万千瓦，增长12.3%；核电装机容量1461万千瓦，增长16.2%；并网风电装机容量7548万千瓦，增长24.5%；并网太阳能发电装机容量1479万千瓦，增长3.4倍。

全年规模以上工业企业实现利润62831亿元，比上年增长12.2%，其中国有及国有控股企业15194亿元，增长6.4%；集体企业825亿元，增长2.1%，股份制企业37285亿元，增长11.0%，外商及港澳台商投资企业14599亿元，增长15.5%；私营企业20876亿元，增长14.8%。

全年全社会建筑业增加值38995亿元，比上年增长9.5%。全国具有资质等级的总承包和专业承包建筑业企业实现利润5575亿元，增长16.7%，其中国有及国有控股企业1363亿元，增长20.1%。

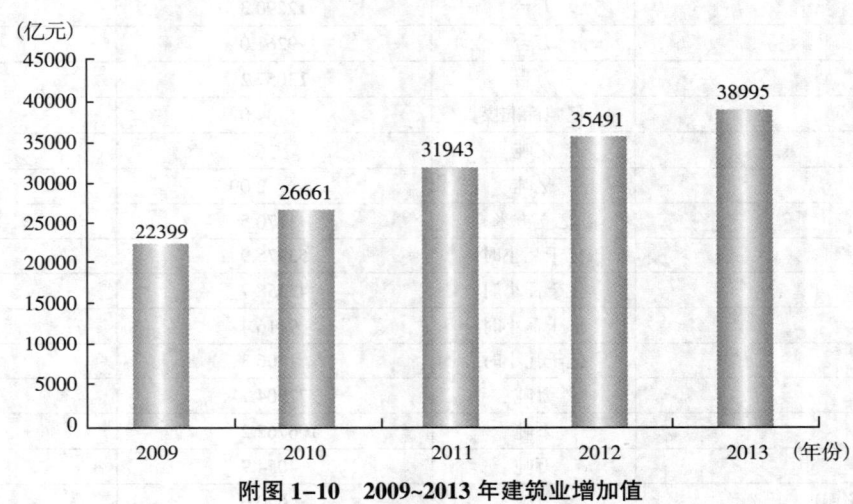

附图1-10　2009~2013年建筑业增加值

四　固定资产投资

固定资产投资较快增长。全年全社会固定资产投资447074亿元，比上年增长19.3%，扣除价格因素，实际增长18.9%。其中，固定资产投资（不含农户）436528亿元，增长19.6%；农户投资10547亿元，增长7.2%。东部地区投资[14]179092亿元，比上年增长17.9%；中部地区投资105894亿元，增长22.2%；西部地区投资109228亿元，增长22.8%；东北地区投资47367亿元，增长18.4%。

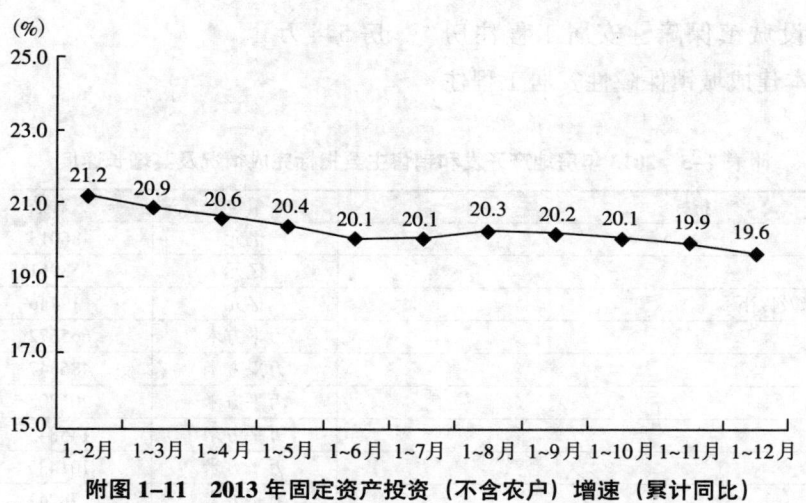

附图1-11 2013年固定资产投资（不含农户）增速（累计同比）

在固定资产投资（不含农户）中，第一产业[5]投资9241亿元，比上年增长32.5%；第二产业投资184804亿元，增长17.4%；第三产业投资242482亿元，增长21.0%。

附表1-4 2013年分行业固定资产投资（不含农户）及其增长速度

单位：亿元

行业	投资额	比上年增长（%）
总计	436528	19.6
农、林、牧、渔业	11611	32.4
采矿业	14750	10.9
制造业	147370	18.5
电力、热力、燃气及水生产和供应业	19744	18.4
建筑业	3737	1.4
批发和零售业	12695	30.0
交通运输、仓储和邮政业	36194	17.2
住宿和餐饮业	6001	17.5
信息传输、软件和信息技术服务业	3216	19.5
金融业	1250	35.3
房地产业[16]	111424	20.3
租赁和商务服务业	5922	26.1
科学研究和技术服务业	3149	27.2
水利、环境和公共设施管理业	37598	26.9
居民服务、修理和其他服务业	2037	20.3
教育	5486	19.1
卫生和社会工作	3184	21.7
文化、体育和娱乐业	5251	23.0
公共管理、社会保障和社会组织	5908	-2.3

全年房地产开发投资86013亿元，比上年增长19.8%。其中，住宅投资58951亿元，增长19.4%；办公楼投资4652亿元，增长38.2%；商业营业用房投资11945亿元，增长28.3%。

全年新开工建设城镇保障性安居工程住房666万套（户），基本建成城镇保障性安居工程住房544万套。

附表1-5　2013年房地产开发和销售主要指标完成情况及其增长速度

指标	单位	绝对数	比上年增长（%）
投资额	亿元	86013	19.8
其中：住宅	亿元	58951	19.4
其中：90平方米及以下	亿元	19446	15.8
房屋施工面积	万平方米	665572	16.1
其中：住宅	万平方米	486347	13.4
房屋新开工面积	万平方米	201208	13.5
其中：住宅	万平方米	145845	11.6
房屋竣工面积	万平方米	101435	2.0
其中：住宅	万平方米	78741	-0.4
商品房销售面积	万平方米	130551	17.3
其中：住宅	万平方米	115723	17.5
本年到位资金	亿元	122122	26.5
其中：国内贷款	亿元	19673	33.1
其中：个人按揭贷款	亿元	14033	33.3

五　国内贸易

市场销售平稳较快增长。全年社会消费品零售总额237810亿元，比上年增长13.1%，扣除价格因素，实际增长11.5%。按经营地统计，城镇消费品零售额205858亿元，增长12.9%；乡村消费品零售额31952亿元，增长14.6%。按消费形态统计，商品零售额212241亿元，增长13.6%；餐饮收入额25569亿元，增长9.0%。

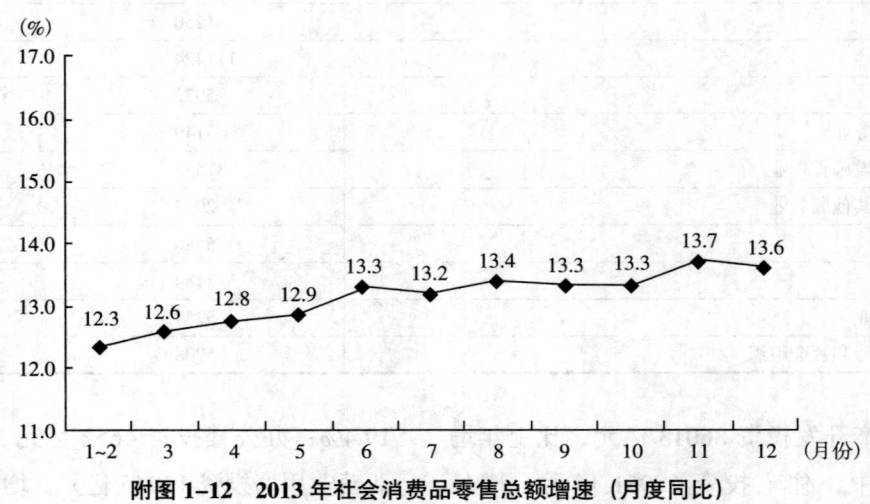

附图1-12　2013年社会消费品零售总额增速（月度同比）

在限额以上企业商品零售额中,粮油、食品、饮料、烟酒类零售额比上年增长13.9%,服装、鞋帽、针纺织品类增长11.6%,化妆品类增长13.3%,金银珠宝类增长25.8%,日用品类增长14.1%,家用电器和音像器材类增长14.5%,中西药品类增长17.7%,文化办公用品类增长11.8%,家具类增长21.0%,通信器材类增长20.4%,石油及制品类增长9.9%,汽车类增长10.4%,建筑及装潢材料类增长22.1%。

六 对外经济

进出口稳中有升。全年货物进出口总额258267亿元人民币,以美元计价为41600亿美元,比上年增长7.6%。其中,出口137170亿元人民币,以美元计价为22096亿美元,增长7.9%;进口121097亿元人民币,以美元计价为19504亿美元,增长7.3%。进出口差额(出口减进口)16072亿元人民币,比上年增加1514亿元人民币,以美元计价为2592亿美元,增加289亿美元。

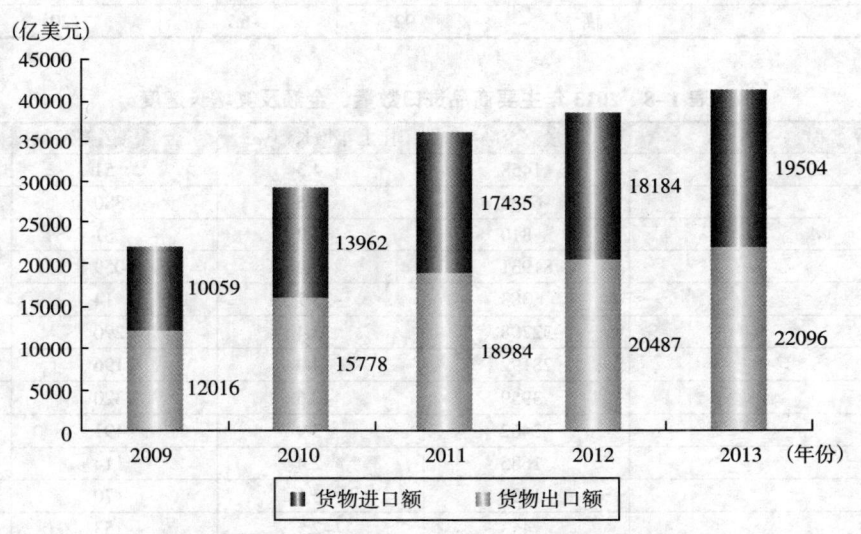

附图1-13 2009~2013年货物进出口总额

附表1-6 2013年货物进出口总额及其增长速度

单位:亿美元

指标	绝对数	比上年增长(%)
货物进出口总额	41600	7.6
货物出口额	22096	7.9
其中:一般贸易	10875	10.1
加工贸易	8605	-0.3
其中:机电产品	12652	7.3
高新技术产品	6603	9.8
货物进口额	19504	7.3
其中:一般贸易	11099	8.6

续表

指标	绝对数	比上年增长（%）
加工贸易	4970	3.3
其中：机电产品	8400	7.3
高新技术产品	5582	10.1
进出口差额（出口减进口）	2592	—

附表1-7　2013年主要商品出口数量、金额及其增长速度

商品名称	单位	数量	比上年增长（%）	金额（亿美元）	比上年增长（%）
煤（包括褐煤）	万吨	751	-19.1	11	-33.1
钢材	万吨	6234	11.9	532	3.4
纺织纱线、织物及制品	—	—	—	1069	11.7
服装及衣着附件	—	—	—	1770	11.3
鞋类	—	—	—	508	8.4
家具及其零件	—	—	—	518	6.2
自动数据处理设备及其部件	万台	187050	2.0	1822	-1.7
手持或车载无线电话	万台	118582	16.9	951	17.3
集装箱	万个	270	8.8	79	-6.4
液晶显示板	万个	326577	3.1	359	-1.0
汽车（包括整套散件）	万辆	92	-6.7	120	-5.3

附表1-8　2013年主要商品进口数量、金额及其增长速度

商品名称	数量（万吨）	比上年增长（%）	金额（亿美元）	比上年增长（%）
谷物及谷物粉	1458	4.3	51	6.6
大豆	6338	8.6	380	8.6
食用植物油	810	-4.2	81	-16.7
铁矿砂及其精矿	81931	10.2	1059	10.4
氧化铝	383	-23.7	14	-22.7
煤（包括褐煤）	32708	13.4	290	1.1
原油	28192	4.0	2196	-0.5
成品油	3959	-0.6	320	-3.2
初级形状的塑料	2462	3.9	491	6.3
纸浆	1685	2.4	114	3.7
钢材	1408	3.1	170	-4.3
未锻造的铜及铜材	453	-2.5	353	-8.5

附表1-9　2013年对主要国家和地区货物进出口额及其增长速度

单位：亿美元

国家和地区	出口额	比上年增长（%）	进口额	比上年增长（%）
欧盟	3390	1.1	2200	3.7
美国	3684	4.7	1525	14.8
东盟	2441	19.5	1996	1.9
中国香港	3848	19.0	162	-9.3
日本	1503	-0.9	1623	-8.7
韩国	912	4.0	1831	8.5
中国台湾	406	10.5	1566	18.5
俄罗斯	496	12.6	396	-10.2
印度	484	1.6	170	-9.6

全年服务进出口（按国际收支口径统计，不含政府服务，下同）总额5396亿美元，比上年增长14.7%。其中，服务出口2106亿美元，增长10.6%；服务进口3291亿美元，增长17.5%。服务进出口逆差1185亿美元。

全年非金融领域新批外商直接投资企业22773家，比上年下降8.6%。实际使用外商直接投资金额1176亿美元，增长5.3%。

附表1-10 2013年非金融领域外商直接投资及其增长速度

行业	企业数（家）	比上年增长（%）	实际使用金额（亿美元）	比上年增长（%）
总计	22773	-8.6	1175.9	5.3
其中　农、林、牧、渔业	757	-14.2	18.0	-12.7
制造业	6504	-27.5	455.5	-6.8
电力、燃气及水的生产和供应业	200	7.0	24.3	48.2
交通运输、仓储和邮政业	401	1.0	42.2	21.4
信息传输、计算机服务和软件业	796	-14.0	28.8	-14.2
批发和零售业	7349	4.6	115.1	21.7
房地产业	530	12.3	288.0	19.4
租赁和商务服务业	3359	4.0	103.6	26.2
居民服务和其他服务业	166	-13.5	6.6	-43.6

全年非金融领域对外直接投资额902亿美元，比上年增长16.8%。

全年对外承包工程业务完成营业额1371亿美元，比上年增长17.6%；对外劳务合作派出各类劳务人员52.7万人，增长2.9%。

七 交通、邮电和旅游

交通运输平稳较快增长。全年货物运输总量451亿吨，比上年增长9.9%。货物运输周转量186473亿吨公里，增长7.3%。全年规模以上港口完成货物吞吐量106.1亿吨，比上年增长8.5%，其中外贸货物吞吐量33.1亿吨，增长9.2%。规模以上港口集装箱吞吐量18878万标准箱，增长6.7%。

附表1-11 2013年各种运输方式完成货物运输量及其增长速度

指标	单位	绝对数	比上年增长（%）
货物运输总量	亿吨	450.6	9.9
铁路	亿吨	39.7	1.6
公路	亿吨	355.0	11.3
水运	亿吨	49.3	7.5
民航	万吨	557.6	2.3
管道[17]	亿吨	6.6	6.3
货物运输周转量	亿吨公里	186478.4	7.3

续表

指标	单位	绝对数	比上年增长（%）
铁路	亿吨公里	29173.9	0.0
公路	亿吨公里	67114.5	12.7
水运	亿吨公里	86520.6	5.9
民航	亿吨公里	168.6	2.9
管道	亿吨公里	3500.9	9.0

全年旅客运输总量402亿人次，比上年增长5.6%。旅客运输周转量36036亿人公里，增长7.9%。

附表1-12　2013年各种运输方式完成旅客运输量及其增长速度

指标	单位	绝对数	比上年增长（%）
旅客运输总量	亿人次	401.9	5.6
铁路	亿人次	21.1	10.8
公路	亿人次	374.7	5.3
水运	亿人次	2.6	1.8
民航	亿人次	3.5	10.9
旅客运输周转量	亿人公里	36036.0	7.9
铁路	亿人公里	10595.6	8.0
公路	亿人公里	19705.6	6.7
水运	亿人公里	76.3	-1.6
民航	亿人公里	5658.5	12.6

年末全国民用汽车保有量达到13741万辆（包括三轮汽车和低速货车1058万辆），比上年末增长13.7%，其中私人汽车保有量10892万辆，增长17.0%。民用轿车保有量7126万辆，增长19.0%，其中私人轿车6410万辆，增长20.8%。

全年完成邮电业务总量[18]16679亿元，比上年增长11.1%。其中，邮政业务总量2725亿元，增长33.8%；电信业务总量13954亿元，增长7.5%。邮政业全年完成邮政函件业务63.20亿件，包裹业务0.69亿件，快递业务量91.9亿件；快递业务收入1442亿元。电信业全年局用交换机容量减少2697万门，总容量41052万门；新增移动电话交换机容量[19]12522万户，达到196545万户。年末固定电话用户26699万户。新增移动电话用户11696万户，年末达到122911万户，其中3G移动电话用户[20]40161万户。电话普及率达到110.5部/百人。互联网上网人数6.18亿人，其中手机上网人数[21]5.0亿人。互联网普及率达到45.8%。

全年国内游客[22]32.6亿人次，比上年增长10.3%；国内旅游收入26276亿元，增长15.7%。入境游客12908万人次，下降2.5%。其中，外国人2629万人次，下降3.3%；中国香港、中国澳门和中国台湾同胞10279万人次，下降2.3%。在入境游客中，过夜游客5569万人次，下降3.5%。国际旅游外汇收入517亿美元，增长3.3%。国内居民出境9819万人次，增长18.0%。其中因私出境9197万人次，增长19.3%。

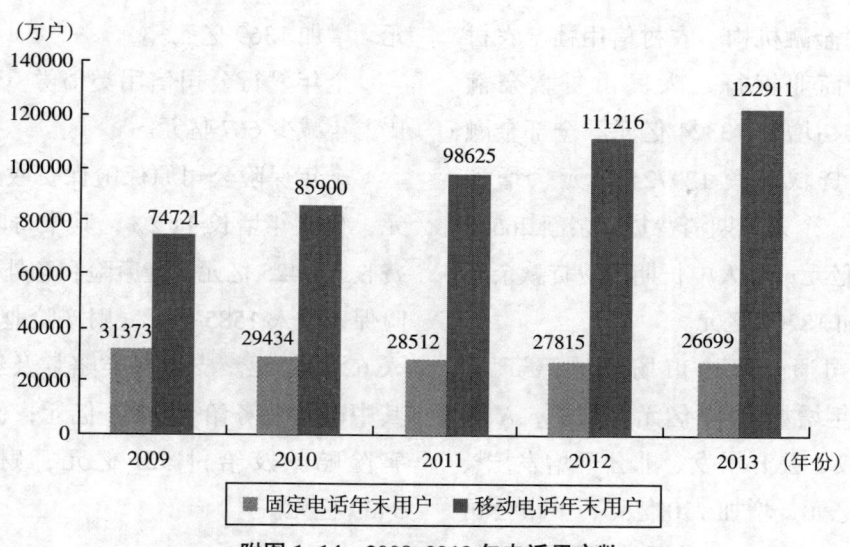

附图1-14 2009~2013年电话用户数

八 金融

金融市场运行总体平稳。年末广义货币供应量（M2）余额为110.7万亿元，比上年末增长13.6%；狭义货币供应量（M1）余额为33.7万亿元，增长9.3%；流通中现金（M0）余额为5.9万亿元，增长7.2%。

全年社会融资规模[23]为17.3万亿元，按可比口径计算，比上年多1.5万亿元。年末全部金融机构本外币各项存款余额107.1万亿元，比年初增加12.7万亿元，其中人民币各项存款余额104.4万亿元，增加12.6万亿元。全部金融机构本外币各项贷款余额76.6万亿元，增加9.3万亿元，其中人民币各项贷款余额71.9万亿元，增加8.9万亿元。

附表1-13 2013年末全部金融机构本外币存贷款余额及其增长速度

单位：亿元

指标	年末数	比上年末增长（%）
各项存款余额	1070588	13.5
其中：住户存款	465437	13.5
其中：人民币	461370	13.6
非金融企业存款	380070	10.1
各项贷款余额	766327	13.9
其中：境内短期贷款	311772	16.3
境内中长期贷款	410346	12.8

年末主要农村金融机构（农村信用社、农村合作银行、农村商业银行）人民币贷款余额91644亿元，比年初增加13324亿元。全部金融机构人民币消费贷款余额129721亿元，增加25401亿元。其中，个人短期消费贷款余额26558亿元，增加7198亿元；个人中长期消费贷款余额103163亿元，增加18203亿元。

全年上市公司通过境内市场累计筹资[24] 6885亿元，比上年增加1044亿元。其中，A股再筹资（包括配股、公开增发、非公开增发[25]、认股权证）2803亿元，增加710亿元；上市公司通过发行可转债、可分离债、公司债筹资4082亿元，增加1369亿元。

全年发行公司信用类债券[26] 3.67万亿元，比上年减少667亿元。

全年保险公司原保险保费收入[27] 17222亿元，比上年增长11.2%，其中寿险业务原保险保费收入9425亿元；健康险和意外伤害险业务原保险保费收入1585亿元；财产险业务原保险保费收入6212亿元。支付各类赔款及给付6213亿元，其中寿险业务给付2253亿元；健康险和意外伤害险赔款及给付521亿元；财产险业务赔款3439亿元。

九　人民生活和社会保障

城乡居民收入继续增加。全年农村居民人均纯收入8896元，比上年增长12.4%，扣除价格因素，实际增长9.3%；农村居民人均纯收入中位数[28]为7907元，增长12.7%。城镇居民人均可支配收入26955元，比上年增长9.7%，扣除价格因素，实际增长7.0%；城镇居民人均可支配收入中位数为24200元，增长10.1%。根据2012年第四季度起实施的城乡一体化住户调查[29]，全国居民人均可支配收入18311元，比上年增长10.9%，扣除价格因素，实际增长8.1%。农村居民食品消费支出占消费总支出的比重为37.7%，比上年下降1.6个百分点；城镇为35.0%，下降1.2个百分点。

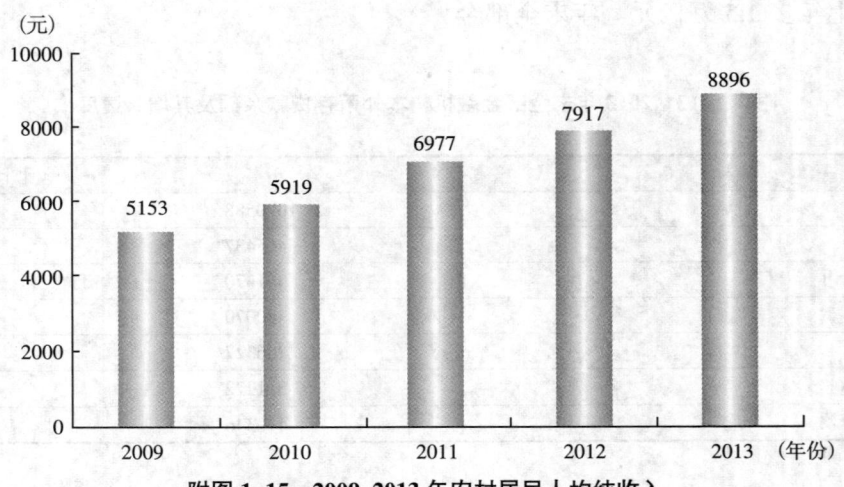

附图1-15　2009~2013年农村居民人均纯收入

附图1-16　2009~2013年城镇居民人均可支配收入

年末全国参加城镇职工基本养老保险人数32212万人，比上年末增加1785万人。参加城乡居民基本养老保险人数49750万人，增加1381万人。参加基本医疗保险人数57322万人，增加3680万人。其中，参加职工基本医疗保险人数27416万人，增加930万人；参加居民基本医疗保险人数29906万人，增加2750万人。参加失业保险人数16417万人，增加1192万人。年末全国领取失业保险金人数197万人。参加工伤保险人数19897万人，增加887万人，其中参加工伤保险的农民工7266万人，增加86万人。参加生育保险人数16397万人，增加968万人。年末，2489个县（市、区）实施了新型农村合作医疗制度，新型农村合作医疗参合率99.0%；1~9月新型农村合作医疗基金支出总额[30]为2067亿元。按照年人均纯收入2300元（2010年不变价）的农村扶贫标准计算，2013年农村贫困人口为8249万人，比上年减少1650万人。

教育、科学技术和文化

教育科技文化事业持续发展。全年研究生招生61.1万人，在学研究生179.4万人，毕业生51.4万人。普通本专科招生699.8万人，在校生2468.1万人，毕业生638.7万人。中等职业教育[31]招生698.3万人，在校生1960.2万人，毕业生678.1万人。普通高中招生822.7万人，在校生2435.9万人，毕业生799.0万人。初中招生1496.1万人，在校生4440.1万人，毕业生1561.5万人。普通小学招生1695.4万人，在校生9360.5万人，毕业生1581.1万人。特殊教育招生6.6万人，在校生36.8万人，毕业生5.1万人。幼儿园在园幼儿3894.7万人。

全年研究与试验发展（R&D）经费支出11906亿元，比上年增长15.6%，占国内生产总值的2.09%，其中基础研究经费569亿元。全年国家安排了3543项科技支撑计划课题，2118项"863"计划课题。累计建设国家工程研究中心132个，国家工程实验室143个，国家认定企业技术中心达到1002家。全年国家新兴产业创投计划[32]累计支持设立141家创业投资企业，资金

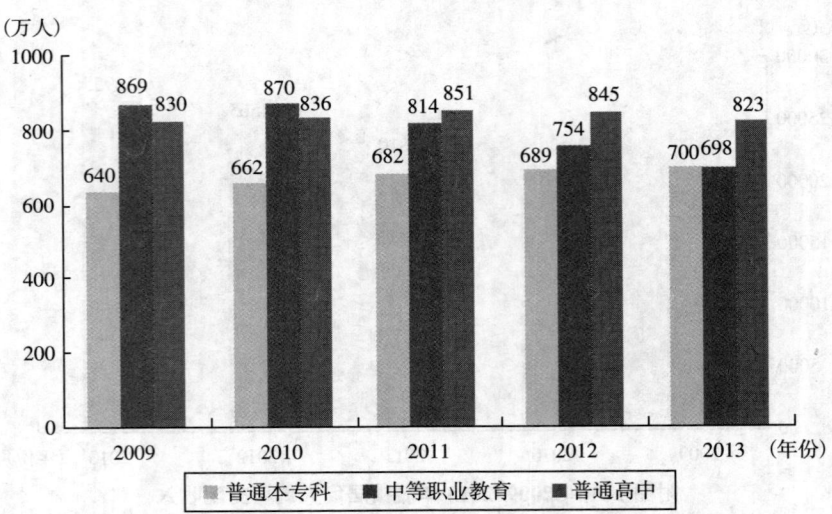

附图 1-17　2009~2013 年高等教育、中等职业教育及普通高中招生人数

总规模近 390 亿元，投资了创业企业 422 家。全年受理境内外专利申请 237.7 万件，其中境内申请 221.0 万件，占 93.0%。受理境内外发明专利申请 82.5 万件，其中境内申请 69.3 万件，占 84.0%。全年授予专利权 131.3 万件，其中境内授权 121.0 万件，占 92.2%。授予发明专利权 20.8 万件，其中境内授权 13.8 万件，占 66.6%。截至年底，有效专利 419.5 万件，其中境内有效专利 352.5 万件，占 84.0%；有效发明专利 103.4 万件，其中境内有效发明专利 54.5 万件，占 52.7%。全年共签订技术合同 29.5 万项，技术合同成交金额 7469.0 亿元，比上年增长 16.0%。

全年成功发射卫星 14 次。神舟十号载人飞船与天宫一号目标飞行器成功实施首次绕飞交会试验，嫦娥三号探测器顺利实现首次在地外天体软着陆和巡视勘查，"蛟龙号"载人潜水器实现从深潜海试到科学应用的跨越。

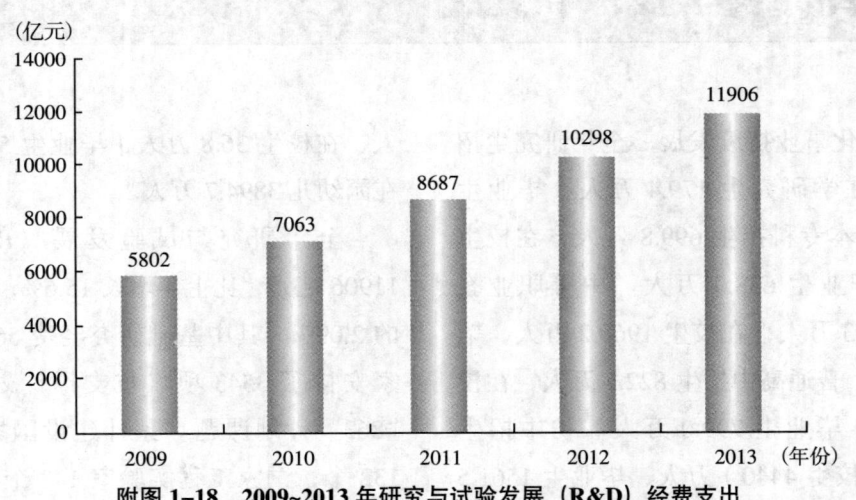

附图 1-18　2009~2013 年研究与试验发展（R&D）经费支出

年末全国共有产品检测实验室 30098 个,其中国家检测中心 556 个。全国现有产品质量、体系认证机构 174 个,已累计完成对 110949 个企业的产品认证。全年制定、修订国家标准 1870 项,其中新制定 1161 项。全国共有地震台站 1687 个,区域地震台网 32 个。全国共有海洋观测站 79 个。测绘地理信息部门公开出版地图 1585 种。

年末全国文化系统共有艺术表演团体 2055 个,博物馆 2638 个。全国共有公共图书馆 3073 个,文化馆 3298 个。有线电视用户 2.24 亿户,有线数字电视用户 1.69 亿户。年末广播节目综合人口覆盖率为 97.8%;电视节目综合人口覆盖率为 98.4%。全年生产电视剧 441 部 15783 集,电视动画片 199132 分钟。全年生产故事影片 638 部,科教、纪录、动画和特种影片[33] 186 部。出版各类报纸 478 亿份,各类期刊 34 亿册,图书 83 亿册(张)。年末全国共有档案馆 4122 个,已开放各类档案 12059 万卷(件)。

全年我国运动员在 22 个运动大项中获得 124 个世界冠军,共创 13 项世界纪录。全年我国残疾人运动员在 28 项国际赛事中获得 306 个世界冠军。

十一 卫生和社会服务

卫生和社会服务事业不断进步。年末全国共有医疗卫生机构 973597 个,其中医院 24720 个,乡镇卫生院 36978 个,社区卫生服务中心(站) 33976 个,诊所(卫生所、医务室) 184058 个,村卫生室 649080 个,疾病预防控制中心 3519 个,卫生监督所(中心) 2994 个。卫生技术人员 718 万人,其中执业医师和执业助理医师 279 万人,注册护士 278 万人。医疗卫生机构床位 618 万张,其中医院 458 万张,乡镇卫生院 113 万张。

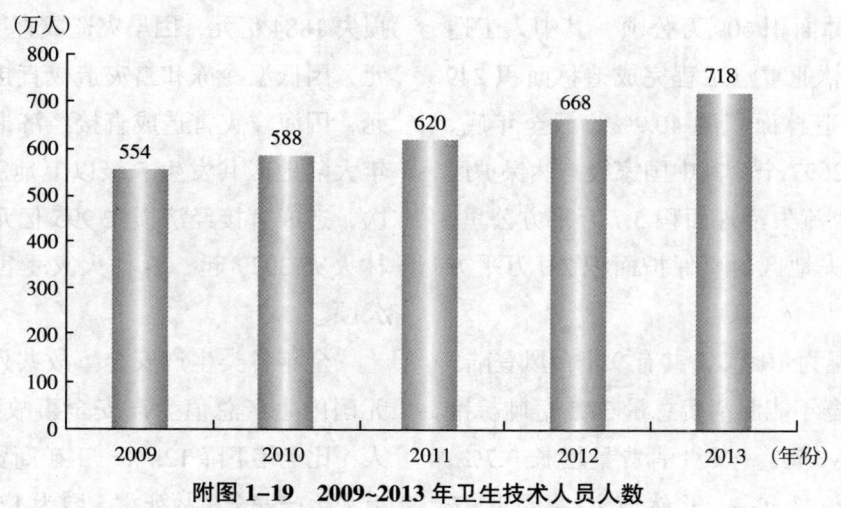

附图 1-19 2009~2013 年卫生技术人员人数

年末全国各类提供住宿的社会服务机构[34] 4.7 万个,床位 509.4 万张,收养救助各类人员 310.0 万人。其中,养老服务机构 4.3 万个,床位 474.6 万张,收留抚养各类人员 294.3 万人。年末共有社区服务中心1.9万个,社区服务站10.3万个。年末全国共有2061.3万人享受城市居民最低生活保障,5382.1万人享受农村居民最低生活保障,农村五保供养[35] 538.2万人。全年资助1229.3万城市困难群众参加医疗保险,资助4132.5万农村困难群众参加新型农村合作医疗。

十二 资源、环境和安全生产[36]

全年全国国有建设用地供应总量[37] 73万公顷,比上年增长5.8%。其中,工矿仓储用地21万公顷,增长3.2%;房地产用地[38] 20万公顷,增长26.8%;基础设施等其他用地32万公顷,下降2.9%。

全年水资源总量27860亿立方米。全年平均降水量665毫米。年末全国613座大型水库蓄水总量3488亿立方米,比上年末蓄水量减少5%。全年总用水量6170亿立方米,比上年增长0.6%。其中,生活用水增长2.7%,工业用水增长1.4%,农业用水下降0.1%,生态补水增长1.6%。万元国内生产总值用水量[39] 121立方米,比上年下降6.5%。万元工业增加值用水量68立方米,下降5.7%。人均用水量453立方米,与上年基本持平。

全年完成造林面积609万公顷,其中人工造林418万公顷。林业重点工程完成造林面积249万公顷,占全部造林面积的40.9%。截至年底,自然保护区达到2697个,其中国家级自然保护区407个。新增水土流失治理面积5.7万平方公里,新增实施水土流失地区封育保护面积2.0万平方公里。

全年平均气温为10.2℃,共有9个台风登陆。

初步核算,全年能源消费总量37.5亿吨标准煤,比上年增长3.7%。煤炭消费量增长3.7%;原油消费量增长3.4%;天然气消费量增长13.0%;电力消费量增长7.5%。全国万元国内生产总值能耗下降3.7%。

十大流域[40]的704个水质监测断面中,Ⅰ～Ⅲ类水质断面比例占71.7%,劣Ⅴ类水质断面比例占8.9%。十大流域水质总体为轻度污染,水质保持基本稳定。

近岸海域301个海水水质监测点中,达到国家一、二类海水水质标准的监测点占66.4%,三类海水占8.0%,四类、劣四类海水占25.6%。

年末城市污水处理厂日处理能力达12246万立方米,比上年末增长4.4%;城市污水处理率达到87.9%,提高0.6个百分点。城市集中供热面积54.1亿平方米,增长4.5%。建成区绿地率达到36.0%,提高0.3个百分点。

全年农作物受灾面积3135万公顷,其中绝收384万公顷。全年因洪涝地质灾害造成直接经济损失1884亿元,因旱灾造成直接经济损失905亿元,因低温冷冻和雪灾造成直接经济损失260亿元,因海洋灾害造成直接经济损失165亿元。全年大陆地区共发生5级以上地震41次,成灾14次,造成直接经济损失995亿元。全年共发生森林火灾3929起,森林火灾受害森林面积1.4万公顷。

全年各类生产安全事故共死亡69434人。亿元国内生产总值生产安全事故死亡人数为0.124人,比上年下降12.7%;工矿商贸企业就业人员10万人生产安全事故死亡人数为1.52人,下降7.3%;道路交通万车死亡人数为2.3人,下降8.0%;煤矿百万吨死亡人数为0.288人,下降23.0%。

注释：

[1] 本公报中数据均为初步统计数。各项统计数据均未包括中国香港特别行政区、中国澳门特别行政区和中国台湾地区。部分数据因四舍五入的原因，存在着与分项合计不等的情况。

[2] 人户分离的人口是指居住地与户口登记地所在的乡镇街道不一致且离开户口登记地半年以上的人口。

[3] 流动人口是指人户分离人口中扣除市辖区内人户分离的人口。市辖区内人户分离的人口是指一个直辖市或地级市所辖区内和区与区之间，居住地和户口登记地不在同一乡镇街道的人口。

[4] 考虑到我国劳动年龄下限为16周岁，从2013年开始公布16~59岁（含不满60周岁）人口数据。按照往年公报公布口径，2013年末，0~14岁（含不满15周岁）人口为22329万人，15~59岁（含不满60周岁）人口为93500万人。

[5] 国内生产总值、各产业增加值绝对数按现价计算，增长速度按不变价格计算。

[6] 年度农民工数量包括年内在本乡镇以外从业6个月以上的外出农民工和在本乡镇内从事非农产业6个月以上的本地农民工两部分。

[7] 农产品生产者价格是指农产品生产者直接出售其产品时的价格。

[8] 公共财政收入是指政府凭借国家政治权力，以社会管理者身份筹集以税收为主体的收入。

[9] 图中2009~2012年数据为公共财政收入决算数，2013年为执行数。

[10] 根据《国民经济行业分类》（GB/T4754-2011），从2013年开始工业行业不再使用"轻工业"、"重工业"分类，而以采矿业、制造业、电力热力燃气及水的生产和供应业的标准行业分类代替。

[11] 六大高耗能行业分别为：化学原料和化学制品制造业、非金属矿物制品业、黑色金属冶炼和压延加工业、有色金属冶炼和压延加工业、石油加工炼焦和核燃料加工业、电力热力生产和供应业。

[12] 天然气包括气田天然气、油田天然气（分为油田气层气、油田中伴生的溶解气）和煤田天然气（即与煤共生的瓦斯气）。

[13] 钢材产量数据中含使用钢材加工成其他钢材的重复计算因素。

[14] 固定资产投资按东部、中部、西部和东北地区计算的合计数据小于全国数据，是因为有部分跨地区的投资未计算在地区数据中。其中，东部地区是指北京、天津、河北、上海、江苏、浙江、福建、山东、广东和海南10省（市）；中部地区是指山西、安徽、江西、河南、湖北和湖南6省；西部地区是指内蒙古、广西、重庆、四川、贵州、云南、西藏、陕西、甘肃、青海、宁夏和新疆12省（区、市）；东北地区是指辽宁、吉林和黑龙江3省。

[15] 根据《国民经济行业分类》（GB/T4754—2011），2013年对三次产业划分进行了修订，将"农、林、牧、渔业"中的"农、林、牧、渔服务业"，"采矿业"中的"开采辅助活动"，"制造业"中的"金属制品、机械和设备修理业"三个大类调入第三产业。

[16] 房地产业投资除房地产开发投资外，还包括建设单位自建房屋以及物业管理、中介服务和其他房地产投资。

[17] 2013年，管道运输统计口径在原中国石油天然气集团公司、中国石油化工集团公司基础上增加中国海洋石油总公司。

[18] 邮电业务总量按2010年不变价格计算。

[19] 移动电话交换机容量是指移动电话交换机根据一定话务模型和交换机处理能力计算出来的最大同时服务用户的数量。

[20] 3G是指第三代蜂窝移动通信系统（3rd-generation，3G），3G移动电话用户是指报告期末在计费系统拥有使用信息、占用3G网络资源的在网用户。

[21] 手机上网人数是指过去半年通过手机接入并使用互联网的6周岁及以上中国居民数量。

[22] 为规范指标名称，将往年公报中的出游人数、旅游人数、旅游者统一为游客。

[23] 社会融资规模是指一定时期内实体经济从金融体系获得的资金总额，是增量概念。

[24] 2013年没有首次公开发行股票。

[25] 非公开增发又叫定向增发，不含资产认购部分。

［26］公司信用类债券包括非金融企业债务融资工具、企业债券以及公司债、可转债等。

［27］原保险保费收入是指保险企业确认的原保险合同保费收入。

［28］人均收入中位数是指将所有调查户按人均收入水平从低到高（或从高到低）顺序排列，处于最中间位置的调查户的人均收入。

［29］2012年第四季度，国家统计局实施了城乡一体化住户调查改革，统一了城乡居民收入名称、分类和统计标准，在全国统一抽选了16万户城乡居民家庭，直接开展调查。在此基础上，计算了城乡可比的新口径全国居民人均可支配收入。同时，为保持年度可比，继续按老口径调查和计算农村居民人均纯收入、城镇居民人均可支配收入。

［30］按卫生计生委统计制度规定，新型农村合作医疗基金支出总额目前仅统计到1~9月。

［31］中等职业教育包括普通中专、成人中专、职业高中和技工学校，其中技工学校数据为2012年数据。

［32］新兴产业创投计划是指中央财政专项资金通过与地方政府资金、社会资本共同发起设立创业投资企业，或以股权投资模式直接投资创业企业等方式，培育和促进新兴产业发展的活动。

［33］特种影片是指那些采用与常规影院放映在技术、设备、节目方面不同的电影展示方式，如巨幕电影、立体电影、立体特效（4D）电影、动感电影、球幕电影等。

［34］提供住宿的社会服务机构除收养性机构外，还包括救助类机构、社区类机构以及军休所、军供站等机构。

［35］农村五保供养是指老年、残疾和未满16周岁的村民，无劳动能力、无生活来源又无法定赡养、抚养、扶养义务人，或者其法定赡养、抚养、扶养义务人无赡养、抚养、扶养能力的村民，在吃、穿、住、医、葬方面得到的生活照顾和物质帮助。

［36］国家于2013年实施了新的空气质量标准。由于全年数据正在汇总分析之中，新标准下的2013年空气质量数据暂缺。国家相关部门将于2014年3月正式发布2013年汇总数据。

［37］国有建设用地供应总量是指报告期内市、县人民政府根据年度土地供应计划依法以出让、划拨、租赁等方式将土地使用权提供给单位或个人使用的国有建设用地总量。

［38］房地产用地是指商服用地和住宅用地的总和。

［39］万元国内生产总值用水量、万元工业增加值用水量和万元国内生产总值能耗按2010年不变价格计算。

［40］十大流域包括原七大水系（包括长江、黄河、珠江、松花江、淮河、海河、辽河）和浙闽片河流、西北诸河和西南诸河。

资料来源：

本公报中城镇新增就业、登记失业率、社会保障数据来自人力资源和社会保障部；财政数据来自财政部；外汇储备和汇率数据来自外汇局；水产品产量数据来自农业部；木材产量、林业、森林火灾数据来自林业局；灌溉面积、水资源数据来自水利部；发电装机容量、新增220千伏及以上变电设备数据来自中电联；新建铁路投产里程、增建铁路复线投产里程、电气化铁路投产里程、铁路运输数据来自铁路局；新建公路里程、港口万吨级码头泊位新增吞吐能力、公路运输、水运、港口货物吞吐量数据来自交通运输部；新增光缆线路长度、电话交换机容量、电话用户、上网人数等通信数据来自工业和信息化部；保障性住房、城市污水处理、城市集中供热面积、建成区绿地率数据来自住房和城乡建设部；货物进出口数据来自海关总署；服务进出口、外商直接投资、对外直接投资、对外承包工程、对外劳务合作等数据来自商务部；民航数据来自民航局；管道数据来自中石油、中石化、中海油；民用汽车、交通事故数据来自公安部；邮政业务数据来自邮政局；旅游数据来自旅游局、公安部；货币金融、公司信用类债券数据来自人民银行；上市公司数据来自证监会；保险业数据来自保监会；新农合、卫生数据来自卫生计生委；教育数据来自教育部；安排科技计划课题、技术合同等数据来自科技部；国家工程研究中心、企业技术中心、新兴产业创投等数据来自发展改革委；专利数据来自知识产权局；发射卫星数据来自国防科工局；质量检验、国家标准制定修订数据来自质检总局；地震数据来自地震局；海洋观测站、海洋灾害造成直接经济损失数据来自海洋局；测绘数据来自测绘地信局；艺术表演团体、博物馆、公共图书馆、文化馆数据来自文化部；广播电视、电影、报纸、期刊、图书数据来自新闻出版广电总局；档案数据来自档案局；体育数据来自体育总局；残疾人运动员数据来自中国残联；社会服务、低保和五保供养数据、农作物受灾面积、洪涝地质灾害造成直接经济损失、旱灾造成直接经济损失、低温冷冻和雪灾造成直接经济损失来自民政部；国有建设用地供应数据来自国土资源部；自然保护区、环境监测数据来自环境保护部；平均气温、登陆台风数据来自气象局；安全生产数据来自安全监管总局；其他数据均来自国家统计局。

附录二
2013年中国电信业统计公报

2013年,我国通信运营业认真贯彻中共十八大和十八届三中全会精神,积极落实"宽带中国"战略,加大3G网络和宽带基础设施建设力度,加快发展新技术新业务,不断提升电信服务水平,全行业保持健康稳定发展。

一、综合

(一)行业保持平稳增长

经初步核算,2013年电信业务收入实现11689.1亿元,同比增长8.7%,比上年回落0.2个百分点,连续三年高于同期GDP增速。电信业务总量实现13954亿元,同比增长7.5%,比上年回落3.2个百分点。

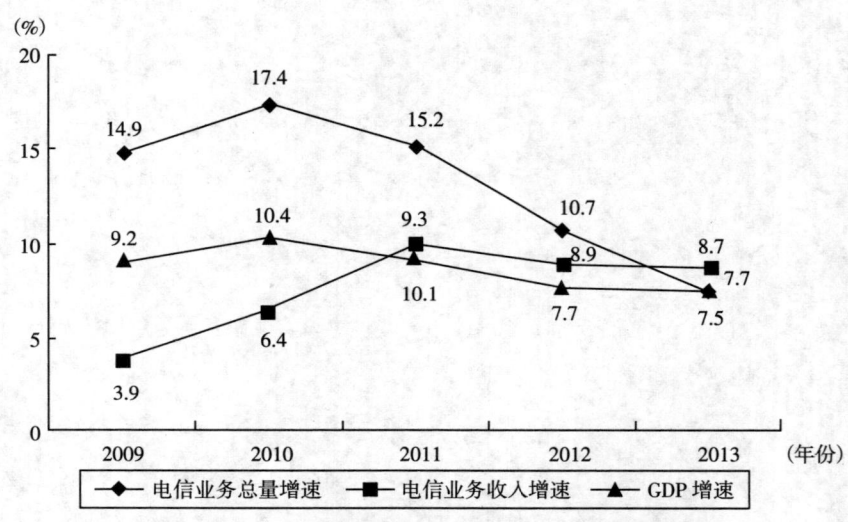

附图2-1 2009~2013年电信业务总量与业务收入增长情况

（二）行业转型步伐加快

2013年，行业发展对话音业务的依赖持续减弱。非话音业务收入占比首次过半，达53.2%；移动数据及互联网业务收入对行业收入增长的贡献从上年的51%猛增至75.7%。用户结构进一步优化，3G移动电话用户在移动用户中的渗透率达到32.7%，比上年提高11.8个百分点；光纤接入FTTH/O用户占宽带用户总数的比重突破20%，达21.6%。融合业务发展逐渐成规模，截至12月末，IPTV用户和物联网终端用户分别达2842.5万户和3200.4万户。

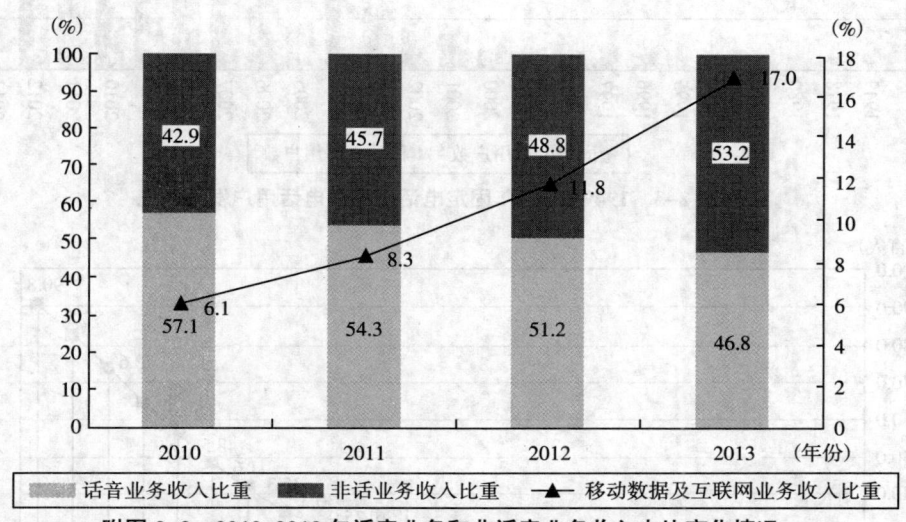

附图2-2　2010~2013年话音业务和非话音业务收入占比变化情况

二　用户规模

（一）移动电话普及率突破90部/百人

2013年，全国电话用户净增10579万户，总数达到14.96亿户，增长7.6%，电话普及率达110部/百人。其中，移动电话用户净增11695.8万户，总数达12.29亿户，移动电话用户普及率达90.8部/百人，比上年提高8.3部/百人。全国共有8省市的移动电话普及率超过100部/百人，分别为北京、辽宁、上海、江苏、浙江、福建、广东、内蒙古，其中辽宁、江苏首次突破100部/百人。固定电话用户总数2.67亿户，比上年减少1116.8万户，普及率降低至19.7部/百人。

（二）2G用户加速向3G迁移

2013年，2G移动电话用户减少5185万户，在移动电话用户的比重下降至67.3%。新增3G移动电话用户1.69亿户，总规模突破4亿户，在移动用户中的渗透率达到32.7%，同比提高11.8个百分点。其中TD-SCDMA用户净增突破1亿户，达到1.03亿户，在3G用户增量、总量市场中的份额达到61.2%和47.6%，分别比上年提高了26.1个百分点和9.8个百分点。

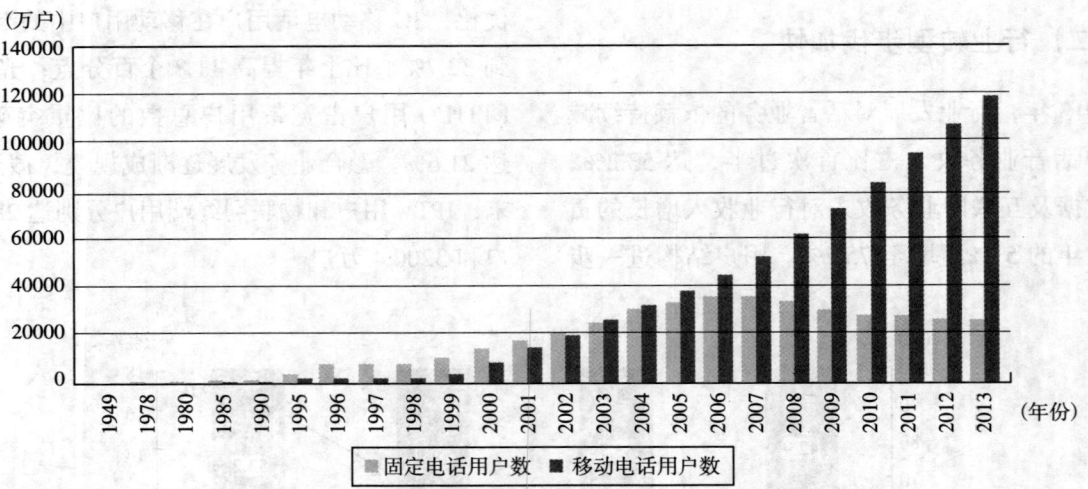

附图 2-3　1949~2013 年固定电话、移动电话用户发展情况

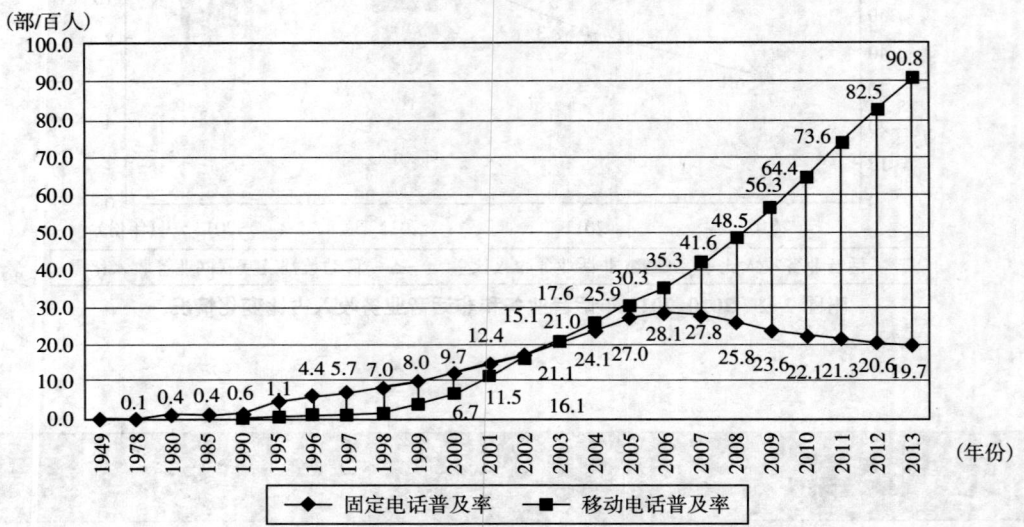

附图 2-4　1949~2013 年固定电话、移动电话普及率发展情况

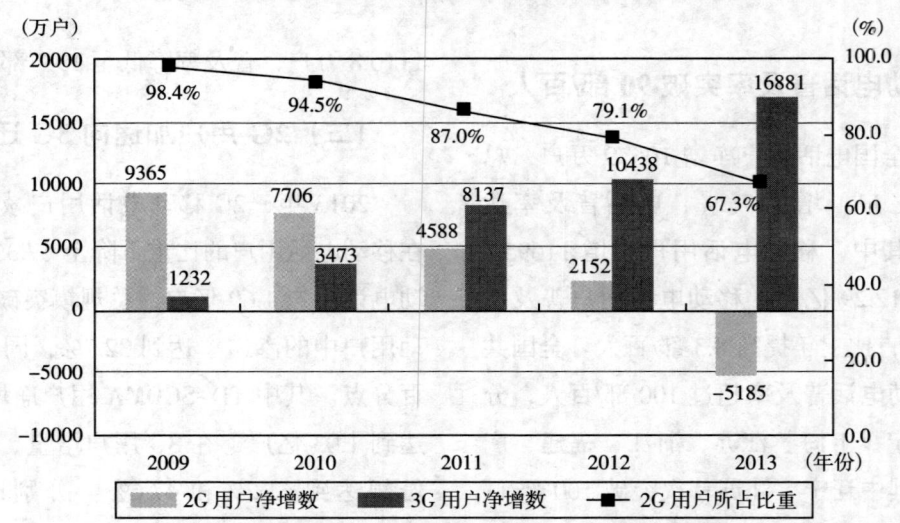

附图 2-5　2009~2013 年 2G 移动电话用户占比发展情况

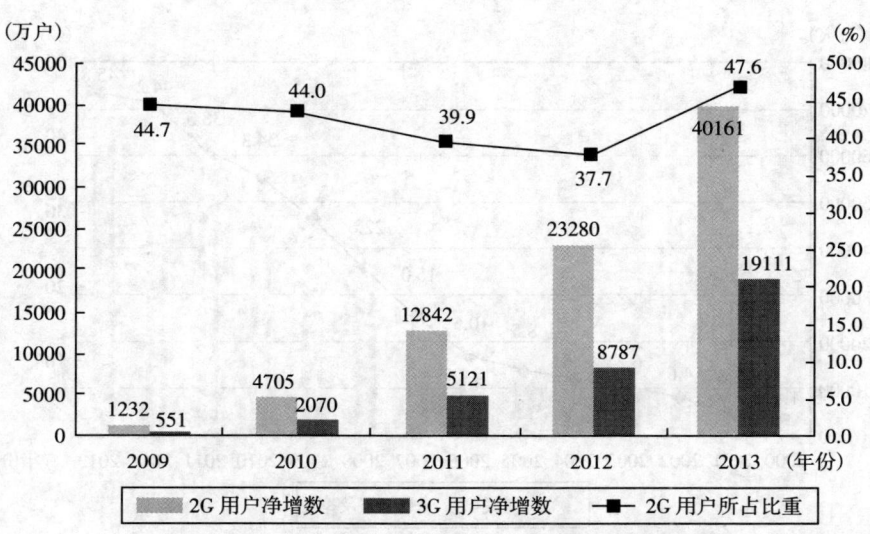

附图 2-6　2009~2013 年 3G 用户和 TD 用户发展情况

（三）固定宽带用户接入速率加快提升

2013 年，基础电信企业固定互联网宽带接入用户净增 1905.6 万户，比上年净增减少 612.6 万户，总数达 1.89 亿户。其中，2M 以上、4M 以上和 8M 以上宽带接入用户占宽带用户总数的比重分别达到 96.2%、78.8%、22.6%，比上年分别提高 1.9 个、14.3 个、9.5 个百分点。

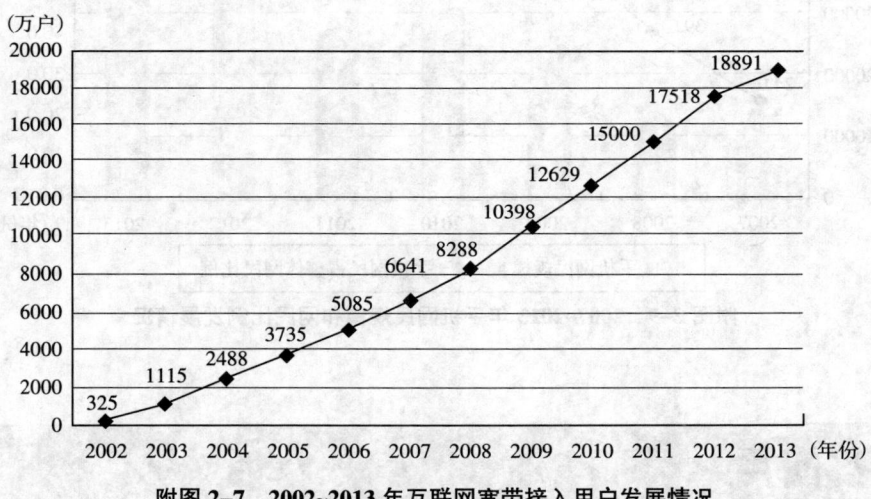

附图 2-7　2002~2013 年互联网宽带接入用户发展情况

（四）手机网民渗透率大幅提升

2013 年，我国互联网网民数净增 5358 万人，达 6.81 亿人，互联网普及率达到 45.8%，比上年提高 3.7 个百分点。手机网民规模达到 5 亿人，比上年增加 8009 万人，网民中使用手机上网的人群占比由上年的 74.5% 提升至 81%。手机即时通信、手机搜索、手机视频和手机网络游戏用户规模比上年分别增长 22.3%、25.3%、83.8%、54.5%。电子商务应用在手机端应用发展迅速，手机在线支付用户在手机网民中占比由上年末的 13.2% 上升至 25.1%。

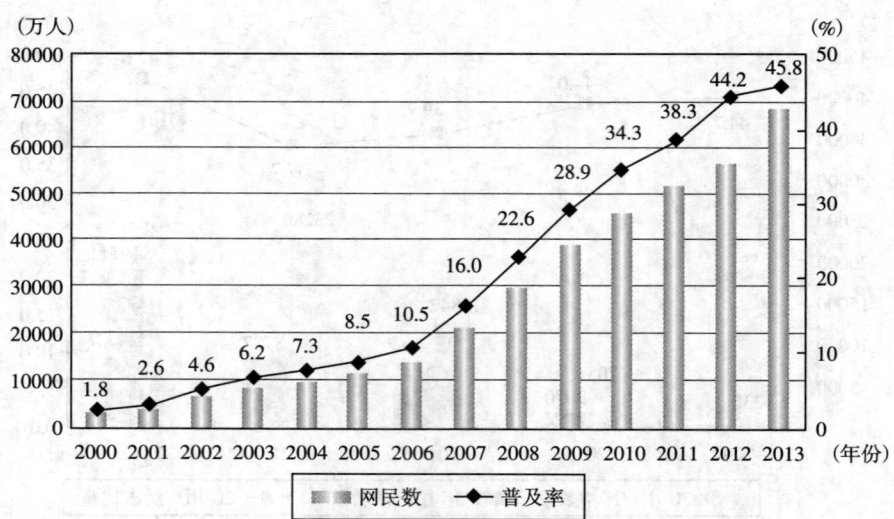

附图 2-8　2000~2013 年互联网网民数和普及率发展情况

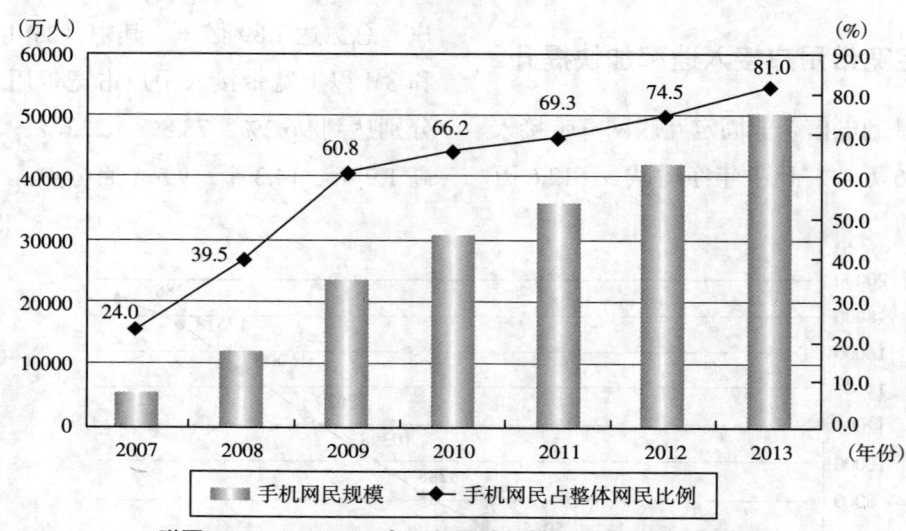

附图 2-9　2007~2013 年手机网民规模和网民比例发展情况

三 业务使用

（一）固定电话 ARPU 值持续下滑

2013 年，固定本地电话通话时长为 3023.1 亿分钟，同比下降 15.2%，下降幅度基本与去年同期持平。固定本地电话 MOU 为 92.2 分钟/月·户，同比降低 12.3%。固定长途电话通话时长为 590.5 亿分钟，同比下降 15.7%，比上年同期降幅收窄 2.5 个百分点。固定长途电话 MOU 同比下降 14.3%，达到 18.0 分钟/月·户。固定本地电话和长途电话语音 ARPU 值（户月均收入贡献值）加速下滑，分别降至 12.1 元/月·户和 5.0 元/月·户，同比下降 18.2% 和 8.3%。

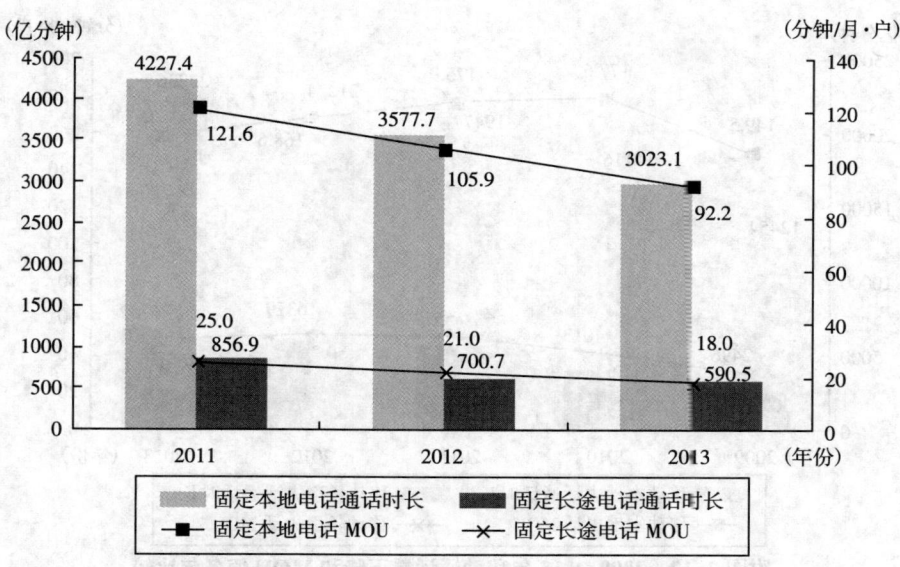

附图 2-10　2011~2013 年固定通话量和 MOU 值各年比较

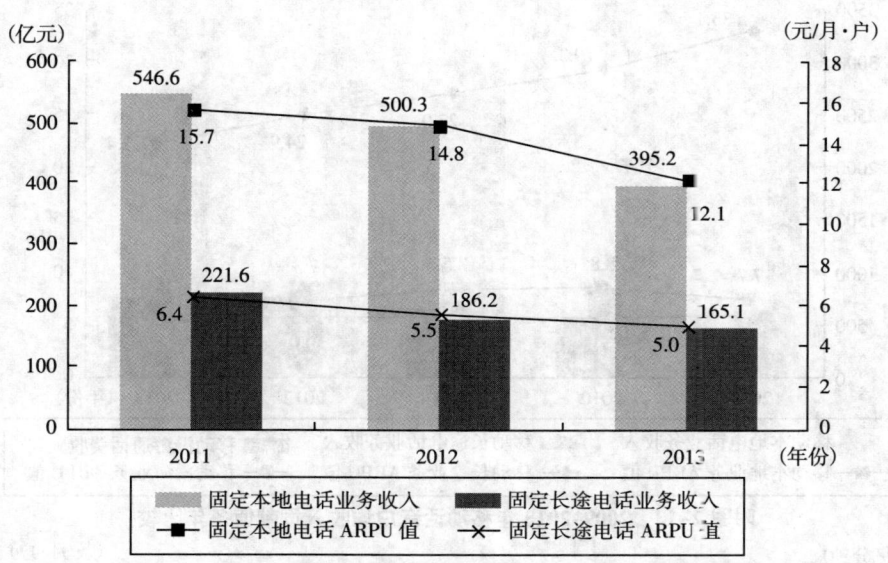

附图 2-11　2011~2013 年固定语音业务户均收入贡献值各年比较

（二）移动电话 MOU 值和 ARPU 值双双下降

2013 年，全国移动电话去话通话时长 28987.7 亿分钟，同比增长 5.0%，增长率下降 7.4 个百分点。其中，移动本地去话和长途通话时长分别增长 4.8% 和 5.8%，MOU 值分别达 157.8 元/月·户、47.9 分钟/月·户，同比降低 6.4%、5.4%；ARPU 值分别达 22.4 元/月·户、6.8 元/月·户，降低 10.1%、7.7%。

（三）移动点对点短信业务量下降明显

2013 年，由移动用户主动发起的点对点短信量加剧下滑，规模达到 4313.4 亿条，同比下降 13.7%，降幅同比扩大了 6.8 个百分点。

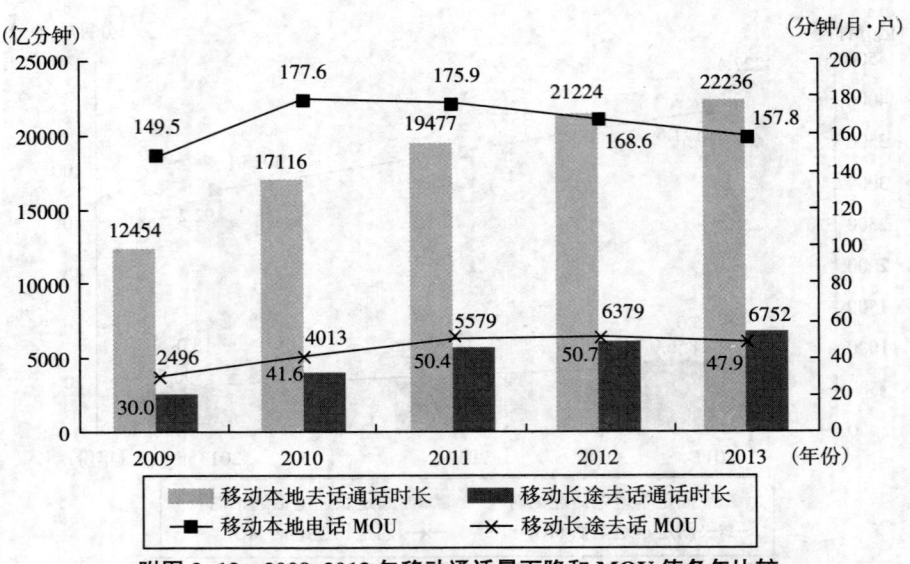

附图 2-12 2009~2013 年移动通话量下降和 MOU 值各年比较

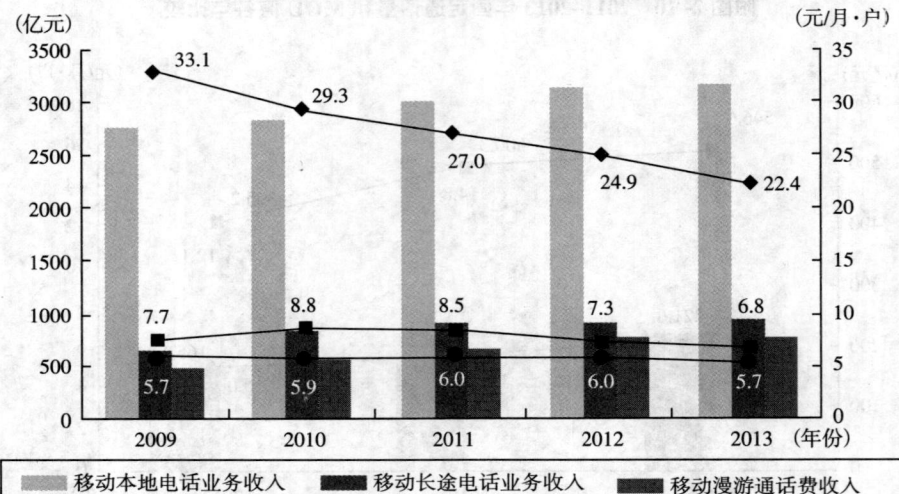

附图 2-13 2009~2013 年移动话音户均收入贡献值各年比较

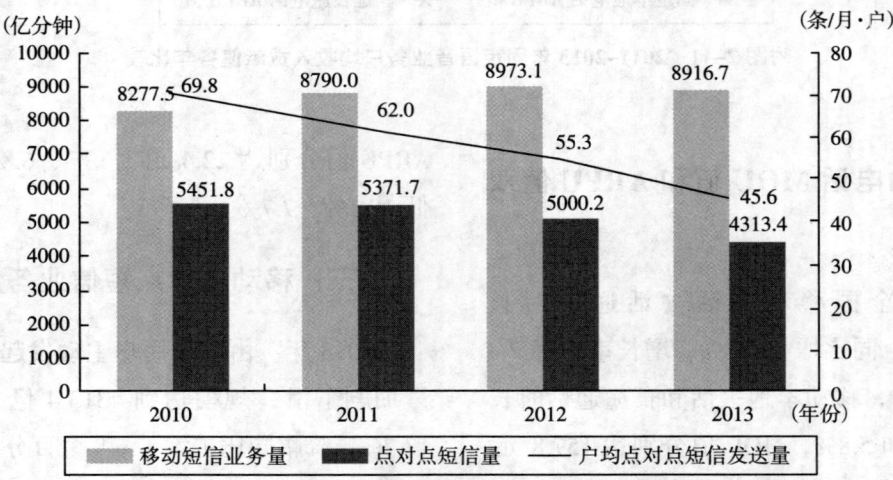

附图 2-14 2010~2013 年移动短信量和点对点短信量各年比较

（四）移动互联网流量同比增长 71.3%

2013 年，移动互联网流量达到 132138.1 万 GB，同比增长 71.3%，比上年提高 31.3 个百分点。月户均移动互联网接入流量达到 139.4M，同比增长 42%。其中手机上网是主要拉动因素，在移动互联网接入流量的比重达到 71.7%。移动互联网用户月户均 ARPU 值同比增长 47.1%，达到 20.4 元/月·户。

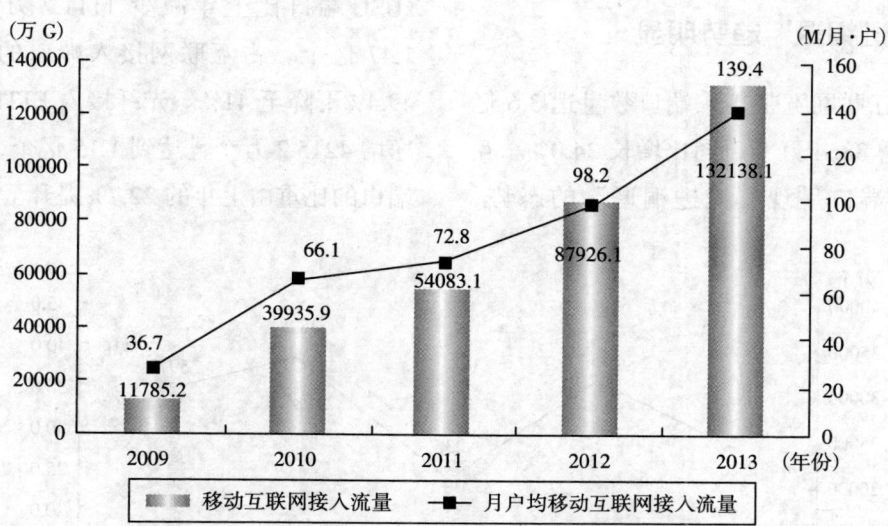

附图 2-15　2009~2013 年移动互联网流量发展情况比较

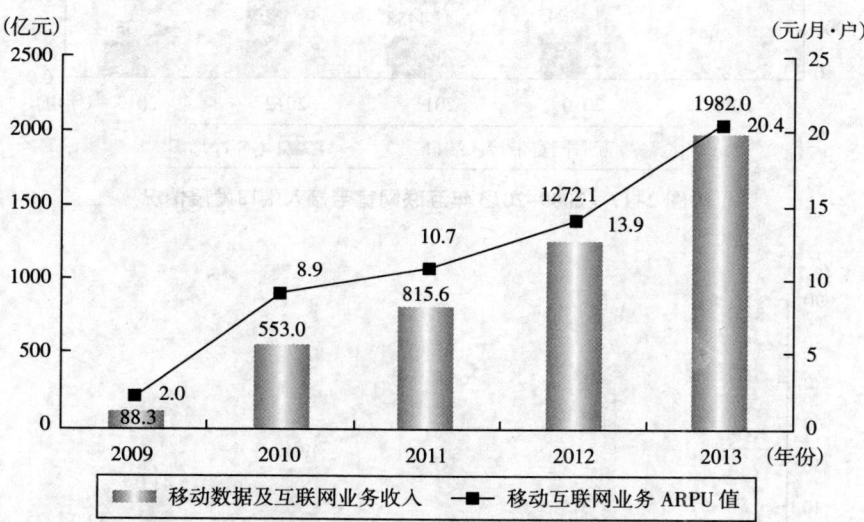

附图 2-16　2009~2013 年移动互联网业务收入发展情况比较

四 网络基础设施不断完善

(一)"光进铜退"趋势明显

2013年,互联网宽带接入端口数量达3.6亿个,比上年净增3864万个,同比增长34.0%。互联网宽带接入端口呈现"光进铜退"的态势,xDSL端口比上年减少1111.7万个,总数达到1.47亿个,占互联网接入端口的比重由上年的49.4%下降至41%。光纤接入FTTH/0端口比上年净增4215.2万个,达到1.15亿个,占互联网接入端口的比重由上年的22.7%提升至32%。

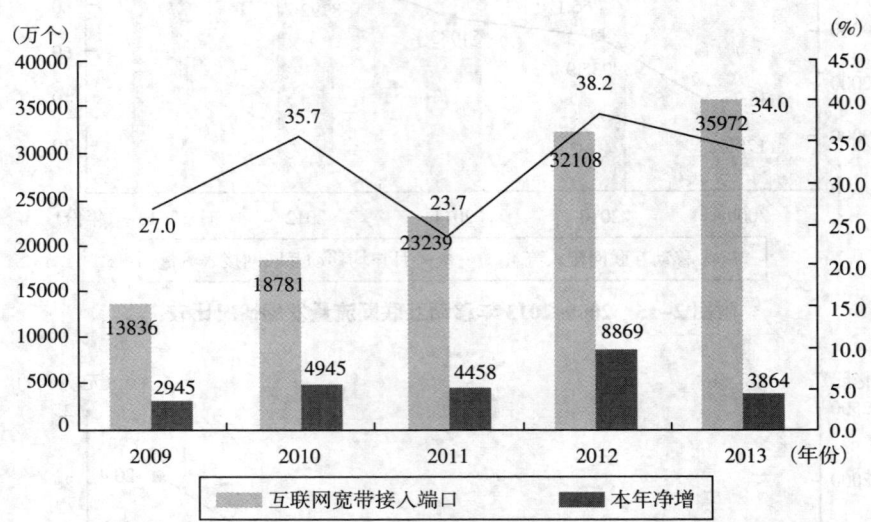

附图2-17 2009~2013年互联网宽带接入端口发展情况

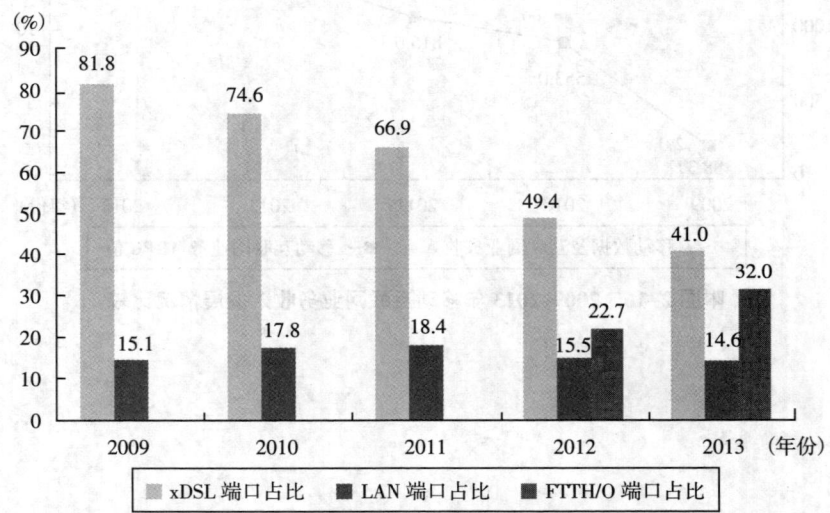

附图2-18 2009~2013年互联网宽带接入端口按技术类型占比情况

（二）移动电话网扩容步伐加快

2013年，移动电话网扩容速度有所加快，移动交换机容量同比增长7.5%，比上年增速提升0.3个百分点，达到19.65亿户。与固定电话用户下降对应，局用交换机容量比上年下降明显，增速由正转负，全年下降6.5%，达到41052.2万门。其中，接入网设备容量达到22523.7万门，比上年下降3.8%。

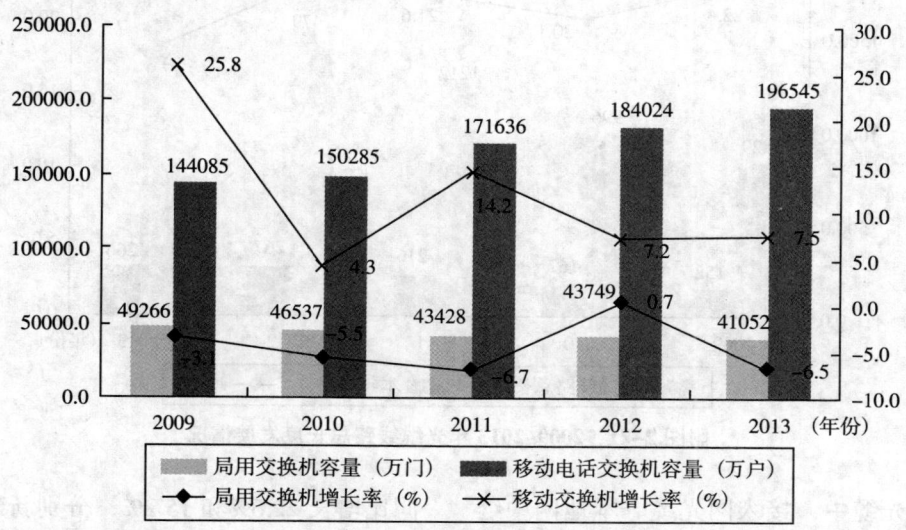

附图2-19　2009~2013年局用及移动电话交换机容量发展情况

（三）互联网国际出口带宽增速显著

截至2013年12月，我国网络国际出口带宽达到3406824兆比特每秒，同比增长79.3%，比上年提高42.6个百分点，创下近七年来增速最高点。其中中国电信稳居首位，首次突破2000G大关，达到2190878兆比特每秒。

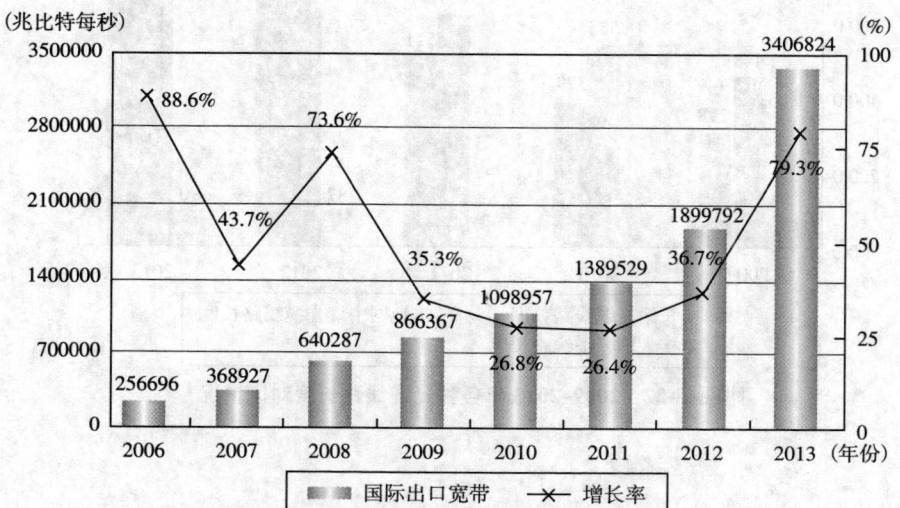

附图2-20　2006~2013年网络国际出口带宽及其增长率

资料来源：CNNIC中国互联网络发展状况统计调查，2013年12月。

（四）传输网规模再创新高

2013年，全国新建光缆线路265.8万公里，光缆线路总长度达到1745.1万公里，同比增长17.9%，尽管比去年同期回落4.2个百分点，但仍保持着较快的增长态势。

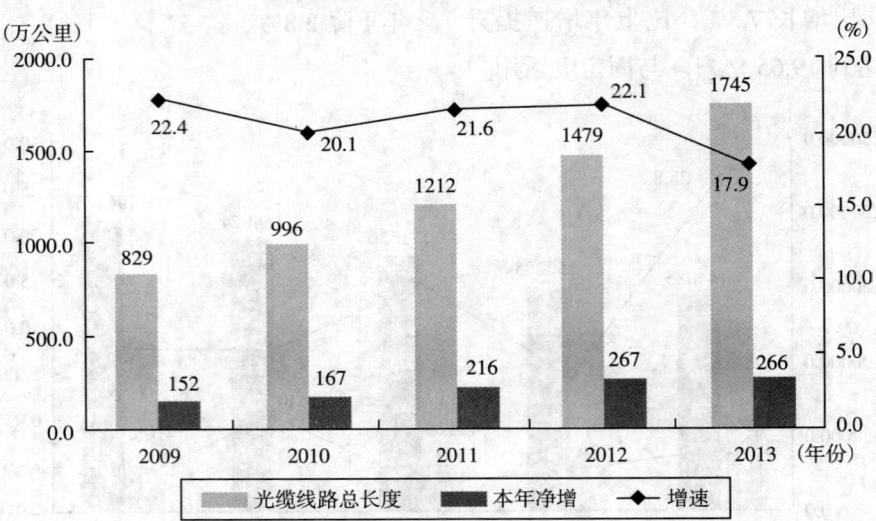

附图2-21　2009~2013年光缆线路总长度发展情况

全国新建光缆中，接入网光缆、本地网中继光缆和长途光缆线路所占比重分别为47.1%、47.8%和1.1%。接入网光缆和本地中继光缆长度同比增长22.6%和15.2%，分别新建152.7万公里和110.1万公里；长途光缆保持小幅扩容，同比增长3.4%，新建长途光缆长度3.0万公里。

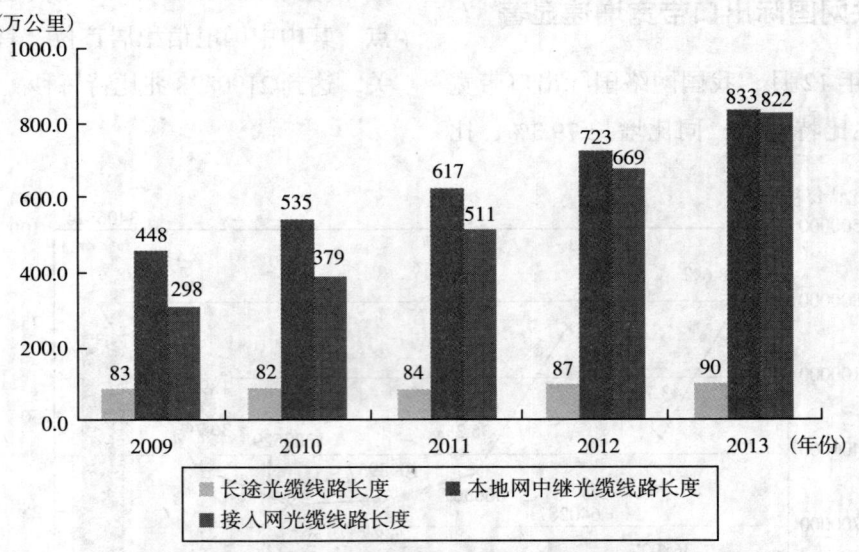

附图2-22　2009~2013年各种光缆线路长度对比情况

五 固定资产投资

（一）投资完成额小幅增长 3.9%

2013 年，全行业固定资产投资规模完成 3754.7 亿元，达四年来投资水平高点。投资完成额比上年小幅增加 138.5 亿元，同比增长 3.9%，比上年回落 3 个百分点。

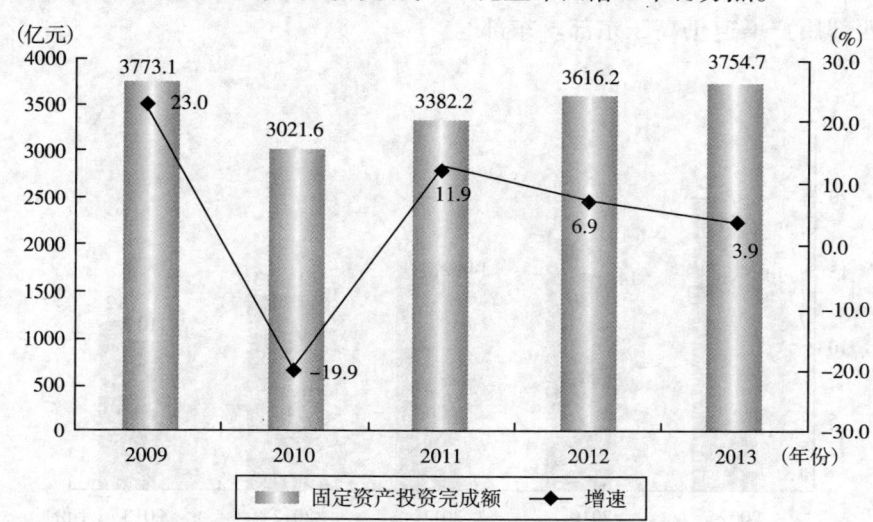

附图 2-23 2009~2013 年电信固定资产投资完成情况

（二）互联网数据通信和传输投资比重提升

2013 年，移动投资仍是投资的重点，完成投资 1346.4 亿元，同比下降 1.5%，占全部投资 35.9%。数据通信和传输投资比重逐步加大，其中，互联网及数据通信投资完成 511.7 亿元，同比增长 23.0%，占全部投资的比重由去年的 11.6% 提升到 13.6%；传输投资完成 951.9 亿元，同比增长 14.9%，占比提升到 25.4%。

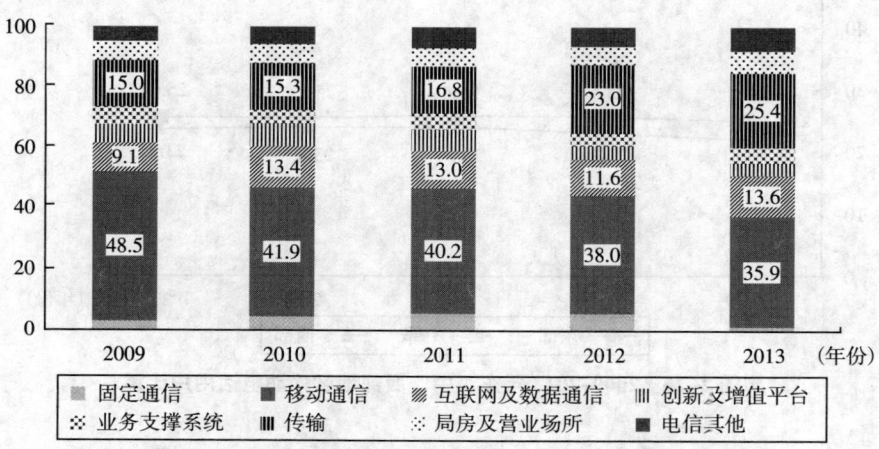

附图 2-24 2009~2013 年固定资产投资主要业务投资变化情况

六　区域发展

（一）中西部移动电话增速快于东部

2013年，东中西部移动电话用户增速均呈现放缓态势，但中西部用户增速仍高于东部。东部移动电话用户占比持续下降，同比下降0.2个百分点，占比为50.4%，中西部用户占比均提高了0.1个百分点。

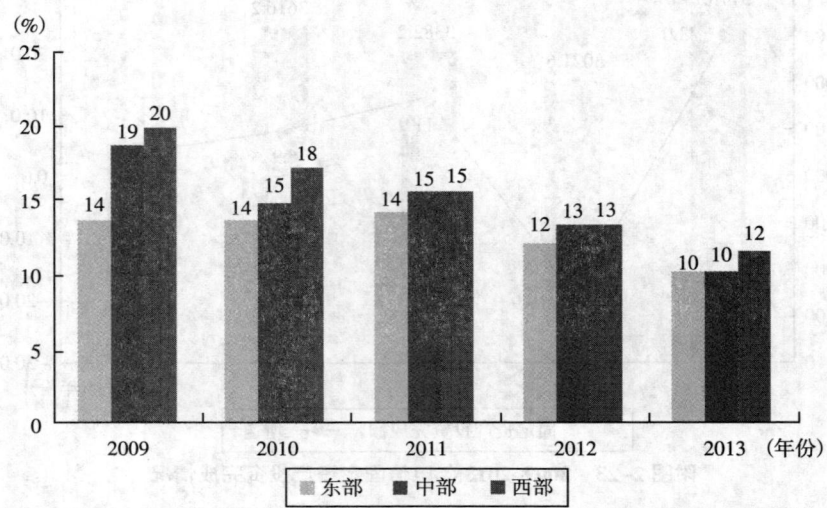

附图2-25　2009~2013年东、中、西部地区移动电话用户增长率

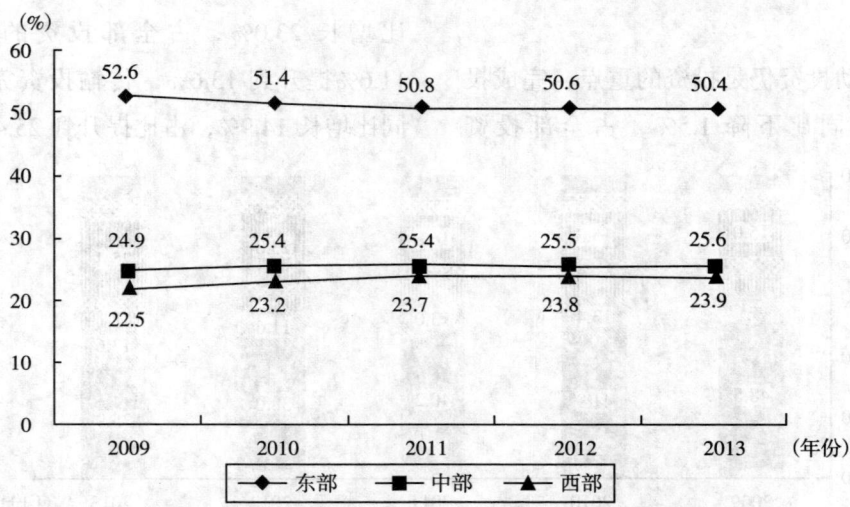

附图2-26　2009~2013年东、中、西部地区移动电话用户比重

东部移动电话普及率上升快于中西部。2013年，东部移动电话普及率领先，较上年提高9.3部/百人，中西部移动电话普及率分别提高6.8部/百人和8.2部/百人。中西部与东部移动电话普及率差距扩大到36.5部/百人和28.8部/百人。

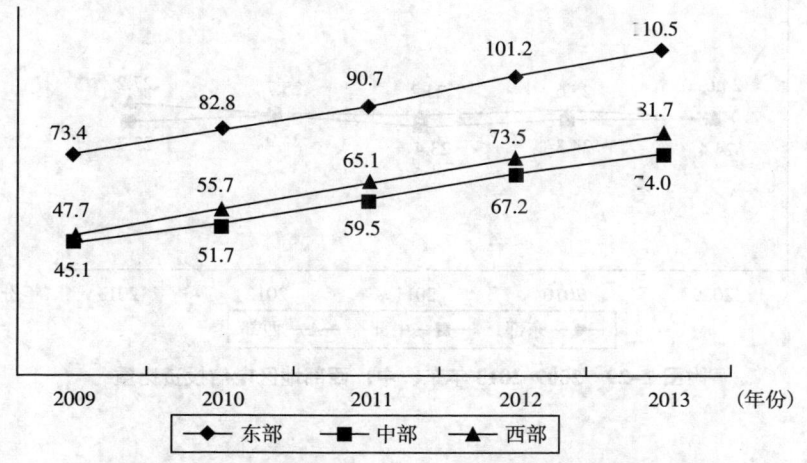

附图2-27　2009~2013年东、中、西部地区移动电话普及率

（二）东部收入和投资占比略有下降

2013年，东部省份实现电信业务收入6585.0亿元，占全国电信业务收入比重为55.2%，同比下降0.9个百分点。东部与中西部收入占比差距分别为32.6%、33.0%，较2012年分别下降1.3个百分点、0.8个百分点。

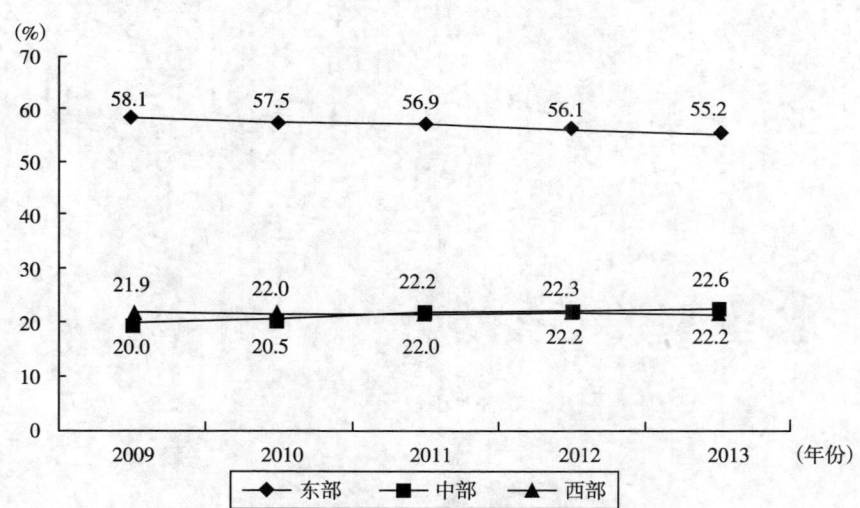

附图2-28　2009~2013年东、中、西部地区电信业务收入比重

2013年，东部地区完成电信固定资产投资1804.9亿元，占东中西部固定资产投资的比重为49.1%，较上年下降0.3个百分点。东部与西部投资占比差距为21.9%，较上年下降1.8个百分点，东部与中部投资占比差距为25.4%，较上年提高0.9个百分点。

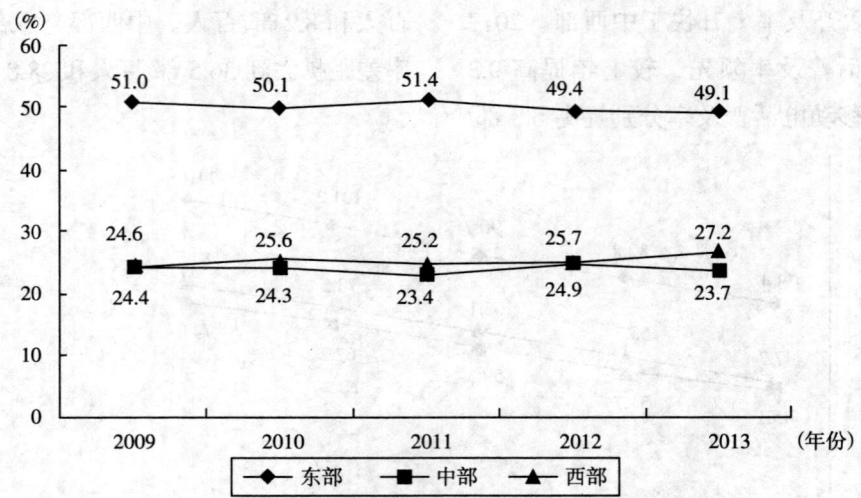

附图 2-29　2009~2013 年东、中、西部地区电信投资比重

附录三
2013年进入世界500强的电信运营商关键绩效指标一览表

附表3-1 美国AT&T关键绩效指标一览表（2011~2013年）

单位：百万元人民币

	美国AT&T-1		
	2013年	2012年	2011年
投资经营效果：			
主营业务收入	784988	800986	798355
总资产	1693640	1711636	1703167
EBITDA	305528	201299	180356
EBITDA率	38.92%	25.13%	22.59%
员工人数	243360	241810	256420
人均EBITDA	0.21	0.83	0.70
净利润	111262	45658	24847
净利润率	14.17%	5.70%	3.11%
总资产报酬率（ROA）	6.57%	2.67%	1.46%
净资产报酬率（ROE）	19.95%	7.84%	3.73%
资本性支出（CAPEX）	127693	122347	126693
CAPEX占收比	16.27%	15.27%	15.87%
融资管理效率：			
资产负债率	67.07%	65.96%	60.87%
流动比率	66.28%	71.43%	74.73%
利息保障倍数	8.05	4.03	2.90
折旧与摊销	112152	114038	115775
股息	59116	64370	64537
内部融资额	164299	95326	76085
成本费用管理：			
总资产周转率	0.46	0.47	0.47
固定资产周转率	1.16	1.16	1.24
应收账款周转率	9.97	10.07	9.31
坏账发生率	3.60%	4.14%	6.06%
折旧摊销率	14.29%	14.24%	14.50%
付现成本率	62.04%	75.56%	78.22%

续表

	美国 AT&T-1		
	2013 年	2012 年	2011 年
营销、一般及管理费用率	22.07%	32.23%	30.65%
现金管理：			
经营活动净现金流	212148	246241	218282
每股经营活动净现金流（元）	39.52	42.45	36.82
自由现金流（FCF）	84454	123893	91589
自由现金流占收比	10.76%	15.47%	11.47%
销售现金比率	27.03%	30.74%	27.34%
资产现金回收率	12.53%	14.39%	12.82%
现金流量经营充足率	−12.80	−33.37	5.56
现金流入流出比	0.98	1.03	1.05
现金比率	9.54%	15.31%	10.34%
成长管理：			
可持续增长率	−1.31%	−12.38%	−5.50%
主营业务收入增长率	1.03%	0.56%	1.97%
总资产增长率	2.01%	0.69%	0.69%
净利润增长率	151.23%	84.18%	−80.14%
经营活动现金流增长率	−11.18%	12.76%	−0.99%
每股盈余增长率	171.20%	89.39%	−80.36%
价值创造与分配：			
EVA	−19758	−88481	−108355
EVA 率	−1.33%	−5.88%	−7.23%
每股盈利（EPS）（元）	20.67	7.86	4.16
每股股利（DPS）（元）	11.04	11.13	10.90
股利支付率	53.39%	141.60%	262.12%

附表 3-2　美国 Verizon 关键绩效指标一览表（2011~2013 年）

单位：百万元人民币

	美国 Verizon-2		
	2013 年	2012 年	2011 年
投资经营效果：			
主营业务收入	734981	730826	698513
总资产	1671148	1420836	1451904
EBITDA	296004	236358	35330
EBITDA 率	40.27%	32.34%	31.86%
员工人数	176800	183400	193900
人均 EBITDA	1.67	1.29	1.15
净利润	143564	66600	64247
净利润率	19.53%	9.11%	9.20%
总资产报酬率（ROA）	8.59%	4.69%	4.43%
净资产报酬率（ROE）	24.68%	12.34%	11.87%
资本性支出（CAPEX）	101233	102042	102337
CAPEX 占收比	13.77%	13.96%	14.65%
融资管理效率：			
资产负债率	65.19%	60.61%	62.72%

续表

	美国 Verizon-2		
	2013 年	2012 年	2011 年
流动比率	262.45%	78.78%	100.58%
利息保障倍数	11.98	4.85	4.71
折旧与摊销	101245	103840	103925
股息	36191	32994	34997
内部融资额	208618	137445	133176
成本费用管理：			
总资产周转率	0.44	0.51	0.48
固定资产周转率	1.36	1.31	1.30
应收账款周转率	9.69	8.76	9.42
坏账发生率	4.92%	4.85%	5.38%
折旧摊销率	13.78%	14.21%	14.88%
付现成本率	59.71%	74.43%	73.51%
营销、一般及管理费用率	22.47%	34.49%	32.13%
现金管理：			
经营活动净现金流	236669	198633	187614
每股经营活动现金流（元）	82.58	190.58	66.22
自由现金流（FCF）	135437	96591	85277
自由现金流占收比	18.43%	13.22%	12.21%
销售现金比率	32.20%	27.18%	26.86%
资产现金回收率	14.16%	13.98%	12.91%
现金流量经营充足率	0.78	-5.34	3.53
现金流入流出比	2.02	0.81	1.29
现金比率	200.11%	11.47%	45.36%
成长管理：			
可持续增长率	11.55%	-0.44%	-1.16%
主营业务收入增长率	4.06%	4.48%	4.04%
总资产增长率	21.70%	-2.27%	4.75%
净利润增长率	123.05%	3.52%	-0.19%
经营活动现金流增长率	23.29%	5.73%	-10.74%
每股盈余增长率	1193.55%	-63.53%	-0.56%
价值创造与分配：			
EVA	6028	-49447	-48806
EVA 率	0.40%	-3.86%	-3.86%
每股盈利（EPS）（元）	24.45	1.96	5.36
每股股利（DPS）（元）	12.74	12.81	12.44
股利支付率	52.12%	654.84%	232.35%

附表 3-3　日本 NTT 关键绩效指标一览表（2011~2013 年）

单位：百万元人民币

	日本 NTT-3		
	2013 年	2012 年	2011 年
投资经营效果：			
主营业务收入	631475	786504	852147

续表

	日本 NTT-3		
	2013年	2012年	2011年
总资产	1172470	1444546	1572505
EBITDA	189177	231869	260035
EBITDA率	29.96%	29.48%	30.52%
员工人数	240000	227168	224239
人均EBITDA	0.79	1.02	1.16
净利润	43746	38519	37931
净利润率	6.93%	4.90%	4.45%
总资产报酬率（ROA）	3.73%	2.67%	2.41%
净资产报酬率（ROE）	6.93%	4.93%	4.65%
资本性支出（CAPEX）	109402	144795	99185
CAPEX占收比	17.32%	18.41%	11.64%
融资管理效率：			
资产负债率	46.02%	45.93%	48.18%
流动比率	132.21%	133.43%	134.85%
利息保障倍数	29.21	23.10	23.00
折旧与摊销	108681	139595	154958
股息	10761	13480	13623
内部融资额	141666	164633	206511
成本费用管理：			
总资产周转率	0.54	0.54	0.54
固定资产周转率	1.11	1.09	1.07
应收账款周转率	4.40	4.41	4.59
坏账发生率	1.00%	1.85%	2.07%
折旧摊销率	17.21%	17.75%	18.18%
付现成本率	14.00%	71.02%	70.18%
营销、一般及管理费用率	26.81%	27.97%	28.38%
现金管理：			
经营活动净现金流	157673	180346	203423
每股经营活动净现金流（元）	126.24	136.30	159
自由现金流（FCF）	48271	35551	97546
自由现金流占收比	7.64%	4.52%	11.45%
销售现金比率	24.97%	22.93%	23.87%
资产现金回收率	13.45%	12.48%	12.94%
现金流量经营充足率	−0.88	−51.35	18.38
现金流入流出比	1.00	0.99	0.86
现金比率	26.83%	0.97%	1.02%
成长管理：			
可持续增长率	2.81%	5.76%	−0.33%
主营业务收入增长率	2.10%	1.84%	1.96%
总资产增长率	3.76%	1.36%	−1.40%
净利润增长率	44.42%	12.05%	−8.23%
经营活动现金流增长率	11.18%	−2.18%	−11.39%
每股盈余增长率	17.75%	17.94%	−4.80%

续表

	日本 NTT-3		
	2013 年	2012 年	2011 年
价值创造与分配：			
EVA	−50350	−80395	−92097
EVA 率	−5.28%	−6.59%	−6.97%
每股盈利（EPS）（元）	29.43	31.78	29.74
每股股利（DPS）（元）	9.83	11.76	11.35
股利支付率	33.39%	37.00%	38.2%

附表 3-4　中国移动关键绩效指标一览表（2011~2013 年）

单位：百万元人民币

	中国移动-4		
	2013 年	2012 年	2011 年
投资经营效果：			
主营业务收入	630177	560413	527999
总资产	1167392	1052109	952553
EBITDA	263609	253646	251025
EBITDA 率	41.83%	45.26%	47.54%
员工人数	231546	182487	175336
人均 EBITDA	1.14	1.39	1.43
净利润	121803	129359	125439
净利润率	19.33%	23.08%	23.76%
总资产报酬率（ROA）	10.43%	12.30%	13.17%
净资产报酬率（ROE）	15.40%	17.84%	19.29%
资本性支出（CAPEX）	184900	127400	128500
CAPEX 占收比	29.34%	22.73%	24.34%
融资管理效率：			
资产负债率	32.27%	31.06%	31.72%
流动比率	125.96%	149.97%	140.05%
利息保障倍数	480.09	440.23	295.83
折旧与摊销	104699	100848	97167
股息	52675	55821	54298
内部融资额	173827	174386	168308
成本费用管理：			
总资产周转率	0.54	0.53	0.55
固定资产周转率	1.12	1.30	1.29
应收账款周转率	45.31	47.81	57.61
坏账发生率	30.08%	31.03%	32.44%
折旧摊销率	16.61%	18.00%	18.40%
付现成本率	61.86%	55.15%	52.94%
营销、一般及管理费用率	14.57%	18.72%	18.34%
现金管理：			
经营活动净现金流	224985	230709	226756
每股经营活动净现金流（元）	11.19	11.48	11.30
自由现金流（FCF）	40085	103306	98208

续表

	中国移动-4		
	2013 年	2012 年	2011 年
自由现金流占收比	6.36%	18.43%	18.60%
销售现金比率	35.70%	41.17%	42.95%
资产现金回收率	19.27%	21.93%	23.80%
现金流量经营充足率	−4.28	5.86	5.25
现金流入流出比	0.92	0.95	1.00
现金比率	113.21%	135.29%	121.85%
成长管理:			
可持续增长率	9.02%	11.51%	12.65%
主营业务收入增长率	8.31%	6.14%	8.81%
总资产增长率	10.96%	10.45%	10.51%
净利润增长率	−5.86%	3.13%	4.63%
经营活动现金流增长率	−2.48%	1.74%	−2.00%
每股盈余增长率	−5.91%	2.55%	5.20%
价值创造与分配:			
EVA	37962	59807	63487
EVA 率	5.23%	8.56%	10.18%
每股盈利 (EPS) (元)	6.05	6.43	6.27
每股股利 (DPS) (元)	2.77	2.78	2.70
股利支付率	45.83%	53.05%	43%

附表 3-5 德国电信关键绩效指标一览表 (2011~2013 年)

单位: 百万元人民币

	德国电信-5		
	2013 年	2012 年	2011 年
投资经营效果:			
主营业务收入	504507	483826	478755
总资产	991261	897818	1000249
EBITDA	122359	149717	163430
EBITDA 率	24.25%	11.96%	34.14%
员工人数	228600	232342	240369
人均 EBITDA	0.54	0.25	0.56
净利润	10101	−39567	5469
净利润率	2.00%	−8.18%	1.14%
总资产报酬率 (ROA)	1.02%	−4.41%	0.55%
净资产报酬率 (ROE)	3.76%	−15.57%	1.68%
资本性支出 (CAPEX)	93129	70134	68614
CAPEX 占收比	18.46%	14.50%	14.33%
融资管理效率:			
资产负债率	72.86%	71.70%	67.41%
流动比率	97.63%	65.28%	65.19%
利息保障倍数	1.89	−1.66	2.16
折旧与摊销	89814	90229	89665
股息	18458	25036	24569
内部融资额	81458	25627	70565

续表

	德国电信-5		
	2013 年	2012 年	2011 年
成本费用管理：			
总资产周转率	0.51	0.54	0.48
固定资产周转率	1.61	1.55	1.40
应收账款周转率	7.80	9.42	9.24
坏账发生率	2.58%	2.18%	1.66%
折旧摊销率	17.80%	18.65%	18.73%
付现成本率	42.49%	40.15%	39.04%
营销、一般及管理费用率	30.46%	32.40%	32.98%
现金管理：			
经营活动净现金流	109212	112928	132347
每股经营活动现金流（元）	24.50	26.13	30.78
自由现金流（FCF）	16083	42794	63733
自由现金流占收比	3.19%	8.84%	13.31%
销售现金比率	21.62%	23.34%	27.64%
资产现金回收率	11.01%	12.58%	13.23%
现金流量经营充足率	14.67	28.05	5.93
现金流入流出比	1.10	1.01	1.01
现金比率	12.58%	17.61%	18.40%
成长管理：			
可持续增长率	1.90%	-23.53%	-7.17%
主营业务收入增长率	3.26%	-0.83%	-6.04%
总资产增长率	9.45%	-11.91%	-4.12%
净利润增长率	125.31%	-810.00%	-61.93%
经营活动现金流增长率	-4.12%	-16.26%	10.07%
每股盈余增长率	117.21%	-1038.46%	-66.67%
价值创造与分配：			
EVA	-60953	-102939	-66431
EVA 率	-7.21%	-13.53%	-7.71%
每股盈利（EPS）（元）	0.21	-10.15	1.06
每股股利（DPS）（元）	0.50	5.82	5.71
股利支付率	238%	-57.38%	538.46%

附表 3-6 西班牙电信关键绩效指标一览表（2011~2013 年）

单位：百万元人民币

	西班牙电信-6		
	2013 年	2012 年	2011 年
投资经营效果：			
主营业务收入	480391	518652	512907
总资产	1000687	1079400	1058048
EBITDA	158317	161020	158483
EBITDA 率	32.96%	31.05%	30.90%
员工人数	126730	113186	291027
人均 EBITDA	1.25	1.42	0.54

续表

	西班牙电信-6		
	2013年	2012年	2011年
净利润	41834	36622	50501
净利润率	8.71%	7.06%	9.85%
总资产报酬率（ROA）	4.18%	3.39%	4.77%
净资产报酬率（ROE）	18.12%	15.92%	22.59%
资本性支出（CAPEX）	79096	78668	83453
CAPEX占收比	16.46%	15.17%	16.27%
融资管理效率：			
资产负债率	76.88%	78.69%	78.87%
流动比率	100.42%	81.23%	63.92%
利息保障倍数	3.17	2.92	3.33
折旧与摊销	81049	86778	82817
股息	13369	19513	27704
内部融资额	109513	103887	105615
成本费用管理：			
总资产周转率	0.48	0.48	0.48
固定资产周转率	1.84	1.78	1.77
应收账款周转率	5.86	5.56	5.48
坏账发生率	6.71%	6.48%	6.66%
折旧摊销率	16.87%	16.73%	16.15%
付现成本率	18.70%	52.95%	55.04%
营销、一般及管理费用率	27.04%	26.95%	24.50%
现金管理：			
经营活动净现金流	120761	126536	142705
每股经营活动净现金流（元）	26.53	27.80	31.26
自由现金流（FCF）	41665	47868	59252
自由现金流占收比	8.67%	9.23%	11.55%
销售现金比率	25.14%	24.40%	27.82%
资产现金回收率	12.07%	11.72%	13.49%
现金流量经营充足率	2.38	2.60	25.60
现金流入流出比	1.02	1.07	1.00
现金比率	34.23%	37.19%	20.75%
成长管理：			
可持续增长率	-0.66%	1.02%	-13.57%
主营业务收入增长率	-8.49%	-0.77%	3.46%
总资产增长率	-8.41%	0.12%	-0.12%
净利润增长率	12.85%	-28.83%	-39.15%
经营活动现金流增长率	-5.71%	-12.98%	4.86%
每股盈余增长率	16.09%	-26.27%	-46.67%
价值创造与分配：			
EVA	-20638	-27600	-16556
EVA率	-2.56%	-3.17%	-1.95%
每股盈利（EPS）（元）	8.50	7.23	9.80
每股股利（DPS）（元）	2.95	4.41	6.07
股利支付率	34.65%	60.92%	61.97%

附表 3-7　日本 Softbank 关键绩效指标一览表（2011~2013 年）

单位：百万元人民币

	日本 Softbank-7		
	2013 年	2012 年	2011 年
投资经营效果：			
主营业务收入	385332	248310	259718
总资产	964393	479579	397366
EBITDA	121597	84511	82212
EBITDA 率	31.56%	34.03%	31.65%
员工人数	70336	24598	22710
人均 EBITDA	1.73	3.44	3.62
净利润	33879	21271	25445
净利润率	8.79%	8.57%	9.80%
总资产报酬率（ROA）	3.51%	4.44%	6.40%
净资产报酬率（ROE）	20.50%	13.74%	21.85%
资本性支出（CAPEX）	71975	57714	41878
CAPEX 占收比	18.68%	23.24%	16.12%
融资管理效率：			
资产负债率	82.87%	67.72%	70.70%
流动比率	116.31%	100.04%	99.31%
利息保障倍数	4.43	18.71	11.16
折旧与摊销	52014	25041	22369
股息	1374	1752	3564
内部融资额	84520	44561	44251
成本费用管理：			
总资产周转率	0.40	0.52	0.65
固定资产周转率	1.86	2.04	2.47
应收账款周转率	5.87	5.10	5.13
坏账发生率	3.40%	4.56%	5.58%
折旧摊销率	13.50%	10.08%	8.61%
付现成本率	45.80%	37.00%	37.78%
营销、一般及管理费用率	27.40%	30.86%	32.52%
现金管理：			
经营活动净现金流	49722	65743	60032
每股经营活动净现金流（元）	41.41	55.18	54.65
自由现金流（FCF）	-22253	-1860	29567
自由现金流占收比	-5.78%	-0.75%	11.38%
销售现金比率	12.90%	26.48%	23.11%
资产现金回收率	5.16%	13.71%	15.11%
现金流量经营充足率	1.42	62.61	-3.20
现金流入流出比	0.64	1.16	1.29
现金比率	52.59%	78.25%	87.31%
成长管理：			
可持续增长率	35.71%	46.73%	63.21%
主营业务收入增长率	108.17%	5.49%	6.58%
总资产增长率	131.15%	33.17%	5.24%
净利润增长率	102.54%	-7.76%	65.33%

续表

	日本 Softbank-7		
	2013 年	2012 年	2011 年
经营活动现金流增长率	-3.83%	20.84%	-10.37%
每股盈余增长率	71.33%	-9.60%	63.04%
价值创造与分配：			
EVA	-29560	-12310	1200
EVA 率	-3.93%	-3.46%	0.43%
每股盈利（EPS）(元)	25.58	18.99	23.18
每股股利（DPS）(元)	2.31	2.94	3.24
股利支付率	9.04%	15.48%	14%

附表 3-8　英国沃达丰关键绩效指标一览表（2011~2013 年）

单位：百万元人民币

	沃达丰-8		
	2013 年	2012 年	2011 年
投资经营效果：			
主营业务收入	385592	453126	466686
总资产	1225174	1454835	1403325
EBITDA	142236	135341	145535
EBITDA 率	36.89%	29.87%	31.18%
员工人数	86194	91272	86400
人均 EBITDA	1.65	1.48	1.68
净利润	597504	6861	70410
净利润率	154.96%	1.51%	15.09%
总资产报酬率（ROA）	48.77%	0.47%	5.02%
净资产报酬率（ROE）	82.78%	0.93%	8.96%
资本性支出（CAPEX）	58896	63159	64578
CAPEX 占收比	15.27%	13.94%	13.84%
融资管理效率：			
资产负债率	41.09%	49.20%	43.97%
流动比率	98.73%	74.58%	83.35%
利息保障倍数	5.01	2.82	5.94
折旧与摊销	76020	78503	79016
股息	17205	16394	15443
内部融资额	656319	68971	133982
成本费用管理：			
总资产周转率	0.31	0.31	0.33
固定资产周转率	1.68	2.19	2.49
应收账款周转率	9.94	11.13	11.95
坏账发生率	10.67%	11.20%	9.94%
折旧摊销率	19.72%	17.32%	16.93%
付现成本率	53.15%	51.31%	51.03%
营销、一般及管理费用率	18.98%	19.03%	17.89%
现金管理：			
经营活动净现金流	62616	109027	128241

	沃达丰-8		
	2013年	2012年	2011年
每股经营活动净现金流（元）	2.37	2.21	2.53
自由现金流（FCF）	3721	57175	61381
自由现金流占收比	0.96%	12.62%	13.15%
销售现金比率	16.24%	24.06%	27.48%
资产现金回收率	5.11%	7.49%	9.14%
现金流量经营充足率	0.97	-2.72	2.10
现金流入流出比	0.98	1.03	1.05
现金比率	40.47%	54.56%	74.43%
成长管理：			
可持续增长率	-0.98%	-7.31%	-10.69%
主营业务收入增长率	-13.72%	-4.25%	1.16%
总资产增长率	-11.92%	2.24%	-7.70%
净利润增长率	8944.14%	-90.39%	-11.02%
经营活动现金流增长率	-41.77%	-16.16%	6.34%
每股盈余增长率	25628.74%	-93.67%	-9.61%
价值创造与分配：			
EVA	505006	-103372	-35240
EVA率	48.46%	-8.34%	-2.93%
每股盈利（EPS）（元）	2.25	0.09	1.38
每股股利（DPS）（元）	0.36	0.33	0.31
股利支付率	1.58%	375.86%	22%

附表3-9 美国Comcast关键绩效指标一览表（2011~2013年）

单位：百万元人民币

	美国Comcast-9		
	2013年	2012年	2011年
投资经营效果：			
主营业务收入	394207	394729	351805
总资产	968267	1040736	994253
EBITDA	131449	138335	115592
EBITDA率	33.35%	35.05%	32.86%
员工人数	136000	129000	126000
人均EBITDA	0.97	1.07	0.92
净利润	43501	39132	26208
净利润率	11.04%	9.91%	7.45%
总资产报酬率（ROA）	4.49%	3.76%	2.64%
净资产报酬率（ROE）	13.97%	12.46%	8.73%
资本性支出（CAPEX）	40215	36047	33434
CAPEX占收比	10.20%	9.13%	9.50%
融资管理效率：			
资产负债率	67.85%	69.82%	69.80%
流动比率	74.42%	119.61%	64.75%
利息保障倍数	5.32	5.60	4.28

续表

	美国 Comcast-9		
	2013 年	2012 年	2011 年
折旧与摊销	47989	49194	48107
股息	11974	10144	7478
内部融资额	79516	78182	66837
成本费用管理：			
总资产周转率	0.41	0.38	0.35
固定资产周转率	2.17	2.30	2.03
应收账款周转率	9.58	11.33	12.83
坏账发生率	3.17%	3.46%	4.44%
折旧摊销率	12.17%	12.46%	13.67%
付现成本率	66.85%	68.07%	67.13%
营销、一般及管理费用率	36.43%	36.22%	—
现金管理：			
经营活动净现金流	86332	93708	90374
每股经营活动净现金流（元）	32.89	34.99	32.97
自由现金流（FCF）	46117	57661	56939
自由现金流占收比	11.70%	14.61%	16.18%
销售现金比率	21.90%	23.74%	25.69%
资产现金回收率	8.92%	9.00%	9.09%
现金流量经营充足率	−1.75	1.87	−2.70
现金流入流出比	0.76	2.69	0.77
现金比率	9.08%	65.52%	12.23%
成长管理：			
可持续增长率	2.53%	4.49%	7.25%
主营业务收入增长率	3.34%	12.05%	47.20%
总资产增长率	−3.73%	4.53%	33.14%
净利润增长率	15.02%	49.11%	14.44%
经营活动现金流增长率	−4.67%	3.55%	28.32%
每股盈余增长率	12.07%	53.64%	17.05%
价值创造与分配：			
EVA	−31604	−43968	−53901
EVA 率	−3.64%	−4.63%	−5.86%
每股盈利（EPS）（元）	15.85	14.64	9.51
每股股利（DPS）（元）	4.76	4.10	2.84
股利支付率	30.00%	28.02%	29.80%

附表 3-10 中国电信关键绩效指标一览表（2011~2013 年）

单位：百万元人民币

	中国电信-10		
	2013 年	2012 年	2011 年
投资经营效果：			
主营业务收入	321584	283176	245041
总资产	543239	545291	419115
EBITDA	97682	71637	94266

续表

	中国电信-10		
	2013年	2012年	2011年
EBITDA率	30.38%	25.30%	38.45%
员工人数	306545	305676	309799
人均EBITDA	0.32	0.23	0.30
净利润	17666	15064	16341
净利润率	5.49%	5.32%	6.67%
总资产报酬率（ROA）	3.25%	2.76%	3.90%
净资产报酬率（ROE）	6.34%	5.66%	6.36%
资本性支出（CAPEX）	79992	53748	49551
CAPEX占收比	24.87%	18.98%	20.22%
融资管理效率：			
资产负债率	48.70%	51.20%	38.71%
流动比率	26.38%	33.77%	46.82%
利息保障倍数	5.19	10.20	9.12
折旧与摊销	69083	49666	51224
股息	6098	5522	5763
内部融资额	80651	59208	73148
成本费用管理：			
总资产周转率	0.59	0.52	0.58
固定资产周转率	0.86	0.76	0.91
应收账款周转率	16.06	15.08	13.27
坏账发生率	9.89%	9.73%	12.09%
折旧摊销率	21.48%	17.54%	20.90%
付现成本率	69.98%	74.97%	69.25%
营销、一般及管理费用率	21.91%	22.28%	19.89%
现金管理：			
经营活动净现金流	88351	70722	73006
每股经营活动净现金流（元）	1.09	0.87	0.90
自由现金流（FCF）	8359	16974	23455
自由现金流占收比	2.60%	5.99%	9.57%
销售现金比率	27.47%	24.97%	29.79%
资产现金回收率	16.26%	12.97%	17.42%
现金流量经营充足率	-4.63	-1.17	18.27
现金流入流出比	0.87	1.04	1.24
现金比率	9.17%	16.96%	22.93%
成长管理：			
可持续增长率	4.72%	3.58%	4.37%
主营业务收入增长率	13.56%	15.51%	11.45%
总资产增长率	-0.38%	30.09%	2.89%
净利润增长率	17.27%	-9.38%	2.85%
经营活动现金流增长率	24.93%	-3.21%	-3.39%
每股盈余增长率	22.22%	-10.00%	5.26%
价值创造与分配：			
EVA	-13726	-18057	-11411

续表

	中国电信-10		
	2013年	2012年	2011年
EVA率	-3.89%	-5.27%	-3.88%
每股盈利（EPS）（元）	0.22	0.18	0.20
每股股利（DPS）（元）	0.075	0.069	0.085
股利支付率	34.06%	38.43%	42.50%

附表3-11 墨西哥美洲电信关键绩效指标一览表（2011~2013年）

单位：百万元人民币

	墨西哥美洲电信-11		
	2013年	2012年	2011年
投资经营效果：			
主营业务收入	364279	375056	304683
总资产	475260	477941	433058
EBITDA	107048	125986	111438
EBITDA率	29.39%	33.59%	36.57%
员工人数	173174	169143	158694
人均EBITDA	0.62	0.74	0.70
净利润	34743	44349	40358
净利润率	9.54%	11.82%	13.25%
总资产报酬率（ROA）	7.31%	9.28%	9.32%
净资产报酬率（ROE）	35.65%	35.96%	29.81%
资本性支出（CAPEX）	56442	63343	61421
CAPEX占收比	15.49%	16.89%	20.16%
融资管理效率：			
资产负债率	79.49%	74.20%	68.74%
流动比率	86.40%	85.12%	91.44%
利息保障倍数	5.37	8.19	7.18
折旧与摊销	47051	50125	43047
股息	7275	7452	7805
内部融资额	74519	87022	75600
成本费用管理：			
总资产周转率	0.77	0.78	0.70
固定资产周转率	1.57	1.55	1.43
应收账款周转率	6.15	6.45	5.32
坏账发生率	13.70%	15.73%	15.75%
折旧摊销率	12.92%	13.36%	14.13%
付现成本率	67.46%	65.84%	62.61%
营销、一般及管理费用率	21.27%	21.37%	18.41%
现金管理：			
经营活动净现金流	87022	99976	40055
每股经营活动净现金流（元）	1.23	1.32	0.63
自由现金流（FCF）	30579	36633	27077
自由现金流占收比	8.39%	9.77%	8.89%
销售现金比率	23.89%	26.66%	29.05%

续表

	墨西哥美洲电信-11		
	2013年	2012年	2011年
资产现金回收率	18.31%	20.92%	20.44%
现金流量经营充足率	−265.74	−14.69	−3.74
现金流入流出比	1.02	0.98	0.91
现金比率	17.58%	18.51%	22.50%
成长管理:			
可持续增长率	−17.48%	−13.80%	−12.02%
主营业务收入增长率	1.42%	12.33%	9.45%
总资产增长率	3.84%	4.23%	7.86%
净利润增长率	−18.19%	4.00%	−10.90%
经营活动现金流增长率	−9.11%	6.92%	−4.14%
每股盈余增长率	−14.29%	13.33%	−54.55%
价值创造与分配:			
EVA	15895	14388	16771
EVA率	4.67%	4.20%	5.46%
每股盈利（EPS）(元)	0.47	0.58	0.43
每股股利（DPS）(元)	0.22	0.10	0.06
股利支付率	21.57%	16.81%	20.65%

附表 3-12 法国电信关键绩效指标一览表（2011~2013年）

单位：百万元人民币

	法国电信-12		
	2013年	2012年	2011年
投资经营效果:			
主营业务收入	344240	362819	369574
总资产	720997	750235	784277
EBITDA	96398	104181	123490
EBITDA率	28%	28.71%	33.45%
员工人数	165488	170531	168694
人均EBITDA	0.69	0.61	0.73
净利润	17917	9205	31246
净利润率	5.2%	2.54%	8.45%
总资产报酬率（ROA）	2.48%	1.23%	1.98%
净资产报酬率（ROE）	8.09%	4.18%	12.94%
资本性支出（CAPEX）	50770	48509	47098
CAPEX占收比	14.75%	13.37%	12.74%
融资管理效率:			
资产负债率	69.20%	70.68%	67.20%
流动比率	60.97%	64.72%	70.82%
利息保障倍数	2.88	3.56	3.86
折旧与摊销	50837	52770	54974
股息	14053	35110	35833
内部融资额	37985	26864	50387
成本费用管理:			

	法国电信-12		
	2013年	2012年	2011年
总资产周转率	0.48	0.48	0.47
固定资产周转率	1.37	1.84	1.92
应收账款周转率	9.40	9.39	9.23
坏账发生率	12.61%	0.00%	20.39%
折旧摊销率	14.77%	14.54%	14.88%
付现成本率	29.07%	49.82%	47.87%
营销、一般及管理费用率	—	—	—
现金管理：			
经营活动净现金流	60976	83511	105125
每股经营活动净现金流（元）	23.02	31.56	38.78
自由现金流（FCF）	10206	35002	58027
自由现金流占收比	2.96%	9.65%	15.70%
销售现金比率	17.71%	23.02%	28.44%
资产现金回收率	8.46%	11.13%	13.40%
现金流量经营充足率	39.45	−8.69	15.63
现金流入流出比	1.19	1.01	1.20
现金比率	26.83%	33.39%	30.74%
成长管理：			
可持续增长率	−0.19%	−10.84%	−6.20%
主营业务收入增长率	−5.82%	−3.89%	−0.50%
总资产增长率	−4.61%	−6.35%	1.92%
净利润增长率	93.21%	−71.16%	−21.51%
经营活动现金流增长率	−27.53%	−22.23%	2.31%
每股盈余增长率	129%	−78.91%	−20.11%
价值创造与分配：			
EVA	−30707	−33391	−14334
EVA率	−5.15%	−6.25%	−2.47%
每股盈利（EPS）（元）	5.96	2.58	12.00
每股股利（DPS）（元）	5.29	11.51	11.43
股利支付率	88.73%	445.16%	97.24%

附表 3-13 中国联通关键绩效指标一览表（2011~2013年）

单位：百万元人民币

	中国联通-13		
	2013年	2012年	2011年
投资经营效果：			
主营业务收入	303727	256265	215519
总资产	531364	518357	458524
EBITDA	84200	72900	63213
EBITDA率	27.72%	28.45%	29.33%
员工人数	222529	218598	215954
人均EBITDA	0.38	0.33	0.29
净利润	10292	7025	4188

续表

	中国联通-13		
	2013年	2012年	2011年
净利润率	3.39%	2.74%	1.94%
总资产报酬率（ROA）	1.94%	1.36%	0.91%
净资产报酬率（ROE）	4.64%	3.31%	2.01%
资本性支出（CAPEX）	73460	99790	76660
CAFEX占收比	24.19%	38.94%	35.57%
融资管理效率：			
资产负债率	58.3%	59.06%	54.50%
流动比率	17.76%	15.98%	18.21%
利息保障倍数	4.39	4.05	3.43
折旧与摊销	64224	57702	55216
股息	1132	846	710
内部融资额	73384	63881	58694
成本费用管理：			
总资产周转率	0.57	0.49	0.47
固定资产周转率	0.81	0.70	0.66
应收账款周转率	19.84	17.92	17.33
坏账发生率	21.91%	22.19%	22.23%
折旧摊销率	22.55%	22.52%	25.62%
付现成本率	48.54%	47.38%	46.03%
营销、一般及管理费用率	20.86%	21.67%	21.78%
现金管理：			
经营活动净现金流	83369	74738	69453
每股经营活动净现金流（元）	3.93	3.53	3.28
自由现金流（FCF）	9910	-25050	-7207
自由现金流占收比	3.26%	-9.78%	-3.34%
销售现金比率	27.45%	29.16%	32.23%
资产现金回收率	15.69%	14.42%	15.15%
现金流量经营充足率	7.44	-0.95	-3.65
现金流入流出比	1.65	1.01	0.98
现金比率	7.33%	6.07%	7.23%
成长管理：			
可持续增长率	4.43%	1.74%	0.21%
主营业务收入增长率	18.52%	18.91%	22.34%
总资产增长率	2.51%	13.05%	3.40%
净利润增长率	46.51%	67.74%	14.07%
经营活动现金流增长率	11.55%	7.61%	1.82%
每股盈余增长率	45.39%	67.72%	15.03%
价值创造与分配：			
EVA	-18871	-16590	-17219
EVA率	-6.01%	-6.34%	-7.71%
每股盈利（EPS）（元）	0.16	0.11	0.07
每股股利（DPS）（元）	0.05	0.04	0.03
股利支付率	31.25%	35.72%	50.29%

附表 3-14　日本 KDDI 关键绩效指标一览表（2011~2013 年）

单位：百万元人民币

	日本 KDDI-14		
	2013 年	2012 年	2011 年
投资经营效果：			
主营业务收入	250483	268812	289708
总资产	284381	299839	324737
EBITDA	68317	70433	73682
EBITDA 率	27.40%	26.20%	25.43%
员工人数	27073	20238	19680
人均 EBITDA	2.52	3.48	3.74
净利润	18549	17724	19352
净利润率	7.43%	6.59%	6.68%
总资产报酬率（ROA）	6.51%	5.91%	5.95%
净资产报酬率（ROE）	11.04%	10.39%	11.21%
资本性支出（CAPEX）	32935	34279	34193
CAPEX 占收比	13.19%	12.75%	11.80%
融资管理效率：			
资产负债率	41.02%	43.12%	46.84%
流动比率	147.34%	142.60%	135.24%
利息保障倍数	49.82	38.03	38.06
折旧与摊销	27077	29854	33892
股息	6522	4870	5328
内部融资额	39104	42708	58571
成本费用管理：			
总资产周转率	0.88	0.90	0.89
固定资产周转率	1.21	2.00	1.90
应收账款周转率	3.99	4.51	4.32
坏账发生率	1.21%	1.81%	1.78%
折旧摊销率	2.88%	11.11%	11.70%
付现成本率	73.84%	74.90%	74.93%
营销、一般及管理费用率	24.20%	18.34%	18.69%
现金管理：			
经营活动净现金流	44479	38455	58872
每股经营活动净现金流（元）	49.65	85.74	14339
自由现金流（FCF）	11543	4176	19577
自由现金流占收比	4.62%	1.55%	6.76%
销售现金比率	17.82%	14.31%	20.32%
资产现金回收率	15.61%	12.83%	18.13%
现金流量经营充足率	6.28	6.77	-25.39
现金流入流出比	0.37	0.93	1.02
现金比率	20.26%	11.08%	20.72%
成长管理：			
可持续增长率	19.79%	9.15%	-2.20%
主营业务收入增长率	18.33%	2.52%	4.00%
总资产增长率	21.07%	2.02%	5.96%
净利润增长率	33.36%	1.20%	-6.47%

续表

	日本KDDI-14		
	2013年	2012年	2011年
经营活动现金流增长率	47.39%	−27.83%	1.19%
每股盈余增长率	26.18%	8.71%	−0.06%
价值创造与分配：			
EVA	3506	−6245	−5988
EVA率	2.26%	−2.55%	−2.28%
每股盈利（EPS）（元）	22.92	23.19	4713
每股股利（DPS）（元）	7.49	6.61	1298
股利支付率	41.15%	28.49%	27.53%

附表3-15 意大利电信关键绩效指标一览表（2011~2013年）

单位：百万元人民币

	意大利电信-15		
	2013年	2012年	2011年
投资经营效果：			
主营业务收入	196385	245394	244524
总资产	589146	645071	684499
EBITDA	80041	96858	102684
EBITDA率	40.76%	39.47%	41.99%
员工人数	82198	83184	84154
人均EBITDA	0.97	1.16	1.22
净利润	−1997	−10622	−34936
净利润率	−1%	−4.33%	−14.29%
总资产报酬率（ROA）	−0.33%	−1.65%	−5.10%
净资产报酬率（ROE）	−1.17%	−5.55%	−16.03%
资本性支出（CAPEX）	36916	43218	49750
CAPEX占收比	18.8%	17.61%	20.35%
融资管理效率：			
资产负债率	71.25%	70.33%	63.17%
流动比率	102.6%	96.39%	95.08%
利息保障倍数	2.2	0.99	0.39
折旧与摊销	38200	44416	44845
股息	5334	7444	6771
内部融资额	169562	26350	3139
成本费用管理：			
总资产周转率	0.33	0.38	0.36
固定资产周转率	1.90	2.04	2.02
应收账款周转率	3.35	6.52	5.49
坏账发生率	10%	16.73%	13.41%
折旧摊销率	19.45%	18.10%	18.34%
付现成本率	24.88%	39.07%	36.76%
营销、一般及管理费用率	—	—	—
现金管理：			
经营活动净现金流	56624	70874	69479

续表

	意大利电信-15		
	2013 年	2012 年	2011 年
每股经营活动净现金流（元）	2.89	3.67	3.60
自由现金流（FCF）	19664	27656	19729
自由现金流占收比	10%	11.27%	8.07%
销售现金比率	28.83%	28.88%	28.41%
资产现金回收率	9.60%	10.99%	10.15%
现金流量经营充足率	11.85	33.95	5.23
现金流入流出比	1.77	1.06	1.08
现金比率	38.51%	48.70%	47.00%
成长管理：			
可持续增长率	−12.28%	−13.79%	4.42%
主营业务收入增长率	−20.66%	−1.52%	−6.04%
总资产增长率	−9.46%	−7.55%	−4.12%
净利润增长率	81.36%	70.62%	−61.93%
经营活动现金流增长率	−20.89%	0.11%	10.07%
每股盈余增长率	137.5%	68.00%	−66.67%
价值创造与分配：			
EVA	−10548	−53165	−82050
EVA 率	−3.02%	−9.70%	−14.08%
每股盈利（EPS）（元）	0.25	−0.66	−1.96
每股股利（DPS）（元）	0.34	0.17	0.35
股利支付率	133%	−25.00%	−17.92%

附表 3-16 法国 Vivendi 关键绩效指标一览表（2011~2013 年）

单位：百万元人民币

	法国 Vivendi-16		
	2013 年	2012 年	2011 年
投资经营效果：			
主营业务收入	185934	241160	235186
总资产	413112	495014	454806
EBITDA	41395	54938	69324
EBITDA 率	22.26%	22.78%	29.48%
员工人数	52440	63100	58318
人均 EBITDA	0.79	0.87	1.19
净利润	23343	7893	30422
净利润率	12.55%	3.27%	12.94%
总资产报酬率（ROA）	5.65%	1.59%	6.69%
净资产报酬率（ROE）	14.60%	4.43%	16.89%
资本性支出（CAPEX）	22041	37346	27263
CAPEX 占收比	11.85%	15.49%	11.59%
融资管理效率：			
资产负债率	61.31%	63.98%	60.39%
流动比率	92.14%	69.44%	71.49%
利息保障倍数	5.18	4.71	10.65

	法国 Vivendi-16		
	2013年	2012年	2011年
折旧与摊销	20958	32680	28087
股息	11130	10813	14129
内部融资额	29257	29760	44380
成本费用管理：			
总资产周转率	0.45	0.49	0.52
固定资产周转率	2.94	2.92	3.20
应收账款周转率	4.52	7.00	6.43
坏账发生率	12.64%	24.09%	26.82%
折旧摊销率	11.27%	13.55%	11.94%
付现成本率	47.40%	35.99%	38.00%
营销、一般及管理费用率	29.10%	32.70%	30.93%
现金管理：			
经营活动净现金流	34247	59105	56011
每股经营活动净现金流（元）	25.54	44.64	44.89
自由现金流（FCF）	12205	21759	28748
自由现金流占收比	6.56%	9.02%	12.22%
销售现金比率	18.42%	24.51%	23.82%
资产现金回收率	8.29%	11.94%	12.32%
现金流量经营充足率	0.84	−6.72	11.73
现金流入流出比	1.33	1.04	1.15
现金比率	6.09%	20.13%	13.28%
成长管理：			
可持续增长率	−10.62%	−2.87%	−21.66%
主营业务收入增长率	−23.66%	0.63%	−0.23%
总资产增长率	−17.36%	6.81%	−5.55%
净利润增长率	193%	−74.54%	5.82%
经营活动现金流增长率	−42.63%	3.71%	−1.49%
每股盈余增长率	792%	−93.78%	21.35%
价值创造与分配：			
EVA	−491	−23843	212
EVA率	−0.16%	−6.53%	0.06%
每股盈利（EPS）（元）	9.74	1.08	17.63
每股股利（DPS）（元）	8.32	8.32	8.163
股利支付率	85.34%	769.23%	46%

附表 3-17　美国 DirectTV Group 关键绩效指标一览表（2011~2013 年）

单位：百万元人民币

	美国 DirecTV Group-17		
	2013年	2012年	2011年
投资经营效果：			
主营业务收入	193572	186931	171524
总资产	133532	129198	116065
EBITDA	49840	48530	44705

续表

	美国 DirecTV Group-17		
	2013年	2012年	2011年
EBITDA率	25.75%	25.96%	26.06%
员工人数	29950	28450	26000
人均EBITDA	1.66	1.71	1.72
净利润	17586	18712	16437
净利润率	9.08%	10.01%	9.58%
总资产报酬率（ROA）	13.17%	14.48%	14.16%
净资产报酬率（ROE）	−44.08%	−54.81%	−83.97%
资本性支出（CAPEX）	23079	21050	19971
CAPEX占收比	11.92%	11.26%	11.64%
融资管理效率：			
资产负债率	70.12%	126.42%	116.86%
流动比率	91.16%	100.23%	89.42%
利息保障倍数	6.34	6.28	6.22
折旧与摊销	17239	15318	14799
股息	0	0	0
内部融资额	34826	34030	31235
成本费用管理：			
总资产周转率	13.17%	1.47	1.48
固定资产周转率	4.78	4.93	6.05
应收账款周转率	12.34	11.03	11.00
坏账发生率	1.01%	2.92%	3.09%
折旧摊销率	8.90%	8.19%	8.63%
付现成本率	74.87%	74.71%	74.37%
营销、一般及管理费用率	22.47%	22.32%	23.11%
现金管理：			
经营活动净现金流	38977	35413	32666
每股经营活动净现金流（元）	75.04	60.34	43.73
自由现金流（FCF）	15898	14362	12695
自由现金流占收比	8.21%	7.68%	7.40%
销售现金比率	20.14%	18.94%	19.04%
资产现金回收率	29.19%	27.41%	28.14%
现金流量经营充足率	−10.34	10.94	−17.00
现金流入流出比	1.13	1.09	0.89
现金比率	33.38%	34.33%	18.41%
成长管理：			
可持续增长率	20.49%	−74.80%	15.01%
主营业务收入增长率	6.77%	9.23%	12.96%
总资产增长率	6.57%	11.57%	2.87%
净利润增长率	−3.09%	12.94%	18.70%
经营活动现金流增长率	13.49%	8.66%	−0.40%
每股盈余增长率	12.99%	32.38%	51.08%
价值创造与分配：			
EVA	13374	12448	11603

续表

	美国 DirecTV Group-18		
	2013 年	2012 年	2011 年
EVA 率	14.19%	13.39%	14.02%
每股盈利（EPS）(元)	5.22	38.43	21.99
每股股利（DPS）(元)	0	0	0
股利支付率	0	0	0

附表 3–18　英国电信关键绩效指标一览表（2011~2013 年）

单位：百万元人民币

	英国电信-18		
	2013 年	2012 年	2011 年
投资经营效果：			
主营业务收入	183887	183384	183520
总资产	250364	252689	232573
EBITDA	57890	60745	57308
EBITDA 率	31.48%	33.12%	31.23%
员工人数	87800	89100	90700
人均 EBITDA	0.66	0.68	0.63
净利润	20292	21283	19452
净利润率	11.04%	11.61%	10.60%
总资产报酬率（ROA）	8.11%	8.42%	8.36%
净资产报酬率（ROE）	-340.88%	-798.09%	153.13%
资本性支出（CAPEX）	23590	24815	25037
CAPEX 占收比	12.83%	13.53%	13.64%
融资管理效率：			
资产负债率	102.38%	101.06%	94.54%
流动比率	74.23%	61.20%	48.96%
利息保障倍数	13.03	5.01	6.05
折旧与摊销	27100	28937	28863
股息	7853	6962	5720
内部融资额	39539	43258	48315
成本费用管理：			
总资产周转率	0.73	0.73	0.79
固定资产周转率	1.32	1.27	1.31
应收账款周转率	13.35	12.05	10.68
坏账发生率	2.77%	11.33%	8.22%
折旧摊销率	14.74%	15.78%	15.73%
付现成本率	68.06%	69.86%	70.77%
营销、一般及管理费用率	8.48%	7.27%	6.35%
现金管理：			
经营活动净现金流	48227	53895	36516
每股经营活动净现金流（元）	5.92	6.61	4.47
自由现金流（FCF）	24636	29080	11479
自由现金流占收比	13.40%	15.86%	6.25%
销售现金比率	26.23%	29.39%	19.90%

续表

	英国电信-18		
	2013年	2012年	2011年
资产现金回收率	19.26%	21.33%	15.70%
现金流量经营充足率	5.05	2.95	-2.31
现金流入流出比	0.99	1.04	1.26
现金比率	9.04%	12.24%	3.58%
成长管理：			
可持续增长率	-125.95%	-120.03%	-32.96%
主营业务收入增长率	1.02%	-4.66%	-5.87%
总资产增长率	0.08%	3.67%	1.73%
净利润增长率	-3.49%	24.86%	33.18%
经营活动现金流增长率	-9.42%	48.82%	-17.65%
每股盈余增长率	-3.75%	3.49%	32.99%
价值创造与分配：			
EVA	8090	7511	1049
EVA率	4.39%	4.05%	1.90%
每股盈利（EPS）（元）	0.26	2.72	2.51
每股股利（DPS）（元）	0.34	0.31	0.23
股利支付率	13.23%	11.24%	9.30%

附表3-19 澳大利亚电信关键绩效指标一览表（2011~2013年）

单位：百万元人民币

	澳大利亚电信-19		
	2013年	2012年	2011年
投资经营效果：			
主营业务收入	154374	161992	159841
总资产	239974	243335	322623
EBITDA	67889	67054	64483
EBITDA率	43.98%	41.39%	40.34%
员工人数	37721	37721	39972
人均EBITDA	1.80	1.78	1.61
净利润	26491	24383	21574
净利润率	17.16%	15.05%	13.50%
总资产报酬率（ROA）	11.04%	10.02%	6.69%
净资产报酬率（ROE）	31.12%	30.02%	29.29%
资本性支出（CAPEX）	24497	23922	22627
CAPEX占收比	15.87%	14.77%	14.16%
融资管理效率：			
资产负债率	64.53%	66.50%	70.43%
流动比率	120.20%	105.07%	93.13%
利息保障倍数	8.74	5.86	5.83
折旧与摊销	24083	26736	27800
股息	21614	21954	21887
内部融资额	28960	29165	27487
成本费用管理：			
总资产周转率	0.64	0.67	0.50

续表

	澳大利亚电信-19		
	2013年	2012年	2011年
固定资产周转率	1.28	1.26	1.24
应收账款周转率	8.95	7.70	8.01
坏账发生率	4.07%	5.12%	6.22%
折旧摊销率	15.60%	16.50%	17.39%
付现成本率	44.37%	27.08%	22.97%
营销、一般及管理费用率	5.23%	5.13%	5.17%
现金管理:			
经营活动净现金流	52513	52734	58447
每股经营活动净现金流（元）	4.22	4.24	4.71
自由现金流（FCF）	28015	31694	3582
自由现金流占收比	18.15%	19.57%	22.41%
销售现金比率	34.02%	32.55%	36.57%
资产现金回收率	21.88%	21.67%	18.12%
现金流量经营充足率	6.27	7.50	26.43
现金流入流出比	1.10	0.84	1.04
现金比率	63.65%	32.96%	36.92%
成长管理:			
可持续增长率	8.43%	10.15%	-4.91%
主营业务收入增长率	-1.39%	1.22%	1.10%
总资产增长率	2.16%	-2.41%	4.25%
净利润增长率	12.42%	12.88%	5.35%
经营活动现金流增长率	3.04%	-9.89%	15.69%
每股盈余增长率	12.05%	11.64%	5.36%
价值创造与分配:			
EVA	11142	9190	6274
EVA率	5.65%	4.71%	3.22%
每股盈利（EPS）（元）	2.10	1.94	1.73
每股股利（DPS）（元）	1.74	1.77	1.76
股利支付率	82.85%	91.21%	101.82%

附表 3-20　韩国 SK 电讯关键绩效指标一览表（2011~2013 年）

单位：百万元人民币

	韩国SK电讯-20		
	2013年	2012年	2011年
投资经营效果:			
主营业务收入	91099	97361	94235
总资产	145831	151014	133732
EBITDA	27764	25635	29250
EBITDA率	30.47%	26.33%	31.04%
员工人数	23789	22148	20955
人均EBITDA	1.17	1.16	1.37
净利润	7826	6582	9325
净利润率	8.59%	6.76%	9.90%

续表

	韩国SK电讯-20		
	2013年	2012年	2011年
总资产报酬率（ROA）	5.37%	4.36%	6.49%
净资产报酬率（ROE）	10.07%	8.68%	12.43%
资本性支出（CAPEX）	12708	16874	17450
CAPEX占收比	13.95%	11.17%	18.52%
融资管理效率：			
资产负债率	46.70%	49.78%	47.74%
流动比率	84.42%	85.74%	91.67%
利息保障倍数	4.20	4.76	8.35
折旧与摊销	14605	14350	14633
股息	3657	3865	3909
内部融资额	18775	17068	20049
成本费用管理：			
总资产周转率	0.62	0.64	0.66
固定资产周转率	1.63	1.70	1.77
应收账款周转率	7.35	6.30	5.85
坏账发生率	2.31%	3.15%	3.54%
折旧摊销率	16.03%	14.74%	15.53%
付现成本率	71.85%	74.56%	71.14%
营销、一般及管理费用率	—	—	—
现金管理：			
经营活动净现金流	19527	23598	37170
每股经营活动净现金流（元）	241.83	292.25	526.52
自由现金流（FCF）	6818	6724	19720
自由现金流占收比	7.48%	4.45%	20.93%
销售现金比率	21.43%	24.24%	39.44%
资产现金回收率	13.39%	15.63%	25.88%
现金流量经营充足率	−54.47	−12.33	−3.85
现金流入流出比	1.06	0.94	1.12
现金比率	28.18%	24.21%	40.83%
成长管理：			
可持续增长率	10.20%	0.96%	−0.42%
主营业务收入增长率	0.61%	7.61%	1.09%
总资产增长率	3.83%	9.53%	4.98%
净利润增长率	27.89%	−26.49%	19.02%
经营活动现金流增长率	−11.03%	−33.88%	53.06%
每股盈余增长率	27.22%	−15.09%	21.29%
价值创造与分配：			
EVA	−1951	−2457	−607
EVA率	−1.67%	−2.07%	−0.53%
每股盈利（EPS）（元）	127.36	107.65	132.06
每股股利（DPS）（元）	51.58	105.06	55.38
股利支付率	40.50%	97.59%	41.92%

附录四
全球电信运营企业及 LOGO

欧洲：

西班牙　　　　　芬兰　　　　　　瑞典
Movistar　　　　Sonera　　　　　Telia

意大利　　　　　荷兰　　　　　　俄罗斯
Telecom Italy　　KPN Telecom　　Golden Telecom

奥地利　　　　　葡萄牙
A1　　　　　　　Portugal Telecom

亚洲：

中国　　　　　　中国　　　　　　中国
中国移动　　　　中国联通　　　　中国电信

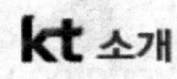

韩国　　　　　　韩国　　　　　　韩国
SK Telecom　　　KT　　　　　　　LG Telecom

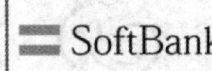

韩国　　　　　　日本　　　　　　日本
KTF　　　　　　NTT　　　　　　Softbank

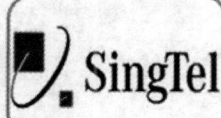

日本　　　　　　　日本　　　　　　　新加坡
KDDI　　　　　　NTT DoCoMo　　　Sing Telecom

新加坡　　　　　　印度　　　　　　　印度
Starhub　　　　　BSNL　　　　　　Bharti Airtel

印度尼西亚　　　　印度尼西亚　　　　土耳其
Telkomsel　　　　Satelindo　　　　　TURKCELL

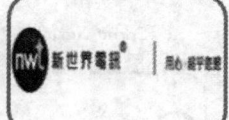

中国香港地区　　　中国香港地区　　　中国香港地区
PCCW　　　　　　New World Pcs　　China Motion

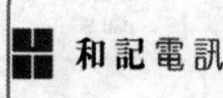

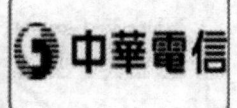

中国香港地区　　　中国台湾地区　　　中国台湾地区
和记黄埔　　　　　TCC　　　　　　　Chungwha Telecom

中国台湾地区　　　黎巴嫩
远传电信　　　　　LibanCell

大洋洲：

澳大利亚
Telstra

新西兰
Telecom New Zealand

美洲：

美国
AT&T

美国
Sprint Nextel

美国
Verizon

美国
DirectTV Group

美国
Comcast

美国
Bell South

美国
Qwest

加拿大
Bell Canade Enterprise

墨西哥
América Móvil

墨西哥
Telmex

拉丁美洲：

巴西
Vivo

非洲：

肯尼亚　　　　　　　肯尼亚　　　　　　　肯尼亚
Safaricom　　　　　　Celtel　　　　　　　　Telekom Kenya

附录五
2013~2014年全球网络就绪度指数排名

自21世纪初以来，世界经济论坛（WEF）与欧洲工商管理学院（INSEAD）合作致力于共同研究信息通信技术（ICT）对生产力的影响，每年定期发布全球信息技术报告。2013~2014年报告，通过网络就绪度指数（NRI）来衡量全球148个经济体利用ICT增强竞争力的程度，NRI已经成为政策制定者及相关利益者了解国家经济优势与劣势的重要工具。世界经济论坛组织著名学者、政策制定者、ICT产业代表等来自不同领域的专家，通过不断修正，形成了NRI体系框架。

一、网络就绪度框架体系

世界经济论坛与欧洲工商管理学院合作形成的NRI指标体系，由4个二级指标和10个三级指标构成，如附图5-1所示。

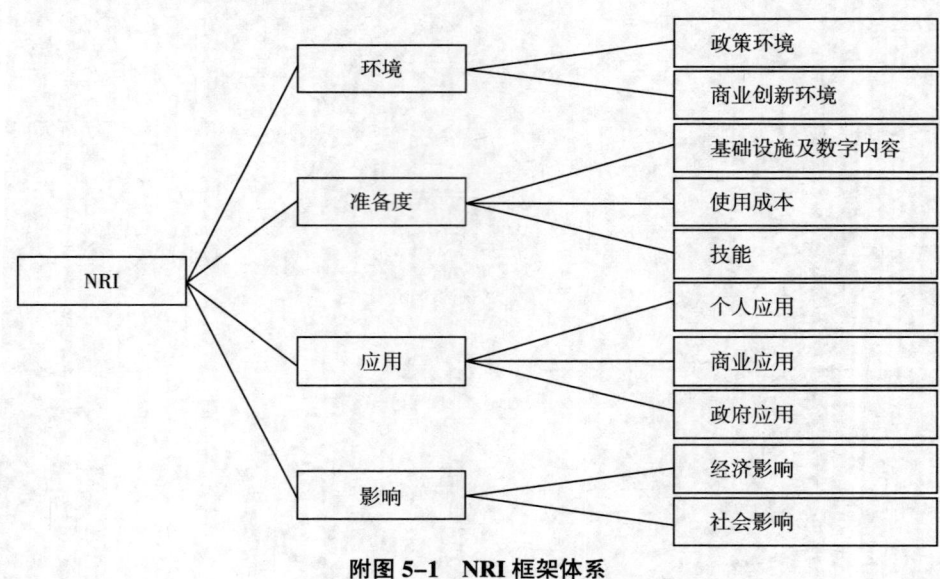

附图5-1　NRI框架体系

 2013~2014 年全球网络就绪度排名

2013~2014 年，全球 NRI 排名的数据和资料来源于国际电联、联合国、世界银行等国际性组织，以及由国际经济论坛每年组织的调研数据。全球 NRI 排名如附表 5-1 所示。

附表 5-1　2013~2014 年 NRI 综合排名

排名	国家/经济体	得分	排名	国家/经济体	得分
1	芬兰	6.04	35	智利	4.61
2	新加坡	5.97	36	斯洛文尼亚	4.60
3	瑞典	5.93	37	塞浦路斯	4.60
4	荷兰	5.79	38	哈萨克斯坦	4.58
5	挪威	5.70	39	拉脱维亚	4.58
6	瑞士	5.62	40	阿曼	4.56
7	美国	5.61	41	波多黎各	4.54
8	中国香港	5.60	42	捷克	4.49
9	英国	5.54	43	巴拿马	4.36
10	韩国	5.54	44	约旦	4.36
11	卢森堡	5.53	45	文莱	4.34
12	德国	5.50	46	克罗地亚	4.34
13	丹麦	5.50	47	匈牙利	4.32
14	中国台湾	5.47	48	毛里求斯	4.31
15	以色列	5.42	49	阿塞拜疆	4.31
16	日本	5.41	50	俄罗斯联邦	4.30
17	加拿大	5.41	51	土耳其	4.30
18	澳大利亚	5.40	52	黑山	4.27
19	冰岛	5.30	53	哥斯达黎加	4.25
20	新西兰	5.27	54	波兰	4.24
21	爱沙尼亚	5.27	55	巴巴多斯	4.22
22	奥地利	5.26	56	乌拉圭	4.22
23	卡塔尔	5.22	57	马其顿	4.19
24	阿联酋	5.20	58	意大利	4.18
25	法国	5.09	59	斯洛伐克共和国	4.12
26	爱尔兰	5.07	60	格鲁吉亚	4.09
27	比利时	5.06	61	蒙古	4.07
28	马耳他	4.96	62	中国	4.05
29	巴林	4.86	63	哥伦比亚	4.05
30	马来西亚	4.83	64	印度尼西亚	4.04
31	立陶宛	4.78	65	亚美尼亚	4.03
32	沙特阿拉伯	4.78	66	塞舌尔	4.02
33	葡萄牙	4.73	67	泰国	4.69
34	西班牙	4.69	68	波黑	3.99

续表

排名	国家/经济体	得分	排名	国家/经济体	得分
69	巴西	3.98	109	老挝	3.34
70	南非	3.98	110	赞比亚	3.34
71	特立尼达和多巴哥	3.97	111	巴基斯坦	3.33
72	科威特	3.96	112	尼日利亚	3.31
73	保加利亚	3.96	113	苏里南	3.30
74	希腊	3.95	114	塞内加尔	3.30
75	罗马尼亚	3.95	115	乌干达	3.25
76	斯里兰卡	3.94	116	洪都拉斯	3.24
77	摩尔多瓦	3.89	117	津巴布韦	3.24
78	菲律宾	3.89	118	吉尔吉斯斯坦	3.22
79	墨西哥	3.89	119	孟加拉国	3.21
80	塞尔维亚	3.88	120	玻利维亚	3.21
81	乌克兰	3.87	121	利比里亚	3.19
82	厄瓜多尔	3.85	122	科特迪瓦	3.14
83	印度	3.85	123	尼泊尔	3.09
84	越南	3.84	124	尼加拉瓜	3.08
85	卢旺达	3.78	125	坦桑尼亚	3.04
86	牙买加	3.77	126	斯威士兰	3.00
87	突尼斯	3.77	127	马里	3.00
88	圭亚那	3.77	128	加蓬	2.98
89	佛得角	3.73	129	阿尔及利亚	2.98
90	秘鲁	3.73	130	埃塞俄比亚	2.95
91	埃及	3.71	131	喀麦隆	2.94
92	肯尼亚	3.71	132	马拉维	2.90
93	多米尼加	3.69	133	莱索托	2.88
94	不丹	3.68	134	塞拉利昂	2.85
95	阿尔巴尼亚	3.66	135	贝宁	2.82
96	加纳	3.65	136	布基纳法索	2.78
97	黎巴嫩	3.64	137	莫桑比克	2.77
98	萨尔瓦多	3.63	138	利比亚	2.75
99	摩洛哥	3.61	139	马达加斯加	2.74
100	阿根廷	3.53	140	也门	2.73
101	危地马拉	3.52	141	东帝汶	2.69
102	巴拉圭	3.47	142	毛里塔尼亚	2.61
103	博茨瓦纳	3.43	143	海地	2.52
104	伊朗	3.42	144	安哥拉	2.52
105	纳米比亚	3.41	145	巴布亚新几内亚	2.48
106	委内瑞拉	3.39	146	缅甸	2.35
107	冈比亚	3.38	147	布隆迪	2.31
108	柬埔寨	3.36	148	乍得	2.22

附表 5-2　环境分指标及三级指标排名

环境分类指数			政策环境		商业创新环境	
排名	国家/经济体	得分	排名	得分	排名	得分
1	新加坡	5.87	1	5.90	1	5.84
2	新西兰	5.63	2	5.88	8	5.37
3	芬兰	5.59	3	5.86	9	5.37
4	中国香港	5.56	11	5.40	2	5.72
5	英国	5.50	5	5.66	10	5.33
6	荷兰	5.48	8	5.53	5	5.44
7	挪威	5.46	7	5.54	6	5.38
8	瑞典	5.45	6	5.63	15	5.26
9	瑞士	5.41	9	5.51	12	5.31
10	加拿大	5.39	12	5.31	3	5.46
11	卢森堡	5.31	4	5.73	29	4.9
12	爱尔兰	5.27	13	5.29	16	5.25
13	卡塔尔	5.23	14	5.23	17	5.23
14	澳大利亚	5.20	15	5.23	21	5.17
15	美国	5.19	22	5	7	5.38
16	丹麦	5.19	19	5.16	18	5.21
17	德国	5.14	10	5.41	31	4.87
18	阿拉伯联合酋长国	5.10	24	4.91	13	5.28
19	比利时	5.08	21	5.01	22	5.14
20	冰岛	5.01	27	4.81	19	5.21
21	日本	4.99	16	5.23	40	4.75
22	以色列	4.97	28	4.67	14	5.27
23	奥地利	4.97	18	5.19	39	4.75
24	马来西亚	4.95	25	4.84	24	5.07
25	中国台湾	4.94	34	4.43	4	5.45
26	爱沙尼亚	4.88	26	4.83	28	4.93
27	沙特阿拉伯	4.86	31	4.59	23	5.12
28	卢旺达	4.83	17	5.22	55	4.45
29	智利	4.83	38	4.34	11	5.32
30	法国	4.82	23	4.97	47	4.67
31	南非	4.76	20	5.05	53	4.48
32	波多黎各	4.75	29	4.64	33	4.86
33	阿曼	4.69	32	4.54	36	4.84
34	韩国	4.68	42	4.18	20	5.19
35	葡萄牙	4.63	39	4.26	25	5
36	马耳他	4.62	30	4.63	49	4.62
37	毛里求斯	4.61	33	4.48	43	4.75
38	巴巴多斯	4.58	35	4.42	42	4.75
39	塞浦路斯	4.57	45	4.16	26	4.98
40	巴林	4.52	48	4.07	27	4.96
41	约旦	4.45	44	4.16	41	4.75
42	拉脱维亚	4.44	53	4.01	32	4.86
43	立陶宛	4.41	52	4.02	37	4.79

续表

	环境分类指数		政策环境		商业创新环境	
排名	国家/经济体	得分	排名	得分	排名	得分
44	土耳其	4.38	55	4.00	38	4.77
45	西班牙	4.31	47	4.09	51	4.54
46	巴拿马	4.31	62	3.76	35	4.85
47	斯洛文尼亚	4.28	72	3.66	30	4.89
48	加纳	4.23	41	4.19	66	4.28
49	捷克	4.23	51	4.05	60	4.41
50	匈牙利	4.22	54	4	56	4.44
51	乌拉圭	4.21	57	3.96	54	4.46
52	黑山	4.21	80	3.56	34	4.86
53	马其顿	4.21	67	3.74	46	4.67
54	文莱	4.2	46	4.15	69	4.25
55	波兰	4.12	65	3.75	52	4.49
56	泰国	4.12	79	3.56	45	4.69
57	哈萨克斯坦	4.11	61	3.8	58	4.42
58	克罗地亚	4.1	88	3.51	44	4.69
59	纳米比亚	4.1	37	4.38	112	3.81
60	赞比亚	4.07	59	3.82	63	4.33
61	博茨瓦纳	4.05	40	4.26	107	3.84
62	塞舌尔	4.05	49	4.07	90	4.02
63	印度尼西亚	4.04	68	3.71	62	4.36
64	哥斯达黎加	4	63	3.76	70	4.24
65	圭亚那	4	64	3.76	71	4.23
66	老挝	3.99	50	4.06	97	3.92
67	牙买加	3.96	60	3.82	80	4.1
68	冈比亚	3.95	36	4.39	125	3.5
69	佛得角	3.94	58	3.91	93	3.98
70	阿塞拜疆	3.94	66	3.75	77	4.13
71	保加利亚	3.94	105	3.29	50	4.59
72	蒙古	3.91	98	3.39	57	4.43
73	格鲁吉亚	3.91	97	3.4	59	4.42
74	斯洛伐克	3.9	83	3.55	68	4.25
75	墨西哥	3.88	70	3.68	85	4.07
76	不丹	3.87	43	4.17	123	3.57
77	中国	3.87	56	3.97	115	3.76
78	科威特	3.85	75	3.61	81	4.09
79	斯里兰卡	3.85	74	3.62	82	4.08
80	波斯尼亚和黑塞哥维那	3.83	76	3.59	83	4.08
81	厄瓜多尔	3.81	89	3.51	78	4.12
82	利比亚	3.8	92	3.45	75	4.15
83	亚美尼亚	3.8	104	3.32	67	4.28
84	摩洛哥	3.79	81	3.56	88	4.03
85	罗马尼亚	3.79	101	3.38	72	4.2

续表

环境分类指数			政策环境		商业创新环境	
排名	国家/经济体	得分	排名	得分	排名	得分
86	伊朗	3.79	86	3.53	86	4.04
87	俄罗斯联邦	3.78	100	3.39	73	4.17
88	意大利	3.77	99	3.39	76	4.15
89	希腊	3.76	114	3.2	64	4.32
90	菲律宾	3.76	87	3.51	92	4.01
91	印度	3.76	73	3.64	103	3.87
92	肯尼亚	3.75	71	3.67	110	3.83
93	秘鲁	3.75	119	3.1	61	4.39
94	特立尼达和多巴哥	3.73	93	3.45	91	4.01
95	阿尔尼亚	3.72	117	3.14	65	4.31
96	越南	3.68	91	3.47	100	3.88
97	多米尼加	3.68	110	3.24	79	4.12
98	柬埔寨	3.66	95	3.43	98	3.9
99	莱索托	3.66	90	3.48	108	3.84
100	塞内加尔	3.64	106	3.26	89	4.02
101	哥伦比亚	3.64	96	3.41	104	3.87
102	突尼斯	3.64	94	3.44	109	3.83
103	黎巴嫩	3.63	142	2.62	48	4.63
104	乌干达	3.59	77	3.57	121	3.61
105	危地马拉	3.59	123	3.02	74	4.16
106	塞尔维亚	3.58	118	3.11	87	4.04
107	马拉维	3.57	69	3.7	130	3.43
108	塞拉利昂	3.55	82	3.55	124	3.55
109	尼日利亚	3.54	112	3.23	106	3.85
110	萨尔瓦多	3.53	121	3.1	95	3.96
111	科特迪瓦	3.52	116	3.16	102	3.87
112	埃塞俄比亚	3.5	102	3.37	120	3.64
113	斯威士兰	3.49	84	3.55	129	3.44
114	乌克兰	3.48	130	2.89	84	4.08
115	坦桑尼亚	3.47	85	3.54	132	3.39
116	巴西	3.45	78	3.57	135	3.33
117	马里	3.44	111	3.23	119	3.65
118	巴基斯坦	3.44	124	3	101	3.88
119	埃及	3.44	115	3.18	117	3.69
120	马达加斯加	3.43	129	2.9	94	3.97
121	摩尔多瓦	3.42	126	2.98	105	3.85
122	吉尔吉斯斯坦	3.39	131	2.89	99	3.89
123	尼泊尔	3.39	125	2.99	113	3.78
124	莫桑比克	3.36	113	3.22	126	3.49
125	喀麦隆	3.35	132	2.87	111	3.83
126	布基纳法索	3.35	108	3.24	128	3.45
127	贝宁	3.33	107	3.25	131	3.41
128	尼加拉瓜	3.32	103	3.32	136	3.31

续表

环境分类指数			政策环境		商业创新环境	
排名	国家/经济体	得分	排名	得分	排名	得分
129	洪都拉斯	3.31	128	2.95	118	3.67
130	巴拉圭	3.3	136	2.66	96	3.94
131	玻利维亚	3.22	109	3.24	139	3.2
132	孟加拉国	3.21	138	2.65	114	3.77
133	津巴布韦	3.2	122	3.06	133	3.35
134	加蓬	3.2	120	3.1	137	3.3
135	阿根廷	3.19	135	2.78	122	3.61
136	利比亚	3.17	141	2.64	116	3.69
137	苏里南	3.16	134	2.84	127	3.48
138	东帝汶	3.14	127	2.95	134	3.33
139	也门	2.94	143	2.58	138	3.3
140	毛里塔尼亚	2.91	133	2.86	143	2.95
141	海地	2.84	144	2.58	141	3.09
142	几内亚	2.77	139	2.65	144	2.89
143	阿尔及利亚	2.76	140	2.64	145	2.87
144	布隆迪	2.73	146	2.43	142	3.03
145	委内瑞拉	2.72	148	2.30	140	3.15
146	缅甸	2.68	137	2.66	146	2.71
147	安哥拉	2.59	145	2.52	147	2.65
148	乍得	2.40	147	2.43	148	2.36

附表 5-3　准备度分指标及三级指标排名

准备度分类指数			基础设施与数字内容		使用成本		技能	
排名	国家/经济体	得分	排名	得分	排名	得分	排名	得分
1	芬兰	6.61	1	6.88	18	6.41	1	6.55
2	冰岛	6.44	2	6.88	13	6.44	13	5.99
3	瑞典	6.39	3	6.85	10	6.48	21	5.83
4	挪威	6.28	6	6.80	28	6.18	17	5.86
5	美国	6.27	4	6.83	21	6.36	32	5.62
6	新加坡	6.20	16	6.30	46	5.88	2	6.42
7	中国台湾	6.17	5	6.81	53	5.74	14	5.96
8	德国	6.16	11	6.48	43	5.94	12	6.05
9	澳大利亚	6.15	8	6.79	49	5.83	20	5.85
10	瑞士	6.15	9	6.69	66	5.4	3	6.36
11	奥地利	6.14	10	6.53	34	6.09	22	5.79
12	中国香港	6.11	26	5.88	22	6.36	10	6.08
13	加拿大	6.10	7	6.79	65	5.41	8	6.10
14	丹麦	6.06	20	6.15	29	6.17	18	5.85
15	荷兰	5.97	14	6.42	69	5.37	7	6.12
16	塞浦路斯	5.95	28	5.80	39	6.00	11	6.05
17	韩国	5.93	13	6.42	57	5.72	31	5.66
18	卢森堡	5.91	17	6.29	56	5.73	27	5.73
19	日本	5.84	21	6.09	54	5.73	29	5.69

续表

准备度分类指数			基础设施与数字内容		使用成本		技能	
排名	国家/经济体	得分	排名	得分	排名	得分	排名	得分
20	以色列	5.76	29	5.71	35	6.05	39	5.51
21	英国	5.74	15	6.36	79	5.16	28	5.69
22	爱沙尼亚	5.73	25	5.94	61	5.51	25	5.76
23	马耳他	5.73	18	6.28	90	4.99	16	5.90
24	立陶宛	5.69	45	4.85	12	6.45	23	5.78
25	比利时	5.66	22	6.04	101	4.59	4	6.34
26	爱尔兰	5.65	19	6.17	98	4.68	9	6.09
27	法国	5.64	27	5.80	72	5.27	19	5.85
28	斯洛文尼亚	5.60	24	5.95	82	5.12	26	5.74
29	拉脱维亚	5.6	41	5.03	26	6.21	35	5.56
30	西班牙	5.6	32	5.48	41	5.99	50	5.33
31	哈萨克斯坦	5.57	58	4.50	2	6.88	51	5.32
32	巴林	5.52	39	5.05	25	6.29	58	5.23
33	意大利	5.49	42	4.91	32	6.09	43	5.47
34	乌克兰	5.49	74	4.06	3	6.88	37	5.54
35	捷克	5.49	23	6.04	84	5.09	49	5.33
36	卡塔尔	5.48	31	5.60	100	4.59	5	6.26
37	俄罗斯联邦	5.46	47	4.81	14	6.44	64	5.13
38	阿拉伯联合酋长国	5.44	30	5.62	85	5.09	33	5.62
39	波兰	5.4	38	5.07	52	5.78	48	5.34
40	格鲁吉亚	5.39	59	4.5	4	6.82	78	4.85
41	克罗地亚	5.38	54	4.57	36	6.03	36	5.55
42	土耳其	5.35	48	4.78	17	6.43	80	4.85
43	葡萄牙	5.35	36	5.18	62	5.47	46	5.40
44	蒙古	5.31	69	4.19	7	6.61	65	5.12
45	新西兰	5.27	12	6.42	127	3.24	6	6.14
46	波黑	5.25	63	4.38	30	6.12	57	5.25
47	毛里求斯	5.22	76	3.88	11	6.47	52	5.32
48	约旦	5.22	88	3.51	6	6.64	38	5.51
49	阿塞拜疆	5.21	55	4.55	40	5.99	66	5.09
50	哥斯达黎加	5.21	92	3.43	15	6.44	24	5.76
51	亚美尼亚	5.13	53	4.58	63	5.45	47	5.37
52	罗马尼亚	5.11	51	4.69	68	5.39	54	5.26
53	塞尔维亚	5.11	49	4.77	67	5.39	63	5.15
54	沙特阿拉伯	5.11	33	5.32	96	4.73	55	5.26
55	摩尔多瓦	5.10	60	4.44	31	6.12	84	4.74
56	特立尼达和多巴哥	5.09	57	4.52	74	5.25	42	5.49
57	阿曼	5.07	70	4.14	33	6.09	73	4.99
58	巴拿马	5.06	65	4.28	27	6.20	86	4.72
59	马来西亚	5.03	71	4.12	48	5.88	67	5.09
60	智利	5.01	44	4.86	81	5.13	71	5.02
61	黑山	4.99	46	4.81	103	4.54	34	5.62
62	希腊	4.97	40	5.04	102	4.59	53	5.29

续表

准备度分类指数			基础设施与数字内容		使用成本		技能	
排名	国家/经济体	得分	排名	得分	排名	得分	排名	得分
63	泰国	4.97	73	4.07	47	5.88	74	4.95
64	科威特	4.95	52	4.65	76	5.18	70	5.03
65	印度尼西亚	4.92	85	3.58	37	6.03	61	5.16
66	斯洛伐克	4.91	62	4.40	71	5.31	72	5.01
67	匈牙利	4.89	64	4.35	94	4.80	41	5.50
68	乌拉圭	4.88	50	4.76	80	5.14	83	4.75
69	斯里兰卡	4.88	104	3.12	38	6.02	40	5.51
70	哥伦比亚	4.85	80	3.74	44	5.93	76	4.89
71	马其顿	4.85	61	4.43	88	5.04	68	5.07
72	委内瑞拉	4.78	91	3.44	20	6.39	94	4.5
73	中国	4.76	86	3.53	60	5.57	59	5.18
74	塞舌尔	4.76	43	4.91	113	3.92	44	5.44
75	保加利亚	4.75	34	5.26	119	3.74	56	5.26
76	巴西	4.71	56	4.53	91	4.97	91	4.62
77	越南	4.65	121	2.69	8	6.59	88	4.68
78	文莱	4.65	37	5.15	129	3.12	30	5.69
79	黎巴嫩	4.63	77	3.86	99	4.62	45	5.41
80	圭亚那	4.62	98	3.32	70	5.37	60	5.18
81	菲律宾	4.6	89	3.51	75	5.24	69	5.07
82	巴拉圭	4.6	72	4.1	50	5.81	105	3.89
83	厄瓜多尔	4.59	75	3.94	92	4.89	75	4.94
84	不丹	4.58	67	4.22	45	5.89	114	3.63
85	印度	4.57	119	2.72	1	7.00	101	4.00
86	阿尔巴尼亚	4.57	90	3.49	87	5.07	62	5.16
87	突尼斯	4.55	83	3.59	73	5.25	81	4.8
88	牙买加	4.52	79	3.81	89	5.03	87	4.71
89	波多黎各	4.46	66	4.24	n/a	n/a	90	4.68
90	秘鲁	4.43	95	3.37	59	5.65	99	4.27
91	巴巴多斯	4.40	35	5.25	144	1.99	15	5.95
92	苏里南	4.40	101	3.25	86	5.08	77	4.86
93	埃及	4.35	99	3.30	16	6.44	120	3.32
94	墨西哥	4.34	81	3.72	93	4.89	95	4.42
95	摩洛哥	4.31	93	3.42	51	5.78	111	3.73
96	萨尔瓦多	4.24	102	3.15	55	5.73	107	3.85
97	津巴布韦	4.20	128	2.42	24	6.33	108	3.85
98	南非	4.17	68	4.21	112	3.97	97	4.32
99	肯尼亚	4.14	94	3.39	97	4.73	98	4.29
100	阿根廷	4.13	78	3.86	121	3.69	79	4.85
101	阿尔及利亚	4.12	127	2.43	42	5.96	102	3.99
102	佛得角	4.09	107	3.06	106	4.45	82	4.76
103	多米尼加	4.05	87	3.52	95	4.75	106	3.88
104	南非	4.02	112	2.88	23	6.34	128	2.84
105	巴基斯坦	3.97	110	2.97	19	6.40	136	2.54

续表

准备度分类指数		基础设施与数字内容		使用成本		技能	
排名	国家/经济体	得分	排名	得分	排名	得分	排名	得分

排名	国家/经济体	得分	排名	得分	排名	得分	排名	得分
106	吉尔吉斯斯坦	3.95	96	3.35	116	3.83	89	4.68
107	危地马拉	3.92	100	3.29	78	5.17	122	3.31
108	洪都拉斯	3.89	115	2.83	77	5.18	112	3.67
109	加纳	3.89	124	2.50	64	5.41	110	3.75
110	伊朗	3.87	103	3.14	118	3.74	85	4.73
111	尼泊尔	3.82	141	1.65	9	6.49	121	3.32
112	乌干达	3.80	113	2.87	58	5.68	127	2.86
113	柬埔寨	3.73	97	3.35	105	4.50	119	3.34
114	利比里亚	3.70	145	1.57	5	6.78	131	2.75
115	玻利维亚	3.58	114	2.83	126	3.36	93	4.54
116	纳米比亚	3.46	106	3.1	125	3.37	104	3.91
117	加蓬	3.34	132	2.28	109	4.09	113	3.66
118	博茨瓦纳	3.32	109	3.01	142	2.39	92	4.57
119	尼日利亚	3.31	117	2.81	107	4.42	132	2.71
120	也门	3.31	129	2.39	83	5.12	138	2.41
121	尼加拉瓜	3.30	82	3.66	140	2.48	109	3.76
122	利比亚	3.23	84	3.58	145	1.73	96	4.37
123	坦桑尼亚	3.17	120	2.70	111	4.03	129	2.77
124	科特迪瓦	3.15	105	3.11	120	3.70	133	2.65
125	卢旺达	3.14	108	3.05	128	3.13	123	3.25
126	赞比亚	3.12	130	2.37	124	3.40	117	3.59
127	塞内加尔	3.08	116	2.83	117	3.78	134	2.64
128	斯威士兰	3.07	118	2.79	143	2.28	100	4.14
129	老挝	3.03	125	2.46	130	3.10	118	3.51
130	莱索托	2.99	131	2.37	138	2.66	103	3.95
131	冈比亚	2.85	123	2.6	137	2.75	124	3.20
132	东帝汶	2.80	111	2.97	133	2.83	135	2.61
133	毛里塔尼亚	2.78	139	1.72	104	4.53	145	2.08
134	贝宁	2.76	122	2.69	134	2.82	130	2.76
135	埃塞俄比亚	2.70	135	1.95	115	3.85	140	2.30
136	马拉维	2.70	126	2.43	139	2.62	125	3.03
137	喀麦隆	2.65	143	1.58	136	2.77	116	3.60
138	安哥拉	2.63	146	1.55	110	4.07	141	2.26
139	巴布亚新几内亚	2.63	134	2.01	122	3.69	142	2.17
140	海地	2.61	142	1.63	108	4.09	143	2.11
141	塞拉利昂	2.59	138	1.85	114	3.88	146	2.03
142	莫桑比克	2.31	137	1.86	132	3.06	147	2.00
143	马里	2.29	140	1.69	135	2.78	139	2.41
144	马达加斯加	2.29	144	1.57	141	2.42	126	2.88
145	布隆迪	2.28	133	2.12	n/a	n/a	137	2.45
146	乍得	2.24	148	1.39	123	3.44	148	1.89
147	布基纳法索	2.21	147	1.41	131	3.10	144	2.11
148	缅甸	2.16	136	1.88	146	1.00	115	3.60

附表 5-4　应用分指标及三级指标排名

应用分类指数			个人应用		商业应用		政府应用	
排名	国家/经济体	得分	排名	得分	排名	得分	排名	得分
1	瑞典	6.06	1	6.59	3	5.99	7	5.60
2	芬兰	6.01	6	6.42	2	6.02	8	5.57
3	韩国	5.89	9	6.32	10	5.48	3	5.85
4	新加坡	5.87	10	6.13	15	5.21	1	6.26
5	荷兰	5.86	4	6.48	6	5.71	14	5.40
6	挪威	5.79	2	6.57	12	5.44	15	5.36
7	丹麦	5.75	3	6.57	7	5.66	26	5.01
8	卢森堡	5.73	5	6.43	13	5.27	10	5.48
9	日本	5.69	16	5.92	4	5.99	22	5.15
10	瑞士	5.64	11	6.07	1	6.10	35	4.74
11	美国	5.60	18	5.76	9	5.56	11	5.47
12	英国	5.58	8	6.33	17	5.06	17	5.35
13	德国	5.51	19	5.72	5	5.85	27	4.97
14	以色列	5.45	26	5.51	8	5.66	19	5.19
15	中国香港	5.41	12	6.03	16	5.13	24	5.07
16	新西兰	5.37	13	5.98	21	4.81	18	5.34
17	中国台湾	5.34	28	5.44	14	5.24	16	5.36
18	卡塔尔	5.33	21	5.69	26	4.53	4	5.77
19	澳大利亚	5.28	15	5.92	24	4.75	21	5.17
20	奥地利	5.27	20	5.71	11	5.44	36	4.65
21	阿拉伯联合酋长国	5.24	29	5.30	29	4.37	2	6.06
22	爱沙尼亚	5.22	17	5.84	28	4.38	12	5.45
23	法国	5.16	22	5.65	20	4.88	28	4.96
24	冰岛	5.16	7	6.39	22	4.80	53	4.28
25	巴林	5.13	14	5.96	49	3.81	5	5.62
26	加拿大	5.04	27	5.46	25	4.63	25	5.05
27	比利时	5.02	25	5.52	18	5.05	42	4.47
28	马耳他	5.01	24	5.55	32	4.09	13	5.4
29	爱尔兰	4.92	23	5.57	23	4.75	45	4.43
30	马来西亚	4.83	49	4.49	27	4.45	9	5.55
31	沙特阿拉伯	4.78	44	4.67	34	4.04	6	5.62
32	葡萄牙	4.56	42	4.83	35	4.04	33	4.81
33	西班牙	4.53	32	5.21	40	3.96	44	4.44
34	立陶宛	4.51	41	4.83	33	4.09	37	4.60
35	斯洛文尼亚	4.44	34	5.09	37	4.02	57	4.20
36	波多黎各	4.40	63	4.03	19	5.05	63	4.12
37	阿曼	4.40	56	4.30	57	3.72	20	5.18
38	哈萨克斯坦	4.39	51	4.42	66	3.61	23	5.12
39	智利	4.37	52	4.4	45	3.89	32	4.83
40	捷克	4.36	30	5.26	31	4.1	96	3.72
41	文莱	4.36	50	4.47	56	3.73	30	4.86
42	拉脱维亚	4.35	31	5.25	48	3.81	78	3.97
43	巴巴多斯	4.30	33	5.11	53	3.77	72	4.01

续表

应用分类指数			个人应用		商业应用		政府应用	
排名	国家/经济体	得分	排名	得分	排名	得分	排名	得分
44	阿塞拜疆	4.24	61	4.19	52	3.78	34	4.77
45	匈牙利	4.21	40	4.91	62	3.67	69	4.04
46	克罗地亚	4.18	39	4.99	81	3.46	65	4.08
47	巴西	4.13	59	4.21	41	3.92	54	4.27
48	塞浦路斯	4.13	45	4.62	58	3.71	66	4.07
49	斯洛伐克共和国	4.11	35	5.09	65	3.66	106	3.60
50	巴拿马	4.10	68	3.74	39	3.99	39	4.56
51	意大利	4.07	37	5.05	61	3.68	112	3.49
52	黑山	4.07	55	4.32	69	3.59	51	4.3
53	俄罗斯联邦	4.06	46	4.61	84	3.45	61	4.13
54	波兰	4.06	36	5.08	75	3.52	108	3.57
55	乌拉圭	4.05	48	4.55	86	3.43	59	4.16
56	马其顿	4.03	53	4.38	101	3.31	47	4.41
57	哥斯达黎加	4.02	64	3.95	38	4.01	64	4.12
58	科威特	4.00	38	5.01	94	3.40	105	3.60
59	约旦	3.96	67	3.79	47	3.81	52	4.28
60	毛里求斯	3.95	66	3.86	64	3.66	48	4.34
61	中国	3.91	80	3.27	44	3.89	38	4.58
62	哥伦比亚	3.91	77	3.40	79	3.47	31	4.86
63	土耳其	3.90	69	3.69	46	3.87	60	4.14
64	塞舌尔	3.90	65	3.87	55	3.76	68	4.06
65	保加利亚	3.87	47	4.61	104	3.29	97	3.71
66	特立尼达和多巴哥	3.86	60	4.20	87	3.43	80	3.96
67	希腊	3.83	43	4.74	102	3.30	117	3.45
68	罗马尼亚	3.76	62	4.17	98	3.34	90	3.77
69	印度尼西亚	3.75	95	2.90	36	4.03	49	4.31
70	南非	3.72	78	3.39	30	4.15	103	3.62
71	墨西哥	3.72	89	3.07	70	3.59	40	4.50
72	塞尔维亚	3.66	54	4.36	133	2.93	100	3.69
73	亚美尼亚	3.65	74	3.52	82	3.45	76	3.98
74	厄瓜多尔	3.63	83	3.18	71	3.59	62	4.13
75	格鲁吉亚	3.63	76	3.43	110	3.21	55	4.24
76	菲律宾	3.63	91	2.94	43	3.89	67	4.06
77	阿根廷	3.62	57	4.26	99	3.33	121	3.26
78	越南	3.60	84	3.18	88	3.43	58	4.19
79	波黑	3.59	70	3.67	92	3.42	99	3.69
80	泰国	3.58	85	3.17	59	3.70	84	3.88
81	斯里兰卡	3.54	112	2.38	50	3.80	43	4.44
82	摩洛哥	3.53	72	3.63	111	3.21	92	3.76
83	摩尔多瓦	3.53	73	3.55	125	3.05	75	3.99
84	突尼斯	3.51	81	3.25	103	3.30	77	3.98
85	蒙古	3.50	90	3.04	83	3.45	71	4.02
86	肯尼亚	3.49	113	2.30	54	3.76	46	4.41

续表

应用分类指数			个人应用		商业应用		政府应用	
排名	国家/经济体	得分	排名	得分	排名	得分	排名	得分
87	多米尼加	3.49	93	2.92	67	3.60	81	3.95
88	博茨瓦纳	3.46	79	3.31	106	3.25	86	3.82
89	埃及	3.45	71	3.66	112	3.21	113	3.49
90	黎巴嫩	3.45	58	4.23	116	3.19	136	2.93
91	印度	3.45	121	2.08	51	3.78	41	4.48
92	佛得角	3.45	97	2.84	115	3.19	50	4.31
93	萨尔瓦多	3.44	96	2.85	80	3.47	74	4.00
94	牙买加	3.43	87	3.10	72	3.58	104	3.62
95	阿尔巴尼亚	3.41	82	3.25	107	3.24	93	3.75
96	危地马拉	3.41	99	2.77	42	3.90	109	3.57
97	卢旺达	3.39	138	1.68	76	3.52	29	4.96
98	秘鲁	3.36	94	2.91	89	3.43	94	3.75
99	冈比亚	3.35	120	2.12	60	3.69	56	4.24
100	加纳	3.34	100	2.74	90	3.42	85	3.88
101	乌克兰	3.34	75	3.49	93	3.40	129	3.12
102	圭亚那	3.34	103	2.54	63	3.66	87	3.81
103	纳米比亚	3.25	101	2.69	68	3.59	116	3.47
104	赞比亚	3.17	123	2.04	77	3.51	79	3.97
105	尼日利亚	3.17	110	2.42	73	3.55	111	3.54
106	塞内加尔	3.17	115	2.26	85	3.45	88	3.80
107	柬埔寨	3.16	105	2.51	78	3.48	114	3.48
108	委内瑞拉	3.13	88	3.07	119	3.15	127	3.18
109	巴拉圭	3.13	98	2.79	105	3.27	120	3.33
110	不丹	3.10	114	2.28	130	2.99	70	4.04
111	马里	3.08	118	2.14	114	3.19	82	3.91
112	老挝	3.07	129	1.87	74	3.54	89	3.80
113	伊朗	3.05	111	2.39	129	3.00	91	3.76
114	苏里南	3.04	86	3.11	108	3.23	141	2.78
115	科特迪瓦	3.04	117	2.17	96	3.37	107	3.58
116	玻利维亚	3.02	108	2.44	118	3.16	115	3.47
117	洪都拉斯	2.95	106	2.46	91	3.42	133	2.98
118	津巴布韦	2.93	107	2.45	109	3.22	128	3.14
119	喀麦隆	2.93	130	1.78	95	3.38	102	3.64
120	孟加拉国	2.91	134	1.72	127	3.00	73	4.00
121	巴基斯坦	2.91	126	1.93	97	3.36	118	3.43
122	加蓬	2.90	109	2.43	126	3.02	122	3.26
123	尼加拉瓜	2.84	122	2.08	113	3.20	123	3.25
124	坦桑尼亚	2.84	137	1.69	120	3.13	98	3.69
125	乌干达	2.83	140	1.63	122	3.12	95	3.75
126	吉尔吉斯斯坦	2.81	102	2.55	137	2.88	132	3.00
127	布基纳法索	2.73	139	1.67	135	2.88	101	3.65
128	斯威士兰	2.72	119	2.13	117	3.19	140	2.84
129	马达加斯加	2.71	141	1.6	100	3.32	126	3.22

续表

应用分类指数			个人应用		商业应用		政府应用	
排名	国家/经济体	得分	排名	得分	排名	得分	排名	得分
130	埃塞俄比亚	2.71	146	1.46	141	2.77	83	3.90
131	莫桑比克	2.70	144	1.50	124	3.06	110	3.55
132	利比里亚	2.68	136	1.69	123	3.10	124	3.24
133	尼泊尔	2.66	125	1.96	132	2.95	130	3.07
134	阿尔及利亚	2.66	104	2.54	147	2.47	134	2.97
135	塞拉利昂	2.64	135	1.7	134	2.88	119	3.35
136	马拉维	2.63	142	1.55	121	3.12	125	3.23
137	贝宁	2.63	124	1.98	128	3.00	137	2.90
138	莱索托	2.57	127	1.92	136	2.88	135	2.93
139	利比亚	2.56	92	2.92	144	2.63	148	2.13
140	毛里塔尼亚	2.54	116	2.24	139	2.85	146	2.53
141	东帝汶	2.48	128	1.90	142	2.66	138	2.89
142	安哥拉	2.48	133	1.74	143	2.64	131	3.07
143	也门	2.44	131	1.78	131	2.95	145	2.57
144	巴布亚新几内亚	2.39	145	1.47	138	2.85	139	2.84
145	海地	2.34	132	1.78	140	2.77	147	2.46
146	缅甸	2.22	143	1.51	145	2.50	143	2.65
147	乍得	2.18	147	1.34	146	2.50	142	2.70
148	布隆迪	2.12	148	1.30	148	2.42	144	2.64

附表 5-5 影响分指标及三级指标排名

影响分类指数			经济影响		社会影响	
排名	国家/经济体	得分	排名	得分	排名	得分
1	新加坡	5.93	6	5.63	1	6.24
2	芬兰	5.91	1	6.04	7	5.78
3	荷兰	5.85	5	5.63	3	6.06
4	瑞典	5.82	2	6.03	10	5.62
5	韩国	5.67	7	5.25	2	6.09
6	以色列	5.52	4	5.64	14	5.40
7	中国台湾	5.43	12	5.08	6	5.79
8	美国	5.39	9	5.20	12	5.58
9	英国	5.36	14	5.01	9	5.72
10	中国香港	5.32	13	5.03	11	5.62
11	瑞士	5.30	3	5.64	26	4.96
12	挪威	5.29	15	5.00	13	5.58
13	爱沙尼亚	5.23	22	4.58	4	5.88
14	德国	5.20	8	5.22	20	5.17
15	卢森堡	5.17	10	5.16	19	5.17
16	日本	5.12	11	5.12	23	5.13
17	加拿大	5.10	17	4.87	16	5.33
18	阿拉伯联合酋长国	5.01	27	4.19	5	5.84
19	丹麦	4.99	16	4.94	24	5.05

续表

影响分类指数			经济影响		社会影响	
排名	国家/经济体	得分	排名	得分	排名	得分
20	澳大利亚	4.95	23	4.57	15	5.33
21	卡塔尔	4.84	32	3.95	8	5.72
22	新西兰	4.81	26	4.44	17	5.18
23	法国	4.73	19	4.77	35	4.68
24	奥地利	4.67	24	4.51	31	4.83
25	冰岛	4.61	25	4.51	34	4.72
26	波多黎各	4.56	21	4.66	38	4.46
27	立陶宛	4.53	28	4.11	27	4.96
28	马来西亚	4.51	30	4.01	25	5.00
29	比利时	4.5	20	4.67	40	4.33
30	马耳他	4.49	29	4.03	28	4.94
31	爱尔兰	4.43	18	4.83	55	4.03
32	沙特阿拉伯王国	4.40	37	3.65	22	5.14
33	葡萄牙	4.36	34	3.87	30	4.85
34	西班牙	4.30	31	3.97	36	4.63
35	巴林	4.26	63	3.35	18	5.17
36	哈萨克斯坦	4.26	60	3.38	21	5.15
37	智利	4.23	43	3.55	29	4.91
38	文莱	4.15	51	3.48	32	4.82
39	斯洛文尼亚	4.07	33	3.92	43	4.22
40	阿曼	4.07	56	3.41	33	4.73
41	巴拿马	3.99	46	3.49	37	4.48
42	匈牙利	3.97	36	3.68	42	4.26
43	拉脱维亚	3.94	35	3.71	45	4.17
44	俄罗斯联邦	3.91	41	3.56	41	4.27
45	捷克	3.87	38	3.63	47	4.12
46	阿塞拜疆	3.85	42	3.55	46	4.15
47	黑山	3.81	39	3.60	56	4.02
48	约旦	3.81	44	3.53	51	4.09
49	哥伦比亚	3.79	75	3.16	39	4.42
50	哥斯达黎加	3.75	52	3.47	54	4.04
51	卢旺达	3.75	53	3.45	53	4.05
52	塞浦路斯	3.73	45	3.49	57	3.97
53	乌拉圭	3.73	61	3.36	50	4.10
54	克罗地亚	3.69	40	3.56	66	3.83
55	马其顿	3.68	65	3.31	52	4.06
56	中国	3.67	81	3.11	44	4.22
57	巴西	3.64	64	3.34	58	3.94
58	巴巴多斯	3.62	57	3.40	64	3.84
59	墨西哥	3.62	80	3.12	48	4.11
60	印度	3.61	50	3.48	73	3.74
61	埃及	3.61	59	3.38	65	3.83
62	菲律宾	3.57	48	3.49	76	3.66

续表

排名	影响分类指数 国家/经济体	得分	经济影响 排名	得分	社会影响 排名	得分
63	蒙古	3.57	89	3.04	49	4.10
64	多米尼加	3.55	71	3.22	61	3.88
65	土耳其	3.55	68	3.27	67	3.83
66	斯洛伐克	3.54	54	3.44	78	3.63
67	亚美尼亚	3.53	47	3.49	80	3.58
68	摩尔多瓦	3.52	76	3.16	60	3.89
69	斯里兰卡	3.47	66	3.30	77	3.64
70	毛里求斯	3.47	70	3.25	74	3.69
71	肯尼亚	3.46	55	3.42	83	3.50
72	印度尼西亚	3.46	86	3.07	63	3.84
73	佛得角	3.45	83	3.09	69	3.81
74	格鲁吉亚	3.44	100	2.95	59	3.93
75	越南	3.41	96	2.98	62	3.85
76	突尼斯	3.39	90	3.03	72	3.76
77	塞舌尔	3.39	77	3.16	79	3.63
78	波兰	3.39	62	3.36	88	3.42
79	冈比亚	3.39	67	3.27	84	3.50
80	厄瓜多尔	3.38	95	2.99	71	3.78
81	秘鲁	3.37	84	3.08	75	3.67
82	意大利	3.37	58	3.40	94	3.34
83	泰国	3.35	104	2.88	68	3.83
84	萨尔瓦多	3.31	109	2.84	70	3.78
85	塞内加尔	3.29	82	3.10	86	3.48
86	保加利亚	3.27	73	3.20	93	3.35
87	波黑	3.27	88	3.04	85	3.49
88	老挝	3.27	74	3.18	92	3.35
89	南非	3.25	49	3.48	113	3.02
90	希腊	3.24	91	3.03	87	3.45
91	尼日利亚	3.23	72	3.20	99	3.25
92	特立尼达和多巴哥	3.21	92	3.02	89	3.41
93	塞尔维亚	3.19	93	3.00	90	3.38
94	牙买加	3.18	78	3.13	100	3.24
95	马里	3.18	69	3.25	109	3.10
96	阿根廷	3.18	87	3.07	98	3.29
97	不丹	3.17	112	2.78	81	3.56
98	乌克兰	3.16	79	3.12	102	3.20
99	危地马拉	3.16	94	2.99	95	3.32
100	罗马尼亚	3.13	97	2.96	96	3.30
101	加纳	3.12	85	3.08	106	3.17
102	圭亚那	3.12	106	2.87	91	3.37
103	科威特	3.04	127	2.58	82	3.50
104	玻利维亚	3.01	111	2.79	101	3.24
105	巴基斯坦	2.99	98	2.96	112	3.03

续表

影响分类指数			经济影响		社会影响	
排名	国家/经济体	得分	排名	得分	排名	得分
106	赞比亚	2.99	113	2.78	104	3.20
107	伊朗	2.97	114	2.77	105	3.17
108	阿尔巴尼亚	2.95	125	2.60	97	3.30
109	委内瑞拉	2.94	115	2.76	108	3.12
110	博茨瓦纳	2.90	120	2.68	107	3.12
111	柬埔寨	2.90	117	2.70	110	3.10
112	埃塞俄比亚	2.88	128	2.57	103	3.20
113	尼加拉瓜	2.87	122	2.65	111	3.08
114	黎巴嫩	2.87	101	2.92	121	2.81
115	巴拉圭	2.86	99	2.95	125	2.78
116	喀麦隆	2.85	103	2.88	123	2.81
117	纳米比亚	2.85	105	2.88	122	2.81
118	布基纳法索	2.84	108	2.85	120	2.84
119	科特迪瓦	2.84	102	2.92	127	2.76
120	洪都拉斯	2.8	116	2.75	119	2.85
121	摩洛哥	2.79	123	2.64	115	2.94
122	乌干达	2.79	126	2.60	114	2.98
123	莫桑比克	2.73	121	2.67	124	2.79
124	斯威士兰	2.73	118	2.70	126	2.76
125	马拉维	2.72	110	2.79	131	2.64
126	吉尔吉斯斯坦	2.71	131	2.50	116	2.92
127	孟加拉国	2.71	130	2.50	118	2.91
128	坦桑尼亚	2.68	132	2.45	117	2.91
129	苏里南	2.62	107	2.86	138	2.38
130	塞拉利昂	2.62	124	2.63	133	2.61
131	津巴布韦	2.61	129	2.54	130	2.69
132	贝宁	2.58	119	2.69	136	2.47
133	利比里亚	2.57	134	2.43	128	2.71
134	马达加斯加	2.52	135	2.42	132	2.61
135	尼泊尔	2.51	141	2.32	129	2.7
136	加蓬	2.49	136	2.41	134	2.58
137	阿尔及利亚	2.39	133	2.44	140	2.34
138	安哥拉	2.38	137	2.40	139	2.36
139	东帝汶	2.34	143	2.30	137	2.39
140	缅甸	2.33	139	2.37	141	2.3
141	莱索托	2.31	147	2.08	135	2.53
142	海地	2.30	138	2.39	143	2.22
143	也门	2.24	140	2.35	145	2.13
144	毛里塔尼亚	2.23	142	2.32	144	2.14
145	巴布亚新几内亚	2.15	148	2.04	142	2.27
146	布隆迪	2.09	144	2.18	147	2.00
147	乍得	2.08	146	2.12	146	2.05
148	利比亚	2.03	145	2.12	145	1.94

中国及其他各国网络就绪度排名情况

1. 中国

中国 NRI 2013~2014 年排名中列第 62 位,位居金砖四国第 2 名,如附表 5-6 所示。

附表 5-6　2013~2014 年中国网络就绪度各项指标排名情况

一级指标及排名		二级指标及排名		三级指标及排名	
2013 年网络就绪度	62	环境	77	政策环境	56
				商业创新环境	115
		准备度	73	基础设施及数字内容	86
				使用成本	60
				技能	59
		应用	61	个人应用	80
				商业应用	44
				政府应用	38
		影响	56	经济影响	81
				社会影响	44

2. 俄罗斯

俄罗斯 NRI 2013~2014 年排名中列第 50 位,位居金砖四国之首,如附表 5-7 所示。

附表 5-7　2013~2014 年俄罗斯网络就绪度各项指标排名情况

一级指标及排名		二级指标及排名		三级指标及排名	
2013 年网络就绪度	50	环境	87	政策环境	100
				商业创新环境	73
		准备度	37	基础设施及数字内容	47
				使用成本	14
				技能	64
		应用	53	个人应用	46
				商业应用	84
				政府应用	61
		影响	44	经济影响	41
				社会影响	41

3. 巴西

巴西 NRI 2013~2014 年排名中列第 69 位，位居金砖四国第 3 名，如附表 5-8 所示。

附表 5-8 2013~2014 年巴西网络就绪度各项指标排名情况

一级指标及排名		二级指标及排名		三级指标及排名	
2013 年网络就绪度	69	环境	116	政策环境	78
				商业创新环境	135
		准备度	70	基础设施及数字内容	56
				使用成本	91
				技能	91
		应用	47	个人应用	59
				商业应用	41
				政府应用	54
		影响	57	经济影响	64
				社会影响	58

4. 印度

印度 NRI 2013~2014 年排名中列第 83 位，居金砖四国末位，如附表 5-9 所示。

附表 5-9 2013~2014 年印度网络就绪度各项指标排名情况

一级指标及排名		二级指标及排名		三级指标及排名	
2013 年网络就绪度	83	环境	91	政策环境	73
				商业创新环境	103
		准备度	85	基础设施及数字内容	119
				使用成本	1
				技能	101
		应用	91	个人应用	121
				商业应用	51
				政府应用	41
		影响	60	经济影响	50
				社会影响	73

5. 日本

日本 NRI 2013~2014 年排名中列第 16 位，如附表 5-10 所示。

附表 5-10 2013~2014 年日本网络就绪度各项指标排名情况

一级指标及排名		二级指标及排名		三级指标及排名	
2013 年网络就绪度	16	环境	21	政策环境	16
				商业创新环境	40

续表

一级指标及排名		二级指标及排名		三级指标及排名	
2013年网络就绪度	16	准备度	28	基础设施及数字内容	21
				使用成本	54
				技能	29
		应用	9	个人应用	16
				商业应用	4
				政府应用	22
		影响	16	经济影响	11
				社会影响	23

6. 加拿大

加拿大 NRI 2013~2014 年排名中列第 17 位，如附表 5-11 所示。

附表 5-11 2013~2014 年加拿大网络就绪度各项指标排名情况

一级指标及排名		二级指标及排名		三级指标及排名	
2013年网络就绪度	17	环境	10	政策环境	12
				商业创新环境	3
		准备度	13	基础设施及数字内容	7
				使用成本	65
				技能	8
		应用	26	个人应用	27
				商业应用	25
				政府应用	25
		影响	17	经济影响	17
				社会影响	16

7. 芬兰

芬兰 NRI 2013~2014 年排名中列第 1 位，如附表 5-12 所示。

附表 5-12 2013~2014 年芬兰网络就绪度各项指标排名情况

一级指标及排名		二级指标及排名		三级指标及排名	
2013年网络就绪度	1	环境	3	政策环境	3
				商业创新环境	9
		准备度	1	基础设施及数字内容	1
				使用成本	18
				技能	1
		应用	2	个人应用	6
				商业应用	2
				政府应用	8
		影响	2	经济影响	1
				社会影响	7

8. 德国

德国 NRI 2013~2014 年排名中列第 12 位，如附表 5-13 所示。

附表 5-13 2013~2014 年德国网络就绪度各项指标排名情况

一级指标及排名		二级指标及排名		三级指标及排名	
2013 年网络就绪度	12	环境	17	政策环境	10
				商业创新环境	31
		准备度	8	基础设施及数字内容	11
				使用成本	43
				技能	12
		应用	13	个人应用	19
				商业应用	5
				政府应用	27
		影响	14	经济影响	8
				社会影响	20

9. 美国

美国 NRI 2013~2014 年排名中列第 7 位，如附表 5-14 所示。

附表 5-14 2013~2014 年美国网络就绪度各项指标排名情况

一级指标及排名		二级指标及排名		三级指标及排名	
2013 年网络就绪度	7	环境	15	政策环境	22
				商业创新环境	7
		准备度	5	基础设施及数字内容	4
				使用成本	21
				技能	32
		应用	11	个人应用	18
				商业应用	9
				政府应用	11
		影响	8	经济影响	9
				社会影响	12

10. 英国

英国 NRI 2013~2014 年排名中列第 9 位，如附表 5-15 所示。

附表 5-15 2013~2014 年英国网络就绪度各项指标排名情况

一级指标及排名		二级指标及排名		三级指标及排名	
2013 年网络就绪度	9	环境	5	政策环境	5
				商业创新环境	10

续表

一级指标及排名		二级指标及排名		三级指标及排名	
2013年网络就绪度	9	准备度	21	基础设施及数字内容	15
				使用成本	79
				技能	28
		应用	12	个人应用	8
				商业应用	17
				政府应用	17
		影响	9	经济影响	14
				社会影响	9

资料来源：The Global Information Technology Report 2014: Growth and Jobs in a Hyperconnected World, 2014 by World Economic Forum and INSEAD.

后 记

《全球电信运营企业发展报告2013~2014——财务创新与可持续发展》的编写始自2013年底,顺利完成和出版得到了中国社会科学院、工业和信息化部、北京邮电大学、中国移动、中国电信、中国联通等机构的积极支持。中国社会科学院学部委员,中国社会科学院工经所原所长金碚,工业和信息化部党组成员、总工程师朱宏任,联袂担任专家委员会主任,对报告的编写进行指导,并为本年度报告撰写了序言;来自学术界的知名专家和部分企业的领导组成的专家委员会,对报告的编写思路和框架设计提出了宝贵建议,并给予了大力支持和帮助,在此一并表示诚挚的感谢。

专家委员会和编写委员会的各位成员为报告的策划和编写付出了辛勤的努力,北京邮电大学的何瑛负责设计报告的整体框架、研究思路与方法、篇章结构和具体内容,并审阅了全部稿件。本年度报告的主要内容包括四个部分。第一部分(专题篇)包括一份总报告和五份分报告,由何瑛、彭亚男、张大伟、胡月、舒文琼、孟鑫、马林芳、王一获负责执笔,基础数据的计算由胡月、孟鑫等研究生负责,李娇、黄洁、孔静敏负责数据的最后审校。第二部分(报告篇)包括12家电信运营企业的可持续发展报告,由彭亚男、张大伟、胡月、舒文琼、孟鑫等研究生执笔,李娇、黄洁、赵育梅、徐慧娟、周慧琴、李玲、王晨等负责审校。第三部分(指标篇)呈现全球电信运营企业关键绩效指标概览,由胡月、舒文琼、孟鑫等研究生执笔,孔静敏等负责审校。第四部分(附录篇)由孟鑫等负责整理,孔静敏、罗海虹、东娇、周访等负责审校。经济管理出版社的张艳主任和丁慧敏为本报告的顺利出版做了大量的工作,付出了辛勤的劳动。报告的撰写还参考了许多国内外研究文献和研究报告,在此一并表示感谢!

《全球电信运营企业发展报告2013~2014——财务创新与可持续发展》是在《全球电信运营企业发展报告2010~2011——财务竞争力与可持续发展》、《全球电信运营企业发展报告2011~2012——价值创造与可持续发展》和《全球电信运营企业发展报告2012~2013——资本运营与可持续发展》的基础上完成的。由于受到时间、成本、经验、资料来源等方面的限制,该著作难免有偏颇或疏漏之处,报告中使用了大量的英文资料,欠妥之处敬请读者批评与指正。报告团队将与电信各界携手前进,共同努力,精益求精,为全球电信运营企业管理创新的研究和信息资源交流奉献更加优秀的著述。

《全球电信运营企业发展报告》
编写委员会
2014年9月